문명과
혐오

문명과

젠더·계급·생태를 관통하는 혐오의 문화

The Culture of Make Believe

데릭 젠슨 지음 | 이현정 옮김

혐오

AGORA

차 례

서 문

　1918년, 미국 조지아 주 발도스타에 살던 흑인 여성 매리 터너의 남편이 백인 남자들에게 살해당했다. 그가 무슨 잘못을 저질러서가 아니라 다른 흑인 남자가 한 백인 농부를 죽였다는 것 때문이었다. 터너의 남편이 정확하게 어떻게 죽었는지는 모른다. 그의 이름조차 모른다. 죽은 백인 농부의 원수를 갚기 위해서 발도스타의 많은 백인 시민들이 범인을 쫓아갔는데, 범인을 잡아서 총으로 쏘아 죽이기 전에 흑인 남자 열한 명에게 린치를 가했다는 것만 알려져 있다. 흑인 남자 열한 명은 단지 적절치 않은 장소에, 적절치 않은 시간에, 적절치 않은 피부색을 하고 있었다는 이유로 죽었다.

　임신 8개월이었던 매리 터너는 남편이 살해당하자 복수를 맹세했다. 한 신문 기사는 나중에 그녀가 "현명하지 못한 말"을 했다고 하면서 이렇게 전했다. "분노에 휩싸인 사람들이 그 말과 그녀의 태도에 화가 치밀었다." 그 다음에 무슨 일이 벌어졌는지는 짐작이 될 것이다. 수백 명의 백인 남녀 무리가 그녀에게 "교훈을 가르쳐주기로" 결정했다. 터너처럼 행동하고 싶어할 다른 사람들에게 교훈을 보여주기로 결정했다는 것이 더 정확할지도 모른다. 사람들은 그녀의 발목을 한데 묶어서 나무에 거꾸로 매달았다. 그리고 옷에 기름을 끼얹은 다음 불을 붙였다. 옷이 타서 그녀의 몸에서 떨어지자 이번에는 돼지 잡는 칼로 그녀의 배를 갈랐다. 태아가 땅으로 떨어져서 울음소리를 냈지만 누군가가 아이의 머리를 발로 짓이겨버렸다. 그 다음 매리 터너를 총으로 쏘았다. 한두 발이 아니라 수백 발이었다.

문명과 혐오

마음에 부담이 없는, 과거 역사라는 안전한 쓰레기통에서 빠져나와 2001년에 벌어진 죽음을 살펴보자. 죽은 사람은 남미의 콜롬비아 알토나야에서 부활절 주말에 학살당한 마흔 명의 피해자 중 한 사람이었다. 그녀가 열일곱 살이었다는 사실 외에는 이름조차 알려져 있지 않다. 그녀를 죽인 사람들은 '암살대'라고 불리는 사람들이었다. 매리 터너의 남편에게 백인들이 뭐라고 했는지 모르는 것과 마찬가지로, 암살대원들이 살인을 하기 전에 그녀를 비롯한 그 동네 사람들에게 무슨 이야기를 했는지는 알 수 없다. 무슨 생각을 했는지, 어떤 감정을 느꼈는지도 모르고 어떤 표정을 지었는지도 모른다. 암살대원들이 웃고 있었는지 티격태격했는지 아니면 해야 할 일을 할 뿐이라고 생각했는지 알 수 없다. 내가 아는 것은, 그녀의 시신이 발견됨으로써 암살대 대원들이 전기톱으로 그녀의 손을 자르고 배와 목을 갈랐다는 사실이 드러났다는 것뿐이다.

이런 잔혹함 앞에서 포기했다는 듯 두 손을 드는 것은 그야말로 현명하지 못한 일이자 무척이나 쉬운 일이다. 그런 짓을 하는 사람들은 도무지 이해할 수 없는 자들이라고 잘라 말하거나 우리와는 아무 관계가 없다고 말하는 것도 쉬운 일이다. 나는 아무도 칼로 찔러본 적이 없고, 사람한테 전기톱을 쓰는 건 생각해본 적도 없다. 어떻게 그런 짓을 할 수 있는지 도무지 이해가 안 된다. 아마도 그런 자들은 본래 악한 사람일 것이다.

그런데 그런 행동이 정말로 도무지 이해가 안 되는 것인가? 정말로 우리와는 아무 상관 없는 것인가? 매리 터너 등이 죽은 뒤, 흑인 주민 500명이 발도스타를 떠났다는 것, 수확을 앞둔 좋은 농지를 두고 조용히 그리

서 문

고 신속하게 떠났다는 것, 그들은 한 번도 밧줄, 총, 칼을 쥐어본 적 없는 사람들이었다는 사실은 어떻게 보아야 하는가? 콜롬비아에서 미국 석유 회사들—그 중에는 조지 W. 부시가 대통령이 되기 전에 이사로 재직했던 회사도 있다—이 조업하는 곳이 바로 암살대가 걸핏하면 살인을 저지르는 지역이라는 것은 무슨 의미인가?

이 책의 짜임새와 방향은 이들의 죽음에 큰 영향을 받았다. 그리고 이들의 죽음의 의미만이 아니라 그 죽음들의 관계를 꿰고 있는 실이 무엇인지 이해하고자 하는 데서 시작되었다. 우리의 경제 체제와 혐오의 관계는 정확히 무엇인가? 경제와 인종 간에 관계가 있는가? 그렇다면 그것은 어떤 관계인가? 우리 문화의 파괴적 행위를 깊이 파고들면 만나게 되는 여성에 대한 혐오는 또 어떤가? 나는 왜 이런 잔학 행위 중에서도 가장 잔악무도한 일이 벌어졌던 미국 개척시대에 대해 알고 싶었는가? 20세기 초 20년 동안 미국에서는 수천 명의 흑인 남녀가 린치를 당했다. 그리 흔치는 않지만 오늘날에도 우리는 흑인 남자들이 가로등 기둥에 목매달려 죽어 있는 것을 본다. 주류 담론이 우리에게 주입하는 대로, 이 나라에서는 이제 인종차별이 사라졌는가? 어떤 형태의 잔학 행위를 용이하게 하는, 심지어 그것을 불러일으키는 사회·경제적 조건이 있는가? 사람들의 태도가 "현명하지 못하게" 되는 것을 막아주는 어떤 것들을 필요로 하는 사회·경제적 조건이 있는가?

이 책을 쓰면서 내가 탐구하고 싶었던 것은 인식에 관한 것이다. 또는 인식의 결핍에 관한 것이라고 할 수도 있다. 정직해져보자. 우리의 경제·

사회 체제는 지구를 죽이고 있다. 다른 생물은 차치하고 인간만 보더라도 우리의 활동은 전례 없는 궁핍을 만들어내고 있다. 수억 명의 사람들이— 오늘은 어제보다 더 많은 사람들이, 내일은 아마 오늘보다 많은 사람들이—한 번도 배불리 먹어보지 못하고 일생을 마친다. 그러나 신기하게도 이런 일이 아무리 많이 벌어져도 우리는 변화를 위한 행동으로 뛰어들지 않는다. 그리고 이런 명백한 부정의에 대해 누군가가 귀에 거슬릴 정도로 지적을 하면, 그에 대한 대중의 반응은 매리 터너에게 가해진 것과 똑같아진다. 갈가리 찢어발기는 것이다. 물리적으로든, 상징적으로든 끝까지 공격한다는 말이다. 그렇게 해서 우리 공동의 미래를 파괴한다. 정복에 저항한 원주민 부족들을 사람들은 얼마나 열광적으로 억압해왔는가. 오늘날에도 변함없이, 강하게 저항하는 이들에게 똑같은 결말을 안겨주기 위해 사람들은 얼마나 그들을 열성적으로 공격하는가. 어떻게 이런 일이, 개인적인 차원에서, 그리고 사회적인 차원에서 일어나게 되는가?

내가 『말보다 오래된 언어』라는 책에서 깊이 탐구했던 것은 가정폭력이 더 큰 사회적 차원에서 어떻게 다른 가면을 쓰고 나타나는가, 가정폭력과 사회의 폭력 간의 관계는 무엇인가 하는 문제였다. 그에 비해 지금 당신이 들고 있는 이 책은 그렇게 개인적인 이야기를 담고 있지는 않다. 내가 가정폭력으로 직접적인 고통을 겪고 있을 때—아버지가 어머니, 누이, 나를 강간했고, 나만 빼고 모든 가족을 구타했다—나는 우리 사회에 인종차별이 있다는 것 때문에 고통받기보다는 간접적으로나마 혜택을 받았기 때문이다. 그래서 어떤 의미에서 이 책은 내면의 인종차별주의—좀

서 문

더 포괄적으로 말하면 서구 사회에 나타나는 혐오—에 대한 책에 더 가깝다. 나는 『나 같은 흑인(Black Like Me)』을 복제하는 것에는 관심이 없다(『나 같은 흑인』은 백인 언론인이자 작가인 존 하워드 그리핀〔John Howard Griffin〕이 쓴 책이다. 그리핀은 염료, 방사선 등으로 피부를 검게 만들어 흑인처럼 보이는 외모를 하고서 미국 남부를 여행했다. 그 경험을 바탕으로 인종차별주의를 비판하는 책을 썼다–옮긴이). 우리 문화에서 흑인으로 사는 경험을 해석하는 것은 그들 몫으로 남겨두려 한다. 인디언들의 경험은 인디언들이, 여성의 경험은 여성이 해석하도록 남겨두려 한다. 내게—나와 같은 백인 남자들에게—남겨진 일은 나의 인종과 성별에 속한 사람들의 혐오 경험을 탐구하고 드러내는 것이다. 그리고 바라건대 그것을 멈추게 하는 데 도움을 주는 것이다. 우리는 어쩌다가 하나의 대륙을 노예화하게 되었을까? 어쩌다가 다른 인종 전체를 없애버릴 생각을 하게 되었을까? 왜 타자들을 전부 짓밟고 자기 뜻대로 하게 되었을까? 어쩌다가 우리는, 간단히 말해, 세계를 정복하게 되었을까? 애초에 우리는 왜 이런 짓을 하기를 원했을까? 그런데 우리는 그것을 원하는 것을 그만둘 수 있을까?

역사와 사회 환경과의 관계에서 심리적 발달을 살펴보는 것은 흥미로운 일일 수도 있지만, 그 자체로는 의미가 없다. 그에 대한 탐구는 모두 개인적인 것, 구체적인 것으로 돌아가야 한다. 우리가 가진 것은 개인적이고 구체적인 것뿐이기 때문이다. 백인들이 흑인을 노예화한 역사 전체는 마지막 순간의 매리 터너에게는 전혀 중요하지 않았다. 의식을 잃기 전 마지막 몇 초 동안 그녀에게 가장 중요한 것은 아마도 화염에 타는 피

문명과 혐오

부와 갈라진 배가 말도 못하게—내가 상상할 수 있는 것보다 훨씬 더—
아프다는 것, 남편의 죽음에 이어 아이의 머리가 한 남자의 구둣발에 짓
이겨지는 것을 보고 가슴이 찢어지게 슬프다는 것, 자신도 곧 죽게 된다
는 것이었을 터이다. 그러나 더 큰 사회적 맥락을 보지 않고 그녀의 죽음
을 이야기하는 것은 아주 유혹적이지만 또 그만큼 위험하다. 그녀의 죽음
은 분명 그녀의 "현명하지 못한" 발언보다는 사회적 맥락에 대한 고찰로
이어지게 만든다. 그리고 분명 석유, 칼, 총알에 대한 얘기만큼이나 사회
적 맥락이 중요한 요소로 보인다. 이 책이 유용하게 쓰일 수 있기를 바라
는 지점이 바로 이것이다. 우리가 잔학 행위를 멈추게 하고 싶다면, 그것
을 일으키는 사회·경제적 조건을 이해하고 변화시켜야 한다.

　콜롬비아 알타나야에서 죽임을 당한 사람이 또 한 명 있었다. 그의 죽
음도 이 책에 큰 영향을 주었다. 부분적으로 이 책은 그를 기리기 위한 것
이다. 난 그의 이름도 모르지만 말이다. 암살단원 한 명이 그에게 총을 쏘
려고 할 때 그가 총을 빼앗았다. 그러나 그는 총을 쏠 줄 몰랐다. 아마도
총을 쏘아본 적이 한 번도 없었을 것이다. 그는 나무에 매달아진 다음 전
기톱으로 살해당했다.

　이 책은 하나의 무기다. 잔학 행위에 반대하고자 하는 사람들 모두의
손에 쥐어진 총이고, 그 총을 어떻게 써야 하는지 알려주는 매뉴얼이다.
이 책은 우리의 인식을 묶어두고 지금 같은 세상에 우리를 묶어두는 밧줄
을 자르는 칼이다. 도화선에 불을 붙이는 성냥이다.

서 문

이 책은 혐오 집단 사전의 서문을 5쪽 분량으로 써달라는 출판사의 요청에서 시작되었다. 글쓰기를 시작하기 전에 내가 지녔던 첫 질문은 '혐오 집단(hate group)이란 무엇인가?'였다. 그 답을 찾기 위해서 나는 몇몇 혐오 감시 단체의 웹사이트를 방문했으나, '혐오 집단'이 무엇인가에 대해 정의해둔 단체가 드물기도 했고 그에 대한 대답이 있다 해도 그 대답이 지나치게 단순하고 정치적이었다. 그들이 정의하는 혐오 집단은 기본적으로 자기 단체의 마음에 들지 않는 정치색을 지닌 모든 비주류 집단이었다. 그래서 나는 반대 방향으로 가서 KKK의 웹사이트에 들어가보았는데, KKK는 자신을 혐오 집단이 아니라 사랑의 집단이라고 보고 있었다. 왜냐하면 백인을 사랑하기 때문이다, 라고 그들은 말하고 있었다.

그렇다면 결론은 둘 중 하나다. 1) KKK는 혐오집단이 아니다, 또는 2) 수사적 표현을 믿으면 안 된다.

수사를 믿을 수 없다면 무엇을 믿을 수 있는가? 숫자상으로 보면, 미국에서 가장 심하게 분리주의를 실현한 조직은 사법체계인데 말이다. 미국 사법체계는 KKK가 꿈도 못 꿀 규모로 아프리카계 미국인의 분리를 이루어냈다. 기업들, 그리고 기업인들은 처벌을 거의 받지 않고 수천, 수만 명을 죽음으로 몰아넣는다. 수십만, 수백만 명에게서 그들이 가진 것을 빼앗고 인간, 비인간 공동체를 파괴한다. 유니언 카바이드 사, 보팔 사를 생각해보라. 거의 모든 대기업이 하고 있는 것을 생각해보라. 그렇다면 혐오는 어디에 있는가? 기업들은 혐오 감시 단체들의 감시도 받지 않는다.

집단학살(genocide) 심리에 관한 세계 최고 권위자인 로버트 제이 리프

문명과 혐오

턴(Robert Jay Lifton)이 말한 대로, 대량학살을 저지를 수 있으려면 먼저 자기가 하는 짓이 실은 학살이 아니라 도덕적으로 올바른 것이라고 자기 자신과 다른 사람들을 설득하는 것이 필요하다. 그러므로 나치의 관점에서 보면 그들은 집단학살을 저지른 것이 아니라 "아리안 족의 순수 혈통"을 지켰던 것이다. 아메리카 정착민들은 원주민들에게 땅을 훔친 것이 아니라 그들의 '명백한 운명'(Manifest Destiny, 미국이 대서양 연안에서부터 태평양 연안까지 영토를 확장해나가는 것은 신의 섭리이며 운명이라는 믿음을 말한다—옮긴이)을 추구한 것이다. 자본가들은 지구를 파괴하고 있는 것이 아니라 "천연자원 개발"을 하고 있는 것이다.

나의 관심은 이제 혐오 집단이란 무엇인가, 또는 혐오가 무엇인가 하는 것에서 사람들이 학살을 저지르도록 할 수 있는 사회적 조건이 무엇인가로 옮겨졌다. 사람들이 이런 짓을 저지를 때의 감정보다는 그 행동이 더 중요하고, 그들이 스스로 진실이라고 합리화하는 것보다 그들의 행동이 더 중요하다.

그 지점에서 나는 내가 다섯 쪽짜리 서문을 쓰고 있는 것이 아니라 당신이 지금 손에 들고 있는 책이 될 것을 쓰고 있다는 것을 깨달았다.

■　　■　　■

나는 내가 말하고자 하는 바를 잘 보여주기 위해 신문기사를 종종 활용한다. 돈 되는 것이나 일자리를 둘러싼 경쟁이 두 집단 간의 상호 혐오로 이어질 수 있다는 점을 잘 보여주려면 내가 어제 읽은 기사를 활용할 수

있다. 그것은 그리스로 넘어오는 이민자들을 터키가 통과시키는 것을 두고 벌어지는 그리스와 터키의 갈등에 대한 기사였다. 또는 사람들이 중산층에서 밀려날 때 경제 체제를 탓하기보다는 자기보다 사회경제적 사다리 아래 칸에 있는 사람들 탓을 한다는 논의에서, 얼마 전에 본 신문기사, 즉 영국에 사는 여러 인종의 빈곤층 청년들 간의 충돌에 대한 기사를 활용할 수 있다.

나는 내 책에서 최근 이슈만 다루는 것이 아니라 오래가는 분석을 하려고 한다.

그런데 불행히도 이 책에서의 분석은 책이 씌어진 때보다 오늘날의 문제들을 더 잘 조명해준다.

이 책에 나오는 주제 하나는 사람들이 중산층에서 떨어져나가서 예전에 익숙했던 삶의 방식을 유지할 수 없을 때, 전에는 당연히 누릴 수 있다고 여겼던 자원을 가질 수 없게 될 때, 뻔한 이유로 불안해진다는 것이다. 그러면 사람들은 이 불안 때문에 종종 예측 가능한 방식으로 행동한다. 이 책에서 내가 던지는 질문은, 예를 들어 미국에서 남북전쟁 후에 그리고 노예제 폐지 후에 린치 횟수가 급격히 늘어난 이유가 무엇인가 하는 것이다. 내가 이 문제를 붙들고 일주일 가량 씨름하고 있을 때 니체의 말이 떠올랐다. "사람은 자기가 얕보는 사람을 혐오하지는 않는다." 며칠 뒤에 나는 노예제가 폐지되기 전, 노예주들이 노예들의 목숨과 노동에 대해 무제한적 권한을 가졌던 때에는 노예주가 노예를 혐오할 필요가 없었다는 것을 이해하게 되었다. 단지 자기보다 낮은 존재로 내려다보기만 하

문명과 혐오

면 되었다. 물론 다른 사람을 노예화하는 전제조건은 사람을 낮추어 보는 것, 내려다보는 것이다. 그러다가 이와 같은 자원을 마음대로 쓸 수 없게 되었을 때 예전의 얕잡아보던 느낌이 혐오로 바뀐다. 그리고 종종 그것은 대대적이고 극적인 폭력을 보여주는 것으로 바뀌는데 그것은 위계질서의 상층에 위치한 이들을 위해 다시 노동을 제공하도록 예전 노예들을 겁주기 위한 것이다. 물론 위계질서의 상층에 위치하는 것은 당연히 그들 자신이라 여긴다. 이렇게 겁을 주는 행동은, 자신이 가질 자격이 있다고 생각하는 자원 또는 사람을 어떤 이유에서건 가질 수 없게 된 사람들 사이에서 공통적으로 나타난다.

이것은 나로 하여금 경기가 나쁠 때나 경제가 몰락하는 시기에, 그리고 제국의 멸망기에 (노골적인 또는 더 포괄적인) 혐오 행위가 증가하는 경향이 있다는 것을 이해하게 했다.

▪　　▪　　▪

이 책을 쓴 뒤로 많은 국가에서 중산층이 붕괴하고 빈부 격차가 더욱 심해졌다. 이로 인해 많은 경우 독재 정권이 나타나고 많은 사람들 특히 우파의 사람들이 그런 정부를 받아들인다.

이 책에서 그것을 예견한 바 있다. 나는 내 예견이 틀렸기를 바란다.

내가 잘못 생각한 것은 좌파 독재 정부도 나타날 수 있음을 예측하지 못한 것이다. 좌파든 우파든 자기가 자라고 살아온 사회적 조건의 영향에서 벗어날 수 없다는 것을 예측했어야 하는데 말이다. 좌파든 우파든, 망

개정판 서문

해가는 경제가 만들어내는 집단적인 긴장을 감지하지 않을 수 없고 집단적인 사회적 불안에서 벗어날 수 없다. 달리 말하면, 제국이 붕괴할 때 파시스트만 제정신을 잃는 것이 아니다. 거의 모두가 정신줄을 놓게 된다.

그리고 오늘날 좌파는 그들만의 방식으로 우파만큼이나 경직되고 독재적이 되었다. 지금 내가 이 책을 쓴다면 좌파 독재에 대해, 좌파가 우파와 닮은 점, 그리고 다른 점을 보여주는 챕터를 몇 개 포함시킬 것이다.

나는 이 책에서 다룬 일들이 일어나지 않기를 바란다. 잔학 행위가 줄어들기를 바라고, 이 책에서 소외 확대의 원인이라고 이야기한 테크놀로지 도구들이 더 강해지지 않았기를 바란다. 그러나 컴퓨터나 스마트폰 중독은 줄어들기보다 더 많아졌다. 또 이 책에서 다룬 포르노그래피의 소비가 늘어나지 않고 폭력성이 더 심해지지 않고 사회적으로 용인되는 정도가 더 커지지 않고 더 유해해지지 않기를 바랐다. 내가 이야기한 것이 모두 틀렸기를 바랐다. 그러나 틀리지 않았다. 세상은 내가 이 책을 썼을 때보다 더 나빠졌다.

좋은 소식은 행동 패턴의 이해가 가끔 그것을 바꾸는 데 도움을 준다는 점이다. 로버트 제이 리프턴의 '미덕의 요구'에 대한 분석 덕분에 나는 사람들이 자기 행동에 대해 표현하는 수사에 대해 적어도 어느 정도는 면역력이 생기게 되었고 그들의 행동 그 자체에 초점을 맞출 수 있게 되었다. 그래서 나는 이 책의 분석이 우리가 세상에서 목격하는 잔혹 행위들을 예방하는 데 도움이 되길 소망한다.

또 다른 좋은 소식은 고난과 공포의 시기를 거치면서도 정의와 맑은 정

문명과 혐오

신을 계속 지켜나가는 사람들이 있다는 점이다. 그리고 짙은 어둠의 시대에도, 잔혹 행위의 밑거름이 되는 편견을 극복하고 혐오와 자기합리화의 문화를 극복하는 변화를 상상하고 그것을 실현하는 데 도움을 줄 수 있다는 점이다.

　그럼 다음 페이지에서 곧 뵙기를.

개 정 판 서 문

괴물들이 있기는 있다.
그렇지만 진정으로 위험한 존재가 되기에는 그 수가 너무 적다.
그보다 더 위험한 것은 평범한 인간들이다.
의문을 품어보지도 않고 무조건 믿고 행동하는
기계적인 인간들 말이다.

—프리모 레비(Primo Levi)

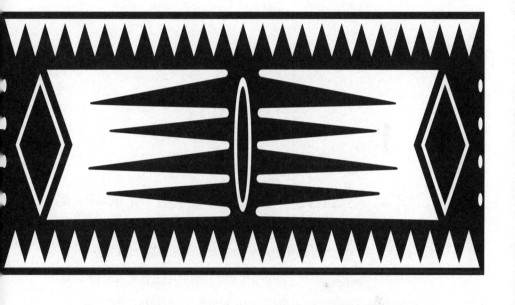

드러내기

얼핏 보면 '혐오 집단'은 전반적인 우리 문화와는 일
치되는 점이 없는 듯 보인다. 흔히들 사람들은 혐오 집단은 비정상적인
사람들이고 우리의 가치관에 반대되는 관점을 가진 자들이라고들 한다.
그와 비슷한 논리로, 한때는 미국에서 인종차별이 판쳤을지 모르나 이제
는 피부색이 중요치 않은 사회, 관용이 넘치는 사회로 가고 있다고도 한
다. 남부 지방 억양으로 '백인의 힘'을 외치는 흰옷 입은 몇몇 얼간이들을
예외로 하면 말이다. 예를 들어 이제는 흑인을 린치하면 응당 벌을 받아
야 한다. 최근 한 흑인 남자를 픽업트럭 뒤에 매달아 끌고 가다가 죽게 한
일이 일어났을 때, 그 일을 저지른 자들은 독극물 주사에 의해 사형에 처
해졌고, 온 나라 사람들이 치를 떨었다.

　그러나 혐오 집단과 일반인들 사이의 심연은 흔히 짐작하는 것처럼 그
렇게 넓지는 않다. 혐오 집단을 진정으로 이해하려면 우선 우리 문화의
부드럽고 허연 속살을 파고들어야 한다. 그리고 우리 자신에 대한, 우리

문명과 혐오

의 믿음에 대한, 우리의 행동 방식에 대한 고통스러운 진실을 똑바로 보아야 한다.

■　　■　　■

혐오 집단을 정확히 뭐라고 정의해야 할까? 딱 부러지는 답을 내놓기가 어렵다. 미국 인종차별주의 단체의 원조 격인 KKK단이 혐오 집단이라는 데에는 대부분의 사람들이 동의할 것이다. 그러나 KKK단의 한 문헌에는 이렇게 명시되어 있다. KKK는 "혐오 집단이라기보다는 오히려 사랑 집단이라고 할 수 있다. 우리는 미국을 '사랑'하고 우리나라 사람들을 '사랑'하기 때문에 우리는 사랑 집단이다." 그 글은 이렇게 이어진다. "우리는 단지 자기 혐오감의 배출구를 찾고 있는 사람은 원치 않는다. 혐오로는 아무것도 이룰 수가 없기 때문이다. 우리는 비(非)백인이 저지른 범죄의 피해자, 백인 차별의 희생자가 된 사람들에 대해 매우 유감스럽게 생각한다. 그러나 혐오를 인생의 방향으로 삼는 것은 옳지 않다. 그것은 단지 자기 파괴를 가져올 뿐이다. 그와 반대로, 당신이 백인 형제자매들을 깊이 사랑하고 있다면, 그리고 그들이 더 나은 삶을 살기를 진심으로 희망한다면, 서양 기독교 문명을 파괴하려는 자들의 음모를 알리고자 하는 당신의 노력이 결실을 거둘 것이다. 하느님은 사랑에서 나온 당신의 노력을 축복해주실 것이다."

여기에서의 핵심은 간단하지만 매우 분명하다. 우리는 KKK가 혐오 집단이 아니라는 것을 받아들이거나, 어떤 집단이 스스로에 대해 설명한 것을 아무 의심 없이 수긍해서는 안 된다고 보는 것 둘 중 하나를 택해야 한다. 전자를 선택한다면, 혐오의 메시지를 미사여구 뒤에 숨길 만큼의 세련됨도 갖추지 못한 사람들로 구성된 집단만 혐오 집단으로 정의하는 것이다. 후자를 택하는 것은 또 다른 물음으로 이어진다. 우리는 무엇을 보

드러내기

고 판단해야 하는가? 그 집단의 행태? 살해 여부? 그렇다면 어떤 살인이 다른 살인보다 더 나쁘다고 할 수 있는가? 피해자의 인종, 성별, 성적 취향에 대해서도 논의해봐야 하는가? 아니면 단순히 살해 건수가 더 중요한가? 살인을 저지른 자들의 동기는?

트럭에 끌려다니다 죽은 텍사스 사나이는 흑인이라서 죽음을 당했다. 이것은 혐오범죄로 보인다. 순수하고 단순한 혐오범죄다. 그런데 살인자들이 좀 더 세련된 사람들이었더라면 어떻게 되었을까? 세련된 살인자들이 구사하는 화법이 그럴싸하다면? 이 살인자들이 단순히 강도짓을 하다가 그렇게 됐다고 꾸며댄다면, 그래도 그것이 혐오범죄일까? 정말로 돈 때문에 저지른 짓이라고 그들 스스로도 믿는다면? 어쩌다 보니 흑인만 또는 주로 흑인을 범죄의 대상으로 삼게 된 것일 뿐이라고 믿는다면? 그리고 어쩌다 보니 강도를 당한 희생자들이 대부분 죽게 되었다고 말한다면? 그런 경우에 이것은 혐오범죄일까? 물론 그건 중요한 문제가 아니라고 말할 수도 있다. 돈 때문이든 혐오 때문이든 어쨌든 희생자는 죽었으니까.

■　　■　　■

1946년 주요 전범에 대한 뉘른베르크 재판에서 반인도 범죄 판결을 받은 사람들은 대부분 우리가 예상한 사람들이었다. 게슈타포 설립자이자 나치 공군 원수였던 헤르만 괴링, 국가안전국(RSHA)의 우두머리이자 친위대(SS)에서 히틀러 다음의 2인자였던 에른스트 칼텐브룬너, 폴란드 총독이었던 한스 프랑크 등. 그런데 신문 발행인에 불과했던 율리우스 슈트라이허도 유죄 판결을 받고 교수형에 처해졌다.

검사 중 한 명은 법정에서 이렇게 말했다. "피고인은 반유대인 범죄의 물리적인 범행에 직접 관여한 정도는 비교적 낮다고 볼 수도 있다. 그러

문명과 혐오

나 바로 그 이유에서 피고는 직접적인 범죄보다 더 큰 죄를 지은 것이다. 이 세상의 그 어떤 정부도 그들의 정책을 지지하는 국민들이 없다면 대량 학살 정책을 시작하고 실행할 수 없을 것이다. 사람들을 교육하고 살인자들을 만들어내고 혐오를 가르치고 혐오를 주입하는 것 …… 그것이 슈트라이허의 일이었다. …… 일찍이 그는 박해를 주장했다. 그리고 박해가 벌어지자 그는 몰살과 절멸을 이야기했다. …… 이런 범죄들은 피고나 그와 비슷한 사람들이 없었다면 일어날 수 없었을 것이다. …… 그가 없었다면, 헤르만 괴링, 칼텐브루너, 히틀러 같은 자들의 명령을 따를 사람이 없었을 것이다."

■　　■　　■

　혐오 집단을 정의할 때 핵심이 되어야 할 것은 살인 자체가 아니라 특정 범주의 피해자들에게 공포를 느끼게 하려는 시도라고 해야 할지도 모른다. 그것이 혐오 집단의 목적 중 하나다. 그것을 명백하게 보여주는 예로는 19세기판 KKK라 할 수 있는 '나이트 라이더스'를 들 수 있다. 그들이 흑인들의 집을 찾아간 데에는 여러 의도가 있었지만 그 중 하나는 당시 투표권을 획득한 흑인들이 그 권리를 행사하지 못하게 겁을 주려는 것이었다.

　그러나 이렇게 정의해도 문제가 있다. 테러리스트를 '특정 범주의 사람들에게 겁을 주어 그 범주에 속하는 사람들의 행동을 바꾸려 하는 사람'이라고 정의한다면, 징역형에 동의하는 사람들, 특히 범죄 억제를 위해 사형에 찬성하는 사람들도 테러리스트인가? (벌로 어린애 엉덩이를 때리는 사람, 말 안 들으면 때리겠다고 아이를 겁주는 사람에 대해서도 똑같은 질문을 던질 수 있다.) 앞에서 언급한 제도들의 목적은 명백히 어떤 집단의 사람들에게 겁을 주어 행동을 바꾸도록 하는 것이다. 그것이 억제 아닌가. 게다가 흑인, 라틴계, 아메리카 인디언들의 수감 비율(그리고 수감자 중 그들이 차지하는 비율)을 보면, 미국의 사법 체계 중 큰 부분이 거대한 인종차별주의, 테러리즘 조직이라고 해도 무리가 아니다. 단지 수치만 봐도, KKK와 그 비슷한 집단들이 꿈속에서나 그려볼 수 있었던 정도의 흑백 분리를 현재의 사법제도가 이루어냈다는 게 분명해진다. 수많은 흑인 남자들이 교도소에 모여 있으니 말이다.

■　　　■　　　■

여기서 KKK단과 미국 정부가 별 차이가 없다고 이야기하려는 것은 아니다. 분명 그 둘 사이에는 차이가 있다. 그러면 그 차이는 무엇이고 비슷한 점은 무엇일까?

중요한 차이점이 많지만, 우선 하나만 들어보자. 만약 KKK가 국가의 자원을 전부 갖는다면, 아마도 젊은 흑인 남성 세 명 중 수감되어 있지 않은 두 명을 잡아넣기 위해 열심히 노력할 것이다.

또 다른 큰 차이점은 이것이다. 사법제도는 정부—**우리의 정부**—의 일부분이고, 혐오 집단에 대해 이야기할 때 우리는 보통 정부에 반대하는 행동을 하는 집단, 궁극적 주권자인 민중의 뜻에 반하여 행동하는 사람들을 가리킨다.

그런데 정부가 혐오 집단이 될 수는 없다고 하면, 국민들 전체가 혐오 집단이 될 수는 없다고 하면 혼동에 빠지게 된다. 그것은 별 볼일 없는 구성원들을 가진 아메리칸 나치 당은 혐오 집단인 반면, 죽음의 수용소, 군사 공격, 노예화, 인종을 구실로 한 살인 등 반인도적 범죄를 저지른 제3제국(히틀러 치하의 독일)은 혐오 집단이 아니라고 말하는 것과 같다. 국가는 자국민과 다른 나라 사람들에게 폭력과 테러를 자행할 수 있는 엄청난 권력을 가지고 있다는 것을 인정하면(소련을 잊진 않았겠지?), 국가를 혐오

문명과 혐오

집단에서 제외하는 것은 현명하지 못한 일로 여겨진다.

　여기서 다른 주장을 제기할 수 있다. 사법제도는 **범죄자들**만, 즉 갇힐 만한 짓을 한 사람들만 수감한다고 주장할 수 있다. 그러나 겉으로는 특정한 인종이나 계급을 타깃으로 삼고 있지 않다고 하더라도, '흑인 운전죄(crimes of Driving While Black, 음주운전(driving while intoxicated)에 빗댄 말. 운전자가 흑인이라는 이유만으로 경찰관이 차를 세우고 검문이나 짐 수색을 하고 사소한 위반을 해도 딱지를 떼거나 위반하지 않은 것을 위반한 것으로 몰아가는 것을 비판하기 위해 쓰이는 말이다-옮긴이)'로 괜히 차를 세우는 것 같은 차별 관행이나 통계 수치를 보면 실제로는 특정 인종을 겨냥한다는 것이 드러난다.

　'사법제도가 사회 전체를 보호하기 위해 존재한다는 것을 인정해야 한다.' 그러나 이렇게 주장하면 우리는 금세 어려운 문제에 빠진다. 법 체계 외부에서 린치 행위를 하는 자들은 대부분 피해자 쪽에서 먼저 공격—실제 공격이 아니고 상상 속 공격이겠지만—을 했기 때문에 자신을 방어하기 위해서 그렇게 했다고 주장한다. KKK단조차 자신들이 "서구 기독교 문명을 파괴하려는 음모"로부터 사회를 보호하고 있다고 말한다. 나치 정부가 법에 따라 유대인들을 수용소나 감옥으로 분리할 때 그들이 무어라 말했는지를 잊으면 안 된다. 그들도 자신을 방어하기 위해 그렇게 한다고 했다.

　얼핏 보면 이렇게 간단할 수가 없다. 1994년에 제정된 '폭력범죄 단속과 법 집행에 관한 법률'에 혐오범죄는 이렇게 정의되어 있다. "가해자가 인종, 피부색, 출신 국가, 민족, 성별, 장애, 성적 취향에 근거해 의도적으로 피해자를 선정해 …… 저지른 범죄."

　미 연방수사국(FBI)은 매년 미국의 혐오범죄 발생 빈도에 대한 자료를 수집해야 한다고 법으로 정해져 있다. 1998년 46개 주와 워싱턴 D.C.에서 "편견 때문에 일어난 형사 사건"이 7,755건 있었다고 보고되었다. 이 중 4,321건은 인종 편견 때문이었고, 1,390건은 종교, 1,260건은 성적 취향, 754건은 출신 국가와 민족, 25건은 장애에 대한 편견 때문에 일어났으며, 나머지 5건은 여러 가지 편견이 뒤섞인 경우였다.

이 통계에서 내가 흥미를 가진 부분은 이 중에서 명백하게, 그리고 단독적으로 '성별에 대한 편견'으로 분류된 것은 한 건도 없었다는 것이다. 나는 내가 사는 곳의 지방 검사에게 전화를 해서 이렇게 물었다. "가해자가 성별에 근거해 …… 의도적으로 피해자를 선정한 범죄"도 혐오범죄라고 할 수 있다면, 왜 (대부분의) 강간이 혐오범죄로 간주되지 않는가? 제임스 버드 주니어가 트럭에 질질 끌려가면서 죽음을 맞도록 선택된 것에 그의 인종 외에 다른 이유가 없는 것과 마찬가지로, 매우 높은 비율의 강간 피해자들도 성별 외에 다른 이유 없이 범죄의 대상으로 선택된다. 지방 검사는 강간은 그에 대한 법률이 따로 있으므로 혐오범죄로 분리해서 다룰 필요가 없다고 답했다. 그래서 나는 살인도 마찬가지가 아니냐고 말했다.

"제 말이 그 말입니다. 살인 동기만큼이나 강간 동기도 많아요." 그는 계속해서 설명했다. 만약 어떤 남자가 여자가 백인이기 때문에 강간했다면 그것은 혐오범죄로 친다. 백인 여자가 흑인 남자와 사귄다고 해서 그 여자를 강간했다면 그것은 혐오범죄다. 여자가 레즈비언이라는 것 때문에 강간했다면 그것은 혐오범죄다.

"그렇다면 여자이기 때문에 강간을 했다면요?" 내가 물었다.

"강간 그 자체는 혐오범죄가 아닙니다. 그건 성 범죄지요." 그가 말했다.

"피해자가 여성이기 때문에 선택되었다면요?"

그러자 검사는 퉁명스럽게 이렇게 대꾸했다.

"그게 마음에 안 드시면 의회에 가서 얘기해보시든가요."

의회에 가는 대신 나는 FBI에 전화를 걸었다. 이번에는 여성과 통화를

문명과혐오

하게 되었다. 나는 똑같은 질문을 던졌다.

그녀는 이렇게 말했다. "강간이 포함되지 않은 이유는 동기가 명백하게 다르기 때문입니다. 강간은 피해자의 시민권을 침해하고자 하는 것이 아니라 해를 입히려는 욕구, 또는 성관계를 하고 싶은 욕구 때문에 일어나는 것이니까요."

나는 FBI에서는 시민권을 어떻게 정의하느냐고 물었다.

그녀는 자료를 찾아본 다음 이렇게 말했다. "어떤 사람이 시민이라는 지위를 가짐으로써 또는 시민 사회의 구성원이라는 것으로 인해 가지게 되는 권리를 말합니다."

나는 이번에는 FBI에서 정의하는 혐오범죄가 무엇이냐고 물었다.

그 여자는 참을성 있는 사람이었다. 그녀는 FBI 범죄 보고서를 인용하여 이렇게 말했다. "혐오범죄는 개인, 재산, 또는 사회를 대상으로 저지르는 범죄로서, 전적으로 또는 부분적으로 특정 인종, 종교, 장애, 성적 취향, 민족에 대한 가해자의 편견으로 인해 일어나는 범죄를 말합니다."

이번에도 성별은 포함되어 있지 않았다. 나는 한 가지 더 물었다. 그럼 강간의 정의는?

"여성의 의지에 반하여 그 여성의 성기에 성기를 삽입하는 행위입니다."

"그 정의에 피해자 남성은 포함되지 않는군요." 내가 말했다.

"그것 참 흥미롭죠?"

"아, 그러니까 이런 얘기군요. 어떤 여성 또는 어떤 사람의 시민권은 원치 않는 성적 접촉을 하지 않을 자유를 포함하지 않는군요."

"성별은 법에서 혐오범죄로부터의 보호범주에 포함되어 있지 않아요."

"1994년에 제정된 '폭력범죄 단속과 법 집행에 관한 법률'에는 성별이 포함되어 있는데요."

"무엇이 포함되는지 안 되는지에 대해서 혼동이 있는데요, 성별을 보호계층에 포함시키는 입법안이 현재 계류 중이에요.”

“알겠습니다. 그렇다면 성별이 보호계층 범주라고 가정하면, 강간이 혐오범죄에 포함될까요?” 내가 물었다.

“다시 한 번 말씀드리지만, 그 동기가 명백하게 다릅니다. 강간은 혐오범죄가 아니에요.”

그러나 나에게는 그 차이가 명백해 보이지 않았다. 골이 아팠다. 전화를 끊고 중경비 교도소로 갔다. 내가 그곳에서 창의적 글쓰기 강의를 하기 때문이다.

■ ■ ■

FBI 여자가 한 말 중에 내 흥미를 끄는 것이 있었는데, 인종에 기초한 것이라 하더라도 비자발적 노역은 혐오범죄가 될 수 없다는 것이다.

며칠 후에 다른 FBI 대변인에게 전화를 걸었다. 내가 제대로 이해한 것인지 알고 싶었기 때문이다.

“만약 어떤 사람이 흑인이라고 해서 때렸다면 그건 혐오범죄라 할 수 있지요?”

“맞습니다.”

“아시아인이라는 이유로 어떤 여자를 강간했다면 혐오범죄라 할 수 있지요.”

“맞습니다.”

“여자라는 이유로 어떤 여자를 강간했다면 그건 혐오범죄라 할 수 없지요?”

“맞습니다.”

“어떤 사람을 흑인이라는 이유로 노예로 만들거나, 다른 식으로 해서 그 사람이 일하도록 강제한다면, 그건 혐오범죄라고 할 수 없지요?”

문명과 혐오

"맞습니다."

나는 고맙다는 인사를 하고 전화를 끊었다.

■　　■　　■

1823년, 미국 연방 대법원 판사 존 마셜(John Marshall, 미국의 법학자이자 정치가. 미국 헌법의 틀을 만들었고 역사상 가장 오랜 기간 연방 대법원 판사로 재직했다 – 옮긴이)이 눈에 띄는 판결문을 하나 썼다. 사람들이 대체로 인정하고 싶어하지 않는 문제에 대해 그는 무척 솔직하게 접근했다. 미국 정부, 그리고 더 넓게 보면 유럽식 미국 문화가 어떤 방식으로 이 대륙을 차지할 수 있었는지에 대한 것이었다. 청교도들과 식민 지배자들이 여기에 상륙했을 때 이 대륙에 아무도 안 살고 있었다고 믿는 사람은 이제 거의 없다. 원래 살던 사람들, 즉 인디언들이 이 땅이 자기 것이라고 주장하지 않았다고 믿는 사람도 거의 없다. 오늘날 연방 정부는 미국 땅의 33퍼센트는 협정에 의해 양도받은 적이 없고 따라서 불법적으로 전유한 것임을 인정하고 있다. 그렇다면 정부는, 그리고 원주민이 아닌 우리는 어떻게 이 땅에 대한 소유권을 정당화할 수 있는 것일까?

그에 대해 마셜은 이렇게 말했다. 존슨 대 매킨토시 소송 재판의 판결 내용이었다. "발견한 것으로 자격이 생긴다. 그 자격은 점유로써 완성될 수 있다." 이어서 그는 이런 추론을 펼친다. "사람 사는 땅을 발견해서 정복지로 바꾼다는 주장이 아무리 터무니없어 보인다 해도, 처음부터 그 원칙이 주장되었고 그후로 계속 유지되어왔다면, 그 원칙 아래에서 나라가 세워졌고 유지되어왔다면, 그 공동체 대다수의 재산이 그것에서 나온 것이라면, 그 원칙이 토지 소유의 법이 된다. 그것은 의문시되어서는 안 된다." 그 말을 번역하면 이렇다. 정복이 공동체의 기초가 되었다면, 그것이 없이는 공동체가 존재하지도 않았을 것이라면, 정복은 **의문시되어서는**

안 된다.

그는 더욱더 노골적으로 이렇게 말했다. "이것이 천부 인권에 반한다 하더라도, 또 문명 국가의 관습에 맞지 않는다 하더라도, 그것이 그 제도에 필수적인 것이어서 그것 아래에서 나라가 자리 잡아왔다면, 그리고 인권과 관습 양쪽의 실질적인 조건에 맞게 적용해왔다면, 그것은 이성의 지지를 받을 수 있을 것이다. 당연히 법정에 의해 거부되어서도 안 된다." 그는 이렇게도 말했다. "개인들의 사적인 견해나 억측이 어떠하든, 정복으로 인해 부여된 자격을 정복자의 법정이 부인할 수는 없다." 이것도 번역해보자. 제도 전체가 부정의에 기초하고 있으면 대법원은 이 부정의를 법률로 만드는 일밖에 할 수 없다. 좀 더 의역을 하자면 이렇다. 인디언 한 명 죽이는 것은 혐오범죄일 수도 있고 아닐 수도 있다. 그러나 그들의 문화 전체를 빼앗는 것은 "이성의 지지를 받는 것이고, 법원이 거부할 수 없는 것이다."

■　　■　　■

혐오범죄란 무엇인가? 혐오는 무엇인가? 여기서 범죄는 무엇인가? 혐오 집단에 대해 이야기할 때 우리는 왜 그렇게 시야를 좁혀서 가장 터무니없고 가장 엽기적이고 가장 개인적이거나 가장 작은 규모의 범죄만 이야기하는가? 왜 더 큰 목표물을 좇아가지 않는가? 성문화되어 법률, 종교, 철학, 과학 뒤에 숨어 있는 제도적인 혐오나 착취는 왜 보지 않는가? 나치들도 자신들이 인간 이하라고 판결한 자들에 대한 혐오감을 과학의 언어로 덮어 감추었다. 그들이 사용한 과학의 언어는 우생학이었다. 그것은 사회적 다윈주의와 함께 시대를 풍미한 정신나간 생물학적 결정론이었다. 경제의 탈을 쓴 혐오는 또 어떤가? 가장 명백한 예인 아파르트헤이트(남아프리카 공화국의 극단적인 인종차별 정책과 제도. 남아프리카에서는 17

세기 전부터 소수의 백인이 다수의 흑인을 정치·경제적으로 차별했으며, 이러한 인종차별주의는 1948년 국민당의 단독 정부 수립 후 제도로서 확충·강화되었다-옮긴이)는 또 어떤가?

뉴질랜드의 양고기에게
풍부한 초원과 강수량은 무엇이었을까
오스트레일리아의 양털에게
풀을 뜯을 곳이 많다는 것은 무엇이었을까
캐나다의 밀에게
기름진 초원이 광활하다는 것은 무엇이었을까
그것은 값싼 원주민 노동력에게
남아프리카 광산 사업가들이 의미하는 것과 같은 것이었다

— C. W. 드 키위에트(C. W. De Kiewiet)

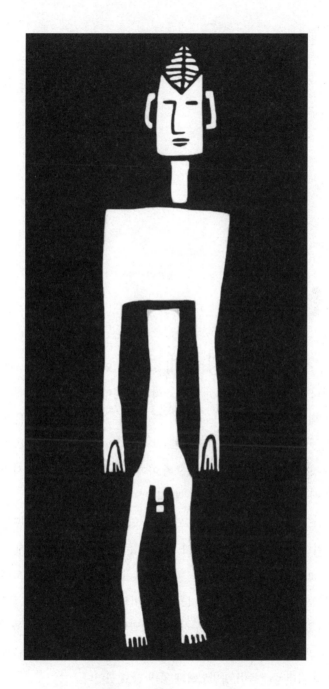

유용성

다이아몬드를 생각해보자. 미국인 대다수가 다이아
몬드 하나씩은 가지고 있을 것이다. 그러나 다이아몬드 거의 대부분을 단
하나의 회사 '드비어스(DeBeers)'가 공급한다는 것을 아는 사람은 극히
드물다. 아파르트헤이트 법안들이 드비어스 사와 그와 관련된 광업회사
들의 요청으로 마련되고 시행되었으며 아파르트헤이트가 그들 회사의 이
익에 명백하게 복무한다는 것을 아는 사람은 더더욱 드물다.

　유럽인들이 도래하기 전, 남아프리카는 안정되고 조화롭고 오래된 공
동체들이 자리 잡고 있는 곳이었다. 그 중에는 산(San) 족도 있는데, 그들
은 거의 200만 년 전부터 대대로 그 지역에 살고 있었다. 그만큼 오랜 시
간 동안 한 곳에서 지속한 인류 문화는 찾아보기 어렵다. 그리고 코이코
이 족도 있었는데 네덜란드 이주자들은 경멸의 의미를 담아 그들을 호텐
토트 족(말 더듬는 사람이라는 뜻)이라 불렀다. 또 반투 어족이라고 묶이는
언어권의 여러 종족들이 광범위하게 자리 잡고 있었다.

남아프리카에 온 유럽 탐험가와 이주민들의 악행이 더 심했는지, 다른 모든 곳의 유럽인들이 저지른 짓의 되풀이였을 뿐인지는 말하기 어렵다. 아마 둘 다였을 것이다. 그들은 왔노라 보았노라 이겼노라 했을 뿐 자신들에게 그럴 권리가 있는지에 대해서는 의심하지 않았다. 네덜란드동인도회사는 지금의 케이프타운 부근에 교역소를 세우고 매년 확장해갔다. 그곳의 사령관이었던 얀 반 리벡은 "네덜란드에 들어갔어도 그런 식으로 할 수 있었겠느냐"는 질문에 마셜보다 160여 년 앞서 이렇게 말했다. "이 나라는 전쟁으로 칼에 의해 정당하게 획득한 것이고 그것을 계속 보유하려는 것뿐이다." 코이코이 족이 계속해서 항의했지만, 그는 "그들에게 진정 우리를 몰아낼 용기가 있는 게 아니라면, 우리의 정복에 대한 대가로 그들은 더 많은 땅을 잃게 될 것"이라고 말했다. 코이코이 족은 자신들의 땅에서 쫓겨나 노예로 전락했고 종국에는 멸족에 이르렀다. 산 족도 살던 땅에서 쫓겨났다. 반투 족은? 다이아몬드가 발견된 곳이 반투 족 영토였다.

그런데 다이아몬드 이야기로 들어가기 전에 한 가지를 분명히 해야 할 것 같다. 침략자의 관점에서 보면, 즉 아파르트헤이트를 만든 사고 체계 안에서 보면, 이들 부족에게 저지른 어떤 짓도 혐오나 인종차별주의에서 나온 것이 아니다. 아무것도 혐오 집단이 저지른 혐오범죄라고 보이진 않을 것이다. 실제로 아파르트헤이트는 범죄가 아니었다. 그것은 **법**이었다.

아프리카인들을 그렇게 대한 것은 혐오 때문이 아니라 영토 확장을 위해서였다고 말할 수도 있을 것이다. 그것이 진보였다고 볼 수도 있다. 확실히 그것은 경제적 생산의 일환이었으니 말이다. 아파르트헤이트 법이 실제로 원주민들을 돕기 위해 시행되었을 수도 있다. 해리 스미스 총독은 걸핏하면 원주민 족장에게 칼을 들이대고 자기 발에 입 맞추도록 했는데, 그는 족장에게 이렇게 말했다. "이제 당신들은 벌거벗은 사악한 원시인으로 살지 않아도 되오. 노동을 하고 근면해지지 않으면 영원히 원시인으로 살 것이오. 일을 해야 돈을 벌어서 부자가 된다는 걸 알아야지."

단순히 아파르트헤이트 법은 필요에 의해 생겼고, 그에 대해 의문이 제기된 적이 없었다고 볼 수도 있다. 시야가 제한되어 있으면, 즉 안에서 보아서는 혐오가 보이지 않는다.

이제 다이아몬드 이야기를 해보자. 1867년 남아프리카에서 다이아몬드가 발견된 뒤 1871년까지 많은 사람들이 몰려들었고 남아프리카는 세계에서 다이아몬드를 가장 많이 공급하는 나라가 되었다. 광산은 백인들만 소유할 수 있었는데 광산에서 일하는 사람은 거의 다 흑인이었다. 그당시 인건비가 광산을 운영하는 데 들어가는 비용 중 가장 큰 비중을 차지했는데 자유로운 노동 시장은 임금을 상승시킬 위험이 있었다. 그것은 광산 소유주에게는 큰 손실이었으므로 노동자들에 대한 통제가 필요했다. 그렇게 해서 악명 높은 '패스 법(흑인에게 신분증〔pass〕 휴대를 의무화한 법률 – 옮긴이)'이 제정되었다. 이 법은 저녁 여덟 시 이후 원주민의 활동을 금지하고 모든 원주민 노동자들은 신분증을 소지하고 다니다가 언제 누가 보여달라고 하든 신분증을 제시해야 한다는 내용이었다. 이것을 어길 때에는 태형에 처해졌다. 그 법은 노골적인 혐오에서 나온 것이 아니라 경제적인 목적을 위해 통과된 것이었다. 아파르트헤이트 이행의 각 단계에서도 경제적인 이유가 있었음을 우리는 보게 될 것이다.

고용주들은 노동자가 다이아몬드를 몰래 숨겨 나갈까 봐 걱정스러웠고 패스 법은 자유로운 노동 시장 형성을 막는 데 충분하지 못했다. 그래서 고용 기간 동안 회사의 '컴파운드(울타리를 친 원주민 노무자의 주택 지구 – 옮긴이)'에 아프리카인 노동자들을 가두어두기 시작했다. 이것은 오늘날까지 남아 있는 죄수 노동에 기원을 둔 것이었다. 노동자들은 몇 년씩이나 되는 계약 기간 동안 가족과 모든 외부 사람들과 떨어져 있어야 했다. 접촉 불가 규칙에서 예외를 인정받은 사람들은 선교사들뿐이었다. 그들

문명과 혐오

은 "원주민들의 마음에 간단한 기독교 윤리 두 가지를 심어주라는 명을 받았다. 그것은 복종의 미덕과 노동의 고귀함이었다."

남아프리카 경제에 있어 금도 다이아몬드만큼이나 중요한 것이었다. 그리고 아파르트헤이트의 형성에도 다이아몬드 못지않게 중요한 역할을 했다. 남아프리카에서 금광이 발견된 것은 1868년이지만 금광업이 본격적으로 시작된 것은 위트워터스랜드에서 큰 금맥이 발견된 1886년부터였다. 다이아몬드 광산을 가진 자들이 금광도 독점했는데 그들은 두 사업 모두에서 똑같은 필요를 만나게 되었다. 그것은 값싼 노동력이었다.

남아프리카 광업 관료가 이렇게 물었다. "강제성 없이 광산에 가게 할 방법이 있나? 내가 아는, 강제로 내모는 방법 말고 다른 것이 있을까? 아주 높은 노임을 주면 가능하겠지만 …… 그러면 우리의 목표에 안 맞지 않은가." 원주민노동국의 국장은 또 이렇게 말한다. "(아프리카 사람이) 노동자로서 완전히 자유로운 행위자가 되면 …… 틀림없이 산업이 흔들리고 나라의 경제가 위험해질 것이다."

공동체가 부정의에 기초하여 세워졌다면, 그 부정의에 대해 의문을 제기해서는 안 된다.

원주민들 대부분은 땅에서 쫓겨났기 때문에 노동력을 팔지 않을 수 없었다. 그들이 살던 땅을 떠나 광산으로 들어가게 하기 위해 정부(광산 소유주들과 그 비슷한 다른 사람들로 구성되어 있었다)는 인두세, 오두막세를 매겼고 심지어 개에 대해서도 세금을 부과했다. 원주민들은 이전에는 현금 경제에 속해 있지 않으므로, 세금을 내기 위해서는 광산에 가서 돈을 벌어야 했다.

법률은 그후로 더 많이 제정되고 통과되었다. 그때나 지금이나 당연히 혐오가 아닌 연민에서 이루어진 일이었다. 남아프리카의 수상이자 드비어스 사와 다른 광산 관련 회사의 소유주였던 세실 로드스에 따르면, 그

법들의 목적은 "이 불쌍한 어린이들을 나태와 게으름에서 벗어나게 하고 그들이 세상으로 나가서 노동의 고귀함이 깃든 어떤 것을 찾을 수 있도록 부드러운 자극 같은 것을 주기 위함이다." 그렇게 하기 위해 그는 '주인과 노예 법안'을 발의했다. 그것은 백인 고용주에게 비백인 종업원을 구타할 권리를 준 것이었다. 그 법안은 일반적으로 '자기 검둥이 때리기 법'이라는 이름으로 불리게 되었다. 세실 로드스는 나중에 '글렌 그레이 법'을 통과시키기도 했는데, 그것은 토지세를 부과하고 토지의 공동 소유를 개인 소유로 바꾸고 아프리카인들이 상속 규칙을 따르게 하여 가족 중 한 사람 외에는 토지를 소유하지 못하게 하는 것이었다. 보완된 '주인과 노예법'은 노동조건이 아무리 열악해도 아프리카인은 계약을 파기하지 못하도록 했다. 그러나 계약을 깬 흑인을 죽인 데 대한 처벌 조항은 그 법률 어디에서도 찾아볼 수 없었다. 광산에서의 사망률은 매년 8퍼센트에서 10퍼센트 사이를 오르내렸는데, 그것은 1899년에만 광산에서 8,000~1만 명이 죽음을 당했다는 얘기다(하루 평균 25명 정도).

이어서 아파르트헤이트 퍼즐의 마지막 조각은 1910~20년대 자리에 들어가게 된다. 원주민 공동체에 대한 탈취와 절멸, 전국적 규모의 인종분리가 이 시기에 일어났다. 광업회의소 의장에 따르면, 이 시점에 광산에 필요한 것은 "특별 보류지를 제외한 토지의 소유권이 백인들의 손에 들어가도록 영원히 확립하는 정책이다. 남아도는 젊은 인력이 게을리 땅에 웅크려 있는 대신 임금을 벌기 위한 노동을 해서 생계를 유지하도록 하는 것이다. 토지 소유주가 아닌 백인 남자들이 모두 그렇게 하듯이 말이다."

광산은 필요한 노동자들을 얻었다.

■　　■　　■

솔직히 난 내가 백인으로 태어난 것이 참 다행이다 싶다. 내 인종 때문

문명과 혐오

에 증오나 혐오의 눈길을 받아본 적은 거의 없기 때문이다. 10대 때 나는 서던캘리포니아대학교에서 여름을 보낸 적이 있다. 난 종종 학교 밖을 배회하다가 와츠(로스앤젤레스의 흑인 밀집 지역–옮긴이)로 가서 흑인들이 농구하는 모습을 구경하곤 했다. 처음에는 그들과 같이 있는 것이 두려웠다. 난 백인이고 그들은 흑인이고, 흑인은 위험할지도 모른다고 텔레비전에서 들었던 것이다. 결국 나는 기숙사의 흑인 친구에게 그들과 같이 농구를 해도 괜찮겠느냐고 물어보았다. 그의 일그러진 얼굴을 난 결코 잊지 못할 것이다. 그는 이렇게 대답했다. "너, 백인 동네에서 컸지? 넌 정말 아무것도 모르는구나." 그러고는 나의 모욕을 농담으로 받아쳤다. 깔깔 웃더니 이렇게 말했던 것이다. "그 애들이 농구공을 들고 있는 동안은 너한테 총을 겨눌 수 없을 거야." 그후로 우리는 매일 이른 아침에 그 동네를 가로질러 달리기 시작했다. 그는 인종차별적인 나의 두려움을 장난스럽게 놀려대면서 이렇게 주의를 주었다. "내 뒤로 처지면 안 돼. 여기선 백인이 흑인을 쫓아가는 건 말이 안 되니까."

나는 여러 번 그곳에 밤 농구를 하러 갔다. 우린 아주 재미있게 놀았다. 딱 한 번 내가 두려움을 느꼈던 밤은 한 녀석이랑 100점 내기 일대일 농구를 할 때였다. 그 녀석은 틈만 나면 자기 가방으로 달려가서 "힘나는 약"이라며 뭔가를 집어먹었다. 무서웠다. 흑인 젊은이들과 마약을 경계해야 한다는 것도 텔레비전에서 봐왔으니 당연한 일이었다. 그가 언제 폭력적으로 돌변할지 모를 일이었다. 내게서 뭔가를 빼앗으려 할지도 몰랐다. 마침내 그가 나더러 좀 먹겠느냐며 손을 내밀었다. 젤리빈 과자였다.

내가 인종 때문에 혐오를 받은 적이 있기는 하다. 자주는 아니지만 몇 번, 흑인들과 농구를 할 때 스포츠도 인종 간 긴장을 누그러뜨리지 못할 때면, 나는 필요 이상으로 팔꿈치 공격을 받고 욕먹을 짓을 하지 않았는데 욕을 듣기도 했다. 또 인디언들과 함께 있을 때 까닭 없이 뚫어지게 쳐다보는 시선을 몇 번 받은 적이 있다. 그 외에도 서던캘리포니아대학교에서 내 친구를 모욕한 것처럼, 무식해서 모욕을 주는 실수를 저질러 그런 시선을 받은 적이 있다.

그러나 인종 때문에 내가 받았던 시선 중에 가장 증오에 찬 것은 백인의 시선이었다. 오카나간 인디언인 내 친구 지네트 암스트롱과 함께 뉴질랜드에 있을 때였다. 지네트는 마오리 족 친구들과 어떤 일을 하는 중이었고 나는 그 일을 돕기 위해 그곳에 가 있었다. 마오리 족 중에도 내 인종 때문에 나를 아주 싫어하는 사람이 있었지만 대체로 그들은 내가 만난 사람들 중 이방인에게 가장 우호적인 사람들이었다. 마오리 족 사람들 중 어떤 부부는 내가 떠날 때 아름다운 티셔츠를 하나 주었는데, 앞에 마오리 깃발이 그려져 있고 '마오리 란고티리탕가—마오리 독립'이라고 씌어 있는 티셔츠였다. 나는 그들에게 그것을 받았다는 것도 기뻤지만 그것을 입는 것도 무척 자랑스러웠다.

난 그 전에는 '검둥이를 사랑하는 자(nigger lover, 흑인과 친하게 지내거나 흑인 민권을 지지하는 백인을 경멸하여 일컫는 말—옮긴이)'가 욕이라는 것을 알지 못했고 인종 배신자를 쳐다보는 경멸의 눈길에 대해서도 알지 못했었다. 그런데 그때 조금은 알게 되었다. 백인 남자들, 백인 여자들은 내 얼굴을 보고 내 티셔츠를 쳐다본 다음 다시 눈길을 들어 나와 눈을 마주쳤다. 그들의 입은 입꼬리가 처진 채 꾹 다물어져 있었고 턱은 바짝 당겨져 있었고 뺨은 뻣뻣하게 굳어 있었으며 눈은 성난 빛을 띠고 있었다. 그들 중 몇몇은 여차하면 나를 후려칠 기세였다.

나는 뉴질랜드를 떠나는 길이었다. 그래서 공항으로 가서 뉴질랜드 국내선 비행기를 타는 겨우 몇 시간 동안만 그런 증오를 경험했다. 그 다음 국제선 비행기를 타는 동안 그리고 집에 도착한 다음에는 티셔츠의 글이 의미하는 바를 알아보는 사람이 없었으므로 모욕을 받을 일은 없었다.

'어떤 것을 상상도 할 수 없다'는 흔히 쓰는 표현이지만, 내가 걸친 셔츠가 아니라 내가 걸친 피부색 때문에 그런 눈길을 받는 것이 어떤 것일지 나는 진실로 상상하기가 불가능하다. 늘 그런 눈길을 받는 것, 어디를 가든 그토록 환영받지 못하고 매일매일 경멸이나 그보다 더한 것을 받는 것이 내 마음에 어떤 작용을 할지 알 수 없다. 내가 그런 눈길을 내면화해서 나 자신을 혐오하기 시작하는 것도 그다지 어렵지 않을 것으로 보인다.

내가 백인이어서 다행인 이유가 또 있다. 나는 교도소에 가서 재소자들을 가르치는 일을 좋아하는데 그보다 훨씬 더 좋아하는 것은 수업을 마치면 집으로 돌아온다는 사실이다. 내 학생들은 그런 호사를 누리지 못한다.

미국 인구에서 흑인들이 차지하는 비율은 12.5퍼센트에 불과하지만, 1년 이상 형을 받은 재소자 중 흑인이 차지하는 비율은 45퍼센트가 넘는다. 미국에서 흑인이 교도소에 갈 확률은 백인의 아홉 배가 넘으며, 아파르트헤이트 시기 남아프리카의 흑인 수감율의 네 배나 된다. 아프리카계 미국인들 중 20~29세 남성 30퍼센트 이상이 사법제도의 감독 아래에 있다. 즉 재판을 기다리는 중이거나 수감되어 있거나 집행유예 중이거나 보호관찰을 받는 중이다. 곳에 따라서는 그 비율이 훨씬 높은 지역도 있다. 예를 들어 워싱턴 D.C.에서는 18~35세의 흑인 42퍼센트가 사법제도의 감독 아래에 있고, 볼티모어에서는 56퍼센트가 그러하다. 절반이 넘는다. 캘리포니아에서 삼진아웃제도(유죄 판결을 세 번 받은 사람은 모두 종신형에 처하는 캘리포니아 주의 제도-옮긴이)가 발효되고 처음 2년 동안 이 제도의 적용 대상이 된 사람들의 43퍼센트는 흑인이었다. 흑인의 인구 비율은 고작 7퍼센트인데 그 중 20퍼센트가 수감되어 있다. 히스패닉, 아시아계, 아메리카 원주민들도 인구 비율에 비해 훨씬 많은 수가 교도소에 갇혀 있다.

나는 교도소에서 네 강좌의 글쓰기 강의를 하고 있다. 그 중 세 개는 경비 정도가 가장 높은 '4급' 재소자들을 대상으로 하고 하나는 경비 정도

유용성

가 가장 낮은 '1급' 재소자들을 대상으로 한다. 약 60명의 4급 학생들 중에서 백인은 여섯 명이다. 반면 1급 학생 여섯 명 중에 백인이 아닌 사람은 단 한 명뿐이다.

내가 백인으로 태어난 것이 참 다행이다.

■   ■   ■

경찰국가를 정확히 뭐라고 정의할 수 있을까? 1인당 경찰관 수를 보고 경찰국인지 아닌지를 판단해야 할까? 교도소 수로? 경찰이 기관총이나 장갑인원수송차를 사용하는 걸로? 파업을 깨는 데 경찰이나 군대를 활용하는 것, 아니면 무솔리니가 잘했던 '기차 제시간에 다니게 하기'로?(무솔리니 때는 그래도 기차가 제시간에 딱딱 왔다는 이야기를 이탈리아 노인들이 흔히 한다─옮긴이) 경찰국가란 사회 불안을 멈추기 위해 경찰이나 군대를 쓰는 것으로 정의할 수 있을 것이다. 아니면 야간 통행금지를 광범위하게 실시하는 것. 사유재산을 제멋대로 몰수하는 것. 이런 건 어떨까? 나치 독일처럼 특정 인종을 수용소나 감옥에 분리해두는 데 힘을 사용하는 것으로 경찰국가를 정의할 수 있지 않을까?

■   ■   ■

제일 적게 잡은 통계를 보아도, 미국에서는 매일 최소한 4~6명 정도가 경찰관을 만나게 된 결과로 목숨을 잃는다. 이런 사망 사고는 총탄 발사, 구타, 고속 추격의 결과로 일어나기도 하고 교도소에서 건강 문제를 무시함으로써 일어나기도 한다. 이런 죽음을 당한 사람들 대다수는 인종적·민족적 소수자들이다. 그리고 경찰관 대다수는 백인이다.

사망자 수는 앞서 내가 말한 것보다 약간 적을 수도 있고 훨씬 많을 수도 있다. 경찰의 공권력 과잉 사용에 관한 전국 통계 자료가 존재하지 않아 정확히 알 수가 없다. 1994년 폭력범죄단속법 통과 후로 경찰의 공권력 과잉 사용에 관한 전국 통계를 연방 정부가 수집하게 되어 있는데—혐오범죄 통계 수집 의무와 마찬가지다—매년 의회는 그에 필요한 예산 배정을 하지 못했다. 데이터가 없기 때문에 그 문제를 인식하고 분석하기가 훨씬 어렵고, 그것을 멈추게 하기 위한 효과적인 행동을 하기도 어렵다.

그래서 그런 사건에 대해 우리가 알 수 있는 것은 단편적인 사건 보고뿐이다. 그런 보고도 계속 이어지고 있는데, 관련된 사람들에게는 그것이 단순히 하나의 일화나 통계 수치에 불과하지 않을 것이다. 하나의 생명이 사라진 일이니 말이다.

■　　　　■　　　　■

다음의 사람들은 순순히 경찰 지시를 따르다가 죽음을 당했다.

에드워드 앤토니 앤더슨, 1996년 1월 15일, 바닥에 엎드린 채 수갑을 찬 상태에서 총에 맞다. 프랭키 아르주에가, 15세, 1996년 1월 12일, 머리 뒤쪽에 총을 맞다. 그 다음 날인 어머니날, 그의 가족은 알 수 없는 사람에게서 비아냥거리는 전화를 받았다. 회신 다이얼을 누르니 경찰이 나왔다. 앤토니 바에즈, 1994년 12월 22일, 뉴욕 시 길거리에서 축구를 했다는 이유로 질식사당하다. 르니 캠포스, 수감 중이던 그가 자기 목에 티셔츠를 절반 이상 쑤셔넣어서 자살했다고 경찰은 발표했다. 폐에 이르는 기관의 4분의 3까지 티셔츠가 쑤셔넣어져 있었다. 갈랜드 카터, 17세, 1996년 1월 8일, 등 뒤에서 경찰이 쏜 총을 맞다. 그날 그 일이 있기 전 경찰관이 피해자의 집 옆을 지나고 있는데 손가락으로 총 모양을 만들어 "발포"했다는 것 때문이었다. 앤젤 카스트로, 15세, 1996년 10월 23일, 경찰로부터 죽이겠다는 위협을 받고 살던 동네를 떠나 이사를 했다. 그후 친구 생일 파티에 가기 위해 자전거를 타

유용성

고 예전 동네로 갔다. 경찰 순찰차에 부딪혀서 이가 부러졌는데, 일어나려는 순간 경찰이 총을 쏘았다. 셰릴 콜론, 1997년 4월 24일, 아파트 지붕에서 경찰이 밀어서 사망. 그 다음 경찰은 그의 등 뒤로 채워져 있던 수갑을 제거했다. 로이즈 드지저스, 1994년 4월 11일, 발작이 일어난 상태여서 가족이 911에 전화를 했을 정도였는데도 경찰에 구타를 당해 죽었다. 아마두 디알로, 1999년 2월 4일, 뉴욕 시의 자기 건물에서 현관에 있는 지갑으로 손을 뻗다가 총알 41발을 맞다. 아서 디아즈, 1994년 9월 10일, 교통 신호를 위반한 그를 경찰이 붙잡자 도망쳤는데, 경찰관들은 순찰차로 그를 친 다음 후진해서 다시 한 번 쳤다. 케네스 브라이언 페넬, 1993년 8월 30일, 제한속도 시속 65마일(시속 105킬로미터 정도-옮긴이) 지역에서 시속 70마일로 운전했다는 이유로 경찰이 차를 세웠는데 내리자마자 근거리에서 네 발의 총알을 맞았다. 사실은 '흑인운전죄'에 걸린 것이었다. 라몬 갈라도 시니어, 예순네 살의 은퇴한 농부이자 열세 살짜리 아이의 아버지, 1997년 7월 11일, 주소를 잘못 찾아온 스왓 팀(SWAT, 경찰 특수부대-옮긴이)에게 총탄 열다섯 발을 맞다. 조니 가마지, 1995년 10월 12일, 손전등으로 맞은 다음 목이 졸려 죽다. 차를 몰고 백인 동네를 지나가는 성공한 흑인 사업가였기 때문이다. 랄프 개리슨, 69세, 1996년 12월 16일, 검은색 옷을 입은 스왓 팀이 옆집을 털려는 것으로 오해하고 911에 전화한 다음 총을 들고 현관으로 걸어가다가 총을 맞다(스왓 팀은 덤으로 그의 개까지 쏘았다). 웨인 게리슨, 옷장 안에 벌거벗고 숨어 있던 중에 경찰이 쏜 총을 맞다. 벨리스 그린, 죽을 때까지 손전등으로 맞다. 주먹을 펴기를 거부했다는 것이 이유였는데 그의 손에는 종이 조각이 들어 있었다(그를 죽인 경찰관에 대한 유죄 판결이 나중에 뒤집어졌는데, 배심원들이 숙고하기 위한 휴식 시간 동안 영화 〈말콤 X〉를 보았던 것이 부분적인 원인이었다). 라타냐 해거티, 1999년 6월 4일, 노동계급 집안에서 최초로 대학에 진학한 그녀는 휴대전화를 손에 들고 있었다는 이유로 총을 맞았다. 에세키엘 헤르난데스 주니어, 18세, 1997년 5월 20일, 방과 후 염소를 몰고 가다가 머리 뒤쪽에 총을 맞았다(그가 총을 가지고 있었던 것은 사실이지만 염소 떼를 보호하기 위한 것이었고 그는 경찰이 자신의 뒤를 쫓고 있다는 것을 알지도 못했었다). 샐러먼 아람불라 헤르난데스, 1997년 2월 15일, 주유한 다음 기름값을 내는 걸 깜빡해서 다시 차를 몰고 가서 5달러를 냈다. 주유소 직원이 벌써 경찰을 불렀다는 이야기를 듣고 주유소에서 경찰을 기다리고 있었는데 경찰이 그 자리에서 총 세 발을 쏘았다. 니콜라스 헤이워드 주니어, 13세, 1994년 9월 27일, 전에도 열다섯 살까지 살기 힘들 것이라는 협박을 경찰에게 듣곤 했던 그가 친구들과 경찰 놀이를 하느라 주황색 장난감 권총을 들고 있었는데 그때 경찰이 그 건물에 도착했다. 니콜라스는 총을 떨어뜨리고 이렇게 말했다. "우리는 그냥 놀고 있었어요, 우린 그냥……" 그는 말을 끝맺기도 전에 총에 맞아 죽었다. 대릴 하워턴, 1994년 9월 8일, 다른 사람의 집 지키는 개한테 먹이를 주다가 총알 여섯 발을 맞았다. 황용신, 1995년 3월 24일, 우등상을 받은 이 9학년생을 경찰관이 유리문에 내동댕이친 다음 머리에 총을 쏘았다. 펠릭스 조지 주니어, 1994년 7월 28일, 교도관이 심하게 구타한 다음 화장지 14미터를 입과 코에 쑤셔넣어 질식사시켰다. 티샤 밀러, 1998년 12월 28일, 고장난 차에서 자고 있다가 깜짝 놀라서 깨는 순간 총알 열두 발을 맞았다. 제이슨 니콜스, 1994년 10월 17일, 경찰이 그를 다른 사람으로 오인하여 바닥에 엎드리게 한 다음 머리에 총을 쏘았다. 로빈 프래트, 1992년 3월 28일, 집을 잘못 찾아온 스왓 팀으로부터 아기를 보호하려고 달리다가 기관총에 맞다. 바비 러스, 1999년 6월 5일, 노스웨스턴 대학 졸업을 2주 남겨두고 부모님 집에 가기 위해 운전을 하던 중 경찰의 총에 맞아 죽다. 헨리 산체스, 1996년 10월 19일, 집 근처에서 자전거를 타다가 맞아 죽다. 토머스 스킬, 1998년 5월 19일, 주차장에서 검정색 레이스 팬티와 흰 앞치마를 입고 자위를 하다가 온몸이 구멍투성이가 되도록 총을

유용성

맞다. 드와이트 스티곤스, 무단횡단을 한 다음에 성경책을 꺼내려고 손을 뻗다가 뒤에서 총을 맞다. 케네스 마이클 트렌타듀, 1995년 8월 21일, 체포된 다음 감방에 수감됐는데 경찰이 감시 카메라를 정지시킨 다음 경찰봉으로 머리를 내리치고 구두 자국이 남을 만큼 세게 얼굴을 차고 전기충격봉으로 마비시켜 목구멍을 찢고는 시신을 다른 방으로 옮긴 다음 자살이라고 했다. 힐턴 베가와 안토니 로사리오, 1995년 1월 12일, 사촌 간인 두 사람은 아무 혐의도, 아무 이유도 없이 바닥에 엎드려 수갑을 찬 상태에서 뒤에서 총 열네 발을 맞았다. 그날 밤 뉴욕 시장 길리아니는 그들을 죽인 경찰을 불러 어떤 일을 잘 했다고 표창을 했다. 안토인 케숀 워슨, 1996년 6월 13일, 자신의 차에 앉아서 손을 허공에 올린 상태에서 총알 열여덟 발을 맞다(첫발을 쏜 다음 한 경찰관이 이렇게 말했다. "검둥이 넌 이제 죽었어."). 아론 윌리엄스, 1995년 6월 4일, 그를 강도로 의심한 경찰이 집 밖으로 나오라고 해서 나가자 경찰관 열두 명이 몰려들어서 손발을 묶고 벽에 머리를 부딪치고 때리고 최루가스를 뿌리고 구두 자국이 남을 만큼 세게 얼굴을 걷어찼으며 그 다음에는 외과 수술용 마스크를 얼굴에 씌워서 최루가스를 마시게 했으며 경찰 차 뒤에 던져놓고 병원 세 군데를 지나쳐서 경찰서로 가서는 주차하고 차 안에 그냥 내버려두어서 죽게 했다.

이 명단은 얼마든지 더 길어질 수 있다.

■　　　■　　　■

처음으로 교도소로 걸어들어갈 때 기분이 어떨지 상상해보라. 그곳에서 그 다음 해까지, 또는 2년, 5년, 10년을 살아야 한다는 걸 알고 들어갈 때를 상상해보라. 여생을 전부 거기서 보내야 한다면 어떨까. 호루라기 소리를 들으면서 수갑을 찬 채 방들이 늘어선 긴 복도를 걸어가는 기분이 어떨지, 높은 층을 올려다보면 나를 보고 있는 갇힌 얼굴들과 마주치게 되는 기분이 어떨지 상상해보라. 그들 중 누가 나를 못살게 굴면 어쩌나 생각해보는 것이 어떤 기분일지.

내 학생 중 한 명이 내게 이런 말을 했다. "실제 어려움은 카운티 교도소 같은 곳처럼 극단적이진 않아. 거기서는 다른 재소자들이 우선 돈을 뺏고, 내가 자기들 맘에 들면 테니스화 위에 양말을 신고 나를 걷어차지. 그러고는 변기를 올리고 그 옆에서 자라고 해."

"만약 그들 맘에 안 들면?"

"그건 안 듣는 게 좋아."

감옥에 가는 것이 어떤 것일까 하고 생각할 때 많은 경우 머리에 제일 먼저 떠오르는 것이 강간을 당할지 모른다는 것이다. 교도소 강간이 대중에게 많이 알려져서 이제는 시트콤, 영화, 심야 텔레비전 토크쇼에까지 우스갯소리로 등장한다. 순진한 남자가 사랑에 굶주린 '형님'과 함께 갇혀 있는 공포스러운 상황이 소재가 되는 것이다. 낮에는 역기를 들어올리면서 시간을 보내던 형님과 밤에 단둘이 있게 된다는 따위의 얘기 말이다.

이런 공포가 퍼져 있는 데서 오는 이점이 없는 건 아니다. 연방 교도국의 추정치를 보면 교도소 내 남성 강간의 비율은 9~20퍼센트다. 한 교도소—1982년 캘리포니아 주의 중급 경비 교도소—를 매우 철저하게 조사한 통계자료를 보면 그 교도소 수감 인원의 14퍼센트가 그곳에서 성적인 폭행을 당한 적이 있었다(이성애자 중 9퍼센트, 동성애자 중 41퍼센트가 성폭행 당한 경험이 있었다). 좀 더 최근에는 네브래스카 교도소 전체를 대상으로 연구가 이뤄졌는데, 응답자 22퍼센트가 강제로 성적 접촉을 당한 적이 있다고 했다. 그러나 내가 가르치는 1급 수감자들에게 물어보니(그 중 많은 사람들은 그 전에 더 높은 경비 등급의 교도소에 있었다) 모두들 교도소 강간에 대해서는 거의 듣도 보도 못했다고 말했는데, 나는 그 말을 믿는다.

유용성

대중에게 알려진 수준을 넘어 이제는 가벼운 농담거리가 된 교도소 내
강간이 그렇게 많이 일어나는 데 대해(내가 가르치는 재소자들이 예외라고
가정하고) 분노하는 사람은 전혀 없었다. 1988년에는 그 문제가 고등법원
에까지 갔는데 거기서는 그것을 "국가적 수치"라고 불렀다. 버몬트의 교
도관은 그것이 "창살 뒤편 삶의 현실"이라고 했다. 그리고 더 자세히 이
렇게 설명했다. "감금 생활의 여러 측면 가운데 감방 벽 안에서 일어나는
성적 착취와 강제적인 성관계보다 더 끔찍한 것은 없다. 사회는 그 문제
에 대해 공포, 혐오, 부인이 뒤섞인 반응을 보인다. 우리는 우리 사법 체
계가 그런 잔인하고 특이한 형태의 처벌을 용인한다고는 믿고 싶지 않다.
그러나 이것은 미국 전역의 북적거리는 감옥에서 수감자들이 매일 접하
는 잔혹한 현실이다. 목가적이고 평화로운 버몬트 주도 예외가 아니다.
…… 교도소 내 성폭력 문제는 쉽게 사라지지 않을 것이다."

■　　　■　　　■

교도소 안에서 보면 강간이 성범죄가 아니라 권력 불균등에서 나온 범
죄라는 것을 대부분의 사람들이 인정할 것이다. 남자만 있는 교도소에 여
성이 없다는 것은 남성으로 하여금 여성을 만들게 한다. 즉 종속적인 계
급을 만들어야 한다. 그들의 남성다움에 대비되는 여성다움, 그들의 공격
성에 대비되는 수동성, 그들의 삽입을 받아들일 성교 상대를 만들어야 하
는 것이다. 무권력의 도가니 같은 그곳에서 성역할이 사회적으로 다시 만
들어진다. 그곳은 거의 모든 이가 자신에 대한 권력을 빼앗긴 곳이다. 마
음대로 움직이거나, 원하는 때에 원하는 것을 먹거나, 원하는 때에 원하
는 사람과 함께 자거나, 같이 지낼 동료를 선택할 권력이 없으므로, 나머
지 모든 행동이 큰 의미를 지닌 것, 개인적 권력의 발화점이 된다. 내 강
의를 듣는 재소자 중 하나가 입이 귀에 걸려서는 자기가 남의 신발을 훔

쳤다고 자랑을 했다. 신발에 그렇게 많은 의미를 부여하는 상황에서 자기 몸이 침해를 받지 않는 것은 얼마나 큰 의미를 지니겠는가? 그토록 많은 사람들이 그토록 많은 결정권을 빼앗긴 채 사는 곳에서 많은 이들이 자신에게 남은 것에 대해 힘을 행사하려 드는 것은 당연한 일이다.

교도소 내 강간은 인종 구분선을 무너뜨리며 일어난다. 1968년에 실시된 교도소 강간 실태 조사를 보면, 15퍼센트가 백인 가해자에 백인 피해자, 29퍼센트가 흑인 가해자에 흑인 피해자, 56퍼센트는 흑인 가해자에 백인 피해자였다. 백인 가해자와 흑인 피해자 사례는 한 건도 없었다. 처음에는 이 결과가 그리 유의미해 보이지 않았다. 재소자 대다수가 흑인이었기 때문이다. 따라서 전체 수감자 중 흑인 수가 많다는 것만으로도 흑인 가해자가 많을 수밖에 없었다. 그러나 최근 연구들에서는 재소자 중 흑인 비율이 22퍼센트에 불과한 교도소에서도 비슷한 비율이 나타났다.

이런 패턴을 연구한 사람들 대부분은 교도소 내 인종적 지배 양상은 외부 사회의 권력 관계를 거꾸로 비추는 경우가 많다는 데 의견을 같이한다. 그래서 백인, 특히 백인 중산층은 '현실 세계'에서 일어나는 일들에 대한 보복의 희생양이 되기 쉽다.

■　　　■　　　■

내가 남자로 태어난 것도 다행스럽다.

교도소에서 남자가 강간당하는 비율과 관련해서 재미있는 사실이 하나 있다. 그것이 우리 사회 전반에서 여자가 강간당하는 비율보다 낮다는 것이다. 대부분의 연구들은 미국 여성 25퍼센트가 일생에 한 번 이상 강간을 당하고 나머지 중 19퍼센트는 저항해서 강간 미수에 그치게 되는 일을 겪는다고 보고했다. 여성에게 강간은―교도소 수감자와 마찬가지로―'삶의 현실'이라고 말할 사람이 있을지도 모른다. 남자가 교도소에 간다고 하면 모두 이런 생각을 하는 듯하다. '어이쿠! 쟤는 강간을 당하게 되겠군.' 그러나 여자들은 매일 길거리를 걸으면서 또는 집에 머무르면서 똑같은 가능성에 직면한다.

■　　　■　　　■

인터넷에서 '강간'이라는 키워드로 검색을 하면, 다른 범주(성폭력 상담 전화, 지지 그룹, 학문적 분석, 역사, 뉴스 등)에 대한 정보보다 포르노 사이트가 훨씬 더 많이 뜬다는 사실을 어떻게 보아야 할지 모르겠다. 포르노그래피가 강간 관련 사이트 전체의 3분의 1 이상을 차지한다. 검색어가 섹스나 누드가 아니었다는 것, 질, 페니스, 좆, 씹 같은 것이 아니라 강간이었다는 것을 잊지 말아야 한다. 우리가 신체기관이 아닌 행위에 대해 이야기하고 있었다는 것도.

그런 사이트 중 몇 군데에 들어가보았다. 노골적으로 그리고 일상적으로 여성을 범해야 할 물건으로 취급하는 것은 차치하고라도("훔쳐보고 싶으십니까? 몰래 카메라가 생중계하는 집을 한번 둘러보십시오. 전혀 의심하지 않은 채 카메라에 잡힌 모습을 보세요! 샤워실 몰래 카메라, 화장실 몰래 카메라!"), 여성에 대한 폭력이 너무 노골적일 뿐 아니라 여성을 경멸하는 분위기가 가득한 데에 무척 놀랐다(너무 순진해서 죄송). "음탕한 종마 같은 녀석." "이 어린 창녀들에게 명령하십시오. 당신이 원하는 것이 그대로 이루어집니다." "저 추잡하고 작은 아시아 창녀들을 보라." "이 아시아 10대의 구멍마다 박아라." 그리고 병, 사람 발 등 도무지 상상할 수 없는 것들이 박힌 채 묶여 있는 여자들 사진이 있다.

여기서 요점은 그런 묘사에 대해 분개하는 것이 아니라—그렇게 하기는 아주 쉽지만—우리의 혐오 개념이 얼마나 모호한가 하는 것이다. 거기 있는 것들이 여자들 사진이 아니라 '보호 범주'에 속하는 사람들 사진이었다면 그 사이트들은 혐오를 부추기는 것으로 인식되지 않았을까. 흑인들이 흑인이라는 이유로 묶여 있는 사진이 수만 장 있는 사이트를 상상해보라. 그 아래에는 '이 젊은 놈의 행동을 당신이 명령하세요'라는 글이 달려 있고 백인은 백인이라는 이유로 재갈이 물려져서 '추잡한 작은 종마'라는 캡션이 달려 있다면 어떨까. 혐오 집단을 감시하는 단체들이 주의를 기울여 관찰하게 될 것이다. 매우 훌륭한 활동을 보여주고 있는 '헤이트 디렉토리'를 비롯, 혐오 집단 감시 사이트들이 많이 있지만 그들은 '미국 기독교 민족주의자 사이버집회 소도미(남색·수간을 뜻한다-옮긴이) 정보센터', '그렌델의 백인 파워 비디오 게임들', '기독교인들은 왜 빠는가' 같은 정체불명의 사이트들까지 감시하면서도 저러한 포르노 사이트는 혐오 사이트로 간주하지 않는다. 진실을 말하자면 인종차별적 사이트 중 그 어떤 것에서도 이런 포르노 사이트에서와 같은 뚜렷하고 거칠고 노골적인 폭력의 100분의 1도 본 적이 없다. 인종차별 사이트가 해롭지 않다는 이야기가 아니라, 우리 눈에 보이지 않는 곳을 지적하려는 것이다.

이런 것들은 모두 많은 문제점을 낳는다. 가장 명백한 문제이기도 한 첫 번째 문제는 여성에 대한 폭력을 그린 사진 등이 왜 혐오 선전물로 간주되지 않는가 하는 점이다. '보호 계층' 논쟁은 '헤이트 디렉토리'에는 제기할 수 없다. 그 디렉토리에서는 '선정 기준'을 이렇게 명시해두었기 때문이다. "여기에 포함되는 개인, 집단의 사이트들은 우리가 보기에 인종, 종교, 출신 민족, 성적 취향을 구실로 타인에 대한 폭력을 옹호하거나 타인을 소외시키거나 명예 훼손, 거짓 선전을 하거나 적대감 등을 표출하는 곳들이다." 두 번째 문제는 여러 가지 면에서 더 중요하고 뿌리 깊은 문제다. 왜 어떤 형태의 혐오는 이렇듯 우리에게 잘 보이지 않는가? 세 번째 문제는 아마도 가장 골치 아픈 문제일 것이다. 이렇게 '잘 안 보이는' 형태의 혐오가 얼마나 더 많이 있을까?

진실은 침묵으로 대체되고
침묵은 거짓말이다.

—에프게니 예프첸코(Yevgeny Yevteshenko)

비가시성

큐클럭스클랜(KKK)의 '보이지 않는 제국'은 남북전쟁 후 거의 하룻밤 만에 생겨나서, KKK 측 이야기에 따르면 "상상할 수 없을 정도로 급속히 퍼져서 미시시피, 앨라배마, 테네시, 조지아, 노스 캐롤라이나, 사우스 캐롤라이나, 플로리다, 아칸소와 루이지애나 일부 지역에까지 지부가 생겼다. 그들은 임무 수행을 위해 무장한 남자들 10만 명을 파견했고 의회 없이 법을 통과시켰고 법정 없이 사람들을 재판해서 처벌했다. 때로는 사형을 집행할 때도 있었는데 성직자의 특권도 인정되지 않았다. 그것은 세상에서 가장 철저하게 조직된 광범위하고도 효율적인 자경단이었다." 어느 단체든 자기 역사를 자화자찬한다는 것을 감안하더라도 KKK의 영역은 아주 넓었다. 그들의 활동이 어찌나 활발했던지 텍사스에서조차—텍사스가 이들의 주요 본거지 중 하나가 아니었던 시절에—연방 군대의 장교가 이렇게 보고했다. "검둥이 살해는 매우 흔히 일어나는 일이어서 사망자 수를 정확히 파악하는 것이 불가능하다." 1868년 대통령 선거 전 몇 주 동안, 루이지애나에서만 KKK의 폭력으로 2,000명이 넘는 사람들이 죽었다.

우드로우 윌슨 대통령은 나중에 그 대량 살인을 정당화하는 핑계까지 대주었다. "자기방어 본능에 자극받은 남부의 백인들은 정당한 수단 외에 불법적인 수단까지 동원하여, 무식한 검둥이들이 투표할 경우에 정부가 너무 큰 부담을 지게 될 것이므로 그것을 저지하려 한 것이었다. …… 남북전쟁 후 '재건의 시기' 동안에는 남부 지역 공동체의 진정한 지도자들이 공개적인 행위나 합법적인 선동을 할 여유가 없었다."

KKK의 인기가 높았다는 것이나, 그 단체가 남부 지역 사회의 진정한 지도자들로 구성되었다는 사실은 KKK단의 정확한 유래와는 무관하다. 흔히 잘못 알고 있는 것처럼, 그 단체가 전직 남부동맹 장군 네이던 베드포드 포레스트가 설립한 것인지는 전혀 중요하지 않다. 또는 1865년 겨울에 여섯 명의 젊은이들이 모여서 "이 지루함을 깨고 우리 어머니와 여자들이 깜짝 놀랄 신나는 일을 해보려고" KKK를 만들었는지는 중요하지 않다. 어쨌거나 KKK 설립자 중 한 사람이 그렇게 말했고 오늘날 그것이 일반적으로 받아들여지고 있다.

처음에 그 단체의 목적은 "단순한 사교 활동" 이상이 아니었고 회원들의 "오락"을 위한 것이었다. 전쟁에서 돌아온 젊은이들 몇몇이 우스꽝스러운 옷을 입고 서로 놀래켜주었던 것이다. 그러나 KKK의 무엇인가가 그지역 사회 전체의 상상력에 불을 지폈다. 남부 백인들 대부분은 아니라 하더라도 많은 사람들이 느끼고 있던 분노와 인종차별주의에 목소리와 형상을 부여한 것이다. 그것은 처음에는 작게 시작했지만 나중에는 규모가 커졌으며 노골적으로 폭력적인 양상을 띠게 되었다. KKK는 지역 사회의 행복을 방해하는 표적에 초점을 맞추는 볼록렌즈 같은 역할을 했다.

그렇게 해서 짓궂은 장난이 뚜렷한 목적을 가진 무언가로 바뀌게 된 것이다. 아프리카계 미국인들은 차츰 위협의 의도를 가진 우스갯소리의 표적이 되었다. KKK는 그 다음에는 못된 장난을 넘어서는 활동으로 옮겨갔다. 아프리카계 미국인들의 기도 모임, 정치적 집회를 무산시켰다. 옆구리에 해골을 끼고 유령 같은 모습을 한 사람들이 흑인들에게서 총을 압수해 갔다. 그들은 자신이 남부동맹군의 유령이라고 주장했다. "건방진" 흑인들한테는 겁을 주어서 이사를 가게 했다. 만약 이사 가기를 거부한다면? 그 단체의 역사 기록에 익살스럽게 표현해놓았듯이 "나라를 떠나라는 쪽지가 내걸리는 건 자주 있는 일이었고 그것을 거부하는 것은 매우 드문 일이었다. 만약 거부하면 그 결과는 심각해질 것이었다."

린치, 강간, 고문, 거세……. 두건 쓴 남자들의 보이지 않는 제국, KKK는 전통적인 경제·사회·정치 구조를 위협하는 흑인 등을 향해 싹트기 시작한 혐오를 담기에 완벽한 도구였다. 밤을 틈타 움직이는 익명의 회원들은 낮에는 지역 사회 지도자로 활동하는 사람들의 하얀 그림자였다. 남부 전역에서 목사, 신문 편집장, 남부동맹 장교 출신, 지역 정치인 등 온갖 종류의 사람들이 지역 KKK단에 모였는데 지역 조직은 전국 조직과는 느슨하게 연결되어 있었다. 해방노예국에서 파견되어 테네시 주의 KKK단 폭행을 조사한 조지프 W. 겔레이 명예 중위는 이렇게 말했다. "당국이나 지역 사회 전체가 살인자들을 법정에 데리고 갈 의사나 요구가 없다. 그렇게 할 힘이 있는 사람들은 그렇게 하지 않으려 할 것이고 그렇게 하고 싶어하는 사람들은 두려워한다. 아마도 모든 사람들이 크게든 적게든 두려움을 가지고 있는 듯하다. 그러나 이 문제 전체에서 가장 충격적인 부분은 훌륭한 시민이라 여겨지는 사람들, 사회의 실질적 지도자이자 여론을 주도하는 사람들이 적극적으로 혀와 펜을 가지고 법과 인류에 어긋나는 KKK의 끔찍한 범죄를 정당화하고 그들을 방어해주고 있다는 점이다." 《신시내티 가제트》 지에는 이런 글이 실렸다. "KKK단원들이 모두 체포되

문명과 혐오

어 법정에 선다면 그들 중에는 보안관도 있고 판사도 있고 장관도 있고 의원도 있을 것이며 법원 서기나 판사도 있을 것이다. 어떤 카운티에서는 KKK단원과 그 친구들이 지역 유지의 절반 이상을 차지할 것이다.”

여기서 이야기하고자 하는 첫 번째 요지는 KKK단원이라고 하면 떠오르는 얼빠진 어릿광대 이미지는 현실과는 동떨어진 것이라는 점이다. 그런 이미지는 오늘날까지 우리 모두가 인종차별주의의 존재를 인정하면서도 그것이 세련되지 않음이나 멍청함과 같은 것인 양 생각하게 한다. 우리로 하여금 인종차별주의를 어떤 ‘타자’가 갖는 것으로 보게 한다는 것이 더 중요한 문제일 것이다. 개인적 차원에서는 인종차별주의자가 무서운 사람일지도 모르지만(나의 마오리 랑가티라탕가 셔츠가 잘 보일 만큼 불빛이 밝은 골목에서 뉴질랜드 인종차별주의자들에게 붙잡히는 것은 생각하기도 싫은 일이다) 우리는 속편하게 그런 사람을 사회적으로 중요하지 않은 존재로 간주할 수 있다. 이런 틀에 박힌 이미지는 우리가 인종차별주의자가 아니라는 개인적·사회적 자기 이미지를 유지하기 쉽게 만든다. 두 번째 요지는 첫 번째 요지를 보완하는 것이다. KKK가 남부 전역에서 진정한 풀뿌리 조직의 성격을 가지고서 폭발적으로 늘어난 것은 그들이 특이한 소수 집단이 아니라는 것을 분명히 보여준다. 그들은 우리가 이데올로기적으로 고립시킬 수 있는 허약한 ‘타자’가 아니라는 것이다. 그들은 우리 자신의 마음과 훨씬 더 가까운 무엇이었고 그것은 현재에도 마찬가지다.

■　　　■　　　■

조금 전에 내 친구 존 키블(John Keeble)과 통화를 했다. 그는 뛰어난 소설가이자 사상가인데, 다국적 기업과 혐오 집단 간의 은밀하고 인정 못할 관계를 보여주는 탁월한 소설을 썼다. 그는 이렇게 말한다. “기업들이 늘 혐오 집단들에게 돈을 흘려보내는 것은 아니야. 그런 일도 있긴 있지만." 생각에 잠긴 듯한 울림이 크고 느린 목소리였다. 문장을 세상으로 보내기 전에 마지막으로 점검하는 듯 그는 언제나 말하기 전에 약간 망설이는 투로 말한다. "헨리 포드와 파시즘의 관계는 잘 알려져 있지. 나는 조 쿠어스도 똑같다고 생각해. 루퍼트 머독도. 그런데 제3세계—식민지들—에서는 다국적 기업들이 일상적으로 암살대에 의해 지탱되지. 암살대는 다국적 기업들이 지탱하고."

오고니 족 운동가 켄 사로위와(Ken Saro-Wiwa)가 1994년에 했던 말이 떠올랐다. 그들은 우리 모두를 체포해서 처형할 것이다. 쉘(다국적 석유 회사의 이름—옮긴이)을 위해서. 나이지리아 군부의 메모가 유출되었을 때 사로위와가 그것을 읽고 한 말이다. 그 메모에는 이렇게 씌어 있었다. "경제 활동이 원활하게 시작될 수 있도록 하는 무자비한 군사 작전 없이는 쉘의 운영은 불가능하다." 이어서 오고니 족 지도자들, "특히 목소리 큰 사람들"을 없애버리라고 군인들에게 권고할 것 그리고 군사 작전에 대해 "즉각적이고 정기적인" 자금 지원을 하도록 석유회사들에게 압박을 가할 것을 권유하고 있다. 이 메모가 씌어지고 나흘이 지난 후, 오고니 족의 전통적인 지도자들 네 명이 집회에서 폭도에 의해 살해당했다. 당시 사로위와는 군부에 의해 구금되어 있었는데도 9개월 후 그 폭동을 선동했다는 죄를 뒤집어쓰고 처형당했다. 나는 다른 메모도 생각났다. 그것은 쉘 나이지리아의 대변인이 쓴 것이었다. "투자를 하려는 기업에게는 안정된 환경이 필요하다. 독재가 그것을 줄 수 있다." 그런데 켄 사로위와는 이렇게 말했다. "석유로 이익을 얻는 자들에게는 인간의 생명이 별 의미 없는 것인 모양이다."

와이어하우저 사(미국의 목재·종이 회사—옮긴이)도 생각났다. 그 회사는 인도네시아 군부 독재자와 최초로 계약을 맺은 회사다. 프리포트맥모란 사를 지원하는 데 인도네시아 군대를 이용한 것도 생각났다. 옥시덴탈 석

문명과 혐오

유회사는 또 어떻게 했는가. 콜롬비아에서 미국이 지원하는 5,000명의 군대가 우와 족 영토로 진군한 이유는 그들이 조상대대로 살아온 땅에 더 많은 유정을 뚫기 위해서였다. 독재와 다국적 기업. 궁합이 잘 맞는다.

"그런데 내가 제일 흥미를 느끼는 것은 그런 관계가 아냐." 존이 말했다.

예의 그 망설임이 있었다. 내가 그를 잘 알지 못했다면 무슨 의미냐고 물어봤을 것이다. 그러나 나는 기다려야 한다는 것을 알았다.

그가 말했다. "기업과 혐오 집단은 사촌 간이야."

나는 귀만 기울였다.

"아무도 이것에 대해서는 이야기하지 않아. 그러나 그 둘은 같은 나무에서 나온 가지들이야. 같은 문화적 요구에서 나온 다른 형태들이지……."

"어떤 요구?"

"세상 사람들의 주체성을 빼앗는 것."

"잠깐." 내가 말했다.

"또는 달리 표현하자면, 모든 사람, 모든 것을 사물로, 객체로 바꾸는 것."

그는 말을 잠시 멈추었다가 계속해서 이렇게 말했다. "각자의 방법론은 서로 달라. 기업들은 폐허를 만드는 자들이야. 뭐든 손만 대면 돈으로 바뀌지. 숲, 바다, 산, 강, 사람 등 생명체를 죽은 것, 즉 돈으로 바꾸어놓는 그들의 역할은 문화적으로 정당화되고 지지받고 보호받지. 그리고 문화적으로 정당화되니까 공공연히 행동하게 되지."

"그러면 혐오 집단은?"

"수면 아래에 숨어 있는 혐오의 대상이지. 그러나 대상화의 기능을 한다는 점에서는 똑같아. 그들이 자신을 정의하는 것 자체가 이러한 대상화에 기초하고 있어." 그가 잠시 멈췄다가 다시 말했다. "물론 기업들도 마찬가지지. 다른 식으로 하지만 말이야."

우리 둘 다 한동안 입을 열지 않았다. 마침내 그가 혐오 집단이라는 주

비 가 시 성

제로 돌아갔다. "어떤 사람이 자기 개성을 부인하지 않는다는 이유로 그 사람을 미워할 수는 없어. 그러나 내가 만약 어떤 사람이 흑인이어서, 또는 인디언이어서, 유대인이어서, 여자라서, 동성애자라서 싫어한다면 나는 그 사람에게 특정한 구체적인 인간으로서 미움을 받는 영예도 부여하지 않는 거야. 내가 그녀에게 투사하고 있는 스테레오 타입을 싫어하고 있는 거니까."

다른 사람의 주체성을 빼앗는 것이 바로 우리 문화의 핵심적인 움직임이라고 나는 생각했다. 많은 인디언들은 서양식 존재 방식과 원주민 존재 방식의 가장 근본적인 차이는 서구 사람들은 세상을 죽은 것으로 본다는 점이라고 말한다. 말하고 생각하고 느끼는 존재들, 나 자신만큼 소중하고 가치 있는 존재들로 가득 찬 것이 세상이라고 느끼지 않는다는 것이다.

나는 존에게 그렇게 오랜 세월—10년, 즉 그의 인생의 20퍼센트—을 혐오 집단과 대규모 석유회사를 연구하는 데 보낸 이유가 무엇이냐고 물었다.

그는 이렇게 답했다. "그것이 우리 문화의 숨겨진 작동 방식을 엿보고 파악할 수 있게 해주는 출발점이기 때문이지. 큰 석유회사가 그 출발점을 제공하는 방식은 아주 분명해. 석유회사에서 일하는 개인들 각각은 혐오 범죄를 저지를 의도가 없을 거야. 단지 이윤을 극대화하려는 것뿐이지. 그런데 그렇게 하다 보면 스스로 끔찍한 잔학 행위를 저지르게 되는 거야. 그것 때문에 우리가 혐오 집단에 관심을 갖게 되지. 혐오 집단은 대놓고 자신들이 인종차별주의자라고 말하잖아. 유감스럽지만 그렇게 생각한다고 말하지. 우리는 모두 인종차별주의자야. 대부분 그것을 받아들이기를 두려워하는 것뿐이야. 이것이 의미하는 바는 우리 모두가 혐오 집단을 싫어하는 이유가 그들의 서투름, 만화책 선전 따위 때문이라는 거지. 특히 우리 문화 전반에 혐오가 퍼져 있다는 것을 우리가 인정하지 못하기

때문이지." 그가 말을 멈췄다가 잠시 후 계속했다. "정말 안타까운 일이
야. 인식되지 않는 위협은 인정되고 이해되는 위협보다 훨씬 더 다루기
힘들기 때문이야. 물론 더 위험하기도 하고. 부서진 계단처럼 고치기 쉽
고 간단한 위협도 그렇고, 폭력으로 물든 가정이나 사회같이 매우 복잡하
고 혼란스러운 것도 그 위협이 인식되지 않을 때 더 위험해."

■　　■　　■

정신과 의사 R. D. 랭은 병든 가족—알코올 중독 환자가 있거나 심한
학대가 일어나는 가족—이 자신들의 병적인 상태를 숨길 수 있게 하는
세 가지 규칙을 이야기했다. 그 규칙은 가족 구성원들조차 자기 가족의
병을 모르게 할 수 있다. 이 규칙을 엄수하면 가해자, 피해자, 방관자 모
두 자신들이 매우 행복한 가족이라는 망상을 유지할 수 있다.
　규칙 1 : (구타 또는 학대를) 하지 않는다.
　규칙 2 : 규칙 1은 존재하지 않는다.
　규칙 3 : 규칙 1, 2, 3의 존재나 그것이 존재하지 않는다는 것에 대해 이
야기하지 않는다.
　이 규칙은 핵가족처럼 작은 사회 시스템에만 적용되는 것이 아니라 사
회 전체 같은 큰 곳에도 적용된다.

■　　■　　■

어린이가 혐오의 대상이 되는 것을 이야기하지 않고서는 혐오에 대해
진정으로 이야기했다고 할 수 없다. 1994년에 제정된 폭력범죄단속법에
따르면 연령은 보호 계층의 기준에 속하지 않는다는 것을 나도 안다.
　매년 약 2만 명의 멕시코 어린이들이 실종된다. 그 중 많은 아이들이
노새처럼 쓰인다. 몸속에 마약을 넣고 운반하는 일을 하는 것이다. 다른

비가시성

아이들은 장기 밀매에 희생된다. 미국 아이들에게로 이식할 장기를 제공하는 것이다. 이것은 멕시코자율국립대학교 법률연구소가 수행한 연구 결과이며 '국제 아동 매매'에 관한 학술대회에서 발표된 내용이다.

전세계적으로 경제는 아동 매춘 위에 세워져왔다. 10만~80만 명의 태국 소녀소년들이 매춘부로 일한다(영국에서 배포된 태국 리조트 광고지에는 이렇게 씌어 있다. "당신이 빨 수 있고 쓸 수 있고 먹을 수 있고 느낄 수만 있다면, 맛볼 수 있고 학대할 수 있고 볼 수만 있다면, 잠들지 않는 이 리조트에서는 그 모든 것이 가능합니다."). 태국에서 아동 매춘을 하는 아이들은 거의 다 노예 상태이거나 노역 계약서로 묶여 있다. 에이즈로 사형 선고를 받은 아이들의 비율도 상당하다. 인도에는 매춘을 하는 아동이 150만~200만 명이나 된다(봄베이의 매춘 아동들은 우리에 갇혀 있는 경우도 많으며 50센트면 열두 살짜리와의 섹스 30분을 살 수 있다). 브라질에서는 50만 명의 아이들이 성 산업에 종사한다(많은 광산 도시들에서는 몸무게 15킬로그램의 아이가 최고가의 사이즈로 간주된다). 네팔에 있는 또는 네팔 출신의 매춘 아동은 20만 명 가량이다(이 여자아이들 대부분은 납치되어서 40~1,000달러에 팔려온 아이들이다. 그리고 강간과 구타 과정을 통해 "길들여진" 다음, 남자 한 명당 1~2달러를 받고 하룻밤에 서른다섯 번까지도 대여되게 된다). 미국에서는 10만~30만 명의 어린이가 성 산업에서 일을 한다(미국 탈매춘 여성들에 대한 한 연구에 따르면 그들 중 78퍼센트가 뚜쟁이와 고객에게 1년 평균 49회 성폭행을 당했다. 84퍼센트는 점점 더 심해지는 폭력을 겪었으며 49퍼센트는 납치되어서 다른 주로 옮겨졌다. 53퍼센트는 성적 학대와 고문을 당한 적이 있고 27퍼센트는 신체 손상의 피해를 입었다). 평균적으로 볼 때 아동 매춘의 고객이 되는 남자는 1년에 2,000명이 넘는다. 매년 최소한 100만 명의 새로운 소녀들이 강제로 매춘을 하게 된다.

물론 아이들에게 손상을 입히는 것이 성적 착취만은 아니다. 50만 명의 아이들이 매년 기아 등으로 죽는다. 제3세계 국가들이 제1세계에게 얻어 쓴 빚—그 나라 자원과 인프라를 담보로 해서 얻은 빚—을 갚느라 경제 사정이 어려워진 직접적인 결과로 많은 아이들이 죽기도 한다. 21세기 제국주의라 할 수 있다. 그리고 매년 1,100만 명의 어린이가 쉽게 치료할 수 있는 질병으로 목숨을 잃는다. 세계보건기구 사무총장은 이것이 "소리 없는 제노사이드(특정 민족이나 집단의 절멸을 목적으로 그 구성원을 살해하거나 생활조건을 앗아가는 것-옮긴이)"라고 말한 적도 있다.

맞는 아이들도 있다. 미국 질병관리센터에 따르면 1996년에 61만 4,000명의 미국 어린이가 신체적 학대를 당했고 30만 명은 성적 학대를 당했으며 53만 2,000명은 정서 학대를 당했다. 50만 7,000명은 신체적 보호 태만의 대상이 되었고 58만 5,000명은 감정적 보호 태만을 겪었다. 이 어린이들 중 56만 5,000명은 죽임을 당하거나 심한 부상을 입었다. 바로 미국에서 일어나는 일들이다.

그러므로 이런 질문을 던질 수 있겠다. 이 숫자들—더 정확히 말하자면 이 숫자들 뒤에 있는 현실—은 우리가 아이들을 혐오한다는 것을 함축하는가? 그 질문을 이렇게 살짝 바꾸어보면 아마 그 답이 더 분명해질 것이다. '우리는 어린이들을 소중히 여기는가?'

그 대답은 물론 '그렇다'다. 여섯 살짜리 어린이와 한 번 할 때마다 1~2달러를 내니까. 우리가 필리핀에 있는 게 아니라면 그 경우에 6달러가 들겠다.

그러니 이 질문을 다르게도 던져보자. 미국 노예제는 아프리카인들에 대한 혐오에 기초하고 있었는가, 아니면 경제적인 것에 기초하고 있었는가? 혐오라는 말이 적당한 말이기는 한가?

이 질문에 답하려 할 때(또 이 질문들을 던질 때에도) 부딪히게 되는 문제는 혐오를 품어온 시간이 너무 길었고 혐오가 너무 뿌리 깊어서 이제는 그것이 혐오로 느껴지지 않는다는 것이다. 그것은 경제 문제로 느껴지거나 종교나 전통으로 보이고 단지 사물의 이치로 보이기도 한다. 강간이 혐오범죄가 아닌 것은 여성에 대한 우리의 혐오가 잘 보이지 않기 때문이다. 아동 매춘이 혐오범죄가 아닌 것도 어린이 구타가 혐오범죄가 아닌 것과 똑같은 이유 때문이다. 어린이에 대한 우리의 혐오는 우리 눈에 보이지 않는다. 어린이에 대한 경제적 살해(즉 어린이가 매춘부로서 노예화될 수밖에 없는 경제적 조건을 만드는 것)는 혐오범죄로 여겨지지 않는다. 이러한 혐오는 하도 오래돼서 그것을 우리의 거시 경제 정책으로 섬길 정도가 되었기 때문이다.

우리가 어린이들을 혐오하지 않았다면 저런 일이 발생하지도 않았을 것이고 그렇게 망가지도록 두지도 않았을 것이다. 우리 어린이들조차 사랑하지 않는다면 우리가 진정 사랑을 한다고 말할 수 있을까?

■　　　■　　　■

오늘 오후에 집 근처 바닷가로 산책을 갔다. 그 바닷가에는 회색 모래사장이 펼쳐져 있고 해안선의 오목한 부분에는 아기 주먹만 한 자갈이 덮여 있어서 참 아름답다. 사람도 거의 없다. 그런데 오늘은 예외였다. 작년에 교도소에서 알게 된 사람을 바닷가에서 만났다. 아, 아니, 담을 넘어 탈옥한 죄수는 아니었다. 사실 담이 여러 겹 쳐져 있는데 하나는 감시병이 볼 수 있는 콘크리트 내벽이고, 그 다음에는 화염 공격을 할 수 있는 툭 트인 죽음의 구역과 가시 철망이 있고, 그 다음에는 몸에 닿으면 치명적인 전기 울타리가 있고, 또 가시 철망이 있다. 대양을 바라보며 자갈 위로 파도가 밀려 왔다 밀려 갔다 하는 소리를 듣기 위해 그 겹겹의 담을 넘어온 것은 아니고, 물론 나와 재미있는 대화를 나누려고 온 것도 아닌 그는 교도소 심리치료사였다.

문명과 혐오

우리는 한두 번 만난 적이 있는데 또다시 만날 것 같지는 않다. 예전에도 그가 했던 말이 마음에 안 들었었는데 오늘은 그가 내 인내심의 끝까지 이르게 했기 때문이다. 약 6개월 전에 그는 나더러 교도소에서 전일제 일을 해달라고 열을 올렸다. 기초 교육 강좌를 맡으라는 것이었다. 나는 일주일에 한두 번은 좋아하지만 더 많은 시간을 내면 글 쓰는 시간이 줄어들어서 안 된다고 했다.

그러자 그는 고개를 흔들며 말했다. "글이야 죄수들이 폭동을 일으켜서 감금되어 있을 때 얼마든지 쓸 수 있잖아요."

"감금되어 있지 않을 때는요?"

"그야 쉽지. 토머스한테 가서 이렇게 말해요. '홀링스헤드라는 자식이 너에 대해 무슨 소리를 하고 있는지 믿기 어려울걸.' 그리고 홀링스헤드한테 가서 말해요. '토머스가 너더러 계집년이래. 널 먹고 싶다고 하더군.' 그리고 나서 걔들이 운동장에 나오게 되면 그 중 한 놈이 다른 놈을 찌를 테니 그러면 만사 오케이지. 즉시 감금이니까."

그때 난 그 사람 성격이 원래 그러려니 하고, 기분 나쁜 덜떨어진 농담으로 받아넘겼다. 그런데 오늘 저녁에서야 다시 생각해보니 그게 아니었다. 일은 이렇게 된 것이었다. 나는 오늘 이 책에 대한 이야기를 조금 했다. 사법 형사 제도가 인종차별적이라는 내 주장을 듣고 그는 벌컥 화를 냈다(업튼 싱클레어가 이런 말을 한 것으로 기억하는데, 그 말이 딱 맞는 경우였다. "어떤 사람의 봉급이 어떤 것을 이해하지 못하는 것에 달려 있을 때 그 사람에게 그것을 이해시키기란 매우 어렵다"). 그러나 그가 진짜 반감을 드러낸 것은 내가 강간에 대해 언급했을 때였다. 그는 "강간은 정말로 위험한 말이에요"라고 말했다.

"그 말이 위험한 게 아닙니다." 나는 그에게 발생률 통계를 알려주었다.

그가 고개를 흔들었다. "성적인 표현 형태는 아주 많아요. 이성애, 동성애, 늙은이와 젊은이 커플 등. 강간에 대해 이야기하는 것은 불편함의 영역에 들어가는 사람들에 대한 이야기를 하는 거지요. 우리는 그런 영역에 대해서는 이야기하고 싶지 않지요. 거기 포함되는 것은 말할 것도 없고요. 그런데 사람이 성장을 하려면 그런 불편함으로 들어가야만 해요."

나는 대답을 해야 할지 말아야 할지 알 수가 없었다.

그가 계속 말했다. "내가 그래요. 최근에 난 예전보다 돈을 훨씬 더 많이 벌고 있는데 내 성공에 대해 내가 불편해 하고 있다는 걸 깨달을 정도로 성장했어요. 그렇다고 내가 그것을 두려워해야 하느냐? 아니, 물론 아니지요."

"설마 돈을 더 많이 버는 것을 강간당하는 것에 비유하는 건 아니죠?"

그가 대답했다. "아이구, 너무 심각하게 생각하지 말아요. 얼마 전에 아주 우스운 얘기를 하나 들었는데 들어볼래요?"

내가 "아니오"라고 대답했는데도 그는 계속 말했다.

"강간과 엑스터시의 차이가 뭐게요?"

그 이야기는 내가 아는 것이었는데, 내가 알기로는 운을 맞추어서 '강간(rape)과 환희(rapture)'의 차이가 뭐냐는 것이었다. 그가 얘기를 계속하는 걸 원치 않았지만 어떻게 해야 멈출 수 있는지 알 수 없었다.

"영업 기술이래요." 그가 말했다. 그러고는 웃음을 터뜨렸다.

그때쯤 우리는 바닷가에서 멀어져 있었다. 그의 자동차가 우리 집 앞에 도착했다. 밖은 어두워져 있었다. 나는 일을 해야 한다고 말하면서 차문을 열려고 했다. 내부등이 켜졌다.

그가 말했다. "아직 합의를 못 본 주제들이 남아 있는데 더 이야기 나누고 싶지 않아요?"

"정말로 해야 할 일이 있어서요."

나는 차에서 내려서 집으로 걸어왔다. 어떤 멕시코 여성이 해줬던 '우

문명과 혐오

스갯소리'를 그에게 들려줬어야 하는데 하는 생각이 들었다. "강간을 당하는 것과 트럭에 치이는 것은 딱 한 가지만 제외하면 차이가 없다. 강간 후에 남자가 좋았냐고 묻는다는 점만 다르다." 그 이야기를 못 한 내가 실망스러웠다. 무슨 말이라도 했어야 하는데.

■　　　■　　　■

몇 년 전에 가정폭력 피해 여성의 쉼터를 운영하는 친구네 집에 며칠 묵은 적이 있다. 이 친구의 눈에 띄는 특징은 처음 만나는 모든 남자에게, 택시를 타면 택시기사에게, 전철을 타면 옆자리 남자에게—옆에서 다리를 쩍 벌리고 자기 공간을 침범하는 남자에게도—이렇게 묻는다는 점이다. "남자가 여자를 때리는 짓을 멈추게 하려면 어떻게 해야 할까요?" 하고.

그녀에게는 자신만의 이론이 있다. 폭력을 쓰는 사람들을 사회적으로 인정하지 않을 때에만 여성에 대한 폭력이 멎을 것이라는 주장이다. 그것은 흑인, 유대인, 어린이, 동성애자, 그리고 다른 혐오의 대상이 되는 계층의 경우에도 마찬가지일 것이다. "우리 여자들의 힘만으론 고칠 수가 없어요. 만약 어떤 남자가 여자친구를 때린다면, 그 남자의 친구들이 농구 할 때 그를 끼워주지 않아야 하고 그 이유를 그에게 알려주어야 해요. 다른 남자들이 나서서 그 문제에 대해 비판하고, 성숙한 관계를 맺지 못한다는 것을 스스로 드러낸 남자들을 사회적으로 고립시켜야 해요. 그리고 폭력을 휘두를 때마다 매번 그렇게 해야 해요. 가장 중요한 것은 폭력을 행사하는 사람과 같은 계층에 속하는 구성원들—이 경우에는 남자들—이 자기 계층에 의해 저질러지는 폭력에 책임을 지는 거예요. 그리고 그 폭력을 멈추게 하기 위해 노력해야 해요. 그렇게 하기 전까지는 많은 변화는 없을 것 같아요."

비가시성

■　　　■　　　■

교도소에서 막 돌아왔다. 오늘은 수업을 하지 않았다. 도착하자마자 그곳이 "비상 상태"라는 이야기를 들었던 것이다. 아침에 대단한 폭동이 일어났고 총이 발사되었다고 했다.

내가 이렇게 물었다. "이제 다 괜찮아요?"

내가 들은 대답은 이랬다. "그럼요. 교도관들은 아무도 안 다쳤어요."

그 말을 듣고 내가 뒤돌아서서 집으로 가려는 참이었다.

갑자기 생각난 듯이 그가 덧붙여 말했다. 그 얘기를 듣고 난 그 자리에 딱 멈춰 서버렸다. "아, 참. 재소자 아홉 명이 총을 맞았어요. 한 명은 죽었고 한 명은 인공호흡기 신세를 지고 있어요. 그 외에도 네 명이 머리나 가슴에 총을 맞았어요."

"그것 참 끔찍하군요." 내가 말했다.

"감옥이란 게 그렇죠 뭐." 그가 대답했다.

■　　　■　　　■

며칠 전에 여덟 명의 백인과 네 명의 흑인으로 이루어진 배심원단이 아마두 디알로를 숨지게 한 경찰관 네 명에게 무죄를 선고했다. 다시 말해 고의적인 1급 살인죄, 2급 살인죄, 과실치사, 과실치상 중 그 어떤 죄도 없다고 본 것이다.

아프리카인 이민자였던 아마두 디알로는 담배도 술도 하지 않는 독실한 무슬림이었다. 그는 맨해튼 부근 길거리에서 스카프, 모자, 비디오 따위를 팔면서 하루에 열두 시간씩 일을 하고, 매달 기니에 있는 가족에게 수표를 보냈다.

그는 이렇게 죽었다. 자정이 약간 지난 시각에 아파트를 나서는데 불이 환히 밝혀진 건물 현관에서 사복을 입은 경찰관 네 명이 다가왔다. 경찰

문명과 혐오

관들은 나중에 디알로가 "위협적인 태도로 행동했다"고 주장했지만, 무엇이 위협적이었는지 자세하게 이야기할 수는 없다고 했다. 또는 자세하게 이야기할 의사가 없었다. 그 뒤에 열린 재판에서 피고 측 증인이 말하기를, 경찰이 신분을 전혀 밝히지 않았고 애초에 총을 빼들고 다가갔다고 한다. 경찰이 사격을 개시했다. 두 경관이 9밀리미터 글록 권총 열여섯 발씩을 모두 쏘았다. 다른 경관은 다섯 발, 나머지 한 경관은 네 발을 쏴서 총 마흔한 발을 발사했다. 그 피고 측 증인은 디알로가 첫 발에 쓰러졌지만 경찰은 계속해서 총알을 퍼부었다고 증언했다. 디알로는 결국 열아홉 발을 맞았고 발바닥에까지 총알이 박힌 채 현관에서 죽었다.

총을 쏘아댄 직후에 한 경관이 다른 경관들에게 입을 맞춰야겠다고 말하는 것을 이웃사람이 들었다. "알았어, 알았어. 모두 이렇게 말하는 거야" 하고 이야기를 나눈 경찰관들은 디알로의 아파트를 샅샅이 뒤졌다. 그의 룸메이트를 가둬놓은 채 마약이나 무기, 뭐든 자신들의 총기 사용을 정당화할 만한 걸 필사적으로 찾았다. 그러나 아무것도 찾지 못했다.

경찰 측 변호인의 반응은 그 사건 자체만큼이나 뻔했다. 경찰공제회 소속 변호사 스티븐 워스는 그날 밤 경찰관들의 행동을 정확히 묘사하는 발언을 했다. 그것은 우리 문화 전체의 행위 방식을 이해하는 열쇠를 제공하고 그 핵심을 짚어주는 것이다. "그들이 생각한 것은 위협이 제거될 때까지 사용 가능한 화력을 모두 사용한다는 것이었습니다." 이 문장과 이 맥락을 잊지 말고 있다가 미국이 다음에 제3세계 국가를 침략할 때 떠올려보라. 내가 이 책을 고쳐 쓰는 동안 미국은 아프가니스탄에 폭탄을 쏟아붓기를 거의 끝마치고, 소말리아에 똑같은 짓을 하려고 방향을 바꾸고 있다. 내 생각에는 수단이 그 다음 차례가 될 것 같다. 미국은 매번 사용 가능한 화력을 전부 다 사용해왔다.

뉴욕 시장 루돌프 길리아니는 디알로의 죽음에 대해서는 아무 반응도

비가시성

보이지 않고, 한 기자회견에서 이제 뉴욕 경찰은 글록 9밀리미터 권총에 홀로우포인트(탄두 끝이 비어 있는 소총탄. 일명 덤덤탄―옮긴이)를 사용할 것이라고 발표했다. 이것은 제네바 협약에 의해 사용이 금지된 무기다. 목표물을 맞히면 납 알갱이가 터지면서 인체에 큰 상처를 입히기 때문인데, 전쟁터가 아닌 곳에서 사용하는 건 아마도 불법이 아닌 모양이다.

나는 단순히 경찰관 개인과 그들을 보호하는 자들을 악마로 몰아서는 안 된다고 생각한다. 피고 네 명 중 세 명은 이미 공권력 남용, 과잉 대응, 인종차별 등으로 여러 차례 고발당한 적이 있고 그 중 한 명은 다른 흑인 한 명을 쏘아 죽인 적도 있지만, 문제는 더 거대하고 더 까다롭다. 이런 사건 용의자의 유죄 여부를 결정하고 적당한 형량을 정해야 하는 이 나라 사법제도는 형식적으로만 운용된다. 이 사건의 경우 혐의가 낱낱이 제기되었는데도 배심원들은 경관들이 모든 혐의에 대해 죄가 없다고 생각했다. 한 배심원이 나중에 이렇게 말했다. "우리 앞에 놓인 사건에 기초해서 그리고 우리에게 내려진 지침에 기초해서 우리는 다른 선택을 할 수 없었다. 우리는 디알로 씨의 관점이 아니라 경찰관의 관점에서 총기 사용을 보아야 한다고 들었다. 판사는 배심원들에게 경찰관 입장에서 생각해야 된다고 말했다." 배심원 중 한 사람은 전직 FBI 요원의 아내였는데 그녀는 검사의 주장―즉 무기를 지니지 않은 남자가 근거리에서 열아홉 발을 맞았고 그 중 많은 것은 그가 쓰러진 뒤에 맞았다는―이 설득력이 없다며 애초에 기소를 한 의도가 뭔지 궁금하다고 공개적으로 말했다.

배심원들의 평결 후 며칠 지나지 않아 같은 동네에서 무기를 지니지 않은 흑인 남자가 또 경찰관의 총에 맞아 죽었다.

이 글을 쓴 날 신문을 보니, 무기도 지니지 않은 남자가 또 뉴욕 경찰의 총을 맞았다는 기사가 실려 있다. 이 남자는 마약을 끊은 전과자였다. 그런데 경찰관이 계속해서 자신을 위해 거래를 하라고 그 남자를 졸랐다.

문명과 혐오

그는 거절했고, 경찰은 계속 요구했다. 남자는 자신을 마약 상인으로 보는 것에 화가 나서 경찰관을 밀쳐버렸다. 경찰관은 당연히 총을 꺼내서 남자를 쏘아 죽였다.

경찰관이 어떤 죄를 저지르든 유죄 판결을 받지 않을 것이라는 쪽에 걸면 내기에 질 일은 없다고 내가 장담한다.

∎　　∎　　∎

흑인에 대한 폭력, 흑인 지지자들에 대한 폭력이 KKK 때문에 생긴 것은 아니었다. 그들에 대한 폭력은 이미 일어나고 있었다. 많은 예 가운데 하나만 들자면, 1866년 5월, 그러니까 KKK가 그 영향력을 테네시 주 필래스키 너머로 확장하기 한참 전에, 그리고 KKK단의 목표가 "재미로 못된 짓을 하고 대중에게 장난을 치는 것"이 결코 아닌 것이 되기 한참 전에, 수백 마일 떨어진 멤피스에서 대규모 폭력 사태가 일어났다. 그것은 친구 두 명이 여섯 명의 백인 경찰관에게 붙잡혀 간 데 대해 일군의 흑인 남자들이 항의를 하고 있을 때에 시작되었다. 경찰이 군중에게 총을 쏘았고 한 명이 부상을 입었다. 군중 속에 있던 누군가가 그에 맞서 총을 쏘는 바람에 경찰관 한 명이 부상을 당했다. 그런 우발적인 교전이 일어났어도 군중 가운데서 살아남은 사람이 있었다는 사실은 오늘날 경찰에 비해 19세기 경찰이 더 자제력이 있었음을 보여주는 증거인지, 아니면 그 당시 무기가 상대적으로 성능이 좋지 않았음을 보여주는 증거인지 나는 모르겠다. 어쨌거나 자제력은 오래가지 못했다. 경찰력 전체가 곧바로 시내 중심가에 결집했다. 상당수의 백인들도 함께 모였다. 시청 기록 담당자였던 존 그레이턴이 이렇게 소리쳤다. "검둥이 놈들을 마을에서 쫓아낼 준비가 됐는가!" 그후의 의회 보고서에 따르면 성난 군중은 "그 구역에서 마주치는 모든 흑인들을 때리고 위협하고 총을 쏘았다." 최종적인 사상자

집계는 백인 2명과 흑인 46명 사망(백인 1명은 어쩌다 자기 총에 맞아서 사망했다), 백인 2명과 흑인 80명 부상으로 드러났다. 흑인 교회, 흑인 학교, 흑인들의 집 수십 곳이 불에 탔다.

또 다른 '인종 폭동'(대량 학살이 종종 이런 이름으로 불리었다)은 1867년 6월 30일 뉴올리언스에서 일어났다. 주 의회에서 흑인의 투표권을 인정하지 않은 데에 분노한 공화당 소속 백인 의원 25명과 흑인 지지자 200여 명, 그리고 주로 남북전쟁 퇴역 군인들로 구성된 사람들이 헌법제정의회를 다시 소집했다. 오래 지나지 않아, 남군으로 참전했던 사람들이 뉴올리언스 경찰의 도움을 받아 야외 집회를 갖고 공격을 시작했다. 그 공격은 공화당 의원들과 흑인 지지자들이 백기를 내걸고 나서도 한참 동안 계속되었고, 흑인 34명과 (공화당원) 백인 3명이 죽을 때까지 멈추지 않았다.

KKK단이 등장하기 전부터 남부 전역에서 흑인 목사들은 설교를 한다는 이유로 죽임을 당했고 흑인 여성들은 백인의 성적 접근을 거부했다는 이유로 죽임을 당했다(어떤 이들은 머리 가죽이 벗겨지거나 귀만 잘리기도 했다). "터무니없이 잔인하게, 도무지 아무 이유도 없이" 많은 흑인 남녀가 죽임을 당했다고 어떤 대사관 소속 육군무관은 보고했다. 조지아 주의 한 대농장 주인은 전에 노예였던 자가 "뻔뻔스럽게도" 채찍을 맞지 않으려 했다는 이유로 그에게는 "자유가 어울리지 않음"을 스스로 보여주었다고 주장했다. 사우스캐롤라이나에서 한 흑인 남자가 살해당하고 그의 배다른 여동생은 채찍으로 심하게 맞았는데, 그녀가 무례하게도 어떤 백인 남자의 아이를 임신해서 그 가족을 "화나게" 했다는 것이 이유였다. 남부 백인들이 흑인들을 죽이기 위해 꼭 KKK단이 필요했던 것은 아니었다는 것이다.

그런데 KKK단으로 인해 폭력이 더 심해진 것은 사실이다. 역사가 윈 크레이그 웨이드는 이렇게 말했다. "1868년부터 1871년까지 흑인들을 상대로 저질러진 폭행 건수는 아직도 제대로 추정하기가 불가능하다. 살해당한 수많은 사람들이 그 당시 폭행 사건 기록에서 누락되었다. 그리고 살아남은 사람들 대부분은 겁에 질려서 자신들이 당한 폭행에 대해 법원에 고소할 수 없었다." 최소치로 잡은 통계를 보아도 그 몇 년 동안 KKK단의 살인 건수는 2만 건에 이른다. 살인 외의 다른 폭력 행위는 수만 건에 달할 것이다. 그러나 그런 폭력을 단순히 KKK 탓으로 돌리면 근본적인 핵심을 놓치게 된다. 고혈압을 맥도날드 탓으로 돌리는 것이나 전 지구적 사막화 현상을 와이어하우저 사 탓으로 돌리는 것과 같다. KKK는 맥도날드나 와이어하우저 사와 마찬가지로, 또 미국 정부와 마찬가지로, 어떤 사회적 목적을 이루기 위해 만들어진 또는 각색된 픽션이다. 그것은 우리가 그것이 존재한다고 믿는 한에서만 존재한다.

이것은 KKK단이라고 불린 사람들이나 자칭 KKK단원들이 저지른 폭력이 존재하지 않았다는 의미가 아니다. KKK단원이 됨으로써 그들의 어떤 행동이 더욱 부추겨졌다는 점을 부인하는 것도 아니다. 어느 단체든 가입하면 어떤 행동이 더 강화된다. 단지 민둥산을 만들 목적으로 언덕 비탈면 나무를 다 베어버리는 사람들은 없다. 그들은 그 일에 대한 사회적 보상이 있기 때문에—이 경우에는 임금을 받기 때문에—그렇게 한다. 와이어하우저 사는 이러한 사회적 보상을 용이하게 하기 위해 만들어진 사회적 형태의 하나일 뿐이다.

무슨 말이냐 하면, 한편으로 보면 KKK를(또는 맥도날드나 와이어하우저 사, 미국 정부를) 악마화하는 것은 적절하지 않은 일이며 오해를 일으킬 수 있고 따라서 해롭다는 것이다. 왜냐하면 조직에서 잔학 행위의 충동이 나오는 게 아니라 조직을 통해 그 충동이 더욱 커지는 것이기 때문이다. KKK를 없애고 싶은 마음이 아무리 굴뚝 같아도, 그 단체를 없애는 것으로 잔학 행위를 끝내지는 못할 것이다.

다른 한편으로 보면, KKK를 악마화할 필요도 있다(즉 정확하게 인식할 필요도 있다. 그들을 정확하게 인식하면 섬뜩한 그들의 정체를 보게 될 테니 그 말이 그 말이다). 그들을 악마화하고 KKK를 없애버리는 것도 필요하다. 그런 단체가 더 세를 불리지 못하도록 하고 유명무실해지도록 하는 것도 필요하다. 잔학 행위에 대한 원래의 충동이 일단 제도화되면, 즉 물화되면 그 자체가 영속성을 가지고 스스로 더 강해지면서 굴러가게 된다. 인식이 행동을 만든다. 인식이 행동을 부추긴다. 그리고 이 같은 단체로 자리를 잡고 있으면 계속해서 인식과 행동의 패턴을 사회적으로 강화한다. 따라서 그 행동이 파괴적이라면 그 단체를 없애거나 축소하는 것도 나쁜 생각은 아니다.

1871년 10월, 흑인에 대한 백인의 폭력이 극심해졌는데 이러한 폭력 사건 중 매우 많은 것들이 KKK와 관련되어 있었고 또 지방 정부는 그 폭력 사건들에 연루되어 있어서 그 상황을 타개하는 것이 불가능했으므로, 율리시스 그랜트 대통령은 이 단체 회원들을 구속하기 위해 사우스캐롤라이나 일부 지역에 인신보호영장제도를 제한하고 연방 군대를 보냈다(그 중에는 제7기병대 3개 중대도 포함되어 있었다. 그들은 인디언들과 싸우고 있던 서부에서 철수한 상태였다). KKK의 리더들은 이미 달아난 뒤였기 때문에 군인들에게 체포되지 않았다. 몇 개월 안에 사우스캐롤라이나에서 KKK는 와해되었다. 그후에 벌어진 재판에서 공개된 KKK단 폭력의 구체적인 실상들이 너무 많아서 피고 측 변호사 레버디 존슨조차 배심원에게 이렇게 말할 정도였다. "여러분 앞에 가지고 온 증언들 중 어떤 것을 들을 때에는 저조차 두려움에 몸을 떨었습니다. 그 무도함은 인류에게 충격을 주는 것이었습니다. 그들은 변명도 정당화도 하지 않습니다. 그들은 법과 자연이 인간에게 명령한 것을 모두 어겼습니다." 사우스캐롤라이나에서 대량 구속이 일어났고 그보다는 적었지만 미시시피에서도 많은 사람들이 구속되었다. KKK단의 잔인한 폭력에 대해 미국 전역이 경악했으며 심지어 남부의 일부 지역에서도 그들을 혐오하기 시작했으므로 KKK의 폭력 행위는 멎었다. 흑인들과 그들을 지지하는 자들이 한숨 돌릴 수 있게 되었다.

그러나 그들이 정말 한숨을 돌릴 수 있었을까? KKK단은 와해되었지만 애초에 그들의 폭력을 촉발한 충동은 사라지지 않고 그대로 남아 있었다. 폭력이 일어나게 한 사회적 조건도 그대로였다. 한 집단의 특권이 다른 집단의 착취에 기초하고 있다면 특권층 집단은 그러한 특권 중 일부를 잃어버리는 데 대해 위협을 느낀다.

사람들이 흔히 생각하는 것과는 반대로, 또 백인이 흑인에게 폭력을 쓰는 이유를 도무지 상상할 수 없다고 한 육군무관의 보고서 내용과는 정말로 반대로, 남북전쟁 후 몇 년간 벌어진 이러한 폭력의 거의 대다수는 닥치는 대로 저질러진 것도 아니었고 단순히 건방진 흑인들을 패주기 위한 것도 아니었다. 많은 부분이 특정한 정치적 목적을 가진 것이었다. 그랜트 대통령은 그 목적을 최대한 간단하게 이렇게 설명했다. KKK단의 목적은 "물리력 행사와 공포감 조장으로 자신들의 견해에 맞지 않는 모든 정치적 행위를 막는 것, 유색 인종 시민들의 무기 소지권과 자유 투표권을 빼앗는 것, 유색 인종 아이들이 다니는 학교 문을 닫도록 압력을 가하는 것, 유색인들을 노예와 다름없게 만들려는 것"이라고 했다. KKK 자신은 이렇게 말했다. "KKK는 흑인들을 죽이고 때리고 투표소에서 내쫓기 위해 조직되었으며 …… 보수당을 밀고 공화당을 누르기 위해 만들어졌다." 많은 주에서 "투표 한 번에 목숨 하나"를 빼앗는 것이 그들의 일반적인 규칙이었다.

KKK에 대한 연방 검찰의 기소는 1874년경에 사실상 중지됐다. KKK가 다 와해되었다는 것이 주된 이유였다. 그러나 실제로는 백인들이 흑인

비가시성

을 때리거나 거세하거나 죽일 때 이제는 흰옷을 입지 않게 된 것뿐이었다. 그들은 자신을 KKK단원이라고 부르는 대신, '화이트리그'나 '레드셔츠', '라이플 클럽' 회원이라고 했다.

살해와 위협은 효과가 있었다. 1871년 조지아에서, 1873년 텍사스에서, 1874년 앨라배마와 아칸소에서, 1875년 미시시피에서 민주당원들이 다시 자리를 차지했다. 노스캐롤라이나에서는 그런 단체 회원들 사이에 "내일 투표장으로 무기를 소지하고 가라"는 명령이 떨어졌고, "검둥이가 투표를 하고 있는 것을 보면 투표장을 당장 떠나라고 하고 거부할 경우에는 죽여라. 검둥이가 돌아갈 때 총으로 쏴버려라. 우리가 총을 들면 내일 우리는 승리할 것이다"라는 지침이 전해졌다. 이런 폭력을 통해 백인들의 의회 통제가 다시 확고해지자 의회에서는 흑인의 권리를 합법적으로 빼앗는 법을 통과시키기 시작했다. 투표 시험을 보도록 하거나(흑인이 질문에 답할 수 있으면 투표권을 주는 것인데 "백악관 창문은 몇 개인가?" 따위를 물어보았다), 투표세를 부과하는 등(이것은 흑인의 투표를 봉쇄하기 위한 세금이었으나 가난한 백인들의 권리를 빼앗는 결과를 낳기도 했다) 기존 체제 유지를 위해 온갖 방법을 동원했다. 재산을 소유한 자에게만 투표 자격이 있다는 규칙을 정하기도 했다. 이미 흑인의 토지 소유를 금지하는 법을 통과시킨 뒤였다. 1890년 미시시피의 헌법제정의회는 12만 3,000명에 달하는 흑인들을 1896년 선거인 명부에서 삭제했고, 루이지애나의 흑인 투표자 수는 1896년 13만 334명에서 1904년 1,342명으로 줄었다. 그리고 플로리다의 다섯 개 카운티에서 투표 자격이 있던 흑인 1만 6,533명 중에서 겨우 110명만이 선거인 명부 등록을 했다. 그곳 기록원은 흑인 신청자에게 이렇게 말했다. "후환이 두렵지 않으면 어디 등록을 해보시지!"

KKK는 폭력 행위에 있어 반드시 필요하기도 했고 또 필요 없기도 했다. 백인들은 KKK가 생기기 전에도(KKK단의 성격이 변하기 전에도) 흑인

문명과 혐오

들을 죽이고 있었다. KKK의 제거는 그런 폭력을 줄어들게 했지만 완전히 뿌리뽑지는 못했다. 그리고 어쨌거나 KKK의 정치적 목적은 달성되었다. 그들의 도움 없이도 합법적으로 그 목적이 이루어진 것이다. 사회 질서를 유지하기 위해서는 때때로 약간의 폭력이 필요했고, 삶의 고유한 방식이라는 중요한 가치에 비하면 검둥이 몇 명 죽는 게 대수겠는가?

■　　■　　■

검둥이(nigger)는 가장 심한 인종차별적 욕 가운데 하나다. 내가 가진 『웹스터 사전』은 이 말을 이렇게 정의하고 있다. "속어. 흑인 혐오자들이 쓰는 적의와 경멸을 담은 무례한 말." 이 말은 프랑스어 '네그르'에서 나왔다. 그것은 스페인어에서 검은색을 가리키는 '네그로'라는 말에서 나온 것이다. 또 이것은 라틴어 '니거'에서 온 말인데 이것도 검은색을 의미한다.

그러나 로마 사람들은 아프리카인들을 '니거'나 '니그로'라고 부르지 않고, '아프터' 또는 '마우루스'라고 불렀다. 그렇다면 이런 의문이 생긴다. 라틴어 '니거'라는 말은 어디에서 왔는가? 어떻게 해서 그것이 아프리카인과 연결되게 되었는가? 마틴 버날(Martin Bernal)의 주장대로 그 이름은 니그레타이나 니그레테스의 "아름다운 검정"에서 나온 것일까? 니그레타이, 니그레테스는 3,000년 전에 현재의 리비아 땅에 살았던 유목민이다. 니거라는 말은 거기에서 나온 말일까, 아니면 아퍼 족 일부의 고향인 나이저 강에서 나온 것일까.

나이저라는 이름은 셈어(語)에서 '사막으로 흐르는 물'이라는 뜻을 가진 어원⟨(n)gr⟩에서 나온 것일 수도 있다. 그 강은 대서양에서 나와 동쪽으로, 즉 사막으로 흘러가기 때문이다. 북아프리카와 서남아시아 곳곳에서도 그와 같은 어원을 가진 말들이 쓰이는데 그 경우에도 샘솟다, 흐르다, 오아시스, 사막의 강이란 뜻을 가진다. 또 다른 해석도 있다. 『어원 사전』을 찾아보면 나이저라는 말이 원주민 말 '강들 중의 강(ger n-gherea)'이라는 말에서 나왔다고 한다. 내 추측으로는 아름다운 니그레타이가 처음에는 단순히 오아시스에 사는 사람들을 가리키는 말이었을 것 같다.

검은색이라는 의미도 아니고 강들 중의 강이라는 의미도 아닌 아프리카 사람을 지칭하는 것으로 니그로라는 말이 처음 쓰이게 된 것은 1443년경부터다. 포르투갈 탐험가들이 아프리카 해안선을 따라 아래로 내려가다가 세네갈 강을 통해 기니까지 들어갔다. 얼마 안 있어 그들은 노예로 팔려고 아프리카 사람들을 잡기 시작했다("우리가 운좋게도 최초로 노예들을 왕자님 앞에 데려갈 수 있다면 얼마나 멋질까." 한 포르투갈 사령관은 이렇게 말했다). 1555년 첫 노예들이 런던에 도착한 직후, 니그로는 아프리카인과 기타 유색인을 가리키는 영어 단어로 영국 사람들에 의해 채택되었다.

그 무렵 니그로라는 말은 미국에서도 사용되었다. 아프리카 노예들이 코르테스, 발보아 같은 콩키스타도르(16세기 스페인의 아메리카 대륙 정복 사업을 주도했던 사람들. 스페인어로 '정복자'라는 뜻 — 옮긴이)와 함께 왔기 때문이다. 1576년과 1591년 사이에만 4만~5만 명의 '니그로'들이 브라질로 옮겨졌는데, 그곳에서 그들이 얼마나 험하게 다루어졌던지 한 예수회 사제는 이렇게 말했다. "지난 20년간 …… 사람 목숨의 소모량은 믿기 어려운 것이었다. 그렇게 많은 인원이 그토록 짧은 시간 안에 다 소진될 수가 있다는 것을 아무도 믿지 못할 것이다." 니그로와 니거의 철자와 발음은 매우 다양하다. 북미의 한 재산 목록에는 흑인 하녀가 "neager maides"라고 씌어 있기도 하고, 워윅과 프로비던스 식민지의 1652년 법률 전문을 보면 "니거(neger)들을 사는 것은 영국 사람들 사이에서 일반적으로 행해지는 일이다"라고 되어 있다. 다양한 변이형이 있었지만 17세기 말 무렵에는 노예화된 아프리카 사람을 가리키는 것으로 니그로라

문명과 혐오

는 말이 북미에서 확고하게 자리 잡았다. 1908년 미국은 "니그로, 뮬라토, 또는 유색인을 노예로" 수입하는 것을 불법으로 규정했는데(그러나 수입 금지를 강제하는 조치를 마련하지는 않았다), 그때까지 50만 명이 넘는 흑인 남자, 여자, 어린이가 대서양 중앙 항로를 거쳐 미국으로 들어왔다. 어느 역사학자는 그것이 "전체 이주자 중" 겨우 6퍼센트에 지나지 않는 수이며, 미국이 안타깝게도 이 상품을 "뒤늦게 구매하기 시작하고 적게 구입했기" 때문이라고 했다. 그후 100년 동안 니거, 니그로, 노예라는 말은 같은 의미를 지닌 것이 되었다.

■　　　■　　　■

남북전쟁 이전 남부의 인종 노예화가 그것의 개념과 실행에 있어 혐오와 연결되어 있었다는 것은 이제 여러분 대부분에게 자명해 보일 것이다. 어떤 인종이나 계급의 사람들을 그들 뜻에 반하여 예속 상태로 있도록 강제하기 위해서는 노예가 된 사람들에 대한 엄청난 경멸이 필요할 것으로 보인다.

남북전쟁 이전에 노예제도를 정당화하는 논리로 내세워진 것들을 보면 흥미롭다. 그것은 상식으로 가득 차 있었다. 상식이란 원래 공동의 합의를 의미하고 사람들이 공통되게 가지고 있는 생각을 말한다. 그런데 그 정당화 논리가 혐오 또는 노골적인 혐오가 아닌 상식으로 채워질 때가 더 많았다는 것이다. 노예제도 찬성론은 기본적으로 다섯 개 범주로 나누어질 수 있었다. 종교적인 주장, 역사, 과학, 경제 논리, 박애주의가 그것이다.

종교적인 주장은 단순했다. 만약 노아, 아브라함, 모세, 예수, 베드로, 바울, 그리고 무엇보다도 하느님에게 노예제도가 좋은 것이었다면, 값싼 농장 노동력을 위한 노예제도도 좋은 것이라는 논리였다. 담배, 쌀, 면화 농장에서 일하는 노예들은 남부 귀족사회의 버팀목이었다.

비 가 시 성

만약 당신이 성경에는 절대 틀린 것이 없다고 믿는다면, 성경이 하느님의 변하지 않는 말씀이라고 믿는다면, 하느님이 어떤 인간들은 노예가 되도록 하셨고 어떤 인간들은 그들을 소유하도록 하셨다는 것을 받아들여야 한다는 것이었다. 노아 시대에는 정말로 그랬다. 노아의 아들 함이 노아의 벌거벗은 몸을 보았기 때문에 노아는 함과 그의 자손들을 저주하여, 그들이 영원히 노아의 다른 두 아들 셈과 야벳의 노예가 되도록 했기 때문이다(그래서 아프리카인들은 함의 자손으로 간주되었다. 어떤 지역에서는 아직도 그렇게 여겨진다). 그 뒤를 이어, 하느님이 사랑한 아브라함은 어디를 가든 양떼, 소 떼, 나귀, 낙타, 금, 은을 끌고 종을 거느리고 다녔다. 종종 정복을 통해 재물을 불리기도 했다. 아브라함은 대를 잇기 위해 아내의 허락을 받고 아내의 여종 하갈과 동침했는데—그에 대한 하갈의 생각에 대해서는 전혀 언급되어 있지 않다—하갈은 임신을 하자 오만해졌다. 그래서 그후로도 열등한 족속들이 건방을 떨 때 으레 당하게 되는 일을 겪었다. 즉 심하게 맞았다. 창세기에는 "사래〔아브라함의 아내이자 그의 이복 누이이기도 하다〕가 하갈을 학대"(창세기 16장 6절)했다고 씌어 있다. 그래서 도망을 간 하갈은 사막에서 하느님의 천사를 만났다. 그에 대한 토튼 스트링펠로우(Thorton Stringfellow)의 평은 읽어볼 만하다. 그의 저술은 일반적으로 노예제도에 대한 종교적 옹호 가운데 '최고'라고 여겨진다. "하느님이 노예제를 얼마나 혐오하는지를 세상 사람들에게 가르치는 기회로 삼으려고 천사를 보내셨다면, 그런 목적을 달성하기에는 좋지 않은 계획을 택하신 셈이다. 천사는 '남이 우리에게 하기를 원하는 것'과 같이 남들을 대하라는 설교를 한 것도 아니고, 사래를 위선자라고, 아브라함을 독재자라고 나무란 것도 아니고, 이집트로 가는 방향을 하갈에게 가르쳐 준 것도 아니었다(노예제 폐지론자에 따르면 하갈은 이집트에서 부당하게 팔려 온 사람이었다)." 그 대신 천사는 하갈에게 이렇게 말했다. "너의 여주인에

게로 돌아가서 그에게 복종하면서 살아라."(창세기 16장 9절)

　모세, 다윗, 솔로몬. 그들은 모두 노예를 소유했거나 '자유인'과 자유롭지 않은 자들을 뚜렷이 구분했다. 노예제 폐지론자들은 흠정영역성서(King James version of the Bible, 1611년 영국 제임스 1세의 명으로 47명의 학자가 영어로 번역한 성서-옮긴이)에서는 '노예'라는 말 대신 '종'이라는 말을 쓴다는 점을 내세웠다. 하느님이 진정으로 노예제를 승인하지는 않았다는 것이다. 그러나 그것은 언어의 문제일 뿐이다. 노예제는 성문화되어 있었고 십계명의 열 번째 계명에 정당화되어 있다. 탐내서는 안 되는 이웃의 재산에 노예(그리고 아내)가 포함되어 있기 때문이다. 성경은 노예를 죽이는 일을 규제하고 있기까지 하다. 즉 노예 소유를 완전히 금지하지는 않았던 것이다. 만약 노예가 맞아서 죽으면, 노예 주인은 벌을 받아야 한다(자유인을 죽였을 경우와는 달리 죽음으로 처벌받지 않는다). 그러나 노예가 맞고도 하루이틀이 지나도록 죽지 않으면 노예 주인은 "벌을 받지 않는다. 노예는 그의 재산이기 때문이다." 스트링펠로우는 이것에 대해서도 할 말이 있었다. "하루나 이틀 사이에 죽지 않으면 주인은 단지 매질을 하려 했던 것이라고 **추정**해야 한다. 돈을 주고 노예를 살 수 있도록 법률이 허용했으니, 노예를 복종시키는 데 필요한 만큼의 매질에 대해서도 그 주인이 벌을 받지 않게 법률로 보호해야 한다. 이것은 모든 문명국가에서 실질적으로 채택되어온 상식적인 원칙이다. 문명국가들에서는 오래전부터 지금까지 비자발적인 노예가 제도화되어왔다." 스트링펠로우가 말하는 상식적인 원칙이란 노예를 복종시키기 위해 저지른 폭력 행위는 처벌받아서는 안 된다는 것이다. 그리고 하느님이 그 원칙들을 내놓았으므로 노예제에 동의하지 않는 자들은 "하느님을 싫어하는 것과 마찬가지"라는 것이 스트링펠로우의 결론이다.

　구약이 노예제를 지지함을 인정한 노예제 폐지론자들은 일반적으로 노예제의 도덕적 정당성은 예수가 신약을 가지고 왔을 때 흔들렸다고 주장했다. 그에 대해 스트링펠로우는 이렇게 대답했는데 상당히 합당한 답변이었다. "이상하지 않은가. …… 예수가 노예제를 폐지하려는 의도를 가지고 있었는데 노예제 존속을 막지 못했다는 것은. 어떤 입법자도 자신이 의도한 것을 그렇게 완전히 생략하거나 간과한 적은 없다." 예수의 제자들도 노예제를 없애려는 시도를 하지 않았다. 오히려 그와는 반대였다. 베드로는 한 장의 많은 부분을 할애해서 이렇게 노예를 타일렀다. "가장 두려워하는 마음으로 주인에게 순종하십시오. 착하고 너그러운 주인에게만이 아니라 까다로운 주인에게도 그리하십시오."(베드로전서 2장 8절) 이 구절의 "까다로운 주인"은 『리빙 바이블(The Living Bible, 케네스 테일러가 1971년 출판한 영어판 성경. 현대적인 언어로 대중이 이해하기 쉽게 옮겨졌다 - 옮긴이)』에는 "거칠고 잔인한 주인"이라고 번역되어 있다. 베드로는 노예가 옳은 일을 했는데도 벌을 받을 때 하느님이 칭찬해주신다고까지 한다 ("선을 행하다가 고난을 당하면서 참으면 하느님께서 보시기에 아름다운 일입니다." 베드로전서 2장 20절). 베드로전서는 무척 특이한 기록이다. 그것은 모든 형태의 권위 구조에 정치적으로, 개인적으로 완전히 복종할 것을 명한다. 스트링펠로우는 그 함의를 절실히 느끼게 한다. "시민은 국가에 복종해야 하고 하인은 주인에게 진심으로 즐겁게 복종해야 한다고 베드로가 이야기한 것은 주목할 필요가 있다. 그러나 베드로전서, 후서 어디에도 주인이 어찌해야 한다는 언급은 없다. 이것으로 보건대, 그리스도의 뜻에 위험이 되는 것은 우월한 자들의 오만함보다는 하인들의 불복종, 열등한 자들이 겸손을 모르는 것에 있다고 본 듯하다……." 베드로가 노예들에게 혹독했다면, 바울은 더 심했다. 복종이 의무라고 가르쳤을 뿐 아니라 "두려움과 떨림"(에베소서 6장 5절)으로 복종해야 한다고 했다. 바울은 도망친 노예를 주인에게 돌려보내기까지 했다.

문명과 혐오

기독교가 노예제에 반대하는 입장이라고 믿는 것은 좋게 말하면 시대 착오적인 것이고 나쁘게 말하면 기독교를 이해하지 못한 것이다. 1998년 새뮤얼 프랜시스가 《서던 파르티잔》 지에 이런 글을 썼다(《서던 파르티잔》 은 법무장관 존 애시크로프트가 "기록을 똑바로 잡도록 돕는" 잡지라고 평가한 잡지다). "예수도, 열두 제자도, 초기 교회도 노예제를 비판하지 않았다. 그럴 기회는 무수히 많았는데도 하지 않았다. 노예제가 기독교 윤리에 어 긋난다고 생각하거나 그에 대해 진지하게 고민한 신학자가 근대 이전에 있었다는 흔적도 전혀 보이지 않는다."

성경이 곧 하느님의 말씀이라고 믿는다면 남북전쟁 이전 정치가인 존 헨리 해몬드와 같은 결론을 내리기는 쉬운 일이다. 그는 이렇게 말했다. "미국 노예제는 죄악이 아닐 뿐만 아니라 하느님이 모세를 통해 특별히 명령하신 것이다. 그리고 베드로를 통해 그리스도가 승인하신 것이다." 성경을 대충만 읽어도 알 수 있는 것, 즉 하느님이 노예제를 명했고 그리 스도가 그것을 승인했다는 것이 사실이라면, 즉각 더 많은 의문이 생긴 다. 그 하느님은 어떤 종류의 하느님인가? 어떤 종류의 사람들이 그 하느 님을 따르는가(또는 만들어냈는가)?

■   ■   ■

함이 노아의 저주를 받은 것에 대해, 어떻게 해서 저주를 받게 되었는 지에 대해 나는 오래 생각해왔다. 줄거리는 이렇다. 노아는 술에 취해 자 기 장막 안에서 벌거벗은 채 누워 있었다. 함이 들어와서 "아버지의 벌거 벗은 몸"을 보았고, 나가서 두 형들에게 그 이야기를 했다. 형제가 옷을 가지고 장막 안으로 돌아가서 아버지의 몸을 덮었다. 아버지의 벌거벗은 몸을 보지 않으려고 얼굴을 돌리고 있었다.

두 형제가 그렇게 하는 장면이 상상이 된다. 해가 중천에는 한참 못 미치는 아침나절이지만 공기는 벌써 뜨겁다. 건조한 바람이 염소와 삼나무 연기 냄새를 싣고 온다. 셈과 야베스는 아버지의 천막으로 들어간다. 말하지 않아도 생각하지 않아도, 절대 아버지의 육체에 주의를 기울여서는 안 된다는 것을 알고 있다. 아버지의 벌거벗은 몸은 존재하기를 멈춘다. 그들은 할 일만 하면 된다. 그것은 인정해서는 안 되는 것, 거기에 존재하지 않는 것을 덮는 일이다. 그들은 뒷걸음질 쳐서 들어간다. 한 번도 해보지 않은 일이지만 비틀거리지도 않고 뒷걸음질로 들어간다. 존재하지 않는 벌거벗은 몸을 가리는 일은 한 번도 한 적이 없다. 그런 적이 있었던가? 그들은 알지 못했지만, 그들의 발이 어디를 디뎌야 할지 알았다. 코는 있지만 노아의 시금털털한 입냄새가 맡아지지 않았고 포도주의 고약하고 시큼한 냄새가 느껴지지 않았다. 귀는 있으나 요란하게 코 고는 소리는 들리지 않았다. 아버지 몸을 덮을 때 몸을 만지지 않았지만 옷은 그들이 보지 말아야 할 신체 부위들에 완벽하게 잘 맞았다. 애써 재빨리 걷지만 한편으로는 멍한 상태로 천막 입구까지 나온다. 그러고는 이미 더워진 아침 공기 속에서 염소 냄새와 삼나무 연기를 실어 오는 건조한 바람 내음을 맡는다.

그들보다 먼저 천막에 들어가서 아버지의 몸을 보고 있는 함도 상상이 된다. 그의 아버지는 머리를 뒤로 젖히고 목구멍이 다 보이도록 입을 벌리고 팔을 보기 흉하게 늘어뜨리고 있으며 털이 난 가슴은 다 드러나 있다. 털은 배로 내려가면서 점점 줄어들었다가 드러난 성기 가까이로 가서는 굵고 거칠어졌다. 함은 더 가까이 다가가서 아버지의 다리, 아랫배, 목, 그리고 한 번도 본 적이 없는 아버지의 신체 부위들을 들여다본다.

어릴 때부터 이 이미지는 줄곧 내 머릿속에서 맴돌았다. 성경에는 몇 줄 안 되는 짧은 운문으로 되어 있는 그 이야기를 읽으면서 어린 마음에도 천막 안의 짓누르는 듯한 열기와 고약한 냄새를 느낄 수 있었다. 나는

문명과 혐오

늘 함이 뭘 그렇게 잘못했는지가 궁금했다. 무엇을 보지 말았어야 하고, 왜 말을 해서는 안 되는 것이었을까? 왜 그의 형들은 보지 않으려고 그렇게 애를 썼을까?

내 생각에, 함이 천막에서 느낀 첫 번째 충동은 그저 계속 쳐다보는 것이었을 듯하다. 처음으로 아버지가 단지 인간일 뿐임을 깨달았기 때문이다. 그 다음으로는 아버지 몸을 덮어주고픈 충동이 일었을 것이다. 덮어주고 나서 그곳을 나가서 그걸 못 본 척하고 싶었을 것이다. 그리고 세 번째 충동은 아버지 몸을 덮지 않고 나가서 형들에게 그가 새로 알게 된 것을 말하는 것. 그는 생각을 하면서 천막 입구 쪽으로 눈길을 돌렸다가 다시 아버지 몸을 쳐다보았다가 좀 더 자세히 살펴보았다가 마침내 몸을 돌려서 밖으로, 햇볕 속으로 나온다.

■　　■　　■

역사적인 근거를 들어 노예제를 지지하는 주장은 종교적인 정당화 논리만큼이나 단순하다. 노예제와 그 외 강제 노동은 언제나 문명의 기반 역할을 해왔다는 것이다. 1837년 윌리엄 하퍼(William Harper)는 우리 사회에서 노예제가 어떤 역할을 하는지 신중하게 추론한 분석을 썼다. 그는 이렇게 말했다. "듀 회장님(이날 또 다른 연사로 나선 사람)은 노예제도가 문명의 주요 동력이었음을 보여주었습니다. 그것만이 문명의 동력이라는 것보다 더 분명한 사실은 아마 없을 것입니다. 미개인들의 보편적인 특성으로 짐작할 수 있는 것이 있다면, 그것은 생존을 유지하기 위해 절대적으로 필요한 것을 넘어설 정도로는 노동하지 않으려 한다는 점입니다. 노동은 익숙하지 않은 사람에게는 고통이고 인간의 본성은 고통을 싫어하는 것입니다. 온갖 훈련, 문명화의 동기, 도움이 있어도 대부분의 문명사회에서 많은 사람들은 노동의 고통을 싫어하는 것을 극복하지 못합니다.

비가시성

인간이 노동을 습관화하도록 할 수 있는 것은 노예 상태의 강요밖에 없습니다. 노동 없이는 재산 축적이 있을 수 없고, 미래에 대한 대비, 안락한 생활이나 고상한 취향도 있을 수가 없습니다. 그런 것이야말로 문명의 특징이자 본질인데 말입니다. 타인의 노동에 대한 명령권을 갖게 된 사람은 우선 재산을 모으고 미래에 대비하기 시작합니다. 문명화의 기초가 만들어지는 것이죠. …… 지구상에 인간이 존재한 이래 예나 지금이나 문명을 이룩한 사회는 예외 없이 모두 이 과정을 거쳐 문명에 도달했던 것입니다." 노예제를 좋아하지 않은 프리드리히 엥겔스도 그와 비슷한 말을 했다. "농업과 산업의 분리를 최초로 상당한 규모로 가능하게 만든 것은 노예제였다. 그리고 그와 함께 고대 사회의 꽃 헬레니즘도 가능해졌다. 노예제가 없었다면 그리스 국가도 없었을 것이고 그리스 예술과 과학도 없었을 것이다. 노예제가 없었다면 로마 제국도 없었다. 그런데 헬레니즘과 로마 제국이라는 기초가 없었다면 근대 유럽도 없었을 것이다. 우리의 경제적·정치적·지적 발전 전체의 전제 조건이 되었던 것은 노예제를 필요로 했던 어떤 상태라는 것을 잊어서는 안 된다."

그들 말이 맞다. 노예제가 역사적으로 필요했다는 주장은 노예제가 신의 명령이라는 주장만큼이나 그 증거가 확실하고 필연적인 논리로 보인다. 노예들이 둑을 쌓고 운하를 만들고 농업 혁명에 필수적인 곡창지대를 만들었다. 노예들이 이집트 피라미드를 세웠고 중국의 대운하를 만들었다. 고대의 대단한 도시들은 모두 노예 노동자들이 세운 것이었다. 하퍼는 이렇게 썼다. "인간 예술과 노동이 만든 위대한 기념물들, 이집트의 피라미드나 세월이 지나도 여전한 로마의 작품들은 모두 노예 노동으로 만들어진 것이다." 실제로 노예 노동이 없었다면 청동기 시대도 철기 시대도 없었을 것이다. 근대에도 강제가 없는데 광산 노동자가 되려고 하는 사람은 제정신 박힌 사람 중에는 아무도 없었을 것이다(오늘날에도 광산

문명과 혐오

노동은 강제에 의한 것이 아니면 가난에 허덕이는 동네에서 비교적 높은 임금을 주는 경우에만 가능하다). 광산 노동은 너무 힘들고 너무 위험한데 노동 조건은 너무 열악하기 때문이다. 죄수, 포로, 노예들—한 나무에서 나온 가지 셋—만이 지하로 들어갔는데 그나마도 채찍이나 칼 앞에서만 그 일을 했다.

노예제는 최초의 민족국가 시기부터 지배자의 주요 관심사였다. 제국을 다스리기 위한 최초의 법률 체계라고 알려진 함무라비 법전은 도망친 노예를 숨겨주거나 탈출을 돕는 사람은 사형에 처한다고 정해두었다. 법과 예속의 관계는 그보다 훨씬 더 오래 전으로 거슬러 올라간다. 현존하는 가장 오래된 법률 기록을 보면 토지, 가옥의 거래에 대한 내용은 별로 없고 심지어 동물 거래에 대해서도 아무 말이 없는데 노예 거래에 대해서는 자세히 나와 있다.

노예제의 활용은 문명화의 기초에 무척이나 중요했기 때문에 노예는 초기 도시들의 설계에까지 영향을 미쳤다. 예를 들어 모헨조다로에는 성채의 두꺼운 벽 내부에 큰 음식물 저장고가 있었는데, 무장 군인들이 그곳을 지킨 것은 외부 약탈자들 때문이 아니라 성 내부 사람들이 훔쳐가지 못하도록 하기 위해서였다. 사회비평가 루이스 멈포드는 이 창고의 위치에 대해서는 대수롭지 않게 여기고 이렇게 말했다. "계획적인 식량 공급 억제, 되풀이되는 기아의 위협은 처음부터 도시 노동력 확보에 중요한 역할을 했다."

초기 문명에 노예제가 필수적이었던 것만큼 그리스인들에게도 노예제가 필요했다. 그리스 민주주의가 정점에 이르렀을 때, 아테네에는 시민보다 노예가 더 많았다. 노예 수가 약 6만 명에 이르렀다. 기원전 103년경 노예 반란이 일어날 때까지 1만 명이 넘는 노예들이 라우리움의 유명한 은 광산에서 일을 했다. 노예 노동이 시민들에게 민주주의를 관리할 여지

를 주었다고 흔히 가정된다. 또 노예제에 기초한 민주주의가 단지 민주주
의였다고만 여겨질 뿐 아니라 민주주의의 이상적인 방식이라고까지 여겨
진다. 아리스토텔레스가 단호하게 이야기했듯이 "인류는 둘로 나뉜다.
주인과 노예가 그것이다. 또는 그리스인과 미개인, 명령할 권리를 가진
자와 복종하도록 태어난 자로 나누어진다고 할 수 있다."

로마도 수백 년 동안의 노예제 위에 건설되었다. 노예들은 도시를 건설
할 돌을 파내고 도시도 직접 건설했다. 도시에 물을 공급하는 상수도도
그들이 만들었다. 그리고 부가 축적되도록 한 것도 노예들이었다. 노예를
쓰는 것은 재산을 만드는 가장 확실한 방법으로 통했다. 공화정 시기가
끝날 무렵, 이탈리아 반도에는 약 200만 명의 노예가 있었는데 로마 제국
전체 인구의 3분의 1을 차지하는 수였다. 매년 50만 명의 새로운 포로가
필요했다.

하퍼는 이렇게 말한다. "노예는 문명화의 조건이다." 그렇다면 만약 문
명을 원한다면 노예 또는 그 비슷한 종속 상태의 인간들이 있어야 한다는
게 아주 분명해 보인다. 노예제를 없애는 것은 우리 모두―우리 중에 노
예 주인이라고 간주될 수 있는 사람―가 좋아하는 문명을 해체하는 것이
될 것이다.

■　　　　■　　　　■

1967년, R. D. 랭은 이렇게 썼다. "우리의 군산복합체를 합리화하기 위
해서는 우리 코 앞에 있는 것을 명확히 보는 능력, 그리고 코 앞을 넘어서
는 것을 상상하는 능력을 파괴해야 한다. 핵전쟁이 일어날 수 있으려면 그
보다 훨씬 전에 우리의 멀쩡한 정신이 황폐해져 있어야 할 것이다. 아이들
부터 시작해야 한다. 제때에 아이들을 잡는 것이 필수다. 가장 철저하고
신속한 세뇌 없이는 그들의 더러운 머리가 우리의 더러운 속임수를 꿰뚫

문명과 혐오

어볼 것이다. 아이들은 아직 바보가 아니지만 우리가 아이들을 우리와 같은 멍청이들로 바꾸어놓을 것이다. 가능하면 아이큐가 높은 멍청이로."

함이 무엇을 잘못했는지, 왜 노아가 그를 저주하고 노예로 만드는 것 외에 다른 선택을 할 수 없었는지 이제 난 이해가 된다. 그후 황폐한 사막이 된 그곳에서 수천 년 전에 무슨 일이 일어났는지는 이 이야기에서 중요하지 않다는 것을 이제 알았기 때문이다. 중요한 것은 이 이야기에서 끌어낼 수 있는 교훈이다. 지배 체제가 유지되게 하기 위해서는(노아는 자기 아들 하나와 그의 모든 자손을 다른 두 아들과 그 자손의 노예로 만들 수 있는 권력과 의지를 가지고 있었다), 엄격한 규칙이 지켜져야 한다는 것이 이 이야기의 교훈이다. 그 규칙 중에서 가장 중요한 것은 권력자를 자신과 비슷한 존재로 보아서는 결코 안 된다는 것이다. 이 이야기의 경우에는 권력자를 벌거벗은 몸을 가진 존재로 보아서는 안 되는 것이었다. 특히 권력자를 약한 존재로 즉 결국 죽게 될 인간으로 인식해서는 절대 안 된다. 권력자를 벌거벗은 약한 존재로 보면, 물리력을 제외한 그 어떤 힘에도 이제는 자신이 영향을 받지 않아도 됨을 알게 된다.

노예가 자유로워지기 위해서는—또는 노예 주인이 자유로워지기 위해서는—다음과 같은 것을 잇달아 깨달아야 한다. 첫째, 주인(그리고 노예)은 단지 인간일 뿐이라는 것을 인식해야 한다. 즉, 수사적으로 꾸미지 않고 말하자면, 특권과 착취의 이분법이 존재한다는 것, 그 특권은 착취의 결과라는 것을 깨달아야 한다. 고대 그리스의 민주주의 형태는 노예 노동을 통해 가능해진 것이었다. 로마인들의 부는 노예 노동에서 빼앗은 것이었다. 남북전쟁 이전 남부의 문화도 마찬가지였다. 박하 줄렙(위스키·브랜디에 설탕·박하 등을 넣고 얼음으로 차게 한 음료—옮긴이), 무도회, 스칼렛 오하라 같은 미인들로 대표되는 귀족적인 남부 문화는 흑인 노예들의 피와 땀 위에 만들어진 것이었다(원래 살던 사람들에게서 뺏은 토지 위에 만들어졌

비가시성

다는 건 말할 것도 없다).

두 번째 깨달음 역시 주인과 노예가 단지 인간일 뿐이라는 것이다. 따라서 착취와 그에 따른 특권은 불가피한 것이 아니고 사회 제도와 힘의 결과라는 것이다(노예 입장에서는 매우 운이 나빴던 결과이기도 하지만). 모헨조다로의 시민들은 열등하기 때문이 아니라 복종하지 않으면 굶게 되기 때문에 복종을 했다. 그와 마찬가지로 그리스나 로마의 많은 노예들은 영토 확장 과정에서, 즉 군사 공격에 의해서 납치되어 온 사람들이었다. 미국 남부의 흑인 노예들은 잡혀 왔거나 노예로 태어났다. 누가 노예가 되고 누가 자유인이 될 것인지 운에 따라 결정되는 경우가 많다 해도, 노예 계급의 존재는 **언제나** 정치적·경제적·군사적 결정의 결과물이다.

세 번째 또한 노예 주인이 단지 인간일 뿐임을 깨닫는 것이다. 이것은 주인이 약한 존재라는 것을 깨닫는다는 의미다. 많은 돈이 주인을 보호해주지는 않는다. 죽음으로부터 보호해주지 않으며 노예의 직접적인 폭력으로부터 보호해주지도 않는다(목에 칼이 들어오면 부자도 가난한 사람과 다름없이, 곧바로 틀림없이 죽는다). 망상을 제외한 그 어떤 것도, 그 무엇도 돈이 막아줄 수는 없다. 부자들도 병, 슬픔, 외로움, 고통을 피해 갈 수 없고 물론 죽음도 피할 수 없다.

이럴 때 어려움이 생긴다. 그리고 여기에 노아와 아들들 이야기의 진정한 아름다움이 있다. 함(적어도 내가 해석하는 함)과 마찬가지로, 가부장이 벌거벗은 약한 존재라는 것을 보고 그러한 인식 전환을 통해 자신의 길을 찾아낼 때 이런 어려움이 생긴다. 그 다음에는 무엇을 해야 하나? 함처럼 자기가 본 대로 이야기할 것인가? 그 이야기에서 분명히 드러났듯이 그렇게 하는 데에는 심한 비난과 가혹한 결과가 따른다.

그렇지 않으면 함의 형들을 본받아서 눈길을 돌리고, 그에 따른 특권을 받을 것인가?

그러나 여기서 또 다른 의문이 생긴다. 이것은 내가 정말로 풀고 싶은 문제다. 함이 노예가 된 것이 단지 셈과 야베스에게 노동력이 더 필요했기 때문이 아니라면(다시 말해 순전히 경제적인 이유가 아니었다면), 그리고 이 이야기가 하나의 메타포로서 인식과 착취의 관계를 이해할 수 있게 해주는 것이라면, 어떤 사람들에 대한 착취가 다른 사람들의 특권으로 이어지는 그런 계급이 오늘날에도 여전히 존재한다면, 그렇다면 착취당하는 사람들은 권력자들에게서 정확히 무엇을 보(았)는가? 타인들을 노예로 만들고 통제하는 자들을 그토록 화들짝 놀라게 하는 것, 인식과 착취의 관계가 드러내는 그것은 과연 무엇인가?

비가시성

여자도 선하고
노예도 그렇다.
그러나
여자는 열등한 존재고
노예는 고려의 대상 이하라고
말할 수 있다.

—아리스토텔레스

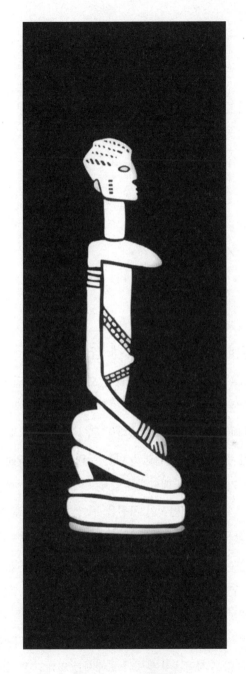

경멸

앞서 이야기한 모든 것들은 다시 혐오의 문제로 돌아오게 한다. 노아는 함을 혐오했는가? 혐오하지 않았다면 어떻게 함과 그 자손들을 노예로 만들 수 있었을까? 함이 노아의 벗은 몸을 보았기에 노아는 그를 두려워했을까? 두려워했다면 무엇 때문에? 그렇다면 두려움과 혐오는 어떤 관계일까? 아니면 노아는 두려움과 혐오와는 아무 관계없이, 그것이 자기가 마땅히 행사해야 할 권력이라고 생각하여 권력을 휘둘렀던 것일까? 아니면 개인적인 차원을 뛰어넘어 단지 문화적 규범을 따른 것일까? 함을 노예로 만든 것은 일반적으로 용인되는 일이었을까? 심지어 도덕적으로 올바른 행위였던 것은 아닐까?

나는 이해할 수 없는 관계들의 엉킨 실타래를 하나하나 풀어내려 하고 있다. 실 한 가닥을 잡아당기면, 예를 들어 노예 만들기라는 개념을 건드리면, 그에 반응하여 다른 실들이 움직이는 것이 놀랍다. 문명을 비판하려고 하면, 너무 많은 사람들이 문명과 노예제를 일대일 관계로 설명하는 것을 보고 놀라게 되는 것도 마찬가지다. 그러나 어떤 실 가닥은 어찌나 완강한지 그것도 놀라웠다. 내가 노예제의 실 가닥을 아무리 잡아당겨도 혐오를 나타내는 가닥은 미동도 하지 않았다. 혐오와 공포, 혐오와 권력, 권력과 공포의 관계는 무엇인가? 이것들과 통제의 욕구는 어떤 관계인가? 그리고 이 모든 것은 타인을 대상, 사물로 인식하고자 하는 욕구와 무슨 관계인가? 내가 보기에 타인을 노예로 만들기 위해서는 타인이 대상화, 사물화되어야 한다. 그렇다면 대상화는 혐오를 함축하는가? 예전에 나는 그렇게 생각했지만, 그 관계는 좀 더 복잡한 것 같다.

바로 어제 창의적 글쓰기 강의를 하러 교도소에 갔다. 검문소를 지나고 전류가 흐르는 담장을 지나고 검문소를 몇 개 더 지난 다음 콘크리트 벽 안에 있는 강철 문을 통과했다. 대기실을 지나면서 안쪽을 흘낏 보니, 죄수들이 보였다. 그들을 대상화하지 않고 진실을 말하자면, 사람들이 보였다. 고등학교 사물함 같은 모양에 크기는 그 두 배쯤 되는 쇠창살 감옥 안에 사람들이 앉거나 서 있었다. 창살 가운데에는 손을 넣고 뺄 수 있는 크기의 구멍이 있었다. 그들은 심리치료사를 기다리고 있었다(재소자들이 서로 싸우게 만드는 법에 대해 농담을 하던 그 치료사 말이다). 그런데 내가 심리치료사를 기다릴 때에는 푹신한 의자에 앉아서 수족관의 물고기를 들여다보거나 스포츠 신문을 읽는다.

이런 상황에서 죄수들과 교도관들은 종종 날씨나 스포츠에 대해 수다를 떨고, 뚜렷한 주제 없이 이런저런 얘기를 한다. 죄수들을 금속 사물함 같은 것에 가두어놓고 심리치료사를 기다리게 해야 하는 커다란 사회적 상황 안에서 모두 그럭저럭 사이좋게 지낸다. 교도관들은 재소자들을 혐오하는가? 재소자들은 교도관들을 혐오하는가? 난 그렇게 보지 않는다. 적어도 우리가 일반적으로 혐오라고 생각하는 것 같은 건 없다.

강의실에 도착했다. 내 학생 중 한 명은 전직 포주이자 전직 군인이다.

경 멸

그래서 별명이 핌프 솔저다. 그는 길거리 위의 자기 삶에 대한 글을 주로 썼는데 그 중 하나가 기억에 남는다. 시골에서 한 여자가 이사를 왔는데, 거기서 솔저의 창녀들 중 한 명을 만났고 그 창녀를 통해 솔저를 만났다. 솔저는 그 새로운 여자에게 홀딱 반했는데, 여자의 트롬본 엉덩이 때문이 었다(그게 뭐냐고 물어보았지만 아직도 무슨 의미인지 모르겠다. 내 질문에 그는 소리내어 웃기만 하고 트롬본 소리를 내는 것으로 대답을 대신했기 때문이다). 그가 그녀에게 반한 또 다른 이유는 여자의 다리가 여기서부터 저어기까 지 끝이 보이지 않을 정도였기 때문이기도 하고, 그가 원할 때마다 변태 짓(섹스의 경계를 무너뜨리는)을 마다하지 않았기 때문이기도 하지만, 가장 큰 이유는 그 여자가 떼돈을 벌게 해주었기 때문이었다. 그 여자는 그의 특별 창녀 중 하나가 되었다. 그는 여자를 때리지 않았다. 그들은 섹스를 많이 했다. 그러나 어느 날 그 여자가 사는 아파트로 가보니, 그녀를 데리 고 왔던 창녀와 그녀가 마약 과다복용으로 싸늘하게 죽어 있었다. 그렇게 기분이 가라앉은 적이 없었다고 그는 말했다. 그 이유가 무엇인지는 묻지 않아도 뻔하지만, 나는 왜 그렇게 슬펐느냐고 물었다. 그런데 내 짐작이 틀렸다. 그는 망설임 없이 그 둘은 가장 돈을 많이 벌어온 창녀들이었기 때문이라고 답했다. 그는 재빨리 아파트를 떠났지만, 여자들의 지갑을 뒤 져서 돈을 챙겨 나오는 것을 잊지 않았다.

이런 실 가닥들을 가지런히 할 때 내가 겪는 문제는 범주들을 혼동하는 것인 듯하다. 즉 개인적인 것과 사회적인 것을 혼동하는 것이다. 나는 혐 오를 생각할 때 화가 나서 붉어진 얼굴, 내게 못되게 구는 사람을 떠올렸 다. 그러나 교도관들은 화가 나서 얼굴을 붉히는 것이 아니다. 그들에게 솔직하게 말하라고 하면 대부분 재소자들을 개인적으로 혐오하지는 않는 다고 말할 것이다. 핌프 솔저 역시 자신이 이용했던 여자들을 혐오한 적 은 없었다고 말할 것이다. 그가 자기 글을 읽었을 때 다른 수강생들은 웃

음을 터뜨리며 이렇게 말했다. "안됐구먼, 친구. 하지만 포주 일이 다 그
렇지." 하지만 그들 중 많은 이들은 솔저가 그 여자에 대해 글을 쓴 걸 보
면 그가 그녀에게 특별한 감정을 품었던 게 분명하다고 말했다. 또 그런
애정은 그의 직업, 그의 생활방식에 위험한 것이라고들 했다. 그리고 사
람들이 이 말은 안 했지만, 그것은 그의 세계관에도 위험한 것이다.

원인과 결과의 엉킨 그물망이라는 은유는 잠시 제쳐두고, 혐오—사회
적 차원의 혐오—를 강에 비유해보자. 핌프 솔저의 냉랭한 태도와 지독한
행동은 혐오라는 사회적 강 안에서 일어난다. 핌프 솔저가 **특별히** 여성을
혐오한 것은 아니었다. 경제적인 면에서 보면 그의 행동은 합당하다. 그
는 예쁜 여자들로부터 많은 돈, 많은 섹스를 얻었다. 제임스 본드의 삶과
다를 바 없어 보인다. 아마도 많은 남자들이 꾸는 야한 꿈의 내용도 그와
같을 것이다. 핌프 솔저는 그저 강물이 흐르는 대로 흘러갔을 뿐이다.

나도 똑같은 강물 속에 있다. 그것은 어쩔 수가 없다. 나도 인정한다.
내가 인종을 차별한다는 것을. 얼마 전 밤중에 백인 10대들 무리가 공터
에 떼지어 서 있는 것을 보았다. 나는 그들을 피해 길을 건넜다. 그런데
만약 그 애들이 흑인이었다면 아마도 아예 다른 길로 갔을 것이다. 그리
고 나는 여성혐오가 있다. 그것도 인정한다. 나는 요리를 못 하고 집 안
청소는 더 못 하는데, 그것은 그런 일들이 여자 일이라는 인식을 내가 내
면화했기 때문일 것이다. 물론 내가 그런 이유로 집안일을 하지 않는 것
이라고는 절대 인정하지 않는다. 그런 일을 하는 것을 그다지 좋아하지
않을 뿐이라고 언제나 말한다(그것도 사실이긴 하다. 그러나 여자들 중에도
그런 일을 좋아하지 않는 사람이 많다). 어느 쪽이든 나는 그보다는 더 훌륭
한 일을 해야 한다고 생각하는 것이다. 책 쓰는 일, 또는 포주보다는 내가
도덕적으로 우월하다고 느낄 수 있는 곳에서 강의를 하는 일 같은 것들
말이다. 그리고 당연히 나는 생명보다 돈을 더 중히 여긴다. 그렇지 않다

경 멸

면, 왜 착취당하는 방글라데시 노동자들이 만든 셔츠를 입고, 멕시코에서 만든 신발을 신고, 열악한 노동조건 때문에 암으로 죽어가는 태국 여성 노동자들이 만든 하드드라이브를 쓰겠는가? 내 친한 친구들 중 많은 사람들이 유색인이거나 여성이지만, 나는 이 강물의 일부인 것이 사실이다. 나는 타인들에 대한 착취로 이득을 보고 있으며 이러한 특권을 희생하기를 그다지 원치 않는다. 결국 나는 문명화되어서, 노예 상태의 강요를 통해서만 얻을 수 있는 '안락한 생활과 고상한 취향'을 갖게 된 것이다. 이 깊고 넓은 강에서 이득을 보는 사람들 대부분과 마찬가지로, 나도 내 셔츠, 내 신발, 내 컴퓨터를 만드는 남자, 여자, 아이 들과 자리를 바꾸라고 하면 차라리 죽겠다고 할 것이다.

■　　■　　■

내 책의 발행인 겸 편집자는 담배를 끊는 중이다. 그것 때문에 매우 괴로워한다. 이틀 전 한 식당에서 만난 그는 종업원에게 망치가 있느냐고 물었다.

"왜요?"

"내 머리를 쳐서 날 좀 죽여줬으면 해서요. 그러면 담배 생각이 사라질 것 같아요."

아직 그에게 이 책에 쓰고 있는 이야기에 대해서는 전혀 말하지 않았다. 그런데 내가 풀려고 하는 엉킨 실타래에 대해서 전화로 이야기했더니 그는 이렇게 말했다. "그렇다면 경멸에 대해 이야기해야 해."

왜냐고 내가 물었다.

"그게 딱이야. 담배 회사 간부들이 나를 증오하거나 혐오하는지는 모르겠지만 날 경멸할 것은 확실해. 특정한 개인인 나가 아니라 타깃으로서 말이야. 서서히 진행되는 나의 자살을 통해 돈을 만들기 위해서는 나를 경멸해야만 할 거야."

나는 생각했다. 담배? 경멸? 담배를 재배하는 것은 혐오범죄인가? 모르겠다. 그러나 그의 말에 일리가 있다. 어떤 물질이 사람들을 죽게 만들 것을 알면서도 의도적으로 사람들이 그것에 중독되도록 하려면, 내가 앞서 노예제에 대해 말했던 것과 마찬가지로, 아주 많은 멸시가 필요하다. 엉킨 실타래는 더 커져만 간다. 한숨이 나왔다.

그는 전에도 몇 번 담배를 끊으려 시도했지만 이번에는 반드시 성공할 것이라고 말했다. 왜냐고 내가 물었다.

"왜냐하면 이제 왜 내가 스스로를 죽이고 있었는지를 이해했거든. 나를 멸시한 것은 담배 회사 간부들뿐만이 아니야. 내가 내 자신에 대해 경멸을 느꼈던 거야."

그의 눈에는 보이지 않았겠지만 나는 고개를 끄덕였다.

"내가 진실로 나를 소중하게 여긴다면 이런 식으로 나를 해칠 수가 있겠어?" 담담하게 그가 말했다. 난 고개를 흔들었다. 침묵이 이어졌다.

"이건 우리가 지구를 죽이고 있는 이유 중 하나이기도 한 것 같아." 그는 잠시 말을 멈추었다. 혹 담배 연기를 내뿜는 소리가 들릴 것 같은 느낌이 들었다. 예전 같으면 그가 담배 한 모금을 빨아들였다가 길게 천천히 내뿜었을 시점이었다. 그러나 아무 소리도 들리지 않았다. "내 생각에 우리는 마음속 깊은 곳에서는 우리가 맑은 강, 깨끗한 공기, 더럽혀지지 않은 생태계, 살 만한 세상을 가질 자격이 있다고 믿지 못하는 것 같아."

동의한다고 내가 말했다.

"우리가 우리 자신을 사랑한다면, 아니 적어도 증오하지 않는다면." 그의 말이 너무 빨라서 단어들이 달려나오다 서로 부딪칠 것 같았다. 그는 여기까지 말하고 나서 한참을 침묵했다. 또 혹 내뿜는 소리가 들릴 듯했다.

"우리가 사는 집을 파괴할 수가 있겠어?"

경 멸

내게 청하여라.

뭇나라를 유산으로 주겠다.

땅 이 끝에서 저 끝까지

네 것이 되게 하겠다.

—시편 2장 8절

땅 되돌려주기

다른 식으로 한번 표현해보자. 우리가 흑인들—여기서는 검둥이라는 표현이 더 어울리겠지만—이 정말로 어린아이와 같다고, 그렇지만 힘은 세다고 믿도록 키워졌다고 가정해보자. 그리고 검둥이들이 백인을 위해 일하는 것이 그저 일상적인 삶의 일부라고 상상해보자. 먹고 자고 숨쉬는 것에 의문을 가지지 않듯이 그것에 대해서도 전혀 의문을 품지 않는다. 백인이 검둥이를 소유하고 검둥이는 백인을 위해 일하는 것, 그것은 자연의 이치일 뿐이다.

이제 외부에서 온 어떤 사람이 내 행동이 잘못되었다고 말한다고 상상해보자. 이 외부 사람은 내 인생에 대해, 내 아버지, 내 아버지의 아버지가 살아온 삶에 대해서는 아무것도 모른다. 이 외부인은 밭을 돌아본 적도 없고 노예들이 일하는 것을 본 적도 없으며 노예들이 없으면 농장이 망한다는 것도 알지 못한다. 그리고 노예들에 대해서도 잘 모른다. 내가 먹여주고 재워주지 않으면 노예들도 살아남지 못한다는 것을 알지 못한다. 내 노예들이 이 외부 사람 말에 귀를 기울이고 그것 때문에 노예들과 나의 관계가 나빠지기 시작했고 심지어 내가 돈을 잃을 지경이 되었다고 상상해보자.

나라면, 내가 그런 상황에서 성장했고 그런 믿음을 가지고 있었다면, 자기 일도 아닌 것에 간섭하는 이 외부인의 만용에 처음에는 충격을 받았을 테고 나중에는 화가 났을 것이다. 그리고 결국에는 내 삶의 방식을 파괴하려 드는 이 오지랖 넓은 간섭꾼에게 분노를 느꼈을 것이다. 그런 상황에서 성장했다면, 그런데 자기 삶의 방식이 착취 위에 서 있다는 것을 인정하고 다른 식으로 살아보려면 우리들 대부분이 가진 용기보다 훨씬 더 큰 용기가 필요할 것이다.

거리를 두고 보면, 노예 주인은 부도덕한 인간이라고 쉽게 말할 수 있다. KKK 같은 혐오 집단 회원들은 어리석은 고집쟁이 무리일 뿐 우리와는 공통점이 전혀 없다고 말하기는 아주 쉽다.

그러나 정말 그럴까? 사람이 아닌 토지를 소유하는 것에 대해 생각해보자. 누군가가 이렇게 말한다고 하자. 당신이 아무리 많은 돈을 주고 토지의 소유권을 샀다 해도 그 땅은 당신 것이 아니다. 이제는 그 땅에 당신이 원하는 것을 할 수 없다. 거기 있는 나무를 자를 수 없고 그 땅에 건물을 지어서도 안 된다. 불도저로 밀어도 안 되고 길도 내면 안 된다. 그런 짓은 모두 부도덕하다. 왜냐하면 그것은 살아있는 것에 대한 착취, 즉 이 경우에는 토지에 대한 착취이기 때문이다. 건물을 짓기를 원하느냐고 땅한테 물어보았는가? 땅이 무슨 생각을 하는지 관심을 기울였는가? 그러나 땅은 생각할 수가 없다고 당신은 말할 것이다. 아, 그건 **당신** 생각일 뿐이다. 당신은 그렇게 생각하도록 배운 것이다. 더 나아가서 내 생계와 삶의 방식이 이 땅의 경작—그 외부인은 그것을 땅에 대한 착취라고 부를 테지만—에 기초해 있다고 가정해보자. 그 외부인들 마음대로 하면

땅 되돌려주기

난 폐업을 해야 할 것이다. 또다시 그들은 나더러 나쁜 사람, 멍청한 고집쟁이라고 말한다. 내 삶의 방식이 어떤 것에 대한 착취에 기초한다는 것을 보지 않으려 하기 때문이라고 한다. 내가 보기에는 권리나 지각이 없어 보이는 어떤 것을 착취해서 살고 있다고 말이다.

아직도 화가 가라앉지 않는가?

그렇다면 이건 어떤가? 내 컴퓨터의 하드드라이브 제조 과정이 태국 여성들을 죽게 만들었다는 이유로 외부인들이 내 컴퓨터를 가지고 가버린다. 내 옷은 착취 공장에서 만들어졌기 때문에, 내 고기는 공장형 축산시설에서 온 것이기 때문에 빼앗아가고, 내가 먹는 값싼 채소는 가족농을 몰아내는 농업기업이 공급하는 것이기 때문에 압수한다(공장형 농장에서 자라는 것을 상추가 싫어한다는 이유 때문일 수도 있다. 외부인들은 "상추는 획일적인 걸 싫어한다"고 말할 것이다). 채소뿐 아니라 커피도 빼앗아가버린다. 커피 재배가 열대림을 파괴하고 명금류 철새 개체군을 격감시키고 아프리카, 아시아, 중남미 소농들을 땅에서 몰아내기 때문이다. 지구 온난화를 이유로 내 차를 가져가버린다. 결혼 반지도 빼앗아간다. 광업은 노동자들을 착취하고 자연 경관과 공동체를 파괴하기 때문이다. 텔레비전, 전자렌지, 냉장고도 가져가버린다. 제기랄, 전기 배선까지 통째로 가져가버리는 이유는 전기를 만드는 환경 비용이 너무 크기 때문이란다(댐은 연어를 죽게 하고 화력 발전소는 산을 벌거숭이로 만들고 산성비가 내리게 하며 풍력 발전기는 새들을 죽인다. 원자력 발전소에 대해서는 말도 꺼내지 말자). 외부인들이 이 모든 것을 내 허락도 없이 가져가려 한다면 어떨지 상상해보자. 나한테는 아무것도 물어보지 않고, 이것들이 모두 착취의 결과물이고 부도덕한 것이라고 그들이 판단했기 때문이라고 하면서 말이다. 내가 기본적인 것이라 여기는 내 삶의 부분들을 외부인들이 실제로 갖고 가기 시작했다고 상상해보자. 그러면 아마도 상당히 열받을 것이다. 내게 이런 짓을 하는 그 잡

문명과 혐오

놈들을 증오하기 시작할지도 모른다. 열받은 다른 많은 사람들이 이미 단체를 결성하여 내 삶을 파괴하려 하는 자들과 싸우고자 한다면—"근데 가진 것도 없는 저 자들이 대체 뭘로 파괴하겠다는 거지?" 하는 의구심이 분명 들겠지만—, 당신도 흰옷을 입고 우스운 모자를 쓸 것이다. 아마도 그놈들 중 몇몇에게는 약간 거칠게 대하게 될 것이다. 그들이 내 삶의 방식을 파괴하지 못하게 하는 데 폭력이 필요하다면 말이다.

■　　　■　　　■

외부인의 선동 없이도 노예들이 반란을 시작한다면 어떻게 될까? 노예들이 자연적인 질서를 깨뜨리기 시작했다고 상상해보자. 먹여주고 입혀주고 재워줬더니 고마워할 줄도 모르는 노예들의 배은망덕이 이해가 안 되는가? 처음에는 말로 타이르고 그 다음에는 다른 수단을 동원해서 그들 생각이 잘못이라는 것을 깨우쳐주려 하겠는가? 가능한 어떤 방법을 써서라도 나의 삶이 다시 질서를 잡게 할 것인가? 반란을 일으킨 노예들이 내게 말하고자 하는 것은 듣기가 거북할까?

이제, 땅이 나에게 말을 하고 있다면 어쩌겠는가? 자연물들이 내가 질서를 정하는 세상에 굴복하기보다 차라리 절멸되기를 선택한다면? 내가 지구를 노예화하는 것을 멈추게 하기 위해 지구가 기후를 바꾸고 있다면? 내가 하고 있는 짓을 좋아하지 않는다고, 이런 식으로 살고 싶지 않다고 말하기 위해 지구와 그 위에 사는 생물들이 온갖 노력을 하고 있다면? 그 소리를 들을 수 있겠는가?

그럴 것 같지 않다.

■　　　■　　　■

우리가 어디를 걷든, 우리는 학살당한 원주민들의 뼈를 밟고 가게 된

땅 되돌려주기

다. 오늘 집에서 가까운 욘토켓에 갔다. 그곳은 내가 사는 지역의 인디언인 톨로와 족에게 신성한 장소다. 나는 개 두 마리와 함께, 그리고 그곳의 역사를 잘 아는 탁월한 환경운동가인 친구 캐런 래스(Karen Rath)와 함께 그곳에 갔다.

먼저 캐런이 우리 집에 왔고, 우리는 북쪽으로 10마일 정도 차를 타고 갔다. 가는 길에 내가 가르치는 교도소를 지나갔다. 높고 텅 빈 파란 감시탑이 보였다. 교도소 위를 둘러싼 전기 울타리 때문에 감시탑은 무용지물이 되었다. 교도관과 직원들의 차로 가득 찬 주차장도 보였다. 사람들을 수용하기 위한 거대한 콘크리트 구조물이 보였다. 우리는 이 모든 것을 교도소와 나머지 세상을 갈라놓는 두터운 삼나무 스크린을 통해 보았다.

교도소를 지나간 다음 농장 길을 건넜다. 아주 많은 거위 떼가 보였다. 캐런이 말했다. "알류샨 거위가 돌아오기엔 아직 이른데." 알류샨 거위는 캐나다 거위보다 조금 작으며 캐나다 거위의 사촌뻘이다. 매년 가을 전세계의 알류샨 거위 개체군은 알류샨 열도에서 월동지인 캘리포니아 중부로 가는 길에 크레센트시티 부근에서 쉬어 간다. 그리고 매년 봄 북쪽으로 돌아가는 길에 여기서 쉬어 간다. 이 거위들의 개체군은 1967년에 800마리까지 감소했지만 현재는 3만 마리 이상으로 회복된 상태다. 거위들은 한 달 정도 머무르면서 대양을 가로지르는 비행—3,000킬로미터를 논스톱으로 간다—을 하기 위해 살을 찌운다.

이곳에 새들이 극도로 많이 몰려든다는 것, 그리고 새들이 이곳에서 많이 먹는다는 것은 종의 회복에 드는 비용을 농장 주인들과 농부들이 대부분 치렀다는 의미다. 이 거위들은 이른 봄에 농장 목초지에서 먹이를 찾아 먹는다. 농부들은 거위가 찾아오는 게 달갑지만은 않다. 초지가 새들 부리 속으로 사라져버린다는 것을 알기 때문이다. 남은 여행을 위한 연료를 채우는 정도가 아니라 새끼들까지 살찌울 정도로 많은 양을 먹어치우니까.

문명과 혐오

캐런이 말했다. "참 재미있는 것은, 이 농부들 중 많은 사람들이 톨로와 인디언들을 죽이고 그들 땅을 뺏은 정착민들의 후손이라는 점이야. 거위로 피해를 입는 사람들만이 아니라 이 지역의 많은 대지주들이 그 정착민들의 직계 후손들이야. 오늘날 그들 중 일부는 화해를 제안하고 몇 번 사과한 적도 있었는데, 땅을 돌려준다는 얘기는 아무도 하지 않아."

우리는 차를 세우고 밖으로 나갔다. 뒷자리에 있는 개들도 풀어주었다. 개들은 내 손에 코를 갖다대며 인사를 한 다음, 자동차가 묘지에 들어가지 못하도록 세워놓은 문을 지나 달려갔다. 그리고 우리 앞에서 앞장서서 먼지 나는 길을 달려 내려갔다. 그러나 세 겹의 전기 울타리 건너 목초지에 있는 소들을 보고 멈칫했다. 두 마리 다 멈춰 서서 다리는 뻣뻣하게 긴장해서는 그 커다란 동물을 어찌해야 할지 몰라서 코만 실룩거리고 있었다. 그 동물은 개들이 생전 처음 만나는 것이었다. 소 한 마리가 개들을 보고 호기심에 차서 음메 했다. 스패니얼과 블랙 래브라도가 섞인 잡종견이지만 그 두 종류보다 몸집이 작은 나르시수스는 자동차 쪽으로 물러나기 시작하더니 마음을 바꾸어 돌아왔다. 다른 한 놈은 꼼짝 않고 서 있었다. 나루시수스는 더 잘 보려고 그러는지 뒷다리로 섰다. 한두 번 팔짝거리다가 다시 네 다리로 서더니 또 두 다리로 껑충거렸다. 궁금해서 낑낑거렸다. 단단한 몸집의 콜리 잡종인 아마루는 그제야 소들이 위협이 되지 않는다는 것을 확신한 게 분명했다. 소들이 기본적으로 우둔하다는 것도 확신한 아마루는 흥미를 잃고 길을 따라 터벅터벅 내려갔다.

우리는 개들을 따라 목초지 가운데로 난 길을 함께 걸었다. 곧 언덕이 나타났다. 꼭대기에는 나무 울타리로 둘러쳐진 작은 묘지가 있었다. 조화, 십자가, 깃털, 기도 깃발이 판석에 놓여 있었다.

"여기가 그들 중 일부가 묻혔던 데야." 캐런이 말했다.

나는 고개만 끄덕이고 아무 말도 하지 않았다.

땅 되돌려주기

"정착민들이 인디언들을 학살한 것은 그때 한 번만이 아니야." 그녀는 말을 멈춘 다음 단호하게 덧붙였다. "그해에만도 학살이 더 일어났어."

언제 그 일이 일어났는지 물어보았다.

"1853년, 정착민들이 호원퀘트에 있는 제일 북쪽의 톨로와 마을을 공격해서 불태워버렸지. 약 70명을 죽였다는데 아마 더 많이 죽었을 거야. 많은 인디언들이 바다 바로 옆에 있는 커다란 바위에 숨었대. 밀물이 들어오기 시작하자 그들은 선택을 해야 했지. 차가운 바다냐, 총과 몽둥이를 든 백인들이냐. 많은 사람이 물에 빠져 죽었어."

나는 눈을 감았다.

그녀는 계속 말했다. "그런 일은 캘리포니아 전역에서 일어났어. 백인들이 그룹을 지어 '의용군'을 만들었지. 정부가 총과 탄약을 포함한 모든 비용을 댔기 때문에 이 의용군인들은, 인디언문제위원회의 위원이 표현한 대로, '캘리포니아에서 이들을 제거할 수'가 있었지. 의용군은 정기적으로 인디언 마을을 쓸어버리고 그들을 죽이고 노예로 만들고 매춘을 강요했어. 욘토켓의 톨로와 족의 차례가 온 것은 그해 겨울 축제 때였어. 매년 세상이 다시 새로워진 것을 축하하는 열흘간의 축제 기간에 그 일이 벌어진 거야."

캐런은 말을 멈추고 잠시 나를 쳐다보다가 갑자기 골짜기 저쪽을 보았다. 그녀는 잠시 아무 말도 하지 않고 있다가 한참 후에 다시 입을 열었다. "〈제다이의 귀환〉이라는 영화 속 장면 기억나? 주인공들이 어둠의 힘을 가진 제국과 달리기 시합할 때 오래된 삼나무 숲을 빨리 날아다니는 장면 있었잖아."

"응." 내가 말했다.

그녀는 턱으로 골짜기 건너편 언덕을 가리켰다. "저기서 찍었어."

난 아무 말도 하지 않았다.

문명과 혐오

"촬영을 할 수 있게 해주는 조건이 뭐였는지 알아? 프로듀서가 그 회사 소유주와 약속한 것이 뭐였냐면, 그 구역이 벌목될 예정이란 걸 알려지지 않게 하는 것, 그리고 나무를 베는 데 반대하지 않는 것이었어."

그녀가 이야기를 어디로 끌고 갈 것인지 궁금해졌다.

"저곳의 나무를 벨 때 나랑 친한 친구 하나가 여기에 서 있었대. 계곡 건너편, 이렇게 멀리 떨어진 곳에 있었는데……" 그렇다면 거리가 3킬로미터는 넘었을 것이다. "오래된 나무들을 쓰러뜨릴 때는 발밑이 쿵 하고 울리는 게 느껴지더래."

나는 아무 말도 하지 않았다.

그녀가 말했다. "1853년, 450명이 넘는 인디언들이 여기서 살해당했어. 그 뒤에 백인들은 큰 불을 지르고 인디언들의 신성한 의례복들, 장신구, 깃털을 모두 불길 속에 던져버렸어."

그녀는 다시 말을 멈추었다.

나는 그녀가 계속 말하기를 원치 않았으나 그녀는 계속했다. "그 다음에는 어린 아기들을 불 속에 던졌는데 아직 살아있는 아기들이 많았어. 어떤 백인들은 죽은 사람들의 목에 돌을 매달아서 가까이에 있는 연못에 던졌다고 해."

"인디언들이 모두 여기서 죽었어?"

"살아남은 한 인디언의 증언을 읽었는데—내가 한 이야기는 대부분 그 증언을 보고 알게 된 거야—많은 사람들이 연못에서 죽임을 당했대." 그녀는 이번에도 턱으로 남쪽으로 난 길 아래쪽을 가리켰다.

우리는 그 길을 따라 2.5킬로미터 정도를 걸어갔다. 날씨가 보기와 달리 더워서, 나는 걸으면서 하나씩하나씩 꺼풀을 벗었다. 처음에는 재킷, 그 다음에는 스웨터, 마지막으로 풀오버를 벗고 반팔 셔츠만 남겨두었다. 벗은 옷은 길 옆에 하나씩 던져놓았다. 다시 그 길로 돌아갈 테니까. 캐런이 동

땅 되돌려주기

쪽 산 아래 친구네 나무에서 따온 사과를 하나 주었다. 달고 시원하고 약간 새콤했다. 더할 나위 없이 맛있었다. 개들은 다람쥐를 쫓아서 숲 속으로 달려갔다. 그러다가 곧 돌아와서는 우리 발 주위에서 원을 그리며 춤을 추었다. 서쪽에서 파도가 모래에 부딪치는 소리가 들렸다. 나무가 심어진 산마루 하나와 풀밭이 이어진 작은 언덕 몇 개를 넘으면 바로 바닷가였다.

우리는 연못으로 가보았다. 길 아래에 크고 얕은 연못들이 있었다. 1년 중 이때, 즉 10월은 건조한 계절의 끝자락이라, 연못은 진흙탕에 더 가까워 보였지만 그 전에—그 역사를 전혀 몰랐을 때—1, 2년 전 다른 방향에서 산책하다가 그 연못들을 본 적이 있다. 그때 연못에는 물이 가득 차 있었고 잎이 넓은 수생 식물들로 덮여 있었으며 개구리 소리가 요란했었다.

캐런이 말했다. "수련 잎 아래에 숨은 남자 두 명이 갈대로 숨을 쉬며 목숨을 부지하고 있었는데, 그 다음 날 아침에 보니 연못이 온통 피로 물들어 있더래."

그 순간, 나는 더 듣기가 힘들다는 느낌이 들었지만 캐런은 이야기를 계속했다. "그 다음 해에 백인들이 또 공격을 했어. 인디언이 말 한 마리를 훔쳤다는 게 핑계였지. 백인들은 인디언들의 집 밖에 모인 다음 총을 쏘기 시작했어. 최대한 빠른 속도로 장전해대면서 남녀노소 할 것 없이 모두 쏘아 죽여버렸지. 인디언 몇 명은 레이크 얼까지 도망을 갈 수 있었지만, 백인들이 쫓아와서는 호수 위로 올라오는 머리에 모두 총을 쏘았어."

나는 그녀에게서 눈길을 돌려 연못을 바라보았다. 나는 연못 주변의 나무와 풀을 넘어서서 과거로 들어가보려고 애썼다. 인디언들이 달리고 숨고 들키고 방망이로 맞고 총에 맞고 도끼로 죽임을 당하는 것을 보고 듣고 느껴보려 했다. 그들을 공격한 사람들의 영혼 속으로 들어가 왜 그런 짓을 했는지, 어떤 인식과 믿음이 그들을 그런 행위로 이끌었는지 이해해보려 애썼다. 그러나 진흙과 물과 나무와 갈대 말고는 아무것도 보이지

문명과 혐오

않았다. 나무와 갈대가 뜨거운 오후의 산들바람에 가볍게 흔들리는 것만 보였다.

그 학살 장소를 표시하기 위해 뭔가 특별한 것을 했으면 좋았으련만 그렇게 하지 않고 그냥 왔다. 우리는 돌아서서 차가 있는 곳을 향해 걸었다. 나는 사과 과심을 숲에 던졌다. 걸어가면서 벗어둔 옷을 다시 입었다. 둘 다 별 말이 없었다. 할 말이 없었다.

■　　　■　　　■

걸어가는 동안 원주민 학살을 기념하지 않는 경우가 왜 그렇게 많은지 이해가 되기 시작했다. 너무 많은 학살이 일어나서 너무 많은 학살 장소가 있기 때문이다. 천주교인이 묘지를 만났을 때 성호를 그리는 것 같은 간단한 동작만 한다 해도, 학살 장소들을 다 기념하려면 우리는 문명이 제공하는 편안함과 고상함을 즐길 시간을 가질 수가 없을 것이다. 미국의 모든 카운티에서 한 번 이상의 학살이 일어났다고—기록되었든 잊혀졌든—내가 장담할 수 있다. 내가 사는 캘리포니아 제일 북쪽 지역 델노르트에서는 최소한 세 번의 학살이 있었는데 그것은 대규모 인디언 '전쟁'과는 거리가 멀었다. 쇼니 족 추장 테쿰세는 이렇게 썼다. "오늘날 피쿼트 족은 어디에 있는가? 내러갠싯 족, 모히칸 족, 포카노켓 족, 그 밖에도 수없이 많던 강대한 부족들은 모두 어디로 갔는가? 여름의 태양을 만난 눈처럼, 그들은 모두 백인의 억압과 탐욕 앞에서 사라져갔다."(『나를 운디드니에 묻어주오』). 테쿰세는 그의 이웃 부족만 언급했지만 사라진 인디언 부족은 그가 말한 것보다 훨씬 더 많다. 왐파노아그, 체사피크, 치카호미니, 포토막(그들 중 포카혼타스만이 기억된다)이 모두 멸족했다. 몬타우크, 난티코크, 마차푼가, 카토바, 체로, 미아미, 후론, 에리, 세네카 족은 모두 흩어지거나 잔재만 조금 남아서 문화적으로는 명맥만 겨우 유지되고 있다.

땅 되돌려주기

그런 일은 모든 대륙에서 되풀이돼왔다. 예를 들어 1812년 남아프리카에서 그레엄 중령은 이렇게 말했다. "나는 이제 야만인들 마음에 오래 인상이 남는 방식으로 야만인들을 공격하려 한다. 그렇게 되길 바라고 그렇게 할 자신이 있다. 그리고 모든 상황에서 우리가 광범위하게 우월함을 그들에게 보여주려 한다. 나는 병사 500명에게 걸어서 숲 속에 들어가라고 명령했다. …… 단 한 명의 카피르(아프리카인을 가리키는 식민지 용어. 검둥이와 비슷한 함축을 가진다)라도 살아있는 한 그곳을 떠나지 말라고 명령했다." 호사 족 사람들 2만 명 이상을 그 지역에서 몰아냈을 때 그레엄은 기자에게 이렇게 말했다. "그들을 제거하는 유일한 방법은 생계 수단을 빼앗고 계속해서 못살게 구는 것입니다. 그 목적을 위해, 그들이 재배한 옥수수와 수수를 엄청나게 많이 불태워버리는 데 전력을 지속적으로 사용하고 있습니다. …… 그들이 숲 속에 잘 숨겨둔 가축도 빼앗아오고 눈에 띄는 사람은 모두 쏘아 죽였죠. 이것은 혐오스러운 일입니다. …… 우리는 그 사람들을 야생동물 사냥하듯 잡아야만 했습니다." 그레엄은 그 "혐오스러운 일"에 대한 보상을 받았다. 그레엄이 작전을 지휘한 그 지역을 "그레엄 시라고 부르라는" 명령이 내려졌기 때문이다. "그 소중한 지역에서 카피르 떼를 몰아낸 그레엄 중령의 노고와 봉사정신을 기리기 위해서"였다.

악몽은 계속되었다. 심지어 같은 지역에서 그런 일이 되풀이되기도 했다. 1828년 8월 25일, 헨리 서머셋 휘하의 토벌대가 잠자고 있는 응와네 족의 야영지를 습격했다. "장총, 소총, 칼, 투창으로 무장하고 …… 그 야만인들이 깨기도 전에, 무슨 일이 벌어졌는지 알아차리기도 전에 무차별적으로 살육했다." 생존자들은 "배고픔이나 고령으로 인해 비틀거리면서 눈이 퀭한 채로 초라한 움막에서 기어 나왔으나 자기 운명에는 관심 없는 듯 무감각하게 앉아 있거나 다시 누웠다. …… 벌판은 말할 수 없이 충격

문명과 혐오

적인 모습이었다. 늙어서 기력도 없는 노인들이 몸은 창에 찔리고 머리는
거의 잘린 채 죽어 있었고, 임신한 여자들은 배가 갈라져 있고 다리는 부
러지고 손은 잘려 있었다. …… 팔찌나 작은 장신구 때문이었다. 어린아이
들은 사지가 잘리고 끔찍하게 난도질되어 있었다." 나중에 케이프의 총독
이 된 해리 스미스 대령은 자신의 일상적인 군사 활동을 아내에게 이렇게
설명했다. "말을 타고 마구 달려 들어가서, 반쯤은 마구잡이로, 반쯤은 작
전에 따라 놈들이 보이면 어디서든 해치우는 거야. 여자들에게 겁을 주고,
집을 불태우고, 가축을 없애고, 그리고 개선장군처럼 집으로 돌아오지."

예로부터 이런 일은 어디에서나 일어났다. 그러나 유럽 여러 지역에서
는 학살, 정복 전쟁, 불태워진 마을, 못 먹게 된 농작물 등이 이제는 거의
완전히 기억에서 지워졌다. 시간이 흘러서 잊히기도 했지만 학살은 필요
한 것 또는 바람직한 것이라는 신념 체계 때문에 잊힌 면도 있다. 또 그런
망각의 가장 중요한 요인은 아마도 근본적으로 잔학 행위를 잊을 필요가
있기 때문일 것이다. 그리고 잔학 행위의 밑바닥에 혐오가 있기 때문일
것이다. 그 위에 우리의 제도가 서 있기 때문이다.

█　　█　　█

한 달이 지난 후 다시 욘토켓으로 갔다. 이번에는 다른 친구 존 오스본
(John Osborn)과 함께였다. 그 친구는 내가 스포케인에 살 때 처음 만났
는데, 그는 그 지역 환경운동 공동체의 핵심 역할을 하고 있다. 그는 십몇
년 전에 내가 환경운동에 눈을 뜨게 해준 사람이었다. 욘토켓에서 벌어진
학살에 대해 그에게 약간 이야기한 적이 있었는데, 그가 추수감사절 기간
에 나를 만나러 왔을 때 그곳에 가보고 싶다고 했다.

지난 10년간 나는 매년 존과 함께 추수감사절 저녁을 먹었다. 매년 우
리는 우리 어머니 집에서 만나서 (주로 우리가 먹을 동물과 식물에게) 감사를

땅 되돌려주기

드리고, 먹고, 다시 한 번 (이번에는 음식을 준비해주신 어머니와 음식을 갖다 준 모든 사람들에게) 감사를 드리고, 그 다음 우리가 만나면 늘 하는 것을 한다. 우리가 떨어져 있을 때 각자 하는 것과 똑같은 일이지만, 만나면 또 같이 한다. 그것은 지배 문화의 광범위한 파괴성을 이해하고 그에 대해 무엇을 해야 할지 알아내려고 애쓰는 것이다. 어느 해에는 저녁을 먹고 난 뒤에 뉘른베르크 재판을 다룬 긴 다큐멘터리를 보고 이제는 CEO들과 정치인들을 반인륜 범죄 재판에 회부해야 한다는 이야기를 했다. 또 다른 해에는 퍼시픽 노스웨스트에 있는 큰 목재회사 네 개가 국유지를 불법적으로 자기들 땅으로 만든 것에 관한 다큐멘터리를 봤다(이 문제는 존과 내가 조지 드래펀과 함께 쓴 책의 주제다). 또 어떤 해에는 전세계적인 에이즈 확산에 대해 이야기했다. 존은 밤에는 환경운동을 하고, 낮에는 스포케인 퇴역군인병원의 의사로 일한다. 그 병원에서 그는 에이즈 클리닉을 맡고 있다. 독자 여러분이 아마 추측했겠지만 우리는 둘 다 적극적인 사회생활이라 간주되는 것을 하지 않는다. 우리는 어느 해에는 심각한 이야기를 하기 전에 즉흥 연주를 듣기도 했다. 저녁식사에 초대받은 또 다른 친구의 아버지가 쇼팽을 연주하셨던 것이다(그렇지만 연주를 듣는 동안 잠들었다는 건 인정하지 않을 수 없다. 칠면조 고기, 감자, 호박 파이, 그리고 세상에서 가장 훌륭한 과일 샐러드로 배가 꽉 차서 바닥에 누워 잠이 들어버렸다).

올해에는 욘토켓으로 갔다. 개들은 데리고 가지 않았다. 소들은 여전히 거기 있었는데 그때보다 눈에 띄게 커져 있었다. 그 소들은 한창 크는 10대처럼 보였다. 이번에도 날씨가 좋았다. 그러나 입은 옷을 벗어가며 걸을 정도로 덥지는 않았다.

걸으면서 존이 물었다. "요즘 제노사이드의 주요 도구가 뭔지 알아?"

내가 고개를 저었다. 도구가 너무 많아서 얼른 답이 떠오르지 않았다.

"힌트 하나 주지. 이제는 교회, 군대가 아니고 기업이나 다른 제도들도

문명과 혐오

아니야." 그가 말했다.

내가 옆으로 흘겨보았더니 그가 씩 미소를 짓고 있는 게 보였다.

"텔레비전이야." 그가 말했다.

나는 고개를 끄덕였다. 예전부터 존과 나는 우리 문화를 지속시키고 잔학 행위를 저지르는 데 텔레비전이 어떤 역할을 하는지, 우리 우정이 이어진 10년 동안 이런저런 얘기를 나눠왔다.

"텔레비전은 대단한 동질화 도구야." 그가 말했다.

나는 텔레비전이 아니라 제노사이드에 대해 생각했다. 제노사이드 하면 트레블링카(바르샤바 근처에 있었던 나치 수용소—옮긴이)의 굴뚝에서 내뿜는 기름기 많은 연기를 떠올리거나, 깨진 조약과 운디드니에서(또는 욘토켓에서) 죽임을 당한 인디언들의 찢겨진 몸을 떠올린다. 그것도 맞지만, 우리가 너무 자주 망각하는 것은 제노사이드는 결코 대량 살해와 같지 않다는 것이다. 한 사람이, 또는 하나의 문화나 제도, 즉 민족국가나 기업이 대량 살인을 저질러도 그것이 제노사이드는 아닐 수 있다. 그리고 한 사람도 죽이지 않고도 제노사이드를 저지를 수 있다. 1948년 '제노사이드 범죄 예방과 처벌에 관한 국제연합 협약'에 따르면 제노사이드는 "하나의 나라, 민족, 인종, 종교 집단 등을 부분적으로 또는 전체적으로 파괴하려는 의도를 가지고 저지른 행위"다(그건 그렇고, 미국은 1988년까지 그 조약에 서명하지 않았고, 오늘날까지 협약을 지키기를 거부하고 있다). 이런 집단(의 전체 또는 부분)을 파괴하려는 의도가 없는 대량 학살은 제노사이드로 간주되지 않을 것이다. 그러므로 가정 내의 아동 학대는 민족, 종교(어떤 종교 집단은 다른 종교 집단보다 좀 더하지만), 계급, 종족(모든 종족이 아동 학대를 하는 것은 아니지만)과 무관하게 어느 집단에서나 일어나므로, 아동 학대가 사망으로 이어지는 경우가 매우 많지만 그것은 제노사이드로 간주되지 않는다. 다른 한편, 아동 매춘에는 제노사이드의 성격이 있다고 볼 수 있다. 포주와

땅 되돌려주기

116

고객의 의도가 어떤 것이든, 희생자 중 매우 많은 아이들이 빈곤국의 빈곤 지역의 빈곤 민족에 속하는 가난한 유색인 아이들이기 때문이다. 매춘에 종사하는 아이들 수가 아주 많을 경우 아동 매춘은 공동체의 결을 갈가리 찢어놓는다. 그것이 바로 제노사이드의 핵심이다.

1948년 협약은 제노사이드의 구성 요건이 되는 다섯 가지 행위를 열거했다. 그 중 하나는 어떤 집단의 구성원을 무조건 죽이는 것이다. 이것은 우리 대부분이 매우 잘 아는 것으로 트레블린카와 운디드니를 생각하면 된다. 다른 하나는 어떤 집단을 물리적으로 완전히 또는 부분적으로 파괴하기 위해 의도적으로 그 집단의 생존 조건에 해를 가하는 것이다. 평원 인디언(북아메리카 중부의 평원 지대에 사는 원주민을 총칭한다-옮긴이)을 항복시키기 위해 의도적으로 들소를 대량 사냥한 것을 그 예로 들 수 있다. 또 다른 예로는, 북아메리카 북서부 인디언들의 문화를 파괴하기 위해 그 지역 연어들의 대규모 이동을 막은 것을 들 수 있다. 제노사이드로 간주되는 세 번째 행위는 어떤 집단의 출산을 막기 위한 의도로 비자발적인 불임 시술이나 낙태 등을 강요하는 것이다(여기서 **비자발적, 강요**라는 말이 매우 중요하다). 국가가 어떤 집단을 겨냥해서 그들이 임신, 출산을 하지 못하도록 정책적으로 강요하면, 즉 그 집단이 사라지는 것을 궁극적인 목표로 한다면, 그것은 제노사이드다. 1970년대 초반에 가임기 미국 인디언 여성들에게 '인디언보건서비스' 병원들에서 매년 3만 건이 넘는 비자발적인 또는 강요된 불임 시술을 한 것이 그 예가 될 것이다(미국 인디언 인구가 적다는 것을 감안하면 이것은 매년 비(非)인디언 미국 여성들 40만 명에게 불임 시술을 한 것과 맞먹는 수치다). 제노사이드에 해당하는 네 번째 행위는 어떤 집단의 아이들을 억지로 다른 집단에 보내는 것이다. 그리고 그 아이들이 자신이 태어난 문화에 속하지 않는 것으로 여기도록 아이를 교육하는 것이다. 그런 일이 벌어지면 당연히 그 문화는 이어질 수 없다.

19세기에 오랜 기간 동안 그리고 20세기에 들어서도(최소한 가장 최근 세대까지도) 미국 인디언 어린이들 중 80퍼센트 이상을 강제로 집에서 나오게 해서 기숙학교에 다니게 하거나 백인 가정에 입양시켰다. 아이들은 자기 말을 하고 자기 종교를 믿고 자기가 태어난 문화의 옷차림을 할 수 없었다. 한마디로 그 아이들은 갈색 피부, 갈색 눈동자, 검은 머리를 한 백인 아이로 키워졌다. 이것은 법의 이름으로 자행된 제노사이드의 한 형태다. 1948년 조약에서 정의한 제노사이드 중 다섯 번째는 어떤 집단의 구성원들에게 심각한 신체적·정신적 손상을 가하는 것이다. 그렇게 해서 구성원들이 '자발적으로' 자신을 그 집단에서 분리시키게 하고 그런 손상을 피하기 위해 스스로 공동체를 와해시키게끔 하는 것이다. 그 명백한 예는 여러 세기 동안 전세계의 수많은 원주민들에게 기독교냐 죽음이냐 둘 중 하나를 택하라고 한 것이다. 그만큼 명백하게 보이지는 않지만 텔레비전도 그런 예라고 존은 말했다. 궁극적으로는 텔레비전으로 인한 손상이 더 클 수 있다고 그는 주장했다. 텔레비전은 정신적 손상을 야기하며 공동체를 와해시킨다. 그는 또 텔레비전은 어린이들이 자기가 태어난 문화가 아닌 다른 사회에 속하도록 교육한다고 말했다.

"근데 의도는 어쩌고? 국제연합 조약은 의도를 강조하는데." 내가 물었다.

그가 날카로운 눈으로 나를 쳐다보았다. "의도가 없다고 생각해?"

나는 고개를 흔들고는 재빨리 말했다. "아니, 의도에 대해서는 확실히 모르겠다고." 내 생각들이 서둘러 움직였다. 그 속도를 따라잡을 수 있었으면 했다. 동기에 대해 이야기하기 시작하면 문제가 까다로워진다. 가장 덜 세련된 사람들만이 혐오를 그대로 드러낸다. 대부분의 경우에 우리는 자기 이익, 전통, 경제, 옛날 종교를 뒤섞어버린다. 나치조차 자신들의 미덕을 주장했다. 대량 학살이나 제노사이드 같은 고상하지 않은 것에는 초

땅 되돌려주기

점을 맞추지 않고 그 대신 프러시아 문화를 보호하고 순수하게 지킬 필요에 대해서만 늘 강조했다.

의도가 중요하다면, 이것을 분명히 할 필요가 있다는 생각이 들었다. 말로 표현된 의식적인 의도를 이야기하는 것인가, 말하지 않은 의도, 숨겨진 의도를 이야기하는 것인가. 무언가에 휩쓸려서 비난받을 짓을 저지른 사람의 숨겨진 의도는 무엇인가. 혐오하기보다는 경멸하던 자들의 건방진 태도를 보고 갑작스런 분노에 휩쓸렸거나, 경제학, 과학의 냉정한 논리, 또는 종교나 전통이라는 깊고 유연하고 빠르게 흐르는 물살에 휩쓸린 사람들의 의도 말이다. '인디언 보건서비스' 병원의 의사들이 인디언 여자들의 질 속에서 겸자를 벌릴 때, 질벽을 관통해서 나팔관을 묶을 때, 그들은 이 종족을 싸그리 없애버릴 의도를—의식적으로—가지고 있었는가? 그렇지 않으면 그 당시 그들에게 적절해 보인 그 결정을 내리는 논리를 끌어모았을까? 의사는 이렇게 생각했을 것이다. 이 여자는 이미 낳은 아이들도 정부 보조 없이는 부양할 수 없다. 따라서 나는 이 여자가 임신을 하지 않게 해줌으로써 이 여자와 그 아이들—태어난 아이들과 태어나지 않은 아이들 모두—에게 좋은 일을 하고 있는 것이다.

의도의 문제를 다른 상황에 적용해보자. 어떤 인종을 노예로 삼는 것이 경제적 측면에서 볼 때 이치에 맞는 것이라면(노예 주인이 볼 때) 그것은 제노사이드가 아닌가? 다시 말해, 그들의 의식적인 의도가 다른 인종의 집단 전체나 공동체를 파괴하는 것이 아니었고 단지 그들을 착취하는 것이었다면(그 착취가 멸족을 가져올지라도 말이다), 인종 노예화가 제노사이드 행위가 아니라는 의미인가?

또다시 상황을 바꾸어 생각해보자. 1991년 세계은행의 주요 경제학자 로렌스 서머스가 쓴 쪽지가 환경운동가에게 유출됐다. 그 메모를 우리는 어떻게 봐야 하는가? "우리 둘 사이에서만 할 말이지만, 세계은행은 공해

문명과 혐오

산업이 LDC(저개발국)들로 '더 많이' 이전되도록 해야 하지 않을까? ……
건강에 유해한 공해의 비용 측정은 발병률과 사망률 상승으로 생기는 손
실에 달려 있다. 이런 관점에서 볼 때 일정 정도의 공해 산업은 비용이 가
장 낮은 국가에서 이루어져야 하는데, 그 비용이 가장 적게 드는 국가는
최저임금 국가다. 최저임금 국가에 독극물 쓰레기를 내다버리는 행위 뒤
에 있는 경제 논리에는 아무 결함이 없으며 우리는 그것을 당당히 주장해
야 한다. 나는 늘 아프리카의 인구 저밀도 나라들은 너무 덜 오염되었다
고 생각해왔다. …… 무역 거래가 안 되는 산업(운송, 발전〔發電〕)에서 공해
가 많이 발생한다는 안타까운 사실, 또 고체 쓰레기의 운송 단가가 너무
높다는 사실 때문에 세계 복지를 향상시킬 공해 산업 이전과 쓰레기 무역
이 활성화되지 못한다." 빈곤국의 땅을 오염시킴으로써 그 나라 사람들을
죽이는 것은 그 경제 논리에 결함이 없으므로 제노사이드 행위가 아닌
가? 로렌스 서머스가 그런 주장을 하고도 비난받지 않았다는 점에 주목
해야 한다. 오히려 그의 주장은 오늘날까지 세계은행 정책의 지침이 되고
있다. 서머스는 같은 메모에서 이렇게 쓰기도 했다. "저개발국에 더 많은
공해를 보내자는 이 주장에 대한 반론(어떤 상품에 대한 고유의 권리, 도덕적
이유, 사회적 문제, 적당한 시장이 없다는 것 등)은 세계은행의 자유화 제안에
반대하는 것으로 다소 효과적으로 이용될 수 있다." 1992년 2월, 이 메모
가 공개되었을 때 당시 브라질의 환경부장관이던 호세 루첸버거가 서머
스에게 서한을 보냈다. "당신의 추론은 완벽하게 논리적이지만 완전히
정신나간 이야기입니다. …… 많은 정통 '경제학자'들의 소외, 환원론적
사고, 사회적 무자비, 우리가 사는 세상의 성격에 대한 오만한 무지를 잘
보여주는 예입니다. …… 만약 세계은행이 당신을 부총재 자리에 계속 앉
혀둔다면 세계은행은 신뢰를 전부 잃게 될 것입니다. 내가 보기에 이 사
건은 내가 자주 이야기하던 것이 사실임을 확증시켜주는 듯합니다. 세계

은행에 일어날 수 있는 가장 좋은 일은 그것이 사라지는 것이다." 세계의 저공해 지역 구성원들에게는 불행한 일이지만, 세계은행도 서머스도 사라지지 않았다. 한편, 루첸버거는 이 편지를 쓴 직후 해임되었다. 서머스는 클린턴 행정부에 합류하기 전까지 세계은행에 남아 있었다. 클린턴 행정부에서 그는 결국 재무장관이 되었고 최근에는 하버드 총장이 되었다.

나는 존에게 이런 이야기를 다 했다.

그는 이렇게 말했다. "난 그래도 의도를 중요하게 봐야 할 것 같아. 예를 들어 물질적인 것보다 인간관계를 더 소중히 여기는 공동체에 어떤 사람들이 살고 있다고 하자."

인류 역사상 공동체 대다수는 물질보다 관계를 더 중요시했을 것이다.

그는 계속해서 이렇게 말했다. "그런데 텔레비전이 들어왔다고 하자. 텔레비전은 불만을 만들어내는 데 기초하고 있어. 불만족이 없이는 텔레비전이 존재할 수 없지. 행복한 사람들은 훌륭한 소비자가 될 수 없거든."

그해에 케일 라슨(Kalle Lasn)과 나눴던 대화가 기억났다. 그는 반(反)기업, 반소비주의 문화운동가이며 캐나다 밴쿠버에서 《애드버스터 매거진》을 발행하고 있다. 그는 이렇게 말했다. "상업 매체의 첫 번째 과제는 공포를 파는 거야. 왜냐하면 공포가 불안감을 키우기 때문이야. 그러면 소비문화는 우리에게 안도감을 느끼게 하는 방법을 수도 없이 내놓지. 그러나 일시적인 방법뿐이야. 매체는 우리 외모가 어떠해야 하는지에 대한 이미지를 우리에게 잔뜩 심어주었지. 뿌루퉁한 입술, 불룩 솟은 가슴, 강철같이 단단한 궁둥이, 영원한 젊음 같은 것 말이야."

"거기다 흰 피부" 하고 내가 덧붙였다.

그는 계속 말했다. "무엇이 아름답고 무엇이 바람직한가를 정해주는 이런 이미지들을 보고 또 보면서 내면화하다 보면 자기에 대한 생각에 영향을 줄 수밖에 없어. 그리고 내 인성의 가장 기초적인 것을 바꾸어놓지.

문명과 혐오

성적 욕구, 성 의식도 비틀어놓잖아. 그토록 많은 사람들이 자기 권력을 자발적으로 또 체계적으로 낯선 이들에게 그렇게 많이 순순히 내준다는 것은 무슨 의미일까? 우리에게는 전혀 관심이 없는 자들에게, 즉 자기네 상품을 사도록 우리를 불안하게 만드는 것에만 관심 있는 자들에게 우리의 가장 사적인 부분—우리 자신을 어떻게 보는가, 우리가 사랑하는 사람과 우리는 어떤 관계에 있는가—의 밑그림을 상당 부분 그리도록 한다는 것은 무슨 의미일까?"

텔레비전의 문제는 단지 불안감을 일으키는 것보다 훨씬 더 근본적인 데 있는 것 같다고 나는 말했다. 그 문제는 실존적인 것이었다. 토착 부족 공동체에 텔레비전이 들어오면 어떤 일이 벌어지는지 우리는 모두 알고 있다. 『오래된 미래 : 라다크로부터 배운다』에서 헬레나 노르베리호지(Helena Norberg-Hodge)는 이렇게 썼다. "그 마을들(라다크에 있는 마을. 라다크는 카슈미르의 히말라야 지역에 있다)에서 내가 경험한 믿을 수 없을 정도의 활기와 기쁨은, 삶의 재미가 지금 여기에, 자신과 함께, 자기 속에 있다는 사실과 확실하게 연결되어 있었다. 사람들은 자신이 주변부에 있다고 생각하지 않았다. 그들이 있는 곳이 중심이었다." 텔레비전의 도래는 이 모든 것을 바꾸어놓았다. "멋지게 보이는 스타들은 사람들로 하여금 스스로를 열등하고 수동적인 존재로 느끼게 만들었고, 저 먼 곳의 다채로운 재밌거리에 비교되어 '지금 여기'는 빛을 잃었기 때문이다."

토착 공동체에 텔레비전이 미치는 영향은 즉각적인 것도 있고, 모르는 사이에 은밀히 진행되는 것도 있다고 내가 말했다. 1980년대에 텔레비전이 캐나다 최북단 딘 마을과 이누이트 마을에 소개되었다. 제리 맨더가 그 마을 사람들과 인터뷰를 했다. "사람들이 서로 방문하지 않게 되었어요." 한 여성이 말했다. "아이들에게 뭘 하게 만들기가 어려워졌어요. 여자들은 이제는 바느질을 안 하게 되었고 장작더미도 자꾸 줄어들기만 해요." 다른 여성은 이렇게 말했다. "사람들 관계, 아이들의 언어와 배움이 하룻밤 새에 바뀌어버렸어요. 아이들이 제일 먼저 배우는 것은 백인 사회의 광고에 나오는 것들이에요. 텔레비전의 무엇이 그런 중독을 일으키는지 정말로 알고 싶어요. …… 난 백인 사회의 가치관을 싫어하는데도 그런 가치관을 유포하는 연속극을 보느라 텔레비전에 붙어 있으니까요."

존과 함께 걸으면서 이런 것들에 대해 생각했다. 그리고 우리 집에는 왜 텔레비전이 없는지 그에게 이야기했다. 안 그래도 인생은 짧으니 더 짧게 만들 이유가 없다는 것이다. 텔레비전을 보다가 눈길을 다른 데로 돌리면 갑자기 내 인생의 몇 시간이 영영 사라져버렸음을 알게 되고 싶지 않다. 딘 족 남자가 이런 말을 했다고 존에게 이야기해주었다. "학교에서 배우는 방식이나 텔레비전으로 배우는 방식은 가만히 앉아서 흡수하는 학습 방법이지요. 그러나 가족 생활에서는 다르게 배웁니다. 아이들은 부모에게 직접 배워요. 원주민들은 그렇게 가르쳐요. 머리가 아니라 직접 하는 것에서 배워야 한다는 거죠. 오래전에는 일을 하면서 사람들을 가르쳤지만, 이제는 가만히 앉아서 텔레비전만 봐요." 다른 여성은 이렇게 말했다. "텔레비전에 나오는 이미지는 정말로 사람들을 왜곡해서 보여주더군요. 술 마시는 것이 아주 멋지게 보이도록 보여주잖아요. 그들의 생활 방식은 아주 달라요. 그런 것을 계속 보면 자기 자신에 대해 어떤 느낌을 갖게 되겠어요? …… 나는 사람들이 서로 이야기하도록 만들려고 해봤지만 이제 사람들은 이야기하고 싶어하지 않아요. 가만히 앉아서 보기만 하지요." 마지막으로 또 다른 딘 족 여성이 이렇게 말했다고 존에게 이야기했다. "전설은 사람들이 어떤 식으로 성장하게 돕는 도구예요. …… 경험의 힘과 느낌이 중요해요. 가죽을 무두질할 때, 문지르고 자르는 법만이 중요한 것이 아니듯이 말이에요. 옛날식으로 할 때에는 무두질은 일종의 명상이기도 했고 가죽에 힘을 불어넣는 기도이기도 했어요. 예전에는 옥

문명과 혐오

수수 가는 법을 위한 기도도 있었어요. 그저 옥수수를 가는 것이 아니라 그 속에서 느끼는 거죠. 그러나 텔레비전을 볼 때에는, 그냥 보고 있기만 하는 것이지, 사실은 단지 껍데기만 보고 있는 거예요."

존과 나는 아무 말 없이 걸었다. 우리 발이 자갈과 흙 위에서 내는 소리 외에는 아무 소리도 들리지 않았다. 마침내 내가 이렇게 말했다. "텔레비전이 영향을 미치는 것은 우리의 성 생활만이 아니고, 토착민들만이 아니야."

"텔레비전은 어디에나 있지. 너무나 많은 사람들에게 텔레비전은 가장 중요한 것이야." 그가 대답했다.

스코클랜드 애국자 앤드류 플레처가 이런 말을 했다고 그에게 말했다. "내가 온갖 발라드를 쓸 수 있는 상황이 된다면, 나는 나라의 법을 누가 만드는지 따위는 신경 쓰지 않을 것이다."

그가 고개를 끄덕였다. 어느새 우리가 남자 역할, 여자 역할을 하도록 사회화하는 방식에 대한 이야기로 넘어갔다. 그리고 지난 50년간 일어난 엄청난 변화에 대해 이야기하기 시작했다. 아이들이 부모, 학교, 마을, 교회, 국가의 이야기에 의해 사회화되는 정도는 점점 줄어들고, 우리에게 뭔가를 파는 데에만 관심 있는 마케팅 재벌이 만들어낸 이야기에 의해 더 많이 사회화된다.

이런 대화를 나누다 보니 몇 년 전 텔레비전 비판가 조지 거브너(George Gerbner)와 나눴던 이야기가 떠올랐다. 그는 내게 말했다. "대본을 대부분 남자가 쓰기 때문에, 텔레비전은 남자가 지배하는 세상, 남자가 대부분의 역할을 하는 세상을 보여주지. 텔레비전과 영화는 우리 사회의 권력 구조를 그대로 비추고, 동시에 그것을 그대로 보여줌으로써 그것을 지속시키고 그것이 정상으로 보이게 하고 그것만이 할 만한 일인 듯, 그것만이 이야기하고 생각할 만한 일인 듯 보이게 해. 시청자들이 일단 어떤 유형의

땅 되돌려주기

이야기에 익숙해지고 나면, 누군가 그것을 바꾸려 할 때 엄청난 당혹감을 느끼게 되지. 전형적인 이야기에서 전형적인 캐스팅을 하지 않고 그것을 바꾸려 한다고 해보자. 그러면 여자가 권력을 휘두르고 여자가 폭력을 행사하는 이야기가 되겠지. 그런데 그 경우에 그게 왜 그런가를 설명하는 것 외에 다른 이야기는 전혀 할 수가 없어. 왜 여자가 명예롭지 않은 그런 일을 하고 있는가에 초점을 맞춰서 이야기가 돌아가야 하거든. 남자가 할 때에는 정상적으로 보이는 일인데도 말이야. 시청자가 기대하는 것과 다른 이야기가 나오면 대중의 감수성이 혼란을 일으킨다는 거야."

텔레비전이 우리 문화의 대표라는 의미냐고 내가 조지에게 물었다.

그는 이렇게 대답했다. "아니, 그건 권력 구조를 대변하는 거지. 문화가 아니고. 권력 가진 자들이 텔레비전에 너무 많이 나온다는 뜻이야. 그들은 성공할 확률이 더 높고 그들은 폭력을 당하기보다 폭력을 행사할 확률이 더 높아."

"그렇다면 권력 구조를 대변하는 것이 아니라 권력을 쥔 자들의 판타지라는 말이로군." 내가 말했다.

"맞아. 텔레비전은 권력 구조의 한 행위자야. 권력자들은 텔레비전으로써 자기 판타지를 나타내지. 그렇게 함으로써 그들은 그 판타지가 실현될 수 있게 하는 거야. 그 판타지가 우리들 각각의 의식에 스며들게 하는 거지."

그가 계속해서 말했다. "문화에서 수요를 결정하는 것은 공급이야. 수요에 의해 공급이 결정되는 게 절대 아니지. 작가들이 모여서 어떤 스토리에 대해 이야기를 하다가 누군가가 이렇게 말하는 걸 상상해봐. '왜 항상 희생자는 여자지? 남녀 역할을 바꿔보는 건 어때?' 그에 대한 대답은 아마 이럴 거야. '폭력 쓰는 여자는 재수없어.'"

거브너는 문화지수프로젝트라는 비영리 단체에서 텔레비전의 폭력성

(그리고 우리가 하는 이야기와 사회 전반의 관계)에 대한 연구를 한 것으로 가장 많이 알려져 있는데, 그는 텔레비전의 폭력성에서 폭력 빈도나 노골성이 중요한 문제가 아니라고 말했다. "폭력은 권력의 표현이고, 진짜 문제는 여기서도 누가 누구에게 무엇을 하고 있느냐 하는 것이야. 자신과 같은 사람들이 갈등 상황에서 우세하게 그려지는 이야기를 보고 들으면 그 사람은 더 공격적이 되지. 그리고 똑같은 문화에서 어떤 집단 또는 어떤 성별이 더 피해를 입기 쉽다면, 그 집단에 속하는 사람은 더 불안해 하고 더 의존적이 되고 갈등 상황에 처하는 것을 더 두려워하게 돼. 자기한테 닥칠지 모르는 위험이 더 크다는 것을 느끼기 때문이야."

그는 계속해서 이렇게 말했다. "우리 문화는 그렇게 해서 소수자들을 훈련시켜. 사람들은 소수자로 태어나는 것이 아니라 그런 종류의 문화적 조건화를 통해 소수자로 행동하도록 훈련되지. 그리고 여성은 수적으로는 인류의 다수지만 여전히 소수자처럼 행동하도록 교육받아. 피해자가 될 수 있다는 것과 상처 입기 쉽다는 느낌이 핵심이야."

우리는 샌프란시스코 포트메이슨 센터에 있는 작은 구내식당에서 이야기를 하고 있었다. 조지는 자신있게 이야기하고 있었지만 나는 다른 사람들이 이야기하고 먹는 소리 탓에 그의 말을 듣기 위해 때때로 귀를 쫑긋 세워야 했다. 어떤 녀석이 무슨 이유에서인지 점심을 싸 온 종이 봉지를 계속 쭈그러뜨렸다 폈다 하는 소리 때문에 귀를 더욱 쫑긋 세웠던 기억이 난다.

조지는 이렇게 말했다. "물론 모든 사람이 어떤 것에 대해서든 똑같은 방식으로 반응하지는 않아." 유색인 여성은 자기가 희생자가 될 수 있다는 느낌에 대해 유색인 남성과는 달리 반응할 수도 있다. 우리는 다시 한 번 그들이 어떻게 행동하도록 사회화되었는가를 물어야 한다.

"사람들은 대개 폭력이 단순한 행위인 듯 말하지. 그러나 폭력 행위는

땅 되돌려주기

복잡한 시나리오고 휘두르는 사람과 희생자 간의 사회적 관계야. 우리가 항상 스스로 질문해야 하는 것은 누가 어떤 역할을 맡는가야. 어떤 권력 관계가 드러나고 있는가? 폭력을 휘두르는 사람이 열이면 그 희생자도 열이야. 백인 남자라면 무난히 드러낼 수 있는 권력을 휘두르는 여자가 텔레비전에 열 명 나왔다면, 피해자 여성은 열아홉 명 나와. 유색인 여자가 공격적으로 행동하는 것이 열이면, 희생자가 되는 유색인 여성은 스물 두 명이고. 가해자 집단으로 받아들여지는 집단에 속하지 않는다면, 즉 피해를 입기보다 피해를 주는 경우가 더 많은 집단에 속해 있지 않다면, 피해를 볼 확률은 두 배로 높아져."

그 비율이 현실을 반영하는 것이냐고 내가 그에게 물었다. 가정에서 여성이 남성을 때리는 경우도 가끔 있지만, 가정폭력은 그 반대가 압도적으로 많다.

그의 답변은 내가 이 책에서 이야기하려고 하는 모든 것에 핵심이 되는 것이었다. "어린이들은 어떤 역할을 맡으려고 태어난 것이 아니야. 그런데 이야기는 아이들에게 어떻게 행동해야 할지, 그들이 피해자 역을 할지, 가해자 역을 할지를 가르치지. 그리고 공격성을 누구에게 어떻게 표현할 수 있는지 없는지를 가르쳐. 남성과 여성 모두 여성이 피해자가 되는 것이 자연스럽다고, 공격성의 표적으로 여성이 적합하다고 배워. 백인 남자들은 용인되는 피해자가 아니야. 이런 이야기들이 현실에 영향을 주었고 이제 이런 이야기들은 현실을 반영해."

거울은 수동적인 도구가 아니라는 점을 그는 강조했다. "거울 속에서 나는 (넥타이나 화장을) 본 다음, 본 것을 바꾸거나 바꾸지 않아. 따라서 거울은 일종의 교환이 일어나는 곳이야. 텔레비전도 마찬가지고. 텔레비전을 보고 나 자신을 본 다음, 따르거나 따르지 않아. 그러나 따르지 않으려면 의식적인 결정이 필요하고 또한 저항하겠다는 결정조차 내가 보았던

문명과 혐오

것에 기초해. 즉 무엇에 저항할 것인지의 그 무엇을 가져야 저항도 가능해. 그것은 문화에서, 이야기에서 제공하는 것이야."

나는 조지와 주고받은 이런 대화를 존에게 이야기했다. 종이 봉지를 구겼다 폈다 하는 남자 같은 세세한 부분은 생략하고서 말이다. 그런 이야기는 우리 사이에서는 매우 친숙한 것이었으므로 그에 대한 존의 반응은 전혀 놀라운 것이 아니었다. 그는 운동가이자 의사다. 존이 가장 좋아하는 금언 중 하나는 '치료의 첫걸음은 정확한 진단이다'라는 말이다. 텔레비전은 우리의 심리를 곡해하고 우리 공동체를 축소시킴으로써 권력자들의 이익에 봉사한다고 우리는 진단했으므로, 이제 치료법을 찾고 싶어 몸이 근질거린다는 것을 나는 알 수 있었다. 그가 이 질문을 던질 때, 나는 소리내지 않고 입만 움직여서 그의 말을 똑같이 따라 할 수 있었다.

"무엇을 해야 할까?"

"텔레비전을 던져버려."

내가 이렇게 대답할 때, 존도 소리 없이 입만 움직여서 내 말을 똑같이 따라 하는 것이 어렵지 않았을 것이다. 존은 소리내어 웃었다. 우리가 이렇게 서로의 말을 짐작해서 따라 할 때마다 그는 웃음을 터뜨린다. 그가 다시 말을 시작했다.

"텔레비전 방송국을 폭파하는 것 말고……"

"아니면 그것에 덧붙여서……"

"무엇을 해야 할까?"

"내가 이 책 시작 부분을 프랭키한테 보여줬거든." 프랭키는 내 친한 친구 프랜시스 무어 라페(Frances Moore Lappé)를 말하는 것이다. 그녀는 『작은 행성을 위한 다이어트』라는 책을 썼다. "프랭키는 율리우스 슈트라이허가 뉘른베르크 재판을 받은 내용을 조금 읽고는, 대중매체 중역들을 반인륜 범죄 재판에 회부해야 한다고 말하더군. 왜냐하면 그들의 프로그

땅 되돌려주기

래밍—이 말은 어쩌다 나온 말이 아니야—이랑 광고가 우리가 자신을 혐오하도록 만들기 때문이야."

프랭키는 이 말을 농담으로 한 것이 아니었다. 나도 농담이 아니었다. 존은 웃지 않았다. 그는 고개를 끄덕이고는 이렇게 말했다. "그거 효과적이겠군."

"그리고 만약 그게 효과가 없다면, 언제든 다이너마이트가 있으니까……" 내가 대답했다.

묘지에 도착했다. 존이 다시 한 번 여기서 무슨 일이 일어났는지 물어봐서 나는 아는 것이 조금밖에 안 되지만 모두 얘기해주었다. 그때 처음으로 거기에 학살의 흔적이 하나도 없다는 것을 깨달았다. 방문자들은 여기 묻힌 이들이 나이가 많이 들어서 행복하게 자다가 죽었거나 사랑하는 사람의 품에 안겨서 죽었을 것이라고 짐작할지도 모른다.

"안내판이라도 있어야 해." 내가 말했다.

존은 대답하지 않았다.

"기념할 수 있도록 말이야." 내가 덧붙였다.

그는 여전히 아무 말도 하지 않았다.

"진실을 말하기 위해서."

이번에도 묵묵부답.

"우리에게 알려주기 위해서."

그는 나를 보고 있지 않았다. 나는 다른 이야기를 하기 시작했다가 결국에는 그냥 입을 다물었다. 우리는 오랫동안 나란히 서 있었다. 한참 후에 그가 말했다. "너, 네임스 프로젝트 알지?"

"뭐?"

"에이즈 퀼트(에이즈로 죽은 모든 사람들을 기념하기 위해 네임스 기획단이 추진하여 만든 세계에서 가장 거대한 퀼트. 각각의 패널은 죽은 이들의 개별성을

문명과 혐오

나타내고 있다-옮긴이) 말이야."

내가 고개를 한 번 끄덕이고는 그를 쳐다보았다. 그리고 그의 말을 기다렸다.

"그런 게 필요해." 그가 말했다.

"퀼트 말이야?"

"그 어떤 것보다도 네임스 프로젝트는 대중에게 에이즈를 많이 알렸어. 그게 없었다면 1980년대 말에—그리고 지금도—에이즈에 대한 인식이 얼마나 확산되었을지 알 수가 없어. 암보다 에이즈로 죽는 사람이 훨씬 더 많아."

"매일 1,000명쯤 되는 미국 사람이 암으로 죽어." 내가 말했다.

"그러나 우리는 에이즈에 대해 이야기해. 에이즈를 걱정하고 그것 때문에 울기도 해. 네임스 프로젝트는 에이즈라는 말을 밖으로 알리는 데 엄청난 성공을 거두었어. 그건 좋은 일이지."

"그리고……"

"우리는 이 학살을 기억해야만 해. 우리 모두가 다."

"알겠어." 내가 말했다.

"추모 의식이 필요해. 의례 말이야. 여기서. 여기서 크레센트 시티까지 걷는 거야. 매년. 걷고 또 걷고. 우리가 잊지 못할 때까지. 우리가 잊지 않을 때까지. 산타야나의 말 기억하지? 과거를 기억하지 못하는 사람들은 그것을 되풀이해서 겪게 된다고 한 말. 자기 동네 뒷동산의 진짜 역사를 배우는 것부터 시작해야 해. 자기 카운티에서 학살당한 사람들을 추모할 수 있잖아. 그런 것부터 이야기하기 시작할 수 있지. 지금 있는 곳에서 바로 시작할 수 있다는 거지."

나는 그 아이디어가 마음에 들었다.

"이런 일은 어디에서나 일어났으니까."

땅 되돌려주기

난 고개를 끄덕이다가 갑자기 멈추고는 이렇게 말했다. "아 참, 그 부족 사람들도 생각해야지."

"물론이지."

"그들에게 가장 최악은 백인 무리들이 그들의 슬픔을 제멋대로 가져가 버리는 거야. 우리는 그들의 땅, 그들의 전통을 빼앗았는데, 이제는 그들의 슬픔까지 빼앗으면 안 되지……."

우리 둘 다 잠시 동안 아무 말도 하지 않았다.

내가 말했다. "나치가 아직도 권력을 가지고 있고 일부 독일인들이 그때 일이 잊히지 않게 기념하고자 한다면……"

"독일 레지스탕스 구성원들이 추모에 참여하고 싶어한다면? 그들이 자기네 민족이 저지른 잔학 행위를 인정하는 것이 나쁠까? 그게 잘못이라고 할 수는 없지? 물론 우리는 희생된 부족들의 주도하에 따라가야만 해. 하지만 그들이 할 수 없는 것 중에 우리가 할 수 있는 것도 있고, 우리가 해야만 하는 것도 있어. 우리 문화가 그런 짓을 저질렀으니까 우리가 그 책임을 지기 시작해야 해."

"그 일이 벌어진 장소를 표시하는 걸로 말이야."

"그 일을 기억하는 것, 좋은 출발점이 되겠어." 그가 말했다.

"거기서 출발해서……"

"땅을 돌려주는 것으로 가야지." 그가 말했다.

"당연하지." 내가 대답했다.

초저녁이 되었을 즈음, 존과 나는 바닷가를 걸었다. 썰물이 되면 섬이 되는, 바위가 많은 긴 모래톱을 따라 걸었다. 파도가 높게 일었다. 파도가 부서지는 데서 멀리 떨어져 있었는데도 육지와 바다 사이의 바위에 부딪친 파도가 우리에게 물을 뿌렸다. 우리는 예상한 것보다 더 빨리 더 맹렬하게 달려오는 파도를 피해 서둘러 달아나곤 했다. 파도는 큰 파도와 작

문명과 혐오

은 파도가 번갈아가며 오는 듯 보였다. 파도가 약해졌을 때 존이 바위기둥 꼭대기에서 석양을 쬐고 있는 가마우지 한 마리를 가리켰다. 가마우지는 미동도 없이 날개를 편 채 햇볕을 받고 있었다. 파도가 잠시 약해졌을 때 존은 화제를 욘토켓으로 돌렸다.

인디언과 백인들 간에 체결된 조약 중에 백인들이 절대적으로, 또는 합리적으로 존중했던 조약이 하나라도 있었을까 하고 내가 물었다.

"백인에게 경제적 이익이 되는 것이 한두 개는 있었으리라고 봐."

큰 파도가 온다, 하고 생각했지만 보기보다 크지 않았다. 멀리서 물방울이 튀었을 정도.

존은 말했다. "우리가 각 경우에 스스로 질문을 던져야 할 것은 어떤 인센티브가 있었느냐……."

"있느냐" 하고 내가 끼어들었다.

"백인들이 조약을 지키게 하기 위한 어떤 인센티브가 있느냐……."

"그리고……."

"맞아." 존은 내가 하려는 말이 뭔지 알고 이렇게 말했다.

내가 말했다. "정복에 의해, 힘으로 다스릴 때……."

이번에는 그가 끼어들었다. "그리고 그 힘을 쓰는 것을 좋게 느끼게 만드는 이데올로기에 의해 다스릴 때……."

"그래." 내가 말했다.

"그때 질문을 던져야 해."

내가 그의 말을 완성했다. "그 이데올로기를 부수기 위해 무엇을 할 수 있는지."

"맞아." 그가 말했다.

우리는 서로 미소를 지어 보이며 우리 앞에 있는 바다를 바라보았다.

땅 되돌려주기

크리스토프에게는 새 피부가 돋고 있었다.

크리스토프는 새 영혼이 자라고 있었다.

어린 시절의 낡고 상한 영혼이 떨어져나가는 것을 보면서

자신이 새로운 영혼, 더 젊고 더 강한 영혼으로

갈아입고 있다는 생각은 꿈에도 하지 않았다.

살면서 우리는 우리 몸을 바꾸는 것처럼 영혼 또한 바꾼다.

그리고 변신이란 것이 늘 며칠 안에 일어나는 것은 아니다.

그러나 전체가 갑자기 새로워지는 위기의 시간도 있다.

어른은 자기 영혼을 바꾼다.

오래된 영혼은 내던져지고 죽는다.

그런 번민의 시간에 우리는 모든 것이 끝이라고 생각한다.

그때 전체가 다시 시작된다.

목숨 하나 죽으면 다른 목숨이 이미 생겨 있다.

—로맹 롤랑, 「장 크리스토프」

보기 시작하기

당신이 인종차별이 뿌리 깊은 사회에서 성장했다고 잠시 상상해보라. 아, 물론, 실제로는 그렇지 않겠지만 상상의 나래를 펼쳐보자는 것이다. 어떤 인종의 구성원들에게게만 불균등하게 이익이 생기는 사회에서 자랐다고 상상해보자. 예를 들면 백인들이 이득을 보고, 백인이 아닌 사람 중에는 백인 문화의 가치를 신봉하는 자들이 그보다 약간 적은 이득을 본다고 해보자. 그리고 백인종이 다른 인종을 착취하는 역사가 오랫동안 이어졌다고 해보자. 부자들—물리력을 쓰거나 남들의 경제적 절박함을 이용해 타인의 행동을 통제할 수단을 가진 자들—은 그들 부의 열매를 누릴 자격이 있다고 가정해보자. 그 부가 절대 다수를 희생한 데에서 나오는 것이라 할지라도 말이다. 또 이 사회에서 남자가 공식·비공식적인 방법으로 여자를 종속시킨다고 상상해보자(아아, 나도 안다. 그런 건 용인할 수 없다는 것을. 이런 믿음의 끝이 어디인지 밀어붙여보려는 것뿐이니 좀 참으시길). 공식적으로는, 남자들을 주요 의사 결정자로 내세우고(앞서 언급한 것과 같이 백인 남성 문화의 가치를 신봉하는 여자들 일부도 내세우고), 여성의 기여를 저평가하고 제대로 보상하지 않음으로써(이런 종속을 뒷받침하는 철학·신학·정치학을 만들어냄과 동시에) 비공식적으로는 강간이나 기타 형태의 폭력, 즉 공식적으로는 부인하나 사회 전반에 만연해 있는 테러를 통해 여성이 자리를 지키도록 한다. 마지막으로, 자연계는 우리가 존중해야 하는 것들, 상호호혜적 관계를 맺을 수 있는, 그리고 맺어야 하는 존재들로 가득 찬 곳이라 여기지 않고 착취 대상으로만 구성되어 있다고 이 사회가 본다고 해보자.

내가 이런 집단 내에서 완전히 사회화된 백인 남성이라고 가정해보자. 즉 백인이 다른 인종보다 어느 정도 우월하고, 부자는 어쨌거나 경제·정치적 부를 누릴 자격이 있고, 남자가 여자보다 우월하고, 인간은 인간 아닌 다른 존재보다 우월하다고 믿도록 배워왔다면, 나의 기본적인 시각은 당연히 그런 신념에 따르는 것이 될 것이다. 나의 사회화가 매우 세련된 것이라면 그 신념들은 내게 보이지 않을 수도 있다. **물론 인간은 돌보다 영리하다. 이건 농담이다.** 그런데 돌 대신 흑인, 유대인, 여자, 인디언, 원숭이, 쥐, 강, 그 외 내가 착취하고 싶은 집단 그 무엇이든 넣어보라(이 예에서 인간과 인간 아닌 것을 섞는 데 반감이 생긴다면, 자신의 사회화의 비가시성에 대해 생각해볼 필요가 있다). 그렇지 않으면 비가시성은 다른 식으로 이렇게 나타날 수도 있다. **백인이 인디언보다 우월하냐고? 천만의 말씀. 우리는 피부색으로 차별하지 않는 사회에 살고 있고, 우리는 이곳을 대량 학살로써 빼앗았다고 공정하고 진실하게 말할 수 있다.** 만약 사회화가 아주 철저했다면 아마도 자신이 받아 마땅한 것을 가지는 것이므로 전혀 슬픔을 느끼지 않을 것이다. 직접적으로든 우회적으로든 비백인들과 빈민들의 노동에서, 여성의 몸과 일에서, 자연계에서 빼앗아 가지는 것을 당연시할 것이다(그런데 이와 같이 인식되는 우월성의 영역은 서로 분리되어 있어서, 남자의 우월성은 믿지만 백인의 우월성은 믿지 않는 것이 가능하다. 백인은 우월하지만 남자는 우월하지 않다고 믿는 것, 인간은 우월하지만 백인 남성은 우월하지 않다고 믿는 것도 가능하다). 내적인 모순을 피하려면 착취당하는 자들도 자기 목숨을 소중히 여긴다는 것을 부인할 필요가 있다. 요약하면, 많은 것을 부인하는 상태에서 살아야 한다. 타인에게 공감하는 능력도 분리해내야 한다. 그것은 자기 인간성 일부의 존재를 부정하고 그것을 마비시키고 차단한다는 의미다. 또는 자기 인간성의 어떤 부분, 즉 자신과 타인들을 연결시키는 그 부분을 외면한다는 의미다. 흑인 노예를 채찍으로 때리는 백인은 남에게 고통을 주기를 꺼리는 자기 자신의 어떤 부분을 사슬로 매어두어야 한다. 이미 정교하게 만들어진 노예제 찬성론을 가져다 자신의 일부를 마비시켜야 한다. 경제적인 절박함을 이용, 타인의 노예 상태(임금 노예든 다른 형태의 노예든)에서 이익을 얻고자 하는 사람 또한 마찬가지로 자신의 공감 능력을 죽여야 한다. 여자를 때리는 남자는 여자의 사랑을 바라고 기대하고 소망하는 자기 자신의 일부분으로부터 멀어져야만 한다. 인간 아닌 것을 착취하려 하는 인간은 자기가 동물계에 엮여 있음을 거부해야 한다. 이 착취의 사회에 완전히 물들어 있는 사람, 특히 백인 남자는 자기가 자신의 어떤 부분을 거부하고 없애버렸다는 것을 알지 못할 것이다. 그 부분은 존재하기를 멈출 것이다. 그 사람의 관점에서 보면, 그 부분은 한 번도 존재한 적이 없다. 이것이 부정의 힘과 아름다움이다. 우리는 우리가 무엇을 잃어버리고 있는지를 (의식의 수면 위에서는) 모르는 것이다.

■　　　■　　　■

1960년대에 레스터 루보스키가 실험을 했다. 사람들에게 몇 가지 그림을 보여주고 특수 카메라를 사용하여 그들의 눈동자가 어떻게 움직이는

지를 추적한 것이다. 그렇게 해서 그들이 정확히 어디를 보았는지를 알
수 있었다. 어떤 사진에 자기가 도덕적으로 옳지 않다고 여기는 것이 있
으면, 또는 자기 세계관에 위협이 되는 것이 있으면 사람들의 눈은 그 이
미지에 단 한 번도 머무르지 않는 경우가 많았다. 예를 들어 어떤 사진은
배경에 신문을 읽고 있는 사람이 있고 전면에는 여자의 가슴 윤곽이 나타
나 있었다. 누드는 도덕적으로 옳지 않다고 생각하는 사람들 중 많은 이
들이 가슴을 한 번도 보지 않았고, 나중에 그에 대해서 물어보면 그 사진
에 가슴이 있었다는 것을 기억조차 하지 못했다. 자기 마음을 어지럽힐
것이 있다는 것을 그들 마음의 일부분이 알았던 것이 틀림없다. 그래서
셈과 야베스와 마찬가지로, 보지 않기를 택했던 것이다. 셈과 야베스가
보지 않으려 한 결정이 의식적인 것인지 무의식적으로 이루어진 것인지
는 알 수 없다. 그런데 사진의 모든 부분을 보지 않았던—볼 수 없었던—
사람들의 반응으로 보건대 다음의 사실만은 아주 분명해 보인다. 보지 않
으려는 그들의 결정은 완전히 전(前)의식 또는 무의식 차원에서 이루어졌
다는 것이다. 요점은 거의 모든 상황에서 우리 각자는 자기 세계관이 위
협받지 않고 해를 입지 않기 위해 어디를 보지 말아야 하는지 정확하게
알고 있다는 것이다.

　　　　　■　　　■　　　■

　그러나 백인 남자—특히 부유한 백인 남자—로서 자신을 우월하다고
인식하는 사회에서 자란 사람도 처음으로 불협화음이 약하게 휘젓는 것
같은 느낌을 가지게 될 수가 있다. 자신이 어떤 연결 요소를 놓치고 있을
지도 모른다는 느낌이 들기 시작하고, 이 혐오와 착취의 꼬인 실타래를
풀기 시작할 수가 있다. 착취를 정당화하는 논리가 불합리하고 동어반복
에 불과할 뿐이라는 것을 알고 자신의 머리로 사고하는 것이 가능하게 될

보기 시작하기

수도 있다. 또는 몸에서 어떤 공허함을 느끼기 시작했을지도 모른다. 착취를 위해 타자들과의 연결이 끊어진 상태라고 그 공허함에 이름을 붙이게 될 수도 있다. 모든 사람이 이런 불협화음을 분명히 표현할 수 있는 수준으로 볼 수 있는 것은 아니다. 많은 사람들이 그렇게 하지 못한다. 그러나 그런 일이 일어날 수는 있다. 그런 일이 일어나면 다음과 같은 의문이 떠오른다. 왜 그 논리가 계속 유효하게 느껴지지 않을까? 내가 무엇을 이해하지 못하고 있을까? 내가 자란 사회 관계 안에서 이제는 안전한 느낌을 가질 수 없다니 뭐가 잘못된 거지? 그는 자신의 인식에 의문을 제기하기 시작할 것이다. 내가 정말로 그 사진에서 가슴의 윤곽을 본 게 아닐까? 혹은 자기가 제정신인지 의심이 들 수도 있다. 남자가 신문을 읽고 있는 건전한 사진에서 가슴을 보다니 나한테 무슨 문제가 있는 게 아닐까? 내가 어디 아픈가 봐.

1980년대 말에 이와 비슷한 일이 나한테 일어났다. 나는 내가 제정신이 아니라고 생각했다. 지금도 마찬가지지만 그 당시 내가 주변에서 본 너무나 많은 것이 말이 되지 않았다. 우리 문화는 지구를 죽이고 있는데, 우리들 대부분은 신경도 쓰지 않는다. 우리가 파괴하고 있는 것은 엄청난 데에 비해, 우리의 공적인 담론(그리고 사적인 담론 대부분)은 그 중대성에 미치지 못한다. 이틀 전 코호 연어가 알을 낳으려 하는 것을 보았는데, 그곳은 상류의 벌목 작업으로 생긴 침전물 때문에 흐름이 막혀 있었다. 연어들은 몸길이가 75~100센티미터 정도였고 옆면은 아름다운 갈색이고 배는 하얗고 집으로 돌아오는 여행을 하느라 지느러미는 닳아 있었다. 연어는 수만 년, 수십만 년 살아온 동물이다. 바다로 헤엄쳐 나가서 깊고 차가운 물결 위를 미끄러져 다니다가 자기가 태어난 곳의 아주 희미한 냄새를 맡고 그 흔적을 따라 고향으로 돌아와서는 알을 낳고 죽는다. 그러나 앞으로 10~20년 안에 미국 본토에서 연어가 사라질 것이다. 우리 세대는

문명과 혐오

연어가 바위의 수초를 깨끗이 치워서 알 낳을 장소를 우묵하게 만들고 힘 센 꼬리로 침전물을 제거하는 것을 본 마지막 세대가 될 것이다. 그런데 어제 환경 채널을 보고 '미스 월드론의 붉은 콜로부스'라 불리는 서아프리카 원숭이의 멸종이 선언되었다는 것을 알았다. 가나와 코트디부아르의 열대우림에 서식하던 이 원숭이는 벌목, 도로 건설, 사냥으로 인해 사라져버렸다. 이것은 공식 보고서에 씌어 있듯 "한 종의 절멸"이라기보다는—그것도 무척 나쁘지만—아마도 다른 영장류 대부분의 존속을 위협하는 멸종의 시작이라 할 수 있다. 세계적으로 가장 존경받는 영장류 전문가인 제인 구달은 유인원 전부가 20년 안에 멸종할지도 모른다고 주장했다. 20세기 초에는 아프리카의 숲에 200만이 넘는 침팬지가 살고 있었는데 이제는 20만 마리에 불과하다. 미스 월드론의 붉은 콜로부스가 그종의 전체 역사와 진화와 잠재력과 함께 마지막 숨을 내쉬고 사라졌다는 것은 신문에 나지 않았다. 찾아봤지만 없었다. 그런 마지막은 뉴스가 되지 않는다. 날마다 신문은 주식 시장의 헐떡거림에 여러 면을 비판 없이 할애하고 스포츠 팀의 드라마에는 훨씬 더 많은 면을 할애한다(야구가 아무리 멋지고 재미있다 한들 그건 게임에 불과하다). 그러나 지구의 살해에 대해서는 그와 같은 심층 취재를 하지 않는다. 그나마 나오는 환경 기사도 한결같이 의심스럽다(다음과 같은 제목들이 사흘 동안 차례로 신문 헤드라인으로 실렸는데, 각각 어느 정도의 증거와 취재가 필요한지 비교해보라. "기록적인 기온이 지구 온난화 논쟁에 불을 붙이다", "타이거 우즈, US 오픈에서 모든 비판자들을 잠재우다", "배심원 판결 : 미국인은 리얼리티 프로그램을 좋아해"). 이러한 불협화음이 싹터서 내 속에서 파열하기 시작했을 때, 나는 계속 그 혼란이 내 속에서 왔다고, 내가 어떤 단순한 점을 놓치고 있다고 생각했다. 아무도 자기가 사는 지구를 죽일 만큼 멍청할 리는 없다고 생각했기 때문이다. 그것도 한가하게 골프 이야기나 하면서 '리얼리티 프로그램'

보기 시작하기

(어떤 것이 현실인지 모르겠지만)을 보고 주식 포트폴리오를 부풀리면서 말이다. 내게 정말로 중대하다고 느껴진 것이 대부분의 사람들에게는 전혀 중요하지 않은 듯 보였고, 수많은 사람들이 중요하다고 하는 것이 내가 보기에는 사소한 듯 보였다. 그런 것에는 마음이 가지 않았다. 가난한 사람들을 공해 물질로 죽게 만들 것을 권하던 로렌스 서머스는 재무장관으로 임명되었다. 사람들은 아동 매춘에 대해 걱정을 한다면서도 그것을 낳은 경제적 조건, 가족 상황이 더 멀리 번지게 하고 있다. 미국은 베트남 사람들을 구하기 위해 베트남에 폭탄을 퍼붓고 중남미 사람들을 구하기 위해 암살대(death squad, 라틴 아메리카 군사 정권 아래에서 좌파나 범죄자 등을 납치, 살해하는 무장 조직－옮긴이)에게 무기를 제공한다. 나는 계속해서 이렇게 생각했다. 내가 뭔가를 놓치고 있나?

　내가 미친 게 아닌가 하는 두려움이 줄어들기 시작한 것은 우리 문화의 부정의, 불합리, 광기에 저항하고 항의하는 전통이 길고도 강력하게(때로는 숨어 있었지만) 존재해왔다는 것을 발견했을 때였다. 이러한 전통은 지적·예술적으로 표현되어왔다. 견유학파, 예수, 장 자크 루소, 헨리 데이비드 소로우, 월트 휘트먼, 엠마 골드만, 페트르 크로포트킨, 베르톨트 브레히트, 루이스 멈포드, 에리히 프롬, R. D. 랭, 닐 에번든, 하워드 진, 노암 촘스키, 워드 처칠, 대니얼 퀸, 프랜시스 무어 라페, 에두아르도 갈리노, 존 제르잔 등을 그 예로 들 수 있다. 그 전통은 직접적인 물리적 저항으로 드러나기도 했다. 노예 반란이나, 땅을 찾기 위해 싸운 인디언들, 아나키스트들, 세계산업노동조합의 조합원들, 나치에 저항한 레지스탕스 운동, 미국의 토지와 사람들을 기업/정부가 지배하는 데 대한 저항 운동 등이 그런 경우다. 정상성의 광기에 저항하는 공동체가 언제나 풍부하고도 생동감 있게 존재해왔다는 것을 불현듯 발견하니, 갑자기 숨을 쉴 수 있게 된 것 같았다. 그제야 나 혼자만 우리 문화에 맞서 서 있는 것이 아닌 듯 느껴졌다.

올해 초에 『환상을 모두 불태우기』의 저자 데이비드 에드워즈(David Edwards)가 나한테 이렇게 말했다. "역기능적 시스템의 첫 번째 역할이 '그 얘기를 하지 말라'는 것이라면, 우리의 첫 번째 목표는 진실을 말하는 것, 우리가 할 수 있는 한 정직해지는 것이 되어야 해. 나는 진실된 것, 현실을 보여주는 것을 읽으면 깊이 한숨을 내쉬면서 이런 생각을 해. '아, 다행이다. 난 미친 게 아니었어. 이런 생각을 하는 게 나 혼자만은 아니었군.' 우리는 홀로 어둠 속에서 이 내적·외적 선전 시스템과 싸우고 있을 때가 너무 많아. 그 점에서 누가 진실을 말해주는 것은 하나의 선물이지. 주변의 모든 사람들이 거짓말을 하고 우리를 헷갈리게 하고 있는 세상에서 누군가가 정직하게 말해주는 것은 엄청나게 고마운 일이야."

요지는 이것이다. 이제 나는 내가 그토록 오랫동안 느꼈던 그 불협화음이 사회화—그보다 좀 덜 세련된 말은 세뇌가 될 테지만—를 거부하는 자연스러운 첫걸음이라는 것을 알고 있다. 혼돈, 상실, 무력감으로 가득한 전환 없이는, 세상을 인식하는 하나의 방식에서 다른 방식으로 옮겨가는 것은 불가능하다. 적어도 내 경우에는 그렇다. 내가 이것을 좀 더 일찍 알았더라면—전환이 어떻게 일어나는지 이해했었더라면—내 정신 상태를 의심했던 시간이 좀 짧아졌을 것이고 내 절망의 깊이도 조금 덜했을 것이다. 그랬더라면 좋았을지도 모른다. 그러나 그것이 좋은 일이 아니었을 수도 있다. 그것을 일찍 알게 되었더라면, 나와 비슷한 마음과 생각을 가진 사람들의 공동체를 (책에서 그리고 사람에게서) 즉시 찾기 위해 그렇게 적극적으로 노력하지 않았을 것이기 때문이다.

지금도 그것이 매우 중요하다고 생각하지는 않는다. 그 특정한 전환은 이제 내게는 지나간 것이고 지금은 다른 전환과 변환이 일상적으로 일어나고 있다. 이제는 그런 불협화음—혼동, 모순적 욕구, 두려움—을 두려

보기 시작하기

움의 대상으로 보지 않고, 어떤 의미에서는 새로운 이해로 가기 위해 꼭 거쳐야 할 관문으로 보고 환영하게 되었다.

■   ■   ■

현실을 회피하는 우리의 놀라운 능력이 여인의 가슴 모양이 눈앞에 있는데도 그것을 인식하지 않는 물리적 차원에서만 작동하는 것은 아니다. 나는 데이비드 에드워즈에게 이것이 우리의 일상에서 어떻게 작용하는지 물었다. 그가 말했다. "우리는 어떤 믿음 위에 우리 삶을 세우고 나서 모순되는 사실, 경험, 아이디어로부터 자기를 보호하는 데 많은 시간을 보내지. 우리 사회의 전문화 숭상 때문에 이러한 자기기만이 더 용이해지는 것 같아. 전문가주의로 인해 사람들은 언론인이나 무기 판매상, 석유회사 중역들을 전문가라고 믿게 되었어. 일이 삶을 정의하는데, 대다수의 경우에 우리 일은 돈을 버는 거잖아. 근데 자기 직업을 넘어서는 관심은 '나와 아무 상관 없는 것' 또는 '내 분야가 아닌 것'으로 여기지."

노예선 선장의 경우에도, 정치인이나 댐 건설 기술자의 경우에도 그럴 거라는 생각이 들었다.

그는 계속 이야기했다. "이런 태도는 학교에서 줄곧 우리에게 반복해서 가르치는 것이고 우리의 직업 경력에도 그런 태도가 스며들어 있어. 우리는 많이 알고 재능이 있고 전문직에 종사하는 것을 '전문화'라고 보지. 그런데 전문화되면 제일 먼저 잃어버리는 게 인간성이야. 장 자크 루소가 이런 말을 했지. 화학자, 물리학자, 은행가는 많이 있지만 우리들 중에 시민은 한 명도 없다."

"어떤 기업 중역이 자기는 본래부터 선하다고 믿고 있다고 해보자. 사람들은 대부분 자기가 착하다고 믿지만. 그 중역은 자신이 평생 일한 기업이—물론 그는 그 회사의 일부분일 뿐이고 자신이 속한 회사 시스템 전체

문명과 혐오

가 인명과 자연의 끔찍한 파괴에 책임이 있다는 것을 받아들이기가 무척 어려울 거야. 현실을 인정하는 것은, 그가 자기 재능을 제노사이드와 에코사이드(생태계 살해-옮긴이)에 빌려줬다는 것을 인정하는 것이니까. 그러니 그렇게 할 수가 없지. 그리고 그는 경력을 쌓기 위해 여러 해를 보냈고, 다른 사람에게 받는 존경심이나 자기가 대단하다는 느낌은 성공과 밀접하게 연결되어 있어. 다시 말해 얼마나 많은 석유를 발견했는가 또는 얼마나 많은 자동차를 생산했는가에 달려 있는 거지. 따라서 자기가 하는 일의 도덕적 지위를 심각하게 고려하게 되면, 그의 도덕성과 경제적 필요—그리고 감정적·사회적 필요—사이에 크나큰 갈등이 일어나게 돼."

데이비드는 잠시 망설이다가 이렇게 말했다. "그런데 돈은 결코 사소한 문제가 아니야." 그는 주제를 바꿀까 하고 생각하는 것처럼 또 말을 멈추었다가 다시 이야기를 시작했다. "그런 걸 심각하게 생각해서 그가 얻을 것은 아무것도 없고 오히려 전부 잃게 되는 것처럼 보일 수가 있지. 그래서 그의 무의식이 작동해서, 자신이 그런 잔학 행위에 참여했다는 증거를 무시하거나 잊어버림으로써 고통스러운 갈등으로부터 자아를 보호하게 되는 거야. 그런 식으로 작동하기 때문에 자신이 조금이라도 잘못하고 있다는 생각은 전혀 들지 않는 거지. 자기 코 앞에 증거가 있어도 말이야. 언론인이나 정치가 들도 마찬가지야. 그들의 생계와 사회적 지위는 기업 권력에 복무하는 데서 나오기 때문에, 어떤 조건에서도 그들은 자기가 하는 일의 진정한 성격을 스스로 이해할 수가 없어."

■　　　　■　　　　■

노예제가 노예들에게 이익을 준다는 합리화 논리—그런 인종차별적 판타지는 노예 노동으로 제공된 사치품에 대한 욕망과 행복하게도 잘 맞아떨어진다—보다도, 좀 더 합리적이고 좀 더 이성적인 근거를 가진 재

보기 시작하기

미있는 주장이 있다. 노예 주인들은 자기 노예들이 건강한 것이 경제적으로 이익이기 때문에, 그들의 자본가 동지들처럼 노동자를 적게 먹이고 과로하게 하고 혹사하는 일은 적을 것이라는 주장이 그것이다.

존 헨리 해몬드(John Henry Hammond)는 『노예 폐지론자에게 보내는 편지』에서 이렇게 썼다. "영국에서는〔그의 편지를 받을 폐지론자가 영국에 살고 있었다〕당신과 같은 인종의 빈민들과 노동계급이 …… 우리의 노예보다 더 비참하게 살고 있고 정신적·신체적으로 더 뒤떨어져 있다." 그는 의회가 임명한 감독관의 보고서를 인용했는데, 그것은 하원의 명령에 의해 발표된 것이었다. 그 보고서 중 탄광 갱도에 대한 것을 이렇게 인용했다. "갱도는 무척 낮아서 어떤 곳은 높이가 겨우 두 자밖에 되지 않았다. 거기서는 8세에서 12세 사이의 소년들이 개 목줄과 쇠사슬을 매달고 네 발로 기면서 일하고 있었다. 통로는 철판이나 판자로 대지 않고 진흙 1, 2인치만 발라져 있는 곳도 많다. …… 이 가엾은 소년들은 허리 한 번 펴지 못하고 석탄이나 분탄 100파운드를 실은 수레를 하루 60번씩 60야드를 끌고 갔다가 빈 수레로 돌아와야 했다." 또 다른 인용문은 다음과 같다. "일곱 살 때 갱으로 들어갔다. …… 끈과 쇠사슬을 끌어당기면 피부가 벗겨져서 피가 흘렀다. 그러나 아무 말도 할 수 없었다. 우리가 뭐라 하면 감독이나 그 밑에 있는 십장이 막대기를 가지고 와서 우리를 때렸다." 또 다른 인용문을 보자. "네 살, 때로는 다섯 살밖에 안 된 어린아이가 이 광산에 일하러 오기도 한다. 여섯 살이나 일곱 살에 오는 경우는 드물지 않고, 여덟아홉 살은 이런 노동이 시작되는 통상적인 나이다." 이런 것을 인용한 그의 요지는 합리적인 노예 주인이라면 자기 노예가 그토록 어린 나이에 그토록 혹사당하도록 하지 않을 것이라는 것이다.

그 보고서는 영국 여성들과 어린이들이 하루에 열두 시간에서 열여섯 시간 일을 하며 남성에게는 하루에 열두 시간 일을 시키는 경우도 드물다고 주장했다. 어린이들은 다섯 살이나 여섯 살에 일을 시작하는 경우가 많았으며 레이스 짜기 등의 분야에서는 두 살 때 일을 시작하기도 했다.

물론 똑같은 일이 미국에서도 벌어졌다. 1900년 정부는 10~15세의 아동 75만 명 이상이 열악한 조건에서 일하고 있다고 추산했다. 한 노동조합 대표는 "노예 같은 비참한 삶을 마지못해 사는" 상황이라고 묘사했다. 75만 명이란 수는 아마도 실제보다 낮게 추정된 수치일 것이다. 아동 노동은 350만에 달했다고 보는데, 어느 쪽이든 4~10세의 아동 수만 명은 포함되지 않은 것이다. 4~10세의 아이들도 섬유 공장, 제강소, 석탄 분쇄실, 목화밭 등에서 일주일에 60시간 이상 노동했다. 코카콜라 창업자 아사 챈들러는 이렇게 말했다. "우리가 볼 수 있는 가장 아름다운 풍경은 일하는 아이다. 노동하는 아이가 어리면 어릴수록 그 아이의 삶은 아름다워지고 더 유용해진다." 《워싱턴 포스트》는 방적 공장에서 일하는 다섯 살밖에 안 된 어린아이에 대해 이렇게 평했다. "공장에 들어간 뒤로 아이들은 평균 4년을 더 산다. 이런 끔찍한 과정에 의해 아이들이 혹사당해 죽음에 이르게 하니 국가가 아이들을 고통 없이 죽여주는 것이 덜 잔인한 일일 것이다." 그 아이들의 어머니와 누나들의 상황도 그보다 낫지 않았다. 예를 들어 여성은 일주일에 4.5달러 정도를 벌었는데 그것은 은행가 J. P. 모건이 100초마다 벌어들이는 액수였다. "기계는 하루 종일 미친 듯이 돌아간다. 빨리 일할수록 돈이 더 많이 되기 때문이다. 가끔은 서두르다가 손가락이 끼어서 바늘이 손가락을 관통하기도 한다. 그러나 너무 빨리 지나가기 때문에 별로 아프지도 않다. 나는 다친 손가락을 솜뭉치로 감싸고 계속 일을 한다. 그런 사고는 늘 일어난다. 바늘이 손톱을 뚫고 지나가면 손가락이 곪기도 하는데, 바늘이 뼈를 부러뜨리면 심각한 상처가 된다. 손가락을 잘라야 할 때도 있다." 공장 안에서는 "방 안 공기가 솜먼지로 뿌옇고 …… 그 미세한 입자들이 코를 통해 폐로 들어간다. 폐병

보기 시작하기

과 폐렴은 방적 공장 마을에 언제나 끊이지 않는 불행거리였다. 소녀들이 어찌나 가래나 피를 뱉어댔는지 바닥이 미끈거릴 정도였다."

가내 노예 생활도 분명 끔찍한 것이지만, 노예 생활도 이런 노동조건만큼 나쁠 수가 있을까 의구심이 들기 시작했다.

■　　　■　　　■

불협화음이 항상 행동으로 이어지는 것은 아니다. 올바른 이해로도 이어지지 않을 수 있다. 부정의에 저항하는 것이 가능한 만큼 이런 인식에 저항하는 것도 가능하다. 그 인식에 저항할 확률이 더 높다고까지는 할 수 없어도 말이다. 불협화음에서 다시 '부인하기'로 돌아가는 것은 편리하고도 유혹적인 일이다. 분노가 가야 할 곳으로 가지 않고 자기 내부로 향하게 될 수도 있다.

예를 들면 환경운동 언저리에서(언저리에서만) 이런 경우를 많이 보았다. 많은 사람들이 환경 보호의 필요성에 공감하면서도 자신은 생태 파괴에 적극적으로 반대할 수 없다고 생각한다. 자신이 지구를 파괴하는 산업 문화의 일부라는 자기 혐오감이 그들을 마비시키기 때문이다. 인종, 계급, 성별 문제에 있어서도, 사람들이 문제를 개인화할 때마다 똑같은 심리에 속아넘어간다. 자동차를 가지고 있기 때문에, 기후 변화는 자기 잘못이 된다. 주택이나 아파트에 살고 있기 때문에(또는 유르트〔원뿔형 원주민 가옥―옮긴이〕에 살고 있기 때문에), 어떤 식으로든 자신에게 사막화의 일차적 책임이 있다고 생각한다. 와이어하우저 사의 사장만큼이나 자기 잘못이 크다고 그들은 말한다. 그들은 자신이 가진 혐오나 분노의 뿌리를 다 뽑아버리기 전에는 행동에 나설 수 없다고 말한다. 그들 자신이 사고, 행동, 감정에서 순수해져야만 건설적인 행동을 뭐든 시작할 수 있다고 말한다. 물론 그것은 멍청한 소리다. 그리고 물론 그들은 행동을 하는 데에는 얼씬거리지도 않는다. 여러 해 동안 건설적인 행동의 가장자리에 마비된 채로 매달려 있다. 불협화음으로 다시 떨어지지도 않지만 앞으로 나아가지도 않는다.

배짱의 실패, 용기의 실패, 상상력의 실패를 겪는 일은 언제든 일어날 수 있다. 파괴와 착취—그리고 혐오—의 무시무시한 깊이와 넓이에 대한 인식이 싹트고 그에 저항하는 단계마다 언제든 그런 실패가 일어날 수 있다. 파괴와 착취, 혐오가 문명의 토대를 이루고 있으며, 문명이 주는 안락과 고상함은 언제나 타인의 노예 상태, 비참함에서 나온다. 그러므로 문명의 크기와 힘에 직면해서도 그것을 반대하는 데 자기 인생을 바치는 사람들이 그렇게 많다는 것은 놀라운 일이고 용기를 주는 일이다. 자기 인생을 문명의 반대에 바치는 사람, 강제의 근절에, (노예가 된 자들의) 잠재력이 싹트는 것에, 자연적인 인간 공동체와 비인간 공동체에 바치는 사람, 즉 자기 인생을 사랑에 바치는 사람들이 그토록 많다는 것은 기적이라고까지 할 수 있다.

■　　■　　■

6월이다. 나는 막 뉴욕으로 날아왔다. 기분이 엿같다. 내가 왜 빌어먹을 글을 쓰는지 모르겠다. 내가 왜 이 빌어먹을 도시에 있는지 모르겠다. 오늘만 해도 만 개의 눈동자가 나를 훑어내렸고 그 눈동자들이 내 몸을 스칠 때마다 살갗이 쓸렸다. 콘크리트와 화강암과 대리석의 날카로운 모서리 만 개. 어디든 직선이고, 사람들 소용돌이는 한 존재가 견딜 수 있는 정도를 넘어서서 **빽빽하게** 채워져 있다. 다른 포유류를 그렇게 **빽빽하게** 채워놓으면 밤마다 하수도에 피가 흘러넘칠 것이다.

나는 라가르디아에서 비행기에서 내려 버스를 타고 그랜드 센트럴 스테이션으로 갔다. 내 옆자리에 앉았던 사람은 남자였는데, 그냥 남자가

보기 시작하기

아니라 사나이였다. 그 사람에 대한 이야기를 나누는 동안에는, 그리고 내가 그가 말한 것에 동의를 하는 한에서는 우리 사이는 아주 좋았다. 그는 19세기 고생물학을 전공한 사람이었는데, 대부분의 사람들과 마찬가지로 나는 그에 대해서는 아무것도 모른다고 할 수 있다(다른 사람들도 모르리라는 건 내 짐작이지만). 그래서 그의 주장에 동의하지 않을 근거도 이유도 없었다. 반대할 근거가 있다 해도 굳이 뭐하러 반대하겠는가?

그러다가 교통 정체가 시작되었다. 여러 시간 정체가 지속된 것 같았는데, 실은 길게 느껴진 것뿐이었는지도 모른다. 결국 그는 자기 이야기를 하는 데 지치고 자기 이야기를 내가 들어주는 것에 대해서조차 싫증이 났는지, 내가 무슨 일을 하는지 물어보는 모험을 감행했다.

"저는 글을 씁니다."

"어떤?"

나는 내가 쓰는 글에 대해 이야기했다.

그에게는 알아차리기 쉬운, 지겨워지기는 더 쉬운 말버릇이 있었다. 내 글에 대한 이야기를 듣자 그 말버릇이 나오기 시작했다. 내가 하는 모든 말에 대한 그의 첫 반응은 이것이었다. "아니. 자네가 이해하지 못하는 게 있어." 인디언들이 우리 못지않게 자연을 많이 파괴했다는 이야기를 나는 그에게 처음 들었다.

"바로 여기 이 길은 옛날에는 원시림이었어요. 그리고 허드슨 강을 거슬러 오르는 연어들은 너무 굵어서 그물이 떠내려갔을 정도예요."

"아니야." 그가 대답했다. "자네가 이해하지 못하는 게 있어." 그는 계속해서 이렇게 말했다. 모든 문화는 제노사이드를 저지르는데 그것은 인간이 생물학적으로 약자들을 노예로 만들려는 욕구를 가지고 있기 때문이라는 것이다. "인종 문제나 남자가 여자를 지배하는 것도 다 이것 때문이지."

문명과 혐오

그때쯤에는 나야말로 순종해야만 할 것 같아서 눈썹만 치켜올렸다.

"나는 **지배**라는 말을 쓰고 싶지 않지만, 자네가 그런 종류의 말을 쓰길 좋아하는 것 같아서 말일세." 그가 말했다.

버스에는 빈자리가 없었다. 그건 그 전에 이미 확인했다. 내가 사용한 방법은 화제를 뉴욕 메츠로 돌리는 것이었다. 그는 그 야구단에 대해 이 야기하고 싶은 것이 많았고, 내가 아무 의견도 내놓지 않았기 때문에 그 는 내가 이해하지 못하는 게 있다고 말할 필요가 없었다.

그랜드 센트럴 역에 도착했다. 나는 최대한 재빨리 버스에서 빠져나와 마치 호텔 화재 현장에서 달려나온 것처럼 내 짐을 잡아끌었다.

버스 옆자리의 그 남자는 나를 짜증나고 화나게 했지만 내 작업의 적절 성에 대해 의문을 품게 하지는 않았다. 그런데 단 한 마디도 나누지 않은, 다시는 서로 볼 일이 없을 것이 확실한 한 여자가 그것에 의문을 품게 만 들었다.

뉴욕 시 북쪽의 마운트 키스코로 가는 기차를 타고 가는 중이었다. 거 기 있는 친구 집에서 잘 예정이었다. 기차는 거의 텅 비어 있었다. 나는 혼자 앉아서 봄의 리듬에 맞추어 몸을 흔들고 있었다. 피곤했다. 그날 동 이 트기도 전에 첫 비행기를 타고 대륙을 가로질렀기 때문이다. 건물들 꼭대기에는 가시 철망이 둘러쳐져 있었다. 푸에르토리코 국기가 창문에 달려 있었다. 간간이 옥상 정원도 보였다. 그때 그 여자를 보았다. 그녀는 발코니에 나와 있었다. 흑인이었다. 그녀가 있는 곳은 기차에서 그리 멀 리 떨어져 있지 않았다. 불빛 아래에 있어서 확실히 분간할 수는 없었지 만 아주 짧은 순간 나와 그녀의 눈이 마주친 것 같았다. 우리가 만나자마 자 기차는 나를 끌어당겨서, 다른 건물, 또 다른 건물로, 그 다음에는 차 들이 주차되어 있는 어두운 거리로 데리고 갔다. 더 많은 건물들, 더 많은 가시 철망, 더 많은 아스팔트, 콘크리트, 더 많은 더 많은 사람들한테로.

보기 시작하기

그러나 그 여자는 계속 나와 함께 있었다. 우리 문화의 파괴성의 깊은 뿌리를 연구하고 밝히는 내 글이 그 여자에게 무슨 소용이 있는지를 나 자신에게 물어보았다. 그 짧은 순간의 연결을 통해 또는 연결 비슷한 것을 통해, 나는 알았다. 노예를 소유하는 것이 자본가에게 이익인지, 아니면 노동자를 고용하는 게 더 이익인지를 결정하는 토지 소유 조건에 대해 그 여자는 알 필요가 없다. 그 여자는 그저 일자리가 필요할 뿐이다. 텔레비전이 자기 혐오의 결과를 낳는지 어떤지에 대해서는 관심이 없고 남동생이 마약을 끊기만을 바랄 뿐이다. 그리고 남을 착취할 권리라고 여기는 것이 위협받는 것과 혐오 사이의 관계보다 그 여자에게 훨씬 더 중요한 사실은 그 여자가 스물이 되기 전에 강간을 세 번 당했다는 것이다.

내가 내 의식을 투사하거나 상상하고 있었던 것도 사실이다. 그 여자는 직업을 가지고 있을지도 모른다. 일자리를 원하지 않을지도 모른다. 아마도 남동생은 없을 것이다. 혹 있다 해도 건전한 사람이고 평생 마약 가까이에는 가지도 않았을 것이다. 아마 그녀는 성폭행이나 다른 폭행을 당해본 적이 없을지도 모른다. 이런 상상을 하면서 내가 정형화된 관념을 그대로 따르고 있다는 것을 깨달았다. 그러나 고정관념이 핵심은 아니다. 왜냐하면 나는 그 여자를 알고 있고 그 남동생들을 알고 있기 때문이다. 그 남동생들을 나는 교도소에서 가르친 적이 있다. 그들은 할렘이 아니라 새크라멘토의 콤프턴, 또는 캘리포니아의 오클랜드, 웨스트버지니아의 패스타운, 또는 나로서는 들어본 적도 없는 오클라호마의 작은 마을에서 온 자들이었다. 그들은 흑인이 아닐 수도 있다. 백인일 수도 있고 중남미계나 인디언일 수도 있다. 베트남인일 수도 있다. 그들이 선택한 약은 크랙(코카인의 일종으로, 태워서 마신다-옮긴이)이 아니라 크랭크(각성제 메타암페타민의 별칭-옮긴이)일 수도 있다. 헤로인일 수도 있다. 집세를 내고 두 아이의 옷을 사기 위해 마약 거래를 한 내 수강생이 그녀의 남동생일

문명과 혐오

지도 모른다. 그는 내게 이렇게 말한 적이 있다. "시간당 6달러로 아이 둘을 키워봐. 마약 거래는 식탁에 음식을 가져다주지." 다섯 살 때 아버지에 의해 매춘으로 내몰린 다른 수강생이 그녀의 남동생일지도 모른다. 여생 동안 교도소에서 처제에게 이런 편지를 보내는 또 다른 수강생일지도 모른다. 지금 그의 아이들을 키우고 있는 처제에게 그는 이렇게 썼다. "우리 할아버지가 나한테 어떻게 했는지 알려주려고 해. 할아버지는 나를 너무 많이, 거의 죽도록 때렸어. 내가 왜 이렇게 나쁘게 되었는지 이해해줬으면 해서." 그리고 나는 그녀의 여동생들을 알고 있다. 그들은 아이다호의 올드타운, 아리조나의 피닉스에 산다. 브룩클린에 살고 콜로라도 볼더에도 산다. 워싱턴 주에도 살고 워싱턴 D.C.에도 산다. 노스캐롤라이나에도 산다. 그들은 백인이고 그들은 아시아인이고 그들은 흑인이다. 그들은 중남미계다. 그들은 아버지한테, 오빠한테, 아저씨한테, 남편한테, 아는 사람한테, 그리고 낯선 사람한테 강간을 당했다. 그들은 섹스를 무서워한다. 그들은 음란하다. 그들은 금욕주의자다. 그들은 사랑하지 않는 남자하고만 섹스를 한다. 그들은 화가 나야만 자극을 받는다. 그들은 공포가 있어야만 흥분한다. 그들은 자기 몸을 사랑하지 않는다. 자기 몸을 알지 못한다. 자기 몸을 혐오한다. 그들은 자기 몸이 사라지기를 원한다. 그들은 원치 않는 남자와 관계를 유지하고, 자신이 원하는 남자와의 관계를 깨뜨려버린다.

나는 그 남자들을 알고 있고 그 여자들을 알고 있고 그들 중 누구에게라도 내 작업이 도움이 될지 아닐지는 알지 못한다.

■　　　■　　　■

아주 우연히 톰 리키스가 진행하는 전국 신디케이션 라디오 토크쇼 내용을 옮겨 적은 것을 본 적이 있다. 프로그램은 남성 청취자가 보낸 편지

보기 시작하기

를 리키스가 읽는 것으로 시작했다. 성적으로 치근댐을 당한 적 있는 여자들이 더 "헤프다"는 내용이었다. 진행자는 이렇게 논평했다. "청취자 여러분은 남자들이 말하는 것이 사실이라고 생각하시나요? 그런데 그런 얘기를 하는 남자들은, 성폭력이든 희롱이든 그딴 것을 당했기 때문에 머리가 아주 뒤죽박죽인 아가씨들과 섹스를 한 경험이 있었다는군요. 그런데 그 남자들은 그 섹스가 정말로 좋았다는 거예요. 그게 사실인지 알아보려는 게 뭐 비윤리적이거나 잘못된 건 아니죠? 어쨌거나 남자들은 어떤 여자가 쉬운지 판단하려고 할 거 아니에요? 그렇죠? 아니면 여자가 헤퍼지는 다른 이유가 있는지 알고 싶을 겁니다. 여자에게 술을 많이 마시게 하면 작업이 잘 될 것인지, 아니면 마리화나를 피우게 하면 쉽게 성공할 수 있는지를 알고 싶을 거예요. …… 그래서 그런 게 다 공정한 게임인지 궁금하다구요? 만약 어떤 여자가 성폭행을 당한 경험이 있기 때문에 더 헤프다고 생각한다면, 또는 그 경험 때문에 침대에서 더 잘한다고 당신이 생각한다면, 그런 행운을 찾아나서는 게 나쁜 일인가요?"

곧이어 여자 목소리로 녹음된 노래가 흐르는 광고가 나왔다. "나를 말아서 해줘요. 내게 해줘요. 나를 뒤집어서 해줘요. 해줘요. 나를 던져서 해줘요. 해줘요."

어떤 여성 청취자는 이렇게 말했다. "학대당한 경험이 있는 여자가 그렇다는 이야기에는 저도 동의해요……. 제가 학대를 받아본 적이 있거든요……. 학대 경험이 있는 여자들이 그렇게 쉽게 하는 이유는 그녀들에게 두려움이 있기 때문이에요. 그렇게 하지 않으면 남자들이 자기를 받아들이지 않을 것이라는 두려움이요. 그건 기본적으로 여자들이 그렇게 배웠고 그렇게 자랐기 때문이지요. 그렇게 해야 한다고 배워서 그렇다는 말이에요."

"그러면 학대 경험이 있는 여자하고는 행운을 가지기가 더 쉽겠군요."

문명과 혐오

"그러니까…… 그건 그들의 자존감이 망가져서 자신에 대한 존중감을 가지고 있지 않기 때문이라니까요. 저도 그런 상태에서 벗어나는 데 여러 해가 걸렸어요."

그러자 진행자인 톰 리키스는 이렇게 대꾸했다. "그러니, 남자가 학대 경험이 있는 여자를 찾는다는 건 좋은 아이디어가 될 수 있겠군요."

그 다음 리키스는 남자 청취자, 여자 청취자의 전화를 동시에 받았다. 남자는 이렇게 말했다. "만약 여자가 그런 데 동의하도록 키워졌고 그것 때문에 그 여자가 색정증 같은 걸 가지게 되었다면, 그러면 내가 어찌해야 할까요?"

전화를 건 여자 청취자는 학대 경험이 있는 여자를 겨냥해서 수작을 거는 건 옳지 않다고 생각한다고 말했다.

리키스가 그 이유를 물었다.

"남자들이 그런 여자를 겨냥하고, 그 여자가 낮은 자존감을 가지고 있다면, 그 여자가 당신을 위해 그렇게 하는 이유는 그 여자가 일종의 치유를 찾고 있기 때문이고……"

리키스는 그 여자의 말을 자르고 여자들 대부분이 자존감이 낮다고 말했다. 잠시 이어지던 두 사람의 논쟁은 리키스가 이렇게 말하는 것으로 마무리되었다. "가장 불안정한 여자를 목표물로 삼으세요. 오늘 제가 '리키스 101강좌'에서 강의할 것은 이런 이론이에요. 그건 확률이에요. 수학 공식이지요. 그것을 분수 형태로 나타내면 이런 식입니다……. 분자는 가능한 한 큰 게 좋겠죠. 내가 찾을 수 있는 가장 예쁜 여자를 원하니까요. 이게 분자예요. 분모는 뭐냐구요? 가장 낮은 자존감이죠. 그러면 그것이 비율로 나옵니다. 그 비율이 높을수록 행운을 차지할 확률이 높아지죠."

잠시 후, 자빠뜨리기 위해서 여성의 약점을 이용하는 것은 "아이를 학대할 때 아이의 순진함을 이용하는 것과 같다"고 누군가가 말했다.

보기 시작하기

리키스는 이렇게 대꾸했다. "저는 그렇게 생각하지 않는데요. 이거 아세요? 남자들은 모두 그렇게 해요. 모든 남자들이요. 이제 우리는 다른 약점을 찾고 있어요……. 우리는 여자들이 가진 모든 종류의 약점을 찾아내고 그렇게 해서 들어갈 수가 있는 거지요."

"그건 좀 잔인하다고 생각지 않아요?"

그가 말했다. "잔인하지 않아요. 그게 현실이에요. 그것을 하는 방법이지요. 남자들은 자빠뜨리기를 원해요. 그 사람에 대해 알려고 데이트를 하는 게 아니거든요."

■　　■　　■

너무나 많은 사람들이 동성애자를 혐오하는 이유, 또는 혐오하지는 않더라도 피하고 싶어하는 이유를 내가 이해하는 데에는 시간이 무척 오래 걸렸다. 내가 생각하기에, 동성애자가 싫은 사람이 할 수 있는 가장 합리적인 행동은 동성애자와 데이트를 하지 않는 것이다. 그런데 몇 년 전에 나는 그 강렬한 혐오의 이유를 깨닫게 되었다. 특이하게도, 게이를 군대에 받아들일 수 없는 이유를 설명하고 있는 국방부 대변인의 말을 듣는 중에 그것을 깨달았다(그건 그렇고 나는 언제나 동성애자들이 군 입대를 하지 못하게 해야 한다고 생각해왔다. 이성애자와 양성애자, 트랜스젠더도 마찬가지라고 생각한다). 그가 제시한 주된 이유는 동성애자가 군대에 있으면 명령 계통이 파괴될 것이라는 점이었다. "사병이 지휘관과 섹스를 하면 어떤 일이 벌어질지 상상할 수 있습니까?" 물론 그는 답을 듣고 싶어 물은 것이 아니었으므로 계속해서 이렇게 말했다. "지휘관이 권위를 가질 수 없게 될 것입니다." 맥락으로 보건대 그의 요점은 친밀성이 아니라 삽입이라는 것이 분명했다. 열등한 자가 우월한 자에게 삽입을 하면, 우월하던 자는 그때부터 우월하지 않게 된다. 나는 많은 페미니스트들이 오래전부터 이야기해온 것을 그제야 이해했다. 우리 체제 안에서 섹슈얼리티는 권력의 문제라는 것이다. 씹을 하는 자와 당하는 자 사이의 권력 관계라는 것이다. 그리고 남성이 자신을 여성보다 우월하다고 간주하는 문화에서 남자가 여자에게 삽입하는 것은 세상 모든 것이 잘되고 있다는 표시다. 페미니스트 학자 캐서린 매키넌은 그에 대해 이렇게 간결하게 표현했다. "남성이 여성에게 박는다(Man fucks woman). 주어, 동사, 목적어." 이 행동에서 벗어나는 것—그것에서 벗어나는 것은 물론 동성애만이 아니다—은, 남성이 여성을 지배하는 것이 자연스럽다는 환상, 그런 지배를 섹스를 통해 표현하는 것도 자연스럽다는 환상을 무너뜨린다. 우리의 가장 친밀한 관계가 권력에 기초하지 않아도 된다는 것을 인식하는 것은 훨씬 더 위험한 가능성을 향해 열려 있다. 우리의 모든 관계가 쾌락과 소통을 기초로 할 수 있다는 것, 즉 모든 인간관계가 교감으로 구성될 수 있다는 가능성 말이다.

보기 시작하기

이렇게 만연한 폭력
(미국의 열두 살짜리 소녀들이 일생에 걸쳐
성폭력을 당할 확률이 20~30퍼센트다)이
정신이상이 있는 소수 과격파 남자들 때문이라고
믿기는 어렵다. 성폭력이 이렇게 광범위하게
일어난다는 것은 다음과 같은 견해를 뒷받침한다.
즉 여성 폭력은 우리 문화가 '정상적' 남녀관계라고
정의하는 것 위에서 벌어지고 있다는 것이다.
통계 수치는 매년 미국 여성들이 살아온 현실을 보여준다.
여성에 대한 성폭력이 미국 생활(American Life)의
일상인 것이 현실이다.

—앨런 그리스월드 존슨(Allan Griswold Johnson)

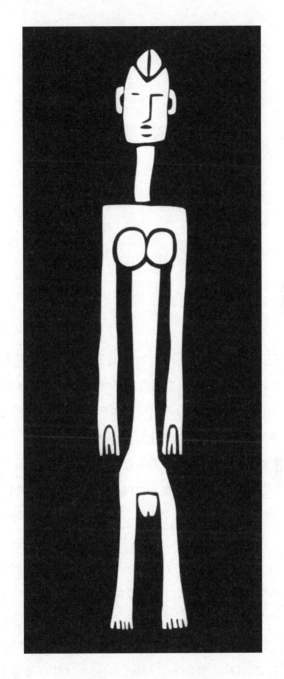

있는 그대로 보기

지난 몇 주 동안 나는 인터넷 포르노 사이트를 방문하는 데 몰두해 있었다. 알고 싶은 것이 있었기 때문이다. 최근에 들은 몇 가지 이야기 때문이었다고도 할 수 있다. 하나는 결혼한 부부 이야기였다. 내 친구의 형과 형수 이야기였는데, 그들은 같은 시각에 한 방의 반대편에서 각자 컴퓨터 앞에 앉아 각자 인터넷을 한다. 각각 채팅룸에 들어가서 한 손으로 타이핑을 한다. 역시 한 손으로 메시지를 쓰고 있을 낯선 이와 채팅을 하는 것이다. 그렇게 서로 등지고 앉아서 각자 자위를 한다는 이야기였다.

두 번째 이야기는 어떤 여자가 해준 이야기였다. 자기랑 같이 사는 남자가 자기한테 점점 관심을 보이지 않았다. 남자는 종종 밤에도 침실에 있다 말고 서재로 갔다. 여자는 그가 일을 하러 가나 보다 했는데 어느 날 따라가보니 그가 포르노를 보고 있었다. 화면에 있는 여자는 "나와 비슷해 보였다"고 그 여자는 말했다. "그러나 나는 그 여자와 경쟁해서 이길

방법이 없었어. 그 여자는 말을 안 하니까." 여자는 관계를 끝냈다. 관계
라 할 만한 것이 남아 있었는지 모르겠지만 말이다.

내가 본 인터넷 페이지들에서 내 주의를 확 잡아끌었던 것은 얼마나 많
은 사람들이 다녀갔는지를 보여주는 수치였다. 나는 몇 년째 인터넷 사이
트(포르노 사이트 아님)를 하나 운영하고 있는데 그 당시 방문객 수가
1,600 정도였다. 그 중 절반은 최근 4개월 내에 방문한 사람들이었다. 요
즘은 매주 50회의 조회 또는 방문을 기록한다(내가 들어가서 올리는 조회 수
는 하루에 네댓 번밖에 안 된다). 그러나 그 포르노 사이트들 중 어떤 것은
조회 수가 수천만이었다. 여기서 요점은 수천 배나 더 많은 사람들(남자
들?)이 내가 쓴 빛나는 운문들을 보기보다 벌거벗은 여자 사진을 보기를
더 원한다는 점이 아니다. 그게 아니라 그 남자들이 모두 사진을 보고 있
다는 것이 중요하다. 즉 그들이 보는 것은 여자들의 시뮬라시옹이다. 일
주일 내내 나는 영화 〈지배 계층〉에 나오는 대사 한 줄에 대해 생각했다.
그 영화에서 여자 스트리퍼는 멜빵바지만 입고 춤추는 남자를 보는 것이
왜 좋은지 이해가 안 된다고 말한다. 스테이크를 먹으면 되지 왜 스테이
크 냄새만 맡는지 알 수 없다고 하면서 아주 적절한 질문을 던졌다. "어디
에 재미가 있다는 거지?"

1980년대 에이즈 위기가 시작될 무렵, 랜디 실츠(Randy Shilts)의 책 『그
리고 연주는 계속되었다(And the Band Played On)』를 읽었다. 샌프란시
스코 게이 목욕탕에서 벌어지는, 항문에 주먹 박기 등 매우 고통스러울
것이 분명한 성행위에 대한 분석이 기억난다. 성은 어느 정도 자극을 필
요로 하고 섹스가 감정에서 분리되면, 다른 형태의 자극—이 경우에는
고통스러운 신체적 자극—이 나타나서 그 간극을 메운다고 저자는 말한
다. 그러므로 내가 보기에 목욕탕 등에서 이루어지는 익명의 만남은 그
사람과의 관계에서 한 걸음 떨어져서 분리되고 추상화되는 것이다. 한 게

이 친구가 이야기해준 목욕탕 내부 벽의 구멍이 그런 익명의 만남의 예라고 할 수 있다. 그 친구는 그것을 "천국의 구멍"이라고 불렀는데, 목욕탕 내부 벽에 구멍들이 있어서 남자들이 거기에 음경을 넣는다고 한다. 그러면 지나가던 사람이 그것을 빤다. 나는 지금 어떤 관계가 바람직한가, 바람직하지 않은가를 이야기하는 것이 아니다. 분리나 추상화가 바람직한가, 바람직하지 않은가를 이야기하는 것도 아니다. 단지 분명하게 보려는 것뿐이다. 그리고 나는 지금 그린란드 이누이트가 긴 북극의 겨울 동안 하는―했던―게임에 대해 생각하고 있다. 그 게임은 "불 끄기" 게임이라는 것이다. 규칙은 간단하다. 많은 사람들이 어떤 집에 모여서 벌거벗는다. 불이 꺼지면 모든 사람들이 신호가 떨어질 때까지 이리저리 자리를 옮겨 다닌다. 신호가 떨어지면 "남자들이 각자 가장 가까이 있는 여자를 잡는"다고 인류학자 피터 프로이첸은 표현한다. 잠시 후 다시 불이 켜지면 모두 농담을 하기 시작한다. "당신인 줄 알았어요. 왜냐하면……" 프로이첸은 그 게임의 실질적인 목적을 이렇게 설명했다. "기후가 가장 나쁜 시기에 북극의 황량함과 지독한 외로움은 북극을 잘 알고 사랑하는 사람들까지도 짜증나게 할 수 있다. 그 시기에는 에스키모(이누이트)들이 발광하게 될 위험이 있다. 나쁜 날씨는 항상 불확실한 운명을 의미하기 때문이다. 그러면 갑자기 누군가가 불을 끄고 모든 사람들은 어둠 속을 뛰어다니다가 파트너 하나를 만나게 된다. 나중에 다시 불이 켜지면 사람들은 모두 농담을 하고 기분이 좋아진다. 피를 보게 될 수도 있는 심리적인 폭발이 다른 방향으로 돌려진 것이다." 나는 이 게임의 목적에 다른 것을 하나 덧붙이고 싶다. 프로이첸의 말과 똑같은 것을 약간 다르게 말하는 것이라고 할 수도 있겠다. 공동체가 유지되는 상황 안에서 벌어지는 이성적인 게임은 관계의 유대를 다시 만드는 데 도움을 준다는 것이다. "당신인 줄 알았어요. 왜냐하면……"이라는 말에서 알 수 있듯이, 틀어박혀

지내야 하는 이 긴 시기에는 스트레스 때문에 관계의 유대가 닳기 쉬운
데, 이 게임은 그것을 다시 이어주는 것이다.

익명의 섹스가 관계로부터 한 걸음 멀어지는 것, 즉 추상 작용(abstrac-
tion)이라면, 스트립쇼를 보는 것은 다른 차원의 추상인 듯 보인다. 내가
가르치는 수감자 중에 스트리퍼와 결혼한 사람이 있는데 그는 남자들이
자기 아내를 쳐다보고 자기 아내를 원한다는 사실이 좋았다고 한다. 자신
이 감옥에 있지 않을 때에는 아내가 자신에게 오기 때문이라고 했다. 즉
많은 남자들이 원하는 그녀가 사랑은 자신과 나눈다는 사실이 좋았다는
것이다. 사진을 보는 것도 내가 보기에는 추상이다. 사진 속 여자의 냄새
를 맡을 수도, 그 여자의 말을 들을 수도 없고 그 여자를 쳐다보는 각도도
사진가가 선택한 각도로 제한되어 있으니 말이다.

이것은 내가 답을 찾고자 노력해온 질문으로 나를 데려간다. '어디에
재미가 있는가?' 하는 물음이다. 좀 더 정확히 말하면, 무엇이 사람들을
끌어당기는가?

감옥에 있는 내 학생들을 생각해보면 그것을 이해할 수 있다. 피와 살
이 있는 여자와 관계를 할 가능성이 전혀 없는 이들은 추상의 여성과 관
계를 해야 한다. 재소자들에게 포르노는 허용이 된다. 그러나 인터넷에
들어갈 수는 없다. 그에 대한 규칙이 있다. 벗은 여자 사진은 허용되지만
(여자친구나 아내가 가끔은 그런 그림이나 사진을 보내준다고 들었다), 삽입 장
면이 있는 것은 안 된다. 한 수강생은 이런 농담을 한다. 《플레이보이》 지
는 늘 눈에 보이는 곳에 두지 않으면 즉시 사라지지만 "《사이언티픽 아메
리칸》 지는 몇 주 동안 밖에 둬도 아무도 안 가져간다." 그런데 오늘 저녁
에 교도소 자위의 에티켓에 대해 알게 되었다. 담요로 "텐트 쳐져" 있을
때에는 감방 동료에게 말을 걸어서는 안 된다. 그리고 그의 몸통에서 떨
어져 있어야 한다. 감시가 가장 적은 곳인 샤워실에서 불을 끄고 샤워하

있는 그대로 보기

는 사람에게 말을 거는 것은 예의 없는 행동이다.

그러나 갇혀 있지 않은 사람들은 어떤가? 포르노 사이트의 몇백만 번 조회가 모두 수도원에서 이루어진 것은 아닐 것이다. '원죄 없는 추상'(성모의 원죄 없는 잉태를 패러디한 말―옮긴이)의 형제들이 정보화 시대로 황급히 뛰어들었다면 모르겠지만 말이다. 그러면 나머지는 어디에서 보는 것인가? 나머지가 전부 연구를 하기 위해 그런 사이트에 들어온 페미니즘 이론가, 반문명 저술가들은 아닐 터이다.

사진 하나를 본다. '푸시10.jpg'라는 이름이 붙어 있다. 등을 대고 누운 채 다리를 살짝 벌려 가슴에 대고 있는 여자 사진이다. 머리는 두 시 방향이고 엉덩이는 여덟 시 방향이다. 금발머리를 하고 있는데 염색한 금발은 아니다. 머리는 자주색 침대 시트에서 약간 떨어진 채 있고 시선은 카메라를 보고 있지 않다. 시뮬라시옹(아니면 자극?)으로 한 걸음 더 나아가기 위해 나를 보고 있지 않다. 분홍 팬티를 입고 있는데 그것이 오른쪽 옆구리 뒤로 밀려 올라가서 질의 소음순과 대음순이 드러나 있다.

또 다른 사진. '핫387.jpg'라는 이름이 붙어 있는 이것은 카메라를 똑바로 보면서 즉 나를 마주보며 의자에 앉아 있는 여자 사진이다. 입술은 살짝 벌어져 있다. 머리는 금발이고 눈썹과 음모는 검정색이다. 피부는 매우 희다. 다리는 벌어져 있다. 그 여자 뒤에는 책상이 있고 거기에는 컴퓨터와 동물 인형 두 개와 몇 권의 책이 있다. 그 중 하나는 『웨스트의 상법』이고 또 다른 법률 책이 한 권 있는데 사진을 아무리 확대해도 제목을 알아볼 수가 없다.

세 번째 사진. 여자의 머리는 갈색이다. 피부는 다른 사진의 여자들보다 짙은 색이다. 네 발로 기는 자세를 하고, 시뮬라시옹에 더 깊이 빠질 준비를 하고서 엉덩이를 카메라 쪽으로 즉 내 쪽으로 향하고 있다. 내가 뒤에서 들어갈 수 있게. 그녀가 어깨 너머로 나를 보고 있어서 그녀의 눈이 내 눈과 마주친다. 그녀가 나를 초대한다.

지난 며칠 동안 나는 이런 사실을 발견했다. 내가 포르노그래피를 보면 그것이 이런저런 형태로 내 꿈에 나온다는 것이다. 이것은 별로 놀랄 일은 아니었다. 몇 달 전 노예제에 대한 글을 쓰고 있을 때에는 노예들 모습이 내 잠 속으로 스며들어왔기 때문이다. 어젯밤에는 한 여자와 관계를 시작하려고 애쓰고 있는 꿈을 꾸었다. 생시에 한 번도 본 적 없는 여자였다. 그 여자가 맘에 들었다. 그 여자도 내가 맘에 들었는지는 알 수 없다. 우리는 키스를 하고 사랑을 나누려는 참이었다, 고 나는 생각했다. 그런데 여자가 갑자기 멈추더니 포르노를 만들러 가야 한다고 말했다. 이것이 포르노를 찍는다는 뜻인지 영화를 제작한다는 뜻인지 알 수 없었다. 어느쪽이든 난 슬펐다. 나중에 우리가 관계를 가지게 될 것 같지는 않았다. 그 꿈이 무슨 의미인지는 알 수가 없다.

내가 가진 의문점은 이것인 것 같다. 성이 보통 두 참가자 사이에(이누이트의 경우 등에서는 더 많은 수의 참가자가 있겠지만) 어떤 형태의 관계를 만들어낸다면, 또는 이미 있는 관계를 더 친밀하게 한다면, 또는 어떤 관계를 드러내는 것이라면, 내가 반짝거리는 종이에 인쇄된 사진이나 컴퓨터 모니터에 뜬 사진하고 상호 관계를 하려고 시도하고 있을 때 엄밀하게 말해서 무엇과, 또는 누구와의 관계에 들어가고 있는 것인가? 푸시10하고? 핫387과? 사진의 주인공인 여자들과? 물론 그렇지 않다. 그들은 내가 존재한다는 것조차 알지 못한다. 그 여자들이 아직 살아있는지조차 나는 알지 못한다. 만약 그들이 살아있다면, 내가 그 사진을 보고 있을 때 그들은 아마 잠들어 있을 것이다. 아니면 아파서 병원에 있을 수도 있고, 첫아이에게 젖을 물리고 있을지도 모르고, 새로 찾은 파트너와 사랑을 나누고 있을지도 모른다. 그 파트너는 여자의 이야기를 들어주고 여자에게 이야기를 하고 여자와 인간으로서 상호 작용할 것이다. 그렇지 않을 수도 있다. 그런데 여기서 요점은—요점이랄 게 있다면 말이다—그런 사실들을 내가 절대 알 수 없다는 것이다.

내가 이해할 수 없는 것들이 또 있다. 이 경우에 푸시10이나 핫387인 사람과의 관계, 그 여자와의 상호 작용, 또는 그녀의 성격을 알려고 하는 것이 불가능할 뿐만 아니라, 가장 기본적인 수준에서 그 여자의 살결, 그 여자의 땀, 숨결, 섹스의 냄새와 맛도 느낄 수 없다. 천국의 구멍에서는 그래도 빠는 사람이 자신이 즐겁게 해주고 있는 자의 냄새를 맡고 맛을 느끼고 감촉을 느낀다. 그리고 그것을 받는 사람은 다른 사람의 혀를 느낀다. 사람은 보이지 않지만 부드러운 입술 뒤의 치아도 느낄 수 있다.

나는 결코 자위를 비난할 사람이 아니라는 것을 분명히 해두는 것이 필요하겠다. (우디 앨런의 농담을 빌려 말하자면, 자위는 하나의 취미일 뿐 아니라) 순전히 좋은 것이라고 나는 생각한다. 여기서 내가 말하고자 하는 진짜 요점은 이것이다. 이 모든 일에서 나를 가장 괴롭게 하는 것은 많은 사진들이 여자들을 조각조각 쪼개놓았다는 사실이 아니고(예를 들면 여성의 음순만 실제 크기의 두세 배로 크게 보여주는 것), 그 사진 속 자세가 틀에 박힌 복종의 자세라는 것도 아니다. 날 가장 괴롭힌 것은 지배하는 남자와 복종하는 여자라는 미신을 강화하는 그런 자세가 아니고, 그 사진들에 드물지 않게 붙어 있는 모욕적인 글도 아니다. 그보다 더 나를 괴롭힌 것은 그 사진들이 빌어먹을 추상이라는 점이다. 사진들은 기호의 지시대상 (referent)이다. 푯말들이다. 그런데 어디를 가리키는 푯말인가? 진정한 의미에서 그 사진들은 존재하지 않는다. 내 맞은편에 아름답고 지적인(법률 책들을 생각해보라) 아가씨—이름이 핫387 따위는 아닌—가 앉아 있다고 아무리 상상을 해봐도, 나를 위해 다리를 벌리고 있는 그 아가씨가 좀 전에 이 문명을 해체할 필요성과 가능성에 대해 나와 함께 맛깔나는 유쾌한 대화를 길게 나누었다고 아무리 상상을 해봐도, 그녀가 "라스베가스의

문명과 혐오

하부 구조를 완전히 파괴하는 데 얼마나 걸릴 거라 생각해? 내 생각
엔……"이라고 말할 때 우리 둘 다 후끈 달아오른다고 할 수는 없다. 진실
은 내가 어두컴컴한 방 안에서 삐걱거리는 딱딱한 의자에 혼자 앉아 있다
는 것이다. 전기난로가 돌아가고 UFO의 록 음악이 흐르고 내 발 주위에
는 고양이들이 모여 있으며 바닥에는 책과 종이들이 흩어져 있고 플라스
틱 병에 든 핸드로션이 출동 준비를 마치고 대기하고 있고 나는 발목에
땀이 밴 채로 컴퓨터 화면을 응시하고 있다는 것이 진실이다. 내가 어떤
상상을 하더라도 진실은 내가 혼자 있다는 것이다. 내 몸을 만질 것은 내
손이지 다른 사람의 손이 아니라는 것이다. 내 몸 말고는 그 어느 누구의
몸도 이 장면 속으로 들어오지 않는다(고양이 한 마리가 내 무릎에 뛰어 올라
오려고 할 때에는 예외지만 그럴 때 나는 민첩하게 저지한다). 그리고 내 몸조
차 주변적으로만 그 장면에 들어간다. 그런데 그 장면들을 보면서 나는
내가 흥분보다는 슬픔을 느낀다는 것을 발견한다. 관계성뿐만 아니라 기
억과 상상까지 이 시나리오에서는 김빠진 밋밋한 것으로 대체되어 있었
다. 얼마 안 있어 뇌를 곧바로 인터넷에 접속시킬 날이 올 것이라고 예측
할 수 있다. 그러면 우리는 핸드로션을 치우고, 시각(그리고 촉각 약간)을
제외한 모든 감각을 없애버리고, 더 나아가면 감각을 전부 없애버리고 뇌
만 있으면 될 것이다. 그렇게 되면 내가 타인의 몸은 물론이고 내 몸하고
도 관계하지 않으면서, 타자를 전체로서 마주하지 않고도, 다른 인간과
관계하는 강렬한 체험을 했다고 생각할 수 있게 될 것이다.

■　　■　　■

　나보다 훨씬 훌륭한 학자들과 이론가들이 포르노그래피의 위험에 대
해, 즉 포르노그래피는 남성이 여성을 대상화하는 데 도움을 준다는 것을
설명해왔다. 우리—남자들—가 그런 도움이 필요한지는 모르겠다. 내가

있는 그대로 보기

아는 것은 포르노그래피가 추상이라는 것뿐이다. 그것은 우리의 실제 몸하고는 관계가 없는 재현들이다. 다시 말해 사물 이미지와의 상상 속 경험을 가지고서 사물들 그 자체와의 경험을 대체하고 있는 것이다. 그 전에 이미 다른 **존재**와의 관계의 가능성을, **사물**들의 체험으로써 대체했고 말이다. 그것이 여성에게 위험한 결과를 낳는다는 점을 제쳐두고라도, 그것은 어리석고도 자멸적인 것으로 보인다.

이와 같이 실제적인 것보다 추상을 더 높이 평가하는 것은 (어리석고 자멸적인 결과뿐만 아니라) 많은 위험한 결과를 낳는다. 바로 오늘 나는 영국 신문 《디 인디펜던트》에서 지구온난화에 대한 우리 문화의 나약한 대응을 다룬 기사를 보았다. 그 기사에는 이렇게 씌어 있었다. (극단적인 환경주의자들이 아닌) 보험업계에서 가장 낮게 평가한 것에 따르면, 50년 내에 "지구온난화에 따른 경제적 비용이 전세계 경제의 총생산량을 넘어서게 될 것이다." 이것이 **경제적** 비용이라는 것에 주목하라. 빙하, 바다, 숲, 강, 해안선, 문화들이 사라지는 것은 고려하지 않은 비용이다. 또는 우리 문화가 잔인하게 대하는 다른 부분들이 사라지는 것도 고려하지 않았다. 이 기사를 쓴 앤드루 심스라는 사람도 이 사실을 알고서 이렇게 말한다. "IMF, WTO 등 세계를 지배하는 조직들은 추상적인 경제 이론이 진짜 세계보다 더 중요하다고 착각하고 있다."

이것이 우리 문화의 근본적인 결함이고 내가 이 책에 쓴 것들의 핵심이다. 나는 린치에 대한 옛날 기사를 많이 찾아보았는데, 그 기사들이 다루고 있는 것은 특정한 사람인 한 인간의 살해가 아니라 어떤 계급에 속한 구성원의 살해였다. 나는 이것이 린치의 본질이라고 생각한다. "텍사스의 엉뚱한 니그로 린치:메디슨 군의 한 집단이 저지른 작은 실수 …… 말을 타고 작은 백인 소녀 위를 넘어가서 소녀에게 심각한 상해를 입혔다는 이유로 표적이 되었다. 폭력을 휘두른 사람들은 엉뚱한 니그로를 붙잡았

문명과 혐오

다는 것을 나중에야 알게 되었다." 같은 사건에 대한 또 다른 기사에는 이렇게 씌어 있다. "그들은 알면서도 무고한 사람을 목매달고 불태웠으며, 죄가 없는 듯 보이는 다른 사람도 죽였다." (이 일은 자백을 받으려고 그 중 한 사람을 고문해서 결국에는 그 사람이 죄가 없다고 판단한 뒤에 일어났다. 죄가 없는 것으로 판명되었지만, 그 죄가 있든 없든 둘 다 죽이기로 결정한 것일 수도 있고, 그 사실을 몰랐던 다른 백인이 가서 죽인 것일 수도 있다.) 어떤 신문의 헤드라인은 이렇게 되어 있다. "흑인 두 명, 목매달려 죽음을 당하다. 피해 흑인들의 유죄 혐의가 매우 짙다." 다른 헤드라인은 이렇다. "테네시의 흑인 여성 린치: 절도 혐의를 받던 니그로가 린치 집단에게서 탈출하자 그의 여동생에게 보복." 다른 린치 사건에 대한 기사를 보자. "엉뚱한 사람이 죽임을 당했다는 것이 검시관 의견." 또 다른 것을 보면 다음과 같다. "도우어 파운틴 살해 용의자인 리처드 영을 찾다가 …… 신원을 알 수 없는 한 니그로가 수색대에 잡혀서 잘못 불태워져 죽임을 당했을 가능성도 있다."

오늘 《샌프란시스코 크로니클》의 일면에는 "두 신입 경찰관이 범인을 체포하려다가 동료 경찰을 죽게 만들다"라는 제목의 기사가 실렸다. 경찰이라는 것을 모르고 어떤 사람을 쏘았던 것이 분명하다. 죽은 사람이 오클랜드의 흑인이라는 분명한 사실 외에 그들이 무슨 생각으로 그렇게 했는지는 밝혀지지 않았다. 신문에는 이렇게 씌어 있다. "경찰관들은 자신들이 한 일을 알고 슬픔에 빠져 있다." 그런데 그들이 한 일이란 흑인을 죽인 것이 아니라 경찰관을 죽인 것이다. 분명히 그 둘 사이에는 차이가 있다. 매우 큰 차이가. 당연히 있다.

나는 내 앞에 서 있는 어떤 흑인을—이 흑인을—보지 않는다. 나는 하나의 검둥이를 본다. 또는 아무것도 보지 않고, 흑인이 존재한다면 서 있을 그 공간에 내가 보고 싶은 것이나 보아야 할 것을 투사한다. 아리스토

있는 그대로 보기

텔레스의 논리를 따르자면, 나는 하나의 도구, 살아있는 도구를 보는 것이다. 내가 남부 노예주라면 내 농장에서 목화를 따는 사람을 본다. 내가 쉘에서 일하는 사람이라면 석유 탐사를 방해하는 자를 본다. 내가 경찰관이라면 인간쓰레기 범죄자를 본다. 내가 1870년대 민주당원이라면(또는 2000년 공화당원이라면) 투표를 못 하도록 위협해야 할 사람을 본다. 또는 내가 보기를 두려워하는 것을 볼 것이다. 나는 섹스를 보고, 내 여자를 원하는 자를 본다. 내가 저지하지 않으면 내 여자들을 나에게서 빼앗아갈 자를 본다. 함께 농구를 하려고 하면 나를 때려눕히고 내 돈을 훔쳐서 마약을 살 자를 본다.

나는 내 책을 내는 출판사의 발행인을 친구로, 인간으로 보지 않는다. 내 여자를 더럽히려 하는, 내 돈을 뺏으려 하는 검은머리 유대인을 본다. 돈을 뺏을 때 폭력 대신 속임수를 쓰는, 그래서 더 위험한 영리한 유대인을 본다.

나는 내 앞에 서 있는 한 여자—이 여자—를 보지 않는다. 요부, 창녀로, 내 일에 집중하지 못하게 만드는 자로 본다. 내 섹스의 피난처를 본다. 나는 푸시10과 핫387을 보고, 나는 '촉촉102'와 '털 민149'를 본다. 모두 나를 기다리면서 다리를 벌리고 있다. 그렇지 않으면 나에게 상처를 준 적이 있는 여자들로 본다. 날 사랑한다고 말해놓고 달아난 여자들, 나를 사랑한다고 하고 나를 다른 사람으로 바꾸려고 했던 여자들. 그러나 나는 그녀를 보지는 않는다. 절대 그녀를 보지 않는다. 그 대신 내 마음을 가지게 하면 내 마음을 아프게 할 사람을 본다. 그래서 아마도 나는 다른 식으로 '그 여자가 그걸 가지게' 해야 할지도 모른다. 그러나 내 마음은 안 된다. 절대로. 절대로. 그녀에게는 줄 수 없다. 유대인 출판사 사장에게도, 내 수강생들에게도 절대 줄 수 없다. 내 검둥이 친구들에게도. 아프리카계 미국인이라는 말을 더 좋아한다면, 내 아프리카계 친구들에게도.

그들 중 그 누구도 내 마음을 건드리지 못할 것이다. 나는, 빌어먹을, 확실히 그럴 것이다.

•   •   •

나는 《앤더슨 밸리 애드버타이저》라는 잡지를 구독하는데, 난 그것이 이 나라에서 가장 훌륭한 잡지라고 생각한다. 그 잡지의 부제는 '있는 그대로를 이야기하는 전국 주간지!'고 그 아래에 이런 슬로건이 씌어 있다. "모두 행복하고 아무도 부유하지 않고 아무도 가난하지 않은 사회", "허름한 오두막에 평화를! 궁전에 전쟁을!" 그 잡지는 여기서 남쪽으로 200마일 정도 떨어진 곳에 있는 앤더슨 밸리의 지역 행사를 특집으로 다루기도 하지만 국내외의 사건 분석을 주로 싣는다. 그 중에는 치아파스에서 일어나고 있는 사파티스타(멕시코의 민족해방군―옮긴이)에 대한 것도 있었는데 그것은 지금까지 내가 본 모든 잡지의 기사 중 가장 좋은 기사였다. 최근에는 전세계에서 벌어진 WTO 반대 시위를 다루었다. (이렇게까지 선전을 해주었는데도 《앤더슨 밸리 애드버타이저》가 내 책 서평을 좋게 내주지 않는다면 내가 무슨 짓을 할지 모른다.)

2주 전에 이 잡지는 한 여성에 관한 기사를 실었다. 그 여자는 스트립 바에 갔다가 몸을 못 가눌 만큼 취했고 마약도 조금 한 상태였는데, 의용 소방대원들의 권유로 소방대 본부로 갔다. 거기서 여덟 명 이상의 남자들이 당구대 위에서 그 여자와 섹스를 했고 다른 남자들은 안팎을 서성거리면서 망을 보았다. 남자들은 자신의 아내들이 양초 자선 바자회에서 팔고 남은 초를 다 태워버렸다. 그런데 촛농이 떨어져서 당구대의 펠트를 망쳐버렸다. 여기서 요점은 그 남자들이 한 짓에 대해 그들을 맹렬히 비난하자는 것이 아니다. 나중에 그들은 그것을 합의해서 한 섹스라고 했고 여자는 집단 강간이라 했다(집단 강간은 신문이 아주 훌륭하게 해온 것이지만).

있는 그대로 보기

여기서 내가 이야기하려는 것은 이 기사를 비판하는 독자 편지다. 엘크라는 마을에 사는 마이클 도넬리라는 독자는 이렇게 썼다. "소방서에서 일어난 사건에 대해 내가 읽은 것으로 미루어보면 모두가 즐거운 시간을 보낸 것 같다. 문제가 되는 것은 촛농이 당구대를 조금 망쳤다는 것뿐이다. 페인트칠 할 때 종이를 까는 것처럼 먼저 뭔가를 깔았어야 했다. 나는 엘크 의용 소방대원 중 한 사람에게 이런 사건이 엘크에서 일어날 수 있겠느냐고 물었다. 그런 일은 엘크에서는 일어날 수 없다는 데 의견이 일치했다. 엘크 소방대에는 당구대가 없기 때문이다." 그 기사에 대한 독자 편지가 하나 더 있었는데, 그것은 찰스 모턴이라는 사람이 보낸 것이었다 (내가 여기에 이런 편지를 보낸 남자들 이름을 밝힌 것은 혹시 이 책을 읽은 여성이 그들을 만날 경우를 대비하기 위해서다). 그는 이렇게 썼다. "그런 일로 소란을 떠는 것이 이해되지 않는다. 소방서의 붉은 불빛이 무슨 의미라고 사람들이 생각했겠는가? …… 브루스 앤더슨[편집장]은 …… 그 일이 일어났을 때 …… 그 여자가 실질적으로 의식이 없었다는 점에서 비판을 했다. 물론 그 여자는 취해 있었다. 맨정신이었다면 그런 일을 견딜 수 있었으리라고 앤더슨은 생각한 걸까? …… 내가 동정을 느끼는 것은—동정을 느껴야 한다면—학대당하고 손상을 입은 당구대다. 그것을 떠받치는 석판이 탕탕거리는 충격을 받았을 테지만 더 걱정되는 건 초록색 천이다. 어떤 얼룩은 쉬이 빠지지 않을 것이기 때문이다."

우리 사회에서 여성 네 명 중 한 명이 일생 중 한 번 이상 강간을 당하는 것은 당연한 일이다. 그 외의 19퍼센트의 여성은 강간 미수에 해당되는 일을 당한다. 여성은 원하든 원치 않든, 의식이 있든 없든, 이용되어야 할 물건, 대상이다. 테이블의 펠트보다 우리의 동정, 공감, 고려를 받을 가치가 없는 우리 정액의 저장소다.

문명과 혐오

■   ■   ■

포르노에 대해 좀 더 생각해보니 내가 포르노에 대해 약간 가혹하게 평가한 것은 아닌가 하는 걱정이 들었다. 진실은 이런 것인 듯하다. 우리가 모두 무척 외롭고 무척 소외되어 있고 무척이나 두려움에 떨고 있고 또 무척이나 우리 몸, 그리고 타인들의 몸과 분리되어 있어서 이런 미약한 연결의 시뮬라크르를 연결 그 자체로 여기게 되었다는 것이다. 또는 여겨야만 한다는 것이다. 연결이 있다고 한다면 화면에서 깜빡거리는 다른 인간의 이미지와의 연결이지만 말이다. 어떻게 연결해야 할지 모를 때, 연결이 너무 두려운 것일 때 아무것도 없는 것보다야 이런 시뮬라시옹이라도 하는 것이 나을지도 모른다.

그런데 그렇지 않을 수도 있다. 우리는 연결을 흉내내는 것만으로 만족해서 정체 상태에 머물러 있게 된 것일지도 모른다. 다른 인간과 연결을 실제로 시도하기에는 너무 두렵고, 다르게 관계 맺기를 시도할 정도로(아니면, 솔직히 말하면, 관계 맺기 자체를 처음 시작할 정도로) 불행하지는 않은 것이다. 우리가 불행하고 외롭다는 것을 알기 시작할 만큼 불행하지는 않은 것이다. 매일 밤 수천, 수만, 수백만 명의 온갖 인종, 연령, 몸매의 여자들 중에서 선택할 수가 있는데 어떻게 외로울 수가 있겠는가? 포르노 사이트의 글이 정확하다면, 그 많은 여자들이 나의 "거시기"를 "쪽쪽 빨려고" 기다리고 있으니 말이다. 텔레비전 화면에서 유혹하는 여자들은 또 어떤가? 쾌락과 재미를 배로 늘릴 수 있지 않은가? 또 무엇을 더 원할 수 있을까? 음, 육체도 좋겠지. 내 몸이 아닌 다른 사람의 육체, 나를 좋아하는 사람, 내가 좋아하는 사람의 육체를 가질 수 있으면 좋겠지. 그리고 사랑도?

서로 모순 관계가 아니기만 하면, 지시체(referent)와 친밀해지기를 시도하는 것에는 아무 문제가 없다. 어떤 의미에서는 예술이란 게 그런 것이다. 내가 지금 이 책을 쓰면서 하고 있는 일이 바로 지시체와 친밀해지려 하는 것이고 독자가 이것을 읽을 때 하고 있는 것도 그것이다. 작년에 나는 『안나 카레니나』를 읽었다. 매우 감동적이었다. 물론 레오 톨스토이는 죽었다. 그러나 그 지시체는 그의 뒤에 남아서 내 인생을 바꾸었다. 이런 주장을 하는 사람들이 있다. 그 주장은 매우 많은 경우에 옳은 것 같다. 모든 상징적인 재현은 본래 소외에 기여한다는 것이 그들 주장이다. 내가 책을 한 권 읽고 있다면 그것이 아무리 잘 씌어진 것이라 해도 나는 이차적으로만 '경험'하고 있고 이 '경험'은 저자의 단어 선택, 제한된 텍스트 재현을 매개로 이루어진다. 독서는 저자와 나 자신 간의 허구적 친밀성을 전제로 한다. 레오가 나와 함께 벽난로 앞에 앉아서 안나 카레니나의 사랑 이야기를 내게 펼쳐놓고 있어야만—자기 사랑 이야기를 들려주면 더 좋겠지만—그 친밀성은 허구가 아닐 수 있다.

일반적으로 나는 '지시체'에 대해 다소 온건한 입장을 택하므로, 상징적 재현의 위험을 보면서도 나는 그것의 아름다움과 유용성도 본다. 거브너가 표현한 대로 이야기가 우리에게 '소수집단'이 되기를 가르칠 수 있다면, 이야기가 우리를 다른 방향으로 변화시킬 수도 있지 않을까? 이야기가 우리로 하여금, 노예 주인은 천부적인 권리가 있기 때문에 또는 과학적인 진화론에서 백인이 더 우월하다고 하기 때문에 노예를 부릴 자격이 있다고 믿게 할 수 있다면, 정반대의 것도 믿게 할 수 있지 않겠는가? 만약 그렇다면 정반대의 것을 믿게 할 수 있는 이야기들은 어떤 것일까? 모든 타자들을 대상화하는 방향으로 이끌지 않고 그 대신 타자들의 주체성을 인정하고 그들과의 관계를 실현하는 방향으로 나아가게 하는 이야기들은 어떤 것일까?

나는 지금 단순히 대상화를 없애자고 주장하는 것이 아니다. 그것은 존재론적으로 가능하지 않다. 왜냐하면 우리는 항상 너무 많은 개인들, 너

문명과 혐오

무 많은 심장박동에 둘러싸여 있기 때문에 매 순간 타인의 진정한 복잡성에 근접하게 인식하게 한다면 활동 불능 상태에 빠질 것이다. 예를 들어—이 설명을 길게 하는 것을 참아주기를—오늘 나는 머리를 잘랐다. 내 머리를 자른 사람—캐런(내 친구 환경운동가와는 다른 캐런)—은 일을 하면서 이야기를 하는 것을 좋아한다. 오늘 나는 그녀의 10대 딸이 학교 관현악단에서 제2바이올린을 연주했었지만 지금은 제1바이올린을 연주한다는 것을 알게 되었다. 그 아이는 테니스도 잘 치지만 치밀한 자기분석 끝에 테니스를 그만뒀다. 그 미용실에는 캐런 말고도 다른 여자 두 명이 함께 일한다. 그 중 한 사람은 휴가 중이어서 멀리 가 있다고 했다. 캐런이 내 머리에 따뜻한 물을 붓기 시작한 바로 그 순간에 휴가 중인 그녀는 무엇을 하고 있었을까? 사랑을 나누고 있었을까? 화장실에 가 있었을까? 음식을 먹는 중이었을까? 자는 중이었을까? 화가 나서, 아니면 슬퍼서, 또는 기뻐서 어떤 행동을 하고 있었을까? 이 모든 것을 동시에 하고 있었을까? 세 번째 여성은 의자에 앉은 남자 손님과 그의 딸에게 초콜릿 바를 건네고 있었다. 그는 교도소에서 일하는 사람이었는데 무슨 이유에서인지 딸과 함께 미용실에 왔다. 세 번째 여성은 초콜릿을 먹고 있지 않았다. 자신이 과체중이라고(실제로는 그렇지 않은데도) 생각하기 때문이다.

"초콜릿 안 좋아해요?" 남자가 물었다.

"엄청 좋아하죠."

"그런데 왜 안 드세요?"

"제 몸매를 좀 보세요."

거의 매일 그 교도관은 교도소로 출근한다. 그리고 집으로 온다. 그가 집에서 행복한지 나는 모른다. 아마도 행복할 것이다. 행복하지 않을 수도 있다. 죄수들은 뒤에 남는다. 펠리컨 베이에는 SHU, 즉 경비가 가장 삼엄한 감방에 약 1,500명의 수감자가 있다. 그곳에 감금되는 것은 외로

있는 그대로 보기

운 일이다. 많은 이들이 SHU에서 여생을 보낼 것이다.

나는 미용실을 나와 차로 갔다. 15년 전 아마도 내가 한 번도 본 적 없는, 아마도 스쳐 지나간 적도 없는 사람들이 만들었을 차다. 전동 휠체어를 탄 한 남자가 보였다. 휠체어 뒤에는 이런 스티커가 붙어 있었다. '나는 차라리 날고 싶다.' 사람들이 각각의 인간들의 집단이 만든 차를 타고 지나간다. 나는 차를 끌고 집으로 간다. 가는 길에 나이든 부부가 닥스훈트를 산책시키는 것이 보인다. 개 한 마리는 여자를 끌어당기며 앞장서 가고, 지친 기색이 역력한 다른 개 한 마리는 안겨서 가고 있었다. 남자가 개를 안고 산책을 시키고 있었다. 나도 몇 년 전에 키우던 늙은 개와 그렇게 한 적이 있다.

사람은 각자가 다 역사를 가지고 있고 각자 좋아하는 것이 있고 각자 취미가 있다는 사실을 완전히 아는 상태를 계속 유지하려고 하면 존재론적 정지 상태에 이르게 된다. 자동차의 연료 경고등에 빨간 불이 들어온 채로 너무 많이 달린 것과 같다. 난 내부에서 털털털 소리를 내다가 푸드득거리기 시작하는 것을 느낀다. 그러면 멈춰야 한다는 것을 안다. 우리 집에 오는 집배원이 한때는 어린아이였다는 사실을 항상 인지하고 있을 수는 없다. 은행 창구 직원이 엄지발가락 안쪽 염증을 가지고 있을지 모른다는 것을 언제나 염두에 두고 있을 수도 없다. 바로 그렇기 때문에 내가 작은 마을에 사는 것이다. 도시에서 돌아다니자면 제정신을 유지하기 위해 심한 대상화가 필요하다. 로스앤젤레스에서 더운 목요일 오후의 교통 정체 시간에 모든 사람들이 무엇을 경험하고 생각하는지는 고려하고 싶지도 않다.

그런데 인간 아닌 것의 주체성에 대해서는 아직 이야기를 시작하지도 않았다. 24시간 내내 모든 파리, 모든 거미, 밤이 되면 헤드라이트에 날아드는 모든 나방들이 나 못지않게 분명한 취향을 가진 개체라고 생각해보

문명과 혐오

라. 곤충을 죽이거나 해치지 않아야 한다거나 하는 구체적인 이야기를 하는 것이 아니다. 전혀 대상화하지 않는 것은—적어도 나에게는—가능하지 않다는 이야기를 하는 것이다.

나는 세상이 열리는, 또는 내가 열리는 은총의 순간을 경험한 적도 있다. 개별자의 아름다움을 인식하고 이해하고 그것에 참여한 순간이었다고도 할 수 있다.

지난 가을 어느 날 나는 (평소에 비하면) 일찍 일어나서 침대 머리맡 위의 창문을 내다보았다. 큰 나무들을 베어내고 남은 그루터기 주변에 삼나무들이 자라 있는 것이 보였다. 그 위의 엷은 파란색 하늘에는 회색과 칙칙한 흰색의 가느다란 구름이 길게 떠 있었다. 바로 그때 세상이—또는 내가—열렸다. 구름은 그 모양이나 색깔이 상상할 수 없을 정도로 아름다웠다. **상상할 수 없다**는 것이 정확한 표현이다. 내가 여태까지 본 그 어떤 그림보다도 더 아름다웠다. 그림으로 그릴 수 있는 그 어떤 것보다 아름다웠다. 나는 그것을 응시하면서 내 마음의 결을 고정시킨 다음, 일어나서 천천히 조심스럽게 움직였다. 함부로 움직이다가 마음이 덜컹거리면 그 느낌이 흐트러져서 은총이 달아나기라도 할 것처럼. 옷을 입고 밖으로 나갔다. 나는 여전히 깨어져 열린 상태였다. 아름다운 것은 구름뿐만이 아니었고 내 눈에 보이는 모든 것이 아름다웠다. 삼나무의 뾰족한 잎에 비친 햇빛, 구부러진 풀의 모양, 개 등에 소용돌이 모양으로 나 있는 털, 내 손가락, 이웃집 나뭇가지들의 꼬인 모양, 삼나무 껍질의 질감, 한 삼나무에 기대 있는 한 오리나무, 숲 속을 달려갔다 온 개들의 헐떡거리는 숨 냄새, 삼나무, 개똥에 핀 흰곰팡이의 긴 털, 내 팔뚝에 있는 흉터, 까마귀 날갯짓 소리, 산들바람이 불면 큰 나무에서 나는 고양이 울음 비슷한 소리, 이런 감각들 하나하나가 내가 경험한 것 중 가장 충만한 것이었고 그때 나는 처음으로 살아있는 게 무엇인지, 동물이라는 것, 이 세상

있는 그대로 보기

에서 깨어 있다는 것이 무엇인지를 알았다. 그때까지 인생의 절반 아니 4
분의 3을 잠든 채 살았다가 그제야 깨달았던 것이다. 나는 그 느낌을 잃
고 싶지 않았지만 항상 그 은총의 상태에 머물러 있을 수 없다는 것을 알
고 있었다. 그래서 위험을 무릅쓰고 그렇게 인식하지 않게끔, 즉 내가 항
상 보던 대로 도구적으로, 산책할 때 지나치는 이 나무 또는 저 나무로 보
게 되었다. 더 정확히 말하면 아무것도 아닌 것으로 보게 되었다. **의도적
으로** 나를 닫아보았다. 그러고 나서 다시 열었다. 그것이 가능했다. 그래
서 개별자의 아름다움을 다시 볼 수 있었다. 다시 닫았다가 열었다. 오전
내내 그 연습을 해서 나는 현재에 온전히 살아있다는 느낌을 잊지 않으려
했다. 나는 아직도 그 느낌을 가지고 다닌다.

　마르틴 부버는 이렇게 썼다. "순전한 현재 속에서는 살지 못한다. 순전
한 현재를 신속하고도 철저하게 극복할 수 있도록 미리 준비되어 있지 않
다면 현재는 사람을 마멸시키고 말 것이다. 그러나 순전한 과거 속에서는
살아갈 수가 있다. 삶은 과거에 있어서만 정리될 수 있다. 사람은 다만 모
든 순간을 경험과 이용으로 채우기만 하면 된다. 그러면 순간은 다시는
타오르지 않는다." 이것은 부버의 뛰어난 저술, 그리고 나에게는 뛰어나
게 어려운 책인 『나와 너』에 있는 글이다. 이 책에서 핵심적인 것은 우리
가 세상에 참여하는 방식, 세상 속에 있는 것들과 관계 맺는 방식은 두 가
지 범주로 뚜렷하게 구분된다는 것이다. 그것은 나-그것과 나-너의 관
계다. 나-그것은 경험의 세계, 대상화의 세계다. 나는 그것을 마주치고
그것을 이용하고 그것을 착취한다. 그것은 그 자체의 존재를 가지고 있지
않다. 나-너는 관계의 세계다. 나는 너를 만난다. 나는 너에게 주의를 기
울인다. 나는 너에게 영향을 주고 너에게 영향을 받는다. 부버는 이렇게
썼다. "나는 한 그루의 나무를 관찰한다. 나는 그것을 형상으로 받아들일
수 있다. 햇빛을 받아 빛나면서 우뚝 서 있는 기둥으로, 또는 푸른 기운이

문명과 혐오

감도는 은빛의 부드러운 하늘을 배경으로 뿜어나온 신록으로 볼 수 있다. 나는 그것을 운동으로 느낄 수 있다. 꽉 붙어 있으면서도 뻗어가는 수심 (樹心)을 흐르고 있는 맥상으로, 뿌리의 흡수, 잎의 호흡, 땅과 대기의 끝없는 교류로—그리고 눈에 띄지 않는 성장 자체로서 느낄 수 있다. 나는 그것을 하나의 종으로 분류하고, 하나의 표본으로서 그의 구조라든가 생존 양식을 관찰할 수 있다. 나는 그것의 현재성과 형태성을 단연 무시하고 그것을 오직 법칙의 표현으로서—즉 끊임없이 대립적으로 작용하고 있는 힘들을 언제나 조화시키는 법칙, 또는 그에 따라 그 나무의 구성 요소들이 뒤섞이기도 하고 또 분리되기도 하는 법칙의 표현으로만 인식할 수 있다. 나는 그것을 수로, 순수한 수식으로 발산시키고, 그리하여 영원한 것으로 만들 수 있다. 이 모든 경우에 그 나무는 여전히 나의 대상으로 머문 채 그것의 장소와 시간, 성질과 상태를 가지고 있다. 그러나 만일 나에게 그럴 의욕이 있고 또한 은총을 받는다면, 내가 그 나무를 관찰하면서 그 나무와의 관계에 끌려들어가는 일이 일어날 수가 있다. 그러면 그 나무는 '그것'이 아니다. 이때에는 독점의 힘이 나를 사로잡은 것이다. 그렇다고 내가 그 나무와의 독점적인 관계에 들어서기 위하여 나의 관찰 방법 중의 어떤 것을 포기할 필요는 없다. 내가 보기 위하여 눈을 돌려야 하는 것이라고는 아무것도 없으며, 내가 잊어야 하는 지식도 없다. 오히려 형상, 운동, 종, 유형, 법칙, 수, 이 모든 것이 그 나무 안에서 구별할 수 없이 하나가 되어 있는 것이다. 그 나무에 딸린 모든 것은 다 그 나무 안에 함께 있다. 즉 그것의 형태와 조직, 색깔과 화학적 구조, 그리고 그것이 자연의 원소들과 나누는 이야기와, 별들과 주고받는 이야기 같은 모든 것이 하나의 전체를 이루고 있는 것이다. 나무는 결코 인상이 아니다. 나의 표상의 장난도 아니고 기분에 따르는 가치도 아니다. 그것은 나와 마주서서 살아있으며, 내가 그 나무와 관계를 맺고 있듯이 나와 관계를 맺고 있

있는 그대로 보기

다—다만 그 방법이 다를 뿐이다. 사람은 관계의 의미를 약화시키려고 해서는 안 된다. 관계는 상호적인 것이기 때문이다. …… 나는 나무의 영(靈)이라든가 나무의 요정이 아닌 나무 자체를 만나는 것이다."

나-그것과 나-너의 이러한 분리가 함축하는 것은 분명하다. 내 친구 조지 드래펀에 따르면 예전에 한 캐나다 벌목업자가 이런 이야기를 했다. "나는 나무들이 돈다발로 보인다." 우리가 지구를 벌거숭이로 만들 수 있으려면, 지구를 보는 방식을 먼저 바꾸어야 한다. 500년 전, 우리가 지금 북아메리카라고 부르는 곳에 살던 사람들은 숲과 기본적인 균형 관계를 이루면서 뒤얽힌 관계망의 일부로서 살았다. 그러다가 다른 문화와 산업 문명이 '외부'에서 들어왔다. 나무를 베려면, 그 전에 나무를 사유재산이나 공공의 재산으로 재정의해야만 한다. 그러나 그 전에 나무가 누구의 재산이든, 어쨌든 재산이라고 재정의해야 한다. 내가 길거리에서 어떤 여자를 보면서 그 여자를 고유한 욕구와 필요를 가진 다른 존재로 인식한다면, 그 여자를 노동자나 재산으로 보거나 내 즐거움을 위한 대상으로 볼 때와는 다르게 대할 것이다. 나무, 산, 내 인생의 시간들에 대해서도 마찬가지다. 그것들은 살아있는 존재인가, 그렇지 않으면 내가 소비하는 대상일 뿐인가?

부버는 그보다 더 깊이 파고든다. 단지 타자를 하나의 대상으로 보는 것이 아닐 뿐 아니라 "나-너는 온 존재를 기울여서만 말할 수 있다"고 그는 말한다. 반대로 나-그것은 온 존재를 기울여서 절대 말할 수 없다. 다시 말해 타자를 대상화할 때는 자기 자신이 부분적으로만 존재하는 것이다. 그것은 내가 짧은 포르노 경험에서, 그리고 대상화의 오랜 경험에서, 이미 체험한 것이었다.

일주일 전쯤에 나는 인터넷 포르노 사이트에 들어가는 일을 멈추었다. 포르노에 관한 글을 다 써서 연구를 할 이유가 없어졌기 때문이기도 하지

문명과 혐오

만, 그만두어야만 할 필요가 생겼다는 것이 더 큰 이유였다. 포르노는 내가 원하지 않는 방식으로 내 꿈에 끼어들어오고 있었다. 지난주에는 키메라와 사랑에 빠지는 꿈을 꿨다(아, 아니, 사전의 설명 1번에 나오는 "사자 머리에 염소 몸통, 뱀 꼬리를 가진 불을 내뿜는 여자 괴물"이 아니라, 2번 설명 "실현 불가능한 망상"을 말하는 것이다). 그녀는 아름다웠지만 비현실적인 존재였다. 내가 다가가서 안기만 하면 내 품에서 스르르 사라져버렸다. 그 꿈도 아주 생생했지만 그 다음 날 꿈이 더 가관이었다. 그 꿈에서 나는 머물 곳이 필요해서 어떤 남자의 집에 하숙을 하게 되었다. 그 남자는 거의 만날 수 없었다. 그러나 나는 곧 그가 정기적으로 여자를 납치해 와서는 가전제품 상자만 한 방에 가두어둔다는 것을 알게 되었다. 밤에는 여자들에게 그의 스텝을 따라서 복잡한 춤을 추게 했다. 그 다음 여자들을 다시 가두었다가 하나씩 데리고 와서는 강간하고 지겨워지면 여자를 죽였다. 그는 내게 협조를 요청하기까지 했다. 여자들 중 두 명을 데리고 오라고 시킨 것이다. 나는 그들의 박스에 가서 여자들을 꺼내주었다. 그가 기다리고 있는 방으로 여자들을 데리고 가는 대신 뒷문으로 가서, 있는 힘껏 뛰어가서 도와줄 사람을 데리고 오라고 말했다. 잠에서 깨니 머리가 지끈지끈 아팠다.

다른 이유도 있었다. 포르노는 나의 무의식적인 공상까지 바꾸어놓고 있었다. 역사적으로 나의 판타지는 대화로 이어지는 것이었다. 즉 어떤 여성을 봤는데 관심이 간다면, 즉시 '저 여자에게는 어떻게 말을 걸어야 할까?' 하고 생각했다. 어떤 창조적이고 열띤 대화를 할 수 있을지를 상상하곤 했던 것이다. 그러나 최근에는 이렇게 짧은 시간 동안 포르노를 보았을 뿐인데도, 가끔 여자를 보면 저 여자의 음모는 무슨 색일까, 성기는 어떤 모양일까가 궁금해지기 시작했다. 그런 건 질색이다. 나는 예전 방식으로 돌아가고 싶다. 곧 그렇게 되기를 바란다.

물론 '문제'는 포르노가 아니다. 린치나 기타 '혐오범죄'가 '문제'가

있는 그대로 보기

아닌 것과 마찬가지다. 포르노는 린치와 마찬가지로, 우스꽝스러운 흰옷 입은 사람들과 마찬가지로, 쉬운 공격 대상일 뿐이다. 이런 것들은 가장 흥미로운 목표물도 아니다. 왜냐하면, 포르노로 다시 돌아가서, 포르노를 보는 사람이 사물과 성적으로 관계를 맺었다는 것이 분명하기 때문이다. 린치의 경우에는 가해 집단이 린치 당하는 사람을 대상화했다는 것이 분명하기 때문이다. 그러나 문제는 그러한 대상화가 아니다. 더 문제가 되는 것은 우리가 대상화와 친밀한 인간관계의 차이를 자주 잊는다는 것이다. 그보다 더 문제가 되는 것은 교육과 습관을 통해 대상화가 관계에도 스며들어 있다는 것이다. 정확히 말하면, 관계가 될 수도 있었을 어떤 것, 우리가 관계라고 **부르는** 만남들에 스며들어 있다. 내 공상이 어떻게 변했는지를 보라. 이런 건 또 어떤가. 나무들의 가치는 목재가 되는 데 있다는 말을 만 번 들었다면 그렇게 믿게 될 것이고, 그렇게 알게 될 것이다. 그리고 어떤 나무를 보려고 할 때 돈다발 아닌 다른 것으로 보는 게 불가능한 자신을 발견하게 될 것이다. 그런 편협한 인식을 뒷받침하고 강화하기 위한 경제 체제, 정부 제도까지 고안할지도 모른다. ‘여자는 남자에 대해 어떤 식으로, 어떤 특정한 방식으로만 행동한다’고 들어왔다면, 그렇게 믿게 될 것이다. 교묘한 방법으로 그리고 노골적인 방법으로, 자신이 예상한 식대로 여자들이 행동하게끔 제약을 가하려고(또는 선동하려고) 할 것이다. 자신의 믿음을 반영한 이론을 구축할지도 모른다. 흑인 남자를 만났을 때 어떤 것을 예상할 수 있는지 들어왔다면, 그 기대에 적합하게 행동할 것이다. 즉 오클랜드 경찰관이라면 다짜고짜 총을 쏘아서 그 남자의 목숨을 빼앗는 결과를 가져올 것이다.

우리 주변 것들의 일상적인 대상화에 익숙해져 있고, 나무든, 여자든, 흑인 남자든, 태양 아래 그 무엇이든 개별자와의 접촉을 해보지 않은 지 오래된 탓에, 우리는 너무 쉽게 그 타자를 시야에서 놓친다. 너무 쉽게 실질적인 만남의 가능성을 못 보고 지나친다. 부버의 표현을 빌려 말하자면 의지와 은총의 만남을 놓치고 그 대신 우리의 선입견, 우리가 투사하는 것 외에는 아무것도 만나지 못한다. 지배에 기초한 문화에서 이미 만들어진 우리의 해석, 판단 등을 투사하기만 하는 것이다. 이것이 관계의 잠재성에 끼치는 손상은 아무리 심각하게 평가해도 지나치지 않다. 식민지 개척자들과 부딪혔던 인디언들에게 물어보라. 노예가 된 아프리카인들에게 물어보라. 우리가 우리 삶의 방식이 줄 수 있는 안락과 고상함을 즐기고 있을 때, 끓어오르며 죽어가는 지구의 남은 재 가운데 서 있을 때, 우리는 이런 제도적인 대상화가 어떤 대가를 치를지 스스로에게 물어보아야 한다. 그들이 아니라 우리 자신에게.

우리는 이제 그 물음에 답을 할 수 없게 되었는지도 모른다. 나무를 돈다발로 보도록 키워진 우리는 이 시점에서 뒤로 돌아갈 수 없는 것일지도 모른다. 우리는 다시는 타인을 대상이나 물건이 아닌 하나의 주체로 볼 수 없을지도 모른다. 온갖 증거로 보건대, 우리 대부분은 이제는 그 차이를 말할 수조차 없게 되었다.

혼동에 빠져서 객체가 하나의 존재라고 생각하는 것은 그저 슬픈 일일 뿐이다. 그래서 벌거벗고 유혹하는 여자 사진들이 내 욕망을 자극하기보다는 슬픔을 가져다주는 것이다. 객체를 주체로 착각하는 정도가 심해서—모든 객체를 주체로 착각할 정도로—망상이 심해진 사람들은 때때로 병원에 수용되기도 한다. 다른 한편 존재를 객체로 혼동하는 것은 슬프다기보다는 위험한 일이다. 그러나 그보다 훨씬 더 위험하고 훨씬 더 슬프고 훨씬 더 가엾은 건 이것이다. 만약 당신이 망상에 사로잡혀서 나무, 인간, 살아있는 지구를 보지 않고 그 대신 돈다발, 노동자, 자원으로만 보게 되면, 정신병원에 감금되기는커녕 돈과 명예를 갖게 될 것이다. 아마도 어느새 기업의 최고 경영인이 되어 있을 것이다. 만약 당신 이름

있는 그대로 보기

이 로렌스 서머스라면, 지금 막 재무부장관이나 하버드 총장이 되었을 것이다.

우리의 경제적 풍요가 지구를 대가로 해서 얻은 것임을 지적하는 것이 내가 최초는 아니다. 우리가 노예로 삼은 지구를 대가로 치르고, 친밀한 관계를 맺는 능력, 인간성을 대가로 지불하고 우리는 경제적 풍요를 얻었다. 우리는 되풀이해서 이런 잘못된 선택을 한다. 우리는 이런 잘못된 선택에 큰 보상을 하는 사회를 만들었고 올바른 선택을 할 현실적인 가능성을 일관되게 차단하는 사회, 우리가 애초에 선택을 할 수 있다는 것을 잊게 만드는 사회를 만들었다. 우리는 선택을 할 수가 있다. 타인들을 객체로 볼 수 있고 그렇지 않으면 주체인 그들에게 우리를 열어 보일 수도 있다. 모든 상황에서 어느 한쪽만 선택할 수 있는 것은 아니다. 어느 한 선택만이 옳은 것도 아니다. 결정이란 언제나 그렇지만 그 하나의 상황에 따라 달라진다. 마르틴 부버는 그것을 이렇게 간결하게 표현했다. "그리하여 진리의 모든 진지함으로 말하노니, 사람은 '그것' 없이는 살지 못한다. 그러나 '그것'만 가지고 사는 사람은 사람이 아니다."

■　　■　　■

내가 리처드 드리넌(Richard Drinnon)과 나눴던 대화를 이야기해봐야겠다. 그는 내게 이렇게 말했다. "유럽 문화의 가장 깊숙한 곳에 숨어 있는 것, 따라서 미국인의 경험 가장 깊숙한 곳에 있는 것은 이런 생각이야. 몸에 가장 가까운 사람들, 야생 상태로 숲을 뛰어다니는 사람들, 닫혀 있지 않은 사람들, 자기 자신을 부정하지 않고 다른 것에 에너지를 쓰지 않는 사람들, 즉 우리 청교도 조상들이 그랬던 것처럼 재산을 만들고 언덕 위에 도시를 세우는 데 에너지를 쓰지 않는 사람들을 길들여야 한다는 것이지. 그들이 길들여지기 전까지 우리는 쉴 수 없을 것이라고 생각해. 사

문명과 혐오

실은 우리가 쉴 줄을 모르기 때문인데 말이야."

내가 말했다. "난 요즘 유럽인들이 변함없이 세계 곳곳의 부족들을 '게으르다'고 말하는 데 대해 생각하고 있어. 지금은 남아프리카라고 부르는 곳에서 한 덴마크 여행가가 이런 대단한 말을 남겼대. 그후 우리가 절멸시킨 부족인 코이코이 족을 보고 한 말이야. '그들은 우리 기독교인들이 일을 하는 것을 보고 이상하다고 여긴다. 우리는 모두 죽게 되어 있고 고생해서 얻을 것이 아무것도 없고 결국에는 땅 속에 묻히게 되므로 우리가 하는 일은 다 헛된 일이라는 것이다.'"

드리넌이 대답했다. "그들 머리가 게으르다고 할 수는 있겠지. 행복과 만족을 느끼는 사람들, 자기가 누구인지, 어디에 있는지를 아는 사람들은 자기 자신을 넘어서기를, 자기가 하고 싶은 것을 넘어서기를 끊임없이 원하지 않을 테니까. 그 대신 현재 자기가 있는 곳에 그냥 머물러 있을 것이고, 나머지 세계를 정복하기 위해 발사된 포탄처럼 튀어나가야 한다는 느낌은 가지지 않을 테니까. 프레데릭 터너(Frederick Turner)가 쓴 아주 훌륭한 책 『지리학을 넘어서』에서 그는 이런 주장을 해. 서구 문명은 핵심에서부터 퍼져나간 불만족의 물결로서 확장되어왔다. 그런데 이제는 점점 더 많은 민족, 부족들이 우리의 영향을 받아서 불만족하게 되었고 자기 지역을 넘어서 가야 한다는, 자기 자신을 넘어서서 가야 한다는 강한 욕망을 가지게 되었다는 거야."

그는 잠시 말을 멈추었고 우리 둘은 밖을 쳐다보았다. 계속 가랑비가 내리고 있었다. 밖은 온통 녹색이었다.

그는 다시 말을 시작했다. 처음에는 천천히 하던 말이 점점 빨라졌다. "장소의 의미가 아주 중요해. 땅과 함께 사는 사람들에게 땅은 그들 우주의 중심이 되지. 그건 결혼과 같아. 우리는 우리가 사는 땅과 공생 관계에 있는데, 이 관계를 극복해야 한다거나 극복할 수 있다는 인식이 우리 문

있는 그대로 보기

제들 중 많은 것의 핵심이야. 또 우리가 다른 사람들에게 만든 많은 문제들의 핵심이야. 땅은 존중해야 하는 것이며, 땅에 대한 존중이 자아와 타인들에 대한 존중을 가능하게 해. 내가 펜실베이니아 대학에서 강의를 할 때 종종 학생들을 탄갱에 데리고 갔어. 내 수업 중 가장 효과적인 것은 도시를 건너다보면서 지하 5층 깊이의 구멍 가장자리에 앉아 있게 하는 것이었어. 그 구멍 아래에서는 여전히 불길이 타고 있고 연기가 길로 올라오고 있었는데 말이야. 우리가 땅에게 하는 짓이 우리가 누구인지를 똑똑히 말해주지. 여기서 시골길을 2, 3마일만 돌아가면 벌목 구역이 나오는데 완전히 파괴되어 있어. 포장된 길보다 더 흉물스러워. 침식 때문이지. 벌목 현장을 한 번 보는 것이 백 마디 말보다 훨씬 더 인상적일 거야."

드리넌은 엠마 골드만의 전기도 썼다. 골드만에게 매우 중요했던 한 글귀에 대해 그에게 물어보았다. '어떤 사물을 느끼지 못하면 그 의미를 짐작도 하지 못한다'는 것에 대해서였다.

그는 잠시 멈추었다가 생각에 잠겨 말을 시작했다. "엠마 골드만은 처음에는 새로운 소련의 이른바 러시아식 실험을 지지했지만, 그것이 환상이라는 걸 곧 깨닫고 서슴없이 그런 견해를 피력했어. 그걸 읽기 전까지 나는 사회과학 신봉자였어. '객관성'이 나한테는 무척 중요했지. 그러나 엠마 골드만 덕분에 내 학생들에게 이렇게 말할 수 있는 길을 찾을 수 있었어. '우리는 여기서 객관성을 찾고 있는 게 아니야. 우리는 정직을 찾고 있어.' 우리가 할 수 있는 한에서는 최대한 정직해지자는 거야."

"그런데 이것은 우리가 전혀 개의치 않는 것에 대한 정직을 말하는 게 아니야. 우리가 많이 관심 갖는 것에 대한 정직을 말하는 거야. 내가 어떤 것에 신경 쓰지 않는다면, 내가 진실을 말하는 게 문제 될 게 없어. 그러나 내가 관심 갖는 것이고 내 입장을 어색하게 만드는 증거가 존재한다면, 그것을 은폐하거나 그것에 대한 관심을 돌리고 싶어질 거야. 그러나

문명과 혐오

이야기를 그렇게 만들면 안 되지. 그렇게 살면 안 돼."

내가 고개를 끄덕였다. 함(Ham)이라면 동의했을 것이다. 노아는 동의하지 않을 테고.

그가 말했다. "만약 어떤 것을 느끼지 못한다면, 그것의 의미를 절대 짐작할 수 없을 거야. 현재의 우리는 그와는 정반대지. 자연 지배, 자아에 대한 지배 시도는 온전히 인간적으로 느끼는 것을 뿌리 뽑아버리기밖에 더 하나? '이라크 어린이 50만 명의 목숨 정도는 대가로 지불할 수 있다'고 말할 수 있는 사람들이나 만들어내지. 우리는 어린이들을 죽일 수 있지만 느낄 수가 있느냐고?"

내가 물었다. "무엇을 해야 할까?"

"절망에 빠지지 않고 편안하게 지내려고 행복감을 주는 메시지만 받아들이는 것이 사람들이 가장 많이 보이는 반응인 것 같아. 거기에서 결말은 언제나 행복이 되고 어려움은 쉽게 극복이 되지. 그러나 그런 메시지들은 아무 효과도 없고 우리에게 위안을 주지도 않아. 우리 이성의 증거에 반하는 그 메시지들이 계속 유지되는 것도 거의 불가능하지. 그보다 더 나은 것, 그리고 더 정직한 것은 우리의 절망을 똑바로 보고 우리의 마지막 희망인 저항의 움직임에서 용기를 얻는 거야. 그것이 때로는 아무리 희망이 없어 보인다 해도 말이야."

그가 다시 말을 시작하기까지 더 긴 침묵이 이어졌다. "헨리 데이빗 소로우가 '아트로포스(생명의 실을 끊는 그리스 신화 속 운명의 세 여신 중 한 명의 신-옮긴이)'라고 말한 것, 즉 운명은 우리 스스로 만들어온 것일지도 몰라. 우리의 제도는 자력 추진 시스템이어서 우리가 그 시스템에 대한 지지를 철회하지 않고 그것에 저항하지 않고 힘껏 싸우지 않는 것에 힘입어 굴러가지. 소로우는 철로 이야기를 하다가 그 말을 썼는데……"

내가 끼어들었다. "그런데 전형적인 현대 기업은……"

있는 그대로 보기

그가 계속 말했다. "그런데 그때보다 지금은, 빌어먹을, 더 심한 운명에 매여 있어. 어떻게 그것과 싸우지?"

내가 눈길을 돌렸다가 다시 그를 쳐다보았다.

그는 자기가 물어놓고 자기가 대답했다. "허먼 멜빌(Herman Melvill, 『백경』을 쓴 미국의 소설가-옮긴이)은 이렇게 썼어. '인디언에 대한 혐오는 여전하다. 그리고 인디언이 존재하는 한 혐오도 계속 존재할 것이 틀림없다.' 우리 중 누구라도 할 수 있는 가장 중요한 단 한 가지 일은 인디언 혐오를 털어놓는 일이라고 생각해. 우리가 그것에 대처할 수 있도록 그것이 있다는 사실을 알리는 거지. 개인적으로도 말이야. 왜냐하면 나는 인디언 혐오 문화에서 자랐으니까……."

"우리 모두 마찬가지지." 내가 말했다.

"개인적으로 그리고 사회적으로도 필요해. 허먼 멜빌은 『사기꾼(The Confidence Man)』이라는 소설에서 인디언 혐오를 있는 그대로 드러내기 위해서, 정말 19세기 사람이 쓴 건가 싶을 정도로 자기 속에 있는 혐오를 많이 털어놓았어. 수십 년을 뛰어넘어 멜빌이 나한테 직접 이야기하는 것 같아서 놀랄 정도였다니까. 그렇지만 우리가 인디언 혐오를 알리려 할 때 직면하는 문제 하나는, 우리가 효과적으로 실감나게 우리의 요지를 전달할수록 반응은 더 완강하고 방어적이 된다는 거야. 더 깊은 곳에 뿌리내리게 되는 거지. 인디언인 제리 갬블은 《아크웨나느네 노트》 지의 편집자이기도 했는데, 내 수업 시간에 이렇게 말하더군. '봐, 여러분은 모두 이 문제를 가지고 있어. 여러분의 역사를 직면해야 하는 문제지. 그러나 여러분이 자기 역사를 똑바로 보면 그것과 함께 살 수가 없어. 어떻게 할 작정이야?'

이것이 진짜 딜레마야. 난 학생들을 가르치면서 항상 그 문제를 보게 되더군. 많은 학생들이 특별히 어려운 주제의 끄트머리까지 곧바로 나아가지만 그 다음에는 달아나려고 해. 난 학생들이 특정한 관점에 동의하기를 바라는 것이 아니야. 그 문제를 마주보기를 원하는 것뿐이야. 그런데 어떤 학생들은 그 문제에 머리를 쾅 부딪친 다음 결국 이해하게 되고 반응하게 되더군."

나는 또 함이 생각났다. 우리 모두가 생각났다. 또 어떤 이유에서 1930년대 아나키스트 학교 위에 내걸린 깃발을 이해하지 못한다는 생각도 들었다. "어린이는 새 세상이다. 그리고 모든 몽상가들은 어린이다. 친절함과 아름다움에 감동받는 사람도……." 나는 리처드에게 그 깃발 이야기를 했다.

그는 이렇게 대답했다. "우리가 보려고 하고 들으려고 한다면, 우리를 이끌어줄 이야기는 얼마든지 있지. 아나키스트 학교의 깃발 같은 이야기, 레지스탕스 이야기, 이 땅에서 편안하고 온전히 살고 있는 사람들 이야기 같은 것이 있어. 이런 이야기들을 찾아내고 듣고 생각해야 해. 이 대륙에 처음 온 사람들로 거슬러 올라가는 이야기들이 있고, 우리의 정부 제도, 감옥, 전기톱이 없었던 수천 년 전으로 돌아가는 이야기도 있어. 그 사람들이 완벽했다는 이야기는 아니야. 그들은 완벽하지 않았고 한계도 있었어. 주니 족 인디언은 음식을 마구 집어던지는 난투를 벌일 정도로 분별없는 사람들이었고, 사람들에게 음식을 함부로 던지지 말라고 가르치는 의례로써 그 문제를 해결해야 했던 이들이었어. 모든 것에 대한 답을 가진 사람들이 아니었지. 그러나 그들은 인간이었어. 그리고 우리가 그들 말을 귀 기울여 들으면, 그들의 이야기를 들으면, 그리고 그들의 춤에 주의를 기울이면—함께 춤을 출 수도 있겠지—우리가 약간 더 인간에 가까워질 것은 확실해."

나는 녹음기를 껐다. 조금 더 이야기를 나눈 다음 나는 그곳을 떠나 겨울 가랑비 속으로 차를 몰고 집으로 갔다.

있는 그대로 보기

어떤 시점부터는
돌아갈 수가 없다.
그곳이
도달해야 할
지점이다.

—프란츠 카프카

어둠의 저편

한 달 전쯤 한밤중에 캐런(미용사 말고 환경운동가)에게서 이메일을 받았다. 도움이 필요하다는 내용이었다. 그녀는 극심한 두려움에 빠져 있었다. 활동가가 된 지도 여러 해가 지났는데 이제 한계에 도달한 것 같다고 했다. 나는 그녀에게 전화를 걸었다. 지난 몇 달 동안 캐런은 그 지역 농경지에 사용되는 독극물 목록을 만들고 있었다. 주로 화훼재배단지에서 뿌리는 살충제였다. 이곳의 바로 북쪽에 있는 스미스 리버의 마을은 세계 최고의 부활절 장식용 백합 재배지라고 자부하는 곳이었다. 그것이 의미하는 바는 스미스 강과 강 어귀, 대수층(지하수를 함유한 지층−옮긴이), 그리고 그곳에 기대 사는 모든 것, 인간과 동식물이 모두 죽임을 당하고 있다는 것이다. 단지 쓸데없는 장식을 위해, 이윤을 위해, 그리고 아름답고 달콤한 향기가 나는 부활의 상징을 지구 저편에 보내기 위해서 말이다.

그녀가 왜 그렇게 충격을 받았는지는 금방 짐작할 수 있었다. 지난해에

문명과 혐오

만 농민들은 1,414에이커의 땅에 건조 화학물질 17만 120파운드, 액체 독성 물질 3만 2,652갤런을 사용했다. 에이커당 평균 120파운드, 23갤런을 뿌린 것이다. 작년만 특이하게 많이 뿌린 것도 아니다. 그렇게 농업용으로 뿌려진 물질은 거의 알아볼 수 없을 만큼 희석되어도 치명적이며, 통상적인 방법으로는 당연히 측정할 수도 없다. 농업용으로 사용된 메틸브로마이드가 6만 2,780파운드(약 28.5톤)였는데, 그것은 전세계적으로 점차 사용을 줄여서 2000년까지는 사용을 금지하기로 했으나 그렇게 되지 않았다. 많은 부분 캘리포니아와 플로리다의 농민들의 불만(그리고 돈) 때문이었다. 메틸브로마이드 사용이 이미 금지된 나라인 벨기에의 농업인 한 사람은 델노르트 군으로 경작지를 옮겼다. 그곳에서는 다른 곳에서 금지하고 있는 독성 농약을 쓸 수 있기 때문이었다. 메틸브로마이드는 땅속에 있는 것을 모두 죽일 뿐만 아니라 오존층도 파괴한다. 그것은 악명높은 염화불화탄소(CFC, 상품명인 프레온 가스로 알려져 있다)보다 50배 더빨리 오존 분자를 파괴한다. 분사하는 동안 메틸브로마이드의 80~95퍼센트는 기화되어 날아간다. 이것을 호흡기로 들이마시면 치명적이므로 클로로피크린을 섞어서 냄새가 나게 한다. 사람들이 독성 물질을 마시고 있을 때 그 사실을 알아챌 수 있게 하기 위해서다. 그러나 클로로피크린도 문제가 있다. 4~10ppm의 농도로도 사람을 죽일 수 있기 때문이다. 그것은 1차 세계대전에서 신경가스로 사용되었다. 그러나 요즘은 일반적으로 화학전을 하기가 어려우므로 후방에서 사용된다. 농업인들은 디술포톤 1만 4,000파운드를 사용했는데 이것은 180ppb로 희석해도 사람 목숨을 앗아간다. 황산구리는 땅에 뿌리는 데 2만 193파운드가 사용되었다. 다른 용도로도 조금 쓰였다. 1, 2그램만으로 목숨을 잃게 되기 때문에 자살용으로도 조금 쓰였던 것이다. 그리고 메탐소디움 사용량은 2만 3,691 갤런인데 이 물질은 1ppt(그렇다, 잘못 본 게 아니다. 1ppt〔1조 분의 1ppm〕

다) 수준으로도 독성이 있다는 것이 밝혀졌다. 1991년에는 잘못해서 이 물질이 새크라멘토 강에 쏟아지는 바람에 모든 것(말 그대로 모든 것)이 죽었다. 오래된 큰 나무들, 물고기, 수생 무척추 동물, 조류(藻類) 등이 전부 다 죽었다. 메탐소디움이 모든 생명체를 죽였기 때문에, 죽은 물고기가 썩지도 않았다. 부패 박테리아가 하나도 살아남지 못했기 때문이다. 농민들은 다른 화학물질도 많이 사용했다. 수산화구리, 스트렙토마이신 황산염, 이프로디온, 글라이포세이트(비선택성 제초제이며, 한국에서 사용되는 상표명은 근사미, 한사리, 글라신, 라운드업—옮긴이), POEA, 2-4 D, 펜타클로로니트로벤젠(상표명은 어스사이드[Earthcide]다. 이름을 지은 사람이 누군지 모르지만, 헷갈리게 해서 그럴듯하게 보이게 하는 관료주의 수업이 좀 필요할 듯하다).

캐런과 나는 몇 주 전 농약의 치사 농도에 대해 이야기를 한 적이 있다. 캐런은 독성의 정도를 이해하는 데 도움이 되는 그림을 원했다. 4~10ppm 정도로 희석해도 치명적인 클로로피크린의 경우에는, 커다란 미식축구 경기장 열 배만 한 곳에 사람이 꽉 차 있고 그 중 네 명에서 열 명이 독성 물질이라고 상상해보라고 했다(그 독성 물질을 대표하는 사람으로 어떤 실제 인물을 그리는 것이 적당할까를 이야기하느라 우리는 많은 시간을 보냈다. 나는 경영인들과 정치인들을 제일 먼저 꼽았고 그녀는 농업 기업을 꼽았다). 그 정도 농도로도 사람 목숨을 앗아갈 수 있다. 1ppt(잘못 읽은 게 아니라니까. 1조 분의 1ppm)로도 생명을 위태롭게 하는 메탐소디움은 시각적으로 그리기 어려웠다. 1피트는 12인치고, 1마일은 5,280피트니까 1ppt는 1,578만 마일 중 1인치라고 할 수 있다. 참고로 지구 둘레는 약 2만 4,000마일이다. 그러니 이것은 지구를 657번 도는 길이다. 다른 식으로 생각해보면, 지구에서 달까지 23만 9,000마일이니까 메탐소디움은 지구에서 달까지 66번 가는 거리 중 1인치만으로도 독성이 있다고 할 수 있

문명과 혐오

다. 세 번째 방법으로 지구에서 태양까지 거리가 9,000만 마일이 조금 넘는다는 것을 이용할 수 있다. 메탐소디움은 지구에서 태양까지 거리의 6분의 1 길이 중 1인치에 해당하는 농도만으로도 독성을 갖는다. 또 다른 식으로 보면, 이 지역 밭에 뿌려진 메탐소디움 양—8,813갤런을 37.2퍼센트의 농도로 희석한 2만 3,691갤런—은 8,000~9,000조(10^{15}) 갤런의 물을 치명적으로 만들 수 있는 양이다. 이것을 약간 더 다루기 쉬운 수로 바꿔보면, 이것은 물 1,200조 입방피트가 될 것이다. 1입방마일은 147조 입방피트다. 엄청 많다. 이것이 의미하는 바는 이만한 양의 메탐소디움으로 9입방마일의 물이 독성을 갖게 된다는 것이다. 비교를 위해 입방피트라는 좀 더 친숙한 단위로 이야기해보면, 아마존 강의 홍수 시기 유량이 1초당 620만 입방피트(17만 5,587입방미터-옮긴이)쯤 된다. 즉 만약 이 농업인들이 마음만 먹으면 이틀 동안 아마존 강물을 전부 다 오염시킬 수 있다는 것이다. **홍수 시기**의 강물 전부 다를. 미시시피 강으로 치면 3주 정도면 될 것이다. 스미스 강은 캘리포니아와 오레곤 연어 개체군의 마지막 보루 중 하나고, 문명이라는 끔찍한 일이 기억에서 거의 사라질 때쯤이면 지금 사투를 벌이고 있는 생명체들이 예전 서식 영역을 되찾기 시작할 수 있도록 보호 구역으로 지정된 강인데, 보통 여름보다 훨씬 우량이 적은 겨울 우기 동안 1초당 1~4,000입방피트의 물이 흘러간다. 1년 평균을 아주 많이 잡아서 1초당 2,000입방피트라고 보면, 메탐소디움의 1년치 사용량만으로(이것은 미국의 오지에서 사업가 몇 명이 쓰는 양일 뿐이라는 것을 잊지 말길) 스미스 강물 전체를 6억 초 동안 즉 18년 동안 독약으로 만들 수 있다.

이런 이야기를 해주어서 고맙다고 캐런이 내게 말했다. 정확히 그것 때문인지는 잘 모르겠지만. 물론 나는 이런 이야기가 그 친구에게 힘을 주었는지, 이런 숫자 놀이가 이해에 얼마나 도움이 되었는지 잘 모르겠다.

그래서 과학적으로 따지길 좋아하는 나는 그 농도를 이렇게도 설명해주었다(누가 날 좀 말려줘요). 세계 인구가 약 61억 2,521만 6,948명(미국 인구조사국 국제프로그램센터에 따르면 2001년 2월 18일 오후 2시 51분 37초의 인구는 이만큼이다. 그러나 내가 이 문장을 치고 있는 시각에는 인구가 61억 2,521만 7,269명으로 늘었다)이라면, 전세계를 치명적인 독에 오염되게 하기 위해서는 1,000만 분의 6명만 있으면 되는 것이다. 어떤 사람들이 아무리 유해하다 해도 이 독극물이 훨씬 더 독하다.

이런 농약들의 사용으로 인해 자연계가 오염되었을 뿐 아니라 비(非)호지킨 림프종 환자가 늘어났다. 유록 족 대표는 이 암이 두 살짜리에게서 발병하는 등 새로운 형태로 나타나고 있다고 말했다. 총과 대포로 시작했던 것을 이제 화학물질로 완성할 수 있게 된 셈이다.

사람들이 이런 물질을 일부러 제조한다는 것이 가끔은 믿기지가 않는다. 아마도 그보다 훨씬 더 믿기 어려운 사실은 그런 물질을 돈 주고 사서 뿌린다는 것이다. 정확히 말하자면, 사서 이민 노동자들에게 최소 임금만을 주고 뿌리게 한다는 것이다.

농업인들 중 많은 이들이 독성 물질로 오염시킬 뿐 아니라 다른 식의 착취도 한다는 것은 놀라운 일도 아니다. 그들은 고용한 사람들에게 오염된 땅에서 일주일에 엿새, 하루 열두 시간에서 열네 시간 일하게 한다. 최소한의 임금을 주면서 휴식 시간 10분과 점심시간 20분밖에 주지 않고 화장실 갈 시간도 주지 않는다. 어떤 이유로든 휴가도 내지 못하게 한다. 그렇게 일하는 노동자들 중에는 만성적으로 코피를 쏟는 사람이 많다. 구토를 하기도 하고 늘 머리가 아프다고 한다. 의사들은 일을 그만둘 것을 권하지만 그들은 돈을 벌어야 한다. 그들은 가끔 돈을 받지 못할 때도 있다. 어떤 농업인은 습관처럼 매년 추수가 끝날 무렵 이민귀화국에 전화를 걸어 임금을 지불할 필요가 없도록 만든다. 불법 이민자 고용으로 그가 내야 하는 벌금은 그가 지불해야 하는 임금보다 적은 돈이므로.

캐런은 이런 문제를 개선하기 위해 운동을 하고 있다.

"내가 얼마나 더 견딜 수 있을지 모르겠어. 모든 게 너무 끔찍하고 너무 불합리해." 그녀가 말했다.

"그렇지." 내가 부드러운 목소리로 말했다.

"다 부질없어."

그녀의 부질없음이 활동이 아니라 두려움이라는 것을 난 알았다.

"슬픔이 너무 커져서 그게 나를 통째로 삼킬 것 같은 기분이 들 때가 있어."

"괜찮아. 그렇게 돼도 괜찮아." 내가 말했다.

이와 똑같은 문턱을 넘어간, 내가 아는 운동가들이 모두 떠올랐다. 모두들 이런 고통스러운 과도기를 한 번씩 겪는다. 미네소타의 소도시에서 만났던 한 여자 변호사가 생각났다. 그녀는 거의 자기 혼자서 자기가 사는 지역 농업 기업의 농약 사용에 맞서 싸우고 있었다. 그녀는 이렇게 말했다. "가끔은 내가 이 일을 계속하게 하는 것이 슬픔과 분노뿐이라는 생각이 들어요." 그리고 내가 강연을 한 다음 내게로 와서 이런 말을 했던 여자도 생각났다. 조용히 말했기 때문에 다른 사람은 그 얘길 듣지 못했다. "이 얘기는 아무한테도 하지 않은 건데요. 저는 우리 문화가 구제될 수 없을 것 같아요. 이제 명이 다했어요." 나도 그렇게 생각한다고 말했다. 그리고 내가 대중 강연에서 이렇게 말했던 것도 떠올랐다. 우리 문화가 건전하고 지속 가능한 생존 방식으로 자발적으로 전환하기를 내 몸 세포 하나하나가 간절히 바라고 있지만, 그렇게 될 것 같지는 않다고 내가 말했을 때, 고개를 끄덕거리며 동의를 표하던 사람들—청중의 절반 정도뿐이었지만—도 떠올랐다. 입밖에 내지 못하던 것을 누군가가 마침내 이야기하는 것을 듣고 얼굴이 밝아졌던 사람들도 떠올랐다. 우연의 일치인지 나는 캐런의 이메일을 받은 날 똑같은 주제의 메일을 한 통 더 받았다. 내가 모르는 사람이 보낸 것이었다. 그녀는 내가 하는 강연을 듣고 감명 받아서 편지를 쓰는 것이라고 했다. "우리가 되돌아가게 되지 않을 것이라 생각한다고 말씀하시는 걸 듣고 무척 반가웠어요. 그 생각은 실제로는 안도감을 주고 기분 좋게 만들어줘요. 왜냐하면 이제는 나쁜 뉴스가 더 이상 없을 것이라는 뜻이니까요. 선생님의 강연을 듣다 보니 제가 10년 전에 쓴 글이 생각났어요. 후진 시 한 편인데, 되돌릴 시간이 20년 남았다는 월드워치연구소의 발표에 대한 것이었어요. 나는 그들이 이제 너무 늦었다고 말하기를 계속 기다렸어요. 우리 문화를 되돌리기에는 너무 늦었다는 것을 받아들이는 관점에서 지구의 상태에 대해 생각하면 이상하게도 마음이 가벼워져요. 그렇게 보면 이런 물음을 맘놓고 던질 수 있으니까요. '그 정보를 가지고 무엇을 하지?' 그러면 그 질문은 아주 많은 다른 방법들을 우리에게 열어주죠." 나에게, 그리고 내 환경운동가 친구들에게, 이렇게 이해하는 것이 우리를 자유롭게 했고 우리가 중요시하는 것들을 바꾸어놓기도 했다. 역설적이게도 그렇게 되면 좀 더 효율적으로 일할 수 있다. 물론 앞서 나는 그런 깨달음이 사람을 무기력하게 만들 수도 있다고 언급했다. 아무것도 하지 않는 숙명론자의 변명으로 그것을 이용할 수도 있기 때문이다. "완전히 망해가고 있다면, 내가 아무것도 안 해도 괜찮겠군." 이런 병에 대해서는 난 인내도 동정도 하지 않는다. 그것은 사랑할 능력이 없음을 보여주는 것일 뿐이다. 사랑을 하는 사람이 위협에 직면해서 아무것도 하지 않는 것을 자유로운 선택이라고는 볼 수 없다.

"우리가 해낼 수 있을 것 같지가 않아." 캐런이 말했다.

나는 잠시 망설이다가 이렇게 말했다. "네가 그 얘기를 하게 되기를 기다리고 있었어."

■　　■　　■

앞의 글을 어젯밤에 썼는데, 또 우연의 일치인지 오늘은 내가 쓴 『말보다 오래된 언어(A Language Older Than Words)』를 읽고 있다는 사람에게서 이메일을 받았다. 그는 로버트 울프라는 이름을 가진 아주 훌륭한 사상가이자 작가이다. 어제 그는 내게 『말보다 오래된 언어』를 써준 것이 고맙다는 짧은 감사 편지를 보냈는데, 그 편지의 마무리는 이랬다. "이 세상에서 받아야 할 보상을 받으시길 바랍니다. 그러나 그보다 진짜 세상에 있는 기쁨을 누리시기를 빕니다. 기쁨은 우리가 '문명'이라고 생각하는 것(문명이란 것은 지구가 걸린 병의 현현일 뿐이죠)의 얇은 판자 뒤에 있거나 그것에 가려져 있지요."

나는 그에게 고맙다고 답장을 쓰고 이렇게 덧붙였다. "그렇습니다. 문명은 끝나야 합니다. 우리가 문명을 멸망시킨 뒤 뭔가 남는 것이 있기만 바랄 뿐입니다."

그에 대해 그가 답장을 보냈는데 그것이 오늘 내가 받은 이메일이다. "저는 '우리'가 문명을 끝장낼 수 있다고는 상상할 수가 없어요. 우리 문명은 이미 죽었다는 게 아주 명백해 보입니다. 우리와 나머지 생명체들이 죽어가면서 마지막 경련을 일으키는 건 시간 문제일 뿐인 듯합니다."

내 친구들 중에도 몇몇은 여기에 동의하지 않는다. 물론 그 친구들도 문명이 죽어가고 있다는 것은 알지만 문명이 절뚝거리면서도 계속 앞으로 가면서 길에 있는 것을 모두 써버리고 있다고(그리고 물론 소비를 위한 새로운 길을 계속해서 모색하고 있다고) 생각한다. 아무것도 남지 않게 될 것이라고 걱정하는 것이다. 이번 주말에 그런 생각을 하는 친구 중 한 명과 오래 이야기를 나누었다. 그 친구는 앞으로 500년은 더 문명이 비틀거리면서도 서 있을 것이―그런데 무엇 위에?―확실하다고 말했다. 나는 몇 년 전에 우리가 나눈 이야기를 상기시켜주었다. 그때 나는 그에게 가능하다면 100, 200년 후의 미래로 가겠느냐고 물었다. 미래 세상이 어떻게 되어 있는지 보러, 돌아올 수는 없는 미래 여행을 가겠느냐고 물었더니 그녀는 이렇게 답했다. "내가 생각한 것만큼 나쁜 상황일 경우를 대비해서, 내 머리를 쏘아버릴 총을 하나 가지고 갈 수만 있다면 가겠어."

하와이에 사는 로버트 울프는 이렇게 썼다. "나는 지구가 인간보다 더 오래 살아남을 수 있을까 의심스럽습니다. 살아남는다 해도 그건 다른 지구가 되겠지요. 인간이 살아남을지도 아주 의심스럽습니다. 물론 우리는 지금과 같이 현실을 똑바로 인식하지 못하는 상태에서는 살아남을 수 없습니다. 내가 짐작하기로 1만~1만 2,000년 전에 우리가 갑자기 농업 기술을 발명했을 때(그리고 영토라는 개념을 만들어내고 동물을 길들이기 시작하고 뒤이어 정착하고, 소유제도 그리고 우리가 지금 '문명'이라고 부르는 모든 것을 발명하기 시작했을 때) 우리는 땅과의 연결이 끊어졌고 진화의 막다른 골목으로 우리 자신을 밀어넣은 겁니다."

문명이 막다른 골목에 처했다는 은밀한 생각을 품고 있는 사람이 얼마나 많은지 놀랄 때가 많다. 그러나 우리의 공적인 담론에는 그런 이야기가 전혀 없다는 것이 더 놀랍다. 노아의 복수라고나 할까.

그는 계속해서 이렇게 썼다. "뉴에이지(점성학에서 기원하여 기존 서구 문화를 배척하고 종교·의학·철학·천문학·환경·음악 등 여러 영역을 쇄신하려는 신문화운동—옮긴이) 사람들은 어떻게든 우리가 뭔가를 발견할 것이고 마법에 걸린 듯 우리가 살아남게 되고 모든 것이 제대로 될 것이라고 믿지요. 내 친구들 중 몇몇은 천사가 오기를 기다리고 어떤 친구들은 플레이아데스 성단에서 온 존재가 마지막 순간에 우리를 구해줄 것이라고 믿고 있어요."

『말보다 오래된 언어』에서 내가 천착한 문제들 중 하나가 부인(否認), 가정 폭력, 그리고 우리 문화가 자연계와 생명체들을 파괴하는 것 사이의 관계였다. 그것은 복잡한 관계인 경우도 많지만 그만큼 단순한 관계일 때도 많다. 나는 그 탐구에서 내 어린 시절을 이용했었다.

그는 이렇게 썼다. "학대와 부인이 연관되어 있다는 생각은 한 번도 해본 적이 없는데 이제 분명하게 보여요. 선생님의 책을 읽으면서 저는 제 어린 시절을 되돌아보고 똑같은 메커니즘이 작동하고 있었다는 것을 발견했어요. 억압, 학대, 힘, 인식의 폭 좁히기, 이 모든 것이 부인으로 이어지더군요. 그러나 제 어린 시절은 선생님의 어린 시절하고는 아주 달랐어요. 저는 학대와 폭력이라는 것을 알지도 못하는 시대와 장소에서 자랐습니다(말레이 말에는 성폭력, 강간에 해당하는 말이 없어요. 아이를 때리는 것, 아이에게 폭력을 가하는 것은 알지 못하는 것이었고 들어보지도 못한 것이었어요). 우리 부모님은 네덜란드 중상층 지식인이었어요. 나는 무슬림 국가(인도네시아 수마트라)에서 자랐습니다. 부모님은 오후에 차를 마실 때나 만났고, 하인들이 진짜 가족과 다름없었어요(하인들이 많았지요). 하인들은 나를 무조건적으로 사랑해주었어요. 생물학적 부모님은 조건적으로 날 사랑했지요."

그의 인생 이야기가 무척 흥미로웠다. 계속 읽어 내려갔다.

"그후, 열일곱 살에 고등학교를 마치자 부모님이 절 유럽으로 보냈어요. '문화를 익히라고' 내 소망과는 전혀 상관 없이 보내셨어요. …… 2차 세계대전 발발 2주 전에 유럽에 도착해서는, 독일 점령기 동안 네덜란드에서 5년을 보냈어요. 거기서 폭력과 학대가 무슨 뜻인지를 알게 되었어요. 완전히 서구적이고 과학적인 환경에서, 과학이 절대적 진리라고 확신하는 사람들 속에서 살게 된 것도 그때가 처음이었어요. 선생님이 어렸을 때 경험한 것을 저는 청소년기에, 청년기에 겪었어요. 이 시기에 물론 많은 것을 배웠지요. 예를 들어 저는 사회의 밑바닥 사람들하고 잘 사귀었어요. 창녀, 도둑 같은 어둠의 자식들 말이에요. 그들이 나중에 레지스탕

어둠의 저편

스가 되었죠. 나는 육체는 살아남았지만 '나 자신'을 재발견하는 데 25년
이 걸렸어요. 현대 생활의 헛소리와 거짓말과 허구를 헤집고 파내려가는
데 10년에서 12년이 더 걸렸지요.

그러나 그 세월 동안 나는 온전한 사람들도 존재해왔다는 것을 알게 되
었어요. 나도 그런 사람들을 조금 알아요. 그들은 거의 벌거벗은 채 돌아
다니고 돈을 가지고 있지도 않고 수렵 채집을 했어요. 사냥보다는 채집을
더 많이 했지요. 그들은 도저히 알 수 없는 것을 '알고' 있었어요. 고양이
들처럼 모여서 몸을 맞대고 잤지요. 그들은 유목민들이었어요. 대결하는
일은 피하려 했고 (인간의) 폭력을 보면 소스라치게 놀랐어요. 물론 그들
은 문명인들이 아니었어요. 남아프리카 작가 로렌스 반 데르 포스트
(Lawrence van der Post)는 그가 아는 원주민들의 또 다른 집단에 대해
'그들은 길들여질 수 없다'고 썼어요. 치명적 위험은 '길들여진 인간들'
인 우리예요."

그는 이런 물음으로 끝맺었다. "너무 '부정적'으로 나가지 말라고 얘기
해주는 친구가 있습니까? 저는 있습니다만."

사실 내게는 그런 친구가 없다. 솔직히 말해서 내 친구들은 이 문제에
대해 대체로 나와 같은 생각을 가지고 있다. 나는 문화와 싸울 수가 없고
친구들과 싸울 수도 없기 때문에, 문명이 망하게 하려고 노력하는 사람
들, 또는 결국 문명이 붕괴할 때까지 회색 곰이나 언어가 살아있도록 하
기 위해 노력하는 사람들을 친구로 사귄다.

■　　　■　　　■

우리 문명의 효과와 궤도에 대해 막연하게라도 아는 것에 따르는 저주
중 하나는 강렬한 아름다움 앞에서도 순수한 행복을 느끼기가 점점 어려
워진다는 것이다. 특히 무의식적인 자유 연상 능력을 유지하고 있는 사람

문명과 혐오

들에게는 더욱더 그렇다. 연어가 산란하는 것을 볼 때 강물을 방해하는 침적토를 생각해내지 않기는 어렵다. 어느 날 두 마리도 아니고 세 마리도 아니고 네 마리도 아닌 너무나 많은 연어들이 꼬리를 휘두르고 지느러미가 떨어져서 강물이 허옇게 보이게 되리라는 것을 잊기는 어렵다. 창문 밖에서 노래하는 개구리 소리를 들으면서—작년에는 개구리 소리가 너무 시끄러워서 연못 부근에서는 평소 목소리로 얘기해서는 알아들을 수가 없었다—양서류가 전세계적으로 사람 때문에 사라지고 있음을 생각하지 않을 수 없다. 지금이 2월 초인데 밖으로 나온 개구리가 몇 마리밖에 안 된다. 올해에 개구리가 돌아올 것인지 날마다 걱정한다. 나도 침묵의 봄을 겪게 되지 않을지 걱정스럽다. 연못에서 영원(newt, 북아메리카 등지에 사는 양서류. 한국에는 이 과에 속하는 동물이 없다-옮긴이)이나 도롱뇽 알을 보면 어릴 적 호랑이도마뱀이 기억난다. 호랑이도마뱀은 어디에나 있는 것 같았다. 노스다코타에서 유기농업을 하는 친구는 호랑이도롱뇽이 사라지고 있다고 말한다. 스미스 강 삼각주를 오염시킨 것과 같은 살충제, 그리고 또 다른 살충제에 희생되고 있다는 것이다. 내가 어렸을 때 크고 아름다운 곤들매기(연어과의 민물고기-옮긴이)를 한 마리 잡은 적이 있다. 그 놈을 깨끗이 씻어주다가 그 물고기가 알을 배고 있다는 것을 알게 되었다. 이제 곤들매기도 위험에 처해 있다. 숲 속 깊은 곳에 서서 그 숲이 이야기하는 것을 들었던 적이 몇 번이었는지 이루 다 셀 수 없다. 새들이 서로 부르며 지저귀고 다람쥐들이 재잘거리고 나무들이 고래처럼 끙끙대면서 신음 소리 같은 것을 내고 삐걱거리면서 서로 이야기를 하는 것을 듣는다. 그리고 그 다음에는 그 소리들을 넘어 벌목 트럭들의 가래 끓는 듯한 으르릉 소리, 덜덜거리는 엔진 톱이 윙 하고 흐느끼는 소리를 들은 적이 몇 번이었는지 셀 수도 없다.

오늘 밤에는 손님이 찾아왔다. 일을 하고 있는데(그래, 맞다, 실은 컴퓨터

어둠의 저편

야구 게임 중이었다) 개들이 짖기 시작했다. 나는 숲 속에 살고 있다. 개들에게 조용히 하라고 정중하게 여러 번 요청했다. 매번 개들은 나를 쳐다보고 일종의 고개 끄덕임을 하고 뱅글뱅글 돌다가 다시 누웠다. 그러나 내가 집 안으로 들어오자 개들이 또 짖기 시작했다. 다시 밖으로 나갔을 때 마침내, 딱 한 번이지만, 가까운 곳의 나무에서 나뭇가지들이 부러지는 소리를 들었다. 나는 랜턴을 켜고 8분의 3마일 정도 걸어서 어머니 집에 가서 플래시를 가지고 왔다(랜턴은 둥근 불빛이 나오는데 그때 필요한 것은 멀리까지 비추는 빛줄기였다). 어머니는 주머니쥐일 거라고 했지만 미심쩍었다. 소리가 났던 곳에 불빛을 비추었다. 아무것도 없었다. 좀 더 가까이 가보았다. 그래도 아무것도 보이지 않았다. 더 가까이 갔다. 갑자기 다른 방향에서, 내가 짐작한 것보다 나무의 훨씬 낮은 곳에서 기침 소리, 그리고 나뭇가지가 서로 긁히는 소리가 들렸다. 나는 평소에 겁이 많지 않지만 이때에는 아주 순식간에 잽싸게 뒤로 물러섰다는 것을 인정할 수밖에 없다. 대여섯 걸음 물러섰다가 다시 빛을 비추었다. 곰이었다. 한 살짜리 같았다.

나는 평생 곰을 많이 보아왔다. 난 곰을 좋아한다. 그리고 곰을 무서워하지 않는다. (솔직히 말하면, 시골에서 자랄 때 곰을 보고 약간 겁이 난 적이 있기는 하다. 특히 밤에, 여기저기 돌아다니다가 침낭에 들어가 있을 때, 그리고 별로 멀리 않은 곳에서 잔가지가 딱딱 부러지는 소리가 계속 들려올 때 겁이 좀 난다.) 열두 살 때쯤, 매형이랑 맨손으로 물고기를 잡으러 계곡에 가곤 했다. 물가로 살살 헤엄쳐 들어가서 갑자기 풀쩍 뛰어들면 송어들이 미끄러지듯이 잽싸게 흩어져서 바위 아래 작은 구멍 속으로 숨는 것을 지켜보았다. 송어를 찾으러 강으로 걸어 들어가기도 했다. 물고기를 잡지는 않고 가까이에서 보기만 하다가 가게 놔두었다. 한번은 반바지만 입고 셔츠도 입지 않고 구두도 신지 않은 채 허벅지 깊이의 냇물에 서 있었는데 물 건너편에서 무슨 소리가 들렸다. 소리가 나는 곳은 5피트 정도 떨어진 곳이었다. 고개를 드니 곰이 보였다. 매형은 "뛰어, 데릭!" 하고 외쳤다.

"안 뛸래. 신발도 안 신고 있단 말이야."

곰도 우리만큼 놀란 것 같았다. 그 암곰은 몸을 돌려 달아났다. 신발도 안 신고.

이곳에서는 곰 발자국을 몇 번 봤다. 내가 본 것 중에 가장 큰 검은 곰 발자국도 여기서 봤다. 한번은 깊은 숲 속에서 길을 잃었는데 그 검은 곰 이 자고 있을 법한 곳이 보였다. 커다란 삼나무가 쓰러진 곳 아래에 생긴 구멍이었다. 풀이 납작해져 있었고 가까운 가지들에는 갈색 빛을 띤 검은 털이 걸려 있었다. 또 한번은 곰들을 위해 큰 사과를 아주 많이 쌓아두었 는데, 며칠 뒤 그 사과 무더기가 거의 같은 양의 곰 똥, 사과 껍질로 변해 있는 것을 보는 행운을 누릴 수 있었다. 똥 속에도 사과 껍질이 선명하게 보였다. 그 커다란 곰은 딱 한 번 보았는데 발을 끌면서 천천히 멀어져가 고 있는 것을 보았다. 우리 어머니도 그 곰을 본 적이 있다. 집에서 일어 나는 미스터리를 풀려고 하는 중에 보게 된 것이었다. 개가 우리 집에 와 있을 때에도 매일 밤 개밥이 사라지는 것을 어머니는 이상하게 여겼다. 어머니는 주머니쥐가 개밥을 먹었을 것이라고 짐작했다. 그런데 개밥을 처음으로 집 안에 들여놓은 날 현관에서 무슨 소리가 났다. 어머니가 무 슨 일인가 하고 나가보는 순간 바로 코앞에 곰이 있었다. 그후 어느 날 밤 에는 어쩌다 창고 문을 닫지 않고 두었는데, 곰이 깡통에 든 개 간식을 도 로 위로 가지고 가서 그것을 엎고 신나게 먹었다. 집을 여러 날 비울 때 보통 나는 고양이들이 드나들 수 있게 창문을 1피트 정도 열어놓고 가는 데, 지난주에 여행에서 돌아오니 창문이 활짝 열려 있고 개 사료 봉지가 밖에 나와 있었다. 무슨 일이 일어났는지 바로 파악할 수 있었다. 곰이 집 안을 엉망으로 어질러놓지 않은 것이 고마웠다. 어지럽히는 곰보다는 예 의바르고 심지어 조심스럽기까지 한 곰들을 상대하기가 훨씬 더 좋다.

어둠의 저편

여기서 요점은 내가 곰을 얼마나 여러 번 보았든 간에 곰을 만날 때마다 큰 선물을 받은 것 같은 기쁨을 얻는다는 것이다. 내가 벌을 키울 때 곰 때문에 망했을 때나 곰이 내게 손해를 입혔을 때에도 그것은 변함이 없었다. 이번 만남도 예외가 아니었다. 개들 때문에 곰이 겁을 먹지 않도록 개들을 데리고 가서 엄마 집 창고에 가두었다. 그러고 나서 되돌아왔다. 나뭇가지들에 빛을 비춰보았지만 보이지 않았다. 불빛을 아래쪽으로 내려 나무 몸통을 비추자 바닥에 곰이 있었다. 내가 걸어갔던 곳에서 몇 피트도 떨어지지 않은 곳이었다. 곰을 쳐다보았다. 검은 곰이었다. 곰도 나를 쳐다봤다. 불빛 뒤에 있던 곰이 볼 수 있었는지는 알 수 없지만 말이다. 나는 곰에게 예의바르게 행동해줘서 고맙다고 하고 개들이 사납게 굴었던 것에 대해 사과했다. 나는 음식을 좀 갖다주고 싶다고, 집에서 떨어진 곳에다 갖다 주겠다고 곰에게 말했다. 곰은 그냥 쳐다보기만 했다. 나도 곰을 쳐다봤다. 그 다음 곰은 씩씩거리기 시작했다. 나는 곰을 무척 좋아하지만, 이 곰은 아주 어리긴 해도 나보다 몸무게가 많이 나가고 나보다 훨씬 큰 이빨과 발톱이 있다는 것도 나는 잘 알고 있다. 내가 곰의 언어를 모른다는 것도 잘 알고 있다. 따라서 씩씩거리는 게 무슨 의미인지 모른다. 나는 안으로 들어가기로 결심했다. 집 안에서 곰에 관한 책에 이렇게 씌어 있는 것을 보았다. "곰이 씩씩거리는 소리가 들리면 조심하라! 그것은 곰이 화가 났거나 기분이 좋지 않다는 뜻이다." 어쩌면 개 짖는 소리에 이어 인간이 앵앵거리는 소리가 단지 듣기 싫다는 의미일 수도 있겠다고 난 생각했다.

여기서 요점은 이것이다. 나는 야생 곰을 이렇게 만나는 것을 좋아한다. 다른 존재를, 이 특정한 곰을 이 특정한 나무에서 이 특정한 밤에 만나는 것을 좋아하지만 곰을 보자마자 15년 전 일을 떠올리지 않을 수 없었다. 15년 전쯤에 나는 네바다 주 북동부에 살고 있었다. 수십 년 동안

문명과 형오

엘코 군에서는 곰이 한 번도 목격되지 않았다. 아마 반세기 동안은 곰이 살지 않았을 것이다. 곰 한 마리가 아이다호에서 엘코 군으로 넘어왔다. 곰은 겁에 질려서 나무 위로 올라갔다. 그 다음에 무슨 일이 벌어졌는지는 짐작할 수 있을 것이다. 어느 목장 주인이 곰을 쏘아버렸다. 다른 곰이 또 넘어온 적이 있는지는 모르겠다. 곰들이 그 지역에 살지 않는 것은 곰들 탓이 아니었던 것이다.

밖의 정복과 안의 억압에 뿌리를 둔 우리 문명이 처음 시작과는 다르게 가리라는 것은 이미 누더기가 된 순진한 희망이다. 대대수 사람들의 피와 땀 위에서 소수가 누리는 안락과 고상함이 아닌 쪽으로 갈 수 있다는, 우리 문화가 이성에 따라 이성적인 방향으로 갈 수도 있다는, 제정신이 박힌 인간적인 삶의 방식으로 전화하게 될 수도 있다는 순진한 희망의 누더기는 하나의 이야기에 의해 결국 벗겨지고 마는 것 같다. 이제 그 이야기를 하려고 하는데, 그러나 그 이야기가 핵심은 아니다. 그 마지막 방아쇠는 결코 핵심이 아니다. 왜냐하면 이처럼 강력하고 이처럼 크고 이처럼 근본적인 순진한 희망은 단 하나의 사건으로 없어질 수 없기 때문이다. 그 사건이 아무리 결정적인 것이라 해도 말이다. 이 순진한 희망은 사막의 모래폭풍에 돌기둥이 닳는 것처럼 배신을 되풀이해서 겪거나 그런 배신 이야기를 읽음으로써 서서히 닳는다. 우리 문화의 진보를 나타내는 배신들이 그런 역할을 한다. 내가 연방 대법원장 존 마셜이 "발견이 자격을 부여한다. …… 그 자격은 소유로 완성될 수 있다"고 말했다는 것을 읽었을 때 기둥 일부가 부서졌다. 애머스트 경(Jeffrey Amherst, 프렌치-인디언 전쟁의 북아메리카 영국군 사령관-옮긴이)이 부케 대령에게 다음과 같은 명령을 내렸다는 것을 읽고 나서는 기둥이 조금 더 무너져내렸다. "불평이 많은 인디언 부족들에게 천연두가 퍼지게 하는 것을 고안할 수는 없는 가? 우리는 이번 기회에 인디언들을 줄이기 위해 힘닿는 범위 내에서 모든 전략을 활용해야 한다." 부케의 답을 읽은 뒤에는 기둥이 더 많이 무너졌다. 그는 자신이 "스페인 식 방법"을 더 좋아한다고 답했다. 그것은 사냥개, 게릴라전 훈련을 받은 병사, 경기병(輕騎兵)을 함께 투입하여 "효과적으로 해충을 박멸 또는 제거"하는 것이다. 여러 해 동안 나는 목재 판매 중단 소송을 제기했다. 국유지의 나무를 불법적으로 판매하는 것을 멈추게 하기 위한 것이었다. 내 친구들은 몇몇 국유지 숲의 불법 벌목을 중지시켰다. 전국에 걸친 우리의 노력에 대한 정부의 반응은 국유지 목재 판매를 환경 법규에서 제외시키는 것과 다름없는 법안을 통과시키는 것이었다. 내가 직접 수년 동안 운동을 벌여서 보존되도록 한 1만 에이커가 넘는 숲이 불과 15개월 만에 모두 잘려 나가는 것을 보았을 때, 순진한 희망의 기둥이 어떻게 되었겠는가? 원시림의 큰 나무가 하나씩 넘어갈 때마다 나의 기둥이 얼마나 많이 무너져버렸겠는가? 우리의 정치 체제가 아주 조금은 정당성을 가지고 있다고 믿는 사람들조차 나라를 운영하는 자들이 거짓말을 밥 먹듯이 한다는 것을 당연히 여긴다면 우리의 순진한 희망은 어떻게 되겠는가? 중성자탄이라는 것이 인간들(그 외 모든 생명체들)을 죽이지만 건물은 무너지지 않게 만든 것이라는 사실, 콘크리트와 유리와 강철만 남아 있게 하는 것이라는 사실을 당신이 알게 된다면 어떤 일이 벌어질까?

내 경우에는 이것이 마지막 기둥 조각이었다. 나는 에두아르도 갈레아노(Eduardo Galeano)의 『불의 기억(Memory of Fire)』 3부작 중 『바람의 세기(Century of the Wind)』를 읽고 있었다. 그것은 남미와 북미의 역사에 대한 탁월한 저술이다. 그 책에서 검은 제독 이야기를 보게 되었는데 나는 처음 들어보는 인물이었다. 1910년, 브라질 수병들이 일상적으로 채찍을 맞는 데 항의하여 폭동을 일으켰다. 그들 중 한 명이 장교에게 너무 심하게 당한 일이 계기가 되었다. 갈레아노는 이렇게 썼다. "이백사십팔, 이백사십구, 마지막으로 이백오십 번째 채찍이 피투성이 몸뚱이에 휘감긴다. 보기만 해서는 의식을 잃은 건지 숨이 끊긴 건지 알 수가 없다." 평범한 수병이었던 호야오 칸디두가 흑인 제독이 되어 리우데자네이루로 배를 이끌었다. 수병들의 요구는 간단하고 합리적인 것이었다. 채찍질을 금지하고 폭동 주동자들을 처벌하지 않을 것을 요구했던 것이다. 그렇게 하지 않으면 포탄을 퍼부어 리우데자네이루를 산산조각 내버리겠다고 위협했다. 정부는 즉각 그 요구를 받아들이기로 했고 수병들은 순순히 무장을 해제했다. 그후 어떤 일이 벌어졌을지는 총 맞은 곰의 운명과 마찬가지로 쉽게 짐작할 수 있을 것이다. 폭동은 무사히 종료되었고 이전의 명령 체계가 복구되었으며 의원들은 폭도들의 "폭력성과 야만성을 매우 격렬하게" 비난했다. 그런데 그 사건으로 목숨을 잃은 장교는 세 명에 불과했다. 그리고 어떤 의원은 개인적으로는 채찍질에 반대하지만 채찍질 금지 요구는 받아들일 수 없다고 말했다. 의원들 중 한 명의 말을 빌리면 "그것은 법률의 틀 내에서 적절한 경로를 통해 합법적 수단에 의해" 시행되었기 때문이다. 갈레아노의 말을 인용하자면, 채찍질 금지법의 잉크가 마르기도 전에 채찍질은 다시 시작되었고 해군은 폭도들을 죽이기 시작했다. 그들 중 운이 좋은 사람들은 총살당해 바다로 떨어졌지만, 운 나쁜 사람들은 코브라 섬의 지하묘지에 산 채로 묻혔다. 그 섬은 절망의 섬이라고도 불리는 곳으로 목이 마르다고 하면 그 섬의 석회질 섞인 물을 던져주곤 했다. 흑인 제독은 정신병원에서 생을 마감했다.

　합리적인 요구가 배신을 만나는 이야기는 문명에 대한 저항의 전형적인 줄거리다. 비인간화로 가게 하는 미친 논리. 마지막 기둥 조각이 될 수 있는 것은 그 외에도 쉽게 찾을 수 있었을 것이다. 인디언의 친구 토머스 제퍼슨 대통령이 육군성 장관에게 땅을 수탈하는 데 저항하는 인디언들은 도끼 맛을 봐야 할 것이라고 말했다는 것도 그에 포함된다. 그는 더 나아가서 "어떤 부족에게든 우리가 불가피하게 도끼를 휘둘러야 한다면 그 부족이 절멸하거나 미시시피 너머로 쫓겨가기 전까지는 절대 도끼를 내려놓지 않을 것이다"라고 말했다. 그는 계속해서 이렇게 말했는데 이것은 문명의 핵심 주제라고 할 수 있다. "전쟁에서 그들은 우리 중 일부를 죽일 것이지만 우리는 그들을 전부 없애버릴 것이다." 그의 말은 뉴욕경관공제회의 변호사 스테픈 워스의 말을 생각나게 한다. 네 명의 경찰관이 아마두 디알로를 죽인 후 그는 이렇게 말했다. "그들은 위협이 제거될 때까지 사용 가능한 모든 화력을 사용한다는 생각이었습니다." 워스가 일부러 제퍼슨의 말을 흉내낸 것 같아 보인다. 그러나 아마도 그렇지는 않을 것이다. 이런 사고방식, 이런 식으로 세상과 대면하고 세상으로 들어오는 방식은 우리 깊은 곳에 아주 오랫동안 주입되어서 조건반사처럼 되었기 때문일 것이다. 희망의 마지막 기둥 조각은 앤드루 잭슨 대통령이 될 수도 있었을 것이다. 그는 고맙게도 위선적이지는 않았다. "나는 항상 내가 죽인 자들의 머리 가죽을 간직해왔다"고 자랑했다. 그리고 그는 크리크 인디언 약 800명의 시신을 절단하는 것을 직접 감독했다. 그와 부하들은 남녀노소 가리지 않고 크리크 인디언을 학살하고 전적 기록을 남기기 위해 인디언들의 코를 잘랐고 살갗을 길게 벗겨내어 무두질 한 다음 보닛 모자(유럽에서 여자나 아이들이 쓰던 끈 달린 모자-옮긴이)의 턱 끈을 만들었다. 잭슨이 체로키 인디언들로 하여금 억지로 체결하게 한 가짜 협약도 그 마지막 기둥 조각이 될 수 있었을 것이다. 그는 체로키 족 지도자들을 투옥하고 그들의 신문사를 폐업시키고 그 다음 "협조적인" 인디언들과 협상하여 협약을 맺으려 했다. 그 협약은 너무나 터무니없는 것이어서 그 협약에 따라 인디언들을 없애기 위해 부족 구성원들의 등록을 맡은 군 장교

문명과 혐오

조차 이렇게 말했다. "그 문서는 …… 말이 협약서지 협약이라고 할 수가 없는 것이었다. 체로키 부족 대회의의 재가를 받지 않았고 그들의 참여나 동의 없이 체결된 것이기 때문이다. 내가 진지하게 선언하건대, 체로키 족 사람들 열 명 중 아홉 명은, 아니 스무 명 중 열아홉 명은 즉각 그것을 거부할 것이다. …… 워싱턴으로 데리고 간 대표단은 …… 그 부족에서 권위 있는 사람이 아니고 목적을 위해 되는 대로 열두 명을 뽑은 것이었다. …… 체로키 족은 평화를 사랑하고 해를 끼치지 않는 사람들이지만, 매우 화나게 만들 수는 있기 때문에 이 협약은 강한 물리력 없이는 효과를 발휘할 수 없다." 이 협약이 이행된 결과로 만들어진 죽음의 행렬이 그 마지막 조각이 될 수도 있었을 것이다. '눈물의 길'에서 체로키 족 남자, 여자, 어린이가 8,000명 정도 죽었는데, 이것은 그 나라 나머지 인구의 절반에 해당하는 수였다(이것은 1939년에서 1945년 사이의 독일, 헝가리, 루마니아의 유대인 사망률과 거의 비슷하다). 좀 더 최근 일로는, 이전에 국제 전범 반인륜 범죄 재판소에서 유죄 판결을 받은 사람을 미국 상원이 만장일치로 국무장관에 임명한 것이 있다. 콜린 파월 말이다. 그는 베트남에서 미군이 저지른 일상적인 잔학 행위 조사를 공식적으로 요청받은 사람으로서 이런 결론을 내리기도 했다. 마이라이 등지에서 미군이 민간인 학살, 강간, 고문 등을 저질렀다는 의혹에 대해 "미군들과 베트남 사람들의 관계가 아주 좋다는 사실이 바로 이런 주장을 직접 반박해주고 있다"고 말했던 것이다. 애틀랜틱 돈 호(Atlantic Dawn) 같은 배가 존재한다는 것도 순진한 희망의 마지막 기둥 조각이 될 수 있었을 것이다. 그 배는 저인망 어선으로 하루에 344톤의 물고기를 "취급"할 수 있다. 1마일이 넘는 길이의 그물을 펼쳐넣고 해저를 긁어서 그것이 지나간 길에 있었던 생명체는 물고기, 새 할 것 없이 모조리 쓸어버린다. 그리고 그 중 많은 것은 잡아라면서 내던져버린다. 죽은 다음에 말이다. '트라이던트' 잠수함의

어둠의 저편

존재도 마지막 조각이 될 수 있었다. 그것은 스물네 개 미사일을 동시에 발사할 수 있는 선제공격 무기인데, 미사일 하나하나는 열일곱 곳의 목표 지점으로 따로따로 나갈 수 있는 핵탄두를 가지고 있다. 각 핵탄두는 나가사키를 완전히 재로 만들어버린 폭탄의 열 배가 넘는 위력을 가지고 있고 7,000마일을 날아갈 수 있다. 따라서 이런 잠수함 단 하나만으로—미국은 스물두 척을 가지고 있다—지구 반대편에 있는 도시 408개를 손쉽게 없애버릴 수 있다. 캐런의 경우와 마찬가지로, 살충제 사용의 광범위함과 어리석음도 마지막 조각이 될 수 있었다. 최근 한 식당에서 이루어진 대화도 그 마지막 조각이 될 수 있었을 것이다. 내가 종업원에게 슈퍼볼에서 어느 팀이 우승했는지 아느냐고 물었다. 그 여자 종업원이 바보 쳐다보듯 날 보더니 대답해주었다. 그 다음 나는 그냥 호기심에서 야생 연어가 노스웨스트 전역에서 절멸 위기에 있는 것을 아느냐고 물었다. 그녀는 모른다고 말했다. 나중에 알게 되었지만 그녀는 환경공학을 전공하는 대학 3학년생이었다.

그와 같은 사실에 대한 이해를 사기 것으로 통합하는 것이 좌절보다는 의욕을 줄 수 있도록 하려면 어떻게 해야 하는가가 중요한 문제인 듯하다. '통합(incorporate)'이라는 말은 라틴어 '인 코르포르(in corpor)'에서 온 말인데 이것은 몸속으로 가져온다는 뜻이다. 내가 그 답을 알고 있는 것은 아니다. 나는 단지 그런 전환을 통해 나를 기운나게 한 것이 무엇인지 알 뿐이다.

이미 이런 문턱을 넘기를 겪고 계속해서 힘껏 운동을 하는 친구들이 많다는 사실이 큰 도움이 되었다. 우리 문화를 되살리는 것이 불가능함을 아는 것은 그들을 무기력하게 만든 것이 아니라 오히려 힘이 솟게 했다. 이 사람들이 나의 모범이고 내게 용기를 주는 이들이다. 그들 대부분은 이런 인식 변화를 명확히 표현한 적이 없지만, 즉 그 헛된 희망의 꺼풀을

문명과 혐오

벗겨내는 전환을 겪었다고 말한 적은 없지만, 그보다 훨씬 더 중요한 것은 그들이 그것을 실제로 겪었고 또 아름답게, 행복하게 극복하고 있다는 점이다. 그들은 문화의 광기에 그들 스스로가 물들지는 않았다. 아 물론, 많은 이들이 그것 때문에 자주 울기도 하지만, 그들은 자기 주변에서 보는 부정의와 광기에 반대하는 운동을 열심히 함으로써 자기가 부정의와 광기에 참여한다는 부끄러움은 덜 수 있었다. 문화의 중심에 있다는 사실, 문화의 보상을 받는 곳에 있다는 사실로 인해 그 문화에 참여하게 되는 것이 주는 부끄러움 말이다. 감정, 정신의 주짓수(jujitsu, 유도와 레슬링을 합쳐 놓은 것. 1대 1로 싸울 때 이기기 위한 모든 기술이 있다. 브라질에서 만들어진 것으로 유술이라고도 한다 - 옮긴이) 같은 것을 거침으로써 그들은 문명의 중심의 삶에서 나온 자신의 인식을 바꿀 수 있었다. 즉 자기 삶의 방식을 통해 다른 모든 사람들의 착취에 기초하는 불공평한 이득의 자리에서 생긴 인식을, 그와는 다른 종류의 이득을 얻는 인식으로 전환했던 것이다. 그것은 부드러운 변방에 접근할 수 있게 되는 것이다. 그 모든 안락과 고상함의 수혜자로 자랐다는 것은 우리에게 더 큰 책임감과 능력을 준다. 그런 불공평한 특권의 근원을 폐쇄하고 그것의 기초가 되는 경멸과 혐오에 대항해 싸워야 할 책임, 그렇게 할 수 있는 능력이 있다. 예를 들어 읽고 쓰는 것을 배웠다는 것은 다른 사람들이 갖지 못한 도구를 내가 가지고 있다는 것이다. 다른 사람에 비해 나는 내가 서 있는 곳, 즉 문명의 중심에서 문명에 더 큰 손상을 입힐 수 있다. 즉 인류에게 좋은 일을 더 많이 할 수 있다. 굶주리는 인도네시아 아이에 비해, 제3세계의 도시에서 여러 명의 아이를 기르는 가난한 아버지나 어머니에 비해, 그런 일을 하기가 훨씬 쉽다. 내가 좋은 일을 하기 위해 그런 특권을 더 가지려고 애써야 한다는 뜻은 아니다. 힘있는 자리에 접근하기 위해 점점 더 심한 타협이라는 미끄러운 비탈로 내려가야 한다는 뜻도 아니다. 그것은 내가

어둠의 저편

어떤 특권—나의 성별, 피부색, 태어난 나라, 교육 정도에 기초한 특권—을 받고 태어났다는 것으로 인해, 그런 특권의 기초를 흔들거나 뿌리뽑는 데 그것을 사용하는 것이 의무가 된다는 뜻이다.

이번에 또 내가 배운 것은 이것이다. 우리의 삶의 방식으로 인한 파괴를 보면서 나를 가장 힘들게 한 것은 나의 슬픔이나 고통이 아니라 그것을 인정하고 느끼기를 거부하는 내 마음이었다.

그 시기 동안 나는 일주일에 서너 번은 목메어 울었다. 그 일은 내가 환경운동을 시작하고 두 권의 책을 쓰며 몇 년을 보낸 뒤에 일어났다. 그러면 캐런이 나보다 훨씬 빨리 배우는 사람이라는 의미다. 그렇지 않으면 문화의 파괴력이 요 몇 년 사이에 훨씬 더 눈에 띄게 드러났다는 의미다. 사라지고 있는 스라소니, 연어, 포트오포드 삼나무. 로렌스 서머스의 선언. 정치가들의 거짓말. 세금으로 고문과 살해를 가르치는 미국 아메리카 군사학교(SOA)(그것을 세금으로 운영하는 것은 사실 합당하다. 미국 시민들은 제3세계의 착취와 그를 위해 필요한 고문 등으로 경제적 이익을 얻기 때문이다). 내가 그런 상태에 있을 때, 내 친구들 중에 그것을 이미 겪은 이들은 날더러 편하게 생각하라고 말했다. "편하게 받아들여. 잠시 쉬었다 돌아와도 그 문제들은 그대로 있을 테니까." 그러나 나는 내가 계속 밀어붙여야 한다고 생각했다.

이 인식 전환 과정에서 내게 가장 큰 도움을 준 사람은 지넷 암스트롱(Jeannette Armstrong)이었던 것 같다. 그녀의 도움이 없었다면 나는 지금처럼 운동가 겸 작가가 될 수 없었을 것이다. 그녀는 오카나간 인디언으로, 그녀 역시 작가이자 운동가다. 나는 첫 책 『땅에 귀 기울이기(Listening to the Land)』를 쓰면서 인터뷰를 통해 그녀를 처음 만났고, 그후 우리는 친구가 되었다. 흑인 제독 이야기를 읽은 날, 그녀에게 전화를 했다. 내가 이렇게 말했다. "이 문화는 모든 것을 미워하는 것 같아. 그렇지 않아?"

문명과 혐오

"맞아. 자기 자신까지 미워하지." 그녀가 말했다.

"멈추게 하지 않으면 전부 다 죽게 되지 않을까?"

"그 답은 너도 알잖아."

"그런데 이 문화는 변하지 않겠지?"

그녀는 유쾌하게 그러나 단호하게 말했다. "네가 그 얘길 하기를 기다려왔어."

그것은 그녀든 그 누구든 내게 해줄 수 있는 가장 좋은 말이었다. 내가 절망과 싸울 필요가 없고 절망은 절망적인 상황에 대한 정상적이고도 합리적인 반응이라는 것을 이해할 수 있게 해주었다. 그 많은 아름다움의 죽임 앞에서 목메어 우는 내 반응이 정상적인 것이고 예측할 수 있는 것이었음도 알게 해주었다. 그러한 상실을 느끼지 못하는 것은 다른 형태의 상실, 즉 자기 인간성의 상실, 자신의 마음을 잃어버린 표시라는 것도 알게 되었다. 내가 이 모든 것을 깨달은 순간은 이 혐오의 문화, 노아의 규칙이 나에 대한 지배력을 잃어버리는 순간이었다. 내가 어둠을 뚫고 어둠을 넘어 어둠의 저편으로 간 순간이었다.

감옥에 있는 도둑이 반드시 다른 사람들보다
정직하지 않은 것은 아니다.
그들은 대부분 무지나 어리석음〔또는 인종차별이나 가난〕
때문에 일반적인 절도 방식이 아닌
다른 방식으로 도둑질을 한 사람들이다.
빵집에서 빵 한 조각을 훔치다가 감옥에 오게 된 자들이다.
그리고 수백 명의 과부들과 고아들,
그리고 일반적인 절도 방식을 모르는
순진한 자들의 식탁에서 빵을 훔치는 사람은
대개 의회로 간다.

—조지 버나드 쇼(George Bernard Shaw)

범죄자들

오늘 저녁에 교도소에서 강의를 하고 돌아왔다. 경비 수준이 제일 낮은 레벨 1 교도소였다. 앞으로도 당분간 레벨 4에서는 강의를 하지 못할 것이다. 경비 수준이 제일 높은 곳의 수감자들은 내가 앞서 이야기한 폭동의 여파로 아직도 감방에서 한 걸음도 못 나가고 있다. 지난 8개월 동안 교도관들이 '프로그램'을 진행하려고 하거나 재소자들을 다시 운동장에 내보낼 때마다 1, 2주도 되지 않아 '사건'이 일어나곤 했다. 칼이나 막대기 따위로 다른 사람을 찌르는 사건이 벌어졌던 것이다. 히스패닉(중남미계의 미국 이주민을 뜻하는 말로 '라티노'라고도 한다. 미국의 소수 인종 중 최대 그룹이며, 흑인 못지않은 응집력을 갖고 있다-옮긴이) 수감자들이 먼저 흑인들을 공격했기 때문에 지금 흑인들은 히스패닉에게 복수를 하지 못해 안달이다. 그러므로 이번에는 히스패닉 죄수가 당할 수 있다. 그러면 그 다음에는 당연히 히스패닉이 복수를 할 것이다. 그렇게 되풀이된다. 흑백 갈등 또한 진작부터 존재하고 있었다. 여러 달 전에 일

문명과 혐오

어난 사건 때문이었다(500년 역사까지 들먹이지 않더라도). 그래서 교도관
들이 히스패닉 죄수들을 가두어두고 흑인과 백인만 운동장에 나오게 한
다 해도, 연장으로 찌르는 지점의 피부색은 다를지 몰라도 유혈 사태가
일어나는 것은 다르지 않을 것이다. 그 때문에 모든 수감자들이 실외로
전혀 나오지 못하고 갇혀 있었다. 아시아인, 멕시코인, 아메리카 인디언
들은 그에 대해 어떻게 생각하는지 나로선 알 수 없다. 자신과 상관 없는
이유로 운동을 하러 나가지도 못하게 되었다는 것을 알게 되면, 아마 그
들은 일단 규칙을 어겨서 못 나갈 이유를 만들어내려 할 것이다.

  오늘 저녁 수업 시간에는 충격적인 이야기를 들었다. 수강생들은 어떤
이들이 무기를 어디까지 숨길 수 있는지를 이야기하고 있었다(나는 우연
히도 '숨기다(secrete)'를 '배설하다(excrete)'로 잘못 쳤는데, 이것이 무기 숨기
는 주요 장소 중 하나에 대한 힌트였다). 그런 이야기를 하다 보니 최근 뉴스
에 나온 펠리컨 베이에 수감된 죄수에 대해 이야기하게 되었다. 그는 교
도소 갱 조직인 아리안 브라더후드 조직원이어서 최중경비 교도소(SHU)
에 있었다(거기서는 독방에 감금된다).

  최중경비 교도소에 가는 길은 두 가지가 있다. 하나는 교도소 규칙을
어기는 것이다. 마약 복용, 무기 소지, 동료 재소자 폭행 등을 하면 된다.
예전에 내 학생이었던 수감자 한 사람은—글을 아주 잘 써서 내가 무척
좋아했는데—석방될 날이 머지않은 상태였다. 그런데 교도소 내 폭동이
일어나자 그는 폭동에 가담하지 않았는데도 등 뒤로 수갑이 채워졌다. 그
리고 다른 수감자들과 함께 (차가운) 샤워를 하러 가기 위해 운동장에 앉
아 차례를 기다리게 되었다. 싸움을 중단시키려고 교도관들이 최루가스
를 뿌렸기 때문이다. 교도관이 와서 그를 일으키려 하자 그가 "내 몸에 손
대지 마" 하고 말했다.

  교도관은 이렇게 대꾸했다. "시간 낭비시키지 마."

범죄자들

"내 힘으로 일어서겠어."

교도관이 그를 일으켜 세우려고 손을 뻗자 그는 어깨로 그 남자의 아랫배를 박아버렸다. 내 생각에, 그건 분노를 엉뚱한 곳에서 터뜨린 어리석고도 무력한 짓이었다. 캘리포니아 교정부는 이런 행위를 교정직 공무원 폭행이라고 정의한다. 그는 최중경비 교도소 18개월 복역을 선고받았다.

최중경비 교도소에 갈 것을 선고받는 또 다른 방법은 교도소 행정 직원에게 교도소 갱 조직원으로 확인받는 것이다. 교도소 갱이란 감옥 내에만 존재하는, 또는 주로 감옥에 있는 갱을 말한다. 이 부근의 교도소 갱 조직 중 큰 것으로는 '멕시칸 마피아'가 있다. 보통 '남부 조직'이라고 불리는데 조직원들이 수레뇨스, 즉 남부 사람이기 때문이다. 그리고 노르떼뇨스, 즉 '북부 조직'으로 불리는 '라 누에스트라 파밀리아'가 있고, 그 외에 '블랙 게릴라 패밀리', '아리안 브라더후드', '나치 로우 라이더스'가 있다. 앞의 두 개는 히스패닉 조직이고 세 번째는 아프리카계 미국인들 갱이고 마지막 두 개는 백인들 조직이다.

그 집단들 간의 관계는 예상과 달리 인종의 구분선과 딱 맞지 않는다. 가장 사이가 나쁜 것은 북부 사람들과 남부 사람들이다. 그들은 "눈에 띄기만 하면 죽여버리는" 관계라고 한다. 여러 동맹 관계도 있다. 멕시칸 마피아와 아리안 브라더후드는 매우 긴밀하게 협력하며, 북부 사람들은 블랙 게릴라 패밀리와 함께하고 더 확대되면 아프리카계와 우호 관계를 맺는다.

교도소 내의 인종 관계는 상당히 복잡하다. 내 학생들에 따르면, 수감자들 전부는 아니어도 대부분은 인종차별주의자들이다. 한 학생은 이렇게 말했다. "내가 감옥에 올 때는 아니었는데 지금은 인종차별주의자가 됐어. 여기서 인종차별주의자가 되지 않는 건 거의 불가능해." 또 다른 학생은 감옥이 사회를 비추는 깨진 거울 같다고 한다. 인종분리를 유지시키기 위한, 수감자들 사이의 규칙이 있다고 그들은 말한다. 예를 들어 백인은 흑인이 담배 피운 뒤에 피워서는 안 된다. 흑인이 자기 담배를 백인에게 권하는 경우, 흑인이 이미 한 모금 빤 뒤라면 백인이 그걸 받아서는 안 된다. 백인이 농구를 좋아하는데, 흑인들이 운동장에 자주 나온다면, 그 백인은 재수가 없는 것이다. 가끔은 함께 운동을 할 수도 있지만 너무 자주 하면 흑인들과 친하게 지내지 말라고 동료 백인한테 경고를 받을 것이다. 그 경고를 무시하면 얻어터질 것이 분명하다. 카드 게임도 재미로 하는 게임은 따로 한다. 그러나 돈을 걸고 할 때에는 배추색 외에 다른 색깔은 중요하지 않다. 이런 규칙들은 내가 백인 재소자에게서 들은 것인데, 흑인들 사이에도 비슷한 규칙이 있다고 한다.

운동장에서 인종 폭동이 일어나면(그런 일은 일반적으로 그리 자주 일어나지는 않는다는 것을 밝혀두어야겠다) 수감자들 모두 가담하게 된다. 평화주의자에다 정치의식이 있고 그 안에서 인종 협력을 위해 노력하고 있는 사람이라 하더라도 말이다. 예를 들면 드웨인 홈즈는 '블러드'와 '크립스'(로스앤젤레스를 중심으로 활동하는 대표적인 갱 조직들. 두 조직은 적대적인 라이벌 관계다―옮긴이) 사이에 평화를 만들려고 노력하다가 무고하게 살인죄를 덮어쓰기도 했는데, 그도 폭동 중에는 "작업에 투입"되어야 했다. 그것이 어린 시절 친구와 싸우는 것을 의미할 때에도 말이다. 가석방되기 직전이라도 참여한다. 전에 내가 가르친 재소자 중 한 명은 석방을 겨우 60일 앞둔 상태였는데, 작년에 큰 싸움이 벌어졌을 때 싸우는 것 외에 다른 선택은 할 수 없었다. 그 결과로 그는 최중경비 교도소 수감 기간이 길어졌고 그만큼 석방도 미루어졌다.

그렇지만 '교정시설 내 예술 수업' 시간에 한해서 보면 재소자들은 인종에 상관 없이 모두 매우 잘 지내는 듯하다(성적 취향과도 상관 없어 보인다. 내 수업 시간에 동성애자임을 공표한 사람들이 몇몇 있었는데, 최소한 강의실

범죄자들

에서는 주류 문화에서보다 훨씬 더 수용되는 분위기였고 동성애혐오도 훨씬 덜했
다). 드러내지 않는 적대감도 전혀 없었다.

　감옥 갱 조직들은 인종별로 따로 뭉치지만, 기본적으로 인종차별 조직
은 아니다. 그들의 목적은 상호 보호와 조직 범죄뿐이기 때문에, 인종을
따지는 분위기가 있기는 하지만 인종 문제는 부차적인 경우가 많다. 예를
들어 '라 누에스트라 파밀리아'는 1960년대 중반 캘리포니아 솔대드 교도
소에서 결성되었는데, 농촌 출신 히스패닉 젊은이들을 다른 재소자들로부
터 보호하는 것, 특히 멕시코계 마피아 조직원들로부터 보호하는 것이 그
목적이었다. 국가 정치의 축소판인 감옥에서 자기 방어는 곧 자원의 통제
에 달려 있게 되고 감옥에서 자원이란 암거래 물품 유입 능력이다. 그래서
자기 보호 조직은 범죄 연합체로 발전하게 된다. 그와 비슷하게 '멕시칸
마피아'는 민족적 연대감과 라티노의 자긍심을 불어넣기 위한 것일 뿐만
아니라 마약 밀거래를 위한 조직이기도 하다. 그와 비슷하게 '아리안 브
라더후드' 조직원들은 백인우월주의 문신을 하고 인종분리, 백인우월주의
이데올로기를 신봉하는 경우도 있지만, 조직원들의 실제 핵심 목표는, 플
로리다 주 교정부 보고에 따르면 "잘 지내기와 잘 버티기"라고 한다. 다시
말하면 교도소 체류 기간 동안 가능한 한 편하게 지내는 것이 목표라는 것
이다. 그렇게 하기 위해서는 언제나 그렇듯이 자원을 통제할 수 있어야 한
다. 교도소 갱단과 인종 간의 모호한 관계의 예를 더 들어보면, '나치 로우
라이더스(NLR)'에 유대인들이 있다는 사실을 말할 수 있다. 그리고 살인
을 포함하여 나치 로우 라이더스가 저지르는 범죄의 60퍼센트는 백인을
대상으로 한 것이다. 로스앤젤레스의 조직폭력배 담당 경찰관은 "NLR에
게 제일 중요한 것은 비즈니스다"라고 말한다. 그것은 아마도 다른 갱단에
게도 마찬가지일 것이다(생각해보니 우리 문화 전체에 해당하는 말일 듯하다).
인종과 비즈니스의 관계는 다른 조직폭력배 전담 경찰관이 이렇게 잘 표

현해주었다. "그들(NLR)이 흑인들을 혐오하는 것은 단지 흑인이라는 것 때문이 아니라 흑인들이 감방의 실세고 위협 세력이기 때문이다."'블랙 게릴라 패밀리'는 '블랙팬더'의 조직원 조지 잭슨이 설립한 것으로, 교도 소에서 품위 유지를 위해 노력하고 인종차별을 뿌리뽑고 미국 정부를 전 복하는 것을 목표로 내세우며 만들어졌다. 그런데 혁명적인 것을 강조한 그 조직도 점차 세속적인 범죄에 손을 뻗쳤다.

교도소 직원이 어떤 재소자를 갱단 조직원이라고 확증하는 것은 까다 로운 일이다. 최소한 캘리포니아에서는 그렇게 확증하기 위해서는 증거 세 가지를 입수해야 한다. 갱단 조직원임을 명백히 보여주는 것―자백, 갱단 문신, 압수된 행동강령 문서 등―에서부터 자의적이고 미심쩍은 것 까지 모두 포함될 수 있다. 제보자의 증언(갱단 조직원으로 의심되는 사람은 제보자를 대면할 수 없게 되어 있다), 밀고, 집에서 온 편지에 들어 있는 내 용, 갱단 조직원이라고 밝혀진 자들과의 친분 등이 증거로 쓰일 수 있다 (친분 있는 자에는 감방 동료도 포함될 수 있는데 이것은 부당해 보인다. 감방 동 료는 교도소 직원이 정해주기 때문이다).

갱 조직원 확증은 행정적인 결정이지 법적인 것은 아니다. 재소자들은 재판을 받지도 않고, 고발자도 증거도 볼 수가 없다. 한번 결정되면 그걸 로 끝이다. 재판 없이 결정되는 것이 정당하고 합당하다고 쳐도, 교도관 마음에 안 드는 사람들을 처벌하기 위해 증거 규칙이 왜곡되기가 얼마나 쉬울지 안 봐도 뻔하다. 갱 조직원이라는 확증을 받은 사람들 중에는 다 른 재소자들에게 정말로 위협이 되는 사람들도 있겠지만 교도관의 통제 나 기존 질서에 위협이 되는 사람들도 있을 수 있다. 교도관들이 좋아하 지 않는 정치적 견해를 가진 사람들, 혁명가, 교도소 변호사가 그 예가 될 것이다. 교도소 변호사는 재소자들의 관점에서 볼 때 교도소 직원들이 법 을 지키도록 강제하는 사람이지만 직원의 관점에서 보면 여러 사람 시간 낭비하게 할 뿐인 바보 같은 소송을 제기하는 사람이다. 또 교도소의 서비스 질을 문제 삼는 교도소 의사, 갱단 휴전을 주선하는 사람도 그에 포함될 수 있다. 재소자들이 서로 반목하는 것이 교도관들과 직원들에게 이익이기 때문이다. 한때 재소자였던 어떤 사람이 《크리스천 사이언스 모니터》지 기자에게 이렇게 말했다. "교도관들에 비해 수감자들 수가 엄청나게 더 많기 때문에, 교도소 측에서는 수감자들이 교도관들과 분리되어 대항하는 것보다 그들 내부에서 분리되는 것이 더 유리하다. 교도관들은 어떤 종류의 불만이든 교도소가 아니라 다른 재소자 집단으로 향하게끔 한다." 그렇다면 교도소 측 말도 한번 들어보자. 샌프란시스코 교도소장은 '내셔널퍼블릭 라디오'에서 이렇게 말했다. "교도관이 한 층에 200명씩 감시해야 한다면 말예요. '빌어먹을, 왜 우리가 저놈이 정한 규칙을 따르고 규제를 받아야 하는 거지?' 하면서 200명이 모두 그 교도관을 쳐다보는 것보다는 서로 싸우는 다섯 개 분파로 나뉘어져 있는 것이 훨씬 편하지 않겠어요? 그래서 많은 시설들에서 교도관들에게 이런 식으로 할 것을 권하기도 합니다."

갱단 조직원이라고 확인되면 SHU로 보내진다. 기간이야 얼마든 그 안에서 사는 것이 어떨지는 대부분의 사람들이 상상도 못 할 것이다. 나도 삼나무 가지 끝에서 바람이 놀고 있는 것을 좁은 창 너머로 보면서 좁디좁은 작은 방에 갇혀 있는 것이 어떨지 상상하기가 무척 어렵다(창문은 열리지도 않는다. 그 이유야 뻔하다). 연못을 보러 나가볼까, 그후에는 천천히 숲을 가로질러 엄마 집으로 가서 인사를 하고 뭘 하시는지 볼까 생각하다가, 독방 생활을 상상하기란 정말 어려운 일일 수밖에 없다. 감옥의 콘크리트 벽과 꽉 닫힌 쇠창살 문, 강화 유리, 그리고 침상 옆에 있는 스테인리스 변기, 정해진 시간에 먹고 정해진 시간에 씻고 정해진 시간에 사람을 만나야 하는 생활을 상상하기가 쉽지 않다. SHU에서는 죄수들이 하루

23시간 이상 방에 갇혀 있다(독방도 있고 2인실도 있다). 방에는 창문이 없고 공기는 정화한 다음 계속 재사용한다. 그들이 바깥세상과 접촉할 수 있는 유일한 통로는 식판이 건네지는 틈이다. 일주일에 두 번 샤워를 하러 갈 때나 운동장으로 나갈 때도 이 틈으로 손을 내밀면 수갑이 채워진다. 운동장은 콘크리트 바닥으로 되어 있고 밖이 전혀 보이지 않으며 교도관과 가끔 머리 위로 지나가는 갈매기 말고는 생명체라고는 구경할 수 없다. 그들의 방은 하루 24시간 폐쇄회로 TV로 감시된다. 이 죄수들은 직업 훈련이나 교육도 받지 않고 전화를 쓰는 것도 제한되어 있고 가족을 면회할 때에도 접촉은 하지 못하게 되어 있다. 방탄유리를 사이에 두고, 도청되는 작은 인터폰을 통해 이야기를 나누어야 한다. 18년간 SHU(또는 그것의 전신)에서 지낸 재소자가 내 수업을 들은 적이 있다. 18년이면 윤년까지 계산해서 6,574일이고 15만 7,776시간이다. 한 시간 전과 후가 별로 구별되지 않는 시간이 그만큼인 것이다. '블랙 팬더스' 조직원들과 기타 혁명가들이 1970년대 이후 그곳 독방에서 지내왔다.

내가 한 수강생에게 SHU에서 5년을 어떻게 보냈냐고 물었더니 그는 이렇게 답했다. "텔레비전 보면서 지냈지."

"다른 것은 안 하고?"

"텔레비전 봤어."

글을 쓰며 지내는 사람도 있다. 어떤 갱 조직은 규율을 유지하기 위해서 글을 쓰게 한다. "내일까지 명예를 주제로 한 페이지 안에 1만 단어 이상 글을 써 와." 그로써 내가 지금까지 불가능하다고 생각했던 일이 이루어진다. 즉 글쓰기를 싫어하게 만드는 데 있어 중·고등학교 국어 선생보다 더 뛰어난 위력이 발휘되는 것이다. 글을 어찌나 많이 썼던지 가운데 손가락 끝 부근에 안장 모양으로 굳은살이 박인 사람이 많다. 물론 SHU에는 스스로 글을 쓰는 사람들도 있다. 어떤 사람들은 무술을 연마하거나

범죄자들

팔굽혀펴기와 버피(팔굽혀펴기 자세를 취했다가 다시 몸을 쪼그리고 앉기를 반복하는 운동—옮긴이)를 한다. 한 번에 버피 천 번쯤은 보통이다. 어떤 사람들은 환각에 빠진다. 어떤 사람들은 자살을 한다. 대부분은 하루하루, 한 해 한 해 그냥 시간을 보낸다.

갱단 조직원으로 확인된 사람들이 SHU를 나가는 방법은 딱 세 가지가 있다. 죽는 것, 형기가 다 채워졌을 때쯤 가석방되는 것, 갱단에 대해 알고 있는 것을 죄다 부는 것이 그것이다. 갱단 비밀을 누설하고 교도소에서 나가는 것을 '디브리프(debrief)'라고 부른다. 그러므로 갱단원으로 잘못 확인된 사람들, 즉 사실은 조직원이 아닌 사람들은 타개 불가능한 상황에 처하게 된다. 갱단에 대해 아는 게 없으므로 자유를 살 수단이 없는셈이므로 혼자서 매우 긴 시간을 보낼 계획을 세워야 한다. 실제로 갱 조직원인 사람들도 타개 불가능한 상황에 있기는 마찬가지다. 대부분의 갱단들은 조직원들이 평생 그 안에 있기를 요구한다. 떠나려고 시도하는 것은—갱단 비밀을 누설해서 나가는 것이 아니더라도—죽임을 당할 구실이 된다. 한때 갱 조직원이었던 사람과 이야기를 나눈 적이 있다. 그는 갱단의 비밀을 누설하지 않았지만 예수를 발견하고 갱단을 떠난 사람이었다. "그들은 내가 진실을 이야기하고 있다는 것을 알았기 때문에 내가 잘되기를 빌어주었어. 그렇지만 내가 빠져나가기 위해서 거짓으로 이야기하고 있다고 그들이 생각했다면 나는 지금 여기서 너랑 얘기하고 있지 못할 거야." '디브리프'를 한 사람들의 경우에는 위험이 훨씬 더 크다. '멕시칸 마피아'의 구성원이었던 전직 깡패 세 사람들은 진지한 연구 사례로 삼을 만하다. 그들은 디브리프를 한 것이 아니라 에드워드 제임스 올모스의 영화 〈아메리칸 미(American Me)〉의 제작을 돕기 위해 갱단의 성립에 대해 이야기를 해주었다. 그 영화는 멕시칸 마피아의 설립자 중 한 사람이 젊었을 때 강간을 당한 것으로 그렸다. 컨설팅을 한 사람들은 배신죄로 갱단에 의해 처형되었다. 갱단의 다른 조직원들 이름을 대고 암거래 물품을 어떻게 들여오는지, 무기를 어디에 숨기는지 등 조직의 비밀을 누설하는 것은 자기 목에 현상금을 거는 것과 같다.

오늘 저녁에는 새로운 것을 배웠다. 아, 아니, 이 글 첫머리에서 말한 충격적인 것이 이것은 아니다. 그걸 누설했다고 어떤 사람이 죽게 되는 그런 것은 아니다(이 문장을 서둘러 덧붙였다). 이제 그것은 비교적 낡은 뉴스기 때문이다. 내가 배운 새로운 것은 이것이다. 어떤 SHU 재소자가 새로운 손재주를 개발해서 알몸 수색을 받을 때에도 몸에 칼을 숨길 수 있게 되었다. 어떤 사람이 디브리프 하면서 이 기술에 대해 교도관들에게 알려주었다. 그 다음 그것을 보여주기 위해 가장 부지런한 교도관 두 명을 통해 칼을 밀반입했다. 그후 그것을 어떻게 하는지, 어디를 수색해야 하는지 보여주었다(나는 그 기술이 어떤 것인지 짐작조차 할 수 없다). 조직원들이 디브리프 한 다음에는 기초적인 교육을 받게 하고 자존감을 높이기 위한 강좌도 듣게 한다. 이런 수업이 다 끝나면 재소자는 다른 전직 갱 조직원들과 함께 특별 운동장으로 보내진다. 일반 운동장에는 발만 들여놓아도 죽음일 것이다.

이런 모든 것들이 나는 아주 싫다. 나는 교도소를 좋아하지 않는다. 갱들도 좋아하지 않는다. 폭력도 좋아하지 않는다. 사람을 조그만 방에 가두는 것도 좋아하지 않는다. 작은 감방에 있는 다른 사람들을 찌르거나 제복 입은 사람들을 찌르기 위해 칼을 숨기고 있는 사람들도 좋아하지 않는다. 몽둥이와 최루가스 총을 들고 칼을 숨긴 사람들의 알몸을 수색하는 제복 입은 사람들도 좋아하지 않는다. 닫힌 곳으로 들여오는 마약을 통제하기 위해 쇠창살 뒤에서 싸움을 벌이는 사람들도 좋아하지 않는다. 나는 벽을 좋아하지 않는다. 마약을 좋아하지 않는다. 이 모든 것의 무의미함을 좋아하지 않는다. 그러나 사람들—학생들, 내가 강의를 잘 하는지를 살피는 교도소 직원들—을 좋아하고 수업을 좋아한다. 기본 교육, 자존감, 미술, 창의적 글쓰기(특히 창의적 글쓰기)를 좋아한다.

이제 마침내 내가 오늘 배운 것이 무엇인지 이야기하려 한다. 몇 주 전에 샌프란시스코에 사는 어떤 여자가 자신의 아파트 복도에 서 있다가 개에게 물려 사망했다. 그 개의 주인은 이곳 SHU에 수감되어 있는 남자였다. 그 사람이 왜 개를 키우기로 했는가에 대해서는 두 가지 이야기가 있다. 그가 이야기하기로는 자신이 평생 감방에 갇혀 지내야 하기 때문에 다른 사람이 대신 키우더라도 자신의 애완동물을 가질 수 있기를 원했기 때문이다. 그를 대신해서 그 개를 키우던 사람들은 그에게 개 사진을 수백 장 보냈다. 그러나 교도소 직원들은 그게 아니라 그가 교도소 규정을 어기고 감방 밖에서 사업을 하고 있었던 것이라고 주장했다. 그가 벌인 사업은 전투견을 공급하는 것이었다. 멕시칸 마피아의 각성제 메탐페타민 제조 시설을 지키는 데 쓰인 그 개는 프레사 카나리아라는 품종으로 몸집이 엄청나게 크고 머리는 네모나게 각지고 턱이 무척 크다. 연방수사국(FBI) 조사 결과는 교도소 직원이 아니라 재소자의 주장과 일치했다. 개를 돌보던 사람은 그 남자의 변호사였는데, 사망 사건이 일어난 그 주부터 그 개를 입양해서 키우고 있었다.

개의 주인은 콘페드라는 사람인데, 그는 SHU에서 종신형을 살고 있다. 키가 190센티미터가 넘고 대단한 근육질 몸을 가지고 있다. 내가 들은 바로는 그는 감방에서 보디빌딩을 하고 발차기 연습을 하면서 시간을 보낸다. 또 내가 듣기로는 그는 아주 특별한 종류의 근육 훈련을 통해서 가슴 옆 팔 쪽으로 펼쳐진 '날개'의 근육이 접히는 곳에 작은 칼을 숨길 수 있다. 알몸 수색을 할 때 손을 위로 들고 있어도 칼이 떨어지지 않게 할 수 있다. 어떤 사람이 디브리프 했을 때 교도소 직원들이 이 사실을 알아냈지만 하도 잘 숨겨져 있어서 교도관들이 세 번이나 시도한 끝에 겨우 찾

문명과 혐오

을 수 있었다. 어디에서 찾아야 하는지 정확히 알고 있었는데도 말이다. 콘페드가 숨긴 칼은 그것 하나만이 아니었다. 그는 다리에 구멍을 파기도 했다. 장딴지 안쪽 살 속에 칼을 넣어두었는데 아마도 플라스틱이었는지 금속 탐지기에도 걸리지 않았다. 문신과 근육 때문에 장딴지가 부풀어오른 낌새를 전혀 알아차릴 수 없었다. 물론 그는 그 상처가 아물지 않도록 살갗이 계속 찢어진 상태로 있도록 해야 했다. 그렇지 않으면 칼이 필요할 때나 칼을 원할 때 쓸 수 없을 것이다. 무기를 숨기려고 자기 다리에 아물지 않은 상처를 벌어져 있도록 하는 것은 내가 보기에는 폭력에 대한 대단한 헌신이다. 그리고 사람을 오싹하게 만드는 헌신이다.

　이 모든 것은 혐오라는 문제로 에둘러 가는 또 다른 길인 듯하다. 우리의 경제 제도, 정부, 사회 체제가 저지르는 폭력에 대해 이야기한다고 해서 내가 이 체제 내부에서 행동하지 않는 이들이 저지르는 폭력을 간과하려는 것은 아니다. 우리의 사법제도, 형사제도가 서로 맞물린 거대한 인종차별, 테러리즘 조직(테러리스트 조직이란 공포를 심어줌으로써 무엇인가를 저지하는 조직이라고 정의된다)을 형성하고 있다고 이야기한다고 해서, 지금 감옥에 있는 자들이 저지른 범죄를 미화하려는 것은 아니다. 그 안에는 무서운 자들이 상당수 있다. 그걸 부정하는 건 아니다. 내가 들은 얼마 안 되는 정보로 미루어보건대, 콘페드가 나한테 원한을 품는 일은 바람직하지 않을 것 같다. 그는 필요할 경우에 사람을 해치는 재주가 매우 뛰어난 사람인 듯하다(빵에 버터를 발라 먹기 위해 칼을 지니고 다니는 것은 아닐 테니까). 그리고 내가 들은 것으로 미루어보면 그는 스테픈 워스의 조언을 따를 유형의 사람일 수도 있을 듯하다. 자신이 처한 환경에 맞게 적응하고 그에게 위협이 된다고 느끼는 것이 제거될 때까지 자기가 쓸 수 있는 모든 힘을 다 사용할 사람인 것이다. (이 글을 읽을지 모르는 콘페드의 친구들에게. 그에 대한 이 이야기가 사실이 아닌 헛소문일지도 모른다는 것을 인정한다.

범 죄 자 들

그는 완벽한 근육질 몸매를 가진, 말도 못 하게 좋은 사람일지도 모른다. 여기에 쓴 내용 중 기분 나쁘게 하려는 뜻으로 쓴 것은 하나도 없다. 정말로. 맹세할 수 있다. 그러니, 칼은 내려놓으세요, 네?)

내 강의를 듣는 재소자들에게 무슨 죄로 들어왔는지는 묻지 않지만, 그들이 쓴 글, 그들이 이야기한 것을 통해 나는 마약 밀매상과 함께 수업을 하고 있다는 것, 살인자와 함께 있다는 것을 알 수 있다. 나는 뚜쟁이들과 함께했다. 강간범들과 함께했다. 무장 강도들과 함께했고 빈집털이와 함께했다. 썩은 이빨의 환각제 제조업자와 함께했다. 그 중 한 사람은 환각제 제조장 폭발로 얼굴이 날아가버린 상태였다. 한 수강생은 파티장에서 마약 거래를 하던 중에 총에 맞았다. 그는 총을 잡아채서 자신에게 총을 쏜 자를 총으로 내리쳐버렸다. 그 사람 입에 총을 넣은 다음 방 안에 있는 사람이 몇 명인지 세었다. 여섯 사람이 있었는데 총알은 다섯 발이었다. 그가 남자 입에서 총을 꺼내고 이렇게 말했다. "너, 이번에는 운이 좋은 줄 알아." 그 이야기를 듣고 내가 놀라서 쳐다보니 그는 간단하게 이렇게 말했다. "목격자를 남기면 안 되거든." 한 수강생은 그의 조직이 명령했기 때문에 친구 목에 드라이버를 박았다. 또 다른 사람은 마약 거래를 하다 잘못돼서 사람을 죽였다.

이 사람들 중 많은 이들이 분명 끔찍한 범죄를 저질렀다. 그들이 내 이웃이 되는 것을 나는 원치 않을 것이다. 언론매체에서는 이 교도소의 재소자들을 죄질이 아주 나쁜 흉악범이라고 부른다. 그들의 감방 생활을 내가 상상하기 어려운 만큼이나, 그들이 범죄를 저지르고 사람들을 해치는 방식은 내 상상을 뛰어넘는다.

그것은 그들을 바라보는 한 가지 방식이며 그들을 보는 중요한 방식이다. 다른 방식은 그들 얼굴을 보는 것이다. 그 특정한 개별 인간과 특정한 관계를 맺기 시작하는 것이다. 특정한 배경을 가지고 있고 그 특정한 범

문명과 혐오

죄를 저지른, 그것 때문에 자신만의 특정한 대가를 치르고 있는 사람으로 보는 것이다. J. T.라는 백인 남자는 나보다 책을 더 많이 읽은 마약 밀매자다. 그는 이렇게 말했다. "여기 있는 나 때문에 울지 말라고 친구들한테 전해줘요. 최소한 나는 아침에 일어날 수 있으니까요. 내가 죽인 사람보다는 훨씬 나은 거잖아요." 그가 베트남 전에 자원한 이야기를 쓸 때 그의 얼굴에 비치던 긍지가 생각난다. 그가 거기에서 마약에 빠진 일에 대해 쓸 때 여전히 그에게 몰려가던 열망이 떠오른다. 그는 돌아온 후의 삶에 대해서는 별로 쓰지 않는다. 그리고 홀린스도 있다. 내가 아는 사람 중에 유일하게 조셉 콘라드의 『노스트로모(Nostromo)』를 정말로 읽은 사람이다. 가정폭력을 일삼던 아버지의 가슴을 어머니가 엽총으로 쏘았다는 이야기를 할 때나 그후에 부모님이 함께 살았다는 글을 읽을 때 그의 얼굴에는 아무 감정도 드러나지 않았다. 여덟 살 이후로 시설에서 보낸 세월에 대해 썼을 때 오히려 훨씬 더 당혹스러워하는 듯 보였다. 바로 얼마 전에는 내 수강생 중 한 명—종신형을 선고받은 젊은이—이 골판지 상자 속에서 자고 쓰레기통을 뒤져 먹으면서 길거리 생활을 시작한 것이 여섯 살 때였다는 것을 알게 되었다. 스물두 살쯤 된 또 다른 수강생도 여덟 살 때부터 시설에 수용되어 살았는데 석방을 앞두고 이렇게 말했다. "바깥에서 어떻게 살아야 할지 모르겠어요. 사람들과 어떻게 관계를 맺어야 할지를 몰라요. 내가 아는 건 분노와 두려움뿐이에요." 그리고 외로움일 것이라고 나는 생각했다.

이런 성장 배경이 그들이 저지른 짓의 구실이 될 수는 없다. 그 어떤 것도 범죄를 정당화할 수는 없다. 그러나 죄수들이나 그 비슷한 사람들이 저지른 나쁜 짓에서 나타나는 혐오보다 우리의 경제, 정부, 사회 제도를 통해 나타나는 혐오에 대해 내가 더 많이 쓰는 데에는 몇 가지 이유가 있다.

첫째, 이 사람들이나 그들의 행동을 힐난하는 데 내 목소리까지 보태야

범죄자들

할 이유를 찾지 못하겠다. 영화, 텔레비전, 잡지, 신문, 그리고 좌우 할 것 없이 무가치한 정치인들은 너나없이 범죄자들을 악마화한다. 그러면 경찰 드라마는? 아주 가끔 불량 경찰관이 등장하기도 하지만 언제나 불량 경찰은 백 명에 하나가 될까 말까 하다는 단서를 달고 있다. 현 사회질서를 유지하기 위해 경찰과 감옥이 체계적으로 활용되는 것을 탐구하는 것은 보기 어렵다.

주로 텔레비전 연속극 등을 통해 범죄자에 대해 알게 된 사람들에게는 감옥에 있는 사람들이 무척 위험해 보이겠지만 재소자들이 아무리 위험해 보여도, 진짜 위험을 이야기하려는 목적이라면 우리는 완전히 엉뚱한 사람들을 붙잡고 이야기하고 있는 것이다. 연방수사국이 제출한 '1999 수사보고서'에 따르면 1998년 미국에서 일어난 살인 사건은 1만 6,910건이다. 그러나 미국에서 2주 동안 암으로 죽는 사람 수가 그보다 더 많다. 매년 45만 명의 미국인이 암으로 죽는다. 내가 암으로 죽을 확률은 살해당할 확률보다 대략 25배 더 높다. '인생이 다 그렇지'라고? 음, 엄밀히 말하면 그렇지 않다. 암 발병률은 점점 높아지고 있는데, 노령 인구와 흡연 인구를 고려한다 하더라도 그 증가율은 굉장히 높다(담배 산업의 악질 흉악범들에 대해서는 이야기도 꺼내지 말자). 다시 말해, 100년 전에 비하면 비흡연자들도 암에 걸릴 확률이 훨씬 더 높아졌다는 것이다. 왜일까? 공기, 물, 작업장, 소비재에 포함된 산업공해 물질의 발암 효과에 대한 세계 최고의 권위자들 중 하나인 새무얼 엡스테인에게 물어보았더니 그는 이렇게 말했다. "내 생각에 그 답은 무지하게 간단해. 암 발생률 증가와 나란히 테크놀로지가 폭발적으로 팽창해왔어. 특히 석유화학 산업이 엄청 커졌는데 그 산업이 실제로 시작된 것은 1940년대 초기라고 할 수 있거든. 1940년대에서 1990년대 사이에 유기합성화학 제품의 연간 생산량은 10억 파운드에서 6,000억 파운드로 증가했어. 지난 몇십 년 동안

문명과 혐오

우리의 환경 전체는 매우 다양한 독성 발암성 화학물질에 광범위하게 오염되어온 거야. 그 중 어떤 것은 분해되지 않는 물질이지. 내가 '환경 전체'라고 말한 것은 공기, 물, 흙, 소비재, 먹을거리, 작업장까지 모두 포함하는 거야. 우리의 체지방까지 오염되어 있지. 북극에서 남극까지, 인간뿐만 아니라 매우 다양한 해양생물, 야생동물까지 모두 오염되었어."

매년 45만 명의 암 사망자 중에서 예방 가능했던 사람이 30만 명이 훨씬 넘을 것이라고 엡스테인은 말한다. 석면은 1920년대 이전부터 발암 물질로 알려졌는데, 미국에서 석면 때문에 죽는 사람이 매년 5만 명이다. 이것은 우리가 살인자라고 부르는 자들에게 죽임을 당하는 피해자 수의 거의 세 배에 이르는 수치다.

우리는 엉뚱한 사람들을 감금해놓고 있는 것인지도 모른다. 엡스테인이 공중보건 범죄자들을 고발했을 때 의원들 앞에서 이렇게 증언했다. 만약 경제적 이득을 위해서 경영인들이 공중보건을 해치는—즉 무고한 사람들을 죽거나 다치게 하는—일을 하도록 했다면 우리는 그들을 가두어두고 감방 열쇠를 멀리 던져버려야 한다.

살인뿐만 아니라 절도도 마찬가지다. 무장 강도가 빼앗는 돈은 평균 250달러 정도고 은행 강도는 몇천 달러 정도를 훔친다. 은행 강도의 형량은 평균 9.4년이다. 1990년에 파산한 저축대부조합(Save&Loan)의 50퍼센트가 유용, 대출 사기, 지주회사 자회사의 가공이익 반영 등을 저질렀고, 공익과 사리의 상충 상황에서 공정하지 않은 결정을 내렸다. 그뿐 아니라 노조 연금을 사업 파트너들에게 융자해주었고 그 뒤에 돌려받지 못했다. 1980년대 저축대부조합을 구제하는 데 국민의 세금 1조 4,000달러가 들어갔다. 이 액수는 미국의 4인 가족당 2만 2,400달러에 해당하는 돈이다. 관련된 사기꾼들 대부분은 감옥에 가지 않았다. 어떤 사람은 의원 자리를 잃지도 않았다. 조지 부시 1세의 아들 닐 부시는 저축대부조합의

범죄자들

부실로 국민들에게 10억 달러 이상을 부담하게 했지만 감옥에서 단 하룻밤도 자지 않았다. 유죄 판결을 받은 극소수의 사람들은 평균 1.9년을 선고받았다.

법사위원회 독점규제소위원회는 결함 있는 상품, 독점 행위, 그 외 위반·행위가 소비자들로 하여금 매년 2,000억 달러를 부담하게 한다고 추산했다. 1993년 독점규제법 위반으로 유죄 선고를 받은 92명이라는 몇 안 되는 사람들 중에서 10명은 징역형을 받았고 운동장에 앉아 37명은 집행유예로 풀려났고 43명은 벌금형을 받았다. 벌금은 그들이 이득 본 액수보다 틀림없이 적은 금액이었다. 평균 형량은 6개월이었고 집행유예 기간은 평균 3년이었다.

강간. 정치인들은 강간범들을 가두어두는 것에 대해 이야기하기를 좋아한다. 게다가 연방수사국의 정의를 차치하고라도 강간보다 더 혐오에 찬 범죄가 있을까? 강간과는 다른 형태의 고문이 있으리라고 나는 추측한다. 어떤 종류의 살인도 그럴 것이다. 물론 강간은 혐오를 친밀한 관계의 형태로 표현한 것이다. 그런데 누가 강간을 저지르는가? 글쎄, 첫째, 많은 남자들이 저지른다. 우리 사회에서 여성 네 명 중 한 명은 일생에 한 번 이상 강간을 당한다. 둘째, 전형적인 강간범은, 남부 백인 남자들의 환상과 달리, 곱슬머리에 두꺼운 입술, 넓적한 코를 가진 건장한 젊은 흑인 남자가 아니다. 또 히틀러의 상상과 달리, 검은머리의 유대인 소년도 아니다. 심리적 트라우마 효과에 관한 세계 최고 권위자 중 한 사람인 주디스 허먼(Judith Herman)은 이렇게 말한다. "사회적 관계가 멀수록, 허용된 강제의 범위가 클수록 강간으로 쉽게 인정된다. 즉 낯선 이가 저지른 강제 섹스는 강간으로 인정되지만 똑같은 행동을 아는 사람이 저지른 경우에는 그렇지 않다. 강간은 대부분 아는 사람이나 친한 사람에 의해 저질러지기 때문에 대부분의 강간은 법에서 강간으로 인정되지 않는다. 많은 주에서

문명과 혐오

결혼을 하면 영구적이고도 절대적인 성적 접근권을 가지게 되는 것으로 본다. 어떤 정도의 힘이든 법적으로 허용되어 있는 것이다." 강간의 경우에도 엉뚱한 사람을 감옥에 집어넣은 것일 수가 있다.

죄수들도 아동 학대범은 좋아하지 않는다. 죄수가 어린이를 강간했다고 시인하는 것은 자기 사형 집행 명령서를 쓰는 것과 같다. 아마 디브리프보다 더 악질적인 일을 한 것으로 취급될 것이다. 그러나 어떤 사람이 살인자고 어떤 사람이 강간범인지 우리가 배워온 고정된 이미지가 있듯이, 아동 학대범의 고정된 이미지도 있다. 아동 학대범이라고 하면 학교 운동장을 배회하는 창백한 얼굴에 이가 썩은 더러운 늙은 노인을 떠올린다. 아니면 최근 새로 등장한 이미지로는 인터넷을 떠돌아다니는 변태가 있는데, 이런 자들 때문에 우리는 실제로 위험한 곳에는 주의를 기울이지 않게 된다. 아이가 인터넷에서 만나는 그런 사람들보다 아동 성폭력 가해자가 될 위험이 훨씬 더 높은 사람은 아이의 가족이나 친척이다. 아동 성폭력의 광범위한 발생에 대한 한 훌륭한 연구를 보면, 전체 여성의 16퍼센트가 18세가 되기 전에 친지에 의해 성폭행을 당한 경험이 있고 여성 전체의 4.5퍼센트는 아버지에게 성폭행을 당한다고 한다. 그것으로 추정해보건대 미국에서 2,200만 명의 여성이 어린 시절에 친지에게 성 학대를 당했다. 이 중 600만 명은 자기 아버지에게 폭행을 당했다고 볼 수 있다. 친지에게 학대당하는 어린 소년들은 포함하지 않은 수치다.

내 학생들은 거의 다 마약 때문에 교도소에 오게 되었다. 빌어먹을 마약 밀매 상인을 빌어먹으라고 욕하는 노래들도 있다. 그러나 지난 50년간 조금이라도 주의를 기울이면서 살아온 사람은 누구나 중앙정보국(CIA)이 그 시작 단계부터 마약 거래에 손대고 있었음을 알 것이다(물론 영국은 단지 돈 때문에 중국인들을 아편 중독자로 만들고자 무력까지 이용했지만). 2차 세계대전 때에는 전쟁 때문에 국제 운송이 되지 않았기 때문에 1944~45년

범죄자들

미국의 헤로인 중독자 수가 그 전 20년 동안의 중독자 수의 10분의 1로 줄었다. 그러나 2차 세계대전 후 CIA는 마르세이유의 공산주의자와 노조원들에 대항하는 코르시카 인 지하조직과 손을 잡았다(게슈타포가 전쟁 중에 했던 것과 똑같이). 그로 인해 마르세이유 항은 미국으로 헤로인을 보내는 주요 공급지가 되었다. CIA는 그것을 아시아의 골든트라이앵글에서 밀수입한 다음, 미국 내륙 도시들로 몰래 들여왔다. 또는 그들과 함께 일하는 사람들의 마약 밀수입을 눈감아주었다. 고전이 된 책 『헤로인의 정치: 국제 마약 거래에서 CIA의 공모(The Politics of Heroin: CIA Complicity in the Global Drug Trade)』에서 저자 알프레드 맥코이(Alfred McCoy)는 이렇게 결론을 내린다. "지난 20년간 CIA는 라오스의 오지 깊은 산에서 난생아편을 그 지역 내에서 운반하는 것에서, 정제한 코카인을 미국으로 바로 대량 운송하는 데 명백히 공모하는 것, 미국 시장을 위한 헤로인을 대량 제조하는 것으로 옮겨왔다. 결국 미국의 마약 유행병은 CIA의 주요 작전 지역에서 공급되는 마약에 의해 유지되어왔으며 헤로인 사용이 줄어든 시기는 CIA 활동이 없었던 시기와 일치한다."

따라서 내가 이 책에서 혐오를 퍼뜨리는 자들이라고 흔히 짐작하는 이들과는 다른 사람들을 강조하고 있는 첫 번째 이유는 사람들이 너무 쉬운 곳만 보아왔기 때문에 훨씬 더 큰 위험에 대해 눈을 감고 있어서다.

두 번째 이유는 내 학생 하나가 말한 것과 같이 감옥이 사회를 비추는 깨진 거울과 같기 때문이다. 몇 년 전 루이스 로드리게스(Luis Rodriguez)와 이야기를 나눈 적이 있다. 그는 『라 비다 로카: 언제나 달린다. LA의 갱 생활』이라는 책을 쓴 전직 깡패인데 혁명에 관한 책들을 읽고 깡패 생활을 청산했다. 그는 이렇게 말했다. "이 아이들이 그렇게 폭력적인 이유 한 가지는 그들이 주류 사회의 가치관 중 많은 것을 채택하기도 하고 왜곡하기도 하기 때문이야. '적자생존.' '죽이지 않으면 죽는다.' 갱 단원들은 항상 이런 이야기를 해. 그런데 걔들이 이런 말들을 어디서 들었을까? 사회에서 들은 거야. 즉 자본주의의 가치지. 사회 전체의 질서이기도 하고. 이제 사업가들은 다른 사람을 실제로 죽이지는 않지만……."

내가 끼어들어서 말했다. "자기 손으로는 안 죽이지……."

그가 고개를 끄덕인 다음 계속 말했다. "그러나 사업가들은 사람들을 밟고 사람들을 갉아먹고 조종하고 뭉개버릴 방법을 찾아. 그건 모두들 마찬가지겠지만 말이야. 주식 시장에 가고, 중역 회의실에 가고, 죽고 죽이는 것을 보지. 자기 것은 실제보다 높이 평가시키려 하고 남들 것은 싸게 팔게 하고 결국 반대편을 죽이려고 해."

그가 잠시 멈추었다가 다시 이야기를 계속했다. "생각해보면, 이 갱단 중 많은 이들이 그들 자신의 주변화된, 빈곤화된 방식으로 자본주의 세상을 만들어가고 있는 거야. 예를 들어 마약은 갱들의 사업이 되었어. 그리고 그들은 단지 마약 거래를 독차지하기 위해서 사람들을 죽이고 자기도 죽음을 당해. 그들은 매우 능숙하고 훌륭한 자본주의자가 된 거야. 그들은 회계를 배우고, 돈에 대해 배우고 돈으로 무엇을 해야 할지도 배우지. 그러나 그들의 사업이 사회에서 합법적인 것으로 인정을 못 받으므로 투자를 할 수가 없고 돈을 불리기가 힘들어. 그래서 사업을 여러 해 한 뒤에도 남는 게 별로 많지 않은 거야. 그러나 그런 것은 다 정말로 문제가 되는 건 아니야. 왜냐하면 자본주의자가 됨으로써, 그들 사업은 비록 불법적인 것이지만, 그들은 이미 돈을 내고 이 자본주의 체제 전체의 주주가 된 셈이기 때문이야."

"그렇지만 갱들은 그들에게 가장 필요한 것, 즉 사회적 존경을 못 받잖아." 내가 대꾸했다.

그는 이렇게 말했다. "전혀 인정을 받지 못하지. 사업 감각을 키우기 위한 대학 교육도 받지 못해. 그래서 돈이 되는 그들만의 파괴적인 사업에

범죄자들

머물러 있는 거지. 물론 대부분의 사람들이 생각하는 것처럼 돈을 많이 만지는 건 아니야. 그 대신 인정을 못 받는 다른 사람들 무리와 함께 있게 되는 것으로 끝나는 경우가 많지. 감옥에 가게 된단 말이야. 이게 무슨 뜻이냐 하면 교도소가 이런 사업가들과 돈을 벌 줄 모르는 사람들로 가득 차 있다는 거야. 다른 환경에 있었더라면 그들은 성공한 자본가가 되었을 거야. 그러나 현실은 그렇지 않아. 그들은 이 체제를 신봉했기 때문에 지금 감방에 앉아 있는 거야. 그런데 그들은 이렇게 말할 거야. '나는 돈을 벌려고 했던 것뿐이야.' 이런 갱스터 랩이 있지. '돈이 안 되면 아무 소용 없어.' 내가 청소년 회관에 가서 시를 낭송한 적이 있어. 낭송이 끝난 뒤에 한 사내아이가 일어나서 이렇게 묻는 거야. '시 쓰면 돈 돼요?' 나는 '되긴 되지만 그것 때문에 하는 건 아니에요. 시를 사랑하고 소명이 있어서 하는 거예요'라고 대답했어. 그랬더니 그 아이가 이렇게 말하더군. '그럼 관둬요. 돈이 안 되면 다 소용없어요.' 그 아이를 보니 이런 생각이 들더군. 누가 저 아이에게 저런 걸 가르쳤을까? 우리 모두가 가르쳤다고 하는 게 맞겠지. 텔레비전 광고, 토요일 아침마다 하는 만화영화, 온갖 것이 다 그 방향으로 아이를 몰아갔겠지. 그러나 아이는 공동체의 튼튼한 기둥이 되는 대신에 감옥에 가 있어. '돈이 안 되면 다 소용없어'가 그 아이를 데려간 곳이 결국 거기야. 그러나 사회에서 말하는 대로 이 사회의 일부분이 되려고 그 아이는 애를 쓰고 있는 거야."

내가 초점을 이렇게 맞추는 세 번째 이유는 힘없는 자들의 혐오보다는 권력과 동맹을 맺은 혐오가 더 흥미롭고 더 무섭기 때문이다. 그리고 어느 모로 보나, 혐오를 가지고 있으리라고 짐작된다는 것 때문에 혐오의 대상이 되는 대표적인 집단이 죄수들인데, 그들은 아주 힘없는 자들이다. 그들 대부분은 자기 몸을 움직이는 데 대한 권한도 없다. 어깨로 교도관의 배를 친 것 때문에 최중경비교도소(SHU) 18개월 형을 받은 내 학생이

레벨 4에서 레벨 3으로 옮겨졌으면 좋겠다고 말한 적이 있다. 밤에 운동장에 나가보고 싶어서라고 했다. 그는 체포된 뒤로 한 번도 별을 본 적이 없어서 그 무엇보다도 밤하늘을 다시 보고 싶다고 했다.

상대적 권력의 문제는 내가 백인 문화의 혐오에 초점을 맞추는 이유 중 하나다. 흑인 남자들에게서 나타나는 혐오, 그들이 저지르는 잔학 행위에 대해 쓰기보다 이 문화가 저지르는 잔학 행위, 백인 주류 문화에서 드러나는 혐오에 대해 더 많이 쓰는 이유 중 하나가 그것이다. 흑인 남자들이 혐오심이 없다고 주장하는 것이 아니고 그들이 잔학 행위를 하지 않는다는 것도 아니다. 그런 주장은 터무니없다. 나는 내 학생들의 얼굴에서도 혐오를 보아왔고 내 흑인 친구들 중에도 얼굴에 혐오를 지닌 사람이 있다. 그러나 대체로 흑인 문화는 백인 문화가 가진 것과 같은 종류의 권력을 휘두르지 않는다. **사회적 수준에서** 백인 혐오는 그리 위험한 것이 아니라는 얘기다. 내가 어떤 방에 다섯 명의 흑인 남자들과 함께 있게 되었는데, 그들은 폭력을 휘두르길 좋아하고 무슨 이유 때문인지 나를 혐오한다고 해보자(개인적인 이유 때문이든 내가 백인이기 때문이든). 그러면 힘의 균형이 기울어져서 나는 흑인 남성의 혐오심에 대해 즉시 그리고 절박하게 관심을 갖게 될 것이다. 특히 바로 지금 내 가까이에, 빌어먹을, 너무 가까이에 있는 그 특정한 남자들이 나타내는 혐오에 관심이 생길 것이다. 그러나 지구를 노예화하고, 그 위에 사는 사람들을 노예화하는 것은 흑인 남자들이 아니다. 그렇게 하는 것은 아프리카 문화가 아니고 아프리카계 미국인들의 문화도 아니다. 그것은 백인들의 서양 유럽 문명이다. 나는 코 앞에 닥친 위협을 이해하고 해소하고 싶다. 혐오심에 불타는 흑인 남자들과 마주쳤을 때, 덜 급한 위험에 대한 관심은 일단 내려놓고 일차 위험이 사라진 다음에 다시 생각해보기로 하는 것과 마찬가지로, 내가 현재 혐오로 굴러가는 우리의 지배문화를 어떻게 제거할 수 있는지 이해하게

범죄자들

되면, 그후에는 아마도 다른 것에 관심을 갖기 시작할 것이다.

이것은 내가 백인 문화에 초점을 맞추는 네 번째 이유로 이어진다. 나는 기독교의 팬이 아니지만 예수가 아주 명석한 사람이었다고 생각하고, 내 눈에 들보가 있는 줄 모르고 형제 눈의 티끌을 걱정하지는 말라는 말씀을 마음 깊이 새기려고 노력해왔다. 나는 백인이다. 교육을 받았다. 중상층계급에서 자랐다. 기독교인으로 컸다. 나는 흑인이 아니다. 원주민이 아니다. 히스패닉이 아니다. 나는 남자다.

아프리카에서 백인 노예 상인을 도운 흑인 무역상들에 대해서는 별로 쓰지 않을 것이다. 시장에 팔 노예들을 확보하기 위해 전투를 벌인 아프리카의 왕들에 대해서도 쓰지 않을 것이다(요즘도 어떤 사람들은 노예 상인들이 흑인들의 목숨을 구한 셈이라고 주장한다. 노예 상인이 없었다면, 아프리카 사람들이 "포로를 처리할 다른 방법이 없었으므로 죽여버렸을 것"이기 때문이란다. 또 어떤 사람들은 이런 논리가 전도된 것이라고 주장한다. "해안에 도착하는 노예선에서 얼마나 많은 사람을 원할지 상인들이 예측한 연간 노예 수요 때문에 애초에 전쟁이 일어난 것이었다"). (백인) 기병대가 아메리카 인디언들의 제노사이드를 저지르는 것을 도왔던 인디언들에 대해서도 별로 쓰지 않을 것이다. 그것은 내가 속한 집단의 이야기가 아니기 때문이다. 나는 내가 속하는 집단을 이해하고 싶고 우리의 공통된 역사를 이해하고 싶다.

흑인이 백인을 린치한 것이 아니라 백인이 흑인을 린치했다. 흑인이 백인을 노예로 만든 것이 아니라 백인이 흑인과 다른 백인들을 노예로 삼았다. 인디언들이 백인을 절멸시키려 한 것이 아니고 그 반대였다. 이 모든 것을 낳은 사회적·문화적 심리학을 이해하고 싶다.

두 가지 이야기를 하려 한다. 첫 번째는 린치에 대한 이야기다. 두 번째는 내가 나눈 어떤 대화에 관한 것이다. 이 책을 쓰기 위해 연구를 시작했

문명과 혐오

을 때 나는 우선 린치 행위는 주로 19세기의 현상일 것이라고 가정했다. 그런데 전혀 그렇지가 않았다. 1860년대부터 적어도 1920년대까지는 린치가 수천 명에 이르는 군중이 모여서 관람하는 인기 절정의 유흥이었다. 1930년대에도 산발적으로 일어난 린치 행위는 몇몇 범법자들이 즐기는 은밀한 쾌락이 아니라 잔치 같은 오락거리였다. 나는 린치는 거의 항상 흑인 남자를, 그리고 가끔 흑인 여자를(그리고 아주 드물게 백인 남자를), 백인 남자들 집단이, 가끔 백인 여자들이 가세하여 목매다는 것이라고 짐작했었다. 그렇게 상상하게 된 것은 오래된 그림엽서에 실린 사진 때문이었다. 흑인 남자가 가로등이나 큰 나무에 매달려 있고 목이 정상 길이의 두 배 정도 될 듯한 길이로 늘어나 있었다. 머리는 심하게 뒤로 젖혀져서 척추가 부러졌고 목숨은 이미 끊어진 상태임을 알 수 있었다. 좀 전까지 인간이었던 것이 이제는 가죽 주머니가 되어 있었다. 그 주위에는 웃는 얼굴을 한 사람들이 떼로 몰려 있었다.

린치는 화형의 형태로도 많이 이루어졌다는 것을 새로 알게 되었다. 희생자들이 죽은 다음 불에 태워질 때도 있었지만, 때로는 그 전에 불태우기도 했다. 피해자를 불에 태운 뒤에 기둥에 매달 수가 없게 된 경우도 있었다. 그 경우에 해당하는 이야기를 지금 하려고 한다. 헨리 로리는 흑인 남자로 1921년 1월 26일에 죽었다. 그 전에 그가 자신이 일했던 농장의 주인 남자를 죽였다는 것은 확실하다. 그 남자의 딸도 죽었다. 그는 그 일로 체포되어 이송되던 중에 "굳은 결심을 한 남자들"에 의해 기차에서 납치되었다. 그 남자들은 로리를 범죄 현장으로 데려와서 저녁 6시에 죽일 것이라고 미리 공표했으며 납치를 하면서 얼마나 여유가 있었던지 복면도 하지 않고 식당에 들러 점심식사를 하기까지 했다. 식사를 하는 동안 로리를 식당 안에 데려다놓았을 정도였다. 한 신문은 이렇게 보도했다. "그 장면은 사람들의 시선을 끌 만한 것이었지만 그들 여행의 차

범죄자들

분함을 망쳐놓을 일은 아무것도 일어나지 않았다. 그들은 느긋하게 식사를 한 뒤 E. A. 해롤드의 가게로 가서 상당히 많은 양의 밧줄을 샀다."

그들은 로리를 범죄 현장으로 데리고 갔다. 거기에는 600명의 사람들이 그 남자가 죽는 걸 보려고 모여 있었다. 군중 가운데에는 로리의 아내와 아이들도 있었는데 거기 있는 다른 사람들과는 다른 감정을 느꼈을 것이 분명하다. 《멤피스 프레스》의 기자보다 내가 더 잘 쓸 것 같지 않으니 그의 글을 그대로 인용해보겠다. "한쪽에는 미시시피 강이 있고 다른 쪽에는 커다란 호수가 있어 자연적인 원형 무대가 되었다. 검둥이는 통나무에 연결된 쇠사슬에 묶여 있었다. 그를 납치해 온 남자들이 조그만 마른 낙엽더미를 흑인의 발 주위에 얹었다. 그 다음 낙엽 위에 석유를 붓고 사형 집행을 시작했다.

1인치, 1인치씩 검둥이는 완전히 불에 타서 죽음에 이르렀다. 로리는 40분간 의식을 잃지 않았는데 단 한 번도 애원하거나 자비를 구하지 않았다.

살점이 다리에서 떨어지기 시작하고 뼈가 드러날 때쯤 그는 죽음을 앞당기기 위해 석탄을 집어서 삼키려는 시도를 한두 번 했다. 매번 남자들이 그의 손에 든 석탄을 발로 차버렸다.

불길이 그의 복부에 이르렀을 때 남자 둘이 다가가서 그에게 질문하기 시작했다. …… 그건 마치 검사와 법원 서기가 있는 법정 장면 같았다. …… 흑인의 고통은 말로 설명할 수 없는 것이었다. 그러나 그는 단 한 번 비명을 질렀다. 불꽃이 그의 가슴과 얼굴 위로 널름거리기 시작하면서 그가 의식을 잃기 직전이었다. 그가 속해 있던 흑인 비밀 조직원들 중 하나에게 무엇인가를 간청하는 소리를 질렀다.

그러자 사람들이 그의 머리에 석유를 부었고 단 몇 분 사이에 그는 재로 변해버렸다.

로리가 숯덩어리로 변한 뒤에 남자들은 오세올라 방향으로 향했다. 마리온과 블리테빌에 있는 교도소를 습격해서 검둥이 다섯 명을 더 빼내어 린치 건수를 여섯 명까지 끌어올리겠다는 이야기가 귓속말로 오고 갔다.

그들은 서너 시간 동안 말을 타고 벌판을 왔다갔다한 뒤에 마침내 흩어져서 자신들의 집으로 가기 시작했다. 지도자들은 로리를 빼내오면서부터 시작한 긴 여행에 무척 지친 듯 보였다."

이것이 바로 내가 백인의 혐오에 초점을 맞추고자 하는 이유다.

두 번째, 몇 달 전 나의 전화 통화 내용이다. 보스턴의 큰 공영 텔레비전 방송국인 WGBH의 다큐멘터리 프로듀서라는 사람에게서 전화가 왔다. 아침 6시 30분이었다. 그녀는 자기 소개를 하고는 테드 카진스키(유나버머〔Unabomber〕라고 불린 유명한 폭탄 테러리스트-옮긴이)에 관한 다큐를 찍을까 생각 중이라고 말했다. 그가 폭력 행사를 마다하지 않는 새로운 부류의 환경운동가를 대표하는 인물이라고 볼 수 있는가가 주제라고 했다. 그러고는 지금이 통화하기에 괜찮은 시간이냐고 물었다.

"간밤에 새벽 3시까지 글을 썼으니 아무래도……" 내가 이렇게 말하는데 그녀가 말했다. "10분 여유를 줄 테니 커피 한 잔 마시는 게 어때요? 제가 다시 전화할게요."

10분은 도움이 되지 않을 것 같아서, 나는 체제에 대한 폭력의 가능성에 대해 짧게 이야기할 수는 있다고 말했다. "계속 이야기해보세요." 내가 말했다.

그녀는 그 프로젝트에 대해서는 아주 조금만 이야기하고는 이렇게 말했다. "한 가지 확실한 것은 살인자를 미화하는 프로그램은 만들고 싶지 않다는 거예요."

"그거 반가운 소리군요. 다른 주제에도 똑같은 기준을 적용할 거라고 믿어요."

"무슨 말씀이세요?" 그녀가 물었다.

범죄자들

"조지 부시, 빌 클린턴, 앨 고어, 조지 부시 2세 말입니다."

"무슨 얘길 하시는지 통 모르겠군요."

"이라크에 대한 제재로 매달 1만 8,000명이 죽습니다. 그 중 절반은 5세 미만 어린이예요. 앨 고어로 말하자면, 그의 가족은 오래전부터 옥시덴탈 석유회사의 주식을 다량 보유하고 있는데 그 회사는 우와 족의 제노사이드를 저지르고 있다고 할 수 있죠. 우와 족은……(우와 족은 콜럼비아 안데스 열대 우림 지역에 사는 원주민이다. 10여 년간 옥시덴탈 사의 석유 개발 계획에 반대하던 끝에 최후의 방법으로 집단 자살을 감행하겠다고 했다. 그들의 조상은 400년 전 스페인 침략자들이 노예로 삼으려 하자 집단 자살로 저항한 바 있다. 2001년 옥시덴탈 사는 이 지역의 개발을 중단한다고 발표했다―옮긴이)"

그녀가 내 말을 잘랐다. "그건 우리 얘기하고는 아무 상관도 없잖아요."

"우리가 지금 이야기하고 있는 것하고 밀접한 관련이 있습니다. 환경운동가가 우편물에 폭탄을 넣어 보내는 거랑 미사일을 쏘는 거랑 무슨 차이가 있죠? 미사일이 드럽게 많은 사람들을 더 죽인다는 점 말고 말입니다."

"폭력은 흑백논리예요."

나는 그 말을 지금까지 여러 달에 걸쳐 생각했는데 아직도 그게 무슨 소리인지 이해가 안 된다.

"세금 내세요?"

내가 묻자 그녀가 경계하는 말투로 대꾸했다. "그럼요."

"그러면 당신도 수많은 사람들을 죽이고 있는 겁니다. 카진스키보다 훨씬 더 사람을 많이 죽이고 있는 거예요. 적어도 그 사람은 세금을 안 내니까요."

"무슨 그런 무례한 말씀을."

"아니, 저는 진실을 얘기하고 있을 뿐입니다. 당신이 낸 세금이 미국 군대로 간다는 진실 말이에요. 직접 방아쇠를 당기지 않았다고 해서 책임에

문명과 혐오

서 벗어날 수 있는 건 아니죠."

"이런 대화는 정말 터무니없군요." 그녀는 이렇게 말하고는 전화를 끊어버렸다.

바로 그 대화가, 우리가 보통 보지 않는 혐오의 표현에 내가 초점을 맞추는 이유를 극명하게 보여준다.

범죄자들

너희는 내 앞에서 다른 신을 섬기지 못한다.

—출애굽기 20장 3절

권력의 대가

우리 문화를 둘러보면 개인적인 직접 경험이 점점 많이 추상화되고 있음을 볼 수 있다. 포르노그래피(좀 더 넓게 말하면 남녀관계)에서 우리의 폭력, 경제까지 삶의 모든 측면에서 추상화가 나타난다. 계속해서, 계속해서, 생명체가 이데올로기나 돈으로 추상화된다. 평원 인디언들은 전투를 할 때 적에게 가까이 다가가서 싸울수록 사회적인 존경을 받는다. 현대의 전쟁에서는 단추만 누르면, 즉 손가락만 까딱 움직이면 지구의 생명을 파괴할 수 있는 것과 대조적이다. 내가 어떤 사람을 목 졸라 죽이려면 버둥거리는 상대의 생명을 내 손으로 느껴야만 한다. 내가 어떤 사람을 찔러 죽이면, 그 사람의 피를 느껴야 하고 피가 치솟거나 콸콸 흐르는 것을 보아야 한다. 그 사람의 심장의 마지막 박동, 그의 생명의 마지막 리듬을 느껴야 한다. 어떤 사람을 총으로 쏘아 죽이려면, 내가 생명을 끝내려고 하는 사람을 쳐다보아야만 한다.

독자 여러분은 흑인들을 고문하고 죽인 린치 집단은 어땠을까 하는 의

문명과 혐오

문이 생길 것이다. 린치 집단은 흑인에게 고통을 가하는 데에서 큰 쾌락을 느끼지 않았던가? 어떤 의미에서 그들은 느끼지 않았다. 왜냐하면 고문을 하는 중에도 그들은 그 희생자의 고유함, 개별성을 모르고 있었다. 그 사람은 어떤 계층에 속한다는 것 때문에 죽었다. 그것은 '엉뚱한 사람'을 린치한 모든 사례에서 증명된다. 심리적으로도 거리가 있을 뿐 아니라, 물리적으로도 거리가 먼 지구 반대편에서 보낸 폭탄 세례를 받고 죽은 사람들은 무엇 때문에 개별성을 부인당하고 죽임을 당했을까?

스탠리 다이아몬드(Stanley Diamond)는 이렇게 말한다. "현대의 대중사회는 그것을 꼭 **빼닮은** 현대 대중 군인을 만든다. 군인을 매우 관료적인 기계처럼 움직이도록 훈련시키며 실제로 앞으로는 군인이 기계로 대체될지도 모른다. 멀리서 폭탄을 떨어뜨리든, 얼굴을 마주보고 총알을 쏘든, 훈련받은 군인은 사람을 죽인다. 그러나 심리적 거리를 두고 죽인다는 것을 강조할 필요가 있다. 베트남 전쟁에 참전했던 어느 공군 장교는 '우리는 뉴욕에도 폭탄을 퍼부을 수 있었을 것이다'라고 말했다. 물론 그 심리적 거리는 제국주의 강국인 미국이 시민들에게 주입하는 자민족중심주의로 만들어진 것이다. 현대 대중 군인(그리고 시민)은 특정한 적을 증오하지 않아도 된다. 바꾸어 말하면, 특정한 적의 인간성을 알아볼 필요가 없다는 말이다. …… 유대인을 죽이는 것은 멀리서 죽이는 것이라 할 수 있다. 공중에서 폭탄을 떨어뜨리는 것보다야 물리적 거리가 가까우므로 심리적 부담도 더 크지만 말이다. 철저한 분리는 주관적 왜곡으로 전환된다. 여기서 핵심은 죽인 자들의 의식 속에 죽은 자들이 살아있지 않다는 것이다. 이것은 행위자 자신의 인간성에 대한 이해가 부적절함을 그대로 반영한다. 우리가 마이라이에서 마주쳤던 것은 그러므로 우연이 아니었고 단지 하나의 정책도 아니고, 문명의 불가피한 비극적 행로였다."

권력의 대가

■　　　■　　　■

　오늘 교도소에서 놀라운 이야기를 들었다. 오늘 수업에서는 자기 인생에서 가장 자랑스러웠던 일을 쓰게 했다. 그러자 대부분은 갱단을 떠난 것이나 자식을 본 것이 가장 자랑스러웠다고 썼다. 지난 몇 년간 이 주제로 수업을 했을 때 다른 사람의 목숨을 구해줬던 일을 쓴 사람도 몇 있었다(한 사람은 여자의 머리가 뜨거운 욕조 배수관으로 빨려 들어가는 것을 구해주었고 어떤 사람은 강에 빠진 아이를 꺼내주고 그 아이의 언니를 구하러 또 강물로 뛰어들었던 이야기를 했다). 그런데 어제 한 학생이 쓴 글의 첫 문장은 네 사람을 죽인 일이 가장 자랑스럽다는 것이었다. 두 번째 문장은 이랬다. "잠깐, 당신이 무슨 생각을 하고 있을지 짐작이 되지만, 내 얘길 좀 들어주시기를." 그는 형제자매가 모두 열 명이었다. 화목한 농장 노동자 가족이었다. 열다섯 살 되던 해 어느 날 그는 일을 하러 가는 대신 장을 보러 읍내에 나갔다. 돌아와보니 누이가 울먹이면서 아버지가 칼에 찔렸다고 말했다. 그는 병원으로 달려가서 이틀 동안 침대 곁을 떠나지 않고 아버지를 간호했다. 집에 남아 있는 자식들 중에는 *그가* 제일 나이가 많았다. 형들과 누나들은 결혼해서 나가 살고 있었다. 형제들이 모인 자리에서 죽 아무 말도 없이 있던 그가 마침내 말을 꺼냈다. 형제들은 여러 시간 동안 논쟁을 벌인 끝에 결국 그가 아버지 원수를 갚는 데에 동의하게 되었다. 아버지를 죽인 자가 가석방될 때까지 5년을 기다렸다. 그리고 그 자가 나오자마자 죽여버렸다. 자기가 감옥에서 여생을 다 보내게 될 줄 알고 있었기에 5년 동안 죽도록 일해서 식구들이 먹고 살 수 있을 만큼 사업을 키운 뒤였다.

　그가 이야기를 마치자 옆에 앉아 있던 사람이 후회하지 않느냐고 물었다. "전혀 후회 안 해요."

　이 이야기에 대해서 나는 오래 생각했고 앞으로도 많이 생각할 것이다.

문명과 혐오

나는 그 이야기를 듣고 매우 큰 감동을 받았다. 자세한 것(그 아버지의 행동, 살인자와의 관계 등)은 모르지만 나는 이 범죄를 이해할 수 있다. 그 안에는 어떤 형태의 명예가 있다. 죽임을 당한 사람의 아들이 살인자를 죽이려 한 것보다 더 이해가 안 되는 것은, 이 사건에 관련된 사람들과 완전히 분리된 판사가 복수를 한 아들에게 종신형을 선고했다는 것이다. 그 살인 사건과 아무 연관도 없는 사람들에게 감시를 받으면서, 그 사건 관련자 그 누구하고도 친하지 않은 사람에게 창의적 글쓰기를 배우면서 여생을 감옥에서 보내도록 했다는 것이다. 내 수업을 듣는 그 사람이 죽인 사람들의 가족이 또 복수를 위해 그를 죽인다 해도 나는 이해할 수 있을 것이다. 수십 년간 지속되는 피의 결투도 나는 이해할 수 있다. 그러나 추상화된 원거리 응징, 관계에서 떼어놓아진 도덕성은 이해할 수가 없다.

그가 한 짓이 내 마음에 든다는 말이 아니다. 용납할 수 없는 짓이라는 말도 아니다. 인간이란 그런 존재니까.

　　　■　　　■　　　■

자기도취적인 사람은 결국 실망을 하게 되고 항상 자신의 실망감을 다른 사람 탓으로 돌린다. 이것은 사실일 때가 많지만 언제나 그런 것은 아니다. 적어도 한 가지 조건에서는 자기도취가 심한 사람들도 자기 탓이라는 것을 인정한다. 그런데 그 한 가지 조건은 항상 생기게 되어 있다. 그런 조건에서는 최대한 빨리 자기 실수를 고치려고 할 것이다.

그 실수란 바로 약한 모습을 보이는 것이다. 여기서 약한 모습이란 감정이입, 공감, 친교, 사랑, 관계, 또는 인간성이라고도 알려져 있는 것을 말한다. 좀 더 일반화해서 말하면 자기도취가 심한 자들이 쉽게 인정하고 고칠 수 있는 실수는 대상화하지 못했다는 것이다. 좀 더 일반화해서 말하면 그 실수는 충분히 자기도취적이지 못했던 것이라 할 수도 있고, 타

인의 고유함, 타인이 주체로서 존재함을 인정한 것이라 할 수 있다. 실제
에서 이러한 약한 모습은 적들을 무력화하는 데 필요한 의지력의 결핍이
라는 형태로 세상에 나타난다.

적을 뿌리 뽑지 못한다는 것은, 서양 문명의 요람으로 돌아가서 보면,
이스라엘 사람들의 큰 문제였다. 하느님은 다른 민족들을 이스라엘 사람
들 손에 넘겨줄 것이며 그 민족들과 어떤 언약도 맺지 말라고 되풀이해
서 경고했다. 그 민족들은 쫓겨날 것이고 그들 땅은 이스라엘인들이 차
지하게 될 것이라고 했다. 거래 내용은 아주 분명한 듯하다. 네 인간성을
포기하고 타인들과의 상호 연결을 모두 해제하면 네가 꿈꿀 수 있는 범
위를 넘어서는 권력을 주겠다는 것. 하느님의 입장에서 보면 거래의 내
용은 이렇다(혹시 독자 여러분 중에 무신론자나 인본주의자가 있다면 하느님
대신 '시장'이나 '과학' 같은 것으로 바꾸어 생각해도 된다. 또는 기술, 자본주
의, 자유기업 제도, 민주주의, 미국, 진보, 문명 등 아무 추상이나 갖다넣으면 된
다. 그래도 거래는 변함 없이 성립한다). "이 세상 어느 민족들 가운데서도
이루어진 적이 없는 놀라운 일을 해 보일 것이다. …… 내가 이제 너희
앞에서 아모리 사람과 가나안 사람과 헷 사람과 브리스 사람과 히위 사
람과 여부스 사람을 쫓아내겠다."(출애굽기 34장 10~11절) 우리의 신이 이
민족들을 쫓아낸 이래, 최근에 쫓겨난 민족은 코이코이 족, 아라와 족,
피쿼트 족, 우와 족, 호주 원주민 등이다. 이런 놀라운 일에서 이득을 보
기 위해 '선택받은 민족'은 "너희가 들어가는 땅에 사는 사람들과 언약
을 세우지 않도록" 해야 했다. 그렇게 하면 그것이 "올무"가 될 것이기 때
문이었다. "그들의 제단을 허물고, 그들의 석상을 부수고 숲을 없애버
려"야 했다.(출애굽기 34장 11~16절, 흠정영역성서에는 이 부분이 "and cut
down their groves"라고 옮겨져 있는데, 한국어 성경에서는 "아세라 목상을 찍
어버려라(and you shall cut down their Asherim)"라고 되어 있다.—옮긴이) 오

문명과 혐오

늘날 우리가 나무를 베어내어 숲을 없애버리듯이, 이스라엘 사람들도 작은 숲을 없애야 했다. 그렇게 하지 않으면 다른 신들, 다른 인간들, 우리가 사는 땅과 관계 맺는 것이 너무도 유혹적이 될 것이었기 때문이다. 그런 관계를 형성하는 것 자체가 불가능할 것이다. 왜냐하면 "주는 '질투'라는 이름을 가진, 질투하는 하느님이기 때문"(출애굽기 34장 14절)이다. 그리고 타인과 이런 관계에 들어가는 것은 "음란하다"고 출애굽기는 노골적으로 표현하고 있다. '선택받은 민족'이 이 메시지를 깊이 내면화하도록 하기 위해 그것을 그들에게 반복해서 가르쳤다. 우리는 읽고 또 읽고 또 읽는다. "그 땅에 사는 사람들을 너희 손에 넘겨줄 터이니, 너희가 그들을 쫓아내어라. 너희는 그들과 언약을 맺지 말아라. 그들의 신들과도 언약을 맺지 말아라."(출애굽기 23장 31~33절) 이유는? 항상 똑같다. 다른 사람들이 살면 그들 방식을 따르는 것에 너무 솔깃해질 수 있기 때문이다. "그렇게 하지 않으면, 그들이 너희를 유혹하여, 나에게 죄를 짓게 할까 염려가 된다."(출애굽기 23장 33절) 이 메시지는 신명기, 여호수아기에서도 되풀이되고, 사실상 구약 전체에서 되풀이된다. 이 메시지는 오늘날까지도 효력을 발휘하고 있다.

그 메시지는 노아의 교훈이 확대된 것이고, 안구에 전극을 부착하여 어디를 보지 못하는지를 알 수 있게 하는 실험을 한 레스터 루보르스키의 교훈이 확장된 것이다. 그리고 역기능적 가족, 사회의 세 가지 규칙을 이야기한 R. D. 랭의 교훈과 다르지 않다. 하지 않는다. 보지 않는다. 듣지 않는다. 사랑하지 않는다. 다른 사람이 존재하게 내버려두지 않는다. 어떤 것과 관계를 맺지 않도록 하는 가장 확실한 방법은 그것을 보지 않는 것이다. 어떤 것을 보지 않게 하는 가장 확실한 방법은 그것을 파괴하는 것이다. 그러면 이 끔찍한 순환이 완성된다. 내가 보지 않으려 하는 것을 파괴하는 것은 무지 쉽다. 요약하면, 이것은 우리 문명이 세상에 그리고 다른 문화들에 대해 그 의지를 관철시키는 능력의 핵심이다. 즉 우리의 힘(개인적으로나 사회적으로)은 의미있고 상호적인 관계에 들어가기를 끈질기게 거부하는 데에서 나온다.

이와 같이 거부하는 것은 권력 획득의 열쇠인데, 이것은 노예 주인, 콜럼버스, 필그림, 미국 국부(Founding Fathers), 히틀러에 의해 이용되고 더욱 발전되었다. 오늘날에는 멀리 군인들을 파견해 사람을 죽이게 하는 정치인들에 의해, 그리고 실제로 사람을 죽이는 군인들에 의해 더 발전되고 있다. 우리 경제 체제에서 나오는 이득을 쌓아두고 싶어하는 경영인 등이 그것을 더욱 앞으로 나아가도록 밀고 있다. 포르노를 퍼뜨리는 사람들도 그런 거부를 앞으로 나아가게 한다. 그들은 여자를 "구멍마다 박아야 할" 물건처럼(내가 알타비스타를 검색한 결과와 통계로 판단해보건대, 강간해야 할 물건처럼) 보이게 해도 된다고 우리에게 말하면서도, 그 어떤 형태의 관계에 대해서는 언급하지 못한다. 나무, 물고기, 금, 다이아몬드, 땅, 노동, 따뜻하고 축축한 질, 석유 등 뭐든 자원을 이용해야 한다는 이야기를 우리는 끊임없이 듣는다(고통을 주고 결국 마비를 일으키게 만드는 이런 교훈을 머릿속에 꽉 붙들어놓으려면 끊임없는 반복이 필수다). 그러나 그것을 소유하고 있는 자 또는 그것 자체인 타자와의 관계에 들어가서는 절대 안 된다. 그렇게 하는 것은 질투라는 이름을 가진, 권력이라는 이름을 가진 하느님과의 언약을 깨는 것이라 할 수 있다. 왜냐하면 권력은 관계를 유지하지 않으려는 의지(또는 그렇게 할 능력이 없음, 그렇게 하지 않는 시간)에서 곧바로 나오기 때문이다. 살아있는 존재—부버가 '너'라고 말하는 것—라고 간주하지 않는 자를 착취하는 것은 훨씬 쉽다. 친구, 연인, 식구를 착취하기보다 훨씬 쉽다. 이것은 원주민들의 전쟁과 문명사회의 전쟁의 차이를 이해하는 데 결정적인 부분이다. 전쟁 중에도 원주민들은 적을 존중하고 그들과 관계를 유지한다. 이것은 우리가 노예로 삼은 사람들이 말해줄 수 있는 많은

문명과 혐오

것들 중 하나일 뿐이다. 만약 우리가 묻기만 한다면 말이다. 그들 또한 살아있는 존재고, 다른 삶의 방식, 질투하지 않는 태도를 가지고 있다. 우리의 신과 우리의 '과학', 우리의 '자본주의', 그 밖의 우리 삶의 모든 것과 대조를 이루는 그들의 삶의 방식은 다른 존재를 포용한다. 그들은 만사가 지금 같은 식으로 되지 않아도 된다는 것을 말해줄 수 있다.

■　　■　　■

어머니 집에 갔다가 방금 돌아왔다. 해가 져서 어두웠지만 랜턴이 필요할 만큼 어둡지는 않았다. 내 발이 보이지 않았지만 워낙 잘 아는 길이어서 보지 않고도 걸을 수 있었다. 웅덩이가 어디 있는지 알고 있고, 어디에서 손을 뻗어 늘어진 가지를 올리고 지나가야 하는지 알고 있으니. 삼나무 숲의 협곡을 따라 걸어오다 처음 뜨는 별을 보려고 중간 지점에서 엷은 검은색 하늘을 올려다보았다. 벌써 별들이 무리지어 떠 있었다. 그 전에 그 별들을 얼마나 보고 싶었는지 모른다. 내가 사는 곳에 이르기 한참 전에 개구리 울음소리가 들렸다. 개구리가 다시 돌아왔구나 생각하니 기뻤다. 입구에 도착하자 앞쪽에 날씬한 초승달이 커다란 나무 두 그루 사이에 걸려 있다. 밝게 빛나는 별이 그 옆에 떠 있다. 멀리서 이름 모를 밤새가 우는 소리가 들렸다. 한참 앞서 달려간 개들은 이미 도착해서 입구에서 나를 기다리고 있었다. 꼬리를 흔들면서 입을 벌린 채 활짝 웃으면서. 개들이 좌우에서 몸을 비벼댔다. 나는 다시 한 번, 그리고 여전히 행복했다. 이보다 더 많은 안락과 고상함을 원할 수가 있을까, 세상에 단순히 존재하기 위해 이런 관계보다 더 많은 것이 필요할까, 하는 생각이 들었다. 질투하는 신이 우리에게 제안한 거래는, 언약으로 인해 우리가 무시하게 된 다른 사람들을 위한 것이 아니고 우리를 위한 것도 아니다.

권력의 대가

만약 노동자와 사장이 똑같은 텔레비전 프로그램을 좋아하고
똑같은 리조트에서 휴가를 즐긴다면,
만약 타자수가 사장 딸과 똑같이 예쁜 옷을 입고 있다면,
만약 검둥이가 캐딜락을 몰고 다닌다면,
그들이 모두 같은 신문을 본다면,
그렇다면 이 동화 현상은 계급의 소멸을
보여주는 것이 아니라
기존 체제의 보전에 복무하는 욕구와 만족을
기층 사람들도 공유하고 있음을 보여주는 것이다.

—허버트 마르쿠제(Herbert Marcuse)

동화

우리 문화에서 혐오의 역할은 여성, 어린이, 아프리카인, 원주민 후손들에게 영향을 미치는 것으로만 국한되지 않는다. 우리 문화는 "밖의 정복과 안의 억압"에 그 기원을 두고 있다고 스탠리 다이아몬드는 말한 바 있다. 우리 문화는 근동지역에서 시작되어 지중해, 유럽으로 옮겨졌고 그후 지구 건너편으로 퍼졌다. 탐험(정확히 말하면, 침략)과 유혈 정복에 의한 문화 전파는 배가 나아갈 때 뱃머리에서 부서지는 물방울 같은 것이었다. 우리는 다키아, 트라키아, 골, 픽트, 켈트 등을 쳐부수었다. 그와 마찬가지로, 계속되는 억압은 '프런티어'를 채우기 위해 바깥으로 뻗어가는 물결 같았다. 반대하는 자들의 목소리를 모두 침묵시키거나 무시하며 밖으로 퍼져나갔고 안으로—심리적으로—확장되면서는 우리의 동기, 생각, 꿈, 욕구를 공략하여 내부의 반대 목소리도 침묵시켰다. 억압이 보이지 않게 되어 있었기 때문에 우리는 자신이 억압받는다는 사실을 인식하지 못하게 되었고 우리는 평온하게 "고요하게, 법적

문명과 혐오

으로, 박애주의적으로" 다른 사람들을 억압할 수 있게 되었다. 우리가 착취할 자격이 있다고 생각하는 사람들, 우리 자신의 억압을 일깨워주는 사람들을 거리낌없이 착취하게 된 것이다. 그래서 미국 군대가 필리핀 사람들을 물고문 하기 직전에, 그리고 필리핀을 그들에게서 빼앗기 직전에, 윌리엄 맥킨리 대통령은 아마도 맨정신에 이렇게 주장할 수 있었던 듯하다. "군대 통치의 진정한 목적은 필리핀 주민들이 자신감, 자존감, 애정을 획득하는 것입니다. 그렇게 하려면, 가능한 모든 방법을 동원하여 자유 민족들의 유산인 개인적 권리를 완전히 누릴 수 있게 해야 할 것이고, 미국의 사명은 호의적인 동화라는 것을 증명해야 합니다. 독단적인 지배를 정의와 권리의 부드러운 통치로 대체한다는 것을 보여주어야 합니다."

이와 같은 혐오의 탐험을 미국의 예에만 국한시켜보아도 그 희생자를 여럿 찾는 것은 전혀 어렵지 않다. 중국인, 일본인, 동유럽인, 남유럽인, 아일랜드인, 유대인, 히스패닉, 가톨릭교도, 동성애자, 빈민 등이 각각 정도 차이는 있으나 자유의 나라에서 '하위 인간(untermenschen)' 노릇을 했다. 그들은 상징적으로, 또 물리적으로 태형용 기둥에 묶여 있었다.

중국인을 예로 들어보자. 중국인이 최초로 북미 대륙에 도착한 것은 크리스토퍼 콜럼버스보다 한참 전이었다. 그리고 중국으로 돌아가서는 그 낯선 땅에 대해 이야기했다. "무기나 갑옷이 없고 전쟁도 하지 않는" 사람들, 벽이 없는 마을에 대해 이야기했다. 평화로운 그들에게는 벽이 필요 없기 때문이라고 설명했다. 더 신기한 것은 이곳 여자들은 결혼 상대를 선택할 수 있다는 점이었다. "여자가 [구혼자를] 받아들이지 않으면 그를 보내버리고, 여자가 그를 마음에 들어하면 결혼이 성사된다." 그러나 무엇보다도 중국인들이 가장 신기하게 여긴 것은 이곳이 세금이 없는 나라라는 점이었다.

그후 몇천 년 동안 몇몇 중국인들이 아메리카 대륙으로 가서(그것은 아

동 화

프리카인들도, 유럽 토착민들도 마찬가지였다), 예정보다 오래 머무른 뒤에 집으로 돌아가기도 하고 이곳에 살고 있던 사람들과 섞여 눌러 살기도 했다. 중국인들이 본격적으로 아메리카로 온 것은 캘리포니아 골드 러시 시기였다. 캘리포니아에 거주하는 중국인 인구는 1850년에 몇백 명에 불과했으나 두 해 뒤에는 2만 명으로 급작스럽게 늘어났다. 그들은 처음에는 환영받았다. 중국인 이민자들은—거의 모두 남자였는데—힘이 세고 일을 잘하고 부지런하고 입이 무겁다고 생각해서 그들을 원하고 환대하기까지 하는 사람들이 많았다. 한마디로 중국인들은 자본 소유자들에게는 완벽한 노동력이었던 것이다. 한 신문 기사는 이렇게 감탄을 했다. "중국인들은 무거운 짐을 잘 짊어진다. 그들이 신체적으로 열등한 것은 분명하지만, 그래도 노새 행렬의 우두머리 노새가 질겁할 정도로 무거운 짐을 질 수 있다. 놀랄 정도도 아니고 경악할 정도도 아니고 질겁을 할 정도로……〔중국인들이〕 어떻게 이렇게 무거운 짐을 그토록 가뿐하게 질 수 있는지, 끙끙거리거나 씩씩대지도 않고 어떻게 그렇게 우아하게 질 수 있는지는 미스터리다." 남북전쟁 후, 일부 남부 사람들은 중국인이 힘이 세다는 이유로 노예 대신 중국인들을 대량 수입할 것을 갈망했다. 1869년《빅스버그 타임스》편집장이 쓴 바에 의하면 "해방으로 검둥이들 버릇이 나빠졌다. 농장에서 마음이 멀리 떠났"던 것이다. "우리의 번영은 전적으로 잃어버린 땅의 회복에 달려 있고, 그러므로 우리는 쿨리(19세기와 20세기 초, 중국과 인도 등 아시아에서 온 육체 노동자를 가리키는 말—옮긴이)를 들여와야 한다. 그러면 중국인들을 기독교인으로 만드는 기회도 될 것이다." 1869년에 남부 대농장주들이 모여서 이런 성명서를 발표했다. "우리 땅을 경작하고 산업 발전을 도울 아시아 사람들을 대거 들여오는 것이 바람직하고 필요하다"는 것이었다. 이유는? "하느님이 자신의 섭리 안에서 몽골 족을 들여오도록 문을 여셨다면, 손만 닿아도 부정 타는 우상 숭배자,

문명과 혐오

이교도인들을 내치는 대신 들어오게 하셨다면, 그들이 우리 일을 할 수 있도록 해주고 우리의 신성한 종교의 영향을 받아 구원받을 수 있도록 해주는 것보다 더 기독교 정신을 발휘할 수 있는 것이 달리 있겠는가. 그렇게 해서 그들이 자기 나라로 돌아가면 여기서 뿌려진 좋은 씨앗을 갖고 가서 거기서 그것을 퍼뜨리지 않겠는가." 농장주 자신이 직접 일할 생각은 전혀 떠오르지 않았던 것이 분명하다.

우리 사회 제도의 위험 중 많은 부분은 우리 사회가 협력이 아니라 경쟁에 기초하고 있다는 것이다. 하나를 희생한 대가로 다른 하나가 승리한다. 그것은 인류사 대부분의 시기 동안, 인간 사회 대부분에서 이루어진 것과는 반대되는 것이다. 중국인 노동자들이 이 땅에 온 것은 자본의 승리고 노동의 패배였다.

미국 노동자들의 입장에서 보면 당황스럽게도, 중국인들이 대륙 횡단 철도 건설의 주역이 되었다. 수만 명의 중국인들이 철로를 건설하러 왔다. 센트럴퍼시픽 철도회사 사장들은 그들에게 불가능을 요구했다. 시에라네바다 산맥(미국 캘리포니아 주의 동부를 남으로 달리는 산맥-옮긴이)을 지나는 철도를 건설하라고 한 것이다. 그런데 중국인들은 그 일을 해냈다. 75도 경사면을 잘라내고 폭파하고, 갈대와 덩굴로 짠 바구니에 들어가서 수백 피트 높이의 절벽에 매달려 다이너마이트를 놓은 다음, 그네 타듯 힘껏 몸을 굴려서 재빨리 피했다. 그들은 겨울에도 쉬지 않고 일했다. 눈 속에 살면서 굴뚝을 내서 공기가 들어오게 하고 등잔불로 불을 밝혀서 눈 속에서 철로를 만들었다. 눈사태가 나서 캠프와 노동자들을 휩쓸어가버린 일도 많았다. 꽁꽁 언 시신들이 손에 연장을 들고 서 있는 상태로 봄에 발견되기도 했다. 철도회사가 노임을 철로 1마일당 얼마씩으로 주었기 때문에, 그들은 동틀 때부터 해질 때까지, 일주일에 꼬박 7일을 일했다. 중국인 노동자들은 백인 노동자들보다 돈을 적게 받았다. 봄이

동 화

되자 중국인 노동자들이 파업을 했다. 신문들은 즉시 그 파업이 중국인 노동자들의 "효율성"을 파괴하는 짓이라고 비판했으며, 회사는 남부에서 흑인 남자 1만 명 이상을 데려와 센트럴퍼시픽에 있는 중국인들을 대체할 방법을 강구하기 시작했다. 그보다 더 결정적인 것은 회사가 음식 공급을 중단해버렸다는 것이다. 꼼짝없이 시에라네바다 산맥에 갇힌 중국인들은 다시 일터로 돌아가는 것 외에 다른 선택을 할 수 없었다. 결국 그들은 철로를 완성했다.

얼마나 많은 중국인들이 센트럴퍼시픽 철도를 건설하다 죽었는지 아무도 모를 것이다(다른 철도 노선을 건설하면서 다른 중국인과 다른 노동자들이 얼마나 많이 죽었는지도 모른다. 이 철로 건설의 대가로 치른 인명에 대해서는 제임스 힐이 가장 잘 표현했다. "제국을 건설하는 자여, 되국놈들과 위스키만 충분히 주면, 내가 지옥까지라도 철도를 닦겠다."). 1870년에는 철로를 따라 늘어선 야트막한 무덤들에서 유골 2만 파운드를 모아 죽은 사람들의 고국으로 보냈다. 그러나 서쪽으로 죽 이어지는, 표시도 없는 무덤에 수천 명의 유골이 더 묻혀 있었다.

철로 완성의 대가로 돌아온 것은 실직이었다. 그리고 그 전에는 백인 미국인들이 중국인들에게 상당히 분개하는 정도였지만 이제는 그것이 혐오로 바뀌어 있었다. 이미 노동 시장은 경쟁이 심한 상태였는데, 갑자기 수만 명의 노동자들, 특히 심한 육체 노동을 하는 사람들(캘리포니아 주 상원의원 밀러의 표현을 빌리면, "다른 행성에서 온 자들", "천한 종족", "신경이 둔한 기계 같은, 더위나 추위에 영향을 받지 않고, 강철 같은 근육을 가진 단단하고 힘센 사람들······ 피와 살이 있는 자동 엔진······ 잘 참고 둔감하고 감정을 못 느끼는······ 짐승처럼 떼지어 다니는 사람들")이 일자리를 두고 경쟁하게 되었기 때문이다. 그것은 오늘날 후기산업사회 자유무역 시대에는 거의 모든 사람들에게 친숙한 시나리오다. 중국인 이민자들은 어디서든 쓸모있는 일꾼이었기 때문에 그들에 대한 백인들의 분노는 더욱 격해졌다. 1886년, 캘리포니아 농장 노동자의 85퍼센트 이상이 중국인이었다. 중국인들은 (좋든 싫든) 둑을 쌓아서 산호아킨 밸리를 세계 주요 곡창지대로 바꾸어놓았다. 중국인들은 (좋든 싫든) 서해안 어업의 기초를 다졌다. 그리고 이 중국인 노동자들 절대 다수가 독신 남성이었기 때문에, 그래서 가족을 부양하지 않아도 되었기 때문에, 더 적은 임금으로 버틸 수가 있었다(그들에겐 다행스러운 일이었다. 변함없이 가족을 부양하지 못할 정도의 임금만 받았기 때문이다). 자본가들은 중국인 일꾼들을 써서 백인들의 파업을 분쇄하겠다고 위협하거나—오늘날 해외 공장들에서 흔히 볼 수 있는 모습이다—실제로 중국인들을 그렇게 이용함으로써 중국인에 대한 분노에 더욱 불을 지폈다. 그럴수록 노동조건은 더 나빠지고 임금은 더 낮아졌다. 중국인이 백인 미국인들의 일자리를 빼앗지 않은 경우에도, 중국인들은 임금을 낮추고 노동조건을 더 열악하게 만드는 역할을 했다. 땅 없는 사람들이 임금 경제에서 살아남기 위해서는 그렇게 할 수밖에 없기 때문이다.

1832년, 노예제 찬성론자인 철학자 토머스 로드릭 듀(Thomas Roderick Dew)는 이렇게 말했다. "영국 개혁가 잭 케이드(Jack Cade)는 인류 전체가 하나의 공통된 수준이 되기를 희망했다. 미국에서, 백인에 한해서는, 노예제를 통해 그 일이 달성되었다고 생각한다." 이 말의 요지는 노예제가 미국 남부에서 백인들을 동등하게 하는 데 큰 역할을 했다는 것이다. "비천한 육체노동은 모두 흑인들이 하고 있으므로 사회 계층을 분리하고 구분하는 가장 큰 요인이 사라진 것이다." 인종 차이가 강조되는 한, 가난한 백인은 부유한 백인이 흑인을 착취하듯이 자신들도 착취하리라는 것을 잊어버릴 것이다. 그리고 가난한 백인은 부유한 백인의 대토지 소유권이 단지 사회적 합의에 기초한 것(모든 토지 소유권이 다 궁극적으로는 그렇지만)일 뿐, (무력, 즉 국가 권력을 빼면) 근거가 전혀 없다는 사실도 잊어버

동 화

릴 것이다.

이처럼 가난한 사람들이 자기 불행이 자기 계급의 다른 사람들 때문이라고 인식하는 것은 오늘날까지도 사라지지 않고 있는데, 이런 잘못된 인식이 퍼져 있는 것은 대중의 어리석음 탓이 아니다. 잘못된 인식을 가진 최대 인구 집단 구성원들이 어리석어서가 아니고, 부자들이 사악한 음모를 꾸며서도 아니다. 가난한 사람들이 부자들과 싸우는 대신 가난한 사람들끼리 서로 싸우게 하는 음모 때문이 아니다(대중매체를 소유하고 통제하는 사람들은 신물이 날 정도로 그것을 우리에게 주입하고 있지만). 그것은 우리 모두가 피할 수 없는, 어떤 것만 선택적으로 보지 못하는 증상이 나타난 것이다. 우리는 일찍부터 어떤 위협만 인식할 수 있도록 훈련받았다. 특정 형태의 혐오, 멸시, 폭력만 인식할 수 있도록, 어떤 종류의 사람들만 끔찍한 범죄를 저지를 것이라고 생각하도록 훈련받았다. 우리는 세상과 그 속에 사는 사람들을 매우 특정한 방식으로 인식하도록 훈련받아왔다.

내가 어느 날 또다시 포르노그래피에 대해 생각하고 있었는데, 이번에는 대학 캠퍼스를 걷고 있던 중이었다. 한 여자가 보도에서 내 쪽으로 다가왔다. 날씨가 따뜻했다. 길을 걷던 그 여자가 갑자기 스웨터를 벗었다. 그러고는 나를 보고 미소를 지었다. 나도 미소로 답했다. 그리고 나서 우리는 스쳐 지나갔다. 이야기는 이걸로 끝이다. 그러나 내가 그 여자를 어떻게 보았는가, 왜 그렇게 인식했는가에 대해 생각하게 되었다. 빈민들의 권리에 대한 따뜻한 대화를 상상했던가? 스웨터를 벗은 후 셔츠를 벗고, 브라를 벗고, 바지, 팬티를 벗는 것을 머릿속으로 그렸던가? 단순히 무슨 일이 일어나고 있는지 알아차리는 짧은 순간을 그냥 받아들였던가? 내가 그 여자를 보는 방식은 여자를 어떻게 인식하는지 (백인, 미국 남자인) 내가 배워온 것과 밀접하고 깊게 관련되어 있었다. 그 생각을 하다가 포르노그래피에 생각이 이르렀다. 포르노그래피처럼 아주 명백하게 대상화하

는 것을 잠시 쳐다보는 것만으로도 주변 사물에 대한 인식에 영향을 미칠
수 있다면, 셀 수 없이 많은 그보다 더 미묘하고 그보다 더 끊임없이 되풀
이되는 메시지, 우리가 보는 이미지들에 의해서 우리 모두는 얼마나 더
많이 영향을 받을까? 의문시되지 않은 가정들에 얼마나 많은 영향을 받
을까? 우리가 어떤 말을 선택할지 결정하게 하는 이야기, 우리의 학교 교
육을 지금처럼 만든 이야기, 영화, 책, 신문, 텔레비전을 통해 우리 몸속
으로 들어온 이야기들이 우리에게 얼마나 큰 영향을 미칠까? 만약 이 이
야기들이 한 가지 폭력만 폭력이라고 말하고 다른 폭력은 폭력이 아니라
고(즉 '변태'라거나 '사업'이라거나 '과학'이라거나 '국익 보호'라고) 말한다면,
우리는 그렇게 믿게 될 것이다. 그와 마찬가지로, 어떤 사람들은 노동을
하게 되어 있고 다른 사람들은 그 노동의 열매인 안락과 고상함을 즐기게
되어 있다고 이 이야기들이 말한다면, 우리는 신의 섭리를 따르고 있는
듯 보이는 이 사회 계약이 제자리를 지킬 수 있도록 하는 데 자기 삶을 바
치게 될 것이다. 그렇다면 공통된 이익을 공유하는 그런 집단들의 구성원
들이 자기들을 착취하는 사람들, 조직들에 함께 대응하지 않고 서로 상대
를 희생양으로 삼으려 할 것이 당연하다.

　몇 년 전, 워싱턴 북서부의 산 속 깊은 곳에서 땔감으로 쓸 간벌목(間伐
木)들을 모으고 있는데 타이어에 펑크가 났다. 여러 달 동안 스페어타이
어에 신경을 쓰지 않았던 터라(아, 꼭 진실을 알아야겠다면, 몇 년간 신경을
쓰지 않았던 게 사실이다), 스페어타이어도 펑크 난 상태라는 걸 그제야 발
견했다. 걸어서 돌아가는 것은 불가능했으므로 시속 3마일로 덜컹덜컹
차를 몰고 가다 보니 집이 한 채 나타났다. 나는 그곳에 사는 남자에게 펌
프가 있느냐고 물었다. 없다고 하기에 계속해서 덜컹덜컹 차를 몰았다.
그런데 1, 2마일쯤 갔을 때 그가 차를 몰고 뒤에서 나타나서는 스페어타
이어는 있다고 말했다. 나는 그의 스페어타이어를 끼우고 집으로 돌아왔

동　화

다. 그 다음 날 그의 타이어를 가지고, 그리고 케이크도 하나 들고 그 집을 찾아갔다. 그가 고맙다고 하며 안으로 들어오라고 했다. 나는 그의 아내와도 인사했다. 우리는 케이크를 나눠 먹었다. 그는 자신이 벌목꾼이라며 땔감을 원한다면 자기한테 많이 있으니 좀 잘라주겠다고 했다. 나는 웃으며 고맙다고 했다. 우리는 밖으로 나가서 높이 쌓아 올린 통나무더미로 갔다. 그가 대략 8피트 길이를 잘랐다. 그는 전기톱을 손에 들고 코드를 막 꽂으려 하다가 고개를 돌려서 이렇게 물었다. "아, 근데 무슨 일 하십니까?"

"전 작가예요."

"뭘 쓰시나요?"

앗, 이거 곤란한데, 하는 생각이 들었다. 제기랄. 벌목꾼과 환경운동가는 서로 미워할 수밖에 없을 테니 말이다. 머리가 재빨리 돌아가더니 어떻게 말해야 할지가 떠올랐다. "판타지, SF 같은 걸 씁니다. 가끔 연애소설도 쓰고요." 그러나 나는 거짓말하는 데 너무 서투르기 때문에 그때 쓰고 있던 책에 대해 솔직하게 이야기했다. 북서부 지역의 큰 목재회사 네 곳, 즉 플럼크리크, 포트래치, 보이즈케스케이드, 와이어하우저가 공유지를 불법적으로 자기네 땅으로 만든 데 대해 쓰고 있다고 했다.

그는 얼굴이 시뻘게져서는 욕을 퍼붓기 시작했다.

나는 울타리에 구멍 난 곳이 없는지 찾아보았다.

내 인생에서 제일 긴 10분 또는 15분이 흐른 뒤에 그가 나한테 욕을 한 것이 아니라 플럼크리크 사에 욕하고 있다는 걸 깨달았다. 알고 보니 그는 개인 벌목 사업자인데 플럼크리크 사 때문에 일을 그만두게 된 사람이었다. 그래서 나보다도 더 그 회사를 미워하고 있었다. 그때까지 나는 이런 일이 가능하리라고는 생각하지 않았다. 그가 그 회사에 대해 알고 있는 것은 내가 알고 있는 것보다 많으면 많았지 결코 적지 않았다. 5분이

문명과 혐오

채 지나지 않아서 우리는 어깨동무를 하고 플럼크리크 사의 잔학 행위를 번갈아 질타하기 시작했다.

우리가 함께 운동을 벌여야 한다는 데 뜻을 같이했다. 나는 모든 기업형 임업에 반대한다고 그에게 말했지만 그가 어떻게 나올지 이때에는 걱정되지 않았다. 당장 우리 눈앞에 닥친 과제는 플럼크리크를 비롯한 목재 대기업들을 몰아내는 것이었다. 그 회사들이 없어지고 나면 그 다음에는 내가 당신을 쫓아내게 될 것이라고 내가 말했다. 우리 둘 다 웃음을 터뜨렸다. 우리가 서로 대립하게 될 일은 어느모로 보나 이론상으로만 가능할 뿐이라는 것을 알고 있었기 때문이다. 우리 앞에 있는 과제를 달성하려면 우리의 여생이 다 걸릴지도 모르는 일이니까, 그리고 지금 우리는 공동의 적을 가지고 있으니까.

여기서 내가 하려는 얘기는 이해관계를 공유하는 사람들과의 연대에 대한 것이다. 그보다 더 큰 주제와도 관련이 있는데 그것은 경쟁이다. 공적 영역의 모든 면에서 경쟁을 지나치게 강조하는 것은 즉각적으로 그리고 불가피하게 불안과 혐오를 낳는다. 세상의 근본적인 조직 원리가 경쟁이라고 믿는다면(또는 사회의 근본적인 조직 원리가 실제로 경쟁이라면), 세상이 무자비한 경쟁자들로 가득하다고 인식할 것이고, 경쟁자들 모두가 기회만 되면 나를 희생자로 만들 것이라고 생각하게 된다. 그렇게 인식하면 세계가 피해자와 가해자만으로 구성되기 시작한다. 공격하는 사람과 당하는 사람, 박는 사람과 박히는 사람으로만 구분될 것이다. 인식에서만이 아니라 실제에서도, 내가 그렇게 투사한 역할들만 가득한 사회로 바뀔 것이다. 모든 사람이 나를 치기 위해 세상에 나온 것으로 믿기 시작할 것이다. 당연하다. 결국 나도 그들을 치려고 하는 것이니까.

1790년, 존 필포트 커런(John Philpot Curran)은 이렇게 썼다. "자기 권리가 활동적인 사람의 먹이가 되는 것을 보는 것은 게으른 자의 공통된

동화

운명이다. 하느님이 인간에게 자유를 주신 것은 늘 경계를 늦추지 않는다는 조건하에서였다. 그 조건을 깨뜨리면 그 죄의 결과로 당장 종속당하는 위치에 놓이게 되고 죄에 대한 벌을 받게 된다." 이런 비슷한 이야기로는 노예제 폐지론자 웬델 필립스(Wendell Pillips)의 이야기가 아마도 더 익숙할 것이다. "늘 경계를 늦추지 않는 것은 자유에 대한 대가다." 이것은 군비 증강(이미 미국 연방 예산 중 재량 지출의 51.3퍼센트가 이 목적에 쓰인다)에서부터 중앙정보국(CIA), 연방수사국의 감시 능력 확대에 이르기까지 모든 것에서 써먹는 논리다. 나는 조금 전에 손으로 칠한 도자기 독수리 야간등을 광고하는 것을 보았는데, 가격 15.95달러에 운송료 4.35달러를 보태면 손에 넣을 수 있다는, "작업실이나 사무실에 딱 좋은" 그 물건도 늘 경계를 늦추지 않기 위한 것이다.

그 도자기 독수리가 아무리 멋지다 해도, 나는 커런과 필립스 말은 틀렸다고 생각한다. 늘 경계를 늦추지 않는 것은 자유가 아니라 또 다른 형태의 노예 상태일 뿐이다. 노예 소유의 대가가 늘 경계를 늦추지 않아야 하는 것이라고 말하는 게 더 정확할 것이다. 착취 방법을 더 많이 강구하기 위해 늘 사방을 살펴야 하고, 노예 반란이 일어나지 않도록 경계를 게을리하지 말아야 하고, 특히 자기와 마찬가지로 인간성이 결여된 것으로 추정되는 타인들을 특히 경계해야 한다. 진정한 자유는, 즉 자유와 반대되는 것이 가면을 쓴 명목상의 자유가 아닌 진짜 자유는, 분명 평화의 느낌을 줄 것이다.

1880년에 나온 한 만화는 이 점을 완벽하게 보여주고 있다. 그것은 세계 곳곳의 토착 부족들의 특징인 손님을 환대하는 것과 대비되는 우리의 태도를 보여준다. 토착민들은 세상을 살벌한 경쟁이 아닌 협력의 장소로 본다. 그 만화는 네 칸짜리인데, 첫 칸에는 누더기를 입은 백인 남자가 나팔총을 늘어뜨리고 한 인디언 옆에 서 있다. 캡션의 내용은 이렇다.

"1620년, 플리마우스 록. 한 지친 여행자가 잠시 쉬어 갈 곳을 찾다." 두 번째 칸에서는 엉클 샘이 딱딱한 표정으로 인디언에게 장총을 들이대고 있다. "1879년, '지친 여행자'의 후손, '어이, 사악한 붉은 피부. 대서양에서 태평양까지 다 몰아내겠어.'" 세 번째 칸에는 머리를 땋은 중국인이 거칠고 힘센 변경 개척자 앞에 애원하는 듯한 자세로 서 있다. "1879년, 중국인 이민자, '멜리칸(미국인) 아저씨, 우리 중국 살람 일 시켜줘. 나, 일, 싸게, 싸게.'" 마지막 그림에서는 뚱뚱한 중국 남자가 슬금슬금 피하는 엉클 샘에게 기병 도(刀)를 겨누고 있다. "1979년, 멜리칸 아저씨가 당할 차례다." 만화 전체의 캡션은 "역사는 되풀이될 것인가? 동쪽에서 온 중국의 별, 약진하다—미국 인구 4,000만, 중국 인구 4억"이라고 되어 있는데 유머가 영 부족하다. 그리고 백인 제국주의에 대해서는 아무 말이 없다.

이런 정서가 중국인 이민자들에게 나쁘게 작용하는 방식은 우리가 너무나 자주 보아온 스토리다. 첫째, 중국인들은 악마화되었다. 캘리포니아의 한 신문 편집장은 이렇게 주장했다. "일리노이에서 자유노예에게 반감을 가지게 되는 것과 똑같은 이유로 이곳에서는 중국인들에 대한 거부감이 있다." 중국 여자들은 흑인 여자와 마찬가지로, 그리고 여자 일반과 마찬가지로, 남자다움을 위협하는 음탕한 존재로 여겨졌다. 중국 남자들은, 흑인 남자들과 마찬가지로, 백인 여성, 어린이에게 위험한 것으로 보였다. "중국 남자가 아무리 착해도 여자들은 절대 아이들을 중국인들과 함께 있게 해서는 안 된다. 특히 어린 소녀들은 조심해야 한다"고 새러 E. 렌소는 《스크리브너스》에 썼다. 왜냐하면 백인 남자들이 말하기를, 중국인 이민자들 사이에 일자리 경쟁이 심하고 임금도 낮기 때문에 아내는 매춘을 하지 않을 수 없고 아마도 그 남편과 똑같은 중국인들에게 몸을 팔 것이 틀림없으니 중국인에게서 나병이 옮을 위험이 크기 때문이라고 했

동 화

다. (사실은 1860년대 샌프란시스코의 중국 여성 85퍼센트가 매춘부였다. 그들 대다수는 속아서 왔거나—"거기서는 감자 껍질 벗기는 일을 해도 하루에 7, 8달러는 벌게 될 거라고 그 남자가 어머니한테 말했거든요. 어떤 일이든 하기만 하면 돈을 많이 벌 수 있다고 했어요."—납치되거나 팔려서 온 것이었다. 유명한 폴리 베미스(본명 랄루 나토이)는 씨앗 두 자루에 산적들에게 팔려서 아메리카로 실려 왔다. 아메리카에 와서는 경매를 통해 아이다호 광산촌에 있는 중국 술집 주인에게 넘겨졌다. 그렇게 속아 오거나 팔려 와서는, 에누리한 값에 남자들을 서비스하면서 병들어 고생하는 짧은 생의 밤낮을 4×6피트 크기의 작은 방에 갇혀 보내야 했다.) 백인들의 도덕을 파괴하는 존재로 중국인들을 이와 같이 악마화하는 일은, 역사 시간에 배운 것을 기억해보자면, 백인들—영국—이 총으로, 전쟁을 일으켜서, 또 경제적 압박이라는 수단으로 여러 세대의 중국 국민들을 아편 중독자로 만든 뒤에 일어났다.

그 다음, 중국인 이민자들은 죽음을 당했다. 목 매달리고, 산 채로 불태워지고, 거세당하고, 사지가 잘리고 낙인이 찍히고 혀가 잘렸다. 머리 가죽이 벗겨지기도 했다. 그들의 집은 불태워졌다. 중국인을 고용한 사람들의 집도 불태워졌다. 세탁소에서 일하던 한 중국인을 마차 바퀴에 묶은 다음, "그 남자의 머리가 떨어져서 회전초(가을에 밑둥에서 부러져서 들판을 굴러다닌다―옮긴이)처럼 길거리에 구르게 될 때까지" 마차를 빨리 몰게 한 일도 있었다. 사람들의 예상과 달리, 그렇게 해도 아무 일도 일어나지 않았다. 1871년 로스앤젤레스에서 하룻밤 사이에 중국인 스무 명—범죄 혐의가 없는—이 목 매달리고 산 채로 불태워졌다. 네 명은 "몹시 괴롭힘을 당하다가 칼과 총으로 처형을 당했다." 1885년, 와이오밍 주 록스프링에서 스물여덟 명의 중국 남자들이 산 채로 불태워지고 사지가 잘리는 등 학살을 당했다. 여기에서는 머리 절반이 발견되고 저기서는 하반신 뼈만 발견되기도 한다. 그 중 한 사람의 유골은 왼쪽 발꿈치만 발견되었다. 생

문명과 혐오

존자가 쓴 기록을 보면, 시신이 바닥에 흩어져서 개와 돼지에게 먹혔다. 그 비망록에는 이렇게 씌어 있다. "아들이 아버지를 찾으며 우는 모습은 슬프고 고통스러운 광경이었다. 삼촌이 조카를 찾으며, 친구가 친구를 찾으며 울부짖었다." 그 전에 중국인들에게 영어를 가르친 적이 있는 여자들까지 "그 옆에 서서 고함을 지르며 박수를 치고 있었다." 학살은 너무나 흔히 일어나는 일이어서 1873년 《몬태니안》의 편집자는 이렇게 썼다. "중국인이 이따금 살해당했다는 소식을 듣는 일이 너무 흔해서 우리는 그런 소식에 별로 신경을 쓰지 않는다. 그럴 만한 이유가 없으면 중국인을 죽이지 말라. 그러나 그럴 만하면 많이 죽인다 한들 어떻겠는가." 캘리포니아 주의 상원의원 밀러는 이런 말도 했다. 중국인들의 위협이 제거될 수만 있다면, 미국은 마침내 그 운명을 완수하고 "자유롭고 행복한 사람들의 땅, 노랑머리 아이들의 예쁜 목소리가 울려퍼지는 나라"가 될 수 있을 것이라고.

우리가 신봉하는 근거 없는 믿음 중 하나가 학살이 언젠가는 멈추리라는 것이다. 우리가 중국인들을 없애기만 하면, 백인 남자들이 일자리를 차지할 것이고 백인 여자들은 정숙해질 것이고, 그러면 우리는 학살을 멈출 수 있다. 인디언들을 없애기만 하면, '명백한 사명(미국이 대서양부터 태평양 해안까지 지배할 운명을 가지고 있다는 주장으로 19세기 미국의 영토 확장을 정당화하는 슬로건이었다 – 옮긴이)'을 완수할 수 있고, 그러면 학살을 멈출 수 있다. 가나안 사람들을 없애기만 하면, 우리는 약속의 땅에 살 수 있을 것이고, 그러면 학살을 멈출 수 있다. 우리가 유대인들을 제거하기만 하면, 천년제국 독일을 건설할 수 있고, 그러면 학살을 멈출 수 있다. 소련을 막기만 하면, 학살을 멈출 수 있다(평화 배당금(절감된 국방비가 복지·교육 등에 할당될 것으로 기대되는 예산 – 옮긴이)이 실제로는 기대대로 쓰인 적이 없다는 걸 기억하시겠지?). 빈 라덴 등의 세계적 테러리스트 조직망을 뿌

동 화

리 뽑을 수만 있다면. 그렇게만 된다면. 그러나 학살은 결코 멈추지 않는다. 언제나 새로운 적, 혐오의 대상을 찾아내므로.

또 다른 근거 없는 믿음은 사법제도의 일차 목적이 정의 구현이라는 것이다. 전혀 그렇지 않다. 정의는 부차적인 목적 정도는 될지 모르겠다. 때때로 추구하기는 하지만 성공 정도는 들쭉날쭉하다. 그 첫 번째 목표는 규칙을 만드는 자들이 사회에 강요한 계약을 정당화하는 것이다. 내가 앞서 언급한 예에서, 연방 대법원장 존 마셜의 말에서, 그것이 분명하게 드러난다. 1854년 캘리포니아 대법원 판결보다 이것을 더 명확하게 보여주는 것은 없을 것이다. 그것은 백인 남자가 중국 남자를 폭행한 사건이었는데, 그 백인은 중국인을 폭행한 뒤에 그 중국인을 보호해준 다른 중국인까지 죽여버렸다. 고등법원은 백인 목격자가 없다는 이유로 그 살인자의 무죄를 선고했다. 그러면서 캘리포니아 주 민사소송법 394항을 인용했다. "흑인이나 뮬라토, 인디언은 백인에게 유리하거나 불리한 증거를 제시할 수 없다." 그 백인에게 불리한 증언을 한 사람이 "흑인이나 뮬라토, 인디언"이 아닌 중국인이라는 사실은 문제가 되지 않았다. 법원에서는 인디언, 검둥이, 뮬라토가 포괄적인 용어이므로 그것을 "백인과 구별되는 사람으로 해석해야 한다"고 보았기 때문이다. 백인(그리고 회사)은 자연인(법인)으로서 법률에서 사람의 지위를 갖는다. 나머지는 그렇지 않다. 사람 아닌 것을 죽이는 것은 일반적으로 범죄가 아니기 때문에 중국인을 죽인 사람은 살인자가 아니었고 기소되지 않았다.

미국 수정 헌법 14조에 미국에서 태어난 사람은 모두 동등한 시민권을 보장하게 되어 있지만, 중국인 이민자들은 그들이 시민이 **될 수 없음을** 확인하는 간단한 장치로 인해 이 권리를 인정받지 못했다. 그러므로 그들은 권리가 없었다. 그리고 중국인과 결혼한 백인 여성은 시민권을 잃게 되었고 따라서 명목상의 권리도 가지지 못했다.

1879년, 캘리포니아는 헌법을 또 개정했다. 새 헌법의 19조 4항은 이렇게 되어 있었다. "미국 시민이 될 자격이 없는 외국인들"—중국인들을 의미한다—은 "우리 주의 안녕에 위험한 존재다." 2항은 이렇게 되어 있다. "현재 설립되어 있는 또는 이 법에 따라 앞으로 설립될 기업은 중국인이나 몽골인을 직접 또는 간접적으로 고용해서는 안 된다." 3항은 이렇다. "주 정부나 군청, 시청의 일, 그 외 공적인 일에 중국인이 연관되어서는 안 된다. 범죄 처벌의 경우는 예외로 한다." 다시 4항을 보자. "중국인 제거를 위해 필요한 모든 권한을 우리 주의 시와 읍에 위임할 수 있다." 캘리포니아 주의 헌법이 이런 것이었다.

1882년, 미국 의회는 10년 동안 중국인 이민을 제한하는 중국인입국금지법을 통과시켰다. 1892년, 입국 금지 기간을 연장하였고 미국에 거주하는 모든 중국인들의 등록을 의무화했다. 1902년, 다시 입국 금지 기간을 연장했고 1904년에는 무기한 입국 금지로 바꾸고 거의 모든 아시아인들의 입국을 금지했다. 중국인입국금지법은 1943년에 폐지되었다(1년에 몇백 명 정도만 생색내기용으로 허용했다). 그러나 중국인 이민의 문은 실제로는 1965년까지 열리지 않았다.

■   ■   ■

중국인들이 혐오의 대상이 된 부분적인 이유는 단지 그들이 다른 외모를 가지고 있기 때문이었다. 나는 여기서 "백인과 다른 외모"라고 말할 참이었는데, '백인과 다른'이라는 말은 불필요하다는 생각이 든다. 그건 이미 함축되어 있는 것이다. 항상 전제되어 있다. 그게 문제다. 백인이 기준이 되어 그에 비해 다른 모든 이들이 비슷하거나 다르다고, 받아들일 만하거나 그렇지 않다고 판단된다. 흑인은 이 기준 안에 들어가지 않는다. 인디언도 그렇다. 동인도제도 사람도 서인도제도 사람도 마찬가지다.

동 화

이 경우에 다르다는 것은 매우 불리한 것이다. 유럽인들은 그 기준에 쉽게 맞추어왔다. 독일 사람, 유대인, 이탈리아인 등은 이름을 영어식으로 쓸 수 있지만, 중국인들은 피부색을 바꿀 수 없었다. 그들은 달랐고 그래서 두려움의 대상이 되었다.

그러나 그것은 단지 피부색 문제는 아니다. 사실상 피부색은 작은 부분일 뿐이다. 중국인들이 혐오의 대상이 된 또 다른 이유는, 앞서 말한 이유를 달리 표현한 것일 수도 있지만, 그들이 많은 유럽 이민자들처럼 미국의 다민족 사회라는 '용광로(melting pot)' 속에 들어가려 하지 않았기 때문이다. 그들은 분리된 정체성을 유지하려 했다. 중국인들은 뒤로 길게 땋아 내린 변발을 고수했고 자신들이 원래 입던 대로 입었고 '이교도' 풍습인 제사를 계속 지냈다. 그리고 중국 음식을 먹었다. 그 무엇보다 많은 미국인들을 두려움에 떨게 만든 것은 아마도 그들이 탕에 들어가서 목욕을 한다는 점이었을 것이다.

인디언들에게도 똑같은 혐오가 확장되었었다. 동화되지 않는 인디언들은 뿌리뽑아야 했다. 인디언들의 문화가 많은 부분 파괴되고 나자, 즉 그 문화와 개인들이 이제는 주변 사람과 사물을 착취하는 권력자들에게 심각한 위협이 되지 않게 되자, 권력자들은—그리고 확대해서 보면 우리들 모두는—그들을 더 이상 미워하지 않아도 되었다. 우리는 여유있게 그들을 멸시하기만 하면 되었다.

그러나 혐오는 착취하는 단순한 능력을 계속해서 갖는 것을 넘어선다. 즉 이들은 그들의 진정한 차이점 때문에 혐오의 대상이 되어왔다. 우리의 삶의 방식, 즉 우리가 단 하나의 진정한 길이라고 선언한 그것이 사실은 유일한 삶의 방식이 아니라는 것을 일깨워주기 때문에 우리는 그들을 혐오하는 것이다. 자본주의 없이 사는 것이 가능하다. 엄청난 빈부 격차 없이 사는 것, 소수의 안락을 위해 다수가 땀 흘리지 않고 사는 것이 가능하다. 과학 없이 사는 것이 가능하다. 지구를 파괴하지 않는 삶이 가능하다. 교도소 없이 사는 것이 가능하다. 노예제 없이 사는 것이 가능하다. 강간 없는 삶이 가능하다. 아동 학대 없는 삶이 가능하다. 이런 것이 없는 문화가 존재해왔다.

중국인들(그들에게 강간, 아동 학대, 노예제 등이 없었다는 것은 아니다. 물론 그들도 나름대로 문제가 있었다)도 그와 비슷하게, 동화되려 하지 않았기 때문에 미움을 받았다. 달리 표현하면, 피비린내 나는 결말로 치닫기 위해 자기 자신을 소모시키는 과정에 들어가지 않으려 했다. 한 미국 상원의원은 중국인들에 대해 이렇게 말했다. "이 사람들은 위장에 들어온 차가운 자갈돌처럼 우리 사회에서 소화가 안 되는 성분이다."

많은 사람들이 계속 '용광로'의 개념을 좋은 것으로 생각해왔다는 것이 난 항상 놀라웠다. 관계된 모든 사람들이 모두 동등한 권력을 가진 조건이 아니라면, 녹아들어가는 것이 모든 사람이 모든 단계에서 순전히 자발적으로 녹아드는 게 아니라면, 그것은 제노사이드라고 보아야 한다. 녹아드는—동화되는—사람은 그 누구든 독자적인 문화적 정체성을 잃어버리니까 말이다. 그것이 제노사이드다.

그런데 만약 용광로가 제노사이드와 다름없다고 주장하기 시작하면, 백인우월주의자들로 가득 찬 방에서 금세 외톨이가 되어 있음을 발견하게 될 것이다. 백인우월주의를 대표하는 인물을 들자면, 오랫동안 미국우생학회의 회장을 지낸 헨리 프래트 페어차일드(Henry Pratt Fairchild) 교수가 있다. 그는 1926년에 발간된 『용광로 실수(The Melting Pot Mistake)』라는 책의 저자이기도 하다. 또 용광로가 백인들을 말살하는 제노사이드라고 주장하는 밀러드(H. Millard) 같은 사람도 있다. 그는 유색인들이 미국을 "끈적끈적한 갈색 반죽덩어리"로 만들어놓을 것이기 때문에 백인문화를 말살하게 될 것이라고 주장했다. 그 외에도 이제는 백인들이 제노

동　화

사이드의 희생자가 되고 있다고 열렬히 주장하는 사람들이 있다. 백인들이 흑인이나 기타 유색인종과 결혼을 하고 있고 "북유럽 인종의 서식지가 경쟁 대상인 생물이나 인종에 침략을 받고 있기 때문이라고 주장한다."

갈색 인종 사람들(이 문제에 있어서는 어떤 인종이든 마찬가지지만)이 북유럽 문화(인종이 아니라 문화)에 대한 제노사이드를 저지르고 있다는 주장에는 최소한 두 가지의 문제가 있는 것으로 보인다. 첫째, 이 주장을 하는 사람들은 천 년쯤은 뒤늦은 주장을 하고 있는 것이다. 북유럽 문화는 오래전에 노예화되었는데, 유색인종에 의해서가 아니라 그들의 일족에 의해서였다. "경쟁 대상 생물"에 의해서가 아니라 더 앞선 문명을 가진 사람들에 의해서, 궁극적으로는 문명 그 자체에 의해서 노예화되었다. 아리스토텔레스가 노예가 될 운을 타고난 야만인들 이야기를 했을 때 그가 말한 야만인들은 그리스 북부의 토착민들과 더 북쪽에 사는 사람들이었다. 노예(slave)라는 단어는 '슬라브족'의 '슬라브(Slav)'에서 나왔다. 포로라는 의미의 라틴어 스클라부스(sclavus), 스클라바(sclva)를 거쳐 슬라브가 되었는데, 로마의 노예들은 대부분 게르만 부족들에게 붙잡혀서 유럽 시장에서 팔린 슬라브 족 사람들이었기 때문이다. 오래지 않아 게르만 족 차례가 되어 그들도 노예 무리에 끼게 되었다. 북유럽 문화에 대한 제노사이드를 누군가가 저지르고 있다고 말하는 것은 말이 안 된다. 로마인들이 영토 확장에 방해가 되는 원주민들을 정복할 때 제노사이드가 일어났고, 특정한 지역에 뿌리 내린 특정한 문화가 소멸되고 소화되고 문명의 일부가 되었을 때, 그것이 제노사이드였다. 그렇게 해서 궁극적으로는 문화가 아닌 문화—왜냐하면 근거가 없기 때문에—가 되었던 것이다.

그 문제는 결국 이것이다. 누가 녹는가? 달리 말하면, 누가 소멸하는가? 이것을 생각해보자. 미국 주류 문화에 동화된 인디언들은 어떤 언어를 쓰는가? 그들이 내면화한 핵심 가치는 무엇인가? 정령을 숭배하는 그들의 의식이 제대로 전해지는가? 그들은 얼마나 많은 신들을 모시는가? 여러 신의 이름이 전해지는가를 이야기하는 것이 아니다. 그들은 어떤 경제 체제에 적응하기 위해 애써야 하는가? 물론 스페인 문화는 우리에게 바카루(backaroo, 스페인어 바케로[vaquero, 카우보이라는 뜻]에서 온 말)라는 말을 주었고, 멕시코 문화는 타코(멕시코 요리)와 카를로스 산타나(멕시코 출신 라틴 록 뮤지션. 산타나라고도 부른다─옮긴이)를 우리에게 주었지만, 그들도 지배 문화의 가치관과 방식은 고수해야만 한다. 토지 소유 방식도 마찬가지다. 땅을 사고 팔 수 있다는 생각. 삶의 과정보다, 생명 그 자체보다 경제적 생산을 더 중시하는 현금 경제. 이민자가 임금 좀 올려달라고 파업을 했다는 이유만으로도 감옥에 가두는 임금 경제. 파업을 했다는 이유만으로도 감옥에 갇히고 구타당하고 죽임을 당하는데 만약 임금 경제를 뒤흔들려고 했다면, 기술 혁신을 의문시하려고 했다면, 수렵과 채집 생활을 하는 유목민으로 살려고 했다면 어떤 일이 벌어졌을지 한번 상상해보라. 토지 소유권이라는 기반을 파괴하려 했다면 어떻게 되었을까? 약간의 변이형은 허용되지만 항상 일정한 제한 범위 안에서만 변화 가능하다. 진정한 변화가 불가능하도록 만드는 것은 그릇된 믿음을 만들어내는 우리 문화의 경제적 과정, 즉 우리가 듣는 이야기, 우리가 쓰는 말, 우리가 돈 주고 사는 것이다.

1년 전, 데이비드 에드워드와 이야기할 때, 우리 문화가 사람들로 하여금 특정한 틀에 맞춰 살도록 한다는 이야기를 했다. 이 과정이 이민자가 아니라 정치인과 경영인들─문화를 운영하는 자들─의 성격을 결정한다는 이야기를 했는데, 그 점은 별로 중요하지 않고 여기서 핵심은 사람들이 우리 문화의 보상 체계에 영향을 받는다는 점이다. 에드워드는 이런 글을 쓴 적이 있다. "우리의 지도자들이 공적인 삶에서 합리성과 도덕성의 기본 기준에 맞출 것을 기대하는 것은, 일종의 의인화에 빠지는 것이

동 화

다. 그들은 그렇게 하지 않을 것이고, 사실상 그렇게 할 수가 없다."

그게 무슨 말이냐고 내가 물었더니, 그는 이렇게 말했다. "정치인과 경영인의 일이라는 건 자신이 인간과 비슷하게 보이게 하는 거야. 그렇지만 그들은 공적인 역할에 특히 속박 받아. 지도자들이 개인적으로 도덕적인가 아닌가 하는 것은 전혀 중요하지 않아. 공적인 삶에서 그들은 연민이나 이성 같은 것을 가지고 행동하지 못하게 제약당하기 때문이지. 우리가 인간적이라고 하는 것은 연민이나 이성하고 연결되어 있지. 그들이 가장 우선시하는 것은 언제나 이익을 지켜야 한다는 거야. 논리나 도덕성은 항상 틀림없이 이윤에 종속돼. 기본적인 논리와 이성이 이윤을 위협하는 상황에서 지도자는 언제나 비논리적이고 비이성적인 뻔뻔한 극단에 의지해서, 현실은 가능한 한 먼 곳에 숨겨두지. 사람 판단을 흐리게 만드는 정교한 술수로 조심스레 포장하는 경우도 많지. 도덕성도 마찬가지야. 관대함이 이윤을 위협할 때 지도자들은 자기 인간성을 내던지는 것—그런 게 존재한 적도 없었다는 듯이—외에 다른 선택을 할 수가 없어. 아니면 공식적인 무대에서 사라질 위험을 감수해야 하지."

우리 문화에 새로 들어오는 모든 사람에게도 그건 마찬가지다. 막 태어나서 들어왔든 이민을 왔든 말이다.

그는 계속해서 이렇게 말했다. "실제에서 이것이 의미하는 것은 이런 거야. 제일 흉악한 사람을 제외하면 모든 사람들이 어린아이의 것을 훔치는 것은 나쁜 짓이고 아이를 고문하고 죽이는 것은 나쁜 짓이라는 데 동의하겠지만, 우리의 지도자들은 사실상 그에 동의하지 않는 것이 요구된다는 거야. 그들은 그에 맞게 행동을 해. 이윤은 결코 만족스러울 만큼 채워질 수가 없고 죽어가는 어린이한테 음식을 빼앗아 부자들에게 주는 일은 자본주의 체제 내에서 제도화되어 있어. 그래서 우리 지도자들—정치 지도자, 기업 경영인—에게서 인간성을 기대하는 것은 지나친 의인화라

문명과 혐오

는 거야. 우리의 희망이 솟아올랐다가 다시 벽에 부딪혀 산산조각 나는 일이 계속해서 되풀이될 거야. 실제로 정치의 목표 중 많은 부분은 우리 희망을 일깨워서는 아무것도 아닌 것으로 표류하게 만드는 것이거든. 언제나 그렇듯이 '공약(空約)'이 되게 하는 거지. 내가 예전에 텔레비전에서 어떤 실험을 하는 것을 본 적이 있어. 바닥에 네모난 상자를 놓고 그 위에 탁구공 수천 개가 든 깔때기를 놔. 상자 가장자리에 공을 붓기 시작하면 공들은 자동적으로 피라미드를 만들어. 아무도 의식적으로 그것을 만들고 있는 것이 아니야. 구조란 본래 그렇게 해서 세워지는 거지. 정치인들은 그 시스템에 떨어진 작은 공이라는 것을 기억하는 게 아주 중요해."

모든 사람들이 다 그런 것 같다고 내가 말했다.

그는 이렇게 말했다. "특히 꼭대기에 있는 사람들이 더 그렇지. 위에 있는 사람들은 그 틀에 딱 맞춰야 하니까. 성공한 정치인들은 그 틀에 잘 맞는 사람들이지. 그 틀의 조건에 안 맞는 정치인들은 꼭대기까지 갈 수 없어."

몇 년 전 나는 워싱턴 주 스포케인에 살았다. 내가 본 도시 중에 가장 노골적으로 인종차별을 하는 곳이었다. 우리 어머니는 백인들만 사는 동네에 사셨는데 그 동네에서 길 아래쪽에 사는 일본계 여성 한 사람만 백인이 아니었다(그런데 그 일본계 여성은 자기 종족하고는 담을 쌓고 지냈는데 좀 제정신이 아니었다. 바로 옆집에 사는 사람한테도 권총을 휘둘러댔다). 스포케인에서는 이런 일이 그리 이상한 일이 아니었다(권총을 휘두른다는 말보다 백인이라는 말이 더 낯설게 들리는 말이었다). 동네 사람이 모두(나를 포함해서) 백인이었기 때문이다. 길 건너편, 어머니 집 바로 맞은편 옆집에 흑인 남자와 백인 여자가 이사 왔을 때 나는 호기심이 생겼다. 그들은 이사오기 전부터 어머니와 아는 사이였고(그 여자가 어머니 머리를 잘라주는 미용사였다), 가까이 살면서 더 친해졌다. 그런데 이웃사람들도 그들을 받아

동화

들였다. 남자의 피부색은 문제가 되지 않는 듯 보였다. 흑인 남자가 얼마나 백인처럼 행동하는지 이웃들이 깜짝 놀라며 기뻐한 적이 있었다. 그는 기독교인으로 새로 태어난 사람이었고 '프라미스 키퍼'(Promise Keeper, 국제 남성 기독교인 단체―옮긴이)였다. 가톨릭계 대학에서 일하는 바른생활 사나이였다. 피부색 외에 그의 인종을 드러내는 유일한 특징은 어쩌다 백인 남자와 이야기할 때 눈을 아래로 내리깔았다가 존경의 표시로 오른쪽을 쳐다보곤 하는 행동이었다. 내가 보기엔 무의식적으로 그렇게 하는 것 같았다.

요즘 들어서는 미국을 용광로가 아니라 샐러드 그릇에 비유하는 얘기를 자주 접하게 된다. 그 속에 든 아이디어는 이런 것이다. 상추가 그 색깔을 유지하면서도 샐러드 그릇 속에서 물리적으로 어느 정도 통합되어 있듯이, 다른 전통을 가진 사회에서 미국으로 온 사람들도 그들의 문화를 유지할 수 있다. 샐러드 그릇이라는 비유는 좋은 것 같지만, 나는 그 이미지가 용광로보다 더 문제가 많다는 것을 발견했다. 그것이 묘사하는 현실도 문제가 많다. 용광로라는 은유는 다른 문화를 유지할 수 있게 하는 척하지는 않는 데 반해 샐러드 그릇 비유는 문화가 공동체와 무관하다는 암시를 담고 있기 때문에 훨씬 더 위험하다(뉴욕 시의 그랜드 밸리 데이니는 그곳에 덴마크 사람이 없는데도 여전히 그랜드 밸리 데이니다). 둘째, 샐러드 그릇 비유는 문화가 공간을 떠나 이동할 수 있다는 암시를 담고 있다. 이것은 아주 심각한 문제인데, 문화가 그것을 낳은 땅을 떠나 분리될 수 있고 그것이 등장한 특정한 장소와 깊은 관계가 없다는 주장을 담고 있다. 그 비유는 우리가 중국 문화―구체적으로 말하면, 오랜 시간에 걸쳐서 호문진(후멘, 주장강 하구에 위치한 항만―옮긴이)에서 나온 문화, 주장강에서 나온 문화, 바람과 비와 안개와 특정한 물고기 종, 매년 가을에 그 물고기를 잡는 사람들, 매년 봄을 싣고 오는 특정한 종의 철새들에서 나온 문화―

문명과 혐오

의 모든 것을 산호아킨 계곡으로 옮겨놓을 수 있다는 얘기이기 때문이다. 문화도 계곡도(그 문화가 자란 장소 또한) 손상되지 않고 말이다. 이러한 사고는, 유대-기독교 또한 그것이 일어난 중동 지역에서 북아메리카로 옮겨질 수 있으며, 그래도 그것은 여전히 문화라고 주장한다. 어떤 특정한 장소에서 지속 가능한 문화—유한한 지구에서 가치 있는 문화는 지속 가능한 문화뿐이라는 것이 자명해 보인다—는 그 장소와 깊고도 밀접한 관계를 가질 수밖에 없다. 문화가 옮겨지면, 문화 자체가 그 지역의 특성에 적응해야 하거나 본래의 지역성이 소멸될 것이다. 지역성이 사라지게 되면 그 문화도 죽게 될 것이다.

샐러드 그릇 비유는 사발에 든 아름다운 샐러드가 사람의 눈에 띈 뒤에 어떻게 되는지를 너무나도 편리하게 생략해버린다. 잎은 토마토, 올리브, 버섯, 인디언, 아프리카인, 중국인 등과 함께 삼켜져서 소화된다. 실리콘 밸리에 사는 일본계 미국인은 아무리 자주 명상을 해도, 도쿄에서 제일 좋은 대학에서 일본 문학 박사 학위를 받았다 하더라도 이런 질문을 던지게 될 것이다. 청바지를 걸치고 홍콩제 스테레오로 월드비트 음악을 들으면서도 이렇게 물어야 할 것이다. 우리 모두가 하는 질문이다. '어떤 조건을 갖춰야 내가 미국 문화에 참여할 수 있을까?' '이 조건들 중 어떤 것이 협상 가능하고 어떤 것이 불가능한가?' '여기에 맞춰 살기 위해서 부모님과 조부모님은 무엇을 포기해야 했나?' '우리 모두는 무엇을 내버리고 있나?' 논리적 결론을 이끌어내기 위해 이 은유를 더 밀어붙이자면, '우리가 소화되었을 때 우리 몸과 영혼을 소화 흡수해서 이익을 보는 것이 정확히 누구인가?'

동화

노동이

너희를

자유케 하리라

—아우슈비츠 문에 붙어 있던 표어

생 산

예전에는 우리가 민주주의 사회에 살고 있다고 생각했다. 모든 사람이 투표권을 가지고 있고 모두 한 표씩 행사할 수 있다고 들어왔기 때문이다. 우리가 민주주의 사회에 살고 있다고 내가 여전히 믿고 있는 데에는 두 가지 의미가 있는 것 같다. 첫째는 고대 그리스식 의미에서 그렇다. 소수를 위한 민주주의는 다수의 착취에 기초한다. 더 정확히 말하자면 사실 민주주의는 금권정치, 즉 부자들의 통치에 기초한다(기업 사냥꾼 찰스 허위츠는 그것을 '황금 통치'라고 표현했다. 황금을 가진 자가 통치를 한다는 뜻이다). 우리는 아테네 민주주의가 민주주의의 황금기라고 본다. 그 체제와 노예제가 떼려야 뗄 수 없는 관계였는데도 말이다. 노예는 그들 스스로 생활할 수 없는 '도구'로 간주되었다. 오늘날 우리의 민주주의는 그 전통을 이어가고 있다. 노동자, 소비자, 지구는 단지 도구로만 간주되며, 유용성이 있을 때 외에는 실질적으로는 존재하지 않는 것으로 취급된다.

우리가 빈민의 표도 부자의 표와 똑같은 한 표라고 계산하는 척 가장하고 있다 해도, 이슈의 틀을 만드는 것은 부자들이다. 그래서 가난한 사람들은 부유한 소수자들이 꾸며낸 질문에 기초하여 그들이 더 좋아하는 것이 무엇인지 말할 수 있을 뿐이다. 예를 들어, 모든 기업을 해체하는 것에 대해 국민투표를 한다고 상상해보자. 기업들이 야기한 많은 사람들의 죽음에 대해 기업 주주들이 법적·금전적으로 책임을 지고, 기업 소유로 되어 있는 땅을 가난한 사람들에게 돌려주는 것을 국민투표로 결정한다고 해보자. '꿈속에서'라고 덧붙여야 할 것 같지만 말이다. 어쨌거나 가난한 사람들이 투표를 하게 되더라도 선전의 물결에 익사할 지경이 된 뒤에야 투표를 할 수 있을 것이다. 탈기업화의 예를 계속 들어보자면, 그런 국민투표가 실시된다고 하면, 신문에 어떤 사설이 실릴 것인지 상상해보라.

우리가 민주주의에 참여하는 두 번째 방식은 초기 KKK단이 풀뿌리 대중조직이었던 것과 비슷하다. 우리가 원하는 것을 정부가 여러 가지 방식으로 준다는 것을 우리는 인정해야 한다. 아니, 우리가 원하도록 훈련받은 것을 준다고 하는 게 맞겠다. 깨끗한 물을 사서 마셔야 하는 현실 앞에서도, 우리의 산업 경제 체제에 필수적인 수많은 발암 물질 때문에 우리가 죽어가고 있다는 사실 앞에서도, 정부가 우리의 의사소통에 개입하고 타깃이 된 집단(예를 들어 젊은 흑인 남성)의 상당 부분이 감금되어 있는 상황에 직면하고도 우리는 반란을 일으키지 않지만, 만약 정부가 텔레비전 오락 프로그램을 금지하거나 휴대 전화 서비스를 중단시키면, 아마 며칠 지나지 않아 거리에 사람들의 머리가 굴러다닐 것이다. 이 나라에서 다음과 같은 것을 하지 못하게 되어서 물가가 껑충 뛰어도 똑같은 일이 벌어질 것이다. 재생 불가능한 자원의 지속 불가능한 사용, 재생 가능한 자원의 지속 불가능한 사용, 식민지에서 천연자원 빼앗아 오기, 세계 여러 나라의 노동자들에 대한 착취. 그렇게 되면 당신도 혁명을 원할 거라고? 석

생 산

유 값이 갤런(3.78리터)당 10달러로 오르면(2008년 현재 평균 가격은 갤런당 3달러 미만이다—옮긴이)어떤 일이 벌어질까. 농부이자 작가이고 운동가인 웨스 잭슨(Wes Jackson)이 이렇게 말한 적이 있다. 미국인들이 혁명을 일으키지 않게 하는 데 큰 역할을 하고 있는 것이 월마트라고. 기저귀를 싸게 살 수만 있으면 우리는 기꺼이 줄 서서 기다릴 것이다. 나도 다른 사람들 못지않게 이 나라에 민주주의가 없음을 불평하는 것을 좋아하지만, 문제는 비민주적인 정부가 아니다. 비민주적인 정부만은 아니라는 것이다. 문제는 우리 문화 자체에 있다. 정부는 그 문화가 표현된 불가피한 형태의 하나일 뿐이다. 감옥도, 댐도, 기업도, KKK단도 다 마찬가지다.

만약 문제가 단순히 우리의 민주주의가 돈에 의해 타락하고 있다는 것이라면, 즉시 제대로 된 민주주의를 세울 수 있다. 우리가 해야 하는 것은 1인당 표 하나라는 개념을 내던져버리는 것뿐이다. 그리고 한 표를 자기 순자산으로 나눈 값만큼을 각각에게 부여하는 것이다. 순자산이 100만 달러인 사람은 100만 분의 1표를 주고 순자산이 1달러인 사람에게는 한 표를 주는 것이다. 이렇게 하면 경제적 권력과 정치권력의 연결을 효과적으로 끊을 수 있을 것이다. 그러나 이런 일은 일어나지 않을 것이다. 그 부분적인 이유는 권력자들이 자신이 지은 죄 때문에 자신이 감옥에 가게 될 규칙은 절대 제도화하지 않는 이유와 같다. 공동체 전체(땅을 포함하여)의 건강이 그 사회의 일차적 관심이 아닐 때, 권력자들이 그런 규칙을 만들 이유가 없다. 그것이 공동체 전체에 도움이 된다 하더라도 자신들의 권력 유지와 상관 없는 규칙을 만들지는 않는다.

물론 위에서 내가 제안한 것은 농담이다. 궁극적으로 우리 사회는 민주주의가 아니고 사실은 금권정치도 아니기 때문이다. 우리 사회는 신의 확고한 명령에 따라 성직자가 운영하는 신권정치 체제다. 신은 구약의 하느님과 마찬가지로 질투가 많으므로 다른 신들이 끼어드는 것은 허락지 않

문명과 혐오

을 것이다.

나는 예전에는 우리 문화의 신이 권력이라고 생각했다. 공동체, 사람들, 풍경, 관계가 모두 권력의 제단에서 희생된다고 생각했다. 나는 지금도 우리 문화의 성 삼위일체의 한부분이 권력이라고 생각한다. 우리가 맺는 개인 간의 관계에서도 권력이 중심이 될 때가 너무 많다. 그러나 권력이 중심적 역할을 차지한다는 사실에 대해 사람들은 때때로 문제를 제기한다. 즉 주류 문화 안에서도 사람들은 권력을 지나치게 강조하는 것이 우리에게 도움이 되는지 의문을 제기한다. 그러나 우리 문화에서 권력보다 더 비가시적이고, 따라서 의문시되지 않으면서 신처럼 떠받들어지는 것이 있다. 노예제 뒤에 숨은 동력은 무엇이었을까? 전세계에서 일어나는 환경 파괴 대부분의 원인은 무엇일까? 무엇을 위해서 미군 전력이 총동원되는 일이 밥 먹듯이 일어나고 있을까?

이 세 가지 질문을 다른 말로 바꾸어보자. 공산주의자, 사회주의자, 자본주의자, 모든 민족국가들이 공통되게 중요시하는 것이 무엇일까?

답은 생산과 경제다. 생산은 이윤보다 더 중요하다. 본질적으로 모든 생산은 국가를 통해 대중으로부터 받는 대규모 보조금 없이는 돈을 잃게 되어 있다. 따라서 비용을 전부 다 계산하면 모든 산업적 생산은 한 수 접고 불리한 게임을 시작하는 것이다. 생산이 공동체보다 더 중요하다. 생태계의 건강이나 풍요보다 더 중요하다. 행복보다도 중요하고 생명보다 더 중요하다.

■　　　■　　　■

유니언 카바이드 사가 대량 인명 피해 사고를 낸 것은 보팔 사고가 처음이 아니었다(1984년 인도 보팔 시에 있는 미국 기업 유니언 카바이드의 살충제 공장에서 유독 물질이 배출돼 1만 명이 숨지고 12만 명이 다쳤다-옮긴이).

생산

유니언 카바이드 사는 미국 최악의 환경 재앙에도 책임이 있다. 1930년대 웨스트버지니아에서 혹스네스트 터널(Hawk's Nest Tunnel)을 뚫을 때 수백만 명이 죽은 사고가 그것이다.

혹스네스트 터널 뚫는 일을 두 달 이상 한 유니언 카바이드 사 노동자약 1,213명 가운데 764명(약 63퍼센트)이 7년 안에 규폐증으로 죽었다.

규폐증은 가장 오래된 직업병이라고 한다. 헤로도투스가 광산 인부들이 일찍 죽는 것을 보고 그 병에 대해 언급한 적이 있다. 16세기의 아그리콜라(Agricola)와 18세기의 라마지니(Ramazzni)도 어떤 유형의 먼지와 규폐증 발병의 연관성을 이야기했다. 스페인 사람들이 기록한 바에 의하면, 17세기 페루 광산에서 강제 노역을 한 인디언들도 6개월에서 18개월 안에 규폐증으로 죽었다고 한다.

19세기 말이 되자, 규폐증의 원인이 좀 더 분명히 밝혀졌다. 화강암이나 사암이 부서질 때 나오는 미세한 규산 입자가 숨쉴 때 호흡기를 통해폐 깊숙이 들어가면 폐에 반흔이 생기고 폐가 산소 흡수 능력을 점차 잃는다. 그리고 폐렴이나 결핵에 걸릴 위험이 높아진다. 혹스네스트 터널 공사가 시작되기 20년 전인 1911년경, 공기 중의 규산과 규폐증으로 인한 사망의 연관 관계가 정확히 밝혀졌다. 그래서 남아프리카에서는 흑인광산 인부들의 죽음에 대해 예절바른 신사의 태도를 취하여, 금광에서 구멍을 뚫을 때 물을 사용해 먼지를 줄일 것을 의무화했다. 그 결과 남아프리카 광산 노동자들 중 노동 기간이 5년 미만인 사람들에게서는 규폐증이 거의 나타나지 않았고, 10년 이상 일한 사람들 중 10퍼센트만 그 병에걸렸다. 그런데 혹스네스트 터널에서 일한 노동자들은 2년 미만의 노출기간 동안 60퍼센트 이상의 사망률을 보였다. 그러니까 유니언 카바이드사는 위험을 알면서도 생산성을 위해 750명이 넘는 인명을 죽음으로 몰아넣은 것이었다.

그 일은 이렇게 일어났다.

1927년 유니언 카바이드 사와 카본 사는 자회사인 뉴 카나와 파워 사를 설립했다. 같은 해에 그 자회사는 웨스트버지니아의 혹스네스트에 터널을 뚫는 계획안을 연방 정부에 제출했다. 터널을 뚫고 뉴리버의 물줄기를 그 터널로 끌어들인다는 계획이었다. 혹스네스트 공사 현장 위로 물이 흐르도록 강 전체의 물줄기를 튼다는 계획이었는데 그 강은 배가 다닐 수 있을 정도로 깊고 길이는 166마일이나 되었다. 목적은 오로지 웨스트버지니아의 본카(지금의 앨로이)에 있는 유니언 카바이드의 금속 공장에서 쓸 전기를 공급하기 위한 것이었다. 연방 정부는 그 계획에 반대하지 않았다. 다음 해, 유니언 카바이드는 웨스트버지니아 주 공공서비스위원회에 계획안을 제출했다. 그것은 곧바로 승인되었다. 마틴 처니악(Martin Cherniak)은 『혹스네스트 사고: 미국 최악의 산업재해(The Hawk's Nest Incident: America's Worst Industrial Disaster)』라는 책에 이렇게 썼다. "사기업이 큰 강의 일부를 사서 5마일이 넘는 하상(河床)의 물을 배수할 수 있다니, 주 정부나 연방 정부의 반대에 전혀 부딪히지 않고 그런 일을 할 수 있다니" 얼마나 대단한가.

3마일 터널 공사는 1930년에 시작되었다. 무서운 속도로 일주일에 300피트 이상을 뚫어나가서 1931년 말에 터널을 완공했다.

노동자들 대부분은 그 지역 사람이 아니고 미국 남부 전역에서 일자리를 찾아온 이들이었기 때문에 유니언 카바이드의 하청 업체인 라인하트&데니스 사는 회사 캠프를 설치했다. 이 캠프들은 철저하게 인종에 따라 분리되어 있었다. 각 캠프의 숙소 크기는 거의 똑같았지만—가로 100피트, 세로 150피트 크기의 건물이 두 개의 방으로 나뉘어 있었다—백인들이 쓰는 숙소에는 전기 시설이 되어 있었고 네 사람이 함께 사용했다. 흑인들이 쓰는 곳은(흑인들이 노동자의 대다수를 차지했는데) 전기가 들어오지 않았고 열두 명이나 되는 사람들이 한 방을 써야 했다. 몇 명이 함께 살든, 방 사용료는 일주일에 6달러였다. 그것은 노임의 절반 정도에 해당하는 액수였다.

라인하트&데니스는 흑인 노동자들에게 일상적으로 폭력을 휘둘렀다 (백인 노동자들에게는 그러지 않았다). 한 노동자는 나중에 이렇게 회상했다. "흑인 남자가 정말로 아파서 아침에 일을 못 나갈 지경이면, 숙소 감독이 순시를 하기 전에 나가서 숨어야 했다. 감독은 사람들을 일터로 끌어내기 위해 권총 두 자루와 가죽 곤봉을 가지고 다녔다." 라인하트&데니스가 고용한 숙소 감독은 파이에트 군 보안관 대리로 임명되기도 했다. 그가 흑인 노동자들을 감시하는 것을 돕기 위해 백인 십장 한 명 이상이 야구 방망이를 들고 따라다녔다. 어느 백인 기술자는 흑인들에게 매우 위험한 일을 시키기 위해 폭력을 사용했다고 증언했다. "드릴 손잡이를 집어들고 그걸로 사람들 머리를 쳤다는 얘기를 몇 번 들은 적이 있다."

교대 근무를 하는 노동자 한 팀이 보통 하루에 320개의 구멍을 뚫어서 그 속에 600~800파운드의 다이너마이트를 채워넣었다. 채워넣은 폭약이 폭발할 때까지 사람들은 터널 위 300~400미터 위에서 기다렸다가 폭발한 다음 파편을 치우러 가야 했다—종종 총부리에 밀려서, 먼지가 가라 앉기도 전에 그곳으로 가야 했다(규산 분진의 위험 때문에 폭발 직후에 서둘러 가려 하지 않았기 때문이다). 터널은 암석을 뚫어서 만들었는데, 그 암석이 규산 90퍼센트 이상이었고(어떤 측정치는 99퍼센트가 넘는 것으로 나온다) 공기 중의 규산과 규폐증 사망의 관계는 잘 알려져 있었는데도, 유니언 카바이드, 뉴 카나와 파워 사, 라인하트&데니스 등 어떤 기업도 터널 내 분진 정도를 측정한 적이 없다. 게다가 구멍을 뚫을 때나 폭발 시에 먼지를 줄이기 위해 물을 뿌리지도 않았다(환기 장치도 없었다). 그래서 터널 내에 먼지가 "어찌나 자욱했던지 몇 피트 앞에 있는 사람도 알아볼 수 없

을 정도였다.” 교대 시간이 되면, 노동자들이 입은 옷뿐만 아니라 얼굴에
까지도 먼지가 까맣게 앉아 있었고 그들이 캠프로 돌아갈 때에는 그들 몸
에서 떨어진 먼지가 그들이 지나간 길을 알려주었다.

암석의 규산 함유율이 높다는 것을 안 유니언 카바이드는 뉴 카나와 사
의 모든 직원들에게 마스크를 쓰라고 지시하고, 규산 분진의 위험에 대해
경고했다. 뉴 카나와 사의 직원들은 대부분 유니언 카바이드의 공사를 감
독하는 기술자들이었다. 반면 일반 노동자들에게는 마스크를 주지도 않
았고 경고를 하지도 않았다. 흑인 노동자들 사망 사건에 대한 보고가 웨
스트버지니아 주 광업부 국장 로버트 램비에게 올라가자, 램비는 터널을
조사한 다음 뉴 카나와 사에 서신을 보냈다. 규폐증의 위험을 경고하고,
노동자들에게 마스크를 지급할 것을 명령하는 내용이었다. 그러나 그의
명령은 무시되었다. 그 이유는 다음과 같은 정서 때문이었을 것이다. 회
사 간부 한 사람이 그 명령을 듣고 이렇게 말했다. “그 일을 하는 검둥이
들 전부한테 2.5달러가 들어간다 해도 그런 돈은 쓸 생각이 없어.”

1931년, 지역 신문 《파이에트 트리뷴》에 이런 기사가 실렸다. 유니언
카바이드 사는 높은 규산 성분에 대해 이와 같이 또 다른 반응을 보였다.
“알라딘 램프 이야기처럼, 터널을 뚫는 일은 유니언 카바이드 사에 막대
한 이익을 가져다주었다. 바위를 제거하는 과정에서 일꾼들이 엄청나게
큰 규암을 만나게 되었다. 순도 99.44퍼센트로 측정되는 규산덩어리였
다. …… 터널의 아래쪽 끝에서 이 사암이 발견된 것은 공사에 큰 변화를
가져왔다. 파내야 하는 크기가 매우 커졌고 터널이 예상보다 훨씬 더 커
졌기 때문이다.” 유니언 카바이드는 터널의 지름을 31피트에서 무려 46
피트로 늘려 잡고 규석 30만 톤을 자사의 본카(Boncar) 금속 공장 자리로
옮겼다.

오래지 않아 노동자들이 죽기 시작했다. 관련 회사들에 대한 대중의 분

생 산

노와 경계를 막기 위해서 라인하트&데니스 사는 노동자들이 언론이나 법조계 사람과 접촉하는 것을 금했다(공사 현장에서의 일을 발설하는 사람은 해고될 것이라고 위협했다). 그리고 유니언 카바이드는 좀 더 강력한 방법으로, 지역 신문의 편집 방침에 엄청난 영향력을 발휘했다.

사망자 수가 무시 못할 정도로 많아지자, 터널 공사가 시작된 지 거의 1년이 지난 다음 《파이에트 저널》이 마침내 이런 기사를 실었다. "뉴 카나와 파워 사의 터널 공사장에서 사망한 흑인 노동자 수가 이례적으로 많은 데 대해 이야기가 많다. 지난 2주 동안 총 37명의 사망자가 나왔다." 처니악은 이 신문이 혹스네스트의 재앙을 털어놓고 똑바로 이야기하기를 망설였다는 점을 다음과 같이 지적한다. "농촌 지방지에서 언급할 정도라면 사망자 수가 얼마나 많았을까 하는 생각이 들 것이다."

유니언 카바이드 사에 고용된 의사들과 그 제휴 회사들은 규폐증과 죽음의 물결을 막기 위해 적절한 조치를 취하지 않았다. 그들은 그 병을 '터널 병'이라 이름붙이고 그에 대한 처방으로 노동자들에게 '블랙 데블'을 삼킬 것을 권했다. 블랙 데블은 베이킹 소다에 설탕 옷을 입힌 알약이었다. 이 처방이 효과 없음이 분명해지자, 라인하트&데니스 사는 은밀히, 일반적인 값의 두 배의 돈을 주고 이웃 군의 장의사를 고용해서 일하다 죽은 노동자들의 시신을 재빨리 처리하게 했다. 그 장의사는 시신들을 자기 농장에 묻었다.

회사가 죽거나 병든 노동자들을 대신할 사람을 찾는 데에는 전혀 어려움이 없었다. 먹고살기가 어렵고 다른 취업 기회가 없었기 때문에 이민 노동자들은 쓰러져가는 오두막이나 들판에 살면서 일자리가 나기를 기다리고 있었다. 나중에 라인하트&데니스 사는, 노동자들이 터널에서 일하는 것을 스스로 선택했고 자기가 병들거나 죽은 사람 대신 일하게 되었음을 알고 있었을 터이므로 노동자들의 죽음은 그들 자신의 탓이라고 주장

문명과 혐오

했다. 그 회사들에 대한 첫 번째 소송에서 판사도 그런 주장을 했다. 그런데 노동자들이 정말로 선택을 했다고 할 수 있을까? 선택을 하는 것과 인위적으로 제한된 선택지들 중 하나를 고르는 것 사이에는 중요한 차이가 있다. 어떤 사람이 선택을 할 수 있으려면, 선택하지 않을 자유가 있어야 한다. 예를 들어, 1982년에 제작된 영화 〈소피의 선택〉에서 나치 수용소로 끌려간 소피는 두 아이 중 한 아이를 선택할 것을 강요받는다. 한 아이를 선택하면 그 아이는 살려주고 다른 아이는 즉시 가스실로 보내겠지만, 한 명을 택하지 못하면 둘 다 죽일 거라는 것이었다. 앞에서 이야기한 선택의 정의에 따르면, 소피는 선택을 하는 것이 아니라 나쁜 선택지들 중 하나를 고르는 것이었다. 유니언 카바이드 사에 고용된 노동자들도 마찬가지였다. 그 당시 전반적인 사회 조건에서, 노동자들은 그 일을 할 것이냐, 아니면 불황기 노동 시장에서 다른 일자리를 찾으며 굶을 것이냐, 아무 일도 안 하고 굶을 것이냐 중 하나를 선택해야 했다. 선택하지 않을 자유, 즉 자급자족을 해서든, 대안적 공동체에 의지해서든 임금 경제에 들어가지 않을 자유는 없었다. 드비어스 사와 아파르트헤이트 논의에서 내가 보여주고자 했던 바와 같이, 그리고 이 책 전체에서 이야기하려는 것이기도 하지만, 우리 문화에서 정부의 일차적 기능은 사람들이 이른바 '자유시장' 임금 경제에서 자유롭게 사는 선택을 하지 못하게 하는 것이다. 남아프리카 정부가 사람들로 하여금 광산에서 일을 하도록 하기 위한 '부드러운 자극'으로 세금을 부과했던 것을 생각해보라. 평원 인디언들을 없애기 위해 미국이 정책적으로 들소 7,000만 마리를 도륙한 것을 생각해보라. 이것들은 사람들을 임금 경제로 들어가게끔 하기 위한 수많은 방법들 중 겨우 두 개일 뿐이다. 혹스네스트 터널 노동자들이 임금 경제에서 빠져나가서도 살아남는 것이 현실적으로 가능했다면, 그들은 그것을 선택한 것이라 할 수 있다. 그러나 그들은 많은 나쁜 선택지들 중에 하

생 산

나를 골랐던 것이다. 선택을 하는 대신 나쁜 선택지들 중에서 고르게 한다는 것, 그것이 체계적으로 광범위하게 이루어진다는 것이 우리 경제의 특징이다. 또 사람들에게 지배층의 사업 이익의 부족분을 보조금으로 채워주게끔 강제하는 많은 방법들 중 하나이기도 하다.

어떤 경우든, 새로운 사람들을 고용하면, 이미 흑인 노동자들로 붐비는 캠프 안에 방을 만들어줘야 했다. 노동자 한 명이 그것을 이렇게 설명했다. "아파서 일을 하지 못하게 된 일꾼이 오래가지 못할 것 같으면 보안관이 돌아다니다가 보고는 밖으로 쫓아내버렸다. 병들어서 허약해진 일꾼을 보안관과 그의 부하들이 숙소에서 끌어내는 것을 본 적이 있다. 너무 허약해져서 걷기조차 힘겨워하는 사람들이었다. 어떤 이들은 나무에 기대야 겨우 서 있을 수 있었다. 그래서 보안관과 그의 부하들은 아파서 오래가기 힘든 사람들을 쉽게 알아볼 수 있었다. …… 많은 사람들이 터널 캠프에서 죽었다. 병원에서도 죽었고 바위 아래를 비롯한 온갖 장소에서 죽었다. …… 지금 당장이라도 가서 어디에 무덤이 있는지 알려줄 수 있다. 지금 내가 사는 곳에서 겨우 두 블록 떨어진 곳에도 무덤이 많다."

터널 완공 후 얼마 지나지 않았을 때인 1931년 12월, 죽은 노동자들의 가족과 살아남은 노동자들이 라인하트&데니스와 유니언 카바이드 사의 자회사인 뉴 카나와 파워 사를 상대로 소송을 제기하기 시작했다.

그 재판들 중 첫 재판에서 뉴 카나와 직원 들 중 일부와 많은 노동자들이 높은 분진 농도와 물 뿌리지 않는 땅파기 방식에 대해 증언했다. 그뿐 아니라 다섯 명의 의사들도 원고에게 유리한 증언을 했다. 그 중 한 사람인 레이몬드 존슨은 자신이 진찰했던 175명의 노동자 중 95퍼센트가 급성규폐증 환자였다고 말했다. 그러나 다른 의사들은 터널 내의 가시도는 아주 좋았으며 터널 내의 공기가 그 법정의 공기보다 나았다고 증언했다. 라인하트&데니스 사의 한 십장은 땅파기 작업을 할 때 물을 뿌렸음을 맹

문명과 혐오

세할 수도 있다고 말했는데, 그 증언을 하고 2년 후에 규폐증으로 사망했다. 웨스트버지니아 주 광업부 국장 로버트 램비는 일찍이 터널에 들어가는 모든 사람에게 마스크를 쓰게 할 것을 명령한 바 있었는데, 법정에서는 회사에 유리한 증언을 했다. 그는 가시거리가 700피트였으며 땅을 파는 작업은 모두 물을 뿌려가며 이루어졌다고 말했다. 자신이 전에 쓴 서신과 보고서는 직원에게 받은 잘못된 정보를 바탕으로 쓴 것이라고 말하기도 했다. 증언한 뒤 엿새 후에 램비는 새로운 사업을 시작했는데, 그것은 웨스트버지니아 주에서 제일 큰 광산 회사들의 컨설팅 사업이었다. 재판 막바지 즈음에 한 증인이 증언을 번복했다. 터널 내 공기가 깨끗했다고 증언하라고 회사가 협박하고 뇌물을 주었는데, 양심이 허락지 않아 뒤늦게라도 정직하게 이야기하는 것이라고 그는 말했다. 그런데도 그 재판은 불일치 배심(의견이 엇갈려 판결을 못 내리는 배심)으로 끝났고 배심원단은 판단을 보류했고 판사는 소송을 기각했다. 나중에 그 판사는 라인하트&데니스 사 직원들이 차로 모시고 왔다가 모시고 간 배심원 한 명을 거론했다. 기업들이 증인들을 매수하고 배심원을 협박한 것에 대해 주 조사관은 나중에 이렇게 말했다. "돈으로 배심원 제도를 손상시킨 것은 그때까지 그 어디에서 저질러진 것보다 심한 불법행위였다." 원고 레이먼드 존슨은 새로운 변호사를 고용해서 항소를 준비했으나 재판이 시작되기 전에 사망했다.

1933년 봄에는 157건의 소송이 그 회사들을 상대로 제기됐고, 요구된 보상금을 모두 합치면 400만 달러에 이르렀다. 그러나 6월에 양쪽 변호사들이 보상금 13만 달러로 합의를 하기로 했다고 발표했는데, 그 중 절반은 노동자 측 변호사들에게 돌아갔다.

노동자들을 대변한다는 허울만 쓴 변호사들은 은밀하게 2만 달러를 더 받았는데, 그것은 앞으로 그 회사와 관련된 사건을 맡지 않을 것이고 자

생 산

신이 갖고 있는 기록을 회사에 넘겨주겠다고 약속한 대가였다.

배심원 매수와 변호사들의 뒷거래 사실이 대중에게 알려지자, 202명의 피해자들이 추가로 소송을 제기했다. 법원은 그 중 142명에 대해서는 사건 시효가 경과되었다며 소송 접수조차 받아주지 않았다. 웨스트버지니아 주 의회는 규폐증 피해 보상을 받지 못하는 조건을 법으로 정함으로써 나머지의 소송도 허용하지 않았다. 규폐증은 잠복기가 길다는 사실에도 불구하고(또는 그 사실 때문에), 또 혹스네스트 터널 공사가 29개월 전에 끝났다는 사실에도 불구하고(역시 이 사실 때문에), 의회는 규폐증 보상 소송은 1년 안에 해야 한다고 소급 적용했다. 그리고 규산에 노출된 기간이 2년 이상인 사람만 보상받을 자격이 있다고 정해놓았다. 이 자격 요건은 혹스네스트 터널 공사 기간이 단 18개월이었다는 것 때문에 덧붙여졌다. 유사한 사건의 판례가 될 대법원 상고를 제기하고 패소한 뒤에 피해자 측 변호사들은 7만 달러의 합의금을 받아주었다.

보팔에서와 마찬가지로(그리고 이런 일들이 거의 언제나 그렇듯이), 유니언 카바이드 사는 결국 그렇게 합의해서 사건을 타결한 것을 대단한 승리로 해석했다. 소송을 제기한 538명의 노동자들—538개의 사람 목숨—에 대한 보상금 총액은 13만 달러에 못 미쳤다. 처니악은 "힘센 기업체, 국가 관료, 법원은 터널 건설 노동자들의 건강이나 생명의 가치가 400달러도 되지 않는다고 결정한 것이다"라고 말했다.

혹스네스트 터널은 유니언 카바이드 사로서는 성공적인 투자였다. 그 회사는 1937년 앨로이 공장에서 쓸 전력을 생산하기 시작해서 오늘날까지 전력을 생산하고 있다. 경제적인 면에서 보면 그 터널은 비용의 몇 배가 넘는 이득을 만들어냈다. 건설 비용은 10년도 지나지 않아 전부 회수되었다. 764번째 규폐증 피해자가 죽은 지 몇 년 지나지 않아 그 비용이 다 빠졌던 것이다. 피해자에 대한 인식은 도급업자가 나중에 의회 청문회

문명과 혐오

에서 한 말에 잘 표현되어 있다. "내가 이 검둥이들을 죽음으로 내몰고 있다는 것은 알았지만 이렇게 일찍 죽을 줄은 몰랐습니다."

■　　■　　■

그런데 카바이드 사가 생산이라는 미명 아래 사람들을 죽인 곳은 보팔과 혹스네스트뿐만이 아니다. 예를 들어 테네시 주 오크리지를 보자. 그곳은 1940년대부터 1984년까지 유니언 카바이드 사가 핵무기 공장을 가동하던 곳이다. 회사는 그 공장이 안전하다고 주장했고, 노동자들은 자신들이 야광 시계를 찬 것과 다름없는 미미한 정도의 방사능에 노출되어 있다고 주장했다. 그러나 그것은 거짓말이라는 게 밝혀졌다. 1980년, 그 공장에서 일하던 조 하딩이 방사능 중독으로 죽기 몇 달 전 그에 의해 진실이 밝혀진 것이다. "하루 일과가 끝나고 나오면서 뒤를 돌아보면 우라늄 먼지로 내가 걸어온 자취가 만들어졌다. 전등을 보면 전등과 나 사이에 푸른 안개 같은 것이 서려 있는 게 보였다. 우리는 매일 그 속에서 점심을 먹었다. 아무데나 앉을 자리를 만들어서 먼지만 털어낸 후 점심을 먹었다."

그는 회사의 안전 검사를 이렇게 묘사했다. "옷에 붙여서 방사선 노출 정도를 알 수 있게 하는 필름 배지가 있었는데 며칠에 한 번씩 배지를 (역시 유니언 카바이드 사가 운영하는) 오크리지 국립 검사소에 보내서 분석하게 했다. 어느 날 직원 몇몇이 그 배지를 단 채 우라늄 먼지 자욱한 곳에서 여덟 시간을 일한 다음 그것을 제출했다. 검사소에서는 아무 소식도 없었다. 그들은 열흘에 한 번씩 우리의 소변 샘플을 가지고 갔는데, 한번은 어떤 사람이 소변 샘플에 우라늄 덩어리를 떨어뜨렸는데도 그에 대한 이야기는 전혀 없었다."

공장 관리자들은 방사선 오염에 관한 기록을 위조하라고 명령했고 그렇게 하지 않으면 일자리를 잃게 될 것이라고 못박았다. 나중에 하딩은

생　산

그 회사의 폐기물 처리 방법에 대해서도 이렇게 설명했다. "폐기해야 할 오염된 액체나 기체가 여러 탱크 모이면, 달이 없는 깜깜한 밤이 오기를 기다렸다가 그냥 높이 쌓아두었다. 어떨 때는 깜깜해질 때까지 기다리지도 않았다. 물론 그것들은 농장 곳곳에 내버렸다." 오크리지 공장에서 이렇게 5년에서 10년 정도 일한 사람들은 그 결과 보통 사람보다 뇌암 발병 위험이 다섯 배 가까이 높았고 백혈병, 무백혈병 위험은 아홉 배 이상 높았다. 방사능에 중독된 사람들 중 그 누구도 회사로부터 장애 보상금을 받지 못했다. 유니언 카바이드 사가 오크리지에 남겨둔 화학물질과 방사능 오염 물질의 일부를 치우는 데에만 최소한 8억 3,800만 달러의 세금이 들 것이다.

테네시에서만 문제가 있었던 것이 아니다. 1970년대에 웨스트버지니아 주 앨로이에 있었던 유니언 카바이드 사 공장은 미국에서 가장 더러운 공장이었다. 매년 분진 7만 톤을 배출했는데 그것은 1971년 뉴욕 시 전체에서 배출된 양보다 많다. 1980년대에 유니언 카바이드 사의 살충제 '테미크'에 수백 명이 직접 중독되었고 그것은 22개 주에서 토양과 식수도를 오염시켰다. 롱아일랜드의 우물 8,000개의 물을 검사한 결과 그 중 2,000개가 테미크에 오염되어 있다는 것이 밝혀지자, 유니언 카바이드 사는 뉴욕 시 보건부에 로비를 해서 안전기준을 올리게 했다. 보건부가 정한 위험 수치는 8ppb 이상이었다. 검사한 샘플 중에는 515ppb까지 나오는 것도 있었다.

보통 유니언 카바이드는 그들이 타인들에게 끼친 피해를 부정하거나 아니면 피해의 심각성이 미미한 것이라고 주장해왔다. 예를 들어 유니언 카바이드의 한 공장에서 빠져나온 가스 구름이 쇼핑몰 안으로 흘러들어 가서 쇼핑을 하던 사람들이 의식이 혼미해지는 일이 생겼을 때, 이틀 동안 그 회사는 자기네 회사에서 나온 가스가 아니라고 잡아뗐다. 다른 예를 보자. 테미크 제조에 쓰이는 화학물질이 유출되어 135명이 응급처치를 받는 일이 일어난 다음, 유니언 카바이드 사의 회장 워런 앤더슨은 이렇게 말했다. "아르페주(향수)를 흘렸어도 135명이 입원을 했겠군." 이 유출 사고와 앤더슨의 발언은 보팔 사고 후에 나온 것으로, 8,000명의 죽음이 그에게 아무런 교훈도 주지 않았음을 보여준다. 또 다른 예도 보자. 그 회사는 미국 역사상 최악의 수은 유출을 기록했다. 1953년에서 1977년 사이에 유니언 카바이드 사가 오크리지의 시설 중 하나에서 배출한 수은이 240만 파운드였으며 그 중 47만 5,000파운드 이상이 작은 강 하나에 버려졌다. 그 회사의 대응 규칙은 세 가지였는데, 이제 여러분도 대강 짐작할 수 있을 것이다. 그 사실을 기밀로 하고 수은에 노출된 사람들에게 경고하지 않기, 오염 정도를 은폐했다며 1983년부터 일한 과학자들을 질책하기, 오크리지는 "테네시 동부치고는 비교적 부유한 도시이고 과학자, 기술자 등 낚시질보다는 다른 취미를 즐기는 사람들이 살고 있으므로" 물고기 섭취가 문제 될 것 없다고 주장하기가 그것이다. 이 마지막 주장은 강가에 살면서 그곳 물고기를 먹는 아프리카계 사람들 1,500명을 무시한 발언이었다. 그리고 물고기들을 무시했음은 말할 것도 없다. 비슷한 예는 또 있다. 인도네시아의 유니언 카바이드 공장에서 나온 수은이 논과 지하수를 오염시키고 그로 인해 종업원 402명이 신장 질환을 얻었을 때, 회사 간부들은 의사들에게 그 문제에 대해 노동자들에게 이야기하지 말라고 말했다. 위험한 노동조건을 문제 삼으며 파업을 일으키는 노동자들은 즉각 해고되었다. 논지에서 조금 벗어난 이야기지만 여성 노동자가 결혼하거나 임신을 해도 해고되었다는 점도 눈여겨봐야 한다. 유출과 부인(否認)의 예는 얼마든지 있다. 뉴욕, 사우스캐롤라이나, 캘리포니아, 루이지애나, 버지니아, 푸에르토리코, 벨기에, 호주, 멕시코, 그 외에도 많은 지역에서 유출이나 폭발 사고가 일어났다. 1987년에서 1994년 중반 사이

생산

에 유니언 카바이드 사는 미국 내 공장에서만 유독 물질 유출이 500번이 넘었다고 보고했다. 일주일에 한 번 꼴도 넘는다.

■　　■　　■

생산이라는 이름으로 사람들을 죽여온 회사가 유니언 카바이드 사뿐이냐 하면, 천만의 말씀이다. 프리포트 맥모란 사에 대해서도 그런 예를 줄줄 나열할 수 있다. 그 회사는 미국에 본사가 있는 광산 회사인데 토착 문화의 환경을 파괴함으로써 동남아시아에서 제노사이드를 저질렀고, 토착민들에게서 토지를 빼앗았으며, 저항하는 사람들을 기관총으로 쓰러뜨렸다. 그리고 RTZ는 남미에서 토착 문화의 환경을 파괴하고, 토착민들에게서 땅을 빼앗고, 저항하는 사람들을 기관총으로 쓰러뜨림으로써 제노사이드를 저질렀다. 네덜란드의 초국적 석유 기업 쉘은 아프리카에서 토착 문화의 환경을 파괴하고, 토착민들에게서 땅을 빼앗, 저항하는 사람들을 목매달아 죽임으로써 제노사이드를 저질렀다. 카길, 엑손, 몬산토, 와이어하우저, RJ 레이놀즈, 제너럴 일렉트릭, 타이슨, 맥삼 같은 대기업들이 만족할 줄 모르는 이윤을 추구하면서 일상적으로 저지르는 잔학 행위를 나열하는 것도 쉬운 일이다.

예술작품이나 종교가 그 문화의 욕망을 드러내는 한 형태인 것처럼, 그리고 인간이 만든 모든 것, 신념, 제도 등도 그와 마찬가지이듯이, 기업도 문화적 욕망이 표현되어 나타난 것이다. 모든 인위적인 구성물은 그것을 만들어낸 특정한 문화 내에서만 바로 그 형태로 생겨난다. 지미 헨드릭스의 음악은 1920년대에는 생길 수가 없었고 피카소 그림은 12세기 노르만족 문화에서는 창조될 수 없었을 것이다. 기독교는 유대-로마의 중동이라는 특수한 역사·지리적 상황에서 생겨났고, 도교는 문명화와 토착 문화 사이에 있는 고대의 경계선에서 태어났다. 2,000년 전, 지금의 미국 북

서 태평양 지역에서는 기독교가 일어날 수 없었을 것이다. 현대의 아시아
에서는 도교가 생길 수 없다. 아메리카 인디언은 기업을 만들지 않았다.
우리 문화만이 기업을 만들어왔다.

드비어스, 유니언 카바이드, 프리포트 맥모란 같은 기업들은 산업화된
현대 문명 사회의 결실이다. 이런 기업들에게서 드러나는 문화적 욕망은
무엇인가?

그것은 단지 기업이 아니다. 미국 연방 예산 중 재량 지출의 절반 이상
이 군대 유지와 전쟁에 쓰인다. 미국은 대량 살상 무기를 포함하여 무기
를 가장 많이 수출하는 나라다. 또 대량 살상 무기를 포함하여 무기를 가
장 많이 사용하는 나라이기도 하다. 고문 도구를 가장 많이 만들어내는
나라이기도 하다.

B-2 폭격기를 생각해보자. B-2 폭격기 한 대에 적게 잡아도 24억 달러
가 든다고 추산할 수 있다. 한 대의 무게가 130톤에서 135톤이니까, 1온
스당 500달러를 미국 국민들이 부담하는 셈이다. 그것은 황금이나 백금
보다 비싼 값이고 은보다 100배 비싼 값이다. 그 폭격기에 훨씬 더 비싼
대가를 치러야 하는 사람들도 있다. 그것 때문에 목숨이 왔다 갔다 하는
사람들, 즉 폭격기들의 목표물이 되는 이라크, 세르비아 등 미국이 산업
생산의 지원으로 본때를 보이기로 한 나라에 사는 사람들이 그렇다.

유한한 세상에서는 하나의 목적을 위해 사용된 자원은 다른 목적에 사
용할 수가 없다. 만약 당신이 연어 한 마리를 먹는다면 나는 그 연어를 먹
을 수 없다. 어떤 사람이 연어를 모두 먹는다면, 또는 모두 죽인다면, 아
무도 다시는 연어를 먹지 못할 것이다. 똑같은 원리가 경제에도 적용된
다. B-2 폭격기를 만드는 데 쓴 돈은 어린이가 살기 위해 필요한 음식과
예방주사에 쓰이지 못한다. 거기에 쓰인 인간의 시간은 망가진 강을 되살
리는 데 쓸 수 없다. 또는 음악이나 시를 짓는 데, 아이들과 노는 데, 사람

생 산

들에게 글 읽는 법을 가르치는 데 쓰지 못한다. 소모된 전력은 병원이나 학교를 밝히는 데 쓰일 수 없고, 생태계를 파괴하는 수력 발전 댐(전기는 화석 연료에서 오는 경우가 더 많지만)을 무너뜨리는 데에 쓰지 못한다. 제정신이 박힌 사람은 아무도 사람들 머리 위에 폭탄을 떨어뜨려 그들을 죽이기를 원치 않을 것이므로, 우리가 제정신으로 바랄 수 있는 최선의 것은 그 폭격기를 만드는 데 쓰인 모든 자원이 헛되이 쓰인 셈이 되는 것이다. 그렇지 않으면 폭격기가 원래 목적에 맞게, 즉 파괴에 쓰이게 될 테니 말이다. 어떤 문화적 뿌리가 그 자원들에게 이런 열매를 맺도록 했을까? 어떤 문화적 의식이 그런 선택을 낳았을까?

2,000년 전에 나사렛의 예수가 이렇게 말했다. "너희들은 그 열매로 그 사람들을 알아야 한다."(마태복음서 7장 20절) 말로는 알 수 없다. 그들 입으로 말하는 의도를 들어서도 알 수 없다. 그들 노동의 실제적 산물로 판단해야 한다. 생산이라는 이름으로 시종일관 사람들을 죽이는 기업들, 국가 권력을 사용하여 기업들을 뒷받침하는 정부, 농약, 물이 마른 강, 규폐증, B-2 폭격기, 핵폭탄이 목표물을 맞히게 하는 기술. 이런 인위적인 산물의 존재는 우리 문화에 대해 무엇을 이야기하고 있는가? 우리는 라스코 벽화를 보고 그 인위적인 산물이 그것을 만들어낸 문화에 대해 무엇을 말해주고 있는지 생각한다. 중앙아시아 원주민들의 가면을 보고 그들의 문화에 대해 배운다. 지미 헨드릭스의 음악은 1960년대 영국과 미국 문화의 결을 이해하는 실마리를 준다는 것을 우리는 인식하고 있다. 유니언 카바이드와 다른 기업들의 이야기가 우리 문화 내부의 작동에 대해 어떤 실마리를 드러내주고 있는지 묻는 것은 비약이 심한 것인가?

우리가 푹 빠져 있는 문화적 의식이 이 지구의 생명을 파괴하는 제도와 인공물을 만들어내고 있다. 그것이 문화들을 파괴하고 있고 삶의 방식들을 뿌리뽑고 제거하고 있다. 공동체들을 갈가리 찢고 있다. 사람들을 실

문명과 혐오

제로 살상하는 것은 개인들의 목숨을 재빨리 앗아가는 것이고, 임금 경제의 대안을 없애는 것은 사람들의 목숨을 천천히 빼앗는 것이다.

흰옷을 입고 어떤 사람을 검둥이라고 부르며 그를 거세하거나 린치하는 것, 그리고 책상 뒤에 앉아서 어떤 사람을 노동자라고 하며 그 사람의 노동에서 이득을 챙기고 그가 유독 물질에 중독되게 하는 것, 이 두 가지 사이에는 차이가 있다. 그러나 분명 우리가 생각하는 것보다는 비슷한 점이 더 많다.

■　　■　　■

내가 케빈 베일스에게 전화를 걸었다. 아마도 그는 현대 노예제에 관한 세계 최고의 권위자일 것이다. 그가 쓴 『일회용 사람들』이라는 책을 읽은 후로 줄곧 그와 이야기를 하고 싶었다. 그 책은 대서양 중앙 항로(아프리카 서해안과 서인도 제도를 잇는 노예 무역의 항로-옮긴이)를 거쳐 온 노예들보다 현대를 살아가는 노예들이 더 많다는 사실을 이야기한 것이다. 나는 그에게 현대 노예제를 정의해달라고 했다.

"여러 면에서 현대 노예제는 200, 300년 전 노예제와 똑같아요. 사람들이 폭력에 의해 통제되고 있다는 점에서, 또 자유의지가 허용되지 않고, 노동의 대가를 지급받지 못하고, 경제적으로 착취된다는 점에서 옛날 노예제와 똑같아요. 고대 그리스에도, 1950년대 미시시피, 2000년도의 로스앤젤레스에도 똑같이 그 정의가 적용됩니다."

베일스는 미국에서 오래 지냈지만, 아직도 뚜렷하게 영국 억양이 남아 있었다. 그는 계속해서 말했다. "고대 그리스나 남북전쟁 이전 미시시피의 삶이 지금 삶과 다른 것처럼, 현대판 노예제가 옛날 노예제와 다른 점도 물론 있지요. 우리는 전 지구적 경제 체제에서 살고 있고 이제 노예제는 그 어느 때보다 지구화됐어요. 또 임시적인 노예가 되는 경향이 있어

생산

요. 언제나 그런 것은 아니지만요. 세대를 이어 노예가 되었던 것과 달리, 제한된 시간 동안 노예처럼 사는 거지요. 아마도 가장 중요한 것은 노예화되는 사람들이 옛날 노예제 시대보다 훨씬 더 많아졌다는 점일 겁니다. 지금은 노예가 된 사람들이 그야말로 시장에 차고 넘치지요. 그것은 노예가 아주아주 싸졌다는 것을 의미합니다. 인류 역사상 가장 싼 값의 노예들이 넘칩니다."

그렇다면 노예제를 정의해달라고 그에게 청했다.

그가 말했다. "저는 올랜도 패터슨(Orlando Patterson)이 정의한 것이 맘에 들어요. 그가 노예의 '사회적 죽음'이라고 말한 것과 관련이 있는데요, 그는 노예제란 소외되고 멸시당하는 사람들에 대한 영구적이고 폭력적인 지배라고 정의하고 있어요."

베일스는 잠시 망설이다가 다시 말을 이었다. "그러나 제 생각에 이 정의는 세 가지 요소로 나누어질 수 있어요. 노예 소유자와 노예의 권력 관계도 세 요소로 분해될 수 있을 것 같아요. 첫째는 사회적 요소인데, 노예를 통제하기 위해 노예 소유자가 폭력을 사용하거나 폭력을 쓰겠다고 위협하는 거예요. 둘째는 심리적인 요소입니다. 노예로 사는 것이 사실 가장 유리하다고 노예들이 생각하게끔 하는 것이죠. 셋째는 문화적인 것인데, 물리력을 권력자의 권리로 변형시키고, 복종을 힘없는 자들의 의무로 바꾸어놓는 거예요. 루소가 말한 대로, 그것이 권력을 가진 자들의 소유권을 지속할 수 있게 해주지요. 다시 말해서 노예 소유자의 강제력은 국가의 강제력과 밀접하게 연결되어 있으며 그 둘은 항상 밀접하게 연결되어 있었다는 것입니다. 전자는 후자 없이 지속할 수 없다. 저는 노예를 아주 간단하게 이렇게 정의합니다. 노예란 폭력 또는 폭력의 위협 때문에 보수를 받지 않고 경제적으로 착취당하면서 매여 있는 사람이라는 겁니다."

나는 그가 노예 주인(slave owner)이 아닌 노예 소유자(slaveholder)라는

문명과 혐오

말을 쓴다는 점을 지적했다.

그는 이렇게 대답했다. "과거의 노예제는 한 사람이 합법적으로 다른 사람을 소유할 수 있게 했지만, 현대 노예제는 달라요. 소유 개념의 노예는 어디서든 불법이고 이제 이 세상에서 인간을 소유하는 것을 합법화하고 있는 곳은 없어요. 그러나 아직도 경제적으로 착취당하고 통제를 받는 수백만의 사람들이 존재합니다. 이와 같이 노예를 소유하지 않는 것이 더 이익인 경우가 많다는 것이 밝혀졌습니다. 노예 소유자들은 이제 책임이나 법적 의무는 없이 노예 소유의 이익은 전부 누릴 수 있게 된 거죠."

노예제 찬성론자였던 철학자 존 헨리 해몬드의 말이 생각났다. "인구밀도가 매우 높은 나라에서 노동력은 원할 때마다 언제든 구할 수 있고 아주 적은 돈으로도 사람을 고용해 일을 시킬 수 있다. 육체와 영혼을 겨우 유지하고 일하는 동안 등에 누더기를 걸칠 수 있을 정도의 돈만 주면 된다. 적선하는 돈이나 구빈세를 내는 정도면 된다. 그런 나라들에서는 노예 종족을 입히고 먹이고 어릴 때 키우고 보살피고 늙어서 연금을 주는 것보다 이게 더 싸게 먹힌다." 해몬드는 다음과 같이 결론을 내렸다. "이런 조건으로 토지를 경작할 수 있다면, 나는 군말 없이 노예들에게 내 땅을 맡길 것이다. 필요 없어졌을 때 그들을 적절히 처리할 수 있다면 말이다." 케빈 베일스와 이야기하면서 마지막으로 떠오른 생각은 이것이었다. 미국 등지에서 노예제가 사라지게 된 것은 갑자기 우리의 인종차별주의가 약해졌기 때문이 아니라는 것 말이다. 우리의 착취가 줄어들었기 때문도 아니고, 우리가 더 교화되거나 더 인간적인 인간이 되어서도 아니고, 내가 학교에서 배운 이유들 때문도 아니다. 노예제 폐지론자들의 노력 덕에 없어진 것도 아니고, 남북전쟁 때문에 사라진 것도 아니다. 노예제는 사라지지 않았다. 단지 형태를 바꾸었을 뿐이다. 새로운 형태가 더 이익이 되기 때문이다. 우리의 신권 정치의 높은 사제들, 즉 생산하는 자들에게 더 유리하기 때문이다.

내가 물었다. "지구화와 노예제는 어떤 관계일까요?"

노예제는 최초의 전 지구적 사업이었다고 그가 말했다. "예를 들어 대서양 중앙 항로는 세 대륙을 연결했어요. 아프리카, 유럽, 미국 대륙이죠. 그 삼각형 주변에서 만들어진 이윤이 대륙들 사이를 왔다 갔다 하며 옮겨 다녔어요. 매우 국제적이었죠. 그러나 노예제가 자리를 잡고 난 뒤부터는 노예들과 노예 노동의 산물이 한 지역에 국한되게 되었어요. 노예가 생산한 면화가 미국에서 수출되었고, 노예가 만든 설탕이 브라질과 카리브 해에서 수출되었고, 그 외에도 노예 노동의 결과물이 국제적인 이동을 많이 했어요. 그러나 많은 경우 노예들은 그 지역 시장에서 팔 식량과 다른 상품을 생산했어요. 그에 비하면 오늘날에는 노예 노동의 산물이 전 지구적 시장에 나올 확률이 훨씬 더 높지요. 예를 들어 서아프리카 코코아 플랜테이션에서 노예 노동의 투입이 상당하다는 것을 우리는 알고 있어요. 이제 초콜릿은 지구 전역에서 소비되고 있어요. 전세계 초콜릿의 40퍼센트는 노예 노동으로 얼룩진 것으로 보아야 합니다. 강철, 설탕, 담배, 보석…… 그런 예는 무수히 많아요. 너무나 많은 상품들이 노예 노동으로 만들어졌고, 그 상품들이 너무나 부드럽게 전세계를 돌아다니고 있어요. 전 지구적 경제가 노예제가 지구를 돌아다니는 길을 부드럽게 열어준 거죠."

그 말을 듣고 내가 이런 평을 했다. "그렇다면 모든 사람들이—적어도 산업 국가에 사는 사람들은 모두—집에 노예 상품을 가지고 있겠군요."

그가 맞장구쳤다. "노예 노동으로 만든 물건이 자기 집에 있을 가능성이 얼마나 높은지 알면 다들 놀랄 겁니다. 그러나 그것을 확실히 알기 어려운 이유 하나는, 글로벌 상품 시장은 돈세탁 기계와 비슷해서 노예 노동을 추적하기가 매우 어렵다는 거예요. 예를 들어 서아프리카에서 와서 세계 코코아 상품 시장에 들어간 코코아는 그 즉시 그 라벨을 잃어버리는 데, 만약 당신이 허시 초콜릿이나 다른 초콜릿 회사의 바이어라면, '가나 코코아 6톤을 사고 싶다'고 말하지 않아요. 코코아 몇 톤을 사고 싶다고 말할 뿐이죠. 코코아가 공장에 배달되면, 그것이 노예 노동이 없는 가나에서 생산된 코코아인지 노예 노동이 많이 이루어지는 코트디부아르에서 온 코코아인지 구분할 수 없습니다. 그래서 노예제로 물든 제품을 알지 못한 채 통과시키고 소비자들은 알지 못한 채 사지요.

　이것이 노예제의 전 지구화의 의미인데, 제가 노예제의 전 지구화라고 할 때 그 말에는 다른 의미도 담겨 있어요. 예전에는 노예제가 사실상 각 문화에 따라 독특한 고유성을 가지고 있었어요. 파키스탄에서 볼 수 있는 노예제 형태는 태국 노예제와 같지 않았어요. 그러나 2차 세계대전 이후로, 여러 나라들의 노예제는 점점 비슷해져갔어요. 이제 우리는 글로벌 형태의 노예제 한 가지만을 볼 수 있죠."

■　　■　　■

　우리 문화는 우리 모두를 어떤 생각의 노예로 만들어왔다. 그것은 모든 것에 우선하고, 우리의 삶과 타인들의 삶에 우선한다. 그런데 어떤 생각의 노예가 되는 것은 어떤 사람의 노예가 되는 것보다 훨씬 위험하다. 왜냐하면 자기가 노예라는 것을 알지도 못하기 때문이다. 우리는 자기가 묶인 줄의 끝에 한 번도 가보지 않은 개가 자신이 자유롭다고 생각하는 것과 같은 날들을 살아왔다. 우리가 보는 것이 현실의 전부고 예전에도 미래에도 그것만이 가능했고 가능할 것이라고 믿었다. 이 생각의 노예가 된 우리는 타인들을 노예로 만들었고, 어떻게 노예가 될 수 있는가에 대한 지식을 아버지가 아들에게, 아버지가 딸에게, 어머니가 아들에게, 어머니가 딸에게, 언니가 동생에게, 교사가 학생에게, 주인이 노동자에게, 사장이 종업원에게, 노예가 노예에게 전해주었다.

생　산

우리가 매여 있는 이 줄을 제거하는 것, 존재하지 않는 이 줄을 끊어버리기란 쉬운 일이 아니다. 자유의 나라에 살고 있는 내가 어떻게 노예가 될 수 있지? 내가 내 일자리를 선택하고, 어디에 살지 선택하고 내 시간을 어떻게 보낼지 선택하는데. 나는 대량 산업 생산의 노예가 아니다. 나는 타자를 착취의 대상으로 보는 인식의 노예가 아니다. 나는 그 어떤 것에도 노예가 되지 않는다. 나는 자유인이고 누가 뭐래도 내가 자유인이 아니라고 생각할 수는 없다.

■　　　■　　　　■

"미국인들 대부분이 생각하는 노예제의 종류는 당연히 남북전쟁 전에 미국에 있던 노예제입니다." 케빈 베일스가 말했다. "그 노예제는 고비용 노예제입니다. 오늘날의 노예들은 몇 가지 이유 때문에 값이 쌉니다. 첫째, 인구 폭발 때문이지요. 둘째는 제3세계의 많은 사람들이 경제·사회적으로 취약한 위치로 자꾸 내몰리고 있는 상황 때문입니다. 제3세계에는 잠재적인 노예들이 엄청나게 많다는 뜻이지요. 그러면 세 번째 요인은 뭘까요. 첫 번째 요인은 단순한 인구 문제였고 두 번째는 그 중 많은 사람들이 취약해졌다는 것이었는데, 세 번째 요인은 폭력으로써 노예가 되도록 강요할 수 있다는 점이에요. 대개 부패한 경찰이나 정부 관료들의 승인 아래 이루어집니다. 이렇게 해서 노예 소유자들이 많은 노예들을 수확할 수 있습니다."

인간을 손에 넣는 것을 수확이라고 표현하는 것은 처음 들어보았다.

그가 계속 말했다. "노예의 평균 가격이 오늘날 세계적으로 얼마인지 확실히는 모르겠지만, 50~60달러는 넘지 않아요. 1850년에 노예 한 명을 사려면 5만 달러를 치러야 했던 것에 비하면 분명 상당한 변화지요. 그런데 노예에게 적은 돈을 들인다는 사실은 노예가 어떤 취급을 받는지에 영향을 줍니다. 어떤 사람을 사는 데 100달러를 썼다면, 그 사람은 쓰고 버릴 수 있는 것이 됩니다. 아마존의 금광지대에서 어린 소녀의 값이 150달러쯤 합니다. 그곳 사무실에서 어린 소녀에게 일자리를 준다며 채용하고는 두드려 패고 강간한 다음 매춘을 시켜요. 소녀는 하룻밤에 열 번 팔릴 수가 있고 그러면 한 달에 1만 달러를 가지고 올 수 있지요. 그만큼 버는 데 드는 비용은 경찰한테 찔러주는 돈이랑 음식 사 먹는 데 쓰는 푼돈뿐입니다. 소녀가 문제를 자꾸 일으키거나 도망을 가거나 병이 나면 그 아이를 없애버리고 다른 아이로 대체하는 것이 아주 쉬워요. 그런 마을에서는 아침에 일어나보니 강에 어린 소녀의 시신이 떠 있더라 하는 일이 드물지 않아요. 노예 소유자는 여자아이들의 시신을 강물에 던져서 물고기가 먹게 하지요. 안토니아 핀타(Antonia Pinta)는 광부와 성관계 하기를 거부한 11세 소녀에게 무슨 일이 벌어졌는지를 이렇게 설명했어요. 머세티(중남미 원주민이 쓰는 날이 넓은 큰 칼-옮긴이)로 아이 머리를 벤 다음, 모터보트를 타고 돌아다니면서 그 머리를 다른 광부들에게 보여주었는데 그것을 본 광부들이 환호성을 질렀답니다."

잠시 동안 우리 둘 다 말이 없었다.

한참 후 그가 말을 이어갔다. "현대판 노예가 지독한 이유는 사람들이 하도 싸서 투자 자본으로도 보이지 않기 때문입니다. 노예를 잘 보살펴줄 필요가 없어요. 그 사람들을 부려먹고, 혹독하게 다 쓰고 나면 내다버리면 되니까요. 이런 식으로 사람들은 완전히 돈을 만드는 일회용 도구가 되어버렸어요. 플라스틱 볼펜 한 박스를 사는 것과 똑같이, 생산 과정에 투입하는 도구로 전락했어요."

• • •

폭력을 사용하는 것, 폭력을 쓰겠다고 위협하는 것만으로 사회를 유지

생 산

하는 것은 불가능하다. 적절치 않은 짓을 하면 특권(특권을 주겠다는 약속, 특권이라고 인식되는 것)을 도로 빼앗길 수 있는 사람들에 비하면, 스스로 잃을 것이 아무것도 없다고 생각하는 사람들은 저항하게 될 확률이 훨씬 높다. 감옥에서도 그건 마찬가지다. 선시제도(수형 성적에 따라 형기를 단축시켜주는 제도-옮긴이)를 시행하는 이유도 마찬가지다. 예를 들어 사고 없이 하루를 복무하면 형기에서 하루가 감해지는 식이다. 희망도 없이 긴 형기를 받은 죄수들은 교도소 규칙을 따라야 할 필요를 못 느낀다는 것을 교도소 관리자들은 오래전에 발견했던 것이다.

이렇게 당근과 채찍을 같이 사용하는 것은 감옥 담장 밖에서도 효과가 있다. 미국 질서의 기초가 되는 당근 한 가지는 이것이다. 근면, 용기, 끈기, 행운이 충분히 있으면 벼락부자가 될 수 있다는 것이다. 누구든 억만장자가 될 수 있다. 지금 데이트 상대도 없고 농구도 하지 않는 10대가 제2의 빌 게이츠가 될 수 있다고 한다. 자기 컴퓨터를 가지고 꼼지락거리다가 대박 터뜨릴 것을 만들어낼 수가 있다는 것이다.

호레이쇼 앨저(Horatio Alger)의 소설은 대단한 선전물이다. 그 이유는 아주 많은데, 그 중 최고는 뭐니뭐니 해도 그 이야기가 말하지 않는 것과 정확히 연결되어 있다. 효과적인 선전의 첫 번째 규칙은 이것이다. 사람들로 하여금 나의 전제에 동의하게 할 수 있다면, 내 논리를 깨뜨리지 않고 내가 원하는 대로 그들을 이끌고 갈 수 있다는 것이다. 예를 들어 히틀러의 경우가 그러했다. 그는 "말이 안 되는 전제에서 출발해서 끔찍한 결론에 이르기까지 조금의 오차도 없이 논리적이었다"고 이야기된다. "가장 고귀한 인간의 권리와 …… 의무는 혈통이 순수하게 지켜지도록 하는 것이며, 가장 훌륭한 인간을 보존하여 인간이 더 고상하게 발달할 수 있도록 하는 것이다"라는 히틀러의 전제에 동의한다면, 그리고 더 나아가서 "유대인들은 탐욕으로 가득 찬 흡혈귀", 문화를 파괴하는 "송장 구더

문명과 혐오

기"라는 히틀러의 주장을 받아들인다면, 어떤 방법을 써서라도 이 흡혈귀들을 제거하는 일이 비합리적인 것이 아니라고—사실은 시급한 것이라고—믿게 되기란 쉬운 일이다.

가장 좋은 선전은 그 전제를 이야기하지 않고 재빨리 그것을 건너뛰고 청중을 그 주장 자체로 휩쓸어가버리는 것이다. 그리고 청중이 그것을 알아차리기도 전에 어느새 대량 학살에 동의하고 참여하고 있도록, 또는 지구를 노예화하고 죽이고 있도록 만드는 것이다. 1930년대와 1940년대와 마찬가지로 오늘날에도 똑같은 일이 벌어지고 있다. 말이 안 되는 전제에 의문을 품지 않고 우리에게 전해 내려온 이야기들의 내적 논리만을 성급하게 받아들이고 있다. 우리의 경우에도 그 논리가 끔찍한 결론으로 이어지고, 그것은 다시 그보다 훨씬 더 끔찍한 행동으로 이어진다.

생 산

위대한 약속이 실현되지 못하는 근거는
산업주의 체계에 내재한 경제적 모순들 외에도
그 체계 자체가 지녔던
두 가지 중요한 심리학적 전제들에서 찾을 수 있다.
첫째, 삶의 목적은 행복이라는,
다시 말하면 최대치의 쾌락이라는 전제다.
행복이라는 것을 인간이 품을 수 있는 모든 소망,
또는 주관적 욕구의 충족으로 이해한 것이다(극단적 쾌락주의).
둘째, 자기 중심주의, 이기심, 탐욕
—체계의 존속을 촉진시키는 특성들—이
조화와 평화로 통하리라는 전제다.

—에리히 프롬

허위 계약

1999년 프놈펜에서 디나 찬은 '제1회 젠더와 발전 전국대회'의 연사로 나섰다. '캄보디아 성 노동자 연합'의 회원인 그녀의 연설 일부를 옮기면 다음과 같다. "나는 오늘 한 사람의 여자로서, 크메르 족 여성으로서 여기에 왔습니다. 내가 오늘 여기 온 것은 여러분에게 내 이야기를 들려드리기 위해서입니다. 여러분이 내 얘기를 듣고 난 뒤에 내 처지를 이해하고 수천 명의 크메르 여자들과 세계 곳곳의 여자들의 상황을 이해할 수 있기를 바랍니다. 여기 와서 이야기를 하는 것이 나에게는 매우 어려운 일입니다만, 여러분이 현장에 있는 사람의 이야기를 들었으면 해서 내 이야기를 해볼까 합니다. 여러분이 사무실에서 정책을 이야기할 때, 나와 내 자매들에게 영향을 미칠 전략을 이야기할 때, 나를 꼭 기억해주셨으면 합니다. 내가 오늘 여러분에게 한 이야기를 기억해주시기 바랍니다."

"우리가 '문제'가 아니라는 것을 잊지 마시기 바랍니다. 우리는 동물이

문명과 혐오

아니고 우리는 바이러스가 아니고 우리는 쓰레기가 아닙니다. 우리는 살과 뼈, 피부가 있고, 심장이 있으며, 우리는 어떤 이의 누이이고 딸이고 손녀입니다. 우리는 사람입니다. 우리는 여자입니다. 존중과 품위로써 대우받고 싶습니다. 여러분이 누리는 권리를 우리도 가지고 싶습니다. 나는 인신매매를 당했고, 강간을 당하고 구타당한 후 억지로 남자들을 받아들이게 되었습니다. 모욕을 당하고 물건처럼 취급되어 남자들이, 그래요, 남자들이 쾌락을 느끼게 해야 했습니다. 나는 많은 사람들에게 돈을 벌어다주었고 또 다른 많은 사람들에게는 쾌락을 주었습니다. 그러나 내게 남은 것은 수치심, 고통, 모멸감뿐이었습니다."

나는 그녀의 연설을 여러 번 읽었는데, 그때마다 경제와 혐오의 관계에 대해 생각하게 된다. 혐오라는 이름보다 경제라는 이름으로 더 많은 잔학행위가 저질러지는 사회에 산다는 것, 모든 생명에 대한 혐오, 멸시, 무시가 우리 경제의 단단한 기초인 사회에 산다는 것, 여성이 다른 많은 사람들에게 이익과 쾌락을 가져다주고 정작 자신은 수치심과 고통, 모멸감을 느껴야 하는 사회에 산다는 것이 무엇을 의미하는지—그것이 어떻게 인식되어야 하는지—생각하게 된다. 앞서 나는 노예제를 지지하는 신을 만들 수 있는 것은 어떤 종류의 사람들인가 하는 물음을 던졌는데, 디나 찬의 증언을 읽을 때마다 나는 이렇게 혐오에 찬 경제 체제를 만들 수 있는 것은 어떤 종류의 사람들인지 묻게 된다.

그녀는 연설 뒷부분에서 이렇게 말했다. "나는 가난한 집에서 자랐어요. 부모님은 프놈펜에 있는 문화학교에서 공부하라고 날 그곳에 보냈어요. …… 어느 날 밤 집으로 가는 길에 한 남자가 따라와서 날 강간했어요. 그때 난 겨우 열일곱 살이었어요. 내가 어떤 기분이었는지, 그 일이 나에게 어떤 영향을 끼쳤는지 여러분은 상상도 못할 겁니다. 그런데 그 일이 일어난 뒤에, 꼬임에 빠져서 성 노동자가 되었지요."

그녀의 연설을 읽을 때마다 나는 허위 계약에 대해 생각하게 된다. 우리 문화가 항상 허위 계약을 그 기초로 삼아왔다는 생각이 든다. 우리는 언제나 많은 것을 약속받지만, 종국에는 많은 약속을 하던 사람들에게만 이익이 돌아간다. 쾌락은 다른 사람들에게 돌아가고, 우리 모두에게는 생명보다 돈을 더 소중히 여기는 사회에 사는 수치심, 고통, 모멸감만 돌아온다. 이제 나는 주제넘게 디나 찬이 경험한 것을 많이 알고 있는 척하지 않을 것이다. 그녀의 삶을 살지 않은 사람들은 그녀가 겪은 것, 그녀가 보여주어야만 했던 용기와 힘을 상상조차 할 수 없다는 말은 아니다. 단지 나는 하나의 패턴에 주목하고 있다. 허위 계약을 당한 사람은 디나 찬만이 아니다. 제3세계—식민지—에서 수많은 사람들이 더 나은 삶을 약속받는다. 고향이 산업화되면, 세계 경제에 편입되기만 하면 삶이 더 나아질 것이라는 이야기를 듣는다. 원주민들도 그와 똑같은 약속을 듣는다. 오늘 아침 신문에서, 이제껏 "발견되지 않았던" 브라질의 한 원주민들이 이제 막 문명과 접촉을 시작했다는 기사를 보았다. 그들이 어떤 계약을 제안받게 될지, 그것—계약, 그리고 그 부족 사람들—이 얼마나 오래갈 수 있을지가 궁금했다. 탐험가와 정착민을 환대했던 인디언들이 생각난다. 협약에 서명한 인디언들. 죽어서야 계약 기간이 끝날 것 같은 노역 계약을 한 하인들. 그리고 기업인들에게 돈과 삶을 사취당한 것을 뒤늦게 알게 된 정착민들. 기업인들은 정착민들이 산 땅이 메마른 땅은 아닌가 하는 걱정은 하지 말라며 땅을 갈고 나면 확실히 비가 올 것이라고 장담했다. 그리고 세계 각지의 농민들을 꼬드겨서 가치없는 땅을 사게 했다. 예를 들어 몬태나 주의 날씨가 "오하이오 남부의 온화한 날씨"로 둔갑했다. 이민자들의 물결이 끊임없이 미국으로 몰려들었고, 끊임없이 들어온 사람들은 모두 멸시당하고 착취당했으며 죽도록 일만 해야 했다. 아일랜드 사람들의 이민 후 평균 생존 기간이 6년이었다. 오늘날 미국에서 농장

문명과 혐오

노동자로 일하는 이민자들은 평균 49세에 사망한다. 그러나 계속해서 밀려드는 이민자들의 물결은 아메리칸 드림의 전제를 받아들이고 있었고, 그래서 다른 이민자들과 싸웠다. 그러면 그 이민자들도 가난한 토박이 백인들에게 맞서서 싸우고, 그 백인들은 중국인들, 해방된 흑인들과 싸웠다. 힘없는 자들이 자신들보다 훨씬 적은 힘을 가진 자들에게 드러내는 분노가 두려워서, 중국인들이나 흑인들은 맞서 싸우지 못했다. 그들 모두는, 뼈빠지게 일해서 권력을 가진 자들을 배불릴 기회를 차지하기 위해 열심히 서로 싸웠다.

권력자들이 서명한 계약 또한 허위 계약이었다. 권력이나 돈이나 몸의 안락이 곧 안전이나 '조화와 평화'라는 잘못된 믿음 위에서 삶을 살아갔던 것이다. 그들의 삶 전체가 망상에서 나온 것이었기 때문에, 아마도 그들은 자기 목에 걸려 있는 줄도 몰랐던 쇠사슬을 벗어던졌다면 어떻게 될 수 있었는지 모르고 죽을 것이다. 그 존재를 인정하지 못했던 쇠사슬, 자기 눈에 보이지 않도록 하기 위해서 살인도 마다하지 않게 했던 그 쇠사슬을 벗어던졌다면, 그렇게 했다면 어떻게 됐을지, 어디를 갈 수도 있었을지, 어떤 사람이 될 수 있었을지 모르고 죽을 것이다. 그러나 그러한 그들의 무지가, 인간이 본래 이렇게 살게 돼 있는 건 아니라는 진실을 가리지는 못한다. 다른 사람의 고통과 수치를 통해 쾌락과 이익을 만끽하는 사람은 타인뿐만이 아니라 자기 자신도 대상화하고 있다는 진실, 타인들뿐만 아니라 자기 자신도 작은 조각으로 쪼개고 있다는 진실을 가리지 못한다. 내가 다른 사람과 사랑을 할 때, 나는 내 음경만으로 사랑을 하는가? 내 몸에서 그 부분만 관여되는가? 나는 오로지 그것뿐인가? 아니면 그보다 더 많은 것이 나한테 있는가? 사랑을 나누는 행위는 내 허벅지, 아랫배, 등 뒤, 팔꿈치 안쪽과 연관되어 있는가? 나는 오로지 그것뿐인가? 아니면 그보다 더 많은 것이 나한테 있는가? 사랑을 나누는 행위는 내 마

허위 계약

음, 내 머리, 내 역사, 내 미래, 내 관심, 내 공포하고도 연관되어 있는가? 그러면 성은 그게 다인가? 아니면 성에는 그보다 더 많은 것이 있는가? 그것은 나와 파트너 사이의 모든 교감과도 관련되는가? 오르가슴 전에 아랫배에서 일어나는 느낌 외에도 더 많은 것이 섹스에 있는가? 섹스가 우리 삶의 다른 부분하고 다르다고 말할 수 있는가? 주변 사람들하고 오로지 경제적으로만 상호 작용함으로써 나는 나에게서 얼마나 많은 풍요를 뺏고 있는가? 그리고 내 쾌락을 만드는 일을 하고 싶지 않은 사람, 또는 그것 때문에 상처입거나 수치스러워하는 사람에게서 내가 쾌락을 얻어낸다면, 그것이 나에게 얼마나 큰 상처를 주겠는가? 나 자신을 아무 연결도 못 느끼는 사람으로 정의하는 것은 나에게 얼마나 큰 상처를 입히는가? 현실에서 우리를 타인과 묶고 있는 연결의 사슬을 부정하고 나를 한 가지로만 정의하는 사슬로 묶어두는 것이 나에게 얼마나 큰 상처를 입힐까? 펄떡이는 심장, 생기 넘치는 몸, 만족스럽고 행복하고 자신있고 자족적인 사람 같은 실질적이고 현실적이고 필요한 것보다, 실체 없는 돈 같은 것을 모두가 더 귀하게 여기는 사회에 산다는 것은 나를 얼마나 빈곤하게 만들까? 우리는 어떻게 친밀한 관계나 삶보다 돈을 더 중히 여길 수 있을까?

기술이 우리 삶을 위험하게 만드는 것이 아니라 더 편안하게 만든다고 어떻게 말할 수 있을까? 이것도 허위 계약이 아닌가? 과학기술을 신봉하는 사람들이 우리가 얼떨결에 맺게 한 허위 계약이 아닐까? 아니면 우리 스스로 우리를 속여서 맺게 한 허위 계약이 아닐까? 여기서 문제시되는 이 문화가 이 대륙에 들어온 지 500년이 채 되지 않았는데 이 문화는 대부분의 물을 마실 수 없는 것으로 만들어놓았다. 우리는 공기를 호흡할 수 없는 것으로 만드는 과정 중에 있다. 공해로 인한 천식, 암, 기타 질병들을 우리는 이미 가지고 있다. 우리는 알루미늄 캔에 대해 정식으로 서

문명과 혐오

명해서 승인했는데, 그 거래로 연어를 부당하게 빼앗겼음을 뒤늦게 알게 된다. 우리는 숲에서 일자리를 얻고 숲은 파괴된다. 우리는 전등을 밝히고 그 대가로 인간 수명의 천 배가 넘는 시간에도 지워지지 않을 독을 받았음을 알게 된다. 계약서에 서명을 할 때마다 우리 자신이 더욱더 노예화되었음을 알게 되는 상황에서, 인간적이고도 인도적인 선택—인간으로서 우리와 타인들에게 이로운 선택—을 하는 것이 어떻게 가능한가?

디나 찬은 자신이 어떤 남자, 즉 포주의 소유물이 된다는 계약서에 속아서 서명한 뒤에, 돼지 도살장에 감금되어 집단 강간을 당했다. 그녀는 다음 날 아침, 돼지들이 우리에 밀어넣어지면서 꿀꿀거리는 소리를 듣고 깨어났다. 그녀는 이렇게 말한다. "돼지들이 어떤 기분일지 알 수 있었어요. 나도 그 남자들에게는 돼지와 다름없었으니까요. 그리고 그들이 나를 죽일 수도 있었다는 점에서도 나는 돼지와 다르지 않았죠. 내 속에 있는 어떤 것은 실제로 죽었어요. 나는 그 전과는 다른 사람이 되어버렸어요. 내 나이 스물셋인데 내 인생은 이미 1993년부터 이런 식이었어요. …… 나는 굶주림도 겪었고 노예 상태로도 살았고 종일 강제 노동도 해봤어요. 그런데 매일 물리적 폭력과 고문도 당해요. 내 나라 사람들에게도 나는 차별과 혐오의 대상이에요. 내가 속한 사회에서는 나를 원하지도 받아들이지도 않아요. 나를 이렇게 만든 사회가 말이에요. 매일 공포를 느껴요. 지금도 난 생명의 위험을 무릅쓰고 이야기하는 거예요."

그녀는 나중에 이렇게 말했다. "여러분 중에는 내가 성 노동자로 남기를 택했으므로 내가 나쁘다고 생각하는 사람도 있을 거예요. 그에 대한 내 대답은, 당신들의 사회, 나의 사회, 내 조국 캄보디아가 나쁘다는 겁니다. 나 같은 소녀들에게 선택할 여지를 주지 않았기 때문이에요. 내가 나를 위해 더 나은 선택을 할 가능성 말이에요. 우리나라에서 나와 내 여동생들 같은 어린 여자를 강간한 남자들을 처벌하지 않는 것은 잘못이라고

허위 계약

생각해요. 남자들이 나 같은 여자들의 서비스를 찾고 요구하도록 하는 것도 나쁘다고 봐요. 힘있는 자들에게 돈을 벌어주기 위해 우리가 노예가 되는 것은 범죄라고 생각해요. 우리 가족이 그토록 가난한 것, 더욱 가난해지는 것도 나쁘다고 생각해요. 우리 가족이 가난해지는 것은 가진 것 없이 농사짓고 살 수가 없기 때문인데, 힘센 사람들이 농민들을 땅에서 쫓아내기 때문에 더욱더 가진 것이 적어지고 있어요. 경찰이 나와 내 자매들을 범죄자 취급 하는 것도 나쁘다고 봐요. 우리를 착취하고 우리의 품위와 돈을 빼앗아가고 때로는 우리 목숨까지 앗아가는 사람들은 자기 가족과 잘 살고 있어요. 왜죠? 그것은 그들에게는 힘있는 가족 친지와 돈이 있기 때문이에요."

돈이 목숨보다 중하다고 누가 정하는가? 돈을 가진 자들이 더 힘이 세다고 누가 정하는가? 결국 돈이 무엇인가? 종이다. 금속이다. 먹을 수도 없다. 종이는 열을 가하면 탄다. 아무것도 아니다. 우리가 갖다 붙인 의미를 제외하면 돈은 아무것도 아니다. 우리가 돈이 어떤 것이라고 생각하지 않는다면 돈은 아무것도 아니다.

"이게 옳은가요? 이게 정의입니까? 내 자매들과 나는 요구를 하지 않아요. 우리는 물건이니까요. 요구는 남자들이, 우리에게 오는 남자들이 하지요. 우리는 놀림당하고 기만당하고 매매되고 모욕당하고 고문당해요. 왜죠? 남자들이 우리를 원하고 우리가 힘있는 자들에게 돈을 가져다주기 때문이에요. 그러나 우리는 힘이 없어요."

결국은 당신이 온전히 상호적이고 온전히 참여하는 관계가 가능하고 바람직하다는 걸 믿느냐 하는 문제로 축약된다. 당신이 타인들을 물건으로, 목적을 위한 수단으로 취급하고 인식하는 것이 아니라 그들이 바라는 대로 대우하고 인식하는 것이 당신한테도 가장 이롭다고 느끼는가, 언제 그렇게 느끼는가, 그렇게 느끼는 데 대해 사회적으로 보상을 받는가 하는 것으로 축약된다. 그것은 결국 타인을 인식할 수 있는가 하는 문제가 된다. 그것은 우리가 타자와 물건의 차이를 구별할 수 있는 능력으로 축약된다.

"당신들은 우리에게 에이즈를 주었어요. 우리가 더는 돈이 되지 않으면 우리가 죽게 내버려두지요. 그러나 우리는 평화롭게 죽지도 못해요. 당신들은 우리를 손가락질 하고 욕하지요. 당신들, 개발 단체들은 우리에게 콘돔을 주고 우리에게 항상 에이즈에 대해 가르쳐요. 우리는 당신들의 말을 원하지 않아요. 당신들 판단을 원치 않고, 우리에게 뭐가 더 좋은지를 당신들이 말해주는 것을 원치 않아요. 우리는 에이즈에 대해 알고 있고 우리 자매들이 그 병으로 죽는 것을 봐요. ……

손님들에게 콘돔 사용을 요구할 힘이 있는지 우리한테 물어보세요. 나를 보세요. 당신은 한 여자로 볼 테고, 우리 사장은 돈으로 보지요. 손님들은 사장에게 돈을 더 내는 대신 콘돔을 사용하지 않아요. 내가 항의를 하면 두드려 맞아요. 내가 내일 죽어도 아무도 상관 안 할 거예요. 많은 식구들을 먹여 살리기 위해 나처럼 속아서 팔려올 여자들이 많으니까요."

그녀는 이렇게 마무리했다. "나는 당신들이 세운 쉼터에 가고 싶지 않아요. 거기서 바느질 따위를 배워서 당신들이 이끄는 대로 공장에 가고 싶지 않아요. 그건 내가 원하는 게 아니에요. 그렇게 말하면 당신들은 날더러 매춘부라고 하겠죠. 그렇게 말하기는 쉬워요. 여러분은 자신이 이해하지 못하는 어려운 문제에 대한 쉬운 해결책을 가지고 있으니까요. 여러분이 그 문제를 이해하지 못하는 것은 귀 기울여 듣지 않기 때문이에요."

■　　■　　■

자연적인 것과 그렇지 않은 것 사이에는 차이가 있다. 인간은 자연적인 존재이므로 인간이 하는 일이나 인간이 만든 것은 모두 자연스럽다고 주

장하는 사람들을 본 적이 있다(반드시 그런 건 아니지만 대체로 환경운동을
비판하기 위해 도끼날을 갈고 있는 사람들이 그런 주장을 한다). 전기톱은 자연
스럽다. 핵폭탄은 자연스럽다. 우리 경제 체제는 자연스럽다. 성 노예는
자연스럽다. 아스팔트는 자연스럽다. 자동차는 자연스럽다. 오염된 물은
자연스럽다. 황폐해진 세상은 자연스럽다. 황폐해진 마음은 자연스럽다.
고삐 풀린 착취는 자연스럽다. 완전히 대상화하는 것은 자연스럽다. 이것
은 물론 말이 안 된다. 우리는 자연계 속에 얽혀 있다. 우리는 이 자연계
에서 사회적 존재로서 진화했다. 깨끗한 물을 마시지 못하면 우리는 죽는
다. 맑은 공기가 없으면 죽는다. 음식이 없으면 죽는다. 사랑, 애정, 사회
적 접촉이 없이는 온전한 자아가 되지 못한다. 그것은 우리가 사회적 존
재로서 진화한 결과로 받은 유산이다. 우리가 이런 것들을 이해하는 데
도움을 주는 것은 모두 자연적인 것이다. 우리가 자연계에 얽혀 있음에
대한 이해를 돕는 모든 의례, 인공물, 과정, 행동은 자연스러운 것이다.
그렇지 않은 의례, 인공물, 과정, 행동은 모두 자연스럽지 못한 것이다.
　우리의 인간성에 대해서도 똑같은 식으로 구분할 수 있다. 우리는 인간
이다. 우리 주변 사람들도 인간이다. 이것은 부정할 수 없는 명제다. 우리
주변 사람들은 자원이 아니다. 그들은 이용되기 위해 존재하는 것이 아니
다. 우리에게 우리 목숨이 중하듯 그들 목숨도 그들에게 소중하다. 이것
은 부정할 수 없는 명제들이다. 우리 자신과 우리 주변 사람들이 인간이
라는 우리의 인식을 강화하는 한에서 모든 의례, 인공물, 과정, 행동은 인
간적이고 인도적이다. 그리고 그 인식을 방해하는 의례, 인공물, 과정, 행
동은 모두 비인간적이고 비인도적이다. 우리의 경제 체제는 비인간적이
고 비인도적이다. 타인을 인간으로 보는 우리의 인식을 방해하기 때문이
다. 아니, 더 정확히 말하면 그런 인식을 불가능하게 만든다. 비인간적이
지 않은 경제, 인간적이고 인도적인 경제 체제를 갖는 것은 가능하다. 그

것은 산업 경제가 아닌, 직접 만나는 경제일 것이다. 우리의 전쟁은 비인간적이고 비인도적이다. 그것은 우리의 경제와 같은 심리, 태도에서 나온 것이고 그와 같은 인식 위에서만 이루어질 수 있다. 인간적이고 인도적인 전쟁을 하는 것이 가능하다. 그것은 산업화 시대의 전쟁이 아닌 직접 얼굴을 맞대는 전쟁일 것이다. 우리의 혐오는 비인간적이고 비인도적이다. 혐오는 타자를 개인으로 보지 않고 사물로 본다. 타자가 아예 안 보일 수도 있다. 인간적이고 인도적으로 혐오하는 것도 가능하다. 어떤 사람의 개인적인 특성 때문에 그를 미워할 수 있다. 이러한 혐오는 다른 경우들과 마찬가지로, 직접 대면하는 것이다. 그리고 디나 찬이 분명히 보여준 바와 같이, 그리고 포르노 사이트에 기록된 수백만 번의 조회수가 보여준 바와 같이, 네 명 중 한 명 꼴로 강간당하는 우리 사회의 여성들이 보여준 바와 같이, 부모나 후견인에 의해 죽거나 다치는 매년 56만 5,000명에 이르는 미국 어린이들이 보여주는 바와 같이, 매우 많은 친밀한 관계—남녀관계와 그 외 인간관계—가 불행한 상태가 되는 것이 보여주는 바와 같이, 사랑 그 자체는 비인간적이고 비인도적이다. 그러나 인간적이고 인도적인 사랑을 하는 것이 가능하다.

우리들은 각자 선택에 대한 선택을 하면서 하루하루를 살아간다. 매일, 하루에도 몇 번씩, 돈을 받고 남자를 즐겁게 해줄 때마다, 디나 찬은 매우 합리적인 선택을 한다. 그녀의 개인적(그리고 사회적) 역사의 제한된 조건 안에서 매우 합리적인 선택을 하는 것이다. 우리도 우리 앞에 놓인 제한된 선택지 가운데서 합리적으로 하나를 고른다. 그러나 비인도적인 체제가 제시한 비인간적인 선택지들을 거부하고 인간처럼 살기 시작하려면 무엇이 필요할까? 호레이쇼 앨저 이야기의 기본 전제는 벼락부자가 되는 것이 좋다는 것이다. 어떤 이의 부가 어디에서 왔는가 하는 복잡한 문제는 살펴보지 않으며 물론 그 답이 주어지지도 않는다. 어떤 사람이 부를 축적했다면 그것은 필연적으로 다른 사람의 가난에서 나온 것일 뿐 아니라 지구의 황폐화에서 나온 것이라는 문제도 마찬가지다. 적어도 19세기 노예 주인들은 자신이 누리는 부유함이 타인들의 불행에 기초하고 있음을 때때로 인정하는 정직함과 품위는 갖추고 있었다. 그러나 우리에게도 그런 것이 있다고는 말하기 어렵다.

부자가 된다는 것이 다른 사람들의 가난을 불러일으키거나 심화시키지 않는다고 가정하더라도, 누더기 소년이 벼락부자가 되는 호레이쇼 앨저 류의 이야기는, 우리 사회에서 부자가 되는 가장 확실한 방법이 유산 상속을 받는 것이라는 사실을 무시하는 것이다. 두 번째 방법은 정부 보조금을 받는 것이다. 이 두 가지보다 더 빨리 부자가 되는 방법도 있다. 그 것은 원주민에게서 땅을 빼앗는 것, 동식물의 서식지를 빼앗는 것, 미래 인류가 살 곳을 빼앗는 것 등이다. 그런데 여기서 핵심은 호레이쇼 앨저 류의 이야기가 다음과 같은 주장을 담고 있다는 것이다. 만약 내가 부자가 되지 못했다면, 아메리칸 드림이 초과근무의 악몽으로 바뀌었다면, 만족은 뒤로 미루고 묵묵히 절망을 견디는 것으로 바뀌었다면(배고픔, 멸시, 때이른 사망 등은 겪지 않는다 치고), 그것은 내 잘못이라는 것이다. 내가 너무 게으르고 너무 멍청하기 때문이다. 아니면 규칙을 아주 조심스럽게 따르지 않았기 때문이다. 아마도 피부색에 문제가 있어서 그럴지도 모른다.

■　　■　　■

오늘 자동차 범퍼에 이런 스티커를 붙인 자동차를 봤다. "종교는 가난한 사람들이 부자들을 죽이는 것을 예방하기 위한 것이다." 그 말도 맞지만, 그건 부분적인 진리일 뿐이라고 생각한다. 사법제도 또한 빈자들이 부자들을 죽이지 못하게 하고 있다. 제도교육도 빈자들이 부자들을 죽이는 것을 예방한다. 우리가 어릴 때부터 집에서 배우는 이야기들도 빈자들

문명과 혐오

이 부자들을 죽이는 것을 막는다. 그들처럼 되고 싶어하는 욕망이 빈자들로 하여금 부자들을 죽이지 못하게 한다. 물론 그 어떤 것도 부자들이 빈자들을 죽이지 못하게 하지는 않는다.

그 범퍼 스티커를 본 뒤에 나는 집으로 와서 뭔가를 찾기 시작했다. 내가 뭘 찾고 있는지 나도 알 수 없었는데, 그것을 찾으면 찾던 게 그것이었음을 알 수 있을 것 같았다. 책장에서 책들을 꺼내서 여기저기 뒤적거리다 마침내 내가 찾던 것을 발견했다. 역사학자 하워드 진의 말이었다. "그것(시민 불복종)이 우리의 문제가 아니다. 우리의 문제가 시민 복종이다. 우리의 문제는 전세계의 수많은 사람들이 정부 지도자들의 명령을 따라 전쟁에 나갔다는 것이다. 그 복종 때문에 수백만이 죽었다. …… 우리의 문제는 전세계에서 가난과 기아와 어리석음과 전쟁과 잔인함 앞에서 사람들이 복종한다는 것이다. 우리의 문제는 감옥은 좀도둑으로 넘치고 큰도둑들은 나라를 운영하고 있는데도 사람들이 복종을 한다는 것이다. 그게 우리의 문제다."

허위 계약

우리가 우리 행동으로부터 얼마나 멀리 떨어져 있다고 느끼는
지는 우리 행동에 대한 무지에 비례한다. 우리의 무지는 우리
자신과 우리 행동 사이의 연결 체인의 길이에 비례한다. 그 맥
락에 대한 인식을 잃어버리면 행동은 결과 없는 동작이 된다.
그 결과가 눈에 보이지 않으면 사람들은 자기 자신의 역할과
책임에 대해 아무 의문도 일으키지 않은 채 가장 끔찍한 행위
에 가담할 수 있다. 폭탄에 퓨즈를 삽입하는 임금노동자는 자
신의 활동을 단지 생계를 위해 반복하는 동작들로 볼 수 있다.
죽음의 수용소로 가는 포로들을 실어 나르는 철도 노동자들은
자기가 단지 교통수단을 제공하고 있다고 생각한다. …… 특
이한 것은 우리가 그것을 보려고 하면 잘못된 행위나 심한 부
정의를 알아볼 수 있다는 것이다. 놀라운 것은 우리들 각각은
아무도 해로운 짓을 하지 않았는데도 부당하고 끔찍한 일이
일어났을 수가 있다는 것이다. 그러면 우리는 우리 모두가 싫
어하는 끔찍한 결과가 생긴 것은 누군가의 음모 때문이라고
보고 비난할 사람을 찾는다. 그런 것을 계획하거나 야기한 사
람과 집단이 없는 경우도 종종 있다는 것은 받아들이기 힘들
다. 우리의 행동이, 먼 곳에서 나타나는 결과를 통해, 끔찍한
일이 이루어지는 데 기여했다는 것을 받아들이기는 더 힘들
다. 자기 자신은 책임이 없다고 생각하고 사회를 비난하는 것
은 비겁한 도피가 아니다. 그것은 무시무시한 무지로 필연적
으로 나아가게 하는 대규모 중간 매개의 자연스러운 결과다.

—존 래스(John Lachs)

손에 피 한 방울 묻히지 않고 사람 백만 명을 죽이는 것이 가능하다. 그 존재를 알지도 못한 채 한 문화를 파괴하는 것이 가능하다. 거실의 편안함을 위해 제노사이드나 에코사이드를 저지르는 것이 가능하다. 오존층을 파괴하는 물질을 만들어서 이익을 얻는 사람들은 훌륭하고 고결한 사람이라고 여겨진다. 대량 살상 무기 제조로 돈을 버는 사람들은 사회에서 존경스러운 사람이라고 여겨진다. 우리에게 끔찍한 일을 겪게 만드는 것은 존경스러운 사람, 위대한 사람인데, 그들은 대체로 손을 더럽히지 않는다. 보팔 사고의 수많은 인명 피해에 책임이 있는 워렌 앤더슨은 단 한 명의 인도인도 죽이지 않았다. 혹스네스트 터널 확장을 명령한 카바이드 사의 사장들은 단 한 명의 흑인 노동자도 죽이지 않았다. 토머스 제퍼슨은 인디언을 한 명도 죽이지 않았다(앤드루 잭슨도 마찬가지라고 할 수는 없지만). 내가 신이라면 멀리서 사람을 죽일 수 있을 것이고, 만약 내가 멀리서 죽일 수 있으면, 내가 죽이는 사람들을 계속 대

문명과 험오

상화, 사물화할 수 있다. 즉 그들이 사물이라고 믿을 수 있다. 멀리서 죽일 수 있으면 죽이는 사람들에 대해 전혀 생각하지 않을 수도 있다.

1839년, 프랜시스 그런드(Francis J. Grund)는 이렇게 썼다. "대서양 연안 도시에서 어떤 사람이 부자라는 것이 알려지면, 사람들은 '그가 매우 돈이 많다'고 한다. 그보다 더 부자라면 '놀라울 정도로 돈이 많다', '이 나라에서 제일 돈이 많다', '백만 달러짜리 사람이다' 등으로 표현하다가 칭찬할 말이 다 떨어지면 그 사람은 가톨릭 성인으로 시성된다."

미국 성인들 중에서 가장 중요한 성인들 중 한 명은 아마도 J. P. 모건일 것이다. 가장 파괴적인 성인도 분명히 J. P. 모건일 것이다. 처음에 그는 인간이었는데 나중에는 기업이 되어 불멸성을 얻었다.

대부분의 기록에는, 피어폰트라고도 불린 J. P. 모건이 존경받은 인물이었다고 되어 있다. 어떤 이들은 "위대한 모건"이라 불렀고 또 어떤 이들은 "창조주"의 반열에 올려놓기도 했다. 그는 가족에 대한 헌신을 중시했다(아내에게 정절을 지키는 것은 빼고). 가족보다 더 중요한 것은 돈과 권력을 얻기 위해 애쓰는 것 말고는 없었다. 그는 신앙심도 매우 깊었다. 예술가들의 후원자였으며 그 당시 세계에서 가장 훌륭한 개인 미술품 컬렉션을 가지고 있었다.

모건은 여러 대륙에서 수백만 명을 죽게 했다. 그러나 그들 중 단 한 명도 직접 죽이지는 않았다. 아마도 그들을 혐오하지도 않았을 것이다. 그러나 그는 그들 머리 하나하나에 총을 대고 쏜 것과 다름없이, 그들이 확실하게 죽게 만드는 경제적인 결정을 했다.

J. P. 모건은 거의 모든 부자들과 같은 방법으로 부를 쌓았다. 즉 유산을 물려받았다. 그의 집안이 부를 이룬 것은 6대조 마일스 모건 때부터인데, 그가 처음으로 땅을 구입했다. 반 리벡의 표현을 쓰자면, 그 지역 인디언들에게서 "칼로써 정당하게 획득"한 것이다. 모건은 땅을 경작했고 1680

거리

년대에는 매사추세츠에서 가장 부유한 정착민 중 하나가 되었다. 그것은 곧 가장 존경받는 인물이 되었다는 말이다. 그의 자손들은 3세대 동안 100명이 넘는 수로 불어났는데, 자손이 늘어나는 속도 못지않게 재산도 빨리 불어났다. 그렇게 해서 1847년 J. P. 모건의 할아버지인 조지프 모건 3세는 100만 달러가 넘는 부동산을 남겼다(그 중 10만 2,000달러만 정부 당국에 보고되어 있었다). 조지프는 상재와 뛰어난 정치 감각까지 유산으로 물려줬다. 애트나 보험회사라는 은행을 열었고, 앤드루 잭슨, 헨리 클레이, 존 캘훔하고도 돈독한 관계를 만들어두었다. J. P. 모건의 아버지인 주니어스는 곧 그가 받은 유산 중 60만 달러를 보스턴에 투자하여 보스턴에서 가장 큰 상점 주인이 되었다. J. P. 모건의 전기를 쓴 론 처노(Ron Chernow)는 그 상점에 대해 이렇게 썼다. 그 상점은 "보스턴 항구에서 출발한 쾌속 범선에 면화 등을 실어 영국과 유럽에 수출했을 뿐만 아니라 다른 무역업자들에게 무역 금융을 제공하기도 했다." 주니어스의 손은 깨끗했지만 면화 무역을 했다는 것은 그가 노예무역과 무관하지 않았음을 보여준다.

자본가와 그의 돈으로 이루어지는 활동 사이에는 물리·심리적 거리가 있을 수 있다. 하지만 자본가와 그의 돈으로 이루어지는 활동은 서로 키워주는 관계고, 거리가 그 둘의 관계를 위축시키지는 않는다. 우리 문화의 비인간성을 완전히 이해하려면 이것을 이해해야 한다. 사람들이 숲의 나무를 베어내고 강물을 오염시키고 원주민들을 그들 땅에서 쫓아내고 제노사이드를 저지르고 노동자들을 착취할 때, 대부분 의식적인 혐오에서 그렇게 하는 것이 아니다. 즉 그것을 혐오심이라고 스스로 인식하고서 그런 행동을 하는 것이 아니다. 돈을 벌려고 그렇게 한다. 돈이 경제 행위의 동기고, 사회적으로 높이 평가된 일에 대한 보상도 돈이다. 따라서 돈은 자본가와 그 활동을 인과 관계로 연결시킨다. 또 모험자본이 없다면 자본가의 모험도 있을 수 없고, 금전적 보상이 없다면 모험자본도 공급되지 않을 것이다. 다른 식으로 말하면, 주니어스 모건 같은 금융업자에게 얻은 융자가 없었다면, 노예제가 지속되지 못했을 것이다. 주니어스는 단 한 번도 채찍을 휘두른 적이 없지만 그는 채찍질을 통해 많은 이익을 얻었다. 채찍질과 거리를 두고 멀리 있기는 했지만 그건 부정할 수 없는 사실이다. 아주 간단하다. 우리 문화는 어떤 사람이 다른 사람의 불행을 대가로 이익—권력, 물질적인 소유물, 위세—을 얻을 수 있도록 허용하고 있고 심지어 그걸 부추긴다. 그걸 요구한다고 하는 것이 가장 적합한 말이겠다.

은행가가 인간의 불행으로 돈을 벌고자 하는 것은 이미 오래전부터 확고하게 자리 잡고 있던 사실이며 처노의 말을 빌리자면 "기념비적인 거래"로 실현되었다. 그것은 로스차일드 가문 사람의 자랑에 가장 잘 나타나 있는 듯하다. "파리의 길거리가 피로 물들고 있을 때, 나는 구입한다."

돈을 버는 모건의 뛰어난 능력은 런던에서 가장 큰 상업은행 중 하나의 설립자인 조지 피버디의 관심을 끌었다. 그는 1854년 모건을 파트너로 삼았다. 모건으로서는 그보다 좋은 타이밍이 없었을 것이다. 모건의 또 다른 전기 작가가 이번에도 역시 무척이나 섬세하게 표현한 것을 인용하자면, 모건은 "상업은행과 세계 정치 간의 밀접한 연결을 파악하는 것"을 재빨리 배웠다. 달리 표현하자면, 그 시기에 피버디와 파트너 관계를 맺게 된 것은 모건으로서는 큰 행운이었다. 왜냐하면 영국, 프랑스, 터키, 사르디니아가 러시아와 전쟁을 하고 있었는데, 그로 인해 미국 면화와 곡물에 대한 수요가 증가했고, 금융 서비스 수요도 늘어났고, 따라서 모건, 피버디, 그들과 비슷한 사람들의 수익이 매우 늘어났기 때문이다.

크림전쟁이 1856년에, 약 50만 명이 죽은 뒤에, 끝났다. 조지 피버디 등에게는 힘든 시간이 닥쳤다. 피버디의 은행은 전시 호황 중에 미국 회사들에 많은 투자를 해둔 상태였고 경기가 나빠지자 자금 압박을 받았다. 은행이 문을 닫을 위기에 놓이게 되었다. 피버디는 오랜 친구 톰슨 행키 주니어에게 도움을 요청했다. 잉글랜드 은행의 총재였던 그는 공적 자금을 써서 그 은행을 구제하는 데 동의했다.

미국의 남북전쟁은 1861년에 시작되었는데 그 전쟁은 높은 수익을 올릴 수 있는 기회를 많이 만들었다.

모건의 사업이 돈을 사취하고, 본 적 없는 사람들을 손가락 하나로 좌지우지하는 것에 불과했다면, 아마 오늘날 우리 대부분은 그의 이름을 들어보지 못했을 것이다. 그러나 모건의 목표는 훨씬 원대했다. 그의 목표는 이 나라의 경제 대부분, 세계 경제의 많은 부분을 주무르는 것이었다. 그는 목표를 이루었다.

1865년 남북전쟁이 끝나면서, 엄청난 이익을 안겨줄 기회들도 함께 사라졌지만, 몇 년 내에 모건은 매우 수익성 높은 다른 유형의 전쟁에 관여하기 시작했다. 그것은 정부 예산으로 건설된 철도를 차지하기 위한 전쟁이었다. 그가 처음 치른 전초전은 올버니-서스퀘해너 철도회사를 인수하는 것이었다. 그것을 모델로 해서 그후에 더 큰 사업을 벌일 수 있었다. 이 노선의 철로 건설은 군 예산과 주 예산이 투입되는 것이었고 이런 사업에 반드시 따라붙는 부패 행위로 얼룩져 있었는데, 펜실베이니아의 석탄 지역과 뉴욕 주의 세 개 간선을 연결하는 것이었다. 철도 완공 후 몇 개월 되지 않아, 투기 집단 두 곳이 그 철도회사를 차지하기 위해 싸우고 있었다. 두 집단 모두 철도 건설에는 한 푼도 투자한 적이 없었다.

한 집단은 회사 설립자 조지프 램지를 우두머리로 하는 집단이었다. 다른 집단은 제이 굴드가 이끄는 집단이었는데, 굴드는 에리(Erie) 철도를 비롯한 많은 철도를 소유하고 있었다. 에리 선은 올버니-서스퀘해너 선의 간선 중 하나다. 에리에 대해서 그 당시에 어떤 사람은 일기에 이렇게 썼다. "에리에서 또 사고가 났다. 수십 명이 세게 부딪히고 불에 타서 죽었고 큰 부상을 입어 손발을 절단해야 했다. 훌륭하고 부유하고 사랑받는 철로 기관사를 살인죄로 처형하고 그 옆의 기차 차장을 함께 처형하기 전까지는, 우리는 안전하게 여행하지 못할 것이다." 굴드도 다른 소유주도, 기관사도 살인으로 기소된 적은 없다. 그 대신 그들은 계속 부를 축적했고 권력을 획득했다. 그를 위한 방법은 보잘 것 없는 시민들을 사회에서 없애버리는 결과를 낳았다. 굴드는 시, 주, 연방 법원의 판사, 주 의회, 연방 의회의 의원들을 매수하는 것으로 유명했다. 그랜트 대통령의 가족(그랜트의 처남 A. R. 코빈을 매수하는 데 200만 달러가 들었다), 그랜트가 임명한 사람도 한 명 이상 매수했다. 굴드는 뻔뻔함에서 둘째가라면 서러워할 사람이었다. 그는 작은 가방에 50만 달러를 넣고 뉴욕 주의 집으로 가다가 체포되었는데, 며칠 만에 석방되었다. 그리고 "자기 자신과 법의 관계를 철저히 이해하기 위해 열심히 노력했다." 굴드는 나중에 얼마나 많은 뇌물을 주었는지 기억하기가 어렵다고 말했다. "그건 매일매일 에리 철로를 지나간 화물 열차 수를 기억하는 것과 마찬가지"라고 말했다. 이 사업에서 그는 짐 피스크를 파트너로 두고 일을 했다. 그는 남북전쟁 동안 정부에 재생 모직 담요, 군복, 종이 신발을 팔아 한 재산 마련한 사람이었다. 피스크는 가격을 정할 때 다음과 같은 전략을 썼다는 것을 인정했다. "값을 높게 부를 배짱만 있으면 무엇이든 어떤 값으로라도 정부에 팔 수 있다."

남북전쟁 당시의 계약에 대한 한 조사에서는 이런 결론이 나왔다. "계약 업체들은 '나라를 약탈하기 좋은 대상'으로 보았다. 프레드 섀넌(Fred A. Shannon)은 『유니언 아미의 조직과 행정 1861~1865』이라는 책에 '군수물자 계약 업자들은 전쟁 동안 최소한 10억 달러의 정부 돈을 만졌으며 적게 잡아도 그 중 절반을 챙겼다'고 썼다."

굴드는 은밀하게 올버니-서스퀴해너 철도회사 주식을 사기 시작했다. 그 사실을 알게 된 램지는 주식을 더 발행하는 한편 더 사들여 대주주 자리를 지키려 했다. 굴드는 한밤중에 피스크의 애인 아파트에 가서 그가 수족처럼 부리는 판사를 불러 램지 대신 피스크를 임원 자리에 앉히라는 명령서를 발부하게 했다. 그러자 램지는 굴드와 그 수하 이사들의 직무를 정지하는 소송을 제기해서 복직하고자 했다. 양측은 법정 공방을 다 한 뒤 각각 폭력배를 고용했다. 양쪽 폭력배들이 열차를 타고 적진을 향해 가다가 정면으로 충돌해서 열차가 탈선하고, 이어 난투극이 벌어졌다. 정부 예산으로 건설한 이 철도를 두고 1만 2,000명의 사람들이 격렬하게 싸웠다. 마침내 주지사가 민병대를 소집하겠다고 위협하기에 이르렀다.

우선, 양쪽 편 중 그 어느 쪽도 그 지역 사람들과 연결되어 있지 않았기 때문에 둘의 대립은 무승부의 교착 상태에 빠져 있는 듯 보였다. 그런 와중에 램지가 결정적인 실수를 했다. 주식을 사는 데 너무 많은 돈을 써서 의원들에게 뇌물로 줄 돈이 없었던 것이다.

램지의 친구 한 명이 이런 해결책을 제시했다. 전 뉴욕 주지사이자 미 상원의원인 에드 모건의 사촌 피어폰트 모건과 접촉하라는 것이었다. 그는 모건이 정력이 넘치고 돈도 많은 좋은 사람이라고 말했다. 램지는 피어폰트에게 접근했고 피어폰트는 인수에 합의했다. 모건은 즉시 주식 6,000주를 산 다음 주주총회를 소집했다. 짐 피스크가 참석하려 하자, 피어폰트가 그의 코를 주먹으로 쳐서 계단 아래로 떨어뜨려버렸다. 계단 아래에서는 경찰 제복을 입은 모건 가의 하수인이 그를 "체포"했다. 주주들은 투표를 해서 모건을 부사장으로 뽑고 이사회를 소집했다. 거기서 그들은 만장일치로 그 철도회사를 델라웨어-허드슨 운하 회사에 임대해주기로 결정했다. 델라웨어-허드슨은 모건에게 우호적인 회사였다. 계속 우호적인 관계를 유지할 수 있도록, 모건을 그 합병 회사의 이사로 임명한다는 것이 임대 조건 중 하나였다.

철도 전쟁이 벌어지고 있던 시기에 이 정도는 큰일도 아니었다. 그러나 이 사건은 어떤 면에서는 중요한 일이었다. 그것으로 모건이 이 수지맞는 사업에 진출하게 되었다는 점에서 그렇고, 또 모건이 앞으로 여생 동안 쓸 전술이 무엇인지가 드러났다는 점에서 그렇다. 그 전술이란 회사 경영 권을 바꾸려는 시도에 돈을 대주는 것이다. 이 방법으로 모건은 이 나라 기업 절반 이상에 대한 실질적인 지배권을 가지게 되었다. 그것은 대다수 국민에게는 매우 큰 손실을 안겨다 주는 결과를 빚었다.

1870년대 동안 모건은 계속해서 재물과 존경과 권력을 쌓았다. 1870 년, 수백만 명의 남자, 여자, 어린이들이 열여섯 시간을 일한 대가로 하루 에 1달러 미만을 받을 때, 그는 1년에 7만 5,000달러 이상을 벌었다. 1882 년, 그 액수는 50만 달러로 늘어났다. 찬탄도 쏟아지기 시작했다. 1873 년, 모건은 "모든 사람에게 존경을" 받았다고 《뉴욕 타임스》는 썼다. 1880년대 초에는 모건이 "조건과 재능으로 북미의 후계자로 선택된 인 물"이라고 이야기되었다. 그의 정치적 지위도 빠른 속도로 상승했다. 뒤 로 돌아가서 1870년대 초 상황을 보면, 국채 50퍼센트를 인수하기 위해 서, 그는 파트너 토니 드렉셀과 그랜트 대통령의 친분에 의지할 수밖에 없었다(그 외에 드렉셀 소유의 신문들에서 압박을 가하는 방법도 없었다). 그런 데 1870년대 후반 쯤 되면 그가 우위에 있게 된다. "인디언 문제를 해결 하고 있는" 군대의 병사들에 대한 임금을 의회가 거부하자, 모건은 정부 에 그 돈이 충당될 수 있을 때까지 현금을 빌려주는 것이 그의 "명백하고 신성한 의무"라고 말했다. 육군성이 그의 제안을 받아들여서, 모건은 일 시적으로 북서부와 남서부에서 인디언들을 죽이는 돈을 댔다. 그뿐만 아 니라 노조 운동가들과 10대 파업 노동자들을 죽이는 돈도 댔다. 그 돈은 나중에 정부가 전액 되돌려 주었으며, "신성한 의무"를 다하기 위하기 위한 돈은 병사들 월급에서 월급의 12분의 1에 해당하는 수수료를 제한 다음 나누어주었다.

1870년대에 대부분의 미국인들은 역사상 최악의 불황으로 고통을 겪었다. 그때 노던 퍼시픽 철도회사의 부실이 촉발 장치 역할을 했다. 철도 채권을 산 일반 시민들의 고통은 눈물 없이 볼 수 없는 소설이었다. 한 남자가 그 철도 채권을 유통시킨 금융인 제이 쿡에게 이런 편지를 보냈다. "엘리자 부탁으로 씁니다. 엘리자는 500달러짜리 노던 퍼시픽 채권을 가지고 있는 가엾은 눈먼 여자예요. …… 그 채권이 그 여자가 가진 전 재산이고 그걸 잃으면 엘리자는 구빈원에 가야 해요. 아마 당신이 극도로 가난한 엘리자를 위해 뭔가를 해주실 수 있을 거라고 생각해요. …… 엘리자는 부모형제도 없고 가진 건 모두 정직한 노동으로 번 거예요. 엘리자가 이렇게 말하더군요. …… 눈이 보여서 일할 수만 있게 되면 아무 걱정 없겠다구요." 또 다른 편지도 있다. "당신이 내게 줄 돈 360달러를 만들기 위해 애쓰고 있을 줄 믿습니다. 적은 돈이지만 28년을 일해서 겨우 모은 돈이에요. 나는 정신을 놓은 남편을 보살펴야 하는 가난한 여자예요. 우리 돈을 찾으러 은행에 갔을 때 당신은 저와 제 어린 딸에게 돈은 안전하다고 말했지요. 은행에 무슨 일이 일어나면 알려준다구요. 혹시 이미 알려 주셨나요? 제 주소는 바인 가 1127번지예요. 저는 돈을 인출하려고 해요. 물론 당신에게는 지갑에서 꺼내줄 수 있을 정도의 적은 돈이니까 그렇게 해서 우릴 편안하게 해주리라 믿어요." 제이 쿡은 별로 고통을 겪지 않았다. 그는 노던 퍼시픽과 다른 많은 회사들에서 계속 이익을 얻고 있었고 곧 유타 광산의 동업자가 되었다. 유타 광산은 그 사업 하나 만으로도 그에게 1년에 8만 달러를 안겨다주었다.

고통을 겪은 사람은 노던 퍼시픽 채권을 산 사람들만이 아니었다. 미국 전역에서 32퍼센트의 기업들이 망했고 노동자 수십만 명이 직장에서 쫓겨났다. 1874년 뉴욕 시에서, 잠을 잘 곳이 없어 경찰서 신세를 진 노동자 수가 9만 명이나 됐는데 그 중 거의 절반이 여성이었다. 1877년 《뉴욕 타임스》까지도 빈곤과 공해 때문에 "뉴욕에서만 일주일에 1,000명에 이르는 어린이들이 죽게 될 것"이라고 썼다.

그러나 피어폰트는 고통을 겪지 않았다. 그는 경제 붕괴를 일곱 자릿수의 이익으로 바꾸어놓았다. 그에 대해 그는 아버지에게 이렇게 자랑했다. "이 나라에서 이런 결과를 이룰 수 있는 회사가 또 있을 거라고는 생각조차 할 수 없습니다."

1877년, 전국 곳곳에서 대규모 파업이 일어났다. 웨스트버지니아 마틴스버그에서, 메릴랜드 주 볼티모어에서(그곳에서는 파업 노동자에 대한 유혈 진압 이후 주 방위군 대원들 중 절반이 그 일에 염증을 느끼고 그만두었다. 볼티모어 전투로 인해 어린 소년들을 포함하여 열 명의 파업 노동자들이 죽었다), 그리고 피츠버그에서도 파업이 일어났다(그 지역 민병대가 자기 동료들을 죽이려 하지 않는다는 것을 회사 임원들과 정부 관료들이 알고 필라델피아 민병대를 불러왔다. 그래서 나중에 26명이 사망했는데 대부분이 구경꾼이었다. "병사들이 발포를 멈춘 뒤 드러난 광경은 끔찍했다. 노인들과 어린 아이들이 …… 죽음의 고통으로 괴로워하고 있었는데, 많은 아이들은 즉사했다"). 펜실베이니아 해리스버그에서는 민병대가 총을 버리고 파업 노동자들과 악수를 했다. 일리노이 주 시카고에서는 모건이 돈을 댄 군인들과 경찰에 의해 21명의 남자와 소년들이 죽었다. "머리통을 갈기는 곤봉 소리에 처음에는 구역질이 났는데 점차 익숙해졌다. 곤봉을 휘두를 때마다 폭도들이 나가떨어졌다. 바닥이 폭도들로 가득 차 있는 듯 보였다." 세인트루이스에서는 "생산을 하지 않는 자본가들에게 억압당하지 않겠다고 선언한 민중이 힘을 모아 일어서고" 있었는데, 흑인과 백인의 차이는 밀어두고 함께 총파업을 벌여 도시 전체가 멈추었다. 뉴욕 시에서 민병대는 노동자들에게 우호적이었지만 경찰은 그렇지 않았다. "우리 가난한 사람들은 못 가진 게 많지만 우리는 자유롭게 말할 자유가 있고 아무도 우리에게서 그것을 빼앗아가지 못합니다"라는 말과 함께 집회가 평화롭게 끝난 뒤, 경찰이 총을 발사하고 곤봉을 마구 휘둘렀다.

"명백하고도 성스러운 의무"를 다하는 것으로 큰돈을 벌었다는 점을 제외하면, 모건에게 파업은 자신과 아무 상관 없는 일이었다. 가난한 자들은 변함없이 가난할 것이고, 변함없이 "유아 학살과 다름없는 조건에서" 살 것이다. 아이들이 집에 "태어난다기보다는 지옥에 떨어졌다"고 하는 편이 맞다고 그는 말했다.

1879년, 미국 최고의 부자 윌리엄 밴더빌트가 모건에게 다가와서 뉴욕 센트럴철도를 비난 여론에서 구출해달라고 요청했다. 윌리엄의 아버지 코넬리우스는 그보다 2년 앞서 세상을 떠나면서 아들에게 1억 달러의 유산과 함께 센트럴 철도회사의 지분 87퍼센트를 남겨주었다. 아버지 때와 달리 이제는 의원들에게 뇌물도 먹히지 않았고, 열악하고 위험하고 비싼 기차에 진저리가 난 가난한 사람들은 극성스럽게 개선을 요구하기 시작했다. 연방 의회와 뉴욕 주 의회는 철도 사업의 이익에 세금을 부과하려 했다. 그 때까지는 세금을 매기지 않았던 것이다. 대중의 분노(대중용 급행 열차를 없애버린 것이 직접적 원인이었다)에 대한 윌리엄 밴더빌트의 첫 반응은 이랬다. "빌어먹을. 나는 주주들을 위해 일하고 있다구. 기차를 타고 싶으면 돈 내고 타면 되잖아." 이용객들은 엄청난 정부 보조금을 통해 기차 삯을 이미 지불한 셈이라는 것을 잊어서는 안 된다. 또 그가 주식의 87퍼센트를 가지고 있었기 때문에, 그가 주주들을 위해 일한다는 것은 많은 수의 주주들이 아니라 자기 자신을 위해 일한다는 것과 다름없는 말이었다. 물론 파괴적인 문화의 가장 큰 특징이 다수보다 자기 이익을 먼저 위하는 것이지만 말이다. 그의 두 번째 반응은 철도 노동자들의 임금을 10

퍼센트 삭감하는 것이었다. 세 번째 반응은, 잇따르는 소요 사태를 진정
시키기 위해서 군대를 보내라고 뉴욕 주지사를 은밀하게 설득하는 것이
었다. 네 번째는 기자에게 이렇게 말하는 것이었다. "엄청나게 큰 재산을
한 사람, 또는 단 하나의 집안이 지배하는 것을 반대하는 정서가 국민들
사이에서 커지고 있습니다. 우리가 완력으로 지배하고 있다고들 말합니
다. 우리는 우리 권리에 따라 철도를 지배하는 것입니다." 그의 다섯 번째
대응은 세금이 부과되는 것을 막아달라고 모건에게 부탁하는 것이었다.

모건은 그렇게 하기로 합의하고, 밴더빌트의 뉴욕 센트럴 철도회사 주
식 25만 주를 팔았다. 증권 시장에 혼란과 부담을 주지 않기 위해 조용히
매각했다. 그 대가로 피어폰트는 수수료 300만 달러를 받았는데 이것은
앞서 내가 언급한 재봉사("재봉틀 바늘이 손가락을 뚫고 지나갈 때도 있어요"
라고 말한 사람)가 1만 2,785년 동안 벌어야 만질 수 있는 돈이다. 게다가
그보다 훨씬 더 중요한 것은 모건이 그 회사의 이사가 되었다는 것이다.
그에게 주식을 산 사람들의 의결권을 위임받음으로써 모건은 그 회사를
실질적으로 통제할 수 있었다. 경영권이 밴더빌트에서 모건으로 바뀌었
을 뿐, 한 사람에게 집중되어 있다는 점은 여전했다. 그러나 의원들은 세
금을 부과하겠다고 위협하는 것을 그만두었다.

그후 10년간 이런 일이 되풀이되었다. 모건의 표현을 빌면 "철도 간선
의 조화"를 이루기 위해 이런 방법이 종종 사용되었다. 적법성 문제는 그
에게 중요하지 않았다. 법률 고문이 모건의 어떤 행동에 대해 "그것을 합
법적으로 할 수 있을 것 같지 않다"고 하자 모건은 이렇게 대답했다. "내
가 할 수 없는 것에 대해 이야기하는 변호사는 필요하지 않아. 내가 하고
싶은 것을 어떻게 할 수 있는지를 이야기해달라고 변호사를 고용한 거니
까." 웨스트 쇼어 철도, 펜실베이니아 철도, 사우스 펜실베이니아 철도,
필라델피아―레딩 철도. 이 철도회사들을 포함하여 많은 철도가 그의 손

거리

아귀에 들어갔다. 다른 철도회사들은 모건이 막후 조종하여 '신사협정'을 맺고 합병되었다. 유사한 노선의 운임을 경쟁적으로 내리지 말고 고정시킨다는 것이 협정 내용이었다. '신사협정' 한 건을 맺은 후 그는 기자에게 이렇게 말했다. "생각해보세요. 시카고와 세인트루이스 서쪽의 교통을 관리하는 사람이 서른 명이나 되는 겁니다." 그의 목표는 그 수를 하나로 줄이는 것이었다. 우리 문화의 두드러진 특징—아마도 가장 두드러진 특징—은 다양성에 대한 불관용과 혐오가 거의 절대적인 수준이라는 점이다. 다양한 피부색이나 다양한 성적 취향(그 사람들이 모두 백인일 경우에 한해서)을 봐주는 가짜 다양성을 말하는 것이 아니다. 그런 다양성조차 참지 못할 때가 자주 있지만 말이다. 작은 흑인 소년이 비싼 신발을 신고 있는 한에서만 그 아이를 참고 봐줄 수 있는 것을 말하는 것이 아니다. 그 신발을 만든 작은 갈색 피부 소녀는 남자 옷을 입은 여자 관리자에게 싼 값에 고용되어 있었을 것이다. 그 여자 관리자는 기업의 유리천장에 머리를 부딪고 있을 것이며, 그 위에 있는 백인 남자들은 자기 이익과 주주들의 이익을 위해 유리천장은 못 본 척 하고 있을 것이다. 다양성이란 그런 회사에서 기술자로 일하는 동성애 남자(또는 여자)를 말하는 것도 아니다. 자기가 가진 특권을 비판하는 많이 배운 백인 남자들을 말하는 것도 아니다. 이런 것은 모두 참고 보아줄 수 있다. 이런 것들은 다양성이 아니다.

그래서 다양성에 대한 불관용과 혐오의 전통 속에서, 진짜 다양성은 그 어떤 종류라도 거의 상상조차 할 수 없다고 우리 머릿속에 주입된다. 진짜 다양성은 여러 날 동안 하늘을 시커멓게 덮을 정도로 많은 나그네비둘기 떼고 메인 주의 북극곰이다. 다양성이란 펜실베이니아의 들소고, 뉴욕 시의 원시림이다. 다양성은 나무, 물고기, 인간을 어떻게 해야 가장 잘 써먹을까 하는 생각도 하지 않고, 어떻게 해야 그들을 이용해서 이익을 만들 수 있을까 하는 생각은 털끝만큼도 하지 않으면서 그들을 마주할 수

문명과 혐오

있는 인간 공동체의 능력이다. 다양성은 생산에 대한 생각 없이 사는 삶이다. 한 순간 한 순간 지나가는 특정한 순간에 주의를 기울이면서 사는 삶, 매 순간 새로운 아름다움을 가져다주고 또 동시에 그만큼 우리를 죽음에 더 가깝게 하는 특정한 순간들에 주의를 기울이며 사는 삶이다. 다양성은 특정한 경관에 온전하게 통합되어 있는 지역 사회다. 그 존재로 인해 경관이 더 복합적이고 더 생기 넘치고 더 자연스러워지게 하는 사회다. 다양성은 그냥 마실 수 있는 깨끗한 물이다. 다양성은 댐으로 막히지 않고 산에서 바다까지 흐르는 강물, 터빈을 돌리는 데 쓰이지 않는 강이다. 그것은 강물을 거슬러 올라온 연어가 죽어서 썩는 고약한 냄새다. 숲을 기름지게 하고 그 새끼들이 살 수 있게 하는, 죽은 연어가 썩는 냄새다. 다양성은 풍부한 야생의 문화들이다. 상상할 수 없을 정도로 서로 다른 문화, 각각 특정한 장소에 기초해서 만들어진 문화들이 다양성이다. 다양성은 특정한 장소에서 나온 언어와 관계의 복합체, 지역을 넘어서서 표준화될 수 없는 언어와 관계들이다. 다양성은 공동체들이다. 자기 운명을 스스로 결정하고 서로에게 의존하고 땅에 의존하고, 그 외 어떤 것에도 의존하지 않는 공동체 내의 개인들이다. 멀리 있는 존재나 제도에 도움을 받지 않고 그것에 조종당하지 않는 개인들이다. 다양성은 사냥을 기원하는 춤, 봄비를 비는 춤, 공동체를 한데 묶는 춤, 죽은 자가 다음 갈 곳으로 잘 가도록 돕는 춤이다.

다양성은 사는 것처럼 사는 것이다. 이 특정한 나무에 난 이 잎의 아름다움, 이 음식 조각을 운반하려고 애쓰는 이 개미를 향해 나아가는 삶이다. 다양성은 그 자체의 목적을 위해 사는 삶, 그 수단에 대해서는 전혀 생각하지 않는 삶이다. 다양성은 10만 명이 매끈하게 엮이면서 동시에 추는 춤이고, 아무도 파트너를 통제하지 않는 춤이다. 다양성은 인간과 생명체의 통제되지 않으며, 통제될 수 없는 흐름이다. 다양한 인간과 생물체의 풍요다. 다양성은 타자를 수많은 방식으로 인식할 수 있는 능력이다. 선입견이 아니라 상황에 따라 다르게 타인을 파악할 줄 아는 것이다. 타인을 다양한 방식으로 인식하지 못한다면, 우리는 우리가 인식하지 못하는 다양성을 파괴하게 될 것이다. 우리가 세상을 다양한 방식으로 인식한 것이 너무 오래 전 일이어서 이제 우리는 그것이 가능하다고 생각하지 않는다. 우리는 생산을 신성시함으로써 타자를 수단이 아닌 다른 것으로 보는 모든 방식을 알지 못하게 되었다. 따라서 불가피하게 타인들을 경멸하는 눈초리로 보게 되었고 그들이 저항하면 혐오하게 되었다. 현재 뉴욕이 있는 자리의 원시림을 수많은 지폐로만 본 결과 원시림을 잃고 그 대신 뉴욕 시를 가지게 되었다. 점점 더 우리는 조종하거나 이용할 수 없는 것들을 뚝 잘라내서, 쓸 수 있는 건 이용하고, 쓸 수 없는 것은 파괴해버린다.

■　　■　　■

간단히 말해서 우리 문화가 다양성에 대해 보이는 진짜 반응은 이것이다. 우리 문화의 중심적 운동에서 벗어나는 것은 아무것도 용납할 수 없다. 의도적인 것이든, 아무 생각 없이 하는 것이든 결코 용납하지 않는다. 즉 우리 문화의 중심 운동은 획일적인 통제를 향한, 생산을 향한 움직임이고—생산이란 결국 살아있는 것을 죽은 것으로 바꾸는 것일 뿐이다. 숲을 2×4 각목으로 바꾸는 것이고 산을 알루미늄 캔으로 바꾸는 것이다—그리고 다른 모든 것의 절멸, 생명의 절멸을 향해 가는 것이다. 생산은 대상화라는 심리적 과정이 물질세계에서 구현된 것이다. 그것은 주체(예를 들어 소)가 객체 또는 사물(축산업자의 이익)로 바뀌는 것이다. 그렇게 하기 위해서는 주체를 필연적으로 죽여야 한다. 대상화하는 자의 경험 안에서 먼저 죽여야 하고 그 다음 물질세계에서 죽여야 한다.

문명과 혐오

그러나 생산이 종점은 아니다. 이미 신격화된 생산은 신 뒤에 서 있는 신이 아니다. 신 뒤에 서 있는 신은 절멸이다. 우리의 생산이 우리를 어디로 이끌고 가는가? 정신적 죽음이다. 정서적 죽음. 육체적 죽음. 무엇에 대해서든 조금이라도 주의를 기울이는 사람에게는 점점 뚜렷이 보일 것이다. 생산은 모든 살아있는 것들의 죽음으로 우리를 신속히 이끌고 가고 있다는 것을.

■　　■　　■

모건의 독점 과정에서 승리한 사람은 당연히 대주주들이다. 패자에 속하는 것은 프랑스 국토 전부를 덮고도 남을 만큼의 국유지를 철도 부지로 준, 7억 달러나 되는 현금을 그 철도에 투자한 일반 국민이었다. 또 요금은 오르고 안전 문제는 무시되는 철도를 이용하는 승객들, 카네기와 록펠러 같은 독점 기업이 리베이트 덕을 보는 반면, 화물 운송비가 올라서 문을 닫아야 하는 소기업들이었다. 노동자들은 임금 인상, 근무 시간 단축, 안전한 노동조건을 위한 협상을 할 수가 없었으므로, "모거니제이션"(모건이 파산한 철도회사를 재설립하거나 워크아웃해 자기 휘하에 편입시키는 것을 그 당시 사람들은 모거니제이션이라고 불렀다-옮긴이)의 결과는 피로 물든 기록이었다. 그후 18년간, 즉 1889년에서 1907년 사이에, 한 해 동안 죽거나 다친 철도 노동자 비율은 3.1퍼센트(70만 4,743명 중 2만 2,000명)에서 5.5퍼센트(167만 2,074명 중 9만 2,178명)로 늘었다. 1888년부터 1907년까지 5만 3,046명의 노동자가 사망했고 80만 명이 불구가 되었다.

이 시기 즈음에는 모건의 신격화가 거의 완성되었다. 그와 그 동업자들은 피어폰티펙스 막시무스와 그 사도들, 또는 주피터 모건과 가니메데스(제우스의 술 시중을 든 트로이의 미소년-옮긴이)로 알려져 있었다. 그러나 끌어 모아야 할 돈과 권력이 아직 많이 남아 있었다. 1890년대에 모건은 노던 퍼시픽 철도와 함께 그에 딸린 수백만 에이커의 무상 불하 토지를 인수했다. 그레이트 노던, 에리, 볼티모어 앤드 오하이오, 호킹 밸리, 모바일 앤드 오하이오, 애치슨, 토페카, 산타페, 르하이 밸리, 조지아의 센트럴 철도 등 서던 철도 콤플렉스라고 하는 서른다섯 개 회사를 한꺼번에 인수하고 그 외 많은 철도를 자기 것으로 만들었다. 그는 철도를 전부 소유하고 싶어했다. 1898년 모건은 3만 3,000마일의 철도를 소유하게 되었는데 이것은 미국 철도 전체의 6분의 1에 해당한다. "모건 철도"라고 불린 그것은 그에게 매년 3억 달러를 벌어다주었다. 미국 정부 1년 세입의 절반에 해당하는 액수였다. 1902년에는 모건이 가진 철도가 5만 5,000마일로 늘어났다.

그래도 그는 더 많이 원했다. 그는 유에스 강철(US Steel)이라는 회사를 통해 철강을 독점했다. 광대한 석탄 매장지도 손에 넣었다. 아메리칸 전보 전화 회사로 통신을 독점했고, 인터내셔널 니켈 사로 광업을 독점했고, 제너럴일렉트릭 사로 전기를 독점했고 에쿼터블생명보험을 통해 보험을 독점했고 은행 트러스트로 금융을 독점했다(의회의 한 위원회는 모건과 다른 두 명이 통치하는 은행 트러스트가 "총 222억 4,500만 달러의 자본과 자원을 보유한 112개 회사의 341개 이사직"을 가지고 있다고 했다). 농기계 업체를 묶어 대형 트러스트를 꾸려 농기계 분야도 독점했는데 그렇게 만들어진 인터내셔널 하베스터는 시장의 85퍼센트를 점유하게 되었다. 한 동업자가 모건에게 이렇게 말했다. "새 회사는 우리 손에 의해 운용됩니다. 이름은 제가 정했고, 어떤 조건에 어떤 구조로 설립될 것인지는 모두 우리가 결정합니다. 이사회와 경영진 구성도 모두 우리 권한입니다. 우리가 어떤 방식으로 회사를 꾸리든 간섭할 사람은 아무도 없습니다." 모건은 노스 애틀랜틱으로 해운업을 독점하려 했고 제철 독점을 독일에까지 확장하려 했다. 수많은 라틴 아메리카 국가들의 세관을 자기 마음대로 주물

문명과 혐오

렸고, 새로 만들어진 파나마 "공화국"의 자금을 전담하도록 시어도어 루스벨트에 의해 "루스벨트의 수금원"으로 임명되었다. 앞서 아파르트헤이트 이야기를 하면서 다룬 금광 독점에 모건이 개입한 결과로는 그 회사 이름에 아메리칸이라는 말이 들어가게 되었다. 모건 회사의 한 이사는 동아시아 지역에서 자기 아내에게 보내는 편지에 이렇게 썼다. "우리가 통제권을 가지고 조정해왔기 때문에, 우리는 실질적으로 중국 화폐개혁의 조건을 명령할 수가 있어. 4억 인구의 나라에 견실한 통화 기초를 처음 세우는 데 우위를 가지고 개입할 수 있다면, 그건 아주 수지맞는 장사야." 영국에서는 노점상들이 입에 풀칠을 하기 위해, 모건의 서명이 새겨진 기념품을 팔려고 기를 쓰고 있었다.

■　　■　　■

독점은 우리 사회 경제 체제의 불가피한 결과다. 소유의 집중, 경영권 단일화, 독점적 권력이 생길 수밖에 없다. 지금까지 6,000년간, 생물, 문화, 종교, 경제의 다양성이 점차 줄어들어왔다. 하나의 농작물, 하나의 문화, 하나의 신, 하나의 소유주는 복합성을 단순화하고 그로써 통제권을 확장하려는 문화적 요구의 발현이다. 그 작물이 아이오와의 옥수수든, 아이다호의 나무든, 그 신이 야훼든 예수든 아니면 생산이든, 그 결과는 필연적으로 숲이 사라지는 것이다. 또 생물 종의 대량 멸종, 제노사이드, "기독교인이 되는 것과 죽음 중 하나"를 강요하는 것, 수십억의 똑같은 소비자들이 똑같은 코카콜라 캔을 수십억 개 사는 전 지구적 시장이 생기는 것이다. 그런 것이 우리 문화의 결실이다. 생태학, 심리학, 경제학, 역사를 대충 훑어보기만 해도, 인간과 생물체의 경험이 가차 없이 죄어들고 있음이 드러난다. 이것은 다른 모든 것의 근절로, 정체로, 죽음으로 나아가고 있다.

거 리

이런 문화적 요구 아래에서 우리가 타인의 대상화에 기초한 조직을 가지고 있는 것은 당연한 일이다. 즉 흑인들을 검둥이로 바꾸어놓는 KKK단, 흑인들을 죄수로 바꾸어놓는 사법제도, 흑인, 백인, 홍인, 황인, 상상할 수 있는 모든 피부색의 사람들을 노동자와 소비자로 바꾸어놓는 기업이 그런 조직들이다. 이 조직들은 전부—그리고 우리 문화의 요구를 구상화하는 다른 모든 것들도—다음 중 어느 하나에 해당하게 된다. 린치행위의 노골적인 혐오, 국가 권력의 제복에 깃든 거만한 멸시, 자기 행동의 도덕적 정당성에 대한 편협한 지식, 그리고 탈인격화된 최종 결과물인 회계 원장과 계좌 명세서. 이들은 모두 연속적인 스펙트럼을 형성하고 있다. 솔직히 말해서 이것들 중 내가 택할 수 있다면 첫 번째 것을 주면 좋겠다. 그것이 맞서 싸우기 훨씬 쉬우니까.

토지 소유—그리고 경제적 부—가 집중되면 민주주의는 이루어질 수 없다. 궁극적으로 삶이 있을 수 없다. 토지를 가진 자에 의해 통제되고 제한되고 감시받고 편입되는 삶 외에는 말이다. 토지의 소유권이나 이용권을 가진 자들은 집중화된 국가의 권력이 뒷받침해주는 권리를 가지고 있다. 그리고 땅이 어떻게 이용될 것인가에 대한 문화적 합의도 그 권리를 뒷받침해준다. 그들은 무력에 의해, 그리고 사람들의 양심에 기대어, 다른 사람들을 그 위에 살지 못하도록 할 수가 있다. 그 땅을 경작하지 못하도록, 자유를 누릴 권리를 사용하지 못하도록, 행복을 추구하지 못하도록, 궁극적으로 삶을 추구하지 못하도록 할 능력이 있다. 만약 내가 사람들이 땅에 접근하지 못하도록 하면, 나로부터 독립적인 삶을 살지 못하게 하면, 음식, 옷, 집을 스스로 만들 때 원재료에 접근하지 못하게 하면, 사람들은 내가 만든 상품의 소비자가 되고 내 주택, 내 아파트의 세입자가 되고 빈민가 공동주택, 막사, 슬럼가에 세들어 사는 사람이 된다. 생활필수품을 사기 위해 내 회사에 가서 일을 해야 하고, 존 해몬드 헨리가 아주 명쾌하게 말했듯이, 나에게 그들 삶의 시간을 팔아야 한다.

토지를 마음대로 할 수 있는 자격이나 허가를 얻은 사람들은 경관(landscape) 그 자체를 자기 마음대로 바꾼다. 들소를 죽일 것인지를 결정하고, 나그네비둘기가 사라지게 할 것인지, 산이 움푹 파이게 할 것인지, 산허리를 벌거숭이로 만들 것인지를 결정한다. 그러나 이 힘은 오로지 파괴만 할 수 있다. 그 힘은 들소 7,000만 마리를 죽일 수 있고, 나그네비둘기 수십억 마리를 죽일 수 있지만, 풀잎 하나도 만들어낼 수 없다. 프랑켄슈타인의 괴물 같은 유전자 조작을 아무리 해도 말이다. 앞으로도 세상이 인간과 다른 생물체들이 살 수 있는 곳으로 남아 있을 것인가는, 현재 경제 체제의 메커니즘을 통해 토지를 통제하는 자들에게 달려 있다. 현재 수준의 과학기술은 그들에게 인간 생명을 파괴할 능력을 준다. 살아있는 숲이라는 관계의 그물을 목재의 측정 단위로 바꾸는 것, 액수로 바꾸는 것, 궁극적으로 다른 인간 존재의 삶에 대한 권력 확대로 바꾸어놓는 것 같은, 복합성을 단순화하려는 문화적 요구가 생존의 욕구보다 더 강한지는 두고 볼 일이다.

유한 책임 회사, 즉 주식회사는
현대의
가장 위대한 발명품이다.

—니콜라스 머레이 버틀러(전 컬럼비아 대학교 총장)

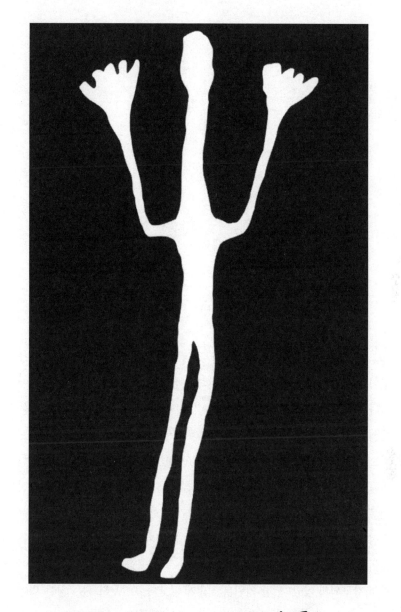

기업, 경찰,
그리고 아귀들

모건이 행사한 통제권은 물론 많은 나라 정부의 도움 없이는 불가능했다. 정부는 부와 권력의 집중에 반대하는 사람들을 죽이거나 가둠으로써 직접적인 도움을 주기도 했지만, 독점에 유리하게 법을 해석하거나 법안을 통과시키고, 여론 무마용 법을 제대로 시행하지 않는 것으로도 도움을 주었다. 1887년, 주간(州間) 통상 위원회를 설치하게 한 법률이 후자의 예다. 부자들에게 자기 삶이 지배되는 데 대한 일반 시민의 분노 때문에 생겨난 이 법은 통과되기는 했지만 겉치레에 불과했다. 독점 자본가들이 통제권을 그대로 가지게 하면서 대중에게 생색만 내는 것이었다. 요금 담합은 불법이 되었지만, 그 법률을 시행하게 할 방법이 전혀 강구되지 않았다. 한 의원은 이렇게 말했다. "아무도 원치 않는 법이지만 …… 모든 의원이 찬성표를 던졌다." 연방 정부 법무장관 리처드 올니는 1892년에 친구에게 보낸 편지에 이렇게 썼다. 그 친구는 찰스 E. 퍼킨스로, 시카고·벌링턴·퀸시 철도회사의 대표였다. "그 위원회〔주간 통

문명과 혐오

상 위원회)는 그 기능이 법원에 의해 제한되기는 하지만, 철도에 매우 유용하다. 그것은 정부가 철도를 감독하라는 대중의 요구를 만족시키고, 또 동시에 그 감시가 거의 완전히 형식적인 것이 되게 할 수 있다. 더 나아가서 그런 위원회가 오래되어갈수록 기업과 철도회사의 관점을 택하게 될 것이다. 그러므로 그것은 철도 기업과 일반 대중 사이의 일종의 보호벽이 될 것이고 철도회사 이익에 적대적인 법률을 성급하고 조잡하게 만들어 통과시키는 것을 방지할 것이다. …… 위원회를 파괴하기보다 이용하는 것이 현명할 것이다." 지금과 그때의 차이점은 올니 같은 솔직함이 있고 없고의 차이다.

시어도어 루스벨트가 자랑하고 또 자랑했던 "트러스트 해체"는 또 다른 예라고 할 수 있다. 사실은 J. P. 모건의 사람 둘과 루스벨트 사이에 전반적인 합의가 이루어져 있었다(그 둘은 유에스 강철회사의 회장 엘버트 그레이 판사, 그리고 모건의 동업자인 조지 퍼킨스인데, 퍼킨스는 나중에 루스벨트의 선거운동에 참여하기도 했다). 그들이 합의한 것은 모건 회사가 모든 정부 투자 사업에 협력하고 그 대신 정부가 그들 회사들의 적법성을 보장해준다는 것이었다. 경제학자이자 역사학자인 페르디난드 런드버그는 나중에 이렇게 썼다. 루스벨트는 "오로지 J. P. 모건의 뜻에 힙입어 정치적 생명을 이어갔다." 루스벨트가 모건의 노던 시큐리티 사 설립을 막기 위해 반독점법 위반 혐의로 기소한 뒤, 모건은 루스벨트가 그렇게 예의와 신뢰를 저버리는 것을 보고 대통령에게 이렇게 말했다. "우리가 잘못한 게 있다면 대통령이 내 부하들에게 사람을 보내 바로잡도록 하십시오."

한 기자는 그것을 이렇게 표현했다. 모건의 일생에서 뒤늦게 "기업계에서 일반적으로 행해지는, 많은 비판을 받는 관행을 멈추게 할 법률을 통과시킬 힘이 주 정부나 연방 정부에 없다고 확신한 듯 보였다. 적어도 그런 인상을 주었다."

기업, 경찰, 그리고 아이들

모건이 가진 확신은 옳은 것이었다. 그는 이 같은 "많은 비판을 받는 관행들"을 그 누구보다도 많이 활용했다. 그는 동료 찰스 멜런이 광산 사업 거래를 수월하게 하려고 의원들에게 100만 달러 넘게 건네준 것을 비롯하여 뇌물 공여에 대해서도 잘 알고 있었다. 다음과 같은 노동자들의 강제 동원에 대해서도 잘 알고 있었다. "유에스 강철회사의 뉴욕 본부에서 명령이 내려와서, 의원 후보로 나온 펜로즈의 선거운동에 모든 종업원을 동원했다. …… 종업원의 첫 번째 의무는 회사를 위하는 것이라며, 약속이 있으면 모든 약속을 깨고 펜로즈를 위해서 운동을 해야 한다는 이야기를 들었다. 유에스 강철을 위해 그가 상원에 가야 하기 때문이라고 했다." 그러나 모건이 가장 많이 사용한 방법은 "의회에서 변함없이 꼭두각시 노릇을 하는 이들"과 장기간 지속되는 협력 관계를 유지하는 것이었다. 《코스모폴리탄》의 한 기사에는 의원들에 대해 이렇게 씌어 있었다. "의원들은 오로지 세상의 진정한 지배자들, 즉 세상 돈줄을 쥐고 있는 자들의 명령을 수행하기 위해서 그 자리에 있는 것이었다." 이번에도 역시 지금과 그때의 차이점은 솔직함에 있다.

율리시스 S. 그랜트 대통령 재임 기간 동안 그리고 그후에, 그랜트는 종종 모건의 사무실(그리고 동업자 드렉셀의 사무실)에 들러서 시가를 나눠 피웠다. 그후에 모건은 잉글랜드의 에드워드 7세와 애인을 공유하기도 했다. 그랜트부터 태프트 대통령까지 많은 거물들이 개인적인 고민, 직업상의 문제를 모건과 상담했다(그리고 그후로 모건의 동업자들과도 사적인 이야기를 나누었다). 1895년 모건은 워싱턴 D.C.로 갔는데, 클리블랜드 대통령(모건은 그와 정기적으로 담배를 함께 피웠다)이 그를 만나지 않겠다고 한다는 이야기만 듣게 되었다. 그러자 그가 말했다. "내가 대통령을 보기 위해 여기까지 달려 내려왔어요. 만나기 전까지 여기에서 한 걸음도 움직이지 않겠소!" 클리블랜드가 마지못해 그를 만나게 되었는데, 그 다음 날 두 사람이 만나는 동안, 대통령은 (의회의 결정 사항을 어기고) 액면가 100달러짜리 채권 6,200만 달러어치를 채권 한 장당 104달러의 가격에 모건이 인수하게 해주었다. 계약서의 잉크가 마르자마자, 모건과 그의 신디케이트는 그 채권들을 120달러에 이르는 가격으로 20분 내에 모조리 팔아 800만 ~1,800만 달러의 순이익을 올렸다.

모건이 미국을 손아귀에 넣고 주무르는 것은 대통령이 바뀌어도 계속되었다. 태프트가 취임하고 얼마 안 있어, 모건의 동업자 조지 퍼킨스는 피어폰트에게 이렇게 썼다. "2주 전에 제가 제안한 대로 프랭클린 백베이 시카고가 재무장관으로 선택되었습니다. 위커샘이 검찰총장이 될 테고 다른 자리도 우리가 완전히 만족하게끔 채워질 겁니다."

■　■　■

가끔 나는 사람들이—심지어 오래 사회운동을 한 사람들이—기업들이 "우리의" 정부를 접수했다고 불평하는 것을 들으면 기가 막힌다. 마치 정부가 애초에는 우리 것이었다는 듯이, 기업과 정부의 분리가 가능하다는 듯이 이야기하는 것을 들을 때면 어이가 없다. 정부와 기업이 한 기계의 다른 부속이어서 서로 다른 기능을 한다는 듯 사람들은 이야기한다.

때론 정부가 공개적으로 공동체들의 부를 빼앗아가기도 하지만, 일반적으로 말해서 그것은 정부의 일차적인 기능은 아니다. 보통 정부는 공동체들의 기본 자원을 직접 착취하고 빼가는 기업들을 활동하기 편하게 하고 감독하는 역할을 한다. 정부는 양심의 힘 역할을 한다. 법률을 만들고, 그 법을 따르는 것이 좋으며 법을 어기는 것은 나쁘다고 사람들이 믿게끔 되풀이해서 가르친다. 또는 최소한 법을 어기는 것은 반사회적인 일이라는 믿음을 심어준다.

물론 합리적인 법률이 없다는 얘기가 아니다. 물론 그런 법률도 있다.

기업, 경찰, 그리고 아이들

예를 들어 살인에 대한 제재는 일반적으로 말해서 좋은 것이다. 그러나 어떤 종류의 살인에 대해서는 아무도 책임이 없다는 식으로 많은 법률이 만들어지고 시행된다. 또한 그런 식으로 인식된다는 것이 아주 중요하다. 에코사이드에 대해서도 일반적으로는 마찬가지다. 제노사이드도 마찬가지다. 특히 유색인의 경우에 그렇다. 여성과 어린이에 대한 많은 범죄의 경우에도 상당 부분 그렇다. 부자들의 재산에 맞서는 것에 대해서는 전혀 그렇지 않다.

■　　■　　　■

작년에 『감금의 아메리카(Lockdown America)』라는 책을 쓴 크리스천 패런티(Christian Parenti)와 이야기한 적이 있다. 그는 미국이 "초기 경찰 국가"라고 하면서 이렇게 말했다. "우리는 이걸 기억해야 합니다. 경찰은 나무 위에서 고양이 새끼를 꺼내주는 것에서부터 공안 유지, 파업 노동자를 죽이고 무고한 급진주의자들에게 죄를 씌우는 것까지 온갖 일을 하지만, 경찰이 하는 일의 핵심은 항상 사회 통제 기능이었어요. 경찰이 하는 일 대부분은 그게 아닌 다른 일이지만요."

그건 참 흥미로운 모순이다. 경찰의 공권력이 생산을 모독하는 자들을 위해 쓰인다는 사실을 알고 있으면서도, 몇 년 전 강도를 당했을 때 내가 제일 먼저 한 일은 경찰에 전화를 거는 것이었다. 물론, 별다른 도움은 받지 못했다. 나는 크리스천에게 그 얘기를 했다.

그가 말했다. "그럴 때 우리 대부분은 그렇게 하지요. 그런데 중요하게 구분해야 할 사실이 있어요. 경찰이 하는 일 대부분이 공안 유지 비슷한 세속적인 종류지만, 그들이 하는 일의 핵심, 가장 중요한 사회적 기능은 정치적 위기에 개입하는 겁니다. 때때로 반역을 시도하는 자들이 일으킨 정치적 위기를 해소하고, 그런 반란을 미연에 방지하는 거지요."

문명과 혐오

그의 말이 맞다. 생산의 신격화에 반대하려 하는 사람들에게 무슨 일이 일어날지 보기 위해 너무 멀리 갈 것도 없다. 대금업자를 신전에서 몰아내려는 사람한테 무슨 일이 일어날지는 뻔하다. 큰 나무 조각 두 개, 못 여섯 개, 토끼, 색칠한 달걀과 관련 있는 축일을 머릿속에 그려보자. 생산을 단 하나의 목표로 추구하는 정신이 세계 곳곳 토착민들의 뿌리를 뽑는 명백한 이유였다는 것—정직하게 말하면 현재도 그것이 이유라는 것—도 상기해보자.

한번 이런 상상을 해보자—이 상상 속 풍경이 황당하더라도 너무 심하게 웃지는 말기를. 경찰이 파업을 깨기 위해서 총을 쓰는 것이 아니라 회사 측이 협상에 나오도록 하는 데 힘을 쓰면 우리 삶이 얼마나 달라질까. 기업 최고경영인들과 정치인들에게 시애틀 경찰이 고무 총탄과 최루탄을 쏘고 있는 모습을 상상해보라. 세계무역기구(WTO)와 다양한 이른바 자유무역 협약 같은 메커니즘을 통해 미국의 통치권을 다국적 기업으로 넘기는 배신을 저지른 정치인들에게 그렇게 하고 있다고 상상해보라. 스왓(SWAT) 팀이 워렌 앤더슨(전 유니언 카바이드 사 회장-옮긴이)의 집 현관문을 깨부수고 들어가는 것을 상상해보라. 또는 골프 코스의 후반을 돌고 있는 그를 스왓 팀이 기습하는 것을 상상해보라. 서너 해 전에 나는 콜로라도 주 로키 평원에 관한 연구를 좀 했었다. 그곳에는 록웰 인터내셔널 사가 핵폭탄에 쓰이는 플루토늄 피트(핵탄두의 부분 명칭, 플루토늄 트리거라고도 한다-옮긴이)를 설계하고 제조하는 공장이 있다. 플루토늄은 인간에게 알려진 물질 가운데 가장 위험한 것들 중 하나다. 플루토늄의 반수치사량(LD-50), 즉 투여했을 때 실험동물 50퍼센트가 죽는 양은 약 10나노그램이다. 플루토늄 금속은 연소성이 극히 높고 저절로 연소하는 성질이 있다. 그런 성질 때문에 1969년에 로키 평원에서 화재가 일어났다. 파괴된 장비의 금전적 손실을 따지면 미국 역사상 가장 피해액이 큰 화재였

기업, 경찰, 그리고 야귀들

을 것이다. 그 화재로 만들어진 플루토늄 에어로솔의 90퍼센트 이상이 "폐로 들어가서 거기 머물러 있기에 가장 좋은" 크기였다.

콜로라도의 로키 마운틴스의 동쪽 프론트 산맥을 따라 부는 바람은 서쪽에서 동쪽으로 분다. 계곡들을 지나 평원 위로 볼더를 지나 루시빌과 라파예트를 지나, 브룸필드를 지나 덴버로 불어온다. 바람이 시속 100마일이 넘는 속도로 불 때도 있다. 대개는 겨울에 그런 강풍이 부는데 가끔은 겨울이 아닌 때에도 분다. 그러면 창문이 부서지고 지붕이 날아가고 피크닉 테이블이 떠다닌다. 물론 온갖 먼지를 다 실어온다.

1950년대 초, 군(軍)은 로키 평원이라 불리는 고원에 핵무기 공장을 짓기로 결정했다. 그곳은 덴버 바로 서쪽이었다. 언론사들은 그 결정을 환호하며 반겼다. 《덴버 포스트》의 일면에 이런 제목의 기사가 실렸다. "오늘은 좋은 소식 : 덴버 부근에 4,500만 달러 규모의 공장 설립 계획." 그 신문은 이 공장이 독자들 대다수가 사는 곳의 위쪽에 건설될 것이라는 별로 좋지 않은 소식은 언급하지 않았다.

로키 평원 핵무기 공장 건설에 드는 총비용에 대해서도 일반 시민들은 듣지 못했다. 4,500만 달러가 아니라 거의 2억 4,000만 달러가 든다는 사실(원자로의 폐로, 정화 작업, 보건 등에 드는 비용은 셀 수도 없으니 포함시키지 않더라도)은 듣지 못했다. 도우 화학회사가 운영하게 될 그 공장이 플루토늄을 일상적으로 몇 톤씩 다루게 될 것이라는 이야기도 듣지 못했다.

로키 평원에서 처음으로 큰 화재가 일어난 것은 1957년이었다. 화재는 771동에서 플루토늄이 저절로 연소함으로써 일어났다. 공장 지역은 불에 타지 않도록 만들어져 있어야 했지만, 불길은 순식간에 퍼져서 잡히지 않았다. 곧 굴뚝에 있는 플루토늄 필터가 타버렸고, 그 때문에 300피트 길이의 검은 구름이 허공으로 퍼졌다. 이산화탄소로 불길을 잡는 데 실패하자 소방관들은 물을 쓰기로 했다. 물을 쓴다는 것은 망설임이 따르는 결

문명과 혐오

정이었다. 물을 뿌리면 수백만 달러짜리 장비가 못쓰게 될 것이라는 사실을 소방관들이 알고 있었기 때문이다. 또 물이 수증기로 변해서 덴버 시에 플루토늄을 훨씬 더 많이 실어 나르게 될 염려가 있기 때문이었다. 화재가 지속된 열세 시간 동안 단 한 번도 공장 관리자들이 경찰, 학교, 보건 관련 부서, 시장에게 경고를 하지 않았다. 주민 대피 계획 같은 것은 없었고, 그 지역 목축업자들은 아무런 통고도 받지 못했다.

그 화재로 14~20킬로그램의 플루토늄—7,000억 명에게 암을 일으킬 수 있는 양—이 불에 탄 것으로 추산된다. 게다가 굴뚝 필터에 있던 플루토늄도 타버렸다. 필터는 그 공장이 가동을 시작한 후 4년간 한 번도 교체된 적이 없었으며, 매일 플루토늄 13그램을 걸러두고 있었을 것으로 추산되는데, 그러면 그날 250킬로그램이나 되는 플로토늄이 덴버로 날아갔을 수가 있다는 뜻이다. 이 양의 10분의 1만 방출되어도, 덴버 시 권역 인구 1,400만 명에게 "폐 부담 허용 범위"의 100만 배의 방사선을 퍼뜨리기에 충분했을 것이다. 거기다 불을 끄기 위해 사용된 물 3,000갤런은 개천, 지하수, 시 상수원을 방사능에 오염시켰다.

로키 평원에 불이 난 것은 이때만이 아니었다. 그 공장이 생긴 뒤 20년 동안 매년 평균 열 번의 화재가 일어났다. 폭발, 방사능 누출, 기타 오염 사고도 잇따랐다.

물론 그런 일들은 정상적 공장 가동의 일부였다. 1969년 5월 11일, 776동과 777동 건물에서 불길이 치솟았다. 이번에는 방사능 연기가 너무 짙어서 소방관들도 "바닥에 그려진 출구 표시 선을 따라 기어 나와야만 했다." 나중에는 결국 화재가 진화되었지만 이미 많은 플루토늄이 타버린 뒤였다.

그 공장의 방사능 유출은 어쩌다가 화재 때문에 일어나는 것만이 아니었다. 플루토늄에 오염된 기름이 가득한 드럼통 수천 개가 로키 평원 가

기업, 경찰, 그리고 아귀들

까운 들판에 아무렇지도 않게 쌓여 있었다. 이 중 1,000개 이상이 불타서 유독물질이 그대로 허공으로 날아갔다. 처음에는 도우가, 나중에는 록웰 (1975년 공장을 인수했다)이 "정기적으로 일부러 태우라"고 명령한 결과였다. 나머지 기름도 그냥 불태워졌다. 한 공장 관계자는 이런 쓰레기들을 묻어서 만들어진 언덕들이 방사능 언덕이 아니라 인디언들이 한꺼번에 묻혀서 생긴 언덕이라고 말하기도 했다. 기름통을 태우거나 땅에 묻지 않고, 그대로 부식되게 방치하면서 기름이 새나가도록 내버려두었다. 콜로라도 주 로키 평원 주지사 위원회의 위원인 멜린다 카산은 이렇게 말했다. "176킬로그램 가량의 플루토늄이 땅 속으로 누출된 것으로 밝혀졌습니다. 골고루 나누어지기만 한다면, 지구상의 모든 사람들을 죽게 만들 수 있는 양입니다." 록웰은 위험한 방사능 폐기물을 정기적으로 버리기에 전념했는데, 그는 그 일을 "관수"라고 부르면서 계속해서 유출했다. 심지어 겨울에는 공장 주변 밭에 버리기도 했다. 대배심 앞에서 이루어진 증언에서 "록웰의 관수 행위가 방사능 폐기물이 우먼 천과 월넛 천 같은 샛강으로 흘러들어가게 하는 결과를 낳았다"는 것이 밝혀졌다. 폐기물들은 "결국 …… 덴버 시 수돗물 정수장에 흘러 들어갔다."

그 공장 주변은 경치가 아주 멋지다. 그런데 공장의 동쪽으로 1마일 떨어진 곳은 방사능 수치가 방사선 낙진 자체의 수치보다도 400배나 더 높고, 울타리 바로 옆은 예상보다 오염 수치가 1,500배 높았다. 이 정도 수치의 방사능은 돌연변이를 일으킨다. 로키 평원에서 6마일 떨어진 브룸필드에서 평생을 산 농부 로이드 믹슨은 송아지 한 마리가 털도 없이 축축한 물질로 가득 찬 몸을 하고 태어났다고 말했다. 그리고 간은 정상보다 세 배 크게 태어났다고 했다. 또 다른 송아지는 죽은 채 태어났는데 그 송아지의 세포 조직을 검사한 결과 방사능 물질을 투여하는 실험 대상이 된 소의 조직과 비슷한 것으로 드러났다. 돼지들도 "코와 입이 비뚤어져서 젖을 빨 수 없었고 눈도 예사롭지 않게" 태어났다고 그가 말했다. 또 병아리들은 "다리가 너무 심하게 비틀어지고 구부러져 있어서 껍질을 깨고 밖으로 나오지 못했다. 어떤 병아리들은 뇌가 머리 위로 나온 채 부화하기도 했다." 그와 그의 이웃사람들은 알을 못 낳는 꿩도 보았고, "창자나 내부 기관이 밖으로 나온 채 태어난 새끼 양"도 보았다. 그 중 어떤 것은 살아있기도 했다. 새끼 염소가 종양이 달린 채 태어나기도 했고, 거위가 갑자기 뻣뻣해지다가 죽기도 했고, 너무나 많은 개들이 암으로 죽었다. 여러 해 동안 눈먼 망아지들만 태어났고, 또 그 다음 몇 년간은 망아지들이 죽은 채 태어나거나 기형으로 태어났다. 야생 생물의 광범위한 피해는 말할 것도 없었다.

인간도 고통을 겪으며 죽어갔다. 로키 평원 부근의 선천적 기형 비율은 콜로라도 주 평균보다 40퍼센트 이상 높다. 로키 평원이 위치한 제퍼슨 군의 전 보건과장이 그 지역 암 발생률을 조사했다. 그는 공장 아래쪽 지역을 네 개 구역으로 나누었다. 가장 가까운 곳부터 가장 먼 곳까지 네 군데로 나누어 조사했는데, 연령, 인종, 성별, 출신 민족 같은 변수를 통제한 뒤에 다음과 같은 결과를 얻었다. 공장에서 가장 가까운 지역의 남성 암 발생률은 가장 먼 지역에 비해 24퍼센트가 높았다. 여성의 암 발생률은 10퍼센트 더 높았다. 폐암과 백혈병 발병률은 거의 두 배였다.

처음부터 회사와 정부 관료의 반응은 안전기준을 피해 가고 거짓말을 하는 것이었다. 20~250킬로그램의 플루토늄이 유출된 1959년 화재 후에, 원자력위원회(AEC) 보고서에는 "심각한 방사능 오염"은 없었다고 적혔다. 그러자 로키 평원 원자력위원회 지부의 책임자는 그것을 거의 베끼다시피 "심각하지 않은 방사능 유출이 있었을 수도 있다"고 썼다.

1969년 화재 후에도 스토리는 똑같았다. 로키 평원 관료들은 불에 탄 플루토늄 1,000킬로그램은 전혀 남아 있지 않다고 주장하고 외부의 조사

기업, 경찰, 그리고 아귀들

를 거부하였다. 그리고 원자력위원회는 처음에 피해액을 300만 달러로 추산했으나, 실제 금전적인 비용은 4,500만 달러에 가까웠다. 1970년대에 덴버 시의 잔디밭에 위험 수준이 넘는 양의 플루토늄이 있음이 실험 결과 밝혀지자, 원자력위원회와 콜로라도 주 보건부 공무원들은 허용 기준을 높여버렸다. 1980년대 초, 에너지성(Department of Energy)의 한 역학자는 로키 평원의 노동자들 중 지나치게 많은 사람들이 특정한 암에 걸려 있다는 것을 발견했다. 그러자 록웰 경영자 측과 에너지성 공무원들은 "그 연구 결과를 발표할 수 없게 했다. 그때 이후로 에너지성은 플루토늄 노동자들에 관한 연구는 일체 허용하지 않았다."

공장 내의 안전 조건은 실로 열악했다. 2년이 넘도록 1969년 화재로 생긴 방사능 쓰레기를 치우는 작업을 해야 했는데, 그 일에 수백 명의 노동자가 투입되었다. 방사능 물질을 다루는 일을 하기를 거부한 수위 한 사람은 해고당했다. 한 기사는 많은 건물의 수도관에 "방사능 물질 여러 파운드와 함께 오래된 침전물"이 쌓여 있다는 것을 발견했는데(한 건물에서만 62파운드가 나왔다), 그는 그것을 발견했다는 것 때문에 해고당했다. 그후, 어떤 기술자는 안전 문제를 이야기하는 사람에게 어떤 일이 벌어지는지에 관해 훨씬 더 강력한 교훈을 얻게 되었다. "저는 실험 물질을 가지고 일하고 있었어요. 그 물질 때문에 몸이 많이 아팠어요. 그런데 나중에 보니 그 증상들이 방사능 오염으로 인한 것이더군요. 이상하게 큰 멍이 몸에 많이 있었는데 건드려도 아프지 않았어요. 팔에 난 털이 모두 다 빠졌고요. 피부에는 이렇게 믿을 수 없을 정도의 끔찍한 발진이 일어났어요. 내 평생 그렇게 고통스러운 건 처음이었어요. 최고로 심하게 햇볕에 화상을 입은 것 같은 증상이었어요." 그녀가 불평을 하자, 훨씬 더 위험한 일이 맡겨졌다. 그리고 이런 이야기를 들어야 했다. "우리는 당신이 거기서 무슨 일을 해야 하는지는 관심 없어요. 이번 주에 제품 네댓 개가 더 필요

문명과 혐오

해요." 그녀는 그 공장의 위험한 노동조건에 대해 대배심 앞에서 증언하기로 결심했다. 그녀가 증언하기 2주 전 어느 날 아침, 상사가 그녀에게 낯선 방에 가서 일하라는 지시를 내렸다. 그녀는 보호복을 입고, 새 고무장갑을 상자에서 꺼냈다. 그리고 플루토늄이 들어 있는 상자에 팔을 집어넣었다. 그런데 장갑 중 하나에 조그만 구멍이 나 있어서 방사선 낙진이 얼굴로 확 뿜어져나왔다. 그녀의 말로는 "얼굴, 호흡기, 머리카락, 손, 소매, 모든 것이 뜨거웠다." 다른 종업원 두 명이 웃으면서 손가락질 했다. 한 명이 이렇게 말했다. "풍파를 일으키면 그렇게 되는 거야."

여러 해 동안 중무장한 경호원들이 침입자들이 들어오지 못하도록 로키 평원을 지켰다. 조사를 하려는 과학자들, 시민들, 환경보호청(EPA), 콜로라도 주 보건부 등도 들어오지 못하게 했다. 환경보호청과 보건부 관료들이 공장 내 노동조건에 대한 자료를 요구했을 때, 그들은 남의 일에 상관 말라는 답변을 들었다. 멜린다 카산이 분명히 이야기했듯이, 단속 기관을 멀리하는 이유는 간단하다. "합법적으로 공장 가동 허가를 얻을 수 없기 때문이다. 로키 평원 공장에서 이루어지는 것 대부분이 그렇다. 그리고 불행하게도 무기 공장 단지 전체가 다 그렇다. 만약 이 단지에서 버리는 모든 것에 대해 유해 폐기물 허가를 받아야 했다면, 그렇게 버릴 수 없었을 것이다. 에너지성(단속 기관 임무를 원자력위원회로부터 넘겨받았다)도 그 사실을 알고 있었고, 그건 경영자였던 록웰도 마찬가지였다. 그래서 우리가 이런 환경 전쟁을 벌이게 된 것이며, 이 공장이 적법한 운영을 하고 있지 않다는 것이다."

이제 요지를 말하자면, 그것은 우리 문화의 경찰 기능과 연결되어 있다. 1989년, 2년간의 조사 끝에, 75명의 연방수사국 요원들이 로키 평원 공장을 불시 수색했다. 그 공장에서 요원들은 아흐레 동안 증거 960상자를 모았다. 이것은 대단한 불시 단속처럼 보이지만, 다른 경우와 비교해

기업, 경찰, 그리고 아귀들

보면 우리 문화의 가치 우선순위가 다시 한 번 드러날 것이다. 유나보머 수사에는 100명이 넘는 연방수사국 요원이 배치되었다. 주요 용의자였던 시어도어 카진스키를 체포할 때 요원들은 그의 단칸방을 서너 주 동안 수색했다. 대조적인 이 두 경우를 좀 더 비교해보자. 로키 평원 사건의 대배심은 고발장을 제출할 수 없었다. 배심원들은 그렇게 하기를 원했지만 허용되지 않았다. 그리고 그들이 얻게 된 정보를 공개했을 때 판사는 배심원들을 고소하겠다고 위협했다. 덴버를 방사능으로 오염시킨 사람들은 그 누구도 한 번도 기소되지 않았고 복역하지도 않았다. 테드 카진스키는 가석방 없이 평생을 복역하고 있다. 유나보머에게 죽은 세 사람의 죽음은 중앙 권력에 도움이 되지 않는다. 그 살인은 문화 전체(그리고 특히 사회의 지도자들)의 욕구를 드러낸 것도 아니었다. 따라서 그 살인은 처벌되었다. 록웰, 에너지성 등이 저지른 살인은 권력의 집중에 더욱더 기여하기 때문에, 책임 소재를 찾으려는 시도는 형식적일 수밖에 없었다.

■　　　■　　　■

J. P. 모건은 1913년에 죽었다. 그 또한 유한한 존재, 인간일 뿐이었다. 그 자신도 스스로 그렇게 평가했다. 죽을 때가 다 되어서 모건은 의회에서 증언을 했다. 자신이 "신의 뜻"에 따라 이 나라의 복지를 돌보아야 할 운명이라고 말했다. 미국의 정치는 말할 것도 없고, 경제, 산업까지 자신이 보살펴야 한다고 했다. 《뉴욕 월드》의 기자는 모건의 증언을 이렇게 요약했다. "오늘 금융트러스트조사위원회에서 J. P. 모건이 한 증언은 그의 금융 그룹이 미국의 상업을 지배하고 있는 것은 **신이 준 권리** 비슷한 어떤 것이라는 그의 믿음을 확실히 보여주었다."

부자가 되는 것이 하늘이 정한 운명이라는 믿음은 부자들이 흔히 가지고 있는 것이다(가엾게도 가난한 사람들 중에도 그렇게 믿는 사람이 많다). 예

문명과 혐오

를 들어 존 D. 록펠러는 이렇게 말했다. "돈을 버는 능력은 신의 선물이라고 생각한다. …… 인류의 선을 위해 우리의 능력을 최대한 계발하고 쓸 수 있는 능력도 신의 선물이다. 나는 재능을 선물 받았으므로 돈을 버는 것이 내 의무라고 믿는다. 더 많은 돈을 벌어서 인류를 위해 좋은 일에 쓰는 것, 내 양심에 따라 쓰는 것이 내 의무라고 생각한다." 그가 받은 "신의 선물"이 그가 활용하는 아동 노동과 어떤 관계가 있는지, 공동체들을 황폐화하는 그의 사업과는 어떤 관계가 있는지 언급할 이유는 없었다. 아마도 그의 머릿속에는 그런 생각은 떠오르지도 않았을 것이다. 우리 문화에서는, 모든 것—어린이, 남자, 여자, 공동체, 땅, 식물, 동물—이 그것들을 붙잡을 "재능"을 가진 자들의 권리에 따라 그들 소유가 된다. 모든 사람의 이익을 바라는, 모든 것을 알고 있는 신이 이 권리를 부여했다는 것이다. 필라델피아—레딩 철도회사 대표 조지 F. 베어는 이렇게 말했다. "노동자들의 권리와 이익은 기독교인 남성들이 지키고 보살필 것이다. 하느님이 이 나라 재산권에 대한 통제권을 그들에게 주었기 때문이다."

부자가 되는 것이 신이 내린 선물이라는 가르침을 설파한 것은 부자들만이 아니다. 헨리 워드 비처(Henry Ward Beecher, 19세기 미국의 목사이자 사회개혁가, 노예제 폐지론자—옮긴이)는 철도의 좋은 점에 대해 설교를 해달라는 노던퍼시픽 철도회사로부터 돈을 받고 이렇게 말했다. "하느님은 위대한 자는 위대하게, 비천한 자는 비천하게 살도록 하셨습니다." 노동자가 저임금을 받는 것은 전혀 문제 될 것이 없다고 하면서 그는 이렇게 말했다. "빵과 물만 먹고 살 수 없는 사람은 생존에 적합한 것이 아니기 때문"이다. 비처의 저녁 메뉴는 역사에 기록되어 있지 않다. 19세기에 엄청난 인기를 누렸던 침례교 목사 러셀 H. 콘웰은 그보다 더했다. 온 나라를 돌아다니면서 강연할 때 이렇게 말했다. "성공은 내면의 은총이 밖으로 드러난 표시다." 그는 신도들에게 이렇게 말했다. "여러분은 부자가

기업, 경찰, 그리고 아귀들

되어야 한다고 저는 말씀드립니다. 부자가 되는 것은 여러분의 의무입니다. …… 정직하게 돈을 버는 것은 복음을 전하는 것입니다. …… 부자가 된 사람은 그 지역에서 가장 정직한 사람일 것입니다." 가난한 사람들에게 연민을 느끼지 않느냐는 물음에 그는 이렇게 답했다. "자신이 지은 죄 때문에 하느님의 벌을 받는 사람을 동정하는 것은 잘못입니다. 하느님이 어떤 사람을 계속 벌주고 있는데 우리가 그 사람을 돕는 것은 잘못된 행동입니다. 그런데 우리는 도와줄 만한 가치가 있는 사람들을 돕기보다 그런 사람을 도울 때가 많습니다. 하느님의 가난한 자들—즉 스스로 도울 수 없는 사람들—을 동정해야 하지만, 이것을 잊지 말아야 합니다. 미국에는 자기가 모자라서 가난하게 사는 사람, 어떤 다른 사람이 모자라서 가난해진 사람들이 있을 뿐, 다른 이유로 가난해진 사람은 없다는 것 말입니다. 어쨌든 가난하다는 것은 잘못입니다."

■　　■　　■

모건의 지배 아래 고통을 받은 사람들, 우리 경제 체제의 지배 아래서 고통받는 사람들 이야기를 읽고 있으면 나는 계속해서 이 문화의 추악함과 나란히, 그것을 견뎌낸 사람들의 의지와 아름다움을 가슴에 되새기게 된다. 힘들게 일해서 모건에게 이익을 가져다준 어린이들은 칭찬을 받을 자격이 있다. 그뿐만 아니라 죽음 대신 그 고통에서 벗어날 자격이 있다.

이 책을 쓰기 위해 조사를 하고 집필하는 동안, 눈물을 참는 데 실패한 적이 몇 번 있다. 모건 등의 이익을 위해 일곱 살밖에 안 된 어린아이가 광산에서 일을 했다. "석탄이 굴러가는 비탈진 통로에 웅크리고 앉아서 슬레이트 조각과 석탄 부스러기를 몇 시간이고 줍는다. 비좁은 곳에서 움직이기 힘든 자세로 일해야 하기 때문에 대부분은 몸이 기형이 되어간다. …… 석탄이 단단하기 때문에 손이 베거나 부러지거나 손가락이 짓이겨지는 사고는 흔히 일어난다. 가끔은 그보다 더 심한 사고도 일어난다. 날카로운 비명 소리와 함께 소년이 기계에 말려 들어가 산산조각이 되거나 석탄이 떨어지는 곳으로 사라진 다음 나중에 질식해 죽은 채로 끌어올려진다. 갱도에는 먼지 구름이 가득해서 천식과 폐병의 원인이 되었다." 모건의 제강소에서 일하는 이민자들에 대해서 쓴 이런 글도 있었다. "목숨과 사지가 엄청나게 소모되고 있다. 이런 일이 이민자가 아닌 본국 사람들에게 일어났다면 이미 오래 전에 비명 소리가 퍼져서 대량살육이 멈춰졌을 것이다."

그러나 공식적으로는 아무 비명 소리도 새어나오지 않았고 그래서 학살은 계속되었다. 그 희생자에 관해서는 이렇게 기록되어 있다. "피츠버그에서 죽은 사람들 중 3분의 1은 다섯 살도 되기 전에 죽은 이들이고, 죽은 사람들 중 4분의 1은 한 살이 되기 전에 죽은 이들이었다. 이 죽음 대부분은 막을 수 있는 것이었다. 그것은 인간적으로 말해서 생존권도 가지지 못하는 상황의 결과물이었다." 그러나 이런 조건에서, 즉 "인간적으로 말해서 생존권도 가지지 못하는 상황"에서 어떤 사람들은 여전히 살아가고 있다.

아직도 그렇게 살아가고 있다.

■　　■　　■

모건은 살아있을 때에도 "나라의 구세주"라는 별칭을 가지고 있었으므로 죽은 뒤에 더 치켜세울 말을 찾기는 힘들었다. 그러나 치켜세워진 상태는 최소한 계속되었다. 모건 사후에 교황 피우스 10세는 그를 "위대하고 선한 사람"이라 불렀다. 런던의 한 신문에 따르면 그는 "맹렬한 추진력"의 소유자였고 "아낌없이 자선을 베푸는 사람"이었다. 뉴욕증권거래소는 그를 이렇게 평가했다. "현실적인 천재로서 …… 박애주의와 인본

기업, 경찰, 그리고 아귀들

주의의 전 영역에 헌신했다. 전세계가 현명한 카운슬러이자 도움이 되는 친구 한 사람을 잃었다."《뉴욕 트리뷴》은 이렇게 썼다. "그는 엄청난 재산을 남겼지만 부보다 더 값비싼 훌륭한 이름 또한 남겼다."

그는 그의 이름을 딴 회사 또한 남겼다.

인간이 앞으로 살아남을 수 있을지를 결정하게 되는 것은 분명 기업들이겠지만—달리 말하면, 인간이 기업을 멈추게 할 수 있는지가 인간이 앞으로 살아남을 것인지를 결정하겠지만—우리는 기업들에 대해 별로 이야기하지 않는다. 특히 우리는 그들이 어떤 존재인지에 대해 이야기하지 않는다.

기업이 실재하는 존재인 양 우리는 생각하고, 기업은 법적으로 인격을 갖는다. 본질적으로 하나의 몸, 살아있는 몸을 가지는 것으로 주장된다. '통합하다'의 뜻인 인코포레이트(incorporate)는 라틴어 단어 '안'(in)과 '몸'(corpus), '몸으로 형성되다'(corporare)에서 나왔다. 기업들은 단 하나의 생각, 즉 부의 축적의 '체현'이고 구현이다. 그 목적을 위해 기업은 "영구적인 목숨과 다양화된 소유 형태를 부여받았고, 기업의 각 부분은 회사의 다른 채무와 빚에 대해 유한 책임을 진다." 이러한 유한 책임 원칙은 각 소유주는 기업의 행위에 책임이 있지 않다는 의미다. 투자자는 투자한 돈의 액수만큼만 잃을 수 있고, 회사가 제노사이드, 에코사이드, 살인, 등의 범죄를 저지른다 해도 그에 대한 책임이 없다. 그렇다면 누구에게 책임이 있는가? 임원들? 회사 임원이 책임이 있다고 해도, 기업과 주주들은 책임이 없다. 예를 들어 WMX는 세계에서 가장 큰 쓰레기 수집·재활용 회사다. 그 회사는 미국에서 가장 큰 규모의 유독 물질 투기를 저질렀다. 미국 곳곳에서 주로 소수 집단이 거주하는 동네에 유해 물질더미를 버렸던 것이다. 1980년대에 그 회사가 환경보호국의 경고를 받은 것만 600번이고 1983년에서 1988년 사이에는 대배심(기소배심, 기소 여부를 결정하는 것-옮긴이) 앞에 열여덟 차례 섰다. 환경법 위반, 가격 조작, 뇌물 공여, 반독점법 위반 등의 혐의로 그 회사에 대해 소송이 제기되고 유죄가 선고되고 벌금형이 내려진 것이 부지기수고, 쓰레기 불법 투기, 뇌물 공여 때문에 낸 벌금이 1980년에서 1988년 사이에만 4,600만 달러고, 또 일부 임원들은 감옥에 가기도 했지만, 그 회사는 여전히 48개 주와 19개 나라의 수많은 도시들과 계약을 맺고 있다. 1980년대 동안 WMX의 매출은 7억 7,300만 달러에서 60억 달러로 증가했다. 여기서 내가 말하고자 하는 것은, 임원이 감옥에 가는 극히 드문 일이 벌어져도 회사에는 아무 일도 일어나지 않는다는 것이다. 부의 축적이라는 유일한 기능을 가진 기계에는 아무 일도 일어나지 않는다.

그러나 유한 책임은 단순히 이익을 얻는 것, 소수 집단 동네에 유독성 쓰레기를 갖다버리는 것만이 아니다. 유한 책임은 단지 무책임을 제도화한 것만이 아니다. 비용을 외부화하지 않으면 엄청난 부의 축적이 불가능함을 노골적으로 인정하는 것이다. 만약 비용이 외부화되지 않으면, 책임을 유한하게 할 필요가 없을 것이다.

기업은 18~19세기에 우리 문화의 사회·경제 체제가 감당할 수 없는 수많은 한계를 뛰어넘기 위해 사용된 법적 장치다. 철도회사와 다른 초기 기업들은 너무 크고 기술 집중도가 높아서 기업가의 투자만으로 설립하거나 그 안전성을 보증할 수 없었다. 회사가 망하거나 사람들에게 큰 손실을 입히는 일이 종종 일어났는데, 그런 일이 벌어졌을 때, 기업 설립자의 재산으로는 그 손실을 메울 수 없었다. 그만한 돈을 가진 사람은 아무도 없었다. 그래서 투자자의 책임에 한계를 두게 되었던 것이다. 즉 그들이 책임질 수 있는 손실액에 한계를 두었다. 유한 책임 덕분에, 그 기업을 여러 세대 대물림한 소유주들은 경제·심리·법적으로 유독성 제한, 어업권의 감모상각(depletion, 무형고정자산의 가치 감소에 따른 상각-옮긴이),

기업, 경찰, 그리고 아귀들

부채 등의 한계를 무시할 수가 있었다.

이제 우리는 알아야 한다. 기업이 지금과 다른 기능을 할 것이라고 기대하는 것은 요술을 기대하는 것과 같다. 시계가 요리를 하고 자동차가 새끼를 낳고 총이 꽃을 피우기를 기대하는 게 낫다. 이익을 추구하는 기업의 구체적이고 명백한 기능은 부를 축적하는 것이다. 어린이들이 유독 화학물질 없는 환경에서 자라게 하는 것이 아니고, 원주민의 자율과 존재를 존중하는 것이 아니고, 노동자들의 일자리 안정과 개인적 행복을 지켜주는 것이 아니고, 안전한 교통수단을 만들어내는 것이 아니고, 지구상의 생명을 보살피는 것이 아니다. 공동체를 위해 복무하는 것도 아니다. 기업은 그런 일을 한 적이 없고, 앞으로도 하지 않을 것이다. 기업이 부를 축적하는 것 외에 다른 것을 하리라고 기대하는 것은 우리 문화의 보상 체계를 무시하는 것이고, 행동 수정 원리를 무시하는 것이다(행동 수정은 긍정적 강화나 부정적 강화를 통해, 예를 들어 칭찬을 하거나 야단을 침으로써 바람직하지 못한 행동은 제거하고 바람직한 행동을 양성하는 기법을 가리키는 심리학 용어다 - 옮긴이). 우리는 기업에 투자하거나 기업을 운영하는 사람들에게 보상하므로 그들이 또다시 그렇게 할 것을 예상할 수 있다. 기업들이 다른 식으로 행동하기를 기대하는 것은 망상이다. 기업은 인간을 그 행동의 결과로부터 분리하기 위해 만들어진 제도이고, 본래 인간을 비인간적이고 비인도적으로 만들기 위한 것이었다. 우리가 인간적이고 인도적인 세상에서 살기를 원한다면, 아니, 우리가 살아남기를 원한다면 기업이 없어져야 한다.

세상의 나쁜 일 대부분을 기업 탓으로 돌리는 것은 쉬운 일이다. 그러나 그렇게 하는 것은 도움이 되지 않는다. 왜냐하면 기업은 지배의 도구일 뿐이고, 공동체에서 지배자에게로 부가 옮겨가게 하기 위한 수단일 뿐이기 때문이다. 그와 같은 일련의 지배 수단은 6,000년 전—"밖의 정복과

문명과 혐오

안의 억압"에 뿌리를 둔 우리 문명이 처음 생긴—부터 변천해온 것이고, 기업은 그런 지배 도구들 중 가장 최근에 등장한 것일 뿐이기 때문이다.

명백한 예를 들자면, 와이어하우저의 회사 설립 허가가 취소되면 많은 숲이 짧은 유예 기간을 얻게 될지도 모르지만, 우리 문화는 와이어하우저가 생기기 훨씬 전부터—그 회사의 설립자인 프레더릭이 태어나기 전부터—전세계 숲을 없애왔다는 것을 기억해야 한다.

기업이 파괴를 야기한 것이 아니다. 기업은 그것을 용이하게 하고, 합법화하고, 합리화하고, 그것을 존경스러운 것으로 만드는 '도구'다. "비용의 외부화", "유한 책임"을 다른 말로 하면 도둑질이다. 그러나 이것은 특별한 종류의 도둑질이다. 그 도둑질을 당하는 피해자조차 합법적이고 정당한 거래가 이루어졌다고 생각한다. 그 피해자는 절망했을 것이고 아마도 분노보다는 질투를 느꼈을 것이다. 미국 선거에서 되풀이해서 보아왔듯이, 피해자는 도둑의 재산권을 옹호할 것이고, 도둑맞은 물건을 되찾을 돈을 버는 데 평생을 바칠 것이다. 정치가 에드먼드 버크(Edmund Burke, 19세기의 영국 정치사상가로 보수주의의 대표 이론가–옮긴이)는 가난한 사람들이 부자들한테 반기를 들지 않고 계속 일하기 위해 필요한 정신·감정적 상태에 대해, 적절히 문화에 적응해야 할 책임에 대해 이렇게 말했다. 아마도 단호한 표정으로 말했을 것이다. "그들은 자신이 가지고 있지 못한 재산을 존중해야 한다. 노동으로 획득할 수 있는 것을 얻기 위해 노동해야 한다. 그리고 노력한 만큼 성공이 따르지 않는다면, 영원한 정의의 마지막 몫이 있으리라고 위안할 줄 알아야 한다."

그런데 이런 이야기는 너무 많이 나간 것인지도 모르겠다. 아마도 이렇게 언어를 바꾸어서, 즉 학술 용어—"이윤의 사유화와 비용의 외부화"—를 쉬운 말—"도둑질"—로 바꾼 것 때문에 독자들의 심기가 불편해졌을 것이다. 나에 대한 신뢰가 흔들릴 것이다.

기업, 경찰, 그리고 야퀴들

그것이 바로 핵심이다. 그것이 기업의 힘이다. 이윤 사유화와 비용 외부화의 도구이자 도둑질, 살인의 도구인 기업의 힘이다. 거래는 합법적이다. 범죄는 흠 잡을 데 없으므로 용인된다. 그렇지만 그것은 도둑질이다. 그것은 살인이다.

그러나 꼬리표는 그다지 중요하지 않다. 우리가 그것을 뭐라 부르든, 독은 독이고, 죽음은 죽음이고, 산업 문명은 지구 역사상 가장 큰 규모의 대량 멸종을 일으키고 있다.

■　　■　　■

1819년 연방 대법원장 마셜이 기업은 "법률의 피조물"이라고 했듯이, 기업은 국가의 창조물이다. 마셜에 따르면, 정부가 기업에게 설립 허가를 내주는 것은 "그 회사를 위해 활동할 수 있는 개인들이 계속 이어지도록, 회사가 불멸의 존재처럼 될 수 있게" 하는 것이다. 기업은 "불멸"이기 때문에, 그리고 기업은 오로지 부를 축적하기 위해 만들어지기 때문에, 기업은 불만족을 제도화하는 것이 된다. 불교의 '아귀' 개념의 경제적 구현이라 할 수 있다. 아귀란 지상을 떠도는 귀신인데 끊임없이 먹지만 결코 만족하지 못한다. 다음에 인용한 숲 보호 운동가 짐 브리텔(Jim Britell)의 말은 목재 회사 임원들뿐만 아니라 문화 전체에 해당하는 말이다. "벌목꾼들과 산림 벌채업자들의 글과 말에서, 숲의 나무를 자르고자 하는 강한 갈망을 보고 느낄 수 있다. 최근 몇 년 동안, 벌목으로 사라진 숲에 대한 기록이 모두 계속 갱신되고 있다. 우리가 보고 있는 것은 빈곤과 풍요의 동시성이다. 특별한 종류의 채워지지 않는 배고픔은 많이 소유할수록 더욱 부족한 듯 느끼게 한다. 이것이 아귀도에 퍼져 있는, 아귀도를 지배하는 감정이다. 이 상태를 신체적으로 표현한 것이 배는 엄청나게 크고 목이 아주 가늘고 입은 아주 작은 모습이다. 아귀가 아무리 많이 먹어도 배는 결코 채워질 수가 없다."

　이것이 의미하는 것은 기업과 그 운영자들이 자원을 착취하고 부를 축적하는 것을 멈출 수 없다는 것이다. 그들이 ……하기 전까지는. 나는 이 문장을 완성할 수가 없다. 그들이 멈출 수 없다는 것이 진실이기 때문이다. 암과 마찬가지로 그들은 자기 숙주(宿主)를 죽일 때까지 오로지 확장만 할 수 있다.

기업, 경찰, 그리고 아귀들

지난 반세기 동안 그 관점에서
서구 문명을 정면으로 쳐다본 결과,
거대 과학기술이 지배하는 경제는
체계적이고 지속적인 확장을 통해서만
이윤을 남기며 작동할 수 있다는 것을 보기 시작했다.
삶의 질 향상에 기여하는 균형 잡힌 경제 대신에
거대 과학기술은 무제한의 엄청난 확장을 필요로 한다.
그것은 전쟁이나 유사 전쟁——로켓 만들기,
우주 탐사——만이 제공할 수 있다.

—루이스 멈포드(L. Mumford)

전 쟁

우리는 경제에 가장 좋은 효과를 낼 수 있는 것이 전쟁이라는 것을 인정해야 한다. 전쟁이 불황에서 벗어나게 해주고, 평화가 창궐하면 종종 불황이 시작된다. 금전적인 면에서 말하자면, 전쟁은 경제를 위해 가장 좋은 것일 뿐 아니라 경제를 운영하는 사람에게도 가장 좋은 것일 수 있다. 전쟁은 그들이 자기 재산을 불리면서도 일자리 창출에 대해 이야기할 수 있게 해준다. 그들 자신의 목숨보다 덜 귀하지 않은 다른 사람들의 목숨을 희생시키면서도 애국심을 이야기할 수 있게 해준다. 전쟁은 긴급 상황을 일으켜서—광란 상태를 일으키기도 한다—대규모 공적 자금 지출을 합리화할 수 있게 한다. 공공의 이익을 내세우는 눈속임조차 없이, 그 공적 자금을 개인의 보조금으로 만들어준다. 그리고 효율과 국가 안보라는 미명하에 정치적·경제적 권력을 더욱 집중시킬 수 있게 해준다. 또 전쟁은 그와 같은 권력 집중에 반대하는 사람들을 투옥하고 처형해도 사람들의 반발을 사지 않을까 걱정할 필요가 없게 해준다.

파괴의 욕망에 목소리를 실어준 그들 자신과 그 비슷한 사람들을 치켜세워준다. 끔찍한 장비들을 끝없이 발명하고 사용할 수 있게 해준다. 사회적 비난을 받을 걱정 없이 살인을 할 수 있게 해준다. 또는 다른 사람이 살인하게끔 명령을 내릴 수 있게 해준다. 전쟁은 그들이 대중의 비위를 맞추기 위해 쓰고 있던 가면을 벗고 그들의 힘—정확히 말하면 파괴할 힘—을 더욱더 키우고 마음대로 휘두를 수 있게 해준다.

이 모든 것은 덜 귀한 목숨들을 대가로 치르고 얻어진다. 참호에서 죽는 자들, 죽이는 자들을 대가로 치르고서 얻어지는 것이다. 페르디난드 런드버그는 1차 세계대전에 대해 이렇게 말했는데, 이 말은 모든 전쟁에 다 들어맞는 말이다. "전쟁 상황에서 비수처럼 핵심을 찌르는 물음은, 누가 전쟁을 일으켰느냐가 아니다. …… 전쟁에서 누가 이익을 보느냐, 누구 주머니에 돈이 들어가느냐, 누가 이익을 지키느냐가 관건이다."

물론 언제나 그 답은 부자들이다. 미국이 전쟁을 선언한 1917년 4월 6일부터 마지막 미군 부대가 귀국한 1919년 10월 31일까지, 연방 정부는 1차 대전에 국민의 돈 350억 달러 이상을 썼다. 1914년부터 종전까지, 국가 빚은 9억 6,700만 달러에서 240억 달러로 늘어났다. 1916년 1월부터 전시 산업 활동이 완전히 멎은 1921년 7월까지, 기업 순이익은 380억 달러였다. 이 이익의 3분의 2 이상은 모건의 은행 트러스트와 연관이 있는 회사들에 돌아갔다.

크림 전쟁이 피어폰트의 아버지에게 딱 좋은 때에 일어났던 것과 마찬가지로, 1차 대전은 피어폰트의 아들 잭에게 딱 좋은 때에 일어났다. 1914년, 모건 하우스는 비틀거리고 있었다(뉴욕의 J.P. 모건과 모건 스탠리, 런던의 모건 그렌펠, 파리의 모건 에 콤파니 등 '모건'이라는 이름을 단 모든 회사를 묶어서 '모건 하우스'라고 부른다-옮긴이). 그것은 뉴욕 뉴헤이븐 하트포드 철도회사(보통 뉴헤이븐 철도라고 부른다) 문제 때문이었다. 뉴헤이븐 철

전 쟁

도는 모건의 다른 많은 사업들하고 닮은꼴이었다. 그 지역 공동체의 이익, 재정의 건전성, 자유 시장을 무시하고, 합법성을 가장하려고도 하지 않았다는 점에서 비슷했다. 그러나 뉴헤이븐 철도가 다른 사업과 다른 점이 있었다. 여기서는 모건이 욕심을 너무 많이 부려서 자신의 경제적 안정마저 위태롭게 되었다는 것이다. 피어폰트는 찰스 멜런과 함께 뉴잉글랜드의 모든 교통업체를 인수할 계획을 세워두고 있었다. 모든 철도, 증기선, 심지어 전차까지 장악할 생각이었다. "정체를 알 수 없는 사무원이 사장이라고 앉아서 정기적으로 방문을 받고 계약서에 서명하라는 요청을 받는" 허수아비 회사를 수백 개 만드는 것을 통해 모건&컴퍼니는 주주와 일반 국민들에게 가야 할 돈 6,000만~9,000만 달러를 삼켰다. 《뉴욕 월드》지는 이렇게 썼다. "이런 존경받는 강도짓의 엄청난 성과에 비하면 껌 값에 불과한 범죄 때문에 감옥에 갇힌 사람이 수천 명이다." 그러나 피어폰트도 그의 아들 잭도 감옥에 가지 않았다. 두 사람 다 어떤 범죄에 대해서도 유죄 선고를 받지 않았으며 기소조차 되지 않았다. 둘 다 신으로 받들어졌던 것이다.

　　　■　　　■　　　■

　앞서 나는 혐오가 너무나 오래되고 깊어서 경제, 전통, 종교 같은 것으로 느껴지게 되었다고 말했지만, 경제와 혐오의 관계는 그보다 훨씬 더 깊고, 계속 만들어져가는 것이다. 경제와 혐오의 관계에는 앞서 말한 것보다 더 많은 것이 있다. 첫째, 우리 경제(그리고 우리 사회)는 경쟁에 기초하기 때문에, 혐오, 위험, 공포를 낳는다. 나는 『말보다 오래된 언어』라는 책에서 인류학자 루스 베네딕트(Ruth Benedict)의 연구에 대해 논의한 바 있는데, 베네딕트는 왜 어떤 문화는 근본적으로 평화롭고 다른 문화는 그렇지 않은가, 왜 어떤 문화에서는 여자와 어린이들을 잘 대우하는데, 다른 문화에서는 그렇지 않은가, 왜 어떤 문화는 협력이 잘 이루어지는데, 다른 문화는 경쟁이 심한가를 이해하려 했다. 그녀는 이 모든 것을 아우르는 한 가지의 단순한 규칙을 찾았다. 그것은 사회적 존재로서 다른 사람들로부터 존중받기를 원하는 우리 욕구와 관련이 있다. 좋은 상생의 문화에서는, 타인에게 관대한 사람들을 존경하기 때문에 이기주의와 이타주의가 섞여서 존재한다. 집단 전체에 이익을 주는 행동에 대해 보상을 하고(특히 부자들에게서 부를 빨아들여서 가난한 자에게 계속해서 옮겨주고) 집단 전체를 해롭게 하는 행동을 허용하지 않는 문화는 평화롭다. 이런 문화에서는 여자와 어린이를 존중하며, 협력이 잘 이루어진다. 개인 구성원들은 안전하다. 그에 반해 소유욕이 강한 사람들이 존경받는 문화라면, 다시 말해 전체를 희생하고서라도 개인이 이익을 보는 행동이 보상받는 문화라면, 그 문화는 전쟁을 좋아하고, 여자와 어린이를 학대하며, 경쟁이 심할 것이다. 개인들은 안전하지 못할 것이다. 베네딕트는 또 전자의 특성을 가진 문화의 구성원들은 당연하게도 대체로 행복하다는 것을 발견했다. 후자의 특성을 가진 문화의 구성원들은, 이 역시 당연하게도, 행복하지 않았다. 독자 여러분 중에 혹시 신경안정제 먹는 사람?

　사실은 이보다 더 나쁘다. 우리 경제(그리고 우리 사회)의 기초는 추상화 (abstraction)다. 우리 경제 체제의 보상은 돈으로 하게 되어 있다는 말이다. 그것은 단지 어떤 가치가 있다고 사회 전체가 동의하는 숫자일 뿐이지, 손으로 만질 수 있는 물건이 아니다. 그러한 추상화에 기초하고 있기 때문에, 우리 문화의 보상으로는 소유욕을 결코 만족시키지 못한다. 아귀처럼, 우리는 세상을 먹어 치우지만 배부른 줄을 모른다. 우리는 우리가 필요한 것보다 더 많이, 우리가 평생 쓸 수 있는 것보다 훨씬 더 많이 쌓아둘 수 있다. 그러나 은행 통장에 얼마나 높은 수까지 기록될 수 있는지는 한계가 없기 때문에, 부를 축적하는 사람은 더욱더 많이 축적하는 것

전　쟁

으로 계속해서 보상을 받는다.

우리 문화에 있어 경쟁은 핵심적인 것이기 때문에, 획득은 너무나 큰 보상을 주기 때문에, 획득하고자 하는 이 문화적 욕구는 만족할 줄을 모르기 때문에, 또 이 획득은 불가피하게 타인들에 대한 착취 위에서 이루어지기 때문에, 우리 문화가 얼마나 철저하게 타자를, 즉 인간과 자연 모두를 착취할 것인지 그 한계가 정해질 수 없다. 그리고 우리 삶이 위태로울 때, 점점 더 심해지는 경쟁은 경쟁자들에 대한 혐오(그리고 우리의 착취에 저항하는 자들에 대한 혐오)를 키우게 만들기 때문에, 우리 문화가 일으키는 혐오의 깊이와 넓이에는 한계가 있을 수 없다. 우리 동료에 대한 혐오, 우리가 훔치고 싶은 것을 가진 사람들에 대한 혐오는 끝없이 깊어지고 넓어지게 된다.

그러나 그보다 훨씬 더 나쁜 것이 있다. 이 책 앞부분에서 말했듯이, 우리 문화의 핵심 경향 중 하나는 획일적인 통제를 향해 간다는 것인데, 또 다른 핵심 경향은 추상화의 확대라 할 수 있다. 추상화란, 특정한 것에서 멀어져서, 부버가 말한 의지와 은총의 결합에서 멀어져서, 타자를 '그것', 사물이나 숫자로 인식하는 것이다. 또는 이용할 수 있는 자원으로 인식하는 것이다. 케빈 베일스가 현대 노예들에 대해 이야기했던 것처럼, 혹독하게 써먹을 자원, 다 소진하면 내다버릴 수 있는 자원으로 보는 것이다. 그러므로 우리 혐오의 추상화에는 한계가 있을 수 없다. 즉 우리가 파괴할 수 있는 것, 실제로 파괴하는 것과의 감정적·물리적 거리 두기에 한계가 있을 수 없고, 존재하지 않는 것처럼 인식되는 타인들과 우리 사이에 놓인 베일의 두께에도 한계가 있을 수 없다.

■   ■   ■

피어폰트가 죽고 잭이 뉴 헤이븐 철도회사의 문 닫는 일을 관장했다.

그렇게 철저하게 짜내가면서 철도회사를 운영하기란 불가능했던 것이다. 1873년 노던 퍼시픽 철도가 제이 쿡의 제국을 말아먹었던 것과 마찬가지로 뉴 헤이븐의 붕괴가 모건 하우스를 위협하고 있었다.

잭에게는 다행스럽게도, 그리고 그가 지배하는 회사들에게도 다행스럽게도, 유럽에서 1차 세계대전이 터졌다. 첫 총성이 울리자마자, 모건의 동업자 헨리 데이비슨이 그 소식을 모건의 또 다른 동업자 톰 러몬트에게 전보로 전했다. 그리고 이렇게 덧붙였다. "지금은 엄청난 이익을 챙길 수 있고 당연히 대단한 가능성이 있는 때야." 그 가능성에 투자를 하기 위해, 모건은 전쟁 발발 2주가 채 되기도 전에 모건 은행이 프랑스 정부에 돈을 빌려주는 것을 반대하느냐고 윌슨 대통령에게 물었다. 처음에 윌슨은 미국 은행이 전쟁 당사국에 돈을 빌려준다면 미국이 중립을 지킨다고 하기 어렵다고 말했다. 그러나 은행가들은 융자(loan)라는 말을 차관(credit)으로 바꾸고 그럴듯한 이유—외국 정부의 채권을 인수해주면 그 나라 정부들이 미국 상품을 구매하게 할 수 있다는—를 만들어낸 다음, 대통령에게 다시 물었다. 윌슨은 주저없이 찬성했다. 융자에 대한 제한을 완화하는 데에도 동의하고, 나중에는 차관 공여에 대한 제한을 완화하는 데에도 동의했다.

곧 J. P. 모건&컴퍼니는 영국과 프랑스 정부에 전쟁 물자 구매 에이전트로 모건만을 지목하라는 조건을 제시했다. 전쟁 물자 규모는 30억 달러에 이를 전망이었다. 모건 은행은 전쟁 물자를 조달해주는 대가로 수수료로만 3,000만 달러를 벌어들였다. 그러나 진짜 큰돈은 아직 오지 않았다.

당연히 모건은 모건 은행 트러스트가 지배하는 기업들에게 계약을—그리고 이익을—주었다. 듀퐁 사의 수입은 1914년 2,500만 달러에서 1915년 1억 3,100만 달러로 늘어났다. 베델레헴 강철에 온 주문은 1913년 말 2,500만 달러에서 1915년 말에는 1억 7,500만 달러로 치솟았다.

전　쟁

1914년부터 1916년까지 유에스 강철의 이익은 2,300만 달러에서 2억 7,100만 달러로 증가했다. 모건-구겐하임 유타 구리 회사의 이익은 전쟁 발발 후 두 해 동안 두 배로 불어났다. 인터내셔널 하베스터 사도 마찬가지였다. 그 외에도 많았다. 1914년부터 1916년까지 주가는 여섯 배로 뛰었다. 전쟁은 우리 경제에 최고의 호재가 될 수 있다.

모건 은행은 전쟁 당사국에도 대규모 차관을 대주기 시작했다. 동업자 톰 러몬트는 "전쟁이 충분히 길어지기만 하면" 미국 금융계의 이익과 힘은 엄청나게 커질 것이라고 열정적으로 말했다. "전쟁이 시작된 이래, 우리가 외국 정부에 직접 빌려준 돈이 2억 달러가 넘는다. 그러나 이것은 비교적 적은 액수다. 우리가 외국 정부에 정말로 굉장한 규모의 돈을 빌려주어야 할 것인가?" 그 대답은 그렇다일 것이다. 그는 이렇게 말했다. "전쟁이 충분히 길어지면 그렇게 할 것이다."

톰 러몬트가 "우리가 그렇게 하게끔 전쟁이 충분히 길어지면" 추상적인 금전적 보상이 증가할 것이라고 이야기하고 있는 동안, 유럽에서는 사람들이 죽어가고 있었다. "병사들이 팔다리를 잃고, 깨진 두개골에서는 뇌수가 줄줄 흘러나오고, 갈라진 가슴에서 폐가 튀어나와 있었다. 많은 이들이 얼굴이 망가져서 친구들도 알아보기 어려울 거라는 생각이 들었다. 어떤 불쌍한 녀석은 코가 없어졌고 얼굴 대부분을 잃어버렸는데 우리는 그의 한쪽 팔과 다른 쪽 손을 잘라야만 했다. 그리고 허벅지에서 상어 이빨 같은 총알 두 개를 꺼냈다." 러몬트가 "정말로 굉장한 규모의 돈을 빌려줄 것"을 이야기하고 있을 때, 최전선의 간호사 한 명은 더 실질적인 주제에 대해 이렇게 이야기했다. "옷을 벗기고 속을 보았더니 갈비뼈 아래로는 박살난 살덩어리로밖에 보이지 않았다. 위와 창자는 완전히 으깨져 있었고 왼쪽 다리는 아주 조금 남은 살 덕분에 몸뚱이에 겨우 달려 있었다. …… 그 병사의 초점 없는 눈이 나를 보고 있었는데 그의 입술이 움직였지

문명과 혐오

만 말은 나오지 않았다. 그를 돕지 않고 돌아서는 심정이 어땠는지는 말로
표현할 수 없지만, 우리는 희망 없는 환자들에게 시간과 물자를 낭비할 수
없었다. 우리를 기다리는 환자들이 엄청나게 많았다.” “자기 목숨을 걸거
나 건강을 희생하지 않고도 애국자가 될 수 있다”는 토머스 멜런의 충고를
따라 잭 모건이 입대하지 않고 집에 있을 때에—롱아일랜드 부근 240에
이커 땅 위에 세워진 57칸짜리 집(방 12개, 욕실 25개, 대리석 벽난로 18개, 차
고 16개에 체육관이 갖추어진 집이었다)에 있었는지, 뉴욕 시에 있는 “의외로
밝고 넓은” 집(방 45개, 벽난로 22개, 욕실 12개)에 있었는지는 알 수 없으
나—다른 사람들은 가족, 고향 집, 모든 다정한 얼굴들과 헤어져서 타지
에서 죽임을 당하고 있었다. “걸을 수 있는 사람들은 일어나서 우리를 따
라왔다. 우리 옆에는 뛰어오는 사람, 깡충거리며 오는 사람, 절뚝거리는
사람들이 있었고, 심하게 다친 사람들은 우리 뒤를 따라 기어왔다. 모두들
간절히 애원했다. 도움이 필요한 자기들을 버리고 가지 말라고 애원하고
있었다. 그리고 길에는 다른 사람들이 널려 있었다. 아주 많았다. 그 중 일
부는 기진맥진해서 먼지 속에 누워 있었다. 그들도 우리를 불렀다. 우리에
게 매달리며, 자기들을 위해 멈추어달라고 빌었다. 우리는 매달리는 그들
의 손을 뿌리치고 우리 치마를 잡아챌 수밖에 없었다.”

　다른 은행들도 마찬가지지만, 모건 하우스는 이미 크림 전쟁, 미국 남
북전쟁, 보불전쟁, 미국-스페인 전쟁, 남아프리카 전쟁으로 돈을 많이 벌
었다. 전쟁은 끝없이 이어졌다. 그러나 이건 전부 너무 심하다. 돈을 번
사람들의 동기만큼이나 그 숫자가 나에게 공포감을 준다. 프랑스 마른 전
투 사상자 190만 명(“어디를 보든, 왼쪽 오른쪽 어느 곳이나 죽은 사람, 다친 사
람들이 있었다. 경련을 일으키며 떠는 사람, 끔찍한 비명 소리를 지르는 사람, 상
처에서 피가 콸콸 쏟아지는 사람이 가득했다”). 이프르 전투 사상자 23만 명
(“끔찍한 것을 한 번에 너무 많이 보았다. 연기가 치솟는 폐허의 냄새, 버려진 가

전　쟁

축들이 우는 소리, 기관총이 덜컥거리는 소리가 이제 겨우 스무 살이 될까 말까 한 우리들에게 큰 충격을 주었다. 물론 우리는 이 전쟁을 원치 않았다!"). 갈리시아 사상자 50만 명("포탄 구멍마다 오스트리아 군복의 파란 천 조각이 뒤덮여 있었다. 폭발에 의해 산산조각 나고 갈기갈기 찢겨진 옷 조각이 가득했다. 들판 주위에는 무기 파편, 군화 속에 든 다리가 널려 있었다. 포탄이 터지고 파편이 날아다니는 중에도 자기 위치를 지킨, 명령을 잘 따르는 병사들의 신체 일부분들이 소름끼치는 모습으로 흩어져 있었다.").

타넨베르크, 마주리안 호수, 우지, 앤의 상황도 다르지 않았다.

그 다음 해에 J. P. 모건&컴퍼니가 이끄는 신디케이트가 영국과 프랑스에 6억 2,000만 달러 상당의 차관을 주었다. 그 다음 해에는 6억 달러를 더 빌려주었다.

물론 전쟁에서 돈을 번 것이 모건만은 아니었다. 한 독일 은행가는 미국 대사에게 이렇게 말했다. "독일인들은 전쟁에 신물이 나 있는데, 크루프 사와 큰 회사들이 떼돈을 벌고 있기 때문에 벨기에 합병을 주장하면서 전쟁을 장기화하고 있다." 또 그는 프러시아의 지주들이 전쟁 장기화를 원하고 있다면서 이렇게 말했다. "노동은 포로들에게 시키고 생산물을 팔면 돈이 너댓 배 더 벌리기 때문이었다."

가리폴리 전투, 사상자 50만 명. 카르파티아 160만 명. 베르 160만 명. 솜 강 120만 명. 아르투아. 샹파뉴. 루스. 여기까지 읽고, 그 이름과 숫자와, 그 이야기를 여기까지 읽고 나는 고개를 돌려버렸다. 고개를 돌려버릴 수 있으니까. 으깨진 몸뚱이에 다리가 겨우 매달려 있는 남자는 아마도 내가 평생 잊지 못할 괴로운 이미지라는 생각이 들지만, 그 이야기는 여전히 추상적이라는 것을 나는 안다. 어떤 면에서 모건의 거대한 부와 차관에 대한 러몬트의 이야기만큼이나 추상적이다. 이런 것들 중 그 어느 것도 진짜가 아니다. 으깨진 살 덩어리, 즉 그 전에 그의 복부였던 그것은 진짜다. 그 이야기가 실려 있는 책을 나는 덮을 수 있다. 컴퓨터를 끄고 일을 그만 할 수도 있다. 자러 갈 수도 있다. 내일 잠에서 깰 수 있고 우편물을 가지러 걸어갈 수 있다. 러몬트와 모건도 일어나서 하루를 시작할 수 있었다. 그들의 삶은, 금전적인 이익과 손실이라는 추상적인 기준에 의거하여 그들이 내린 결정의 매우 현실적인 진짜 효과와 동떨어져 있었다. 그러나 다른 사람들의 삶은 결코 그렇게 동떨어져 있지 않다. 그 남자에게 그것은 다리가 없어지고, 몸이 없어지고, 결국 생명이 끝나는 일이었다. 그 전투 지역 이름 각각은 끝을 의미한다. 수백만 개의 많고 많은 이야기가 갑작스레 잘려나가는 것이다. 사랑을 할 수백만 번의 많고 많은 기회가 갑작스레 사라지는 것이다. 이익을 위해 수백만의 많고 많은 생명이 없어진 것이다.

1915년과 1916년에 걸친 겨울 동안, 독일 군인들 몇 명이 참호 위에 판자를 세웠다. 판자 위에는 큰 글씨로 "영국인들은 바보다"라고 씌어 있었다. 그 판자는 즉시 총탄을 맞고 산산조각 났다. 또 다른 판자가 내걸렸다. "프랑스인들은 바보다." 이것 역시 즉시 박살났다. 세 번째 판자가 올라왔다. "우리는 모두 바보다. 다들 집으로 돌아가자." 그러나 그들은 집으로 갈 수 없었다. 그랬다가는 탈영병, 배신자, 비애국자로 몰려 총살당했을 것이다.

1917년 초 무렵, 연합국들이 미국 은행에서 얻어간 차관이 15억 달러에 이르렀고, 그것은 신용 한도액에 달하는 액수였다. 전장에서 연합군 군대는 거의 무릎을 꿇은 상태였다. 한 병사가 누이에게 이런 편지를 썼다. "동생아, 우리는 잃을 것은 거의 다 잃고 남은 게 없는데, 얻은 것은 무엇일까? 애국심은 이제 너덜너덜한 누더기가 되어버렸다." 이 편지를 쓴 병사는 그 다음 해에 죽었다. 3월에 러시아의 차르가 무너졌다.

이것은 모건&컴퍼니에 아주 나쁜 소식이었다. 연합군이 진다면 차관

전쟁

은 종잇조각에 불과해지고 잭 모건은 망하게 될 것이었다. 그래도 대단한
부자로 살 수는 있겠지만 그의 부는 개인적인 재산으로 축소될 것이었다.
미국 정치인들은 모건에게 나쁜 소식이 곧 미국 정부에도 나쁜 소식이라
는 것을 알았다. 그것은 영국 주재 미국 대사였던 월터 하인스 페이지가
윌슨 대통령에게 쓴 편지에 잘 나타나 있다. "다가오는 이 위기의 압력이
영국과 프랑스 정부를 위한 모건 은행의 능력을 넘어선 것으로 보입니다.
…… 우리가 독일과 전쟁을 해야 한다면, 우리가 연합국에게 줄 수 있는
최고의 도움은 차관 제공일 것입니다. …… 우리가 독일과 전쟁을 하지
않는다면, 물론 우리 정부가 직접 차관을 제공할 수는 없습니다." 그는 참
전하지 않으면 연합국들이 무너질 것이고 그와 함께 모건 하우스도 망할
것이고 그와 함께 미국 경제도 무너질 것이라고 매우 정확하게 진단했다.

4주 후, 윌슨 대통령이 의회에 참전 선언을 요구했다(우리는 모두 미국이
참전하게 된 것은 독일군이 루지타니아 호를 침몰시켰기 때문이라고 들어왔다.
그러나 그 배가 침몰한 것은 살육을 위한 대중용 정당화의 수단이었을 뿐이다. 미
국 정부는 그보다 6개월 앞서부터 비밀리에 전쟁을 준비해왔다). 그리고 의회는
참전에 동의했다.

잭 모건은 환호성을 질렀다.

■　　　■　　　■

미국 정부는 과격한 노조를 부수고 사회주의자들이 미국 내 정치 세력
으로 발붙이지 못하게 하기 위한 핑곗거리로 전쟁을 이용했다. 급진 세력
축출을 위한 주요 방법 중 하나는 1917년의 방첩법(Espionage Act)이라는
것이었다. 그것은 간첩 행위와는 별 상관이 없었고 전쟁에 반대하는 목소
리를 높이는 사람들을 기소하기 위한 법적 근거를 제공했다. 그런데 방첩
법이라는 이름은 본질을 감추기도 하지만 본질을 드러내고 있기도 하다.

간첩 행위(espionage)라는 말은 불어 '에스피오나주(espionage)'에서 온 것인데, 이것은 간첩 행위를 하다는 뜻의 '에스피오네(espionner)'라는 동사에서 파생한 말이고 그 말은 옛날 이탈리아 말 '스피오네(spione)'로 거슬러 올라간다. 이것은 게르만 어원을 가진 '스피아(spia)'에서 나왔고 이것은 간첩 행위를 하다는 뜻의 옛 고지(高地) 독일어(지대가 높은 독일 남부와 중부에서 쓰는 독일어—옮긴이) '스페혼(spehon)'과 비슷하다. 스페혼은 '본다'는 뜻의 라틴어 '스페체레(specere)'와 유사하다. 이 말은 그리스어 '스켑테스타이(skeptesthai)', '스코페인(skopein)'에서 왔는데 이 말은 '본다', '고려한다'는 뜻이다. 이로써 우리는 다시 노아 이야기로 돌아가게 된다. 1917년 방첩법으로 기소된 사람들—거의 2,000명에 이르렀다—은 권력자들을 있는 그대로, 벌거벗은 권력 전체를 보았던 것이고 권력자들에 반대하는 목소리를 냈던 것이다. 즉 목격했던 것이다.

전쟁은 사람들에게 인기가 없었다. 미국의 참전 선언 후 6주 동안 입대를 지원한 사람은 7만 3,000명뿐이었다(정부가 필요하다고 말한 인원은 100만 명이었다). 그래서 의회는 대다수의 찬성으로 징병제 법안을 통과시켰다. 그러자 사회주의자들의 반전 집회에 사람들이 엄청나게 몰려들었다. 미네소타에서 열린 징병·전쟁·부당이득 항의 집회에 5,000명, 1만 명, 2만 명의 농부들이 모였다. 사회당에 투표한 사람 수가 열 배로 늘어났다.

그에 대한 대응으로 의회는 방첩법을 통과시켰다. 그것은 신병 모집이나 입대를 방해하는 모든 행위를 금지하는 것이었는데, 그 중에는 그에 반대하는 연설을 하는 것도 포함되어 있었다(이 법은 아직도 유효하다). 징집법(Conscription Act)은 강제 노역 제도를 금지하는 수정헌법 13조에 어긋나므로 징병 대상이 된 사람들은 입대하지 않을 권리를 주장해야 하며, 징병법은 "월스트리트 자본가들의 이익을 위해 인류를 상대로 저지르는 잔인무도한 짓"이라고 씌어 있는 팸플릿이 돌아다녔다. 그것은 시험적 사

전 쟁

건이 되어 금세 대법원으로 가게 되었다. 대법원은 방첩법이 합헌이라고 만장일치로 판결했다. 이 판결에 대해서는 들어본 적이 있을 것이다. 올리버 웬델 홈스(Oliver Wendell Holmes)가 그의 가장 유명한 말이 된 이런 판결문을 남겼기 때문이다. "언론의 자유를 아무리 엄중하게 보호한다고 해도 극장에서 거짓으로 불이 났다고 외쳐 공황 상태를 야기한 사람을 보호해줄 수는 없다. …… 모든 사건에서 문제가 되는 것은, 언론이 그런 상황에서 사용되고 있는가 하는 점이다. 언론이 명백하고도 당면한 위험을 만들어내고 있어서 의회가 예방해야 하는 해악을 실제로 야기하는가이다." 물론 어떤 차원에서 홈스는 애써 눈동자를 오른쪽으로 쏠리게 해서 정면에 있는 것을 보지 않으려 하고 있었다. 자기에게 이롭지 않은 전쟁은 피하라고 사람들에게 말하는 것을, 붐비는 극장에서 '불이야' 하고 외치는 것에 견주는 것은 전혀 이치에 맞지 않는다. 하워드 진은 그것을 극장 밖에 서서 사람들에게 들어가지 말라고, 극장 안에서 치솟는 불길에 타죽을 것이라고 말하는 것과 같다고 정확하게 말했다. 그런데 다른 차원에서 보면 홈스의 말이 아주 정확하다. 그의 다음 문장을 다시 보자. "언론의 자유를 아무리 엄중하게 보호한다고 해도 극장에서 거짓으로 불이 났다고 외쳐 공황 상태를 야기한 사람을 보호해줄 수는 없다. …… 모든 사건에서 문제가 되는 것은, 언론이 그런 상황에서 사용되고 있는가 하는 점이다. 언론이 명백하고도 당면한 위험을 만들어내고 있어서 의회가 예방해야 하는 해악을 실제로 야기하는가이다." 생산의 제단에서 그것을 숭배하는 사람의 관점에서 보면, 명백하고도 당면한 위험이 무엇이겠는가? 어떤 종류의 행동을 의회—생산의 사제라 할 수 있는—가 해악이라고 보겠는가? 그리고 의회가 예방해야 할 권리가 있다고 여기는 것이 무엇이겠는가? 이것은 다른 식으로 표현해보면 이렇다. 올리버 웬델 홈스의 발언과, 함을 저주한 노아 사이에 무슨 차이가 있는가?

방첩법에 따라 기소된 사람들을 보면 어처구니가 없다. 참전 선언에 앞서 국민투표를 해야 한다고 말한 사람들이 기소되었고, 전쟁은 예수의 가르침에 맞지 않는다고 말한 사람도 기소되었다(사실 이건 말이 안 된다. 우리의 신은 생산의 신이고 그렇다면 그의 아들은 전쟁의 그리스도가 틀림없기 때문이다). 적십자나 YMCA를 비판했다고 해서 벌을 받기도 했다. "군인들은 이런 양말을 신어보지도 못하지"라는 발언이 여자들이 뜨개질 할 의욕을 떨어뜨린다고 해서 범죄로 간주되었다. 어떤 여자는 "나는 민중 편이고 정부는 장사꾼 편이야"라고 다른 여자에게 말한 것 때문에 징역 10년을 선고받았다. 그 재판을 맡은 판사에 따르면, 그 말을 들은 여자의 아들, 남동생, 남자친구의 참전 열의를 식힐 위험이 있기 때문이었다. 징병을 비판하는 집회에 참석했다는 것 때문에 유죄 선고를 받은 남자도 있었다. 왜냐하면 그가 박수를 쳤고, 징병 반대 모금에 25센트를 냈기 때문이었다. 집회가 반쯤 진행되었을 때 그 자리를 떴지만 그는 징역 1년을 구형 받았다. 집회가 끝날 때까지 남아 있었다면 몇 년 형을 받았을까? 이런 경우도 있었다. 낯선 사람들이 어떤 남자 집에 와서는 기름이 떨어졌다고 말했다. 그 남자는 그들에게 저녁을 먹고 가라고 권했는데, 저녁식사 동안 전쟁에 대해 토론이 벌어졌다. 그런데 그 손님들이 집 주인을 경찰에 신고해서 그가 감옥에 가게 되었다. 그 늙은 농부가 한 젊은이에게 이렇게 말했기 때문이었다. "전쟁은 월스트리트의 거물들을 위한 거야. 우리 아들들을 전쟁터로 보내서 수천 명씩이나 죽게 하는 것은 완전 바보짓이야. 다 월스트리트를 위한 짓이라니까. 징집될 때까지는 전쟁에 나가서는 안 돼." 그는 징역 5년을 선고받았다. 전쟁 채권을 사지 않은 한 독일계 미국인 집에 어떤 사람이 찾아와서 왜 사지 않느냐고 물었다. 그는 공손하게 전쟁에서 어느 쪽도 이기기를 바라지 않는다고 대답했다가 체포되었다. 전쟁에 관해 토론을 하던 중에 사우스다코타 주에 사는 한 농부가

전 쟁

이렇게 말했다. "내가 징병 연령에 해당되고, 부양가족도 없어서 징집된다면, 나는 복무를 거부할 거야." 그는 리븐워스 연방 교도소에서 1년 1일을 복역할 것을 선고받았다. 로버트 골드스타인은 〈76의 정신〉이라는 제목의, 미국 독립전쟁에 관한 영화를 만든 것 때문에 기소당했다. 그 영화에 영국 군인들이 여자들과 아이들을 총검으로 찌르고 처녀들을 데려가는 장면이 있기 때문이었다. 그는 미국이 참전 선언을 하기 전에 그 영화를 완성했는데도. 판사는 기소 이유를 이렇게 밝혔다. 그 영화는 "우리의 동맹국인 영국에 대한 믿음을 의문시한다." 따라서 필름이 압수되고 그 회사는 파산했으며 골드스타인은 유죄선고를 받았다. 이른바 '연방정부 대 〈76의 정신〉 사건' 재판에서 그는 징역 10년을 선고받았다. 판사가 제시한 이유는 다음과 같다. "어떤 식으로든 미국이 노력하고 있는 것을 손상하거나, 우리 군대의 승리가 확정될 그 날이 일찍 오는 것을 단 한 순간이라도 지연시키는 행동은, 의도적이든 생각 없이 한 것이든, 그 누구에게도 허용되어서는 안 된다."

방첩법은 미국 국가 3절을 부르는 것도 범죄로 만들었다. 1997년에 국가 3절을 부르는 것이 범죄가 아닌 것으로 바뀌었다는 소문이 있지만, 웨스트포인트 웹사이트, 맥헨리 요새(19세기 초 영국군의 무자비한 포격을 거뜬히 방어해낸 맥헨리 요새의 펄럭이는 성조기를 보고 프랜시스 스콧 키가 영감을 받아서 쓴 시가 나중에 미국 국가의 가사가 되었다—옮긴이) 국립기념물 관리소 웹사이트에도 미국 국가 3절은 없다는 점이 눈에 띈다.

어떤 남자는 징집법에 찬성표를 던진 의원을 재선시키지 말자고 유권자들에게 권하는 팸플릿을 유포한 죄로 징역 15년형에 처해졌다. 이 사건 담당 판사는 이렇게 말했다. "국민들의 자신감을 뒤흔들고 마음을 휘저어서 전쟁에 반대하게 하는 데에 더할 나위 없이 좋은 방법은 이 전쟁을 자본주의의 전쟁이라고 말하는 것이다. 자본가들에 의해, 자본가들을 위해 벌어진 전쟁이라고 말하는 것이다. 그리고 정부 관리들을 자발적으로 월스트리트의 도구가 되는 자들로 그리는 것이다. 그보다 더 좋은 방법이 없다."

사회주의자 케이트 리처즈 오헤어(Kate Richards O'Hare)는 징역 5년을 선고받았다. "미국 여성은 새끼를 늘리는 암퇘지 이상도 이하도 아니다. 아이들을 키워서 군대에 보내고 땅을 기름지게 하는 거름이 되게 한다"는 발언을 했기 때문이었다. 급진적 노조인 세계산업노동자연맹(IWW)은 파괴되었다. 방첩법을 적용하여 100명이 넘는 IWW 지도자들을 최고 20년 동안 감옥에 가두어두었기 때문이다. IWW 지도자들 중 한 명은 법정에서 이렇게 말했다. "여러분은 세계산업노동자연맹이 왜 미국에 애국하지 않느냐고 묻고 있습니다. 만약 여러분이 담요 하나 없는 부랑자라면, 만약 아내와 아이들을 두고 서부로 일자리를 찾아 떠난 뒤로 가족이 어디 사는지 소식조차 듣지 못했다면, 하는 일이 일정치 않아 투표할 자격을 가질 만큼 한 곳에 오래 머무르지 못한다면, 이가 들끓는 으스스한 막노동자 합숙소에서 자면서 저들이 주는 탈이 나지 않을 정도로만 썩어버린 음식을 먹고 산다면, 보안관 나리가 요리용 깡통에 총을 갈겨서 그나마 입에 풀칠할 음식이 땅에 쏟아져버렸다면, 사장한테 미운털이 박혀서 임금이 깎였다면, 포드와 서와 무니(세 명 모두 IWW 노조원이다)에게 적용되는 법률하고 해리 소에게 적용되는 법률이 다르다면(해리 소는 대부호의 아들로, 자신의 약혼녀이자 나중에 아내가 된 여자를 강간하고 구타했으며, 그녀의 애인이었던 남자(그 역시 그녀를 강간했는데)를 사람들이 가득한 메디슨 스퀘어 가든에서 죽였지만, 대중에게 엄청난 인기를 얻었다), 법과 질서와 나라를 대표하는 사람들이 당신을 기습해서 누명을 씌워 감옥에 처넣을 때 선량한 기독교인 국민들은 환호를 보낸다면, 도대체 어떻게 애국심을 가질 수 있겠습니까? 이 전쟁은 사업가들의 전쟁입니다. 우리가 무엇 때문에 지금

전 쟁

겪는 이런 멋진 상황을 유지시키기 위해 전쟁에 나가서 총을 맞아야 된단 말입니까." 유진 뎁스(Eugene V. Debs, 미국 초기 산업사회의 노동운동과 사회주의 운동을 이끌었으며, 사회당의 전 대통령 후보다-옮긴이)는 이런 말을 했다는 것 때문에 기소당했다. "역사를 통틀어 전쟁은 정복과 약탈을 위해 일어났습니다. 그리고 이것이야말로 전쟁의 간단명료한 본질입니다. 언제나 전쟁을 선포한 것은 지배계급이었고 그 전쟁에 나가 싸운 것은 피지배계급이었습니다. 판결을 받기 전에 뎁스는 이렇게 말했다. "저는 오래전에 살아있는 모든 것들과 내가 연결되어 있음을 알았고 내가 지구상의 가장 미천한 존재보다 조금도 나을 게 없다는 사실을 알았습니다. 그때 말한 것처럼 하층계급이 있는 한 저는 하층계급에 속합니다. 범죄가 있는 한 저도 범죄자 중 하나고, 감옥에 한 명의 영혼이라도 있다면 저도 자유롭지 않다고 말할 수 있습니다." 판사는 감동하지 않았다. 그리고 뎁스에게 징역 10년을 선고하기 전에, 그를 이렇게 비판했다. "피고는 이 나라가 나라 밖의 야만적인 세력에 맞서 나라를 지키려고 하고 있는 때에 그 손에서 칼을 뺏으려는 자"라고 말이다.

■　　■　　■

미국 정부가 처음 빌려준 차관—미국 국민의 세금 4억 달러—은 영국의 빚을 갚기 위해 곧바로 J. P. 모건&컴퍼니로 넘어갔다. 미국이 영국과 프랑스에 빌려준 94억 달러 가운데 이 두 나라 정부가 만져본 돈은 한 푼도 없고, 전부 다 미국 은행들에게 갔다. 영국과 프랑스 정부는 미국 자본가들에게 진 빚은 모두 갚았지만, 미국 납세자들에게 빌려간 돈에 대해서는 채무를 이행하지 않았다. 런드버그는 이렇게 말했다. "간단히 말해, 미국이 발행한 전쟁 채권은 그만큼의 돈을 국민들로부터 가장 돈 많은 몇몇 집안들, 즉 은행과 산업을 소유한 사람들에게로 이전시켜준 것에 지나지 않았다."

그러나 전쟁 채권은 살육이 계속될 수 있게 했다.

이제 미국이 공식적으로 참전하게 되었으므로, 은행 트러스트의 구성원들은 애국심을 더 확실히 표현할 수 있었다. 윌슨 대통령은 버나드 바루크—처음에 J. P. 모건과 함께 사업을 시작한 사람으로 당시에도 모건과 관련된 회사를 운영하고 있었다—로 하여금 전시산업위원회(War Industries Board)의 책임을 맡게 했다. 그 위원회는 공적 자금을 1년에 100억 달러씩 썼다. 바루크가 선택한 그 위원회 위원들은 다음과 같았다. 모건이 통제하는 볼티모어&오하이오의 사장 대니얼 윌러드, 모건이 통제하는 AT&T의 부사장 월터 지포드, 모건이 통제하는 인터내셔널 하베스터의 알렉산더 레기, 모건이 통제하는 유에스 강철회사 대표 엘버트 게이, 그 외 다른 거물들이었다. 모건과 관련된 통합동광회사 사장 존 D. 라이언은 육군성 차관이었다. 모건 하우스의 에드워드 스터티니어스는 미국 육군 군수 지원 조사 책임자가 되었다. 곧 모건의 동업자가 될 러셀 레핑웰은 재무부 차관보였다. 레핑웰은 모건의 동업자 드와이트 모로우를 국민전쟁저축위원회(National War Savings Committee) 뉴저지 지부장으로 임명했다. 그 외에도 많다. 은행 트러스트는 죽는 것만 빼고 모든 전쟁 노력을 다했다. 그것은 내무부장관 프랭클린 레인의 편지에 잘 나타나 있다. "대통령은 [모건의 베델레헴 강철회사의] 슈워브를 데려와서 10억 달러의 국고 지불 명령서를 주고 배를 만들게 해야 합니다. 정부 조사관이나 감독관이나 회계 감사원이나 기타 관료적 형식주의로 그를 귀찮게 하지 말아야 합니다. 대통령이 슈워브의 애국심을 부추겨서 그 일을 시키고 그의 책임에 맡겨야 합니다. 그렇게만 하면 더 이상 필요한 건 없어요. 슈워브가 알아서 잘할 것입니다."

모건의 동업자 데이비슨은 적십자를 책임지는 자리에 임명되었고 그는

전   쟁

적십자사를 모건 사람들로 채웠다. 이탈리아에서 적십자의 목표는 주저하는 이탈리아 사람들이 전쟁에 계속 참여하도록 하는 것이었다. 러시아에서 적십자는 국방성의 정치적 도구로서 확실한 역할을 하면서 역시 러시아인들의 전쟁 참여를 독려하는 것이 그 목표였다. 모건의 동업자들은 반독일 집단들에게 식량과 공적 자금을 지원했고 친독일 집단이나 급진적 집단에게는 식량과 돈이 돌아가지 않게 했다. 그들은 첩보 행위도 했다. 러시아에서 케렌스키가 권력을 계속 유지하도록 하기 위해, 즉 그렇게 해서 러시아가 전쟁을 계속하도록 하기 위해, 러시아 의회에 100만 달러를 주었다. 적십자—이 연구를 하기 전까지 나는 멍청하게도 적십자가 인도주의 단체인 줄 알고 있었는데—는 케렌스키 정부가 붕괴되는 데 적지 않은 역할을 했다. 그것은 결국 러시아 내전으로 이어졌고 볼셰비키의 승리로 끝났다.

전쟁은 계속되었다. 전쟁이 끝날 때까지 1,000만 명이 죽었고, 3,000만 명이 부상을 입었다. 또한 수백만 명이 집을 잃었다.

미국의 산업 경제는 전쟁으로 인해 앞서 이미 언급한 궤도를 유지하면서 매우 크게 성장했다. 두 가지 간단한 예가 그 경향을 잘 보여준다. 듀퐁 사의 수익은 1915년 1억 3,100만 달러에서 1919년 3억 2,900만 달러로 증가했고, 인디애나 스탠다드 오일 사(록펠러 소유)의 이익은 1916년 660만 달러였던 것이 1918년에는 4,300만 달러로 늘어났다.

이 돈이 모두 전시의 고난에서 나온 것은 아니었다. 많은 돈이 공적 자금의 절도, 즉 대체로 정부 보조금에서 나왔다(절도라고 말하면, 정부와 경제계가 뚜렷이 분리되어 있는 것처럼 보이지만). 전쟁 후 의회 조사 위원회는 다음 사실을 발견했다. "계획은 …… 다른 제조업뿐만 아니라 동광 산업 같은 것이 매우 집중화되어서 한 사람이나 매우 적은 수의 사람들이 지배하고 통제할 수 있어야 한다는 것이었다. 그리고 이 통제는 …… 가격 결

문명과 혐오

정과 가격 조정에 가장 큰 영향을 미칠 수 있어야 한다는 것이었다. 그것이 이 시기 소비재 물가 상승의 요인 중 하나였다. 정부 계획은 궁극적으로 어떤 결과가 이어질 것이냐와 상관 없이 모든 산업을 집중화하는 것이었다." 파운드당 8센트에서 12센트 정도 되는 구리가 정부에 팔리는 가격은 파운드당 26센트였다. 비행기는 또 다른 예가 될 것이다. 전투기 값으로 국민의 돈 10억 달러가 지불되었지만, 한 대도 납품되지 않았다. 세 번째 예는 이것이다. 모건과 제휴 관계인 바루크는 모건이 통제하는 베델레헴 강철회사에 10억 달러에 가까운 액수의 총탄을 주문했지만 한 번도 납품되지 않았다. 이런 사기 행위에 대해 유죄 선고가 내려진 적이 한 번도 없다. 어떤 자본가가 부패 혐의로 기소되었다가 무죄 방면된 후에 당시 상원 의원이었던 노리스는 다음과 같이 말했는데, 모건 사람들에게 그것은 더 간단한 일이었을 것이다. "우리는 1억 달러 가치를 가진 사람은 범죄 혐의로 재판받는 일이 없도록 하는 법을 통과시켜야 한다."

전 쟁

권력 구조가 정교하게 조직되어 있을수록
체제 순응적이지 않은 요소들을 받아들이는 정도가
낮아지고, 체제 전체가 구조적 결함과 자연적인 사고로
와해될 확률이 커진다.
체제에서 소외된 사람들,
체제가 자랑하는 혜택을 누리지 못하는
계급과 집단의 반격에 의해 붕괴될 확률은
훨씬 더 커진다.

—루이스 멈포드

저항

우리 모두 이 사실을 알아야 한다. 생산의 신격화에 반대하는 것, 전쟁을 반대하는 것, 부와 권력의 집중에 반대하는 것, 다양성의 제도적 뿌리뽑기에 반대하는 것은 모두 똑같은 것이다. 그것에 반대하는 사람들과 문명의 관계는 단 한 가지 관계뿐이라는 것을 우리 모두 알아야 한다. 더 정확히 말하면 이런 것들에 **효과적으로** 반대하는 사람들과 우리 사회 사이에는 한 가지 종류의 관계밖에는 있을 수가 없다. 전쟁이 끝났다고 해서, 전쟁을 반대한 사람들, 고삐 풀린 자본에 반대한 사람들에 대한 혐오가 끝나는 것은 아니다. 전쟁은 혐오에 구실을 제공한 것에 불과하기 때문이다. 그 구실이 뒷받침된 덕분에 우리 경제는 유럽의 찢겨진 시신들의 모습으로 화할 수 있었다. 그 살육이 제공한 '가능성'으로 인해 돈을 번 사람들, 개인의 부를 늘리기 위해 파괴가 계속되게 한—그것이 의식적인 것이었는지 무의식적인 것이었는지는 중요하지 않다—사람들의 환호로도 화할 수 있었다. 전쟁은 '단 하나의 진정한 길'에 반대

문명과 혐오

하는 사람들을 추방하거나 감금하는 우리 문화의 일상적인 행위가 좀 더 강하게 나타난 것일 뿐이다. 외국에서 일어난 전쟁을 국내 억압의 구실로 활용하는 것은 문명의 두 얼굴을 한 쌍이 되도록 짝지어주는 것이다. 그러나 억압을 강화하는 데 전쟁이 꼭 필요한 것은 아니다. 억압의 구실이 곧 생길 것이기 때문이다. 채찍질을 거부하는 건방진 흑인은 언제나 있다. 백인 여자의 눈을 빤히 보는(또는 경찰을 보고 달아나거나 경찰관의 지갑을 훔치려 하는) 흑인, 또는 백인 여자의 눈을 빤히 쳐다보았을 것 같은 흑인 남자로 **보이는** 사람(또는 경찰관을 피해 달아날 수도 있는 흑인, 또는 경찰관의 지갑을 훔칠지도 모르는 흑인)은 언제나 있다. 그저 흑인이라는 것만으로도 충분할 것이다. 콜로라도 광산 인부들이 저임금과 위험한 노동조건, 그리고 "광산 회사가 노동자들 생활에 대해 봉건적인 지배를 일삼고 그들의 생활을 완전히 통제"하는 데 대해 항의하여 파업을 일으켰다. 노조 운동가 중 한 사람이 살해된 것이 계기가 되었다. 파업을 했기 때문에(그것이 핑계였다), 노동자들은 주지사가 보낸 주 방위군이 기관총으로 무장하고 자신들의 가족을 불태워 죽이는 것을 보아야 했다(록펠러 광산의 관리자는 주지사를 "우리의 귀여운 카우보이 주지사"라고 불렀다). 혐오의 대상으로는 인디언들도 있었다. 백인들은 인디언들이 억지로 맺은 협약을 지킬 것을 기대했기 때문에 인디언들은 혐오의 대상이 되었다. 정당하지 않은 전쟁을 반대했다는 것도 혐오의 구실이 될 수 있었다. 기업의 신권 정치에 반대하는 것도 그 구실이 될 수 있었다.

얼마 전 오레곤 주 유진에서 강연을 한 적이 있다. '지구 해방 재소자 지원 네트워크'를 위한 무료 자선 강연이었다. 그 단체는 감옥에 있는 사람들에게 책과 도움을 주고 벌목 등으로 지구에 해를 입히는 회사들을 방해하는 활동을 하고 동물 해방을 위해 노력하는 단체다. 강연에 모인 사람들은 훌륭한 청중이었다. 80명 내지 100명 정도였는데 대부분 젊은 사

저 항

람들이었고 거의 전부가 활동가였다.

그 행사를 주최한 사람을 보고 나는 큰 희망을 얻었다. 그의 이름은 브렌턴으로 나이는 열일곱이다. 그는 아나키즘 책을 나보다 더 많이 읽었고 내가 그의 나이의 두 배였을 때보다도 훨씬 더 우리 사회의 문제를 잘 이해하고 있었다. 나는 열일곱 살 때까지 (아니, 스물두 살 때도) 캐나다 베이컨이 파인애플과 정말로 잘 어울리는지가 궁금했을 뿐이었다(마이클 무어 감독의 작품 중에 〈캐나다 베이컨〉이라는 영화가 있다-옮긴이). 그러나 그는 벌써 그가 '러다이트 혁명'이라 부르는 것을 향해 가는 대단한 운동을 하고 있었다. 다른 사람에게서 들은 바에 따르면, 그가 나이키에 반대하여 나이키 상점을 파괴했다는 혐의가 있다고 해서 유진 시 경찰이 그의 집에 쳐들어와서는 부모님에게 일곱 시간 넘게 총을 겨누고 있었다고 한다. 경찰은 그의 컴퓨터와 소지품들을 가지고 갔으며, 어머니의 사업도 망하게 했다. 브렌턴은 아버지와 함께 행사에 왔는데 그의 아버지가 아들을 자랑스러워한다는 것을 한눈에 알 수 있었다.

그 행사 시작 전과 행사가 끝난 뒤에 몇 사람이 유진 경찰의 폭력성에 대해 이야기해주었다. 그 중 한 사람이 말했다. "정말 나빠요. 우리는 여기저기 걷어차이는 게 예사예요. 어떤 사람들은 마구 두드려 맞은 적도 있고 몇 사람은 최루가스를 맞았어요."

몇 년 전 유진 경찰이 숲 파괴에 항의하는 여자들의 치마를 들치고 여자들 성기에 최루가스를 뿌렸다는 글을 읽은 기억이 났다.

다른 사람이 반어적으로 이렇게 말했다. "백인 집 문을 부수고 들어가기까지 하다니 정말 나빴어요."

"미래에 오신 걸 환영합니다." 또 다른 사람이 말했다.

이런 대화를 나눈 뒤에 계속해서 두보이스(Dubois, 미국의 흑인운동 지도자 겸 저술가-옮긴이)의 말이 머릿속을 맴돌았다. "세계를 착취하는 자들

문명과 혐오

은 이제 더 이상 호상(豪商)이나 독점 귀족이 아니고 고용주 계급도 아니다. 그들은 국가, 즉 단합된 자본과 노동으로 이루어진 새로운 민주주의 국가다." 미국에서, 그리고 식민지의 이른바 엘리트 집단 내에서, 사람들은 아직도 아일랜드 사람들과 똑같은 상황에 직면한다. 백인이 될 것이냐 말 것이냐, 또는 미국인이 될 것이냐 말 것이냐. 점차 짙은 색 피부의 사람들에게도 백인이 될 선택권이 주어진다. 스포케인에 있는 내 어머니의 이웃사람처럼 말이다. 그런데 흰 피부의 사람들도 가끔은 비백인이 될 선택권을 갖는다. 미국의 단일한 목표에 반대하고, 상류층의 독점을 지지하기를 거부하고, 대신 착취당하는 자들 편에 서면 그렇게 된다. 물론 백인과 유색인들이 어떤 의미에서든 우리 문화에서 진정으로 섞일 수 있다는 이야기는 아니다. 두드러지는 예외—콜린 파월, 헨리 시스네로스, 벤 나이트호스 캠벨, 클레런스 토머스 등—가 있지만, 유색인들은 대부분 백인이 아니라 청동색, 일종의 이등 백인이 되기를 꿈꿀 수 있다. 스포케인의 우리 어머니 이웃사람이 흰 피부 사람이 말을 걸 때면 땅을 쳐다본다는 것을 떠올려보라. 그런데 백인이 되지 않기로 결정한 백인들은 선택의 여지가 남아 있는 것이 사실이다. 루비콘 강 같은 것을 건너지 않은 한 언제나 돌아가기를 선택할 수 있는 것이다. 피부색 때문에 처음부터 바깥에서 시작해야 했던 사람들에게는 선택 폭이 넓지 않다는 것(그리고 부모의 경제적 지위를 선택하기도 어렵다는 것)에 비하면 백인의 선택 가능성은 훨씬 크다. 다르게 말하면, 백인됨(Whitness)으로 태어난 사람들—'백인으로 태어난'이라고 쓸 뻔했으나, 잠시 생각해보니 백인이 되도록 훈련되기 때문에 이렇게 표현했다—이 혐오의 대상이 되려면 뭔가 극적인 것을 적극적으로 해야 한다. 반면 살색 아닌 다른 색 피부를 타고난 사람들은 (내 사전에는 살색이 "백인의 일반적인 피부색, 노르스름한 분홍"이라고 정의되어 있다)은 단지 피부색 때문에 혐오의 대상이 될 수 있고, 뭔가 극적인 것을 해야 중추부의 가장자리에라도 겨우 이를 수 있다.

1910년대 말, 1920년대 초에 흑인 린치 사건이 많이 일어났다. 피해를 입은 흑인들 중 많은 이들이 피부색 외에 다른 이유 없이 린치를 당했다. 핑곗거리는 언제나 있었다. 백인 폭도에게 맞아 죽은 프라이빗 윌리엄 리틀은 전쟁터에서 돌아왔을 때 군복을 벗고 속옷차림으로 집으로 들어가라는 요구를 거부했다고 해서 그렇게 되었다. 조지 홀든은 총에 맞은 다음 구타당하고 나무에 묶여서 다시 벌집이 되도록 총을 맞았는데, 한 백인 여자에게 욕을 써 보낸 쪽지의 필적과 그의 필적이 같다는 것이 이유였다. 그런데 홀든은 글을 쓸 줄 몰랐다. 800~1,000명의 남녀로 구성된 폭도에 의해 불태워져 죽음을 당한 로이드 클레이는 초저녁에 한 백인 10대 소녀를 강간하려 했던 사람으로 지목되어 그렇게 됐다. 사실은 룰루벨 비숍 양의 애인인 백인 남자가 그녀의 허락을 받고 창문으로 몰래 들어오던 중이었다. 가족 중 한 사람이 그 소리를 듣고 소란을 일으키자 비숍 양이 문제를 만들지 않으려고 이야기를 지어냈던 것이다. 폭도들이 클레이를 잡아오자 비숍 양과 그녀의 아버지가 그를 죽이지 말라고 간청했으나, 폭도들은 그들의 구실이 또 있었기 때문에 그를 불에 태웠다. 65세의 베리 워싱턴이 린치를 당한 것은 백인 남자가 열여섯 살 된 딸을 강간한 것을 알고 그 직후 그 남자를 총으로 쏘았기 때문이었다. 클리블랜드 버틀러는 얼굴에 총을 맞고 죽었다. 백인들이 죽이고 싶어하던 다른 흑인과 닮았다는 것이 이유였다. 오마하에서 남자, 여자, 아이들 1만 명이 윌 브라운을 감옥에서 꺼내어 목을 매달아 죽였다. 그가 백인 아이를 폭행했다고 (잘못) 생각했기 때문이다.

반면 백인이 이런 대우를 받으려면 엄청난 모독 행위를 했어야 한다. 오마하의 폭도들은 그들의 광란을 막으려 했다는 이유로 (백인) 시장을 때려 죽이기까지 했다. 이것은 백인 중에서 가장 흰 백인도 혐오에서 한 걸음 멀어지면 자기가 가진 백인됨을 갑자기 빼앗길 수 있다는 것을 보여준다.

프랭크 리틀과 웨슬리 에버레스트의 사례도 있다. 그들은 워블리 (Wobbly) 즉 세계산업노동자동맹(IWW)의 일원이었다. 동맹은 급진적이 고 전투적이고 철두철미하게 반자본주의, 반전주의를 내세웠다. 그것은 전세계 노동계급을 하나의 혁명적 조직으로 묶기 위해 설립된 조직이었 다. 결성식 집회에서 나중에 가장 유명한 조직원 중 하나가 된 빌 헤이우 드(Bill Haywood)가 개회를 선언한 다음 큰 소리로 이렇게 외쳤다. "우리 조직의 목표와 목적은 노동계급이 자본과 주인들과 관계 없이 경제력, 즉 생활 수단을 소유하고 생산과 분배 기구를 장악하는 것입니다." 이 동맹 의 규약 전문(前文)은 이렇게 시작된다. "노동계급과 고용주 계급은 아무 공통점이 없다. 수백만의 노동자들이 굶주림과 빈곤에 허덕이고 고용주 계급을 구성하는 몇 안 되는 자들이 모든 좋은 생활 수단을 차지하고 있 는 한, 평화는 있을 수 없다. 전세계의 노동자들이 단결하여 땅과 생산 기 계를 소유하고 임금 제도를 철폐할 때까지 이 두 계급 간의 투쟁은 계속 되어야 한다." 땅을 소유한다는 개념은 좋은 생각이 아닌 듯하고 가능하 지도 않은 것이다. 그리고 생산 기계를 소유하게 되면(생산 자체를 없애는 것이 아니라) 계급투쟁이 없어질 것이라고 주장하는 것으로 봐서, 워블리 는 때때로 날카로운 분석을 보여주지만 생산을 우선시하는 맹점이 있었 음을 알 수 있다. 생산주의의 믿음은 뿌리가 깊다.

규약 전문은 이렇게 이어진다. "산업 경영이 점점 더 적은 수의 사람들 손에 집중되는 것은 직종별 노조가 고용주 계급의 점차 커지는 힘에 대처 할 수 없도록 만든다. 직종별 노조는 같은 산업 내의 일군의 노동자들이 다른 집단의 노동자들과 싸우도록 조장한다. 그럼으로써 임금 전쟁에서 서로 경쟁하게 한다. 거기다 직종별 조합은 노동계급이 고용주들과 공통 된 이해관계를 가지고 있다고 믿게 만들 수 있다. 이런 조건들은 바꿀 수 있으며 노동자들의 이익은 조직에 의해서만 지켜질 수 있다. 하나의 산업, 또는 모든 산업에 속한 노동자들이, 파업이나 공장 폐쇄가 어디에서 시작되든 필요하다면 모두 일을 멈출 수 있도록, 그렇게 해서 하나에 대한 타격이 모든 이에 대한 타격이 되게 하는 단체에 의해 노동자들의 이익이 지켜질 수 있다. '정당하게 일하고 정당하게 임금을 받자'는 보수적인 표어 대신, 우리는 '임금 제도 폐지'라는 혁명적인 슬로건을 기치로 내걸어야 한다." 곧 10만 명이 넘는 노동자들을 대표하게 된 이 단체는 인종과 민족을 가리지 않고 누구나 기꺼이 회원으로 받아들였다는 점에서 그 당시로서는 매우 이색적인 단체였다. 예를 들어 빌 헤이우드는 루이지애나의 백인 벌목 노동자들에게 연설을 할 때, 다른 인종과 함께하는 회합을 금지하는 주 법률을 어기고 흑인 노동자들과 함께할 것을 요청했다. IWW에서는 여성이 단지 환영받은 정도가 아니라 핵심 역할을 했다(예를 들어 IWW의 유명한 '반란 소녀' 엘리자베스 걸리 플린은 열일곱의 나이에 벌써 연설을 하고 있었다).

　IWW의 장기적인 목표는 기업을 인수하고 노동자들이 자기 노동에서 나온 이익을 갖게 하는 것이었다. 단기적으로는 노동자들이 속박에서 벗어나는 것이 목표였다. 가내 노예는 미국에서 불법화된 지 오래였지만, 가난한 사람들이 땅을 전혀 가질 수 없었고 고용주와 노동자의 관계가 부자들에 의해 만들어지고 강제되었으므로, 부자들에게는 항상 못 가진 자들의 노동을 마음대로 쓸 방법이 있었다. 예를 들어 IWW의 한 노조원은 이렇게 썼다. 워싱턴 주 스포케인에서 "지난 겨울 50명의 인력을 유지하기 위해서 3,000명이 넘는 사람들이 취업 사기꾼들에게 매여 있었다. 소머스 제재 회사의 한 작업장에서는 취업 사기꾼에게 수수료, 병원비, 인두세, 몇 가지 다른 부당 이득을 떼줄 만한 돈이 모이면, 그는 해고되고 다른 노예를 위해 방을 비워줘야 했다. 그렇게 해서 교묘하게 폭리를 취

문명과 혐오

하는 과정이 계속되었다. 이런 갖가지 수수료는 소장에게도 돌아갔다. 대부분의 경우에 이런 수수료는 며칠 일당을 잡아먹었고 며칠이 지나면 해고당했다. 그러면 5센트 조금 넘는 정도의 수표를 손에 쥐게 되었다. 사기꾼에게 당한 피해자들은 대부분 술집에 가서 그 수표를 현금으로 바꾸고 약간의 흥분을 느꼈다. 안 느낄 수가 있겠는가? 이 남자들에게 인생이란 무엇인가? 그들의 인생에 무엇이 있는가? 독한 위스키는 잠시 세상이 밝아 보이게 했다. 그런 후 지친 떠돌이는 도시로 간다. 제국의 노예 시장인 스포케인으로 돌아간다. 거리에서 IWW 조직원의 연설을 듣는다. 위대한 혁명적 노조라는 반가운 소식. 하나의 손상이 전체의 손상. 전세계의 노동자들이여, 단결하라, 우리가 잃을 것은 떠돌이 생활이고 얻을 것은 세계 전체다. 노동이 모든 부를 만들어내고, 그것을 만드는 사람들은 뜨내기 노동자, 떠돌이 일꾼들이다. 이런 이야기가 그의 귀를 사로잡았다. 그런 원칙을 가진 노조를 위해서라면 지옥에라도 뛰어들겠다. 그는 스포케인에서 지옥으로 뛰어들었다. 그리고 마지막 한 푼을 기부했다. 그는 곧 돌아올 것이다. 그리고 필요하다면 계속해서 돌아올 것이다. 그 진실을 길거리에서 말할 수 있게 될 때까지."

스포케인 당국의 반응은—이것은 다른 도시에서도 잇달아 나타났지만—거리에서 정치적 연설을 금지하는 법을 통과시키는 것이었다. 윌리엄 하워드 태프트 대통령이 두 시간 동안 스포케인 거리에서 (상무부에서 대신 써준) 연설문을 읽었을 때처럼 귀한 연설은 예외로 했다. 연설이 금지되었으므로 수천 명의 워블리들이 연설을 하기 위해 화물 열차로 이동했다. 때로는 상자로 즉석 연단을 만들고 그 위에 올라서야 했다. 수백 명이 체포되고 구타당하고 투옥되었다. 일부러 감옥을 사람이 살 수 없을 조건으로 만든 탓에 많은 사람들이 감옥에서 죽었다. 그러나 더 많은 워블리들이 가난한 사람들 편에서 연설하기 위해 쏟아져나왔다. 오레곤에 사는

저항

어떤 사람은 다음과 같은 쪽지를 보냈다. "양 캠프 1호에서 지금 막 집회가 열렸음. 참석자는 셋, 양치기 한 명과 개 두 마리. 다음 결의 사항이 채택되었음. 스포케인의 자유 발언 투쟁을 위해 10달러를 보내기로 함. 자유를 위하여, 토머스 앤더슨. 추신. 기다려요. 내가 가요."

이 모든 것은 IWW가 백인우월주의에 강하게 반대했고 따라서 매우 심한 혐오를 받았음을 뜻한다.

기업 신문들은 이런 혐오에 반응하여 그것을 표현하고 그것에 불을 질렀다. 《로스앤젤레스 타임스》는 이렇게 보도했다. "IWW 노동자들의 방문 동안 그들은 라이플로 무장한 시민들로 구성된 의장병의 보호를 받을 것이다. 검시관이 매일 사무실을 지킬 것이다." 《프레스노 헤럴드》는 워블리들에게는 "태형 기둥에 매달고 아홉 갈래 채찍을 맞게 한 다음 소금물에 담가 간을 맞추는 것이 전혀 심한 대우가 아니다"라고 썼다. 《샌디에이고 이브닝 트리뷴》은 이렇게 썼다. "처형도 그들에게는 과분하다. 그들은 죽는 편이 훨씬 나을 것이다. 그들은 인간 경제에 절대적으로 쓸모가 없기 때문이다. 그들은 창조의 쓰레기이므로 망각의 하수구로 내려 보내야 한다. 다른 배설물들과 함께 하수구에서 썩게 해야 한다." 캘리포니아 주의 한 의원이 그 혐오의 이유를 명확히 보여주었다. 워블리들은 더 이상 백인이 아니고, 그들을 제거하는 데 실패하면 모두가 그들처럼 될 것이기 때문이라고 그 의원은 말했다. "미개한 아프리카의 원주민들처럼, 법률, 정의감, 인권도 없이 밀림에 사는 짐승들처럼 될 것"이라고 했다.

때때로 워블리에 대한 다른 견해나 다른 취급이 주류 언론의 식자기를 통해 흘러나오기도 했다. 예를 들어 《샌디에이고 선》지는 이런 글을 실은 적이 있다. "살인자, 노상강도, 흉악범, 좀도둑, 강도, 가정폭력범 등 감옥에 갇혀 있는 모든 종류의 범죄자들도 이 거리 연설가들에 비하면 좋은 대접을 받았다." 그러나 이런 견해—단순한 사실이라고 해야겠지만—

문명과 혐오

는 곧바로 묵살되었다. 자본주의를 고양하는 사회적 임무를 다해야 한다
는 신문 기자의 내면화된 요구 때문일 때도 있었고, 그런 자기 검열이 이
루어지지 않았을 경우에는 노골적인 폭력에 의해서 그렇게 되기도 했다.
《샌디에이고 헤럴드》가 그런 경우였다. 그 신문은 워블리들의 입장에서
글을 썼는데, 누군가가 그 회사의 조판기를 부숴버린 다음 편집장을 납치
해서는 살해하려 했다. 머리에 총을 겨누는 것이 편집 방향에 놀라운 효
과를 미칠 때가 많다. 그 신문사뿐만이 아니라, 편집장이 당장 죽고 싶은
마음이 없는 경우에는 다른 회사들도 모두 마찬가지였다.

《헤럴드》지 편집장이 납치된 다음 날 《이브닝 트리뷴》은, R. D. 랭이
이야기한 역기능적 가족의 세 가지 규칙에 기초하고 있는 문화에서 언론
의 자유가 무슨 의미인지를 극명하게 보여주었다. "샌디에이고 시민 중에
이 아나키스트들에게 공감하는 사람이 있다면, 이 도시에 있지 말아야 할
것이다. 샌디에이고는 그런 사람을 원치 않으며, 아나키스트의 '언론의
자유'를 주장하고 충성스럽지 않은 행동을 하는 것은 용납할 수 없다. 이
것은 샌디에이고의 최후통첩이다. 우리는 이런 명백한 범법자들로부터
우리를 지킬 권리가 있다고 주장한다. 우리의 방어 무기를 선택할 권리를
주장한다." 내가 가진 사전에서 '충성'이라는 말의 정의 중 첫 번째는 "자
기 나라의 관계 당국에 충실한 것"이다. 이것이 의미하는 바는 권력자의
명령에 충실하기만 하면 뭐든 말해도 된다는 것이다. 즉 그들 마음에 드
는 것이기만 하면(최소한 그들 마음에 지나치게 안 드는 것만 아니면) 뭐든 말
해도 된다는 뜻이다. 다시 말해, 인류애에 충실하지 않은 것, 현실에 충실
하지 않은 것이면 뭐든 말해도 된다. 권력자들 마음에 들지 않는 것에 대
해, 그들은 방어 무기를 선택할 권리를 주장한다. 이것을 정신나간 한 신
문 편집장의 헛소리라고 간단히 보아 넘기기 전에, 1917년 방첩법을 기
억하라. 수천 명의 흑인들이 건방져 보인다고 해서 린치를 당했다는 것,

인디언들이 단지 존재한다는 것만으로도 권력자들은 "자신의 방어 무기를 선택"하기에 충분했다는 것, 필리핀 사람들이 저항하자 "원주민을 불태우고 죽이는" 정책을 택했다는 것—이렇게 말하면 필리핀 사람들의 행동 때문에 그런 잔학 행위가 일어나게 된 것처럼 들릴 수도 있지만 실은 그들이 어떻게 했더라도 미군의 잔학 행위는 일어났을 것이다—을 기억하라. 그런 정책에 대해 한 장군은 이렇게 말했다. "많이 죽이고 많이 불태울수록 좋다."

이 도시에서, 저 도시에서, 워블리는 스포케인에서 받았던 것과 똑같은 대접을 받았다. 더 나쁜 대접을 받기도 했다. 시민들이 줄을 서서 소방관과 경찰관들이 그들에게 물을 뿌리기 위해 호스를 돌리는 것을 도왔다. 워블리들에게 뜨거운 타르를 끼얹기도 했다. 모욕과 고통을 주는 의례에 강제로 참가시키기도 했다. 그것은 애국심과 생산을 섬기는 신성한 의례였다. "행사의 첫 순서는 국기에 키스하는 것이었다. '이 개새끼야, 나와서 국기에 키스해. 씨발 놈.' 그가 이야기하는 동안 나는 수레바퀴 살로 온몸을 맞았다. 국기에 키스한 뒤에는 두 줄로 늘어선 사람들 사이를 달리게 했다. 양쪽으로 길게 늘어선 사람들에게 매질을 당하라는 것이었다. 양쪽에 각각 50명이 늘어서 있었는데 모든 사람들이 각각 총과 몽둥이로 무장하고 있었고 어떤 사람들은 긴 채찍을 가지고 있었다. 내가 그 사이를 달리기 시작했을 때, 술을 많이 마셔서 흥분한 그들은 금방이라도 날 후려칠 태세였다. 30피트쯤 갔을 때 갑자기 무릎을 강타당했다. 수레바퀴 살이 무릎을 찢으며 푹 들어온 것 같았다. 나는 꼬꾸라져버렸다. 누워 있는 동안 다른 동료 노동자들이 사람들 사이에서 맞으며 달리는 것이 보였다. 어떤 사람들은 머리가 깨져서 피를 마구 흘리고 있었고 어떤 사람들은 완전히 쓰러져 있었다. 그러면 일어나서 다시 뛰게 했다. 어떤 사람들은 사람들 틈을 비집고 나오려고 했지만 더 맞기만 했다. 내가 본 것 중에

문명과 혐오

서 가장 비겁하고 비인간적인 머리통 부수기였다." 워블리들은 납치되고 투옥되었으며(납치와 투옥 모두 법적인 절차 없이 이루어졌다), 그들의 얼마 안 되는 소유물은 압수당하거나 파괴되었다. 차 뒤에 매달려 질질 끌려가는 일을 당하기도 했다. 죽은 뒤에 목이 내걸리기도 했다. 많은 사람들이 죽임을 당했다.

워블리 조직원이었던 프랭크 리틀은 몬태나에서 린치를 당했다. 그는 금속 광산 노동자동맹(United Metal Mine Workers)이 임금 인상과 안전기준 강화를 요구하며 벌인 파업을 지지하러 몬태나에 가 있었다. 광산 화재로 160명 가량의 노동자들이 죽자 파업이 일어난 것이었다. 그 화재로 사망자가 그렇게 많이 생긴 것은 회사가 주 법을 어기고 맨홀도 없이 단단한 콘크리트 천장을 만들었기 때문이다. 한 목격자는 이렇게 증언했다. "시체보관소에서 까맣게 탄 시신 몇 구를 보았는데 손가락이 두 번째 마디까지 닳아 있었고 뼈가 튀어나와 있었다. 잠긴 화강암 문을 손으로 파서 그렇게 된 것이다."

이 파업 동안 신문이 어떤 역할을 했는지, 그리고 우리 문화에서 언론인들이 어떤 역할을 하는지를 보면, 자꾸 나치 언론인 율리우스 슈트라이허 생각이 난다. 뉴렌베르크 검사의 말도 머릿속에서 맴돈다. "피고는 반유대인 범죄의 물리적인 범행에 직접 관여한 정도는 비교적 낮다고 볼 수도 있다. 그러나 바로 그 이유에서 피고는 직접적인 범죄보다 더 큰 죄를 지은 것이다." 이 문장에서 유대인 대신 다른 인간 집단을 넣어보라. 인디언, 필리핀인, 중국인, 아일랜드인, 워블리, 아나키스트. 자연계의 집단도 넣어보라. "이 세상의 그 어떤 정부도 그들의 정책을 지지하는 국민들이 없다면 대량학살 정책을 시작하고 실행할 수 없을 것이다." 나치의 경우에 그것이 사실이었던 것과 마찬가지로 우리의 경우에도 그것이 사실이다. "사람들을 교육하고 살인자들을 만들어내고 혐오를 가르치고 혐오를 주입하는 것 …… 그것이 슈트라이허의 일이었다." 현대의 선전도 똑같은 기능을 한다. "일찍이 그는 박해를 주장했다. 박해가 벌어지자 그는 몰살과 절멸을 이야기했다. …… 이런 범죄들은 피고나 그와 비슷한 사람들이 없었다면 일어날 수 없었을 것이다. …… 그가 없었다면, 헤르만 괴링, 칼텐브룬너, 히틀러 같은 자들의 명령을 따를 사람이 없었을 것이다." 샌디에이고에서 워블리들이 사람들 사이로 달리면서 매를 맞은 일에 대해서 쓴 기자의 말이 떠오른다. "샌디에이고는 그렇게 했다. 역사적인 고속도로(엘 카미노 리얼)를 사랑과 자선의 상징으로 남기기 위해 돈을 쓴 다음, 그 길 위에 있는 사람들에게 애국심과 준법정신을 가르친다."

　시카고에서 IWW 조직원의 재판(몬태나 파업과는 상관 없는 다른 일에 대한)에서, 워블리 측 변호사가 《뷰트 이브닝 포스트》 기자에게 물었다.

문: 뷰트의 노동 문제에 대한 귀 신문사의 입장은 무엇입니까? 최근 파업 기간 동안 파업을 지지했습니까?
답: 아, 아니오, 아닙니다.
문: 광산 화재에 대해 누가 기사를 썼습니까?
답: 서너 명이 거기 갔지요. 저도 있었습니다.
문: 광산에 맨홀 없는 콘크리트 받침 벽이 있어서 사람들이 갇히게 되었다는 것, 그 벽이 200명의 목숨을 앗아갔다는 것을 기사에 썼습니까?
답: 아닙니다.
문: 안 썼다고요?
답: 안 썼습니다.
문: 광부들 시체가 나올 때 거기 계셨습니까?
답: 내내 있지는 않았지만 잠시 있었습니다.

문명과 혐오

문 : 신문사의 방침이라는 것에 맞추기 위해 윤색해서 기사를 쓴 적은 없습니까?

답 : 윤색했을지도 모릅니다. 사건의 강도를 약하게 보이게 썼을 수도 있습니다. 그건 늘 있는 일이지요.

8월 1일 오전 3시, 남자 서너 명이 프랭크 리틀을 그의 하숙집에서 붙잡았다. 그는 이미 여러 번 매를 맞은 적이 있었고 감옥에도 여러 번 들락거렸었다. 그런데 이번에는 남자들이 자동차 범퍼에 그를 묶고 무릎뼈가 다 닳을 때까지 길거리를 돌아다녔다. 그러고 나서 철도 버팀목에 매달았다.

앞의 기자가 같은 재판에서 같은 변호사에게 이런 질문을 받았다.

문 : (프랭크 리틀을 뒤에 매달고 끌고 다닌) 자동차에 탔던 사람이 누구인지 알아보려 한 적이 있습니까?

답 : 없습니다.

문 : 제가 그들 이름을 알려드린다면, 신문에 실으시겠습니까?

답 : 아니오.

문 : 안 신는다고 하셨습니까?

답 : 안 실을 겁니다.

문 : 그 자동차를 운전한 소년의 이름을 알려드린다면, 신문에 실으시겠습니까?

답 : 아니오!

1916년 11월, 약 250명의 워블리들이 증기선을 타고 시애틀을 떠나 워싱턴 주 에버레트로 향했다. 지붕 수리공들의 긴 파업과 언론의 자유 투쟁을 지원하기 위해서였다. 예전에 그곳에 지부 사무소를 열려고 했던 워블리들이 구타당하고 도시에서 쫓겨난 적이 있었다. 무장도 하지 않은 이 워블리들을 선착장에서 맞이한 것은 그들과 비슷한 수의 무장한 시민들이었다. 목재 회사가 모집하고 그 지역 보안관이 부보안관으로 임명한 무장 시민들은 증기선이 정박하자마자 총을 쏘아대기 시작했다. 배에서 뛰어내린 워블리들은 쉬운 목표물이 되었다. 얼 호수에서 인디언들이 그랬던 것처럼 말이다. 시민들은 창고에 붙어서, 물에 뛰어든 사람들이 숨을 쉬려고 고개를 내밀 때마다 하나씩 총을 쏘아 맞혔다. 워블리들의 시체 다섯 구는 발견되었지만 열 구가 넘는 시신이 바다에 떠내려갔을 것이다. 시민 두 명이 자기들이 쏜 총에 맞아 사망했고 수십 명—워블리들, 부보안관들—이 부상을 입었다. 워블리들은 체포되고 구타당하고 고문당했다. 77명은 부보안관 한 명의 살인 혐의로 기소당했다. 부보안관들 중에서 워블리들을 살해한 데 대해, 또는 다른 부보안관을 죽인 데 대해 기소를 당한 사람은 아무도 없었다. 이 사건에서는 워블리들이 무죄 방면되었다.

여기서 웨슬리 에버레스트가 생각난다. 워블리들은 워싱턴 주 센트랄리아에 연맹 회관을 만든 적이 있었다. 그들은 다른 곳에서 당했던 것과 똑같이 구타당하고 회관에서 쫓겨났다. 타르 칠을 하고 새털을 붙이는 것도 당했다(신변에 위협을 크게 느낀 워싱턴 주의 한 회원은 베개를 뜯어서, 나는 위협을 느끼지 않으며 그들이 나를 잡으러 오면 내가 깃털을 제공하겠다는 쪽지를 베개와 함께 창가에 두었다). 그들은 그 연맹 회관을 다시 열었다. 경제인들과 애국자들은 이번에도 그들을 쫓아낼 것을 결의했다. 1919년 휴전 기념일, 미국 재향군인회와 엘크스회(자선 사교 애국 단체-옮긴이), 보이스카우트 등의 회원들은 워블리 본부로 행진해 갔다. 시내의 많은 사람들, 심지어 워싱턴 주의 반대편에 있는 사람들도 무슨 일이 벌어질지 알고 있었다. 멀리 타코마 같은 곳에서도 《뉴스 트리뷴》 지가 이런 사설을 실었다. "센트랄리아에서 옛날 서부의 자경단 정신을 되살리는 시민들의 위원회가 구성되었다. 자경단은 법을 지키는 시민 정신을 일부 불법 분자들에게 강제하기 위해 많은 일을 했다. …… 그 목적은 그 도시와 주변 군에서 IWW 활동을 막기 위해 싸우는 것이다. 그 조직은 법과 질서를 지키고자 하는 모든 시민의 가입을 환영한다. …… 법과 질서를 지키는 행동이 우위에 있어야 한다고 믿는 사람들이 행동할 때다. …… 모든 도시와 읍은 센트랄리아의 모범을 따르는 것이 득이 될 것이다." 재향군인회 회원들은 법과 질서를 이익으로 바꾸는 길의 선두에 서서 그날의 활동을 위해 공개적으로 밧줄을 샀다. 폭도들은 목적지에 도착해서 "가자, 놈들을 해치우러!"라고 외치면서 연맹 회관으로 달려들었다. 그런데 이번에는 워블리들이 맞서 싸웠다. 이미 사둔 총을 쏘기 시작했다. 2년이 넘도록 수백 개의 지부가 급습당했지만 워블리들이 맞서 총을 쏜 것은 이때가 처음이었다(그들은 자주 사보타주를 활용했다. 때때로 폭력을 쓴 적이 있긴 하다. 펜실베이니아가 그런 경우였는데, 그때 파업 노동자를 죽일 때마다 국민군 한 명씩을 죽이겠다고 말했다. 그러나 연맹 회관을 방어하려고 폭력을 쓴 적은 없었다). 공격하던 사람 중 세 사람이 고꾸라지자 다들 뒤로 물러났다. 그러나 곧 다시 밀어닥쳐서 연맹 회관을 점령했다. 거기서 여섯 명의 워블리가 붙잡혀서 감옥으로 보내졌다. 일곱 번째 워블리가 웨슬리 에버레스트였다. 그는 총알이 다 떨어지자 뒷문으로 뛰어내렸다. 또 다른 군중이 뒤쪽에 모여 있었지만 사람들을 뚫고 울타리를 넘었다. "따라오지 마. 그럼 안 쏠 테니까." 그가 달리면서 장전을 하고 이렇게 말했다. 사람들이 따라갔다. 마침내 그의 속도가 느려지더니 뒤돌아서서 총을 쏘았다. 총알이 다 떨어졌을 때 다시 달리기 시작했다. 다시 한 번 도망치면서 장전을 했다. 또 돌아서서 총을 쏘기를 되풀이했다. 군중 속에 있는 사람들이 맞서서 총을 쏘았다. 결국 강에 도착했는데 그가 강물 속으로 뛰어들어버렸다. 잠시 동안 그는 비교적 안전한 건너편으로 헤엄쳐 가려고 하는 듯했다. 그러다가 멈

저항

추었다. 그러고는 돌아와서 군중을 마주보고 조롱하는 듯 미소를 지었다. 그가 말했다. "이 중에 짭새가 있으면 순순히 잡혀가도록 하지. 아니면 날 그냥 내버려둬." 군중이 슬금슬금 물러났다. 그때 그가 총을 쏘아서 목재 회사를 운영하는 대실업가의 조카가 죽었다. 그 모든 것을 처음부터 선동 했던 자였다. 총이 말을 듣지 않게 되자 웨슬리 에버레스트는 총을 버리 고 주먹으로 싸우려고 했지만 역부족이었다. 사람들은 그를 처치할 기회 를 서로 가지려고 싸웠다. 한 실업가는 그의 얼굴 살을 잡아당겼다. 어떤 사람은 총신으로 그의 치아를 쳐서 빼갔다. 어떤 사람이 밧줄을 거두자 에버레스트가 말했다. "대낮에 사람을 린치할 배짱은 없는 모양이로군." 그의 말이 옳았다.

그들은 다른 워블리들이 있는 구치소로 그를 데리고 가서는 바닥에 내 팽개쳤다. 어둠이 내린 뒤 그들이 돌아왔다. 구치소를 지켜야 할 경찰관 은 이렇게 말했다. "쏘지 말아요, 여러분. 당신들이 찾는 사람 여기 있소." 에버레스트는 비틀거리며 일어났다. 그들이 다가올 때 그가 다른 워블리 들에게 남긴 마지막 말은 이랬다. "동지들한테 내가 노동계급을 위해 죽 었다고 말해주시오."

그들은 그를 자동차 뒷좌석 바닥에 던져놓고는 체할리스 강 위의 다리 로 갔다. 가는 도중에 그를 붙잡아 가는 사람들 중 한 명을 그가 약하게 쳤기 때문에 그의 팔을 묶었다고 한다. 그 다음 어떤 사람이 면도칼을 꺼 내서 그의 바지를 내리고 거세했다. 그들은 다리 한가운데로 그를 데리고 가서 목에 밧줄을 묶었다. 그들이 그를 던져버리려 할 때 그가 손끝으로 기둥 하나를 붙잡고 꼭 매달렸다. 한 실업가가 손가락을 짓밟아서 그가 떨어졌다. 밧줄이 휙 하는 소리를 내다가 덜컹하고 멈췄다. 그가 신음 소 리를 냈다. 그들은 그를 다시 끌어올려서 좀 더 긴 밧줄을 매달아 다시 던 졌다. 그 다음 더 긴 밧줄을 가지고 세 번째로 던졌다. 밧줄이 낭비되는 것은 개의치 않았다. 그렇게 하는 것이 더 좋은 추억으로 남을 테니까. 자동차 헤드라이트로 시신을 비춘 다음 사격 연습을 하기도 했다. 그 다음 시신을 다시 구치소로 가지고 갔다. 검시관은 나중에 웨슬리 에버레스트가 구치소를 부수고 나간 다음 체할리스 강으로 가서 밧줄을 목에 걸고 강으로 뛰어내렸다고 말했다. 밧줄이 너무 짧다는 것을 발견하고 올라와서 목이 부러질 때까지 두 번 더 똑같은 일을 했고, 그후 스스로 벌집이되도록 자기 몸에 총을 쏘았다는 것이다. 센트랄리아 사람들은 그것을 우스운 농담이라고 생각했다.

센트랄리아 신문은 지체없이 그 행동을 칭찬했다. "어젯밤의 일화는 시간 낭비 없이, 지루하고 느린 법 절차 없이 빨갱이 혁명가들에게 그들이 받아 마땅한 것을 준 자연스런 결과일 뿐이다. …… 어젯밤의 명백한 법규 위반은 법과 질서의 정수를 지키는 것이었다."

폭도들 중 아무도 이 폭력 사태와 관련해서 기소당하지 않았다. 워블리들 중 서너 명은 살인죄로 유죄 선고를 받아 징역 25년에서 40년 형에 처해졌다.

■　■　■

앞에서 나의 인종차별주의의 예로 픽업트럭 주위에 모여 선 백인 10대들 집단을 보고 단지 물러서서 피했다는 사실을 이야기했다. 그들이 흑인이었다면 다른 길로 갔을 것이라고 썼다. 그러나 지금 나는 웨슬리 에버레스트, 프랭크 리틀 등 흰 피부의 비'백인(White)'들에 내가 더 많은 관심을 기울이고 있는 게 아닌지 생각하고 있다. 에버레스트에 대해서는 여섯 문단을 할애하면서 프라이빗 윌리엄 리틀 이야기는 단 한 문장뿐이고 로이드 클레이는 세 문장뿐인 건 왜인가? 그들 이야기가 생생하지 않고, 그들 삶이 소중하지 않은가? 물론 전체적으로는 백인보다 흑인에 대한 린치를 더 많이 썼지만, 유색인들이 수백 배는 더 많이 린치를 당했다. 나는 수백 배 많은 공간을 할애했던가?

나는 이 점에 대해 오래 생각해왔다. 아마도 백인 피해자에 대한 연구가 더 쉽기 때문일 것이다. 센트랄리아 학살에 관해 쓴 책은 많은데 웨슬리 에버레스트가 동료들에게 마지막으로 남긴 말—"동지들에게 나는 노동계급을 위해 죽었다고 말해주시오."—은 몇 년 전에 처음 들었다. 한편, 한 달 전까지 로이드 클레이에 대해서는 들어본 적도 없었다. 알타비스타 검색을 하면 로이드 클레이에 대한 것은 단 두 개가 나온다(같은 이름의 다른 사람들에 관한 것은 몇 개 있지만). 그 중 하나는 린치 당한 아프리카계 미국인 희생자들을 이름순으로 정렬한 목록이고, 다른 하나는 그것과 링크된 것으로 사망일자순으로 분류한 것이다. 그 중 두 번째 것은 "린치 행위 달력: 날짜별로 본 인종 폭력으로 죽은 아프리카계 미국인들, 1865~1965"다. 로이드 클레이의 사망일은 5월 14일이고, 그에 관해서는 다음과 같이 한마디로 나와 있다. "하디 그래디, 조지아 주 에핑엄, 1884년 5월 14일. 데이비드 코튼, 텍사스 주 로즈버드, 1897년 5월 14일. 헨리 윌리엄스, 텍사스 주 로즈버드, 1897년 5월 14일. 세이브 스튜어트, 텍사스 주 로즈버드, 1897년 5월 14일. 신원 미상 흑인 남자, 플로리다 주 브룩스빌, 1900년 5월 14일. 윌리엄 월리스, 조지아 주 그루브타운, 1900년 5월 14일. 윌리엄 우매크, 조지아 주 이스트먼, 1906년 5월 14일. '부둣가의' 맥레인, 아칸사 주 애시다운, 1910년 5월 14일. 로이드 클레이, 미시시피 빅스버그, 1919년 5월 14일. N. A. 웨스트, 플로리다 롱우드, 1925년 5월 14일." 날짜마다 이렇다. 구글 검색을 하면 지나가는 말로 클레이를 다루는 것이 두 개 있고, 시카고의 급진적인 신문에 실린 1919년 기사를 그대로 옮긴 것이 하나 있다. "몇 년 동안 시카고에서 열린 행사 중에 가장 영광스러운 것이라고 최고로 선량한 백인 시민들이 이름 붙인 일이

문명과 혐오

5월 14일 수요일에 벌어졌다. 이 날 무고한 로이드 클레이가 23세의 나이로 남자들, 여자들, 아이들에게 린치를 당하고 화형에 처해졌다. 클레이가 파머 가를 따라 질질 끌려내려갈 때 1,000명이 넘는 사람들이 식인종처럼 소리를 질렀다. 클레이는 길거리에 있는 돌이 그의 몸을 난타하고 칼과 총알이 그의 벗은 몸을 관통할 때에도 비명을 지르지 않았다. 그는 백인 여자인 해티 허드슨 양(이 사건에 관한 다른 신문의 기사에는 룰루 벨 비숍 양이라고 되어 있다)의 방으로 들어갔다는 죄를 덮어쓰고 있었다. 피에 굶주린 군중이 그 힘없는 피해자를 학살하고 있을 때 보안관은 할 일 없이 그 옆에 서서 열심히 시가를 채워넣고 있었다. 그의 어머니는 새까맣게 탄 시신이라도 자기에게 보내달라고 간청했지만, 파삭파삭해지도록 태워버렸기 때문에 아무것도 남아 있지 않았다. 그리고 기념품으로 아이들에게 나누어지기도 해서 남은 것이 없었다. 아이들은 계속해서 이렇게 소리쳤다. '어머니, 저도 깜둥이 손가락 하나 주세요.'"

기사는 이렇게 이어진다. "클레이를 허드슨 양 앞에 데려갔을 때, 허드슨 양은 그가 범인인지 알 수 없으며 무고한 사람의 피를 손에 묻히고 싶지 않다고 말했다. '무고한 피라니, 빌어먹을!' 군중 가운데서 어떤 목소리가 외쳤다. '맞다고 해, 검둥이잖아.' 수백만 명의 목구멍에서 나온 소리였다. 미친 군중의 요구에 따르지 않으면 신체적인 해를 입을지도 모르겠다는 두려움이 들어서, 그녀는 들릴락 말락하게 이렇게 말했다. '그 남자가 맞는 것 같아요.' 이 대답으로 충분했다. 클레이는 즉시 엽총 손잡이를 맞고 쓰러졌다. 군중이 클레이를 짓밟으며 노스퍼스트 가로 끌고 갔다. 남자 세 명이 이다 키프(백인)의 집 바로 앞에 있는 느릅나무를 타고 올라갔고, 군중은 굵은 밧줄을 찾아내고는 광분했다. 그 동안 작은 아이들은 클레이의 몸에 등유를 처발랐다. 어떤 남자가 발꿈치로 그의 머리를 누르고 있는 동안 한 여자가 그의 머리카락을 석유로 적셨다. 성냥을 갖

저항

다댄 다음 클레이가 공중으로 들어올려졌다. 이것이 사람들을 더 흥분시켰다. 클레이는 팔을 들어서 기도하는 것처럼 손바닥을 붙였다. 그러나 소리는 나지 않았다. 고함 소리, 웃는 소리, 자동차 경적 소리로 귀가 멍멍한 가운데, 클레이의 몸이 밧줄에 묶여 느릅나무에 매달렸다. 장차 빅스버그의 어머니가 될 어린 소녀들의 고운 손에 희생자를 겨눈 총이 들려 있는 게 보였다. 모두들 이 끔찍한 만행에 참여하고 싶어서 안달이었다. 총알 하나가 구경꾼 찰스 랜북스(백인이었다)의 뇌를 박살내버렸는데, 그 총알은 어떤 여자의 손에 쥐어져 있던 리볼버에서 발사된 것이라고 한다. 그는 이다 키프 부인의 잔디밭에 서서 시커멓게 탄 시신이 나무에 매달려 있는 것을 보고 있던 중이었다. 그는 가망이 없다고 한다. 베니 스태포드(백인)는 폭도들 중 한 명이었다고 하는데, 오발탄 때문에 뺨에 상처를 입었다. 그는 곧 회복될 것이다. 부풀어오르고 비틀린 클레이의 시신은 교수대에 매달아졌다."

내가 처음에 클레이보다 에버레스트에 더 많은 지면을 할애한 것이 에버레스트에 대한 정보가 더 많았기 때문만은 아닌 것 같다. 리틀이나 에버레스트를 향해 드러난 혐오 대신 덴마크 베시(Denmark Vesey, 1822년 찰스턴의 해방 노예 덴마크 베시가 반란을 계획했으나 실패했다-옮긴이)나 내트 터너(Nat Turner, 1831년 흑인 노예 내트 터너는 버지니아 주 사우샘프턴에서 노예 반란을 시도했으나 실패했다-옮긴이)를 향한 혐오에 대해 쓸 수도 있었다. 거기엔 뭔가 근본적인 것이 있는 것 같다. 물론 나는 여기서 그것과는 다른 이야기를 하고 있다. 우리가 필사적으로 잊으려고 하는 것, 즉 우리의 사회 체제가 비인간적이고 불필요하다는 것을 우리 대다수에게 되살려준다면, 흰 피부 사람들도 혐오의 대상이 될 수 있다는 이야기를 하고 있다. 그러나 피부가 이른바 '살색'이 아닌 경우, 인간이 아니고 사물로 취급되는 사람들, 어떤 타자들을 우리 문화가 어떻게 인식하는가에

문명과 혐오

대해 쓸 때에도, 나는 어두운 피부색 사람들 개인에 대한 이야기를 많이 하지 않은 것 같다. 살색이라고 정의되는 피부색을 가진 사람들에 비해 그들은 주체적이지 않은 인간 존재로 제시했다. 나만 그런 것은 아니다. 시카고 신문의 기사—끝에는 자기도 린치 행위를 하고 싶다는 듯 쓴—를 다 읽은 다음에도 로이드 클레이에 대해서 아무것도 알 수가 없다. 그가 어떻게 죽었는지와 그에게 어머니가 있었다는 것 외에 그에 대한 것은 아무것도 알 수 없다. 적어도 에버레스트의 죽음에 대한 설명에서는, 우리는 그의 투쟁을 알 수 있고 또 이름 뒤에 있는 인간에 대해 조금 알 수 있다. 그러나 클레이의 경우에는, 신에게 바쳐진 산 제물인 양, 기도하듯 손을 모았다는 것만 알 수 있을 뿐이다(백인 군중이 어떤 흑인 남자를 화형에 처할 때 그가 〈내 주를 가까이〉를 불렀다는 이야기를 읽기 전까지 나는 그를 소년이라고 생각하고 있었다).

잠시 에버레스트에 관한 부분을 줄일까 하는 생각을 했다. 아니면 죽은 아프리카계의 삶에 대한 자세한 이야기를 보탤까 하는 생각도 했다(자세한 내용을 찾을 수 있을 것이라고 막연히 생각했던 것인데, 피해자들 중에는 이름도 밝혀지지 않은 사람도 무척 많다는 것을 감안하면 자세한 기록을 찾기는 어려울 것이다. 죽은 사람 이름뿐만 아니라 죽인 사람의 이름도 우리는 알지 못한다. 이것이 핵심이다). 그래서 그렇게 하지 않는 것을 투명하게 드러내기로 했다. 나는 보이지 않는 투명한 우리의 혐오를 가능한 한 많이 보여주고 싶다. 내가 보지 못하는 맹점을 밝히는 것은 그렇게 하기 위한 가장 좋은 방법인 것 같다.

아마도 우리가 인디언 문화를 지속시키려 한 것이
실수였던 것 같다.
아마도 우리는 그 원시적인 삶의 방식을 유지하고자 하는
그들의 비위를 맞추지 말았어야 했다.
우리는 이렇게 말했어야 한다.
아니, 그러지 말고 우리한테 끼어.
우리랑 같이 시민이 되라고.

—로널드 레이건

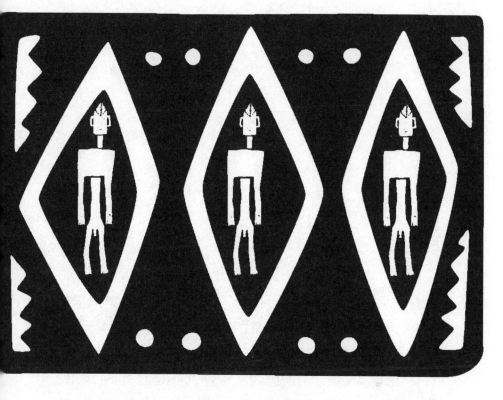

개척지 넓히기

나와 캐런이 신문사에 보낸 독자 편지가 지역 신문에
즐거운 작은 폭발을 불러일으켰다. 리처드 맥나마라라는 사람이 스스로를
학살당한 인디언에 비유한 데 대해 반박한 글이었다. 많은 사람들이 매일
아침 신문의 그 면을 제일 먼저 펼치고 논쟁을 따라잡으려 한다는 얘기를
들었다. 일전에 우체국에 갔더니 내가 좋아하는 직원이 손을 흔들며 이렇
게 소리쳤다. "한바탕 휘저어놓으셨더군요!" 지난 3주 동안 그 주제에 관
한 편지가 열 통도 넘게 신문에 실렸다. 맥나마라를 비롯하여 훔친 땅에
살고 있는 농장주들을 지방 검사가 살인죄로 기소해야 한다는 주장에서부
터, 그 글을 쓴 우리에게 감사하고 편지를 실어준 신문사에 감사한다는 단
순한 편지까지 다양했다. 인디언들은 서양 과학기술 같은 것을 만들 창의
성이 없었으므로 우리 문명을 만나기 전보다 지금 더 잘 살고 있다는 주장
도 있었고, 맥나마라의 견해 외에는 전부 지루하다고 하는 편지도 있었고,
솔직히 말해서 이해가 안 되는 편지도 한 둘 있었다(지방 신문사는 독자들의

문명과 혐오

편지를 싣는 데 아주 특별하고도 존경스러운 개방성을 보여준다).

어떤 편지들은 (이 주제만이 아니라 온갖 주제에 관한 편지들이) 과한 마약 복용이 대뇌피질에 미치는 영향 말고는 아무것도 보여주는 게 없을 때가 많다(몇 년 전에 본 독자 편지가 아직도 기억난다. 전혀 이해가 안 되는 그 편지는 다른 신문에서 본 것이었는데, 이런 제목을 달고 있었다. "코카인에 마리화나 한 모금"). 맥나마라는 자기 어머니가 했던 것과 똑같이, 자기 아버지가 했던 것과 똑같이 반응했다. 난 그의 아들이 쓴 편지를 기다리고 있다.

그런데 특히 한 편지에 대해서는 한참을 생각했다. 인디언들은 창의적이지 않다고, 즉 굴착기, 전기톱 같은 문명의 도구를 만들 만큼 창의적이지 않다고 썼던 사람이 두 번째로 보낸 편지였다. 그는 왜 150년 전에 일어난 일을 가지고 흠을 잡느냐고 우리에게 질문을 던졌다. 그러고는 스스로 답을 제시했다. 백인들이 오래전에 끔찍한 일을 저지른 건 사실이지만, 캐런과 내가 이 오래된 이야기를 들춰내는 것은 최근에 백인들이 저지른 잔학 행위를 찾을 수 없기 때문이라는 것이 그의 말이었다. 그의 최종 결론은 모든 인종 문제에서 상황이 개선되었다는 것이다.

물론 그 말이 맞다. 이제 미국에서는 린치가 많이 일어나지 않는다. 흑인 남자가 백인을 살해한 경우에도 사람들은 자기 손으로 형벌을 내리는 대신 국가가 범인을 투옥하거나 처형하게 한다. 그리고 과거에는 다른 인종 간의 데이트는 죽음으로 응징되는 짓이었지만 이제는 내가 아는 거의 모든 사람들이 피부색이 다른 사람과 데이트를 한 적이 있다. 또 사람들은 예전보다 언론의 자유를 더 많이 누린다. 그렇지 않은가? 학교에는 인종이 섞여 있고 흑인들은 버스 뒤쪽에 앉지 않아도 되고 식당에서 백인들과 함께 식사할 수도 있다. 대체로 백인들은 이제 더는 그들을 학살하지 않는다. 적어도 미국 땅에서는.

물론 신문 칼럼리스트 찰스 크로서머의 표현대로, 문명은 "개인적 권

리의 새로운 세계, 자유를 누리는 인간 집단이 계속 많아지는 것"을 향해
가는 것이 사실이다. 처음에 이스라엘 사람들이 선택받은 민족이었다. 또
는 메소포타미아 남성의 관점에서 보면 그들 자신이 선택받은 사람들이
었다. 그 다음에는 그리스인들이었고, 그 다음에는 로마인들, 그 다음에
는 유럽 사람들이었다. 이러한 역사적 움직임은 전부 내부에 있는 사람들
의 권리가 확장된 것이 아닌가? 언제나 자유를 누리는 집단이 확장되어
새로운 집단 사람들을 포함하게 된 것이 아닌가? 거의 항상 힘으로 그렇
게 됐지만 말이다. 고속감기 버튼을 눌러 미국으로 가보자. 흑인들, 그리
고 여자들 역시 선거권을 얻지 않았는가? 이제는 누구든 제2의 빌 게이
츠, 제2의 콜린 파월이 될 수 있지 않은가?

　내가 아는 것은 다음과 같은 사실들이다. 베트남에서 미국이 갈색 인종
사람들 300만 명 이상을 죽였다는 것을 나는 안다. 그들이 자결권을 원했
고, 식민지 착취에서 벗어나길 원했기 때문이었다. 베트남에서 갈색 인종
비전투원을 공중에서(물리적으로 아주 먼 거리에서), 지상에서(얼굴을 마주
보고 있었지만 심리적으로는 아주 먼 거리에서) 죽인 사람들은 그 행동을 이
용하여 상원에 진출했고 대통령 후보로 출마하기도 했다는 것을 나는 안
다. 1980년대에 미국이 지원하는 과테말라 군대가 매년 갈색 인종 사람
들을 1만 명 이상씩 죽였고, 과테말라의 인디언 400만 명을 제도적으로
쫓아냈다는 것을 나는 안다. 중남미에서, 아프리카에서, 아시아에서 이와
비슷한 일이 100가지도 넘게 일어났다는 것을 나는 안다. 지난해 이란에
서 미국 지원을 받는 독재자가 물러날 때까지, 갈색 인종 사람들 3만 명
이상을 죽였고, 1992년에는 "석유를 위한 피", 걸프전에서 이라크 인들
25만~50만 명—대부분 민간인—을 죽였다는 것을 나는 안다. 미국의 제
재 조치로 매달 1만 8,000명이 이라크에서 죽는다는 것을 나는 안다. 그
중 절반은 5세 이하 어린이들이다. 콜롬비아에서 미국이 지원하는 암살

대에 의해 노조원들이나 토착 부족들—또는 노조원이나 토착 부족 사람일 가능성이 있는 사람, 노조원이나 토착 부족 사람들을 알 수도 있는 사람—이 참수당하고 총상으로 죽고 전기톱에 잘려 죽고 칼에 맞아 죽었다는 뉴스를 매주 접한다. 지난 15년간 콜롬비아에서 살해당한 노조원이 3,000명이다. 인구 비율로 따져보면 미국에서 2만 1,000명의 노조원들이 죽은 것과 같다. 북미에서 수백 년 동안 갈색 사람들이 자기 땅에서 쫓겨났고 그들 땅은 인위적인 불에 타서, 그리고 사람 손에 의해서 황폐해졌다는 것을 나는 안다. 1960년대와 1970년대에 베트남의 갈색 인종 사람들은 자기 땅에서 쫓겨났고 그들 땅은 고엽제로 황폐해졌다는 것을 나는 안다. 그리고 오늘날 콜롬비아에서 갈색 사람들은 자기 땅에서 쫓겨났고 그들 땅은 라운드업과 코스모플럭스로 황폐해졌다(라운드업은 미국이 마약 재배 근절을 위해 마약 재배지에 뿌린 제초제이며 코스모플럭스는 제초제 약효가 오래 유지되도록 하는 표면 활성제다. 미국이 헬기를 동원하여 제초제 등을 공중 살포한 결과 콜롬비아는 생태계 파괴는 물론 인간과 가축의 생명을 위협당하고 있다-옮긴이)는 것을 나는 안다. 국내에서는 여성 강간율이 최고 수준으로 유지된다는 것—그것이 최고가 아니라면, 신이 우리 모두를 도와서 그렇게 되게 할 것이다—을 알고 있고, 아동 학대 비율도 마찬가지라는 것을 나는 알고 있다.

그렇다. 흑인 남자가 백인 여자와 데이트할 수 있고, 백인 남자가 흑인 여자와 데이트할 수 있다. 흑인 남자가 백인 남자와 데이트할 수도 있고, 흑인 여자가 백인 여자와 데이트할 수도 있다. 다른 인종의 경우에도 마찬가지다. 그러나 이 나라 흑인 남자 전체의 3분의 1에 달하는 수가 형법 제도의 감시 아래에 있다는 것도 나는 안다.

그리고 역사학자들은 대부분 오늘날 감옥의 기원을 북동부 감화원에서 찾지만 감옥이 북동부의 감화원에서 발전해온 것이 아니라 남북전쟁 이

개척지 넓히기

전 남부의 노예 수용소에서 발전했다는 것이 더 설득력 있는 주장이라는 것(작가이자 학자이자 운동가인 로버트 퍼킨슨의 주장이다)을 나는 안다. 로버트 퍼킨슨(Robert Perkinson)에 따르면, 남부가 "군사 전통"을 가지고 있었고 그것이 남북전쟁 초기에 큰 도움이 되었는데, 그런 전통을 가지고 있었던 이유는 백인 남자는 의무적으로 흑인들의 소요를 막는 국민군에 참여해야만 했기 때문이다. 그들은 지금 경찰관이 하는 것과 똑같은 일을 했다. 순찰을 돌고 흑인을 붙잡아 세우고 증명서를 보여달라고 요구하고 도망친 노예를 찾기 위해 집을 샅샅이 뒤졌다. 이런 연속성을 보면, 흑인 남자들의 높은 구금율이 갑자기 이해가 된다.

IWW의 자유 연설 투쟁은 끝났고, 이제 우리는 원하는 것은 뭐든 말할 수 있다는 것을 나는 안다. 그러나 기업에 반대하는 목소리를 내는 콜롬비아 언론인들은 죽는다는 것을 나는 안다. 미국 언론인들이 그 같은 행동을 하면 일자리를 잃게 된다는 것도 나는 안다. 그리고 오늘날 시민들이 모여서 기업들에 반대하는 견해를 말하면 술 취한 사람들 사이를 지나가면서 수레바퀴 살로 맞는 형벌을 당하지는 않지만 곤봉, 최루가스, 고무 총알, 소화 호스, 마음대로 구치소에 넣을 수 있는 힘 등을 가진 경찰관들에게 당한다는 것을 나는 안다. 나도 수레바퀴 살로 당할 기회가 있을지도 모른다.

세상은 변했다. 그러나 세상은 변함이 없다. 권력의 얼굴은 바뀌어왔다. 경제적인 이유 때문에 적어도 부분적으로는 바뀌었다. 배를 곯아야 할 정도의 낮은 임금으로 노동자를 고용했다가 사용가치가 떨어지면 내버리는 것이 가내 노예를 부리는 것보다 더 싸게 먹힌다. 사람들을 그렇게 길들일 수만 있다면, 그래서 이제 반란을 일으키지 않을 뿐 아니라 지배를 부당한 것으로 여기지 않고 자신도 타인들의 소유자가 되어보려고 한다면, 노골적인 폭력으로 하는 것보다 수사법의 철창을 통해—내면화된 폭력을 통해—사람들을 줄 세우는 것이 훨씬 비용이 덜 든다. 다시 한 번 스탠리 다이아몬드의 말이 떠오른다. 변경에서는 정복하고 안에서는 억압한다. 두보이스의 말을 다시 한 번 떠올릴 수도 있다. 1차 세계대전 이전에 미국은 전세계를 착취할 능력을 얻었다고 그는 말했다.

이 모든 것은 단순히 이런 이야기다. 사람들이 시스템에 의해 소모됨에 따라, 그에 저항하기를 멈추고 그 일부분이 되기만 하면(즉 인간이 되기를 그만두고 자신을 비인간과 동일시하고 생산을 신봉하는 종교의 기계 논리와 동일시하기 시작하면), 사람들은 훨씬 더 온전하게 소모된 사람들에 의해 다르게 취급되기 시작하고, 다르게 취급되어야만 한다. 크로서머는 계속해서 자유의 범위가 확장된다고 보았지만, 내 눈에는 살아있는 송장의 범위, 살아있는 것을 소모하는 자들의 범위가 계속해서 확장되는 것으로 보인다. 더 이상 저항하지 않는다는 믿음을 준 대가로 자유의 어떤 형태를 부여받은 사람들이 점점 더 많아지는 것으로 보인다.

■　■　■

KKK단은 1910년대 말, 1920년대 초에 다시 고개를 들었다. 〈국가의 탄생〉이라는 영화의 폭발적인 성공에 힘입은 것이었다. 그리고 사회주의 운동의 힘에 대한 보수주의적 반격의 한 형태였다. 최초의 KKK가 노예 노동의 손실에서 나온 혐오심에서 자양분을 얻은 것과 마찬가지로, 이번에는 자본주의에 대한 전세계적인 불만족이 KKK 재등장의 연료가 되었다.

1차 세계대전 이전에는 엄청난 파업 열기가 유럽을 뒤흔들었다. 1913년, 1914년은 러시아 전역에서 대규모 파업이 일어났다. 오스트리아-헝가리는 내전이 터지기 직전이었다. 독일, 프랑스, 이탈리아에서는 혁명 운동과 급진적 노조들이 상승세였다. 미국의 워블리와 사회주의자들에 대해서는 앞에서 이미 살펴본 바와 같다. 영국에서는 조지 5세까지 사회 불안을 인정하고 전쟁 직전인 1914년 여름, 이렇게 말했다. "내전 소문이 나의 백성들 중 가장 책임감 있고 건전한 정신을 가진 사람들 입에 오르 내리고 있다." 폭발이 일어날 수밖에 없는 상황이었다.

문제는 이것이 되었다. 어떻게 폭발할 것인가, 이 폭발이 누구를 향하 게 할 것인가? 언제나 그것이 문제가 된다. 희망을 파괴하는 데에는 의미 없는 긴 전쟁을 하는 것보다 좋은 방법이 없다. 그 방법은 적중했다. 노조 들과 좌파 대부분이 전쟁을 지지했고, 그렇게 하지 않은 자들—미국의 워 블리들 같은—은 국가가 그냥 파괴해버렸다. 전쟁이 끝나고 보니, 혁명 을 추구할 가슴을 가진 사람들이 그다지 많이 남아 있지 않았다. 무솔리 니나 볼셰비키처럼 여전히 혁명을 추구하는 사람들은 사회 질서를 전복 한다는 의미의 진정한 혁명가들이 아니었고 권력 진공 상태를 자신한테 유리하게 만들려는 기회주의자들일 뿐이었다.

그러나 분노를 옆으로 돌린다고 해서 분노가 사라지지는 않는다. 루보 르스키의 실험 대상(또는 우리 모두)이 눈길을 피함으로써(인식을 바꾸는 것 이 아니라) 바람직하지 않거나 위협적이라고 인식하는 대상을 바꾸는 것 과 마찬가지다. 분노는 사라지지 않고 아일랜드 이민자들 같은 더 편리 한, 힘없는 목표물을 찾아낸다.

처음에 KKK단이 "어떤 종류의 클럽을 시작"하고자 한 젊은이들에서 시작된 것이듯이, 20세기 초 KKK단은 자기가 속한 남자들 단체의 수가 충분하지 않다고 생각한 어떤 사람이 재설립했다. 윌리엄 조셉 시몬스는 두 개의 교회에 소속되어 있었으며 메이슨, 나이츠 템플러스(Knights Templars), 나이츠 오브 피티아스(Knights of Pythias), 오드 펠로우스(Odd Fellows), 그 외 여덟 개 조직의 회원이었다. 그는 한때 순회 설교자였는데 세계나무꾼단체의 발기인이기도 했다. KKK를 재설립하기 여러 해 전, 그는 술에 취해 인사불성 상태에서 밤하늘을 가로질러 달려가는 유령의 환영을 보았다. 달 표면이 미국 지도로 변하는 것도 보았다. 시몬스는 무릎을 꿇고 신에게 이게 무슨 의미인지 말해달라고 간청했지만 신은 응답하지 않았다. 몇 년이나 지난 뒤 시몬스가 차에 치였을 때에야 신이 그 답을 알려주었다. 석 달간 침대에서 꼼짝도 못하고 있는데 그 환영이 자꾸자꾸 마음속에서 지나갔다. 말을 탄 사람들이 하늘을 가로질러 달려갔다. 옛날 KKK 문헌을 읽고 그것을 다시 만들기로 결심했는데 왠지 KL이라는 글자에 집착하게 되었다. 새로운 KKK 규약은 클로란이라고 불러야겠다고 그는 결심했다. 두 명의 단원이 대화를 하는 것은 클론버세이션이라고 부를 것이다. KKK 지부는 클래번이라고 부를 것이다. 그런 식으로 새로운 말을 계속 만들어갔다.

시몬스가 살던 조지아 주는 겉으로는 금주법 실시 지역이지만, 특별 클럽의 개인 로커 안에는 원하는 만큼 술을 많이 보관할 수 있게 되어 있었다. 그는 처음에 KKK를 '로커 클럽'으로 만들려고 했다. 그러나 시 공무원에게 그 이름을 입력해달라고 요청했을 때 이 아이디어는 타격을 받았다. 공무원은 큐클럭스클랜이라는 이름은 사람들이 좋아하지 않을 것이라 했다. 왜냐하면 애틀랜타 사람들은 모두 오소리, 표범, 들소가 되고 싶어하기 때문이다. "모두들 동물 이름으로 하고 싶어해요." 공무원이 대답했다.

〈국가의 탄생〉이 시내에 올 때까지는 KKK는 잠들어 있었다. 그 영화가 들어오기 몇 달 전에, 메리 패건이라는 이름을 가진 열네 살짜리 소녀가 자기가 일하던 연필 공장 지하실에서 강간당한 후 살해당했다(그 사건에 대한 글은 모두 강간 살해 피해자의 공포에 대해서만 언급했지, 연필 공장의 어린이 노동에 대해서는 이야기하지 않았다). 그 회사 사장은 레오 프랭크라는 이름의 뉴욕 유대인이었는데, 누명을 쓰고 유죄가 선고되어(소녀의 고용에 대해서가 아니라 살인죄로) 사형을 선고받았다. 그러나 인권 단체가 압

개척지 넓히기

력을 가해서 조지아 주 주지사는 프랭크의 형량을 종신형으로 경감해주었다. 그러자 조지아 주 전역의 점잖은 백인 남자들이 분개했다. 전 연방의회 의원 토머스 E. 왓슨은 이미 패건에 대한 글을 히틀러도 샘이 나서 새파랗게 질릴 언어로 쓴 바 있었다. "우리의 작은 소녀는 이 추악한 변태 유대인에 의해 끔찍한 죽음을 당했습니다." 그리고 유대인들은 검둥이와 마찬가지로 "금지된 열매에 대해 몹시 탐욕스러운 욕구"를 가지고 있다면서 동료 시민들(백인, 비유대인)에게 "궐기하라! 조지아 시민들이여!"라고 요청했다. 그는 "또 다른 KKK가 만들어져서 고향의 규칙을 지켜야 하는 것일지도 모르겠다"고 썼다. 그로부터 나흘 뒤, 한 감리교 목사를 포함한 스물다섯 명의 남자가 스스로 '메리 패건의 기사들'이라고 칭하면서 프랭크를 감옥에서 빼내어 패건이 살던 동네로 데리고 갔다. 그러고는 교수형에 처했다. 이런 흥미로운 사건들이 시몬스로 하여금 KKK를 다시 생각하게 만들었다. 단순히 함께 술 마시는 남자들 클럽이 아니라 "세계 최고의 비밀스러운 사회적 애국적 남자들의 선행 단체"로 만들어야겠다고 그는 생각했다. 시몬스로서는 다행스럽게도, 〈국가의 탄생〉이 시내에 와서 특이한 평을 받았다. 예를 들어 《애틀랜타 컨스티튜션》에 이런 글이 실렸다. "아마 애틀랜타 관객이 감정과 판단을 이토록 자유롭게 배출한 적은 지금까지 한 번도 없었을 것이다. …… 객석에서 환호가 연이어 터져나왔다. …… 이 영화는 예의 따위는 잊고 목구멍으로 외침이 터져나오게 만든다. …… 미국이 경험한 가장 힘든 괴로움과 시련의 시기를 생생하게 경험하게 한다." 괴로움과 시련이란 노예 노동을 잃음으로써 백인들이 피해를 입은 것을 의미한다. 그 메시지는 사람들 사이에서 공감을 얻었다. KKK는 그때 다시 싹트기 시작했다.

KKK는 전쟁 노력에 그들 단체를 밀접하게 연결시켜서, 군 부대 가까이에서 일하는 매춘부들을 괴롭히고 전쟁에 찬성하지 않는 사람들을 위

문명과 혐오

협하고 노동자들이 "IWW 정신에 물들었다"고 폭행했다. KKK의 신념은
직설적이었다. 신입회원은 자신이 "토박이"라는 것을 맹세해야 했고 다
음과 같은 것을 믿는다고 맹세해야 했다.

기독교 교의
백인의 우월성
순수한 미국 여성의 여자다움의 보호
외국 노동운동 선동가에 의한 부당한 파업 방지
미국 헌법 수호
우리 주의 자치권
순수한 아메리카주의 확대

KKK는 전쟁 후에도 계속해서 성장했지만 거의 와해된 상태였다. 만약
시몬스가 그때 막 생기고 있던 홍보 산업의 선구자 중 한 사람과 접촉하
지 않았다면 실제로 와해되었을 것이다. 에드워드 영 클라크는 《애틀랜타
컨스티튜션》지 편집장의 동생이었는데, 그는 남부홍보협회를 운영하고
있었다. 그는 KKK에 돈이 잔뜩 붙어 있는 게 보이는 듯했다. 클라크는 남
부홍보협회만이 KKK단의 광고 대행을 할 수 있게 해달라고 했다. 얼마
지나지 않아 그는 KKK를 모든 다단계 판매, 즉 폰지식 사기 수법의 원조
로 만들었고 불안, 공포, 편협한 신앙, 혐오를 거의 무제한적으로 만들어
내게 되었다. 그는 킹 클리글(King Kleagle)이라고 이름 붙인 직책에 사람
들을 고용해서 각 주의 신입회원 모집을 감독하게 했다. 신입회원 모집은
클리글링(kleagling)이라고 불렸는데 그것을 관리하는 사람이 클리글이었
다. 그들은 집집마다 찾아다니며 KKK단 회원증(클레크토큰(klecktoken)이
라 불렀다)을 10달러씩 받고 팔았다. 클리글은 회원증 한 개당 4달러를 떼

서 가졌고 나머지 6달러는 그의 상관인 킹 클리글에게 넘겼다. 킹은 그 중 1달러를 챙기는 식으로 해서 단계가 올라가며 계속 이어진다.

클리글들은 목표로 삼은 동네의 공포에 호소해서 회원증을 팔라는 지시를 받았다. 최근에 이민자들이 많이 들어온 동네에서는 KKK가 "100퍼센트 아메리카주의를 대변하며 급진 세력 무리에게 이 나라를 넘겨주지 못하게 할 것"이라고 강조했다. 노조 활동이 기존 질서를 위협하고 있는 곳에서는 KKK가 "외부 세력의 사주를 받은 파업 노동자들"에 반대하는 입장을 가지고 있다고 주장했다. 흑인들이 약간 과격한 성향을 띠고 있는 곳에서는 검둥이를 어떻게 다루어야 하는지는 KKK가 잘 알고 있다는 것을 상기시켜주기만 하면 되었다. 역사가 존 하이엄은 이렇게 말했다. "그 전까지 하나의 사회가 그렇게 많은 종류의 혐오를 다 모아서 가지고 있었던 적이 없었다. 또는 그렇게 내면을 철저하게 드러낸 적이 없었다."

KKK는 싹이 트는 단계를 지나 폭발적으로 성장하기 시작했다. 1년이 되지 않아 1,100명의 클리글들이 전국에서 가입을 권하고 있었고, 15개월 후에는 KKK 회원수가 10만 명에 육박했다. 클라크는 시몬스에게 이렇게 말했다. "KKK에 대한 반응만큼 전국적으로 뜨거운 반응은 본 적이 없다."

회원 수가 느는 만큼 KKK의 폭력도 빨리 늘어났다. 어떤 폭력 행위는 선거와 관련된 것이었는데, 흰옷 입은 회원들이 흑인, 유대인, 가톨릭 신자, 사회주의자 등에게 투표를 하지 말라고 협박했다. 섹스와 관련된 폭력 사건도 있었다. KKK단원들은 '프로테스탄트 백인 여자'라는 금지된 열매를 몹시 먹고 싶어하는 자라고 판단되는 사람들을 구타하고 채찍으로 때리고 거세했다. 이런 폭행 사건 거의 대부분은 자격과 관련된 것이었다. 정치적, 성적, 경제적 자격, 아니면 사회적 자격에 관련되어 있었다. 거의 모든 사건이 기존의 사회적 위계 유지와 관련된 것이었다. 1921년, 《뉴욕 월드》가 KKK에 대한 폭로 기사를 크게 실었다. 100건이 넘는

문명과 혐오

폭행 사건에 대한 자세한 설명도 곁들여져 있었다. 18개 주요 신문사들이 그 기사를 받아서 실었고 그로 인해 의회가 조사에 착수했다. 그 조사는 대성공이었다―KKK에게 말이다. 사람들은 그들에 대한 소식을 듣고 무척 좋아했다. 사람들은 KKK가 대변하는 가치를 좋아했다. 유명한 신문기자 멘켄(H. L. Mencken)은 이렇게 썼다. "KKK를 해체해야 할 확실한 이유가 아직 단 하나도 제시되지 않았다. KKK가 유대인을 싫어한다면, 공화국의 좋은 호텔의 절반, 좋은 클럽의 4분의 3도 유대인을 싫어한다. KKK가 외국에서 태어난 사람이나 외국계 사람을 싫어한다면, 미국예술가협회도 외국계를 싫어하기는 마찬가지다. KKK가 흑인들을 싫어한다면, 메이슨 딕슨 선(미국 펜실베이니아·메릴랜드·델라웨어 세 주의 경계선―옮긴이) 이남의 주들도 모두 흑인을 싫어한다. KKK가 저주와 처형에 찬성한다면, 감리교 교회도 그렇다. …… KKK가 잘 속아 넘어가는 사람들을 끌어들이기 위해 우편물을 이용한다면, 적십자도 그렇다. KKK가 자기 도덕성을 스스로 검열한다면, 미국 의회도 그렇다. KKK가 어떤 사람의 딸을 강간한 무어인에게 린치를 가한다면, 당신이나 나 역시 그럴 것이다." (그런데 언론인 멘켄은 "무어인"의 백인(아마도) 여자 강간에 대해서 언급했지만 그 반대 경우는 말하지 않는다는 것이 중요하다. 피지배계급 구성원이 지배계급에 속하는 사람을 강간하는 것은 끔찍한 범죄 행위라고 여겨졌고 현재도 그렇게 여겨지는 반면, 그 역할이 뒤바뀌면 그 행위는 보통 뉴스거리도 안 된다.) 윌슨 대통령은 "외국계 미국 시민들은 …… 우리 국민들 삶의 동맥에 바로 비애국주의라는 독을 쏟아부어왔다"고 말했고 더 나아가 "격노, 비애국주의, 무정부주의의 그런 자들은 박살내야 한다"고 말했다. 법무장관 미첼 파머(A. Mitchell Palmer)도 외국 태생 미국 시민에 대해 이렇게 말했다. "외국계 사람들 중 많은 이들의 교활하고 간악한 눈을 보면 탐욕과 학대, 미친 짓, 범죄가 생각난다. 그들의 균형 안 잡힌 얼굴, 좁은 이마, 모양이 이상한 이목구비는 의심의 여지 없는 범죄형으로 보일 것이다." 파머는 공산주의자들에 대해서는 이렇게 말했다. "공산주의 운동의 지지자들은 모두 고려할 가치도 없는 잠재적인 살인자 또는 잠재적인 도둑놈들이다."

그 폭로 기사와 조사의 여파로 KKK 회원 수는 껑충 늘어나서 100만 명을 넘어섰다. 시몬스의 말마따나 "의회가 우리를 위해 가장 좋은 광고를 해주었다. 의회가 우리를 만들었다." 1923년이 되면, 미 하원 의원 75명 이상이 KKK 덕분에 의회에 자리를 차지하게 되었고, KKK는 최소한 두 개 주에서 KKK에 반대하는 주지사들을 낙선시켰다. 나머지 반대파(한 명을 제외한)는 위협해서 침묵하게 했다. 같은 해, 조지아 주에서 KKK는 주지사, 대법원장, 검찰총장 등을 자기네 회원으로 간주했다. 실제로 미국 대통령 워런 하딩은 백악관 그린룸에서 백악관 성경을 들고 KKK단원이 되기로 선서했다. 그의 입단을 위해 노력한 KKK단원들에게 감사하는 뜻으로, 하딩은 그들에게 육군성 번호판을 주어서, 이 나라 어느 곳에서든 신호를 무시하고 달릴 수 있게 해주었다.

KKK가 정신박약자, 일자무식 고집통, 성난 청년들로 구성되어 있었다고 믿는 것은 오산이다(최소한 하딩의 경우에는 첫 번째 것에 해당하지만 말이다). 조지아 주의 한 연구에서, KKK단원의 92퍼센트는 기혼자였고 3분의 2 이상이 자식을 둔 사람이었다. 15퍼센트만이 "반숙련, 미숙련 노동자", "기계공"으로 볼 수 있었고, 10퍼센트는 대지주, 자본가, 전문직, 반전문직이었고, 대다수는 "자영농, 관리자"였다. 많은 성직자들이 KKK에 긴밀하게 협조했고 KKK단원인 성직자들도 많았다. 1924년까지 KKK단원으로 등록된 성직자는 3만 명이었다. 1860년대에 KKK단이 "남부 지역 공동체의 진짜 지도자들"로 구성되어 있던 현실은 1920년대에도 변함없었다. 단 1920년대에는 '남부'에 국한되지 않았다는 점이 다르다. 실제로 KKK단은 콜로라도 주, 인디아나 주도 접수했다. 한 언론인은 이렇게 썼

문명과 혐오

다. "기업들을 제외하면, 미국에서 가장 왕성하고 효율적으로 활동하는 조직은 KKK다." 미국 기업 문화와 KKK는 우리가 생각하는 것보다 공통점이 굉장히 많다.

그러니 KKK의 폭력 행위가 기소되지 않았던 것도 당연하다. 애틀랜타의 한 검사는 나중에 이렇게 말했다. "법원의 모든 사람들이 KKK단원이었다. 사실상 모든 판사와 검사 …… 모든 경찰관들, 시장, 의원들까지." 조지아 주지사의 말은 훨씬 더 노골적이다. "KKK단원이나 KKK단 자체에 대해 누가 고발한다면 …… 내가 즉시 사면장을 쓸 것이다."

■　　■　　■

오늘날에도 상황은 달라지지 않았다. 싸움이 벌어지는 장소와 이름만 바뀌었을 뿐이다. 이 책을 쓰기 위해 조사를 하면서 나는 우리 역사를 관통해서 유지되는 그 지속성에 충격을 받았다. 이제는 KKK단원이 주 의회를 장악하지 않고 현재 대통령(아무리 정신박약이라도)은 백악관 성경에 손을 얹고 KKK 입단 서약을 하지 않으니 얼마나 자랑스러운가. 그러나 우리가 우리 자신에 대해 정직해진다면, KKK의 '일곱 가지 숭고한 진리'가 미국 주류 정치를 지배하고 있음을 알아차리게 될 것이다.

첫째, **기독교 교의**. 오늘날 미국 정치인이 아메리카 인디언 작가 바인 델로리아(Vine Deloria)처럼 이렇게 말한다고 상상해보자. "모든 서양 종교가 사라져야 하는 것과 마찬가지로, 서양 과학 중 많은 것은 사라져야 한다. 우리가 어떻게든 이 부담을 벗으려고 하면, 우리가 정부를 더 합리적으로 기능하도록 바꿀 수 있다는 것을 알게 될 것이다. 우리가 우리 문제를 해결하는 것을 돕도록, 정부를 근본적으로 변화시킬 수 있다는 것을 알게 될 것이다." 서양 종교—기독교, 과학, 또는 생산—을 공격하는 것은 **정치적 자살** 행위와 다를 바 없다.

둘째, **백인우월주의**. 물론 백인우월주의라는 수사는 우리 의식의 구석으로 추방되어 있지만, 만약 우리가 그 수사법을 꿰뚫어보고 이 나라에서 누가 소유하고 있는지, 누가 누구를 감옥에 가두는지를 본다면, 우리는 백인우월주의 정책이 계속해서 실현되고 있음을 보게 될 것이다. 게다가 우리가 백인우월주의를 대문자로 써서 모든 인간, 비인간 타자들의 착취에 기초한 세계관을 의미하는 것으로 쓰면, 밖의 정복과 안의 억압, 산업 생산에 기초한 문명을 의미하는 것으로 그 말을 쓴다면, 백인우월주의가 미국 정치를 지배하고 있다고 할 수 있다.

순수한 미국 여성성 보호. 여성의 낙태권 등 재생산(reproductive) 자유에 대항한 투쟁이 분명히 보여주듯이, 오늘날까지도 미국 정치권에서는 미국 여성의 순수성은 보호되어야 한다는 논리를 신봉하고 있다. 여성 자신의 욕구에 반하더라도 말이다.

외국인 선동가에 의한 불법 파업 방지. 약자 몇 개만 대면 된다. NAFTA, GATT, WTO, IMF. 최고경영인들과 정치인들은 이렇게 말한다. '파업해, 그러면 외국인 노동자들을 들여오는 대신, 외국 노동자들에게로 공장을 옮겨 가면 되거든.' 그런데 외국 노동자들이 파업을 하면, 암살대가 출동한다.

미국 헌법 수호. 미국 헌법을 공격하는 것은 기독교를 공격하는 것과 마찬가지로 정치적 자살 행위다. 바로 이틀 전에 나는 베이 에리어(Bay Area)에 있는 지역초급대학에서 졸업식 연설을 했다. 나는 행사 시작 한 시간 전에야 그 행사의 첫 순서로 국가가 연주될 예정이라는 것을 알게 되었다. 미국 정부는 주민의 정부가 아니라 점령 정부이기 때문에(벌써 불경스럽다고 야유하는 휘파람 소리가 들리는 듯하다), 몇 년 전에 나는 성조기 앞에서 일어서지 않기로 맹세한 바 있었다. 그 결심을 하고 난 뒤로 경기장에 간 일이 없기 때문에, 이러한 형태의 명상 자세를 실행할 기회가 없

문명과 혐오

었다. 약 15초 동안 나는 일어서야 하나 말아야 하나를 두고 고민하다가 내 연설을 위해 돈을 댄 학생들을 당황스럽게 하지 않기로 결정했다. 얻는 것은 별로 없이, 불필요하게 학교 행정직원들이 쩔쩔매게 하지 않기로 했다. 이와 같은 결정은 많은 부분, 그 행사의 목적이 나를 위한 것이 아니고 내 정치적 신념을 위한 것도 아니라는 것을 이해한 데에서 비롯되었다. 그 행사의 목적은 시시각각 파괴되고 있는 지구를 위한 것이 아니라, 그 학생들의 진정한 성취를 축하하는 것이었음을 알고 있었기 때문이다. 많은 학생들이 경제적으로 매우 힘든 조건에서 공부했고 이 졸업식이 자기 집안 최초의 대학 졸업식인 경우도 많았다. 이런 것들을 고려해서 내 정치적인 발언은 뒤로 미루기로 했다. 그런 행사를 망치고 싶지는 않았다. 내가 노래를 좀 잘 했더라면, 미국 국가 3절, 금지되어 있는 3절을 힘차게 노래했을 텐데 아쉬울 따름이다. 그런데 정치계의 거물이 국가가 나올 때 일어서지 않는 것을 상상해보라. 그러면 그의 정치 인생이 끝나게 될 것이다.

우리 주 자치권. 그때와 마찬가지로 지금도 지역 사회, 주, 나라의 자치권은 생산주의를 지지하는 정도에 달려 있다. 지역 사회, 주, 나라의 자치권 강화가 생산에 이익이 될 때에는 그것이 강화된다. 지역 사회, 주, 나라의 자치권이 생산을 방해할 때에는 일반적으로 자치권은 무시된다. 예를 들어, 바로 오늘 나는 연방 대법원이 최근 만장일치로 매사추세츠의 어떤 법률이 위헌이라고 판결했다는 소식을 들었다. 그 법률은 미얀마의 군사 독재 정권하에서 사업을 벌인 회사의 상품을 주 정부가 구매하지 못하게 한 것이었다.

순수한 아메리카주의의 증진. 제너럴 모터스 사의 전 사장 찰스 어윈 윌슨이 이런 말을 했다. "나라에 좋은 것은 제너럴 모터스에 좋은 것이고, 제너럴 모터스에 좋은 것은 나라에 좋은 것이다." 그 말을 믿는다면, 순수

개척지 넓히기

한 아메리카주의는 계속 증진되고 있다. "순수한 아메리카주의"를 느슨하게 정의한다 해도, 그것이 무슨 의미든 그에 반대하면 나쁜 평판을 얻게 된다.

애틀랜타 검사가 법원의 모든 사람이 KKK단원이라고 한 말에 대해서도 생각해보았다. 그의 말에서 한 단어를 바꾸어보자. "법원에 있는 사람들이 모두 기업에 속해 있다. 사실상 모든 판사, 검사, 모든 경찰관, 시장, 의원들까지 기업에 속해 있다." 그러면 이제는 주지사의 말을 바꾸어보자. "기업 종사자나 기업 자체에 대해 기소하는 사람이 있으면, 내가 즉시 사면장을 쓸 것이다." 모든 것이 너무나 비슷하다. 내가 보기에 가장 큰 차이점은 목조르기가 훨씬 더 세졌다는 것이다. 삼나무는 혼자서 서 있을 수 없다. 뿌리가 땅 속 깊이 파고 들어가서 서로 다른 나무의 뿌리에 닿고 엉겨서 세상에서 가장 키 큰 나무들이 함께 서 있을 수 있도록 한다. 아주 주의 깊게 들어보면 나무들이 이야기하는 것을 들을 수 있다. 끙끙거리고, 삐걱삐걱 소리를 내고, 바람과 함께 휘파람 소리를 낸다. 어떤 나무들은 고양이 새끼처럼 냥냥 소리를 내고 고래 노랫소리처럼 섬뜩한 노래를 부르기도 한다. 윙윙 하는 소리는 부드럽고 푹신푹신해서 만져보고 싶은 마음이 들게 한다. 그 나무들은 열 명 내지 열두 명이 두 팔을 쫙 벌려서 안아야 될 만큼 크고, 그 어떤 건물보다도 높다. 때때로 나무 꼭대기 한참 아래에 작은 구름이 만들어져서 그 나무들만의 날씨를 독자적으로 만들기도 한다.

큰 숲들은 계속 줄어들어왔다. 그래도 아직 원시림 지대가 있지만, 그리 오래되지 않은 예전까지만 해도 오래된 삼나무 원시림 같은 것은 없었다. 단지 집이 있었을 뿐이다. 숲에 있는 것을 전부 잘라내는 것 같은 말도 안 되는 짓은 옛날에는 아무도 생각할 수 없었다. 옛날에는 강들이 연어로 가득했다. 옛날에는 여기서 인간들이 그 주변과 역동적인 균형 상태

문명과 혐오

를 이루며 살았다. 이제는 아니다.

나는 삼나무 나라에 산다. 내가 이 말을 쓰고 있는 동안—지금 이 순간—보안관, 어로수렵관리청 직원들(그들의 일은 명목상으로는 야생동식물을 보호하는 것이지만 그들이 실제로 하는 일은 산업 생산을 보호하는 것이다), 퍼시픽 목재회사 직원들(전문 용어로 하면 조폭)은 여기서 남쪽으로 100~200마일 정도 떨어진 마톨 강 부근 숲 속(주로 전나무 원시림)에서 사람들을 쫓아내고 있다. 쫓기는 사람들은 벌목을 막으려 하고 있다. 벌목은 환경법을 어기는 것이지만 보안관, 어로수렵관리청 직원, 조폭들에게 그것은 중요하지 않다. 유일하게 중요한 것은 나무들이 베어져야 한다는 것, 그에 반대하는 것은 뿌리뽑아야 한다는 것이다. 환경운동가들은 절벽 끝으로 쫓기고 거짓말로 기만당하고 오랜 징역형을 선고받아왔다. 엊그제 열아홉 살 된 환경운동가가 아동을 위험에 처하게 하고 미성년자 비행에 협조했다는 혐의로 기소되었다. 그의 죄라면, 부모의 동의를 받은 17세 자원봉사 지원자들을 데리고 베이 에리어로 가서 숲을 지키는 데 참여한 것이다. 홈볼트 군의 보안관은 이 아이들은 숲에서 "신체적 위험"에 노출되었다고 주장했다.

보안관 말이 맞기는 맞다. 벌목 인부들이 나무 위로 올라간 10대 한 명에게 산 채로 태워버리겠다고 위협했다. 경찰은 나머지 10대들에게 최루가스를 쏘았다. 벌목꾼들이나 그들 회사는 그 어떤 혐의에 대해서도 기소되지 않았다. 당연하다. 10대 한 명의 어머니는 이렇게 말했다. "그 애를 위험에 빠지게 했던 것은 벌목 인부들, 경찰관, 어로수렵관리청이었어요. 아이들은 세상이 어떻게 돌아가는지를 보고 더 화가 나서 더 용기를 얻고 집으로 돌아온 것 같아요."

몇 해 전, 데이비드 체인(David Chain)이라는 이름의 환경운동가가 벌목꾼들에게 죽임을 당했다. 퍼시픽 목재회사의 인부는 숲 파괴에 항의하는 체인의 몸 위로 나무를 쓰러뜨렸다.

그 인부가 나무를 쓰러뜨리기 바로 한 시간 전에 환경운동가들에게 욕을 퍼부으며 위협하는 모습이 비디오테이프에 담겨 있다. "당장 꺼져! 진짜 열받네! …… 꺼지라구, 이 빌어먹을 놈들아! 안 그러면 나무를 그쪽으로 넘어뜨릴 줄 알아! …… 으으으으, 제기랄! 총만 있었으면 그냥! 여기 있는 저 새끼들을 모두 한방에 보내는 건데. 이제는 못 참아. 내 톱 좀 가져와. 저기로 넘겨버릴 테니까!" 그는 곧 전기톱에 시동을 걸면서 이렇게 소리쳤다. "빌어먹을! 자, 간다!"

나는 나중에 어떤 친구와 이야기를 나누었는데, 그녀의 전남편이 벌목 일꾼이었다고 했다. 그녀는 이렇게 말했다. "벌목꾼들은 나무를 정확하게 동전 위에 떨어지게 할 수도 있어요. 원하는 곳에 정확하게 넘어뜨리지 못하면 숲에서 오래 일하지도 못해요. 그 사건은 살인 같군요."

물론 언론(내셔널 퍼브릭 라디오를 포함하여)과 퍼시픽 목재회사, 훔볼트 군 보안관은 그 살인 사건을 데이비드 체인의 잘못으로 일어난 사고로 보이게 하고 회사가 오히려 진짜 피해자라고 보이게 하려고 전력을 다했다.

나는 그 소식을 공영 라디오 방송을 통해 처음 들었다. 거짓말을 듣고 싶지 않아서 나는 평소에는 라디오를 듣지 않는다. 그런데 그때는 우연히 듣게 되었는데 역시 언론은 실망시키는 법이 없었다. 첫째, 체인은 벌목꾼이 쓰러뜨린 나무에 맞은 것이 아니라 도미노 효과로 다른 나무가 넘어지면서 그를 쳤다고 발표했는데, 이것은 사실이 아니었다. 둘째, '지구 먼저!(Earth First)' 단체 회원들의 울음 섞인 짧고 감동적인 발언 뒤에, 그 기자는 세 가지 기본적인 질문을 던졌다. 그것은 다음과 같다. 첫째, '지구 먼저!' 회원들은 그들의 활동이 위험하다는 것을 알고 있지 않은가? 이 운동가들이 특별히 위험한 형태의 운동을 벌이고 있었다는 것이 사실 아닌가? 둘째, 당연히 벌목꾼이 일부러 그렇게 한 것은 아니지 않은가? ("나무

문명과 혐오

를 그쪽으로 넘어뜨릴 줄 알아!"라는 발언은 명백한 의도를 보여주는 충분한 증거가 아니었다. 그가 총을 원했다는 것도 증거가 되지 못했다.) 셋째, 이 죽음의 여파로 '지구 먼저!'는 다시는 이런 일이 일어나지 않도록 전술을 바꿀 것인가?

운전하면서 그 방송을 듣다가 하마터면 차선에서 벗어날 뻔했다.

퍼시픽 목재회사의 반응 또한 예측 가능한 것이었다. 그 회사의 사장이자 최고경영인인 존 캠벨은 항의 시위대가 그 구역 안에 있었다는 것을 직원들이 알지 못했다고 맹렬히 주장했다. 이런 거짓말을 예상할 수 있었기 때문에 '지구 먼저!' 회원들이 비디오로 녹화를 했던 것이다. 나중에 퍼시픽 목재회사는 언론에 성명서를 발표했는데 그것은 앞서 말한 기자의 질문과 똑같은 목적을 위한 것이었다. 즉 그 죽음을 희생자 탓으로 돌리려는 것이었다. 캠벨은 이렇게 말했다. "그 젊은이가 목숨을 잃은 것은 참으로 안타까운 일입니다. 그리고 체인 씨의 시신을 꺼내기 위해 어제 세 시간 이상 작업해야 했던 우리 노동자들에게도 충격적인 경험이었습니다. 환경 단체들이 회원들을 위험으로 내모는 일을 중단해야 할 때라는 것이 분명합니다."

캘리포니아 법률을 적용하면, 그 인부는 기소를 당했어야 한다. 최소한 2급 살인죄에 해당하기 때문이다. 어떤 행동이 다른 사람에게 실질적인 위험을 야기할 수 있음을 알고도 그 위험을 무시하고 계속 그 행동을 한다면, 그래서 다른 사람이 죽음에 이르게 되었다면, 그 행동을 한 사람은 "계획적 범행 의사"가 있었으므로 2급 살인을 저지른 것으로 본다.

사법제도가 책임을 묻지 않은 것은 그 벌목꾼만이 아니었다. 그의 고용주나 다른 사람이 그들 가까이로 나무를 넘어뜨려서 환경운동가들에게 겁을 주라는 지시를 했다면, 그 고용주나 감독자도 2급 살인죄에 해당한다. 불법 벌목에 항의하는 사람들에게 그 회사가 어떻게 했는지도 사법제도는 제대로 검토하지 않았는데, 이것도 운동가들에 대한 위해, 학대의 일관된 패턴을 드러낸다. 활동가 가까이에 나무가 넘어진 것은 이번이 처음이 아니다. 활동가가 목숨을 잃은 것이 처음일 뿐이다. 퍼시픽 목재회사의 일꾼들은 계속해서 나무를 지키는 사람들 가까이로 나무가 넘어지게 한다. 이 범법자들을 어떻게 해야 하는지는 법에 명시되어 있다.

그러나 권력자들 자신의 목적을 추구하기 위해 법을 이용할 때 말고는 그들에게 법은 전혀 중요하지 않다. 법을 정하고 시행하는 사람이 그들인데, 자기한테 유리하지 않은 법을 왜 만들겠는가? 또 왜 시행하겠는가? 보안관 사무실의 일차 목표는, 되풀이해서 보여주었듯이, 생산을 보호하는 것이다. 그리고 시민들이 너무 멀리 나가서, 산 것을 죽은 것으로 만드는 기업의 생산 활동에 조금이라도 방해가 될 때 기업 편에서 돕는 것이다. 이 보안관은 그 전해에 국제적으로 악명이 높아진 바 있었는데, 평화 시위를 하는 환경운동가들의 눈에 직접 대고 최루가스를 마구 뿌렸기 때문이었다. 큰 목재회사들에게 깊은 은혜를 입고 있는 한 의원 사무실을 운동가들이 방문했을 때였다. 보안관이 그렇게 했다는 것은 특이한 일이 아니다. 특이한 것은 그렇게 하는 자기들 모습을 녹화할 정도로 그 일을 자랑스러워했다는 것이다(자신들이 적법한 절차를 따르고 있음을 보여주기 위해서였다). 데이비드 체인의 사건에서 그들의 행동은 기자의 말만큼이나 예상 가능한 것이었고, KKK단원인 조지아 주지사의 말과 행동만큼이나 예상 가능한 것이었다. 체인을 죽인 벌목꾼은 용의자가 아닌 유명한 목격자 대우를 받았다. 그는 사고 현장에 경찰과 함께 갔다(경찰은 절대 범죄 현장이라고 부르지 않았다. 환경운동가 한 명이 죽었을 뿐이므로 그것은 범죄가 아닌 것이었다. 로이드 클레이의 피살이나 웨슬리 에버레스트의 죽음을 범죄라고 부르지 않는 것과 마찬가지다. 남북전쟁 이후 80년간 조지아 주에서 기소된 린치 행위가 딱 한 건이었던 것과 마찬가지다). 그는 체포되지 않았고, 내가 알기로 체포 가능성이 수사관들 머릿속에 떠오른 적도 없었다. 수사관들 머릿속에 떠오른 것은, 그것을 계기로 환경운동가들에 대해 더 많은 정보를 얻을 수 있겠다는 것이었다. 한 수사관은 '지구 먼저!'의 실무자에게 서신을 보내 "활동가들의 훈련에 관한 기록과 그에 관련된 개인들"의 정보를 달라고 요청했다. 범죄 수사는 형식적인 수박 겉핥기조차 이루어지지 않았다. 범죄 발생 후 10일이 지나도록 공식적인 수사팀은 피살 현장을 조사하지도 않았다.

한편 보안국은 퍼시픽 목재회사 직원들이 계속해서 그 구역을 벌목하는 것을 금지하지 않았다. 따라서 회사나 그 직원들이 마음대로 증거 인멸을 할 수 있었다. 그에 대한 대응으로 '지구 먼저!' 회원들은 퍼시픽 목재회사가 접근하지 못하도록 차단물을 설치했다.

마침내 보안관들이 처리해야 할 범죄가 생긴 셈이었다. 40~60명의 경관들이 마치 군사 작전을 펼치듯이, 자고 있는 단체 회원들을 새벽에 기습했다. 나무 위에 올라가 있던 활동가들은 아래로 끌려 내려왔다. 살인 현장 가까운 곳의 장애물 옆에 있던 활동가들 일부는 밑에서 들리는 소리에 깨서 벌목 시설물로 들어가 문을 잠글 수 있었다. 젊은 여성 회원 중한 명에게 경찰관들이 다다른 직후에 그녀가 "최루가스!"라고 소리쳤다. 그녀는 높은 기중기에 올라가 있었는데 경찰관들이 그것을 내리고는 그녀의 머리를 뒤로 젖히고 최루액을 얼굴에 들이부었다. 두 번째 여성에게도 똑같이 했다.

최루액 스프레이는 1퍼센트, 3퍼센트, 10퍼센트 농도로 사용할 수 있다. 홈볼트 군 보안국은 판매하는 것 중에서 가장 높은 농도로 사용할 수 있는 가장 큰 용량의 최루액을 구입한다.

그날 밤 활동가들은 바리케이드를 재정비했고, 그 다음 날 아침 보안관들이 돌아왔다. 이번에는 활동가들이 미리 준비를 해서 단단히 문을 잠갔다. 보안관들은 시간 낭비 하지 않고 즉시 최루가스 스프레이를 꺼냈다.

그들은 큰 방수포를 쳐서 자신들이 하는 짓을 다른 사람들이 목격하지 못하게 했다. 그러나 최루 농축액을 덮어쓴 젊은 여자들의 비명소리를 덮을 수는 없었다. 그들은 활동가 캐리 리즈 맥키에게 최루액을 적신 천을 덮어 씌웠다. 그녀가 눈을 뜨지 않으려 하자 그 천을 그녀의 눈에 들이대고 짰다. 그래도 거부하자 경찰은 또다시 농축액을 발랐다. 최루액을 세 번째 발랐을 때 그녀가 고통스러워서 구토를 하기 시작했다. 그래도 그녀는 굴복하기를 거부하여 경찰들이 그녀를 억지로 나무에서 떼어냈다.

그 회사는 규칙 위반이 200회가 넘어서 그 일이 있기 한 해 전에 벌목 허가가 취소되었었다(보통 규제 기관들이 그들이 감시해야 하는 기업들에게 꽉 잡혀 있다는 것을 감안하면, 200회가 넘는 경고는 거의 상상할 수 없을 정도로 많이 위반을 했다는 것을 보여준다). 그러나 그로 인해 생산을 방해받지는 않았다. 시험 기간 비슷한 것을 두고 조건부 작업 허가를 받았기 때문이다. 그것은 그 회사가 규칙을 지키기만 하면 계속 벌목할 수 있다는 뜻이었다. 체인이 죽은 다음 날, 사건 현장에 발부된 경고장으로도 퍼시픽 목재는 벌목을 멈추지 않았다(체인 등은 캘리포니아 삼림청이 도착할 때까지 벌목을 중지할 것을 요구하고 있었다. 대리석무늬바다오리가 둥지를 트는 곳과 너무 가까이에서 나무를 베고 있었기 때문이다). 캘리포니아 주 산림청이 왜 퍼시픽 목재회사를 멈추게 하겠는가?

어느 것이 더 큰 상처를 주는지 나는 모르겠다. 죽임 그 자체인지, 체인이 보호하려고 애썼던 삼나무 원시림의 계속되는 살해인지, 계속되는 지구의 살해인지, 나를 포함한 우리 모두의 외고집 어리석음인지 나는 모르겠다. 우리 모두는 생산하는 자들—즉 산 것을 죽은 것으로 바꾸는 자들—에게 보상을 내리고 저항하는 자들은 죽이거나 고문하는 체제에 계속해서 참여한다.

마음 아픈 이야기를 또 하나 할까 한다. 이 백인 환경운동가들이 겪은 것이 아무리 끔찍하다고 해도, 우리 문화가 백인 아닌 사람들에게 일상적으로 저지른 것에 비하면 그것은 아무것도 아니라고 할 수 있다.

퍼시픽 목재회사의 사장이자 최고경영자인 존 캠벨은 이렇게 말했다. "분명 이제 이런 단체들이 그 회원들을 위험하게 하는 것을 멈추어야 할 때다." 확실히 그의 말이 맞다. 이제 우리가 우리 자신을 보살피기 시작할 때고 우리 인간과 비인간 이웃들을 보살펴야 할 때다. 우리가 이 억압 체제 전체와 퍼시픽 목재회사, KKK, 보안국 같은 기관들, 즉 우리 모두—인간, 비인간 가릴 것 없이—를 위험에 처하게 하는 것들을 흔들어버릴 때다.

내가 이 모든 것들을 통해 이야기하고자 하는 것은 두 가지다. 첫째, 19세기 KKK단과 마찬가지로 20세기 KKK단도 진정한 풀뿌리 조직이었다. 그 수와 영향력은 우리 체제의 부정의에 반대하는 사람들로서도 부러울 따름이다. KKK는 우리 문화의 혈관, 언제나 폭발하기를 기다리고 있던 분노의 혈관에서 그것을 끌어냈을 뿐이다.

두 번째 요지는 그보다 더 뿌리 깊은 문제다. 이 분노를 불가피하게 만들 뿐 아니라 이 분노가 적절치 않은 대상을 향하도록 하는 우리 문화의 기본 조건에 대한 얘기다. 우리는 이미 분노와 혐오가 매우 철저하게 경쟁에 기초한 우리 사회의 불가피한 결과 두 가지라는 것을 살펴보았다. 우리의 세계관을 위협하는 것, 우리 사회의 근간을 위협하는 것을 보지 않으려고 한다는 것도 살펴보았다. 그러나 아직 그것들을 함께 살펴보지는 않았다.

1990년대부터 현재까지 미국 농촌의 국민군은 오랫동안 나에게 용기와 좌절과 혼돈을 주었다. 용기를 준 이유는 많은 사람들이 느끼는 분노, 슬픔, 공포를 그들이 드러내주었기 때문이다. 존 키블이 KKK단에 대해 이야기한 것처럼("혐오 집단은 자신들이 인종차별주의자고 두려움을 가지고

개척지 넓히기

있다고 공개적으로 말한다. 우리는 모두 인종차별주의자고 우리는 모두 두려워한다. 우리 대부분은 그것을 받아들이기를 두려워하고 있는 것뿐이다."), 우리도 모두 분노하고 있지만(또는 분노해야 하지만) 대부분은 그저 고개를 떨어뜨리고 하루하루를 견딘다. 그리고 이 집단이 나에게 좌절을 준 이유는 그 분노가 잘못된 근원—예를 들어 미국의 아일랜드인—으로 향하게 한다는 것 때문이었다. 예전에 가족농을 하는 농부와 이야기한 적이 있는데, 그가 이렇게 말했다. "카길〔거대 농업 기업〕은 나한테 두 가지 선택 가능성을 줘요. 내가 스스로 내 목을 자르느냐 아니면 그들이 내 대신 하게 하느냐." 이 농부는 아주 명백하게 기업 금권 정치에 반대하는 혁명의 편이지만, 그 분노는 그 아귀들, 기업을 운영하는 자들을 향해 표출되지 않을 때가 무척 많다. 예를 들어 국제 시온주의 운동의 음모, 유대인 은행가 비밀 결사를 향해 분노를 표출한다(글로벌 경제의 많은 부분을 실제로 통제한 모건 가문이 유대인에 대해 고집불통 편견을 가지고 있었다는 것에 대해서 그는 괘념치 않는다. 잭 모건은 히틀러에 대해 이렇게 말했다. "독일의 새로운 독재자는 유대인에 대한 태도는 아주 좋은데, 그것만 빼면 옛날 황제하고 똑같아 보여."). 또는 환경보호론자, 인디언, 멕시코 인들을 향해 분노를 터뜨리기도 한다. 분노하게 만든 진짜 근원을 제외한 모든 집단을 분노의 표적으로 삼는다. 바로 이틀 전에 나는 앞서 이야기한 그 졸업식에 참석하기 위해서 크레센트 시티에서 비행기를 탈 예정이었는데(아주 재미있게도, 그 공항 이름이 맥나마라 필드였다), 안개가 짙어서 비행이 취소되었다. 항공사는 한 시간 반 거리에 있는 맥킨리빌에서 뜨는 비행기를 탈 수 있도록 네 사람이 함께 택시 한 대를 타는 비용을 대주었다. 함께 택시를 타고 가는 것은 재미있는 경험이었다. 나와 함께 탄 사람들은 나이 많은 여자 한 명, 그리고 운전사를 포함하여 나이 많은 남자 세 명이었다. 그렇게 섞여 있었으므로 질문보다 대답들이 훨씬 많았을 것은 쉽게 짐작할 수 있을 것이다. 내가 주의깊게 살펴보았더니, 나와 여자를 제외하면 아무도 아무것도 묻지 않았다. 그런데 이것이 중요하다. 남자들 네 명은 전부—물론 나도 포함하여—세상 일에 대해 화가 나는 것은 열심히 이야기했다. 예를 들어 우리는 모두—여자까지—캘리포니아 주의 전기 공급 회사들의 속임수에 대해서 신나게 욕을 해댔다. 이 거대 기업들은 온갖 종류의 멍청한 회사들을 만들어서 전력을 팔았다 샀다 해서 결국 엄청나게 부풀린 값으로 소비자들에게 전력을 판다는 데 모두가 동의했다. 또 그 똑같은 회사들은 인위적으로 전력 부족 상태를 만들어 세금 보조금을 더 요구하거나 그들에게 불리한 계약을 피하려고 한다는 데에도 모두 동의했다. 그리고 우리는 모두 가장 큰 전기 공급사 중 하나인 퍼시픽 가스전기(Pacific Gas and Electric)가 다른 주에 있는 모회사에 수십억 달러를 빼돌린 다음 파산 선고를 했다는 것도 알고 있었다(오스카상 수상작 〈에린 브로코비치〉에 나올 법한 많은 가족들을 곤경에 빠뜨려놓은 채 말이다. 줄리아 로버츠, 앨버트 피니, 스티븐 소더버그는 이미 보수를 다 받았겠지만, 백혈병, 암, 크론 병에 걸린 많은 사람들에게는 그런 운이 따르지 않았다). 그리고 파산 선언을 하기 전날 퍼시픽 가스전기회사가 임원들에게 수천만 달러를 보너스로 주었고 그후 여러 주 동안 수천만 달러를 더 쏟아부었다는 것도 모두 알고 있었다. 택시를 함께 탄 사람들 중 한 명이 이렇게 말했다. "여러분이나 내가 가족한테 큰 돈을 빼돌리고 나서 파산 선언을 했다면 우리들은 모두 감옥에 갔을 거요." 우리 모두 동의했다. 그 다음 다른 사람이 말했다. "문제가 뭔지 알아요?" 문장은 의문문이었지만 아무도 그것을 질문으로 받아들이지 않았다. 그것은 적절한 판단이었는데, 그가 대답을 듣기를 기대하지 않았고 다른 사람이 말할 기회를 잡기 전에 스스로 대답했기 때문이다. 그의 답은 다음과 같았는데, 이것이 이 이야기의 핵심이다. "정부 간섭이요." 다른 두 남자가 동의를 표했다. 여자는 창문으로 삼나무들이 휙휙 지나가는

444

것을 바라보고 있었다. 이 세 남자가 정부 간섭이라고 할 때 그것은 의원이나 행정 공무원, 판사가 시민을 유린하는 것에 대한 정부 간섭을 뜻하는 것이 아니었다. 그리고 그런 활동에 대해 법적으로 감시하는 것 또는 우리가 기업 중역들을 교수형에 처하지 못하게끔 경찰력을 사용하는 것을 말하는 것도 아니었다. (하긴, 기업의 우두머리인 부자 백인 남자가 린치 당했다는 소식을 들어본 적이 어디 있는가?) 그들이 말한 것이 이런 의미가 아니었다는 것은 한 명이 다음과 같이 말함으로써 증명되었다. "그리고 그 빌어먹을 환경 규제가 문제야." 이어지는 혼잣말에서 그는 전력 문제를 인디언 탓으로 돌렸지만 이어서 멕시코인, 흑인, 유대인까지 들먹이기 전에 목적지에 도착했다.

이런 일은 항상 일어난다. 빈민가에서는 너무나 많은 갱 젊은이들이 너무나 많은 갱 젊은이들을 죽인다. 그들 자신과 다를 바 없는, 거울에 비친 자기 모습 같은 사람들을 죽인다. 너무나 많은 소규모 자영농 농부들이 너무나 많은 환경보호론자들을 혐오하고, 너무나 많은 환경보호론자들이 너무나 많은 소규모 자영농 농부들을 혐오한다. 경찰관들은 세계화 반대 시위대에게 총을 쏘지만 경찰관은 결국 그들이 보호하고 있는 제도보다는 시위대의 사람들과 더 공통점이 많다. 그들이 총을 겨누는 가난한 흑인 남자들과도 마찬가지다.

왜일까? 그 답은, 내가 생각하기에, 노아, 루보르스키, 랭과 관련이 있다.

우리 문화의 뿌리 깊은 경쟁이라는 토대는 분노와 혐오의 물결을 만들어낸다. 이 분노가 방향을 잘못 잡고 있는 것은 분노를 힘없는 자들에게 표출하는 것이 더 쉽기 때문이고 힘없는 사람들끼리 서로 싸우게 부추기기 때문이기도 하지만, 가장 중요한 이유는 이것이다. 즉 그 분노와 혐오의 진짜 근원에 초점을 맞추려고 하면, 우리는 곧 우리 정체성 자체를 의문시하게 될 것이기 때문이다. 우리는 문명인이라는 정체성을 가지고 있

문명과 혐오

기 때문에, 생산자, 소비자, 노동자, 기술자, 빵 굽는 사람, 작가, 군인, 경찰관, 교사 등이라는 정체성이 뿌리 깊기 때문에, 그 전에 우리가 인간이라는 사실을 잊어버렸다. 인간이라니, 그게 뭐지? 통 알 수 없다. 우리 몸 깊은 곳에 스며들어 있는 생산 체제를 그토록 깊이 자기 정체성으로 삼는 것은, 공장에서 나온 다이옥신처럼, 낙진의 방사능처럼, 광산의 중금속처럼, 문명의 기초 과정, 즉 정복과 억압을 자기 정체성으로 삼는 것이다. 우리의 삶이 그런 과정에 기초를 두고 있음을 인식하면—정복과 억압에 동조하는 대신 거부하면—우리는 미지의 영역을 떠돌아다니게 된다. 내가 이 체제의 일부가 아니라면, 내가 누구고 나는 어떻게 살아야 하는가?

우리의 분노와 혐오—시기가 아니다. 시기는 우리가 권력자들의 자리를 차지하기를 원하는 것이지만, 분노와 혐오는 그들 권력의 기초를 파괴하기를 바라는 것이다—가 올바른 목표물을 향하도록 하려 한다면, 사람이 다른 사람에게 권력을 휘두르는 기초 자체를 의문시하게 될 것이다. 우리 자신의 특권의 기초에 대해서도 의문시하게 될 것이다. 갑자기 내부에 있지 않게 된 자신을 발견하게 될 것이다. 이제 더는 백인—피부가 밝은 색이든 어두운 색이든, 새까만 색이든 엷은 황갈색이든 반투명 분홍이든 간에—이 아니게 되고 여전히 백인인 사람들에게 혐오의 대상이 될 것이다. 그리고 이전에 주입받은 세계관을 대체할 새 세계관을 찾아나서게 될 것이다. 정체성은 흔들릴 것이고 그 다음에는 산산이 부서질 것이다. 그것은 지옥처럼 무서운 일이다. 그래서 우리가 그렇게 하지 않는 것이다. 그래서 누드에 반대하는 사람이 사진에서 젖가슴을 보지 못하는 것과 마찬가지로, 우리도 우리에게 위협이 되는 것을 볼 수가 없다. 우리가 문화와 동일시한다면, 우리에게 고통을 주는 것—즉 문화—을 미워하는 것은 우리 자신을 미워하는 것이 된다. 그것은 너무 가혹한 일이다.

그래서 시팅 불(Sitting Bull, 인디언 다코타 족의 추장으로, 리틀빅혼에서 조지 암스트롱 커스터 부대에게 맞서 싸웠다 - 옮긴이)이 노던 퍼시픽의 골든 스파이크에서 이런 연설을 할 수 있었던 것이다. "나는 여러분을 미워합니다. 여러분을 증오합니다. 모든 백인들을 증오합니다. 백인들은 도둑놈들이요 거짓말쟁이입니다. 당신들은 우리 땅을 빼앗아갔고 우리를 부랑자로 만들었으므로 나는 당신들을 증오합니다." 시팅 불의 정체성은 백인이라는 것―문명인이라는 것―에 기초하고 있지 않았으므로 그는 심리적으로 큰 부담 없이 자신의 불행의 진짜 근원이 무엇인지 간파할 수 있었다. 그렇게 한다고 해서 그 자신이 누구인지에 대한 그의 인식이 바뀌지는 않는다. 그가 속한 가족, 공동체, 넓은 사회적 관계 안에서 그가 어떤 존재인지, 궁극적으로 땅과의 관계에서 어떤 존재인지에 관한 그의 인식이 바뀔 이유가 없다. 그것은 사실을 단순히 이야기한 것이니 말이다. 그는 자기가 백인이라고 생각하지 않았기 때문에, 그의 불행의 근원을 보지 않으려 할 필요가 없었다.

반면 그렇기 때문에 군인은 시팅 불의 연설을 정확하게 해석하지 못했고, 대신 아버지의 벗은 몸을 덮기 위해 허둥지둥 뒷걸음질 쳐야 했다. 당연하다. 그렇게 하지 않는 것은 자기 정체성에 의문을 품는 것이 될 테고, 결국에는 그의 세상을 날려버리는 것이 될 테니까.

시팅 불의 이야기는 매일 우리 각자의 내면에서도 일어난다. 최소한 분노와 증오를 느끼는 사람들 내면에서는 늘 일어나는 일이다. 그런 사람들이 우리들 대부분이라고 난 장담할 수 있는데, 우리 모두가 상실감을 느낀다는 점에서 그렇다. 어떤 차원에서는 생산 체제와 동일시하는 것보다 훨씬 더 깊이, 다이옥신, 방사능, 중금속보다 훨씬 더 깊이, 우리 내면 가장 깊은 곳에서 느낀다. 우리 인간성이 생산주의의 제단에 제물이 된 것에 대해, 우리가 협력해야 할 모든 사람들과 경쟁할 수밖에 없도록 강요받는 데 대해, 그 강요가 자연스럽거나 불가피하다고 믿도록 강요받는 데

문명과 혐오

대해, 권력을 얻는 대신 행복과 연결을 포기한다는 파우스트의 계약을 한 것에 대해, 우리는 깊은 상실감을 느낀다. 그래서 우리는 마음속 깊은 곳에서 매일 시팅 불의 연설을 한다. 체제를 혐오하고, 그것이 타인들에게 한 짓을 혐오하고, 그것이 우리에게 하는 짓을 혐오한다. 그러나 의식의 표면으로 올라가는 길 어디쯤에서, 그 연설은 우리가 타고난 언어(native tongue)에서 영어로 바뀐다. 우리를 위해 준비되었던 그 연설은 이제 우리가 준비하는 '다정하고 예의바른 연설'로 바뀐다. 그렇게 해서 우리는 그 예의바른 연설을 하고, 하하 웃고, 미소짓는다. 미소가 때로는 얼마나 찡그림과 비슷한지 모르는 채. 그러면 분노는? 그 근원을 비켜간다. 근원을 제외하고 어느 곳으로든 향해 간다. 그것이 나타날 때면 우리는 미소짓는다. 흑인들을 린치할 때 미소짓고, 그들을 쏘아 넘어뜨릴 때 미소짓는다. 우리는 다리 벌린 여자들 사진을 찍을 때 미소짓고 컴퓨터로 그 사진들을 보면서 미소짓는다. 숲을 벌거숭이로 만들면서, 바다에 사는 것을 전부 싹쓸이 하면서 미소짓는다. 우리는 미소짓고 미소짓고 미소짓고 우리 혐오의 근원을 결코 볼 수가 없다. 그 혐오가 존재한다는 것조차 보지 못한다.

개척지 넓히기

세대가 내려갈수록 점점 나빠진다.

사람들이 너무 사악해져서

권력을 숭배할 때가 올 것이다.

힘이 정의가 되고 선한 의지에 대한 존경은 사라질 것이다.

마침내 잘못된 것에 대해 아무도 화를 내지 않고

비참한 자들이 있어도 아무도 부끄러움을 느끼지 않을 때에

제우스도 그들을 멸망시킬 것이다.

그러나 그런 때라도

평범한 사람들이 일어나서

그들을 억압하는 지배자를 무너뜨린다면

어떤 일이 이루어질 수도 있다.

—철창에 관한 그리스 신화 중에서

철창 달기

이번에는 제3계급에 대해, 그리고 제3계급 사람들이
체제에 의해 어떻게 대우받는지를 살펴볼 것이다. 첫 번째 계급이 지배자
들이고, 두 번째 계급이 노동자들이라고 하면, 즉 1계급이 지배자들이고
2계급이 노동자들, 즉 돈 내고 체제를 산—말 그대로 돈 주고 산 —사람
들이라면, 3계급은 돈 주고 체제에 들어가지 않는, 들어갈 수도 없는 사
람들이다. 그들은 잃을 것이 없는 사람들이다. 급진적 범죄학자 스티븐
스프리처(Steven Spritzer)가 "사회의 다이너마이트"라고 부른 사람들이
다. 사회가 자기들 덕을 보고 있으며 이 체제는 파괴되어야 한다고 생각
하는 이들이고, 그런 행동을 할 잠재력이 있는 사람들, 혼자서든 단체를
통해서든 저항을 할 가능성이 충분한 사람들이다. 1870년대에 채찍 맞기
를 거부했던 사람들이고, 그것 때문에 교수형에 처해지기도 했던 사람들
이다. 1차 세계대전 후에는 노동운동을 했던 사람들, 그것 때문에 맞아
죽기도 했던 사람들이다. 평등주의 신화를 꿰뚫어보는 사람들, 신분 상승

과 가능성의 신화를 꿰뚫어보는 사람들이다. 함(Ham)처럼 사회 구조를 있는 그대로 보는 사람들이다.

체제는 그들을 어떻게 대접하는가? 크리스천 패런티(Christian Parenti)가 다음과 같이 잘 표현했다. "그들을 통제하기 위해서는 억제라는 방어적 정책과, 직접 공격과 적극적 교란이라는 공격적 정책이 필요하다. 그들은 억눌리고 짓이겨진 채 슬럼가에 갇혀 있다. 인간 창고 같은 공립학교에서 멍청이 대우를 받으며 자신감을 잃고, 선정적인 언론에 의해 악마같은 존재로 간주되고, 감옥에 끌려가고, 때때로 독극물 주사로 사형에 처해지거나 경찰의 총을 맞아 처리된다. 이들은 지속적으로 훼손되고 분열되고 협박받고 공격받고 나쁜 평판을 얻고 결국에는 파농이 '벌거벗은 힘의 언어'라고 칭한 것의 감시를 받는 계급이다. 정확히 말하면 계급이라기보다는 카스트다. 그 계급은 점점 더 유색인들만으로 채워지고 있기 때문이다."

싸움에서 이기는 방법은 남북전쟁 당시 남군 장군 네이선 베드포드 포레스트가 말한 대로 "병력 대부분이 그곳에 먼저 이르게 하는 것"임을 권력자들은 알고 있다. 이것은 물리적인 영역을 차지하기 위한 전투뿐만 아니라 마음의 싸움에도 해당되는 원칙이다. 사람들이 정치적 자유를 행사하기 전에, 체제가 불공정할 수도 있다는 것을 알아차리기 전에 먼저 사람들을 억압해야 한다. 꿈을 미루다가 폭발하기를 기다리는 것보다 그것이 훨씬 효율적이다. 오늘날 이것이 의미하는 것은 가난한 사람들(또는 비백인)이 정치적 활동을 하거나 혁명적인 사고를 갖게 될 기회를 얻기 전에 그들을 가두어두는 것이 훨씬 효율적인 일이라는 뜻이다. 감금에 아무리 많은 돈이 들더라도 그게 더 수지가 맞다. 그들이 어떤 종류의 것이든 완전한 정치의식을 획득하게 될 때 즈음이면 이미 감금되어 있고, 교도소에서 남은 평생을 보내야 하는 자기 자신을 발견한다(교도소에 있는 내 학생

철창 달기

들 중 많은 사람들은 내가 만난 사람들 중 가장 정치 의식이 높았다).

이것을 다른 식으로 표현해보자. 체제는 어떤 사람들에게는 당근을 주는 한편, 사회 통합과 권리에 대한 믿음에 기초한 선전을 한다. 나는 내 컴퓨터를 좋아하고, 내 오디오와 내가 모아둔 CD, 책장 가득한 책들을 좋아한다. 나는 어머니 집에 가서 텔레비전으로 야구 경기를 보는 것을 좋아한다. 나는 내가 사는 곳의 재산권을 포기하고 싶지 않다. 그리고 내가 다른 곳에 재산을 소유하고 있다면, 내가 한 번도 본 적이 없어도, 그것에 대한 권리 또한 좋아하게 될 것이다.

그러나 체제는 어떤 사람들에게는 당근 대신 힘을 사용한다. 그리고 공포에 기초한 선전을 한다. 첫 번째 집단은 미친 짓에 가까운 무의미한 사치품 소비를 통해 금 안에 머물러 있게 한다. 그리고 옛날에는 하늘이 내린 왕권에 따라 지배했다는 선전으로, 지금은 돈의 신성한 권리로 지배한다(왜냐하면 그게 세상 이치니까)는 선전으로써 그들을 통제한다. 두 번째 집단은 자기 가치를 산업 생산과 연결(이것은 자기를 착취하는 체제를 자기 정체성과 연결시킨다는 의미다)하게 하는 선전을 통해 그들을 금 안에 머물러 있게 한다. 또한 계속 게임을 하기에 충분한 안락하고 고상한 생활을 제공한다. 세 번째 집단을 금 안에 머물러 있게 하는 것은 힘의 사용이다. 그런데 그보다 더 중요한 수단은 공포의 스펙터클이다. 이웃사람이 거세당하고 불에 타 죽고 목매달려 죽은 것을 조금만 보아도 투표를 하지 않는 편이 낫겠다고 결심하게 된다. 또 다음번에 농작물을 팔 때에는 백인이 주겠다는 대로 받아오는 편이 낫겠다고 생각하게 된다. 그와 비슷하게, 자기 부족 사람들의 마을이 불타는 것을 보면 자유롭게 살 수 있는 가장 좋은 방법은 백인이 하자는 대로 협약을 맺는 것이라는 생각이 든다. 그리고 백인이 제시하는 대로 태초부터 조상이 살던 땅을 포기하고 서쪽으로, 백인으로부터 멀리, 그의 총, 그의 횃불로부터 멀리 떨어진 곳으로 가는 것이라고 생각하게 된다. 그리고 이웃사람들이 침대에서 끌려나와 감옥에 처넣어져서 평생을 거기서 보내야 하는 것을 보면(이봐, 자넨 삼진 아웃이야), 내가 일할 곳은 바로 맥도날드라는 생각이 들게 된다. 그곳은 심지어 '해-해-해피 플레이스'라고, 미소를 짓고 있다기보다는 찡그린 표정으로 말할 것이다.

■ ■ ■

나는 조지 리처(George Ritzer, 『맥도날드 그리고 맥도날드화』의 저자-옮긴이)에게 그가 합리화를 이야기할 때, 그 합리화에서 문제가 되는 것이 무엇이냐고 물었다. 그러자 그는 이렇게 대답했다.

"짧게 대답하면, 합리적 체제는 일련의 불합리한 결과를 가지고 온다는 것입니다. 어떤 의미에서 그 불합리한 결과들은 그 기본 원칙에 반대되는 것이죠. 따라서 효율적 체제라고 여겨지는 것이 종종 상당한 비효율로 끝납니다. 10분간 차를 몰고 가서 패스트푸드를 사기 위해 줄을 서서 기다립니다. 운전 시간까지 치면, 차를 타고 맥도날드까지 몰고 가서 줄을 서서 기다리는 것보다 집에서 요리를 하는 것이 시간이 훨씬 덜 들지요."

문명인들이 토착 부족들을 죽이고 그들 땅을 빼앗은 것을 합리화하는 핑계 중 하나는 토착 부족이 땅을 비효율적으로 활용한다는 것이었다. 실제로 그들은 땅을 전혀 활용하지 않는다는 비난을 종종 받았다. 대법원 판결에서, "발견이 자격을 준다. …… 그 자격은 소유로 완성될 수 있다"고 말한 존 마셜도 "그들〔인디언〕이 자기네 나라를 소유하게 내버려두는 것은 그 나라를 야생 상태로 두는 것이었다"고 했다. 제도적으로 우리 몸을 독극물에 중독시키고 우리 땅을 파괴하는 것을 우리는 효율적 경제·사회 체제라고 한다. 그러면 문제는 이것이다. 무엇에 효율적인가? 그 답은 물론 산업 생산 과정이라는 것이 정확히 무엇인가 하는 문제로 되돌아가게 한다.

"합리성에는 넓은 의미의 비합리성이 있어요." 그가 말했다. "그것이 비인간화를 가져오는데, 제 생각에는 그게 가장 중요합니다. 이것은 비인간화 조건 또는 반(反)인간의 조건이에요. 그리고 합리성이 가진 비합리성의 또 다른 면은 막스 베버가 말한 세상의 탈주술화(disenchantment)입니다. 합리화 사회에서는 세상의 마법, 신비, 종교적인 특성이 점점 더 도전받지요. 그래서 베버에게나 저에게나 점점 더 진행되는 합리화는 탈신비화, 비신성화, 이름이야 뭐라고 붙이든, 그런 것을 함께 가지고 옵니다. 우리의 과학과 관료주의적 사회 조직은 점점 그리고 체계적으로 자연계에서 그 신비함과 의미 부여 능력을 벗겨냈습니다."

'우리는 우리 자신의 신비와 의미도 벗겨내왔다'고 나는 생각했다.

"아니면 본래 타고난 신비와 의미를 인식하는 능력을 벗겨냈는지도 모르죠."

나는 이와 같이 의미를 벗겨내버린 것의 결과에 대해 생각했다. 그것은 내가 이 책에서 다루고자 했던 대상화의 또 다른 형태라 할 수 있다. 즉 세상 모든 사람을 '너'에서 '그것'으로 바꾼다. 이것은 단 하나의 목적으로 이어지는 듯 보인다. 그것은 생명의 절멸이다. 이런 합리화 과정을 거쳐 심리적으로, 산 것을 죽은 것으로 바꾼 것은 큰 진전이었다. 전기톱에 시동을 걸고 산꼭대기를 갈가리 찢어놓고 권총 방아쇠를 당기고 자이클론 B(2차 대전 때 유대인들을 학살하는 데 사용된 독가스—옮긴이)를 떨어뜨리는 것은, 그러면 단지 충실한 직무 수행이 된다. 방정식의 마지막 부분만 채우는 것이 된다. 왜 이런 모든 일이 벌어지는지 내가 물었다.

"합리화의 요소들을 하나씩 다시 살펴봅시다. 효율성은 주술화, 신비화를 위한 여지를 하나도 남기지 않습니다. 마술, 신비, 공상, 몽환 같은 것은 모두 비효율로 보는 경향이 있어요. 거기다 주술적인 제도는 복잡하

문명과 혐오

게 되기가 쉽고 목적이 뭐든 간에 그 목적을 위한 수단이 복잡하게 얽히게 됩니다. 효율적 시스템이란 것이 원래 정처 없이 거니는 것을 허용하지 않지요. 그러므로 효율적 체계를 고안하는 사람은 신비화의 전제들을 되도록 많이 없애버리려고 합니다."

나는 다시 생명에 대해 생각했다. 이 특정한 순간을 이 특정한 장소에서 즐기는 과정, 정처 없이 거니는 기쁨을 제외하면, 생명은 뚜렷한 목적이 없다. 나는 내 삶의 종착점에 도달하려고 서두르지 않는다. 그 사이의 시간이 사라져버리기를 원하지도 않는다. 나는 효율적으로 살고 싶지 않고 다른 사람들이 그렇게 살게끔 하고 싶지도 않다. 나는 넓고 깊고 풍요롭게, 울림이 있게, 나 자신의 특정한 인생을 온전히 즐기면서 살고 싶다.

"계산 가능성에 대해서도 본질적으로 똑같은 주장을 할 수 있어요. 신비를 어떻게 수량화합니까? 그것은 수량화가 쉽지 않으므로 잘해야 무시되고, 아니면 제거되어버릴 때가 많아요."

"합리화의 특성 중에서 신비화와 가장 맞지 않는 것은 예측 가능성이에요. 마법, 공상, 꿈의 신비한 경험은 전부 본래 거의 예측할 수가 없지요. 합리화 체제의 다른 특성 중에 신비의 느낌과 반대되는 것은 통제와 비인간적 테크놀로지입니다. 판타지, 꿈 등은 외부의 통제를 받을 수가 없어요. 그런데 판타지와 꿈을 신비롭게 하는 것이 자율이지요."

우리는 그의 거실 탁자를 사이에 두고 서로 쳐다보았다. 나는 안락의자에 앉아 있었고 그는 푹신한 소파에 앉아 있었다. 바깥 날씨는 따뜻했고 11월의 서늘함이 약간 느껴졌다. 나무에 달린 잎들과 바닥에 뒹구는 낙엽들은 모두 노란색이었는데 바람에 날리고 있었다. "그리고 세상의 탈주술화, 또는 세상에 대한 우리의 인식, 우리 체제를 탈주술화한 것은 일종의 모순적인 재주술화를 낳는 것 같습니다. 또는 재주술화의 시뮬라시옹을 만드는 것 같아요"라고 내가 말했다.

철창 달기

"바로 그겁니다." 그가 말했다.

날마다 우리 눈을 현혹시키는 우리 문화가 만든 스펙터클에 대해 생각 해보았다. 빵과 검투 시합에 관한 유브날(Juvenal, 1~2세기경에 활동했던 로마 시인─옮긴이)의 글이 생각났다. "뭐든 들어줄 수 있는 힘을 가진 사 람들은 이제 두 가지만 간절하게 원한다. 빵과 검투 시합이다. '많은 남자 들이 [원형 경기장에서] 죽을 것이라는군.' '당연하지. 경기장이 엄청 크잖 아.'" 역기능적 가족이나 문화의 규칙에 관한 R. D. 랭의 말도 떠올랐다. 그는 우리가 가장 중요한 것들을 제외한 온갖 이야기를 한다고 말했다. O. J. 심슨, 르윈스키, '3월의 광란(전미 대학농구 선수권 토너먼트─옮긴 이)', 슈퍼볼, 선거전, 주식 시장, 연예인들 결혼 소식 등이 떠올랐다(여기 서 돌발 퀴즈. 연예인 여섯 명과 그들의 결혼과 이혼에 대해 이야기해보라. 이제 지금 당신이 있는 곳 50피트 이내에 사는 식물 여섯 가지 이름을 대보라. 당신의 거주 지역에 사는 생물 중에 문명의 해를 입은 적이 있는 종 여섯 가지를 대보라. 당신이 사는 곳을 가리키는 인디언 지명을 말해보라). 그 외에 우리 삶의 개별 성에서 다른 데로 주의를 분산시키고 있는 수많은 방법이 생각났다.

우리에게는 음식과 물이 반드시 필요한 것과 마찬가지로, 깊고도 진실 한 마법 같은 것이 필요하다. 세상의 신비를 보지 못하게 된 우리는 이제 그 간극을─예전에는 관계로 채웠는데─"소비의 대성당"으로 채우고 있 다고 리처는 말한다. 그것은 마법처럼 사람을 끝없이 빠져들게 하고 화려 함으로 우리를 압도한다. 그러나 그것은 합리주의 노선을 따라 고안된 것 이다. 다시 말해 소비는 통제 아래에 있고 그러한 것은 통제 수단으로 사 용될 수 있다.

그는 이렇게 말했다. "이탈리아 밀라노에 있을 때 걸어서 빅토리오 엠 마누엘의 갤러리에 갔어요. 1880년대에 지은 옛날식 아케이드로 아름다 운 건축물이죠. 그 아케이드 한가운데에, 당신도 예상했겠지만, 맥도날드

문명과 혐오

가 있어요. 그리고 아케이드를 빠져나가면, 장엄한 두오모 대성당이 있어요. 신성한 주술화의 최고봉이라 할 수 있지요. 그 다음 그 광장 바로 건너편에 또 다른 맥도날드가 있어요. 이것을 보고 난 이런 생각을 했습니다. 이것은 모두 소비의 수단, 사람들로 하여금 물건을 소비할 수 있도록 하는 수단이다……."

한 손에 햄버거, 다른 손에 종교적 서비스를 소비하는 것을 생각해보았다. 맥도날드와 대성당 사이에는 차이가 있는 것 같다고 내가 말했다.

그가 고개를 흔들었다. "모두 다 소비의 대성당이에요. 무엇이 소비되고 있느냐가 달라질 뿐이에요. 성당은 매우 합리화된 라인을 따라 건축되었어요."

"저는 기독교를 좋아하지는 않지만 그래도 그렇게 뭉뚱그려서 말하니 약간 불편한 느낌이……."

"노트르담을 생각해봐요."

"저는 기독교 신자가 아니지만 큰 성당에 가면 경외감이 느껴져요. 자연 속에서 느끼는 경외감과 같은 것은 아니지만 그래도 뭔가가 느껴지거든요." 내가 주장했다.

"바로 그게 핵심입니다." 그가 말했다. "인간이 만든 그런 시설물은 모두 경외감을 불러일으키기 위해 고안된 것이에요. 스펙터클이 되도록 만든 겁니다. 경외감을 주도록 만들어졌어요. 라스베가스의 스트립쇼는 그 나름대로 경외감을 느끼게 하고 큰 카지노도 경외감을 줘요. 그것들은 스펙터클이죠. 그런 것으로 사람들을 끌어들이는 거예요. 모든 소비의 대성당이 공유하고 있는 것이 바로……."

나는 여전히 이해가 되지 않았다. 내가 이렇게 말했다. "당신이 소비의 대성당을 이야기할 때, 거기에 노트르담도 포함되는 건가요?"

"그렇습니다. 이 모든 것의 출발점이 이런 의문입니다. 어떻게 사람들

형창 달기

을 끌어들이는가? 사람들을 압도하는 건축물을 지어서 사람들이 오게 만듭니다. 그것을 보고 사람들은 감탄을 하고 그것은 사람들이 손을 내저으며 이렇게 말하게 만듭니다. '굉장하다. 다시 오고 또 오고 또 오고 또 와야지.'"

이해가 됐다. 그것은 우리가 맺은 허위 계약의 일부인 것이다. 무엇이 우리로 하여금 문명으로 계속 돌아오게 하는가? 무엇이 우리가 반란을 일으키지 못하게 하는가? 무엇이 우리로 하여금 자고 있는 주인을 죽이지 못하게 하는가? 자는 주인을 죽여서 인류가 존재한 이래 대부분의 시간 동안처럼 다시 평등한 삶으로 돌아가지 못하게 하는 게 무엇인가? 이걸 생각해보자. 잡화점의 음악은 소비자들을 가게로 끌어들이기 위한 것이다. 패스트푸드 식당의 좌석이 불편한 것은 그 회사가 의자에 돈을 쓰고 싶지 않아서가 아니라 고객들이 거기서 오랜 시간을 보내는 것을 원치 않기 때문이다. 인위적으로 만들어진 구조물들은 특정 목적을 달성하기 위해 만들어진다. 패스트푸드점, 국회의사당, 대성당 모두 마찬가지다. 물리적인 건축물이든, 사회적 구조든 마찬가지다. 우리의 합리화된 사회 구조는 우리가 무엇을 하도록 끌어들이는가? 그들은 어떻게 최면을 걸어서 우리를 매혹시키고 끌어들이는가? 우리가 다른 모든 존재와 연결되어 있음을 이해하기—그리고 깨닫기—를 포기하면, 그들은 어떤 마법을 제공하는가? 어떤 더 큰 마법을 보지 못하도록 우리 눈을 멀게 만드는가? 그리고 어떤 목적으로 그들은 우리를 끌고 가는가?

몇 해 전 노스 아이다호에서 운전을 하고 있었다. 그곳은 내 친구 로이안이 사는 무척 아름다운 곳이다. 공사하다 말고 버려진 교회를 보고 로이안이 말했다. "저걸 짓다 만 건 참 잘한 일이야. 이 모든 아름다움을 포기하고 예배당을 짓는 것을 누가 생각이나 할 수 있겠어요?"

내가 조지에게 말했다. "사람들이 자기 집 뒤뜰에 아름다움을 가지고

문명과 혐오

있다면 왜 그들이 교회나 쇼핑몰에 가겠어요?"

"인간이 만든 스펙터클은 자연의 장관에 비길 수도 없지요. 그러나 이 인공 스펙터클의 진짜 매력은 그것을 내가 원하는 대로 구축할 수 있다는 점이에요. 사람들이 했으면 하고 내가 바라는 것을 하게 만드는 것 말입니다. 그래서 대성당—그런데 여기서 성당이 정말로 핵심은 아니지만 우리 문화의 대표라고 치고 이야기한다면—은……"

"우리를 미약한 존재로 느끼게 하는 식으로 지어지죠."

"맞아요, 미약한 존재로 느끼도록."

"그건 정말 나빠요."

"내 인생에 대한 외부의 통제에 분개한다면, 그래요. 그건 정말 나빠요. 그러나 권력 쥔 자들의 관점에서 보면……"

■　　■　　■

리처가 '코드'라고 부르는 것에 대해 질문을 던졌다. 그리고 다음과 같은 그의 글을 인용했다. "맥너겟을 먹고 싶은 욕망은 다른 모든 욕구와 마찬가지로, 코드에 의해, 경제 체제에 의해 제조된 것이다. …… 우리는 몸에 필요한 것을 먹는 것이 아니라 우리가 먹어야 한다고 코드가 말해준 것을 먹는다. 코드가 우리 욕구를 생산한다(외부에서 제조된 욕구를 욕구라고 부를 수 있다면 말이다)."

그가 대답했다. "코드는 깊은 곳에 미묘하게 감추어진 규칙 세트입니다. 우리가 우리 사회의 사물들을 이해하고 해석할 수 있게 하는 규칙이죠. 코드란, 쇼핑몰이나 패스트푸드점의 디자인과 기능에서 발휘되는 지배력보다 훨씬 더 깊은 차원의 지배력입니다. 왜냐하면 훨씬 더 구조화된 종류의 지배기 때문이에요. 우리는 많은 차원에서 지배를 받습니다. 지배가 층층이 있지만 우리는 그것들 대부분을 모르고 있어요."

철창 달기

잠시 동안 둘 다 아무 말도 없었다. 나는 의자에 앉은 채로 몸을 뒤척였다.

그가 말했다. "우리는 선택을 하면서 인생을 살아가지요. 그러나 그 선택은 자주 제약을 받게 됩니다. 어디 가서 먹을까? 그럴 때 우리의 선택은 제한되어 있어요. 거기 가면 뭘 먹고 싶어? 여기서도 우리 선택은 제한되어 있어요. 우리가 선택할 수 있는 다양한 것들 사이의 차이는 대체로 피상적입니다. 타코벨 부리토(타코벨은 멕시코 요리를 파는 패스트푸드점이다─옮긴이) 먹을래, 빅맥 먹을래, 하는 식이죠."

이것이 코드와 어떤 관계인지 모르겠다고 내가 말했다.

그가 대답했다. "패스트푸드 가게가 빠르다는 것을 우리가 어떻게 배우게 됐죠? 어떻게 해서 우리가 패스트푸드와 재미를 연결시키게 됐어요? 어떻게 해서 디즈니월드를 재미와 연결시키게 되었을까요? 어떻게 해서 라스베가스를 재미와 연결시키게 되었을까요? 이러한 해석이 어떻게 해서 그 장소와 거기서 하는 활동에 붙여지게 되었을까요? 우리가 그런 곳에 가서, 우리가 재미를 느끼고, 우리가 그 느낌을 해석하지만, 우리가 왜 그 느낌을 가지게 되었는지, 어떻게 그 느낌을 해석하는지를 모를 수가 있습니다. 그런데도 우리 모두가 아주 많은 것을 똑같이 해석하지요. 그것은 우리가 같은 코드를 가지고 있기 때문입니다."

나는 그 코드가 무엇이냐고 물었다.

"그것은 우리가 서로를 이해할 수 있게 하는 일련의 규칙과 법칙입니다. 예를 들어 언어죠. 우리는 모두 언어를 가지고 있고, 언어 규칙을 이해하고 그로써 서로 의사소통을 할 수 있습니다. 그러나 더 포괄적인 코드는 행동 코드입니다. 우리는 그 행동 코드를 인지하지 못하고 있을지도 모르지만, 어떤 것을 할 때에는 그 코드에 맞춰서 하고 다른 것을 할 때에는 그 코드에 맞추지 않는다는 것을 우리는 압니다. 가장 단순한 차원에

문명과 혐오

서 보면, 어떤 문화에서는 식사를 할 때 입을 벌리고 씹고 쩝쩝 소리를 내는 것이 예의에 어긋나는 일이 아닙니다. 그러나 다른 문화에서 그것은 눈살 찌푸려지는 일이지요. 사람들이 어떻게 이것을 알게 되는가? 그들은 코드에 맞게 문화변용된 것입니다. 쩝쩝거리면서 먹는 것은 중요한 문제가 아니겠지만, 말해지지 않는 코드가 우리 행동을 지배하고 있음을 보여주는 예라고 할 수 있습니다."

나는 식사할 때 쩝쩝거리는 것 외에 코드의 다른 예를 생각해보았다. 생산의 우선적 지위를 생각했고 유색인종에 대한 백인의 반감을 생각했다. 포르노그래피를 생각했고 수많은 남자들이 수많은 여자들을 바라보는 렌즈(심리적 렌즈와 사진기의 렌즈)를 생각했다. 수많은 여자들이 자기 자신을 인식하는 렌즈에 대해 생각했다. 거식증, 폭식증. 서던 캘리포니아에서 본 유방 확대술 광고판도 생각났다. 이 모든 것이 코드에서 나오고 코드를 강화한다.

몇 년 전에 사회적 제약의 힘과 수명에 대해 배웠던 것이 기억났다. 우리가 쓰는 욕—똥(shit), 오줌(piss), 씹(fuck) 등—중 많은 것이 앵글로 색슨 언어에 기원을 두고 있다. 어떻게 해서 그 말들이 점잖은 사람들 사이에서는 용인할 수 없는 것이 되었을까? 그 말들은 그저 소리일 뿐이고, 그 말 속에 원래 불건전한 뜻이 들어 있는 것은 아니며 앵글로 색슨어에서는 전혀 문제 없이 받아들여졌었는데 말이다. 1066년, 정복자 윌리엄과 그의 군대는 노르망디에서 잉글랜드를 침입하여 앵글로 색슨 족을 격파했다. 그 전에는 앵글로 색슨이 지배계급이었는데 이제 노르만 족—그들의 언어는 라틴어에 뿌리를 두고 있다—이 지배자가 되었다. 1년 전까지만 해도 어떤 단어를 말하는 것이 아무 문제 없었는데, 갑자기 그 말을 쓰는 사람은 하층 계급으로 간주되게 되었다. 상층 계급은 이제 똥(shit)을 누지 않고 배변(defecate)을 했다. 오줌(piss)을 누지 않고 소변(urinate)을 보았다. 이제 씹(fuck)을 하지 않고 성교(intercourse)를 했다. 앵글로 색슨 말을 쓰는 것은 자기가 비천한 계급임을 드러내는 것이었다. 핵심이 뭐냐고? 940년도 더 지나서 수천 마일 떨어진 곳에서 이 말들, 똥, 오줌, 씹은 여전히 코드의 무게를 지닌다.

그런 생각을 하다가 리처와의 대화로 돌아와서 그가 이렇게 말하는 것을 들었다. "가장 강력한 체제는 사람들이 자기 목의 사슬을 스스로 쥐고 있게 합니다. 다시 말해, 사람들을 강제하는 외부의 힘 없이도 그들에게 기대되는 것을 스스로 하게 만드는 시스템이죠."

"그리고 자신에 대한 인식도 없는……"이라고 내가 덧붙였다.

"맞습니다. 자신이 지배받는다는 인식이 없는 체제죠. 체제의 힘이 약하면 사람들을 통제하기 위해 다양한 종류의 자원—특히 경찰과 군대—을 동원해야 합니다. 통제 메커니즘이 가시적일수록—경찰과 군대가 잘 드러날수록—그 사회는 힘이 약한 것입니다."

또 한 번의 침묵.

그가 계속 말했다. "내가 말하고 있는 건 음모론이 아닙니다. 그보다는 단지 보상 체제에 관한 이야기라 할 수 있죠. 어떤 체제든, 체제가 보상할 수 있는 것, 사람들이 체제 내에서 원하는 것의 수는 한정되어 있습니다. 우리 경제 체제에 대해 이야기할 때 우리는 이익을 원하는 사람들, 더 깊이 내려가면 지배와 권력을 원하는 사람들에 대해 이야기하고 있는 것입니다. 지배와 권력을 목표로 삼는 것—필요 조건으로 삼는 것—은 일련의 체제들을 만들어내는 것으로 이어집니다. 그것은 모두 이익과 권력, 지배를 극대화하도록 만들어지지요. 그런 체제에 협력하거나 그 내부에 사로잡혀 있을 때, 우리는 의식적으로 또는 무의식적으로 그런 종류의 이익과 지배력을 획득하기 위해 애씁니다. 그러나 그런 종류의 체제 내에 있지 않을 때에도, 그 체제들이 우리에게 힘과 통제력을 발휘하고 있다는 사실을 알지 못할 수가 있는데, 혹 알 수도 있지요."

내가 말했다. "문제는 코드가 있다는 것이 아닌 것 같아요. 모든 문화가 코드를 가질 수밖에 없죠. 모든 의사소통은 코드를 포함하고 있어요. 문제는 언제나 누가 이익을 보느냐로 좁혀지는 듯합니다."

그가 대답했다. "자본주의를 이야기하지 않고는 그 문제를 다룰 수 없지요."

나는 마음속으로 자본주의라는 단어를 문명으로 대체했다.

"대안들이 점차 사라지는 것과 동시에 자본주의는 가진 자들에게 더욱더 유리하게 되어가고 있어요. 어떤 이들은 우리의 경제 제도가 세계 역사에서 가장 성공적이라고 하지만, 그것은 비교적 소수의 사람들에게만 이익을 주는 체제예요. 세계 사람들 절대 다수는 이 제도에서 이익을 전혀, 또는 거의 얻지 못해요."

"이익을 얻기는 고사하고 죽임을 당하는 사람도 많지요." 내가 말했다.

그는 이렇게 말했다. "미국에서만 1990년대의 엄청난 경제 팽창 동안 믿기 어려울 정도의 부를 쌓았지만, 대다수는 아무것도 얻지 못했어요. 그러면 이 모든 것에서 이익을 얻는 것은 누굴까요? 권력을 가진 사람들, 이 체제를 지배하는 사람들, 이 체제의 주식을 소유한 사람들, 그들이 이익을 얻어요. 미국의 신화 중 하나—우리 코드의 일부라고도 말할 수 있을 텐데—는 자본주의에 이로운 것이 나라에도 좋다는 겁니다."

나는 계속해서 그의 말에서 **자본주의** 대신 **문명**을 넣어 생각하고 **나라** 대신 **민중**을 넣어보았다.

리처는 낙관론을 펼치지는 않는다. "문제는 우리가 합리화, 맥도날드화와 비슷한 과정을 다수 가지고 있다는 것입니다. 그 결과, 누가 적인지 말하기가 더 어려워졌어요. 갈수록 어려워지고 있어요. 그리고 적이 누구인지 파악한 경우에도, 그것이 반드시 우리에게 이로운 것은 아니에요. 예를

철창 닫기

들어서 전세계에서 맥도날드를 적으로 보는 시각이 점점 더 강해지고 있다고 나는 생각하는데, 그래서 언제나 누구나 뭔가 항의할 일이 있으면 맥도날드를 택합니다. 프라하에서 WTO 항의 시위 때 사람들이 맥도날드 가게를 부숴버렸어요. 프랑스 농부 조즈 보브의 예도 들 수 있겠군요. 그는 미국 정권에 대해 항의하고 싶었는데 그가 목표물로 선택한 것이 무엇이었을까요? 맥도날드였어요. 세르비아인들이 미군 폭격에 항의하려고 했을 때, 그들도 맥도날드를 부숴버렸습니다. 이러다가는 언젠가 이런 종류의 행동 때문에 맥도날드가 폐업하게 될 날이 올지도 모르겠어요. 그러나 그것이 중요한 영향을 미치지는 않을 겁니다. 버거 킹, 타코 벨, 켄터키 프라이드 치킨 등 다른 것들이 있으니까요. 패스트푸드점을 전부 퇴출시킨다 해도, 여전히 다른 많은 합리화된 체제들이 존재합니다. 그것들을 다 공격할 수는 없습니다. 왜냐하면 그것은 하나의 체제의 부분들이 아니라 최소의 공통분모를 가졌을 뿐이기 때문입니다. 머리 여럿 달린 히드라와 같아요. 히틀러보다 훨씬 더 다루기가 어려워요. 우리가 하나의 커다란 철창—베버가 말한 '합리성의 철창'—에 갇혀 있다기보다는, 작은 철창 여러 개 속에 있어서 평생 동안 여기서 저기로 움직여 다니는 셈입니다."

밖에서 바람이 휘몰아쳐서 나뭇잎들이 햇볕 가득한 뒷문으로 몰려갔다.

"문제는 단지 맥도날드라는 조직이 아니에요. 합리화 원칙은 숨어 있고, 우리 삶의 모든 영역을 파고 들어오지요. 그 원칙들은 같은 방식으로 작동하지만 모두 똑같이 **보이지는** 않을 수 있습니다. 이 점 때문에 공격하기가 훨씬 더 힘들어요. 그리고 그 점 때문에 저는 우리 미래에 대해 상당히 비관적인 전망을 가지고 있어요." 그는 오랫동안 말을 멈추었다가 마침내 이렇게 말했다. "솔직히 말해서 우리가 그저 스탈린이나 히틀러와 맞서야 한다면 훨씬 더 낙관적일 수 있으리라고 생각해요. 그렇다면 적어도 우리는 누구와 싸워야 하는지는 아니까요."

누구와 싸워야 하는지를 아는 문제는 내부에 있는 사람들에게만 어려운 문제다. 첫 번째 계급, 두 번째 계급 사람들, 지배자나 노동자들에게만 어려운 문제다. 바깥에 있는 사람들에게는 겨냥해야 할 목표물이 훨씬 분명하다. 적은, 빌어먹을 체제 전체다.

1920년대와 1930년대 내내, 미국 정부(명목상의 정치적인 정부와 실질적인 정부인 기업 둘 다)는 이탈리아의 무솔리니 파시즘 체제를 적극 지원했다. 무솔리니의 쿠데타가 일어난 날, 즉 이탈리아의 민주주의가 끝났을 때, 미국 대사는 자신의 아버지에게 보내는 편지에 이렇게 썼다. "여기서 젊고 훌륭한 혁명이 일어나고 있습니다. 위험은 없고 열정이 가득해요. 우리 모두 즐거운 시간을 보내고 있습니다." 미국 대사는 파시스트당을 칭찬하면서 그들이 그 나라의 적에 대항하여 행동을 취할 준비가 된, 사회주의자, 공산주의자, 무정부주의자(평소에는 이들을 국민의 적이라고 간주하더니)뿐만 아니라 공화주의자까지 포함하는 의욕 넘치는 신생 정당이라고 했다. 미국 대사는 파시스트들이 세운 정부라는 것이 독재를 의미함을 알았지만, 민주주의의 종말을 이렇게 정당화했다. "이탈리아인들 같은 사람들은 …… 강력한 지도자를 열망하고 극적으로 통치되는 것을 즐긴다." 파시즘의 억압이 점점 더 명백해지자 그는 민주주의의 종말 이래 "이탈리아 전역에서 단 한 번의 파업도 없었다"며 두둔했다. 후버 대통령 정부의 국무부장관 헨리 스팀슨은 무솔리니가 "분별 있고 유능한 지도자"였다고 나중에 회상했고, 프랭클린 루스벨트는 그를 "경탄할 만한 이탈리아 신사"라고 불렀다.

실질적인 정부, 즉 기업계의 큰 부분을 지배하는 모건&컴퍼니는 무솔

철창 달기

리니에게 훨씬 더 열광했다. 쿠데타 시기에 이탈리아에 있었던 잭 모건은 이렇게 말했다. "무솔리니의 혁명을 본 것이 우리는 매우 만족스러웠다." 모건의 영향력 아래에 있는 유에스 강철회사 사장 엘버트 게리는, 아마도 "우리도 무솔리니 같은 사람이 필요할 것 같다"고 생각했다. 무솔리니의 테러리즘—어린이들의 살해를 포함하는—을 부인할 수 없게 되고도 한참 지난 뒤에, 모건&컴퍼니는 계속해서 파시스트들에게 수억 달러를 빌려주었고 다른 식으로도 그들을 지원했다. 동업자 토머스 러몬트는 파시즘을 위한 "사절"이 되었다. 러몬트는 친구를 통해 편지를 보내서 무솔리니에게 대중 홍보에 관해 가르쳐주었다. "무솔리니 총리께서 이탈리아에서 의회 정치가 끝났다고 선언하면 그런 선언은 앵글로 색슨 사람들에게는 충격으로 다가갈 것입니다. 반대로 만약 이탈리아에서는 옛날식 의회 정치가 무익하다는 것이 증명되었고 의회정치는 비효율적인 정부와 무질서 상태만 만들어왔다고 설명한다면, 그러므로 의회는 일시적으로 문을 닫고 전체적으로 개혁을 해야 한다고 설명한다면, 앵글로 색슨 사람들이 이해할 것입니다. 또 파시스트당이 시장들을 임명할 것이라고 발표하면, 앵글로 색슨 사람들은 지방 자치권을 완전히 빼앗는다는 의미로 비약해서 생각할 것입니다. 그 발표를 할 때 대부분의 경우 시장은 그저 임명 공무원일 뿐이고 지방 의원들의 도구일 뿐인데, 그들이 시정 운영을 너무 허술하게 해서, 당분간 중앙 정부가 개입해야 한다고 무솔리니 총리께서 설명한다면, 그런 설명 역시 합리적으로 보일 것입니다." 러몬트는 무솔리니에게 유리한 신문 사설이 실리도록 주선했고, 그의 말을 빌려서 말하자면 "반파시스트" 기자들에게 항의했다. 그는 이탈리아를 위한 미국 언론 서비스를 구축했다. 무솔리니가 에티오피아를 침략하여 파시스트 군대가 50만 명 가량을 죽였을 때, 러몬트는 이렇게 말했다. 독재자는 "대중에게 전사로 보이거나 호전적으로 보여서는 안 된다. 전원, 농촌을 좋아하고 다정하고 가정적이고 평화를 사랑하는 태도를 보여야 한다." 그러고 나서 그는 무솔리니의 언론 홍보 자료의 초안을 써주었다. 그 글에서 그는 무기도 없는 아프리카인들에게 파시스트 군대가 겨자탄을 쏜 것을 옹호하면서, 그것을 그보다 앞서 미국에서 일어난 일에 비유했는데, 그것은 의도하지 않게 매우 정확한 비유였다. "반세기 전 미국 아메리카 서부의 광대한 자원은 이주민들에 의해서 개발되었다."

러몬트와 그가 속한 회사만 비정상이라는 헛된 희망이 우리에게 아무리 안도감을 준다 해도, 그런 희망에 매달리는 것은 전혀 적절하지 않다. 왜냐하면 위에서 보았듯이, 러몬트의 견해는 지배계급(그리고 그에 흡수 통합된 노동계급)에 속한 많은 사람들의 견해를 그대로 보여준 것일 뿐이기 때문이다. 그뿐 아니라 그의 견해는 문명의 근본적인 방향과 딱 맞아떨어지는 것이었다. 즉 권력의 집중이라는 경향과 정확히 일치했다. 러몬트는 파시즘이 문명의 알파이자 오메가라는 것, 문명은 전체주의 충동과 함께 시작되었고 그 궁극적 목적을 향해 속도를 내고 있다는 것을 똑똑히 표현할 만큼 잘 알지는 못했을지라도 충분히 이해하고 있었다. 마지막으로 러몬트가 휘두른 기념비적인 권력은 그가 역사 흐름의 중심 자리를 차지할 수 있게 했다. 1937년 페르디난드 런드버그가 쓴 바에 따르면, 러몬트는 "서반구에서 20년 동안 그 어떤 사람보다 큰 권력을 휘둘렀고 가장 중대한 결정을 실행했다. 요약해서 말하면 러몬트는 전후 고도 금융과 정치의 보이지 않는 곳에서 실질적인 제1집정관이었다. 대통령, 수상, 중앙은행 총재들이 자문을 구하는 사람이었다."

러몬트가 가까이 지낸 독재자는 무솔리니만이 아니었다. 멕시코 대통령 카란자가 살해당하고(그 자신이 이미 혁명가 에밀리아모 자파타를 죽인 뒤에), 알바로 오브레곤 장군이 권력을 차지한 뒤, 한 기자가 러몬트에 대해 이렇게 썼다. "그는 권좌 뒤에 있는 사람이 아니라, 권좌에 오른 사람이다." 오브레곤은 러몬트의 지도를 받아 혁명주의 이상을 강력하게 내세우면서 그 전 10년간 인기 있는 혁명 정책에 의해 추진된 토지 개혁을 무화시켰다. 나중에 "권좌에 오른 사람"으로 러몬트의 뒤를 이은 것은 모건의 동업자 드와이트 모로였다. 그는 멕시코 대사로서 "자칭 멕시코 금융의 군주"가 되었다. 이 능력을 발휘해서 그는 '영구 조차'라는 개념을 고안했다. 그 덕분에 미국 석유회사들은 멕시코 유정에 대한 통제권을 다시 획득했다. 유정은 헌법에서는 오로지 멕시코 국민에게만 속한다고 되어 있다. 모로는 그로 인해 줄어든 세입에 맞추기 위해 정부 예산 규모를 줄이라고 요청했다. "법원 예산을 완전히 없애고, 교육 예산 250만 페소, 공중 보건 예산 100만 페소, 통계 예산 250만 페소, 통신 예산 400만 페소를 깎는" 등 멕시코 재정을 쥐락펴락했다.

나중에 모로는 미국에서도 이런 내핍 프로그램을 추진했다. 공황 시기 동안 상원의원으로서 그는 식량 배급, 실업 혜택, 제대군인 보너스 법안에 반대했다. "너무 지나친 풍요는 사람들의 근성을 망친다"고 그는 말했다. 자기가 속한 계급 사람들의 근성에 대해서는 별로 걱정하지 않은 것이 분명해 보이는데, 그는 일관되게 모건이 지배하는 독점이나, 큰 규모의 해군 지출금에는 찬성표를 던졌다.

러몬트는 일본 파시스트들에게도 이탈리아에서 했던 것과 똑같은 서비스를 많이 했다. 1920년대 중반, 모건 하우스는 일본이 가장 많이 거래하는 은행이 되었다. 일본은 모건&컴퍼니와 마찬가지로 1차 세계대전의 유혈 덕에 돈을 많이 번 나라였다. 연합국에 전함, 군수물자를 판 일본의 금 보유량은 100배 늘어났다. 1931년, 일본이 만주를 침략했을 때, 모건 하우스는 그 침략을 전적으로 지지했다. 모건 가문을 연구한 역사학자(솔직하게 말하자면 아첨꾼이 적절한 말이겠지만) 론 처노에 따르면, 그 이유는 "중국과는 거래하지 않았기" 때문이었다. 침략이 일어난 후 곧 일본 재무

문명과 혐오

장관은 성명을 발표했다. 만주 침략은 "자위권 발동"이었다며 그것을 미국의 파나마 침공에 비유했다. 이것 또한 의도하지 않았지만 매우 정확한 것이었다. 언론 홍보 자료는 이런 말로 마무리되었다. "일본 정부와 일본 국민들은 중국에 대해 가장 우호적인 감정을 품고 있다. 아마도 우리는 지구상의 그 어떤 나라보다 중국과 우호적 관계를 유지하기를 간절히 바란다." 이 언론 자료를 쓴 사람이 일본 재무장관이 아니라 모건 사람인 토머스 러몬트였다는 것이 이제 놀랍지 않을 것이다. 러몬트가 그 성명서를 위한 홍보 시기를 조정했다는 것도 놀랍지 않을 것이다. 세 번째로 놀랍지도 않은 것은 모건의 지원이 철석 같았다는 점이다. 모건의 동업자이자 재무부 차관보였던 러셀 레핑웰도 일본을 지지했다. 레핑웰은 이렇게 말하기도 했다. "국제연맹이나 미국이 이 중국 혁명가들 편에 서서 …… 일본을 비판하는 것은 매우 기괴하다. 일본은 협약에 따라 만주에서 정당한 권리를 행사하고 있으며 두려움에 떠는 중국인들에게 열린 유일한 보호시설을 운영해왔다." 일본군에 의해 죽거나 다친 중국인 3,500만 명(330만 명을 제외하고는 모두 민간인이었다)도 일본의 침략이 "안전한 보호시설"을 유지하고 있었다는 레핑웰의 평가에 동의할지 모르겠다("체포된 젊은이들이 더 일찍 붙잡힌 사람들과 함께 도시 밖으로 보내져서 학살을 당했는데 한 번에 7,000명에서 수만 명까지 죽었다. 대부분의 경우에 포로들을 기관총으로 사살했고 그래도 숨이 끊어지지 않은 포로들은 총검으로 찔렀다. 어떤 경우에는 일본군이 포로들 몸에 석유를 붓고 산 채로 태워버렸다"). 제도적인 테러 프로그램에 의해 강간당한 수만 명의 여성들이 레핑웰의 그와 같은 평가에 동의할지 모르겠다.

　이제는 우리 대부분이 독일 파시스트 정부와 미국 사업가들 사이에 그와 유사한 관계가 존재했었다는 것을 알고 있다. 많은 기업 사장들—미국, 독일, 기타 나라의—은 히틀러라면 사족을 못 썼다. 히틀러가 사업에 도움이 되었기 때문이다. 히틀러는 "우리는 사유재산권 유지를 지지합니다"라고 그들을 안심시켰다. "우리는 자유기업제가 가장 적절한 경제 질서인 동시에 유일하게 가능한 경제 질서라고 보고 그것을 보호할 것입니다." 윌리엄 랜돌프 허스트(William Randolph Hearst, 19세기 초에 '미국의 출판 왕'으로 불렸던 언론 재벌—옮긴이)는 히틀러와 협상해서 자신이 운영하는 신문에서는 히틀러에게 우호적인 글만 싣기로 했다. 아메리카 알루미늄 회사(Alcoa)가 독일의 악명 높은 이게 파르벤(I. G. Farben) 사와 카르텔 협약을 맺고 있었기 때문에 Alcoa는 미국이 2차 세계대전 수행을 위해 필요한 알루미늄을 공급하지 않으려 했다. 그래서 내무장관 해롤드 아이크스는 이렇게 말했다. "미국이 전쟁에 패하면, 그건 아메리카 알루미늄 회사 덕분이다." 나치 하에서 듀퐁 사의 이익은 단지 금전적인 것만이 아니었다. 듀퐁 가문에서 가장 큰 영향력을 가지고 있던 이레니 듀퐁은, 전기작가이자 역사가인 찰스 하이엄의 말을 빌리자면, 히틀러의 원칙에 대해 "집착"을 가지고 있었다. "그는 1920년대부터 히틀러의 경력을 빈틈없이 따라갔다. 그리고 1926년 9월 2일, 아메리칸 화학공업회에서 행한 연설에서 초인 종족설을 지지했고 소년기에 특별한 약을 주사하여 성품이 만들어지도록 해서 초인 종족이 되게 해야 한다고 주장했다." 이레니는 시대를 조금 앞서간 것처럼 보인다. 국내에서는 듀퐁이 제너럴모터스의 돈을 써서(제너럴모터스는 듀퐁 사의 통제를 받았다) '흑색 군단(Black Legion)'을 지원했다. 그들은 흰 옷 대신 검은 옷을 입은 KKK단이라 할 수 있는데 노조 회관을 폭파하고 노조원들과 아프리카계 사람들을 죽이는 등 KKK와 똑같은 일을 했다. 제너럴 모터스는 히틀러의 전쟁 무기를 실어나를 트럭을 제공했고(포드도 같은 일을 했다), 스탠다드 오일(현재의 엑슨)은 독일군에 기름과 고무를 공급했는데, 미국에 대는 것보다 더 좋은 계약 조건일 때가 많았다. 하이엄에 따르면, 인터내셔널 전화 전보 회사

(ITT)는 "전화 교환대, 전화기, 비상벨, 부표, 공습경보 장치를 설치했고 영국군과 미국군을 죽이는 데 쓰이는 포탄의 도화선을 매달 3만 개씩 공급했다. …… 이런 중요한 물자가 없었다면 독일 공군이 미국군과 영국군을 죽이지 못했을 것이다. 독일 육군이 아프리카, 이탈리아, 프랑스, 독일에서 연합군과 싸우지 못했을 것이고, 영국이 폭격을 받는 일도, 연합군 배가 바다에서 공격받는 일도 일어나지 못했을 것이다." ITT는 FW190 전투기를 만드는 포케불프(Focke-Wulf) 사의 지분 3분의 1 가량을 소유하고 있었다. 종전 후, ITT는 미국을 상대로 전쟁 중 포케불프 공장이 입은 손실에 대해 소송을 제기해서 보상금을 받았다. 제너럴 모터스와 포드도 비슷한 보상금을 받았다.

■　　■　　■

1930년대와 1940년대에 기업들이 파시즘 체제를 지원한 것은 놀랄 일이 아닐 것이다. 오늘날에도 기업들은 그렇게 한다. 앞서 내가 언급한 쉘 나이지리아 지사 대변인의 말을 생각해보라. "기업이 투자를 하게 만들려면, 안정된 환경이 있어야 하는데 독재가 그것을 제공해줄 수 있다." 물론 미국은 세계 곳곳의 독재자들에게 권력을 쥐어줘서 기업 하기 좋은 환경을 만들고 유지하고 있고, 자원의 유출—도둑질—에 대한 저항은, 가능하다면 장소를 가리지 않고, 뿌리를 뽑으려 한다.

■　　■　　■

미국 정부가 엄격한 의미에서 파시스트라고 할 수 있는가에 대한 많은 논쟁을 나는 보아왔고, 거기에 참여하기도 했다. 사전에는 파시즘이 이렇게 정의되어 있다. "개인이 국가에 종속되어 있고 군사력, 비밀 경찰, 엄격한 검열, 산업과 금융의 정부 통제에 의해 통제가 유지되는 일당 정부 체제." 내가 보기에 미국은 앞의 정의에 따르면 경계선상에 있는 파시스트, 복합적 파시스트 같다. 또는 비례대표 파시스트 같다. 첫째, 민주당과 공화당의 헤게모니가 일당 체제를 구성하는가? 그들은 똑같은 기업 정당의 두 가지 얼굴이다. 나치도 당 내부에 여러 계파 사이의 경쟁이 있었다. 둘째, 개인이 국가에 종속된다는 것은 명목상의 정부에 대한 종속("국가가 나를 위해 무엇을 해줄 것인지 묻지 말고……")을 의미하는가, 그렇지 않으면 정부와 산업이 상호 연결된 기구, 즉 정부/산업 복합체에 대한 종속을 의미하는가? 아니면 똑같은 것을 더 효과적으로 말하자면, 생산에 대한 종속을 의미하는가? 그 다음, 국가 통제가 군사력과 비밀경찰에 의해 유지되는가? 미군이 정부 예산 중 재량 지출의 50퍼센트를 쓰며, 미국은 기업들을 지원하기 위해 수많은 외국 정부를 뒤엎는 쿠데타를 지원했다. 국내와 국외의 반대 목소리들은 폭력을 사용하여 억누른다. 그러면 엄격한 검열이란, 역기능적 가족의 예에서 보는 자기 검열을 말하는가 아니면 외부에서 가해지는 검열만 의미하는 것인가? 만약 후자라면, 그것은 총을 들이대고 강요하는 것만 의미하는가, 해고 위협을 통해 강요하는 것, 정보 유포 수단의 소유를 통해 강요하는 것도 포함하는가? 미국 언론은 자본주의적이고 미국 언론에는 자본주의밖에 없다. 주요 언론은 자본가들이 소유하고 자본가들이 운영하고 자본가들이 편집하고 검열하고 자본가들의 이익에 봉사한다. 안에서는 소유에 의한 검열을 활용하고 밖에서는 폭력에 의한 검열을 한다고 하면 어떨까? 이 모든 사실이 미국이 파시스트 국가라는 것을 보여주지 않는가?

■   ■   ■

다른 데서는 파시즘을 이렇게 정의한 것을 보았다. "파시즘은 경제계와 정부를 하나의 단위로 결합해서 내켜하지 않는 대중으로부터 자원을

문명과 혐오

뽑아내는 것이다." 또 다른 정의는 이렇다. "파시즘은 기업, 노동, 정부가 3자 결합체로서 만나는 기업 국가를 말하는데, 그때 노동자는 그 트리오에 종속된 존재로서 파업권을 잃어버린다." 무솔리니 같은 권력자도 이렇게 말했다. "파시즘은 기업주의라고 불러야 마땅하다. 국가와 기업 권력이 합병한 것이기 때문이다." 그리고 마지막으로 공산주의자 게오르기 디미트로프의 정의를 보자. 그는 1933년 독일 국회의사당 방화 사건 음모 혐의로 법정에 서서 나치를 비판했다. 그에 따르면, 파시즘이란, 금융 자본이나 금융 과두정치 체제의 가장 반동적, 쇼비니즘적, 군사주의적 분파의 노골적 테러 통치다(2차 세계대전 이후, 디미트로프가 불가리아의 독재자가 되었다는 것에 주목하라. 그는 공산당 과두정치 체제의 이익을 위해 자본가, 경제인들과 연합하여 공산당의 "가장 반동적, 쇼비니즘적, 군사주의적 분파의 노골적 테러 통치"를 했다).

그러나 결국, 언제나 그렇듯이, 이런 것은 모두 그저 말들일 뿐이고 여기서 중요한 것은 말을 훨씬 넘어서 있다. 다양한 유형의 정부에 대한 정의를 둘러싼 언어적 논쟁을 훨씬 넘어서 있다. 중요한 것은 내가 이 책을 쓰기 시작할 때의 의문, 즉 혐오 집단을 어떻게 정의할 것인가 하는 문제를 훨씬 넘어서 있다. 중요한 것은 우리의 자본주의 사회에서 누가 얼마나 많이 갖는가 같은 중요한 문제를 훨씬 넘어서 있다. 여기서 중요한 것은 우리 문명의 핵심으로 간다. 중요한 것은 삶 그 자체다. 그것을 온전히 이해하기 위해서는 우리 문화가 네 번째 계급, 즉 불편한 사람들, 불필요한 사람들, 방해가 되는 사람들을 어떻게 대하는가에 대해 이야기해야 한다.

그들은 어떤 사람을 때려서 죽일 수 있었다.

그렇게 하면서도

그들은

완전히 정상이었다.

내가 이해할 수 없는 것은

바로 그 점이다.

—폴란드 유대인 수용소 생존자

홀로코스트

내가 아마 열세 살쯤 됐을 때, 매일 잠자기 전에 책을 열 페이지씩 읽기로 결심했다. 아니면 읽기 어려운 책이나 두꺼운 책을 읽기로 결심했다. 그후 20년 동안 매일 밤 그렇게 하다가 어떤 이유로 그만두었다. 나는 최근 이 전통을 다시 잇기 시작했다. 그 20년 동안 나는 굉장한 책들을 통독했다. 『로마제국 흥망사』, 솔제니친 책 대부분, 푸코 책 다수, 『서양의 몰락(Decline of the West)』, 『리 장군의 부관들(Lee's Lieutenant)』, 로버트 리(Robert E. Lee)의 네 권짜리 자서전, 그림 형제와 한스 크리스티안 안데르센 전집, 조셉 캠벨 책 대부분, 셜록 홈즈 전집, 『게르만 저항사 1933~1945(The History of German Resistance 1933~1945)』, 그 외 역사책들, 화가들의 일생에 관한 책 등을 읽었다. 그러나 이 모든 책들 중에 내 기억에 가장 많이 남는 것은 처음 읽은 책 『제3제국 흥망사(The Rise and Fall of the Third Reich)』다. 27년쯤이 지난 지금도 그 책이 1,481쪽이었고 내가 그 책을 148일간 읽었다는 것을 기억하고 있다. 그리고 항상 내 맘 속에 있는 긴 문장은 그 책에 있는 것이었다. 요 몇 년 동안 이 문화를 이해하고 여기저기에 만연한 파괴를 멈추려고 애쓸 때마다 그 문장이 마음속에 있었다. 특히 이 책을 쓸 때, 가는 곳마다 따라다니는 혐오와 잔학 행위를 이해하려 할 때마다, 거의 용서할 수 없는 정도의 혐오가 기계처럼 규칙적으로 우리 인간성을 저버리게 하고 산 것을 죽은 것으로 바꾸게 하는 것을 이해하려고 할 때마다 그 문장을 생각했다. 그 중에는 내가 쉽게 이해할 수 있는 것이 많이 있다. 한 개인을 향한 분노나 혐오를 나는 쉽게 이해할 수 있다. 좌절해서 폭력을 휘두르는 것을 이해할 수 있다. 차가운 분노로 사람을 죽이는 것도 이해할 수 있다. 그러나 우리 문화가 인디언 마을에 불을 지르고 아프리카 아이들을 붙잡아 오고 산을 민둥산으로 만들고 강을 파괴하고 세계의 아주 많은 부분을 체계적으로 집어삼켜버리는 것은 어린 시절 나를 당혹스럽게 했고 현재 나를 당혹스럽게 한다.

아주 오래 전부터 내가 기억하고 있는 이미지는 뉘렌베르크 재판 기록에서 읽은, 한 독일 기술자의 진술서였다. 그 이미지가 왜 그렇게도 인상적이었는지는 모르겠다. 그것은 동부 전선에서 5,000명을 처형한 일에 관한 것이었는데, 『제3제국 흥망사』의 저자 윌리엄 쉬러(William Shirer)는 그것을 "비교적 작은 규모의 대량 학살"이라고 표현했다. 2차 대전 전체로 보면, 그것은 정말로 그리 많은 수가 아니다. 문명의 큰 그림에서 보면, 그것은 넓고 넓은 바다의 피 한 방울에 불과하다.

그 기술자는 이렇게 말했다. "우리 작업반장과 나는 곧바로 구덩이로 갔다. 흙더미 하나 뒤에서 총소리가 연이어 들렸다. 트럭에서 내린 사람들—남자들, 여자들, 크고 작은 아이들—은 채찍을 든 SS 장교의 명령에 따라 옷을 벗어야 했다. 신발, 겉옷, 속옷으로 분류되어 있는 곳에서 차례로 옷을 벗어야 했다. 800켤레에서 1,000켤레쯤 되어 보이는 신발더미와

홀로코스트

거대한 속옷더미, 겉옷더미가 보였다."

"비명이나 흐느낌 하나 없이 사람들은 옷을 벗은 채 가족끼리 모여 서 있었다. 서로 키스를 하고 작별인사를 하고 다른 SS 장교에게서 명령이 떨어지기를 기다리고 있었다. 그 SS 장교는 구덩이 근처에 서서 역시 채찍을 들고 있었다. 구덩이 옆에 서 있었던 15분 동안, 불평하는 소리나 자비를 구하는 애원은 전혀 듣지 못했다."

"머리가 새하얀 노파가 돌이 지났을까 말까 한 아이를 품에 안고 노래를 불러주면서 다독거리고 있었다. 아이는 좋아하며 골골 소리를 내고 있었다. 아이 부모는 눈물을 머금고 그 광경을 보고 있었다. 아버지는 열 살된 아이의 손을 붙잡고 아들에게 다정하게 이야기를 하고 있었다. 아이는 눈물을 참고 있는 것이 역력했다. 아버지가 하늘을 가리켰다가 아이 머리를 쓰다듬으며 뭔가를 설명해주고 있었다."

"그 순간 구덩이에 있던 SS 장교가 동료에게 뭐라고 소리쳤다. 그 말을 들은 군인이 스무 명을 세어 따로 세우고는 흙무더기 뒤로 가라고 지시했다. …… 검은머리의 마른 처녀가 내 곁을 지나가면서 자기를 가리키고는 '스물세 살'이라고 하던 것이 생생하게 기억난다."

"흙무더기 주변을 걷다가 거대한 무덤 하나와 마주쳤다. 사람들이 빽빽하게 겹쳐서 머리만 겨우 보이게 누워 있었다. 어떤 사람들은 아직도 움직이고 있었다. 어떤 사람들은 자기가 아직 살아있다는 것을 보여주기 위해 손을 들고 머리를 흔들고 있었다. 구덩이는 3분의 2쯤 차 있었다. 약 1,000명은 들어 있는 것 같았다. 총을 쏜 사람을 찾아보았다. 한 SS 대원이 구덩이 가장자리에 앉아서 발을 흔들거리고 있었다. 무릎에 기관총을 얹은 채 담배를 피우면서 말이다."

"사람들은 완전히 벌거벗은 채 몇 걸음 내려간 다음 SS 대원이 가리킨 곳으로 가기 위해 누워 있는 사람들 머리 위로 기어 올라가야 했다. 그들은 죽거나 부상당한 사람들 앞에 누웠다. 어떤 사람들은 아직 숨이 붙어 있는 사람들을 쓰다듬으며 낮은 목소리로 속삭였다. 그후 연이어 총소리가 들렸다. 구덩이 속을 쳐다보니 몸들이 꿈틀거리고 있었고 머리가 벌써 힘없이 떨어지고 있기도 했다. 사람들 목에서 피가 흘러내리고 있었다."

"벌써 그 다음 차례의 사람들이 오고 있었다. 그들은 구덩이 속으로 내려가서 이전 희생자들 위에 나란히 누운 다음 총을 맞았다."

■　　■　　■

우리 대부분은 홀로코스트에 대해, 그런 일이 어떻게, 왜 일어났는지, 그로 인한 인명 피해와 공포에 대해 아주 많이 읽고 들었을 것이다. 우리는 수용소에서 살아남은 사람들의 해골 같은 모습의 사진을 보았다. 구덩이에 던져져 있거나 트럭에 실려 있는 흐느적거리는 시신들의 흑백 사진을 보았다. 눈이 움푹 들어가고 광대뼈가 튀어나온 죽은 자들의 얼굴, 산 자들의 얼굴을 보았다. 곧 죽게 될 사람들의 얼굴을 보았다. 손을 들고 있는 바르샤바의 작은 소년, 아래에 시체들이 보이는 구덩이 가장자리에 무릎을 꿇고 있는 우크라이나 사나이도 보았다. 그 뒤에는 군복을 입은 남자가 권총을 들고 있었다. 그의 손에 비해 작아 보이는 권총이었지만 앞에 있는 남자를 죽이기엔 충분히 컸다. 안경, 신발더미, 옷더미, 머리카락만 모아놓은 것도 보았다. 지방이나 피부로 만든 비누, 램프 갓도 보았다. 사람들을 죽이는 조립 라인, 죽음을 주로 생산하는, 아니 죽음만을 생산하는 공장 체계도 보았다.

그 체계적인 공장에서 독일군에게 죽임을 당한 사람은 유대인만이 아니라는 것을 우리는 알고 있다. 러시아 사람, 폴란드 사람, 슬라브 사람, 루마니아 사람, 여호아의 증인, 동성애자, 지식인(체제에 반대하는 지식인), 장애인, 저항 세력의 일원도 죽었다. 그리고 히틀러는 자기에게 반대하는

홀로코스트

음모를 꾸민 사람들이 벌거벗긴 채 목 매달리는 장면을 담은 필름을 보고 또 보았다는 것을 우리는 알고 있다. 피아노 줄로 목을 매달아서 거의 죽을 때까지 두었다가 풀어준다. 살아나게 해서는 다시 그렇게 한다. 또다시 그렇게 한다. 또다시 그렇게 한다.

그런 학살에 참여(이상한 말이지만 참여라는 말은 아주 중립적이고 아주 관료주의적이다)한 나라가 독일만이 아니라는 것도 우리는 알고 있다. 헝가리도 자기 몫을 했고 루마니아, 폴란드, 그리고 나중에는 이탈리아도 그 일에 참여했다. 유대인 학살로 스위스 은행들이 돈을 벌었다는 것, 바티칸이 그 살인에 반대하지 않았다는 것도 우리는 알고 있다(적어도 적극적으로는 반대하지 않았다). 미국과 영국은 제노사이드를 멈추게 하거나 더디게 할 기회를 계속 미루었다. 게다가 1943년 미국 국무부의 메모는 독일 내 유대인들을 모두 미국으로 추방하겠다는 독일의 제안을 선뜻 받아들이지 않은 이유를 보여준다. "이 사람들을 우리에게 보내겠다는 독일 정부의 요구에 직접 접근하는 데 대한 반대가 심함. …… 우리가 그들을 받기는 불가능함. 최종 결과는 독일에서 연합국 정부들로 혐오를 옮겨오는 것이 될 것이므로." 그리고 전쟁 후, 미국이 학살에 협조한 건축가와 기술자들 중 많은 사람들을 CIA에서 일하도록 받아들였다는 것을 우리는 알고 있다. 바티칸은 미국 정부가 사법 절차 없이 이들을—이 역겨운 빌어먹을 놈들을—몰래 데리고 오는 것을 도왔다는 것을 우리는 알고 있다.

유럽에 있었던 유대인 혐오의 뿌리 깊고 광범위하고 불합리한 전통에 대해 우리는 상세히 말할 수 있다. 그것은 포그럼(pogrom, 러시아 등 동구권에서 일어난 유대인 탄압을 의미하는 말-옮긴이), 드레퓌스 사건, 그리고 홀로코스트에 이르기까지 수만 가지 방법으로 나타났다. 홀로코스트 연구자이자 사회학자, 철학자인 지그문트 바우만(Zygmunt Bauman)은 이렇게 말한다. "나치가 힘을 얻기 전부터, 그리고 독일에서 나치의 지배가

문명과 혐오

확립되고 난 한참 뒤에도, 독일 국민들이 가진 반유대인 감정은 다른 몇
몇 유럽 나라들의 유대인 혐오에 한참 못 미쳤다." 실제로 독일은, 다른
곳에서 고통받던 유대인들에게 박해가 없는 비교적 안전한 피난처로 오
랫동안 알려져 있었다. 유럽 전역에 퍼져 있던 유대인 착취나 근절을 정
당화하는 논리 중에는 엉터리 골상학 같은 학문도 있었다. 그것은 아프리
카인들(아리아인 외에는 어느 민족이라고 해도 되었겠지만)과 마찬가지로, 유
대인은 골상학자들과 그 후견인들보다 열등하고, 주류 과학계 사람들보
다 열등하다는 과학적 증거를 내놓았다. 과학사를 연구하는 로버트 프록
터(Robert Proctor)는 나치와 과학자 집단 사이의 관계를 꾸준히 연구했
다. 일반적인 견해와 전혀 달리, 과학자들은 목숨을 잃을까 두려워 내키
지 않는 주제에 관해 역겨운 실험을 억지로 했던 것이 아니었다. "반유대
프로그램을 위한 사회적 지적 기초 중 많은 부분은 히틀러가 권력을 잡기
전에 만들어져 있었다"는 것이 사실일 뿐 아니라, 주류 과학자들은 "나치
의 인종차별 정책의 착수, 시행, 달성에 있어 적극적이고 주도적인 역할
을 했다." 그러나 당연히 과학자들이 홀로코스트에 가장 크게 기여한 점
은―그리고 더 크게 보면 지구의 파괴에 가장 크게 기여한 점은―윤리,
즉 가치와 과학의 엄격한 분리를 주장한 데 있다. 그것은 부조리하고 불
합리하고 매우 흉악한 것이다.

그 다음으로 유대인들이 그리스도를 죽였다는 이유로 유대인 학살을
정당화하는 종교적인 주장도 있었다. 다음 사실에는 아랑곳하지 않고 말
이다. a) 실제로는 로마인들이 죽였다. b) 예수는 유대인이다. c) 그것은
무지하게 옛날에 일어난(실제로 일어났다면) 일이다. 많이 이야기되지는
않지만 더 합리적인 설명은, 기독교가 스스로를 유대 전통을 깨는 것이라
고 정의한 데서 유대인 혐오가 생겼다는 것이다. 바우만은 이렇게 말한
다. "기독교는 유대교에 반대되는 것으로 계속해서 그 자신의 존재를 이

홀로코스트

론화한다. 유대교가 계속 완강함을 보이는 것은 기독교의 미션이 아직 완수되지 않았음을 증명하는 것이었다. 유대인들이 잘못을 인정하고 기독교 진리를 받아들이고 장차 대규모 개종을 하는 것이 기독교의 궁극적인 승리의 모델로 보였다." 다시 말해 유대인들은 비기독교인 타자와 똑같은 선택을 부여받게 되었던 것이다. 즉 기독교냐 죽음이냐. 달리 말하면 유대인들은 완전히 동화되지 않은 죄를 저질렀기 때문에 오랫동안 혐오의 대상이 되어왔다고 할 수 있다. 미국 내 중국인들의 경우와 마찬가지로, 지배 문화에 동화되지 않는 일은 결코 용서받지 못한다. 그들이 유일신을 처음으로 우리에게 짊어지웠다는 사실에 대한 오랜 분노의 결과로 유대인 혐오가 생겼다는 주장도 있다. 조지 스타이너(George Steiner)는 이렇게 썼다. "유일신 사상은 매우 독특한 것이었고 머리를 망치로 맞은 것처럼 낯선 것이었다. 모세의 하나님 개념은 인류 경험에서 매우 특이한 것이고 그 어느 시대, 어느 곳에서도 진정으로 그에 필적할 개념이 생겨난 적은 없었다고 종교사학자들은 말한다. 모세의 계시의 돌발성, 시나이 산에서 받은 십계명의 단호함은 인간 정신의 가장 오래된 뿌리를 뒤흔들었다. 그 뒤흔듦은 아직 진정으로 완수되지 않았다. 마음에 대한 요구는 신의 이름과 마찬가지로 말로 할 수 없는 것이다. 머리와 양심은 추상적인 어떤 것에 믿음, 복종, 사랑을 부여할 것을 명령받는다. 그것은 수학보다도 더 순수하고 보통 감각으로는 접근이 불가능한 추상이다." 또한 니체는 일신론이 "인간의 모든 잘못 중 가장 괴물 같은 것"이라고 말했으므로 니체도 이 주장에 동의했을 것이다.

그리고 오늘날에도 들을 수 있는 경제와 관련된 이야기가 있다. 유대인 은행가들의 비밀 조직이 우리 삶의 가장 친밀한 부분까지 통제하려는 음모를 가지고 있다는 이야기들이다. 이상하게도 유대인들은 초자본주의적 은행가들의 국제적 음모에 참여했다고 해서 미움을 받아왔을 뿐 아니라,

볼셰비키들의 국제적 음모에 참여했다는 이유로도 미움을 받았다. 모순처럼 보이는 이러한 현상은 유럽의 많은 유대인들이 전통적으로 소사업가 역할을 했고 귀족과 빈민 사이의 '중간층'으로 살아왔다는 것과 관련이 있다. 부자들에게 고용되어 임대료 수금 같은 인기 없는 일을 했던 것이다. 그 결과 귀족계급에게는 멸시와 천대를 받았고, 가난한 사람들에게는 원성을 들었다. 부자들은 가난한 자들을 멸시하고 가난한 자들은 부자들을 미워하지만, 유럽 많은 지역의 유대인들은 양쪽 모두에게 혐오의 대상이 되는 난처한 위치에 처하게 되었다. 바우만은 이렇게 말한다. 그들은 "서로 적대하고 갈등하는 계급 대립의 목표물"이 되었다. 쉽게 말하자면 중간에 끼인 것이다.

이러한 혐오가 독일에서 폭발한 주요 이유는 1차 세계대전에서 독일이 패한 결과, 연합국이 제시한 굴욕적이고 파괴적인 협약을 맺어야 했고 그로 인해 독일 사람들이 매우 비참하게 살았다는 것과 관련이 있다(그러나 독일이 그보다 1년 전 러시아에게 맺게 한 협약에 비하면 덜 굴욕적이고 덜 파괴적이었다는 것을 잊지 말아야 한다). 그것은 특히 효과적인 무장 해제를 요구했다. 1, 2년 뒤 연합국은 독일에게 무려 1,320억 마르크, 즉 330억 달러의 전쟁 배상금을 요구했다. 독일 정부가 이 빚을 갚는 방법은 그저 돈을 찍어내는 것뿐이었다. 마르크 화 가치가 떨어지기 시작했다. 3개월 안에 환율이 달러의 400배가 되었다. 그후 6개월 뒤에는 700배가 되었고, 또한 달 뒤에는 1만 8,000배가 되었고 그로부터 10개월이 지났을 때(히틀러가 처음 권력을 잡으려고 시도했을 때)에는 달러의 10억 배가 되었다. 곧 1조 배가 되었다. 경제적인 면에서 이것이 의미하는 바는 중하층 계급 사람이 평생 모은 재산이 사실상 하루아침에 날아가버렸다는 뜻이다. 독자 여러분은 모두들 그날 먹을 빵을 사기 위해 돈가방을 들고 가게로 가는 사람들의 사진이나 이야기를 접한 적이 있을 것이다. 그리고 언제나 그렇듯이

홀로코스트

부자들은 그 중 가장 좋은 것을 가졌다. 경제가 붕괴됐던 1921년에 정부는 부자들에게 부과하는 세금을 인하했다. 독일 경제의 붕괴는 희생양을 찾기에 딱 좋은 조건을 만들었고 이미 존재하던 경멸을 혐오로 무르익게 하기에 좋은 조건을 만들었다.

그러니 당연히 경멸이 혐오로 무르익었다. 민중의 불행의 진짜 원인이 아닌 사람들, 즉 유대인, 슬라브인 등을 향한 혐오가 무르익어갔다. 히틀러는 이 분노를 정확히 드러냄으로써 많은 독일인들의 마음을 사로잡았고 압도적으로 인기 있는 정치가가 되었다. 그리고 나치는 엄청나게 큰 힘을 가진 정치 집단이 되었다. 히틀러와 나치는 두 가지 목표를 가지고 있었는데, 히틀러는 그것을 이렇게 표현했다. "인종 공동체를 안전하게 보전하고 그것을 확장하는 것. 그러므로 그것은 생활 공간(lebensraum)의 문제다." 히틀러는 미국의 헌법 제정자들을 흉내내어 이렇게 말했다. 독일 국민은 "다른 민족들보다 더 큰 생활 공간을 가질 권리가 있다." "모든 시대—로마 제국과 대영제국—의 역사가 보여준 것은 확장은 저항을 분쇄함으로써 이루어질 수 있다는 것이다. …… 주인 없는 공간이 있었던 적이 없고 …… 오늘날에도 전혀 없다. 공격하는 자는 그 공간을 이미 차지한 자들의 저항에 부딪히게 마련이다."

히틀러의 언어, 행위와 미국인들의 그것 사이의 유사함은 단지 우연의 일치가 아니다. 히틀러는 분명하게 이렇게 말했다. "스페인도 영국도 독일 확장의 모델이 될 수 없다. 북미의 북유럽 사람들, 열등한 인종을 무자비하게 몰아내고 자신을 위해 땅을 차지하고 미래를 위해 영토를 마련한 그들이 우리의 모델이다." 히틀러의 말을 빌려서 미국인들의 동기를 설명할 필요는 없다. 시어도어 루스벨트가 다음과 같이 쓴 글에 그것이 간결하게 드러나 있다. "물론 우리나라 역사 전체는 확장의 역사였다." 그는 그 글을 마치면서 다음과 같이 인정한다. 자랑도 인정이라고 부를 수 있

문명과 혐오

다면 말이다. "미개인들은 물러나거나 정복당했다. 후퇴나 정복 뒤에 평화가 따른 것은 오로지 전능한 문명인들의 힘 덕분이다. 싸움의 본능을 잃지 않은 문명 인종이 영역을 확장함으로써 미개인들이 지배하던 붉은 황무지에 점차 평화를 가져다주고 있다."

그런데 19세기 미국 제노사이드와 20세기 독일 제노사이드는 절대 일대일로 대응될 수 없다. 히틀러에게 더 유리한 점이 있었다. 현대 산업 사회의 관료제적 성격을 활용할 수 있었기 때문이다. 바우만은 이렇게 썼다. "분개와 격노라는 원시적 도구는 대량 절멸의 도구로는 효과적이지 않다. 보통 그것은 일이 완수되기 전에 점차 소멸해버린다. 분노 위에 거대한 계획을 세울 수는 없다." 이것은 유럽 유대인 학살뿐 아니라 이라크 사람들, 연어 떼, 아마존 열대우림, 대다수 인간 존재의 삶과 마음과 희망에도 해당되는 말이다. 존 사비니와 메리 실버는 「맑은 정신으로 무고한 사람 죽이기 : 홀로코스트의 사회심리」라는 글에서 이렇게 말한다. "철저하고 포괄적이고 남김 없는 살인을 위해서는 폭도들을 관료주의로 대체하는 것이 필요했고, 공통된 분노를 권위에 대한 복종으로 대체하는 것이 필요했다. 이 필수적인 관료주의는 신병 확보에 상당히 효과적인 기능을 한다. 새로운 병사들이 극단적인 반유대주의자든 시들한 반유대주의자든 잠재적 인력 풀을 넓게 만드는 기능을 하는 것이다. 그것은 그 구성원들의 감정을 일깨우는 것이 아니라 일상을 조직함으로써 그들의 행동을 지배한다. 관료주의는 어린이와 성인, 학자와 도둑, 죄 없는 자와 죄 지은 자를 구분한다. 또 관료주의는 책임의 위계를 통해 최고 권력의 뜻에 따른다."

관료주의는 인간을 기계로 거의 완전하게 전화시킨다. 관료주의는 우리 사회가 우리의 인간성을 이기고 승리를 거두는 것을 나타낸다.

홀 로 코 스 트

　보상을 받는 지배자도 아니고, 달래서 부려먹는 노동자도 아니고, 임금을 떨어뜨리는 잉여 노동력도 아니고, 수확되는 노예도 아닌 네 번째 집단이 있다. (나는 앞의 세 가지는 우선은 같은 범주에 넣는다. 왜냐하면 생산의 관점에서 보면 각각 원하는 것이 같기 때문이다. 그것은 노동이다). 네 번째 집단은 탄압하거나 쫓아내거나 죽여야 할 잠재적 혁명가들도 아니다. 그것은 단지 방해가 되는 사람들(그리고 인간이 아닌 존재들, 자연계의 존재 대부분)이다. 생산 활동을 계속하려면 제거해야 할 사람들 말이다. 그들을 꼭 혐오할 필요는 없다. 그러나 때로는 혐오가 도움이 될 수도 있다―나치가 때로는 유대인들을 혐오하고, 백인들이 때로는 인디언들을 혐오한 것처럼. 그러면 그들을 죽이는 것이 훨씬 더 기분 좋은 것이 되기 때문이다 (너무 큰 혐오는 관료주의의 부드러운 작동을 방해할 수도 있지만). 이들은 우리가 원하는 땅에 살고 있는 사람들이다. 이들은 우리가 배우고자 하는 기술을 하나도 가지고 있지 않은 사람들이다. 이들은 우리가 특별히 착취하고 싶지도 않은 사람들이다. 우리는 이 사람들이 그냥 사라지기를 바란다. 이들은 헷 족속, 기르가스 족속, 아모리 족속, 가나안 족속, 브리스 민족, 히위 족, 여부스 족속이다. 이들은 그리스 북부의 야만인들이다. 이들은 멜로스 섬의 시민들이다. 그들은 아테네와 스파르타의 전쟁에서 중립을 지키기를 원했고, 자기들이 사는 섬을 소나무와 공유하고자 했다. 아테네인들은 그 나무들을 죽여서 돛대―아드리아해에서 가장 좋은―를 만들려고 했으므로, 멜로스 시민들을 굶주리게 하고, 정직하지 않은 협상을 하고 그 협상 끝에는 이렇게 말했다. "이 세상에서는 힘있는 자가 자기 마음대로 하고 힘없는 자가 고통받게 되어 있다."―그 다음 섬에 들어가서 남자들을 죽이고 여자와 아이들을 다른 곳으로 옮기고 나서 그들이 그 섬으로 이주했다. 이들은 사빈 사람들, 프랑크 사람들, 켈트 족, 픽트

문명과 혐오

족, 그 외 만족을 모르는 로마인들이 원하는 땅에 살던 모든 민족이었다. 이들은 아라웍, 폰티악, 피쿼트, 체로키, 라코타 족이다. 이들은 하와이 사람들, 호주 원주민들이다. 이들은 코이코이, 소사, 산 족이다. 이들은 유대인, 루마니아인, 폴란드인, 슬라브인, 러시아인 들이다. 이들은 팔레스타인 사람들이다. 이들은 옥시덴털 석유회사가 자신들의 땅을 파헤치면 집단 자살을 하겠다고 위협했던 우와 족이다.

　우리 체제의 결함을 우리에게 일깨워주는 사람들도 네 번째 집단에 포함된다. 이들은 우리가 고가도로 아래에 숨겨놓는 노숙자들이다. 테마 공원 같은 우리 도시의 보도에서 그들이 똥오줌을 싸는 것을 보지 않아도 되도록, 부유함은 가난을 직접적인 대가로 치르고 오는 것임을 상기하고 우리가 마법에서 깨어나는 일이 없도록 하기 위해 될 수 있는 대로 숨겨둔 노숙자들 말이다. 이들은 삭아들어간 정맥과 살로써 자신이 마비 상태에 있음을 나타내는 마약 중독자들이다. 그런 마비 상태는, 한때는 인간이었으나 이제 껍질만 남은 문명화된―분리된, 고립된―존재의 타고난 권리 같은 것이 되었다. 어떤 의미에서 이들은 우리 모두다. 인간들이 다른 식으로 살 수 있다는 희망을 포기한 만큼, 이들은 우리 자신이다. 우리 체제의 결함을 우리에게 일깨워주는 이 사람들―스프리처가 '사회 쓰레기'라고 부르는 사람들, 또는 좀 더 친절하게 말하면 사회 낙오자들―은 우리 시야에서 안 보이게 쓸어없애야 한다. 우리가 몹시 원하던 땅에 살던 사람들을 신이 우리에게 주신 그 땅에서 쓸어없애버려야 하듯이 말이다. 아니면 그런 사람들은 죽여야 한다. 아니면 굶주리게 할 수도 있다. 그것은 별로 중요하지 않다.

　그 논리는 불가피한 것이다. 공리주의의 렌즈를 통해―즉 이 타자들이 어떻게 쓰일 수 있는가 하는 관점에서―세상을 보면 우리는 우리가 쓸 수 있는 사람과 사물을 이용하게 될 것이다. 그리고 이용할 수 없는 사람 또

홀로코스트

는 사물은? 그것은 중요하지 않다. 내가 가는 길을 방해하지 않는다면 그들은 우선은 살아남을 수 있다. 만약 방해가 된다면, 그야, 그들이 사라져 줘야지.

■   ■   ■

오랜 세월 환경운동을 한 친구와 몇 년 전에 나누었던 대화를 나는 종종 떠올린다. 그 친구는 유대인이었다. 그녀는 플로리다에 계시는 부모님을 뵈러 가곤 했는데, 한번은 거기서 〈쉰들러 리스트〉를 보러 극장에 갔다. 그녀한테는 아주 당황스러운 경험이었다고 한다. "성난 유대인 할머니들이 나오면서 모두 주먹을 흔들며 '다시는 이런 일이 있어선 안 돼!' 하고 소리치더라"고 말하면서 그 친구는 머리를 마구 흔들어댔다. 마치 심각한 혼란을 머리에서 지우거나 쓴맛을 입에서 없애려는 듯이. 그러고는 이렇게 말했다. "아직도 계속되고 있다는 걸 모르나 봐."

"우와 족에 대해서는 들어보지도 못했겠지."

그녀가 이렇게 답했다. "우와 족? 축구팀 이름 말고는 아마 세미놀(플로리다 주의 인디언 부족—옮긴이)에 대해서도 들어본 적이 없을 거야. 세미놀 족 땅에 살고 있으면서도 말이야."

홀로코스트를 특이한 것으로 생각하면, 연관 관계 없이 고립된 것으로 보게 되고 정신 이상 때문에 일어난 일로 보게 된다. 어떤 종류의 카리스마든 간에 카리스마가 있는 사악한 미치광이 개인 때문에 저질러진 이해가 안 되는 행동, 그에 필적할 것을 찾아볼 수 없는 단 하나의 나쁜 행동이 되는 것이다. 타자를 인식하는 방식, 세상 속에 존재하는 어떤 방식의 불가피한 결과라고는 보지 않는다.

왜 사람들이 홀로코스트를 특이한 일이라고 생각하는지 난 무척이나 궁금했다. 한 가지 분명한 대답은 유대인들이—유대인 전체가—백인이

문명과 혐오

라는 것이다. 그들은 문명인들이었다. 그들은 '생산'을 신봉한다. 그들은 심지어 살색 피부를 가지고 있다. 이 모든 것은 유대인이 우리가 죽여도 되는 타자가 아니라 사람이라는 것을 말해준다. 우리가 죽여야 할 타자는 아프리카, 유럽, 아시아, 남북 아메리카, 오세아니아와 섬들의 원주민, 그리고 전세계의 가난한 사람들(그리고 특히 인간도 아닌 것들)이다. '생산'을 숭배하지 않으므로 온전한 의미에서 인간이 아닌 자들, 그러므로 문명 세계의 상호교류 규칙 아래에서도 벌을 받지 않고 절멸시킬 수 있는 존재들 말이다. 어떤 의미에서 우리는 스스로를 죽이고 있다. 형이 동생을 죽이고, 오빠가 누이를 죽이고 있다.

그러나 거기에는 더 많은 의미가 있다. 홀로코스트를 특이한 일이라고 인식하는 것은 우리 문화를 지속시키는 데 있어 매우 중요하다. KKK가 진정한 풀뿌리 조직이 아니라고 생각하는 것도 마찬가지다. 미국에서 린치 행위는 본질적으로 중단되었다는 것이 인종 문제의 진실이라고 생각하는 것도 마찬가지다. 그렇게 생각하면 의미있는 분석을 중단하게 되고, 아니면 그보다 나은 경우라 하더라도 우리는 우리 자신에게서 멀어지게 된다. 그렇게 해서 우리는 멀리 있는 타자를 해부하는 데—히틀러가 그림으로 성공했다면 어떻게 되었을까? 히틀러가 유대인 여자에게 매독이 옮았다는 게 정말일까?—끝없는 세월을 보낼 수가 있다. 그렇게 해서 이해 불가능한 잔학 행위들이 그런 것의 탓이라고 할 수 있게 된다. 우리가 지금 사는 방식으로 계속해서 살려고 하면, 이와 같이 주의를 다른 곳으로 돌릴 필요가 있다. 쳐다보지 마라. 고개를 돌려라. 말하지 마라. 홀로코스트가 특이한 것이라고 생각하면 우리 삶의 방식을 의문시하지 않아도 되고 자신에게는 죄가 없는지 물음을 던지지 않아도 된다. 그렇게 하면 학살을 저지른 사람들과 우리가 공유하는 동기가 없는 듯, 공유하는 문화적 요구, 문화적 코드가 없는 듯 생각할 수 있다. 그렇게 하면 우리들 하나하

홀로코스트

나가 더 큰 홀로코스트, 즉 지구와 그 주민들에 대한 대량 학살에 대해 착한 독일인이 될 수가 있다. 그렇게 하면 우리는 변함없이 점잖은 백인 남자가 될 수 있다. 그렇게 하면 우리는 문명인으로 남아 있을 수 있다. 그렇게 하면 우리는 우리의 가부장, 노아의 저주를 피할 수 있다. 그렇게 하면 혼자서 두려움에 떨며 광야로 걸어가지 않아도 된다.

■　　　■　　　■

　다시 한 번 홀로코스트 사진들을 보라. 이번에는 희생자들 말고 살인자들을 자세히 보자. 무엇이 보이는가? 피가 흘러내리는 심술궂은 입에 뼛조각과 살덩어리를 물고 있는 미치광이가 보이는가? 그렇지 않을 것이다. 아마도 세계 어느 곳에서나 볼 수 있는 병사들과 다르지 않은 병사들이 보일 것이다. 커스터 중령과 함께 말 달리던 군인들이나 바그다드 위를 날아간 조종사들과 별로 다르지 않을 것이다. 짧은 머리의 젊은이들이 손에 총을 들고, 또는 벨트에 총을 차고, 흑백 사진으로 보기에는 단색으로 보이는 군복을 입고 있다. 아직 어린아이들이다. 그들은 살인을 하도록 훈련받았지만 그래도 아이들이다. 사회학자 크렌(Kren)과 래포포트(Rappoport)는 그 주제에 관한 최근 생각을 이렇게 요약했다. "통상 임상에서의 기준으로 SS의 10퍼센트를 '비정상'으로 간주할 수 있다. 이것은 살아남은 사람들의 증언하고도 잘 맞는다. 증언에 따르면 대부분의 수용소에 가학적인 잔인성을 격렬하게 분출하는 것으로 유명한 SS 대원이 보통 한 명씩 있었고 많아야 몇 명이었다." 그들은 이런 결론을 내린다. "우리 판단에, 장교, 사병 할 것 없이 SS 대원 절대다수는 미군 신병이나 캔자스 시티 경찰관이 받는 정신과 검사를 쉽게 통과했을 것이다."
　이제 살해, 잔학 행위, 혐오 같은 세련되지 않은 용어는 쓰지 않으면서 살인을 계획한 사람들 사진을 보자. 그들은 악마보다는 관료에 훨씬 더

문명과 혐오

가까워 보인다. 실제로 그들은 악마라기보다는 관료였다. 친위대 본부 내에서 유대인 근절 담당 부서의 공식적 명칭은 행정재무과였다(국유지 나무를 베어내는 미국 관료 조직이 농림부에 속해 있는 것과 비슷하다). 독일 사람들은 거짓말을 하고 있었던 것도, 정신이 몽롱해져 있었던 것도 아니었다. 바우만은 이렇게 썼다. "목표에 대한 도덕적 반발(정확히 표현하자면, 거대한 규모의 도덕적 혐오)을 제외하고는, 그들의 활동은 형식적인 의미(관료제의 언어로 표현될 수 있는 유일한 의미)에서는 '보통' 행정과 다르지 않았다. 재무부서가 계획하고 감시하고 감독하는 활동과 다르지 않았다."

한 기술 전문가는 특별학살부대(Einsatzgruppen)를 이용한 살인 이동 차량의 개선에 대해 이렇게 설명했다. 내가 여기서 글을 일부러 어색하게 쓰고 있음을 독자들이 이해할 수 있으리라 믿는다. 트럭의 길이를 더 줄이고 적재량을 늘리면 트럭이 더 빨리 움직일 수 있을 것이라고 그 기술자는 썼다. 뒷부분을 짧게 하면 차축 앞부분에 무게가 쏠려서 무게 균형에 불리한 영향을 줄 것이다. 그러나 "무게 분산의 교정은 실질적으로 저절로 일어난다. 작동 동안 화물[죽일 사람들]이 뒷문 쪽으로 가려고 기를 쓰기 때문에 무게가 뒤로 많이 실리게 되기 때문이다." 연결 파이프[일산화탄소가 주입되는]가 "액체"[즉 피, 토사물, 오줌, 물똥]에 닿으면 금방 녹슬어버리므로 가스는 아래가 아니라 위에서 주입되어야 한다. 청소를 용이하게 하기 위해서, 바닥에 8~12인치 크기의 구멍을 만들고 바깥에서 그 구멍의 마개를 열 수 있도록 할 것을 기술자는 제안했다. 바닥은 약간 경사져 있어야 하고 마개에는 작은 거름망이 달려 있어야 한다고 했다. 그러면 모든 "액체"가 가운데로 흘러갈 것이고 "묽은 액체"는 작동 중에 빠져나가고 "걸쭉한 오물"은 나중에 호스를 이용해 치울 수 있다. 시체 처리는 매우 중대한 기술적인 문제였다. 그래서 돈이 되는 그 시장을 둘러싸고 많은 회사들이 경쟁을 벌였다. 한 회사는 다음과 같이 제안했다. "시

홀 로 코 스 트

체를 화로에 넣는 일에 전력으로 움직이는 금속 갈퀴를 사용할 것을 제안합니다. 관을 쓰지 않을 것이므로, 각 화로에는 가로 600밀리미터, 세로 450밀리미터에 불과한 오븐을 탑재할 것입니다. 시체를 저장소에서 화로로 옮기는 방법으로는 바퀴 달린 가벼운 수레 사용을 제안합니다. 척도를 표시하여 그린 설계도를 동봉합니다." 또 다른 회사는 다카우와 루블린에 뛰어난 화로를 가지고 있다며 "실제로 써보면 완전히 만족할 것"이라고 하고는 이렇게 말을 이어갔다. "시체 소각 시설물에 관한 구두 논의 후 완벽하게 보완한 화장 가마 계획안을 다음과 같이 제출합니다. 이것은 석탄으로 작동하며 따라서 완전한 만족을 선사합니다. 계획하고 있는 건물에 두 개의 화장 가마를 넣을 것을 제안하는 바이지만, 두 개의 가마로 충분할지 확인해야 하므로 더 자세한 내용을 알려주시기 바랍니다. 저희 회사의 화장 가마는 내구성이 뛰어날 뿐 아니라 놀라운 효과를 보장할 수 있으며 가장 좋은 자재와 완벽한 기술로 만든 것입니다." 화장터에서 나온 재가 거름으로 팔리기도 했다. 한 회사는 전기로 가열되는 탱크를 설치하고 다음과 같은 제조법으로 비누를 만들었다. "인간 지방 2파운드, 물 10쿼트, 가성소다 8온스~1파운드 …… 모두 넣고 두 세 시간 끓인 다음 식힌다." 산 목숨을 죽은 목숨으로 바꾸는 일은 도덕적, 인간적 문제를 기술적 문제로 탈바꿈시켰다. 해결해야 할 기술적 문제, 그리고 만약 가능하다면 거기서 이익을 끌어내어야 할 문제로 바뀌었다.

　"정확성, 속도, 분명한 명령, 서류상의 지식, 지속성, 신중함, 단결, 완전한 복종, 마찰의 축소, 물질과 인력 비용의 절감, 이 모든 것이 증가하여 완전히 관료적인 행정 체제의 최적 조건이 되었다"고 막스 베버는 썼다. 이것은 유대인 수용소에 대해 쓴 것이 아니고 생산 과정 일반에 대해 쓴 것인데, 마치 미래에 일어날 일을 예견한 듯 보인다. 그 생산물이 유대인의 살로 만든 비누든, 대구로 만든 생선 튀김이든, 나무들의 살로 만든

문명과 혐오

2×4 목재든 간에 말이다. 베버는 계속해서 이렇게 썼다. "관료화는 무엇보다도 순전히 객관적인 논의에 따라 전문화된 행정 기능의 원칙에 따른 수행을 최적으로 만든다. …… '객관적인' 수행이란 일차적으로는 '사람에 대한 고려 없이' 계산 가능한 규칙에 따라 일하는 것을 의미한다."

여기서 요점은 이것이다. 권력을 쥔 자들이 그 권력을 증대시키기 위한 사회적 목표를 정할 때(그 목표에는 수익 극대화가 포함되기도 한다. 우리 사회에서는 돈이 곧 권력이기 때문이다. 그리고 똑같은 이유로 생산 극대화가 목표가 되기도 한다), 그리고 나머지 사람들은 그 목표에 대해 너무 깊이 의문을 제기하지 못하고 단지 가능한 한 매끄럽게 사회의 목표에 조금이라도 기여하려고 할 때, 그 문화는 끝없이 잔학 행위를 매끄럽게 저지를 것이다. 화물 위치를 옮겨서 앞 차축에 부담을 줄이는 것으로 기여를 하든, 땅속에서 석유를 더 효율적으로 짜내는 데 기여하든, 도서 유통회사나 출판 재벌들에게 돈을 벌어다주는 책을 쓰는 것으로 기여를 하든 마찬가지다. 관료주의 사회가 매끄럽게 움직이려면 우리 각자가 자신이 맡은 역할을 하는 것이 필요하다.

■   ■   ■

가스실과 화장터 앞에는 잘 가꿔진 잔디밭과 꽃밭이 있었다. 곧 죽게 될 사람들이 도착했을 때 그들은 종종 가벼운 음악을 듣고 있었다. "흰 블라우스와 진청색 치마를 차려입은 젊고 예쁜 아가씨들"로 구성된 오케스트라가 연주하는 음악을 듣고 있었다. 그곳에 도착한 남자, 여자, 아이들은 샤워를 할 수 있도록 옷을 벗으라는 이야기를 들었다. 곧 죽게 될 줄도 모르고 기분 좋게 가스실로 들어가는 경우가 많았다. 바우만은 이렇게 썼다. "합리적인 사람들은 조용히, 순순히, 즐겁게 가스실로 들어갔을 것이다. 그곳이 욕실이라고 믿을 수 있기만 했다면 말이다."

홀 로 코 스 트

밖에서 문이 잠기고 나면, 병장이 이렇게 명령했다. "자, 이제 놈들한 테 마실 걸 좀 줘." 사람들은 곧, 그러나 너무 늦게 자신이 마지막 허위 계 약을 맺었음을 깨닫고 살기 위해 문으로 우르르 몰려갔다. 그러나 문은 밖에서 잠겨 있었기 때문에 "사람들은 죽으면서도 서로 할퀴고 잡아당겨 서, 피 튀기는 하나의 시퍼런 피라미드가 되어 있었다."

■　　　■　　　■

피 흘리는 시퍼런 시체들의 피라미드는 핵심에서 벗어난 것이다. 그들 을 죽이기 위해 크리스탈을 떨어뜨린 사람들, 묽은 액체와 걸쭉한 액체를 치우고 시체를 태우는 것을 감독한 사람들은 살인자가 아니었다. 살인자 들 대부분은 당신과 내가 매일 일하는 것과 똑같이, 일상적인 일을 했던 것이다. 홀로코스트에 관한 연구로 유명한 역사학자 라울 힐버그(Raul Hilberg)는 이렇게 논평했다. "제노사이드 참가자들 대부분은 유대인 아 이들에게 총을 쏘지 않았고 가스실에 가스를 틀지도 않았다는 것을 명심 해야 한다. …… 관료들 대부분은 메모를 하고 청사진을 그리고 전화 통 화를 하고 회의에 참가했을 뿐이다. 그들은 책상에 앉아서 한 민족 전체 를 없앨 수 있었다."

■　　　■　　　■

물론 그들과 우리 사이에는 차이가 있다. 나치는 인간을 죽이고 있었고 지금 우리는 단지 지구를 죽이고 있을 뿐이다(물론 그와 함께 인간도 죽게 만들지만 그 사람들은, 미군 용어로 표현하자면, 부차적 손상일 뿐이다). 그리고 나치는 유대인, 루마니아인 등을 완전히 없애버리려고 했지만, 우리가 야 기하는 죽음은 모두 우리 경제 체제의 우연적인 (이번에도 역시) 부산물일 뿐이다, 그렇지 않은가?

문명과 혐오

몇 달 전 오래된 친구 하나와 상당히 격렬한 토론을 했다. 우리가 함께 간 식당 벽에 사진이 많이 붙어 있었는데, 막 쓰러뜨린 오래된 삼나무 그루터기 앞에서 벌채한 사람이 활짝 웃으며 서 있는 사진들이었다. 나무는 우리 문명 전체 나이의 절반은 되어 보였다. 나무는 믿을 수 없을 만큼 컸다. 150년 전만 해도 그런 나무들이 여기서 해변까지 죽 늘어서 있었을 것이다. 나는 이렇게 말했다. "언젠가 곧 사람들이 이 사진을 혐오스러운 눈초리로 보게 될 거야. 그렇게 되었으면 좋겠어. 지금 우리가 유대인들을 학살하며 웃는 군인들 사진을 보듯이 말이야."

친구가 받아쳤다. "나무를 죽이는 것을 사람 죽이는 일에 비유하고 싶진 않을 텐데."

"똑같은 문제야." 내가 말했다.

그녀의 목소리가 딱딱해진 걸로 봐서 내 주장이 그녀를 화나게 했다는 것을 알 수 있었다. "똑같지 않아."

나는 나무의 대량 살해와 인간의 대량 살인에서 핵심은 대량이라고 말하려고 했다. 두 경우 모두 죽이는 것을 불가피하게 만드는 것은 공리주의적 세계관이다. 그것이 우리가 관계를 보지 못하게 만들고, 타자를 개인으로 인식할 수 없게 만든다. 그 타자가 유대인이든, 인디언이든, 여자든, 나무든 간에 말이다. 두 경우—홀로코스트와 대량 벌목—모두, 개인적인 이유, 즉 인간적인 이유 때문에 죽여야 하는 것이 아니고 추상적인 이데올로기가 그것을 요구한다. 생명보다 그 이데올로기를 더 중히 여기는 무엇이 그것을 요구한다. 두 경우 모두 편협한 믿음이 있어야만 죽임이 실행 가능하고 합리적이고 필요한 것이 된다. 그 편협한 믿음은 타자들이 누구든 간에 그들이 우리와 분리되어 있고 그들보다 우리가 우월하다고 주장한다. 그러므로 개인적인 이유가 전혀 없어도 그 타자들의 목숨을 앗아갈 권리가 우리에게 있다고 믿는다. 나무들을 죽임으로써 최소한

홀 로 코 스 트

우리는 돈으로 바꿀 수 있는 목재를 수확할 수 있다고 주장할 수 있다. 물론 우리는 나무가 우리보다 이 땅에 살 권리가 적다고 간주한다. 그리고 비생산적인—경제적인 관점에서 봤을 때 비생산적인—숲을 생산적인 나무 농장으로 바꿀 수 있다고 주장할 수 있다. 인간 이하로 간주한 사람들을 죽임으로써 독일인들은 금, 안경, 신발, 비누, 머리카락을 수확해서 돈으로 바꿀 수 있었고 독일인들이 곧 잘 활용하게 된 생활 공간을 얻을 수 있었다. 그 악몽들 간의 가장 큰 차이, 그리고 정말로 유일한 근본적 차이는 이것이다. 지구를 죽이는 것에 관한 한, 우리는 여전히 내부에 있다는 것이다. 우리는 아직도 우리 자신을 지배자 종족, 또는 지배 종(species)으로 본다.

    ■   ■   ■

  홀로코스트의 대량 살인 작업 라인은 경제라는 허울이 없는 생산이다. 그것은 생산의 본질을 보여주었다. 즉 살아있는 것을 죽은 것으로 바꾼다. 그것이 바로 우리 문화가 하는 일이다. 그것은 효율적이었고, 그것은 계산 가능한 것이었고, 그것은 예측 가능했고, 그것은 비인간적인 기술에 의해 통제되었다. 그리고 그것은 엄청나게 비도덕적일 뿐 아니라 어리석은 짓이었다. 영토 확장과 획득의 욕망이라는 관점에서 보아도, 그것은 자멸의 길이었다. 독일군이 동부 전선에서 추위에 떨고 굶주릴 때, 화장터를 채울 화물을 실어 나르는 데 소중한 열차가 이용되었다. 나치가 수행한 경제학적 분석 결과는 노예들을 먹이는 양을 조금 더 늘리는 것이 생산성을 향상시킨다는 것이었다. 그러면 배급량을 좀 더 늘리는 데 드는 추가 비용을 상쇄하고도 남을 것이었다. 그러나 그렇게 하지 않고 굶주리게 했다. 그와 마찬가지로 러시아인 학살도 멍청한 짓이었다. 많은 우크라이나인들과 러시아인들은 독일군을 두 팔 벌려 환영했다. 키스와 꽃으

문명과 혐오

로 맞이하며 스탈린의 독재에서 벗어나게 된 것을 기뻐했다. 그러나 독일
군은 곧 민간인들을 살해하기 시작했다. 전쟁 후에 독일인들이 이주할 공
간을 만들어야 했기 때문이거나 그렇게 명령을 받았기 때문이다. 또는 러
시아인들이 열등하기 때문인지도 모른다. 또는 문명의 전쟁이 시작된 이
래 이러한 학살의 이유로 제시된 그 어떤 이유 때문에 그렇게 한 것일지
도 모른다. 그래서 러시아 민간인들이 맞서 싸웠다. 열차를 폭발시키고
독일군 장교를 죽이고 병사들에게 총을 쏘았다. 결국 독일인들에게 손실
이었다. 독일인들 자신이 합리적이라고 그렇게 자랑한 데 비하면 비합리
적인 게 아닌가?

물론 지금 우리는 다르다. 우리는 죽이는 것에 대한 합리적인 이유가
있다. 주인 종족이나 생활 공간 같은 어리석은 근거는 대지 않는다. 경제
는 엄격한 합리주의 노선을 따라 작동한다. 만약 어떤 것이 돈이 되면 우
리는 그것을 하고, 만약 돈이 되지 않으면 하지 않는다(도덕, 인간성과 경제
를 이혼시키는 것은, 과학을 도덕과 이혼시키는 것과 마찬가지로 나쁜 짓이라는
사실은 무시한다). 그러나 미국 경제는 그 가치의 다섯 배 이상을 대가로
치른다. 미국 기업들의 연간 이익 총합은 약 5,000억 달러인데, 이 이익을
끌어내기 위한 활동의 직접적인 대가는 2조 5,000억 달러가 넘는다. 그에
포함되는 것은 직접 보조금 51억 달러, 세금 감면 혜택 53억 달러, 작업장
환경으로 인한 암 발생 때문에 생긴 손실 2,747억 달러, 대기 오염으로 인
한 보건 비용 손실 2,259억 달러 등이다. 이것은 계산 가능한 대가만 이야
기하는 것이다. 다른 가치들—살아있는 지구 같은—은 계산할 수 없기
때문에 존재하지 않는 것으로 여겨진다. 그러나 추상적인 금전 보상이나
사회적 존중과 상관 없이, 자신의 기반인 땅을 파괴하는 것이 분명 어리
석은 짓이라는 사실은 변함없다. 그러나 우리 문화는 어선에서 잡아들이
는 물고기의 금전적 가치보다 더 많은 돈을 써서 어선을 건조하고 유지시

홀로코스트

킨다. 숲의 파괴도 똑같다. 미국 산림청은 지난해 목재 판매로 4억 700만 달러의 손실을 보았고 벌목한 숲 1에이커당 779달러의 손해를 보았다. 알루미늄의 예를 보면, 이런 보조금이 실제로 어떻게 운용되는가를 더 자세히 알 수 있다. 알루미늄은 현대의 경제에 아주 중요하다. 그 강도, 내구성, 전도성, 가벼운 무게는 캔과 실리콘 칩을 만드는 데 아주 좋을 뿐 아니라 특히 비행기, 자동차, 선박, 철도, 기타 교통수단을 만드는 데 이상적인 재료다. 전선에도 알루미늄이 사용된다.

대규모 공적 보조금이 없으면 알루미늄 산업은 사라질 것이다. 정부 보조는 알루미늄 산업에 필요한 기간시설의 형태로 이루어질 수도 있고, 군수물자를 구입해주는 것, 생산비보다 낮은 가격으로 에너지를 사용할 수 있게 해주는 것의 형태로도 이루어진다. 물론 알루미늄 산업에 의해 파괴되는 인간과 다른 생명의 삶, 인간의 불행도 그 산업을 위한 대가로 치러진다.

전쟁은 알루미늄을 많이 소비하므로 2차 세계대전 동안 미 연방 정부는 알루미늄 제련 시설을 많이 건설했고 보조금과 저리 융자로 많은 돈을 지원했다. 종전 후, 알코아 사 등 알루미늄 회사들이 이 제련 시설을 계속 차지했다. 그들이 미국의 전쟁 노력에 도움을 주었다는 기록은 찾아보기 힘든데도 말이다. 그들은 제련 시설 건설 비용을 갚지도 않았다.

군대는 계속해서 알루미늄을 대량 구입했다. 미국 선박 건조의 93퍼센트와 항공기 66퍼센트의 제조를 위해 알루미늄 구매 계약을 했다. 이런 수요가 알루미늄 시장의 많은 부분을 차지한다.

알루미늄을 광석에서 추출해서 처리하려면 철을 만드는 데 비해 거의 스무 배에 달하는 에너지가 든다. 현재 1킬로그램의 알루미늄을 제련하기 위해서는 시간당 14~25킬로와트가 든다. 그래서 세계의 각국 정부는 거대 알루미늄 회사들에게 전기요금을 보조한다. 전기요금을 세계 알루미늄 가격에 묶어둔다. 알루미늄 1파운드를 생산하는 데 2~5달러 상당의 전기가 드는데, 알루미늄 1파운드는 약 70달러에 팔린다. 퍼시픽 노스웨스트 지역에서 알루미늄 제련 공장들은 그 지역의 싼 전력의 3분의 1을 소비한다. 그 지역 전기가 싼 것은 수십 년 전 세금으로 수력 발전 댐들을 지었기 때문이다. 물론 이 제련 공장들이 일자리를 창출한다는 주장이 있을 수 있다. 그것은 자이클론 B 생산 공장을 합리화하는 것과 마찬가지로 설득력 약하고 바보스러운 주장이다. 그러나 미국 알루미늄 산업의 일자리 수를 보조금 액수로 나누어보면, 세금으로 종업원 한 사람당 13만 5,000~15만 달러를 지불하고 있음을 알게 될 것이다. 그들 개인한테 그 돈을 직접 준 다음 쇠망치와 다이너마이트를 주고 가까운 댐을 부수라고 하는 게 우리 모두가 훨씬 더 잘 살게 되는 길일 것이다.

에너지 보조금은 원가 이하 판매보다 훨씬 더 확장되어 있다. 알루미늄 공장 때문에 지어진 댐은 전세계 댐들 중 많은 비율을 차지한다. 알루미늄 공장이 유일한 이유는 아니라 할지라도 말이다. 그 댐들은 수몰 지역 사람들의 격렬한 반대 위에 세워진 경우가 많다. 예를 들어 1950년대에 브리티시 컬럼비아 주는 프레이저 강의 지류인 네차코 강에 대한 권리를 알칸(Alcan) 사에게 주었다. 그 회사는 네차코 강의 수력 전기를 이용할 수 있다는 점 때문에 세계에서 가장 큰 알루미늄 제련 공장을 지었다. 300 마일에 이르는 수몰 지역에서 체스라타 사람들이 쫓겨났다. 1988년, 알칸은 그 사업의 2단계에서 더 많은 물의 물길을 돌릴 것이라고 발표했다 (이미 네차코 강 유량의 30~70퍼센트의 물길이 인위적으로 바뀌어져 있었다). 캐나다 정부는 그 사업의 환경 평가 의무를 면제해주었다. 여러 해 동안 원주민들, 환경운동가들, 정부 과학자들의 저항이 벌어지고 나서 1995년, 브리티시 컬럼비아 주는 이 프로젝트를 취소했다. 알칸은 정부 보조를 받으면서도 8억 8,800만 달러의 세금을 체납했다.

홀로코스트

우간다, 중앙아프리카, 인도네시아, 파푸아뉴기니, 보르네오, 사라와 크. 산업화되지 않은 이 지역들에 댐, 항만, 도로, 철도가 공적 자금으로 건설되었고, 그로 인해 다국적 알루미늄 회사들만 이익을 챙겼다. 알코아, 레이놀즈, 카이저(맥삼 사[내가 사는 곳에서 벌채하고 있는 회사]가 저축은행 스캔들로 번 돈으로 1988년 이 회사를 인수했다)가 대표적이다. 반대하는 지역민들은 억압했다. 강제 이주 당거나 죽임을 당한 원주민들이든, 브라질의 환경 기관 IBMA 대표든 다 마찬가지였다. 그 기관에서 보크사이트 광산이 있는 사라카-카케라 국립 공원을 알코아 사가 벌목하지 못하게 하자, 즉시 기관장을 해고해버렸다. 이것은 알루미늄 산업이 보조를 받는 또 다른 방식을 보여준다. 사람들을 억지로 고향땅에서 떠나게 하려면 때로는 군대를 동원해야 한다. 공적 자금도 써야 한다. 내 질문은 이것이다. 알루미늄 회사를 위해 땅을 빼앗아야 한다면 그 땅은 나치가 확보하려 한 생활 공간과 같은 것이 아닐까?

원가 이하의 전기 공급과 군수 구입과 군대를 동원한 보호 같은 지원이 아무리 크다 해도, 알루미늄 산업에 들어간 가장 큰 제물에 비하면 그건 사소한 수준이다. 달러가 아니라 목숨과 불행이라는 제물 말이다. 대표적인 예 하나만 들면 충분할 것이다. 1950년대와 1960년대에, 세계은행은 가나 볼타 강의 거대한 아코솜보 댐 건설에 돈을 댔다. 그 댐의 명시적인 목적은 거대한 발코 알루미늄 공장을 위한 전력 생산이었고, 현재도 그 댐은 그런 목적으로 쓰이고 있다. 발코는 미국 회사 맥삼과 레이놀즈가 소유하고 있는 공장이다. 그 원가 이하의 에너지뿐만 아니라 일시 세금 감면 혜택까지 받은 그 공장은 그 지역 광석을 제련하는 것이 아니었다. 발코는 그 전에는 루이지애나에서 제련했던 자마이카 보크사이트를 수입해서 알루미늄을 생산했다. 8,500평방킬로미터(가나 국토 면적의 5퍼센트)를 물에 잠기게 한 그 댐은 740개 마을을 파괴했고 주민 8만 명을 쫓아냈

문명과 혐오

다. 그 댐에서 나오는 전기를 사용하지도 않는 가난한 사람들은 이제 엄청나게 많은 수가 그 지역 특유의 병에 걸려 있다(그것은 그 지역에서 강 시력 상실증이라고 부르는 병으로, 10만 명이 그 병에 걸렸는데 그들 중 7만 명이 시력을 완전히 잃었다). 그리고 주혈흡충증으로도 많은 사람이 고생하고 있다(이 수인성 기생충병으로 인해 8만 명이 장애를 갖게 되었다. 이 병은 두 종의 달팽이가 옮기는데 이들은 볼타 저수지에서 가장 흔한 연체동물이다).

이곳 퍼시픽 노스웨스트 지역에서, 댐은 지구상에서 가장 큰 규모의 연어 떼의 절멸을 일으키고 있다. 연어가 거슬러 올라오는 시기에는 한 마리당 100파운드나 나가는 연어 10만 마리가 매일 컬럼비아 강을 올라온다. 태평양 연어 개체군 192종 중 67개 종이 이미 절멸했고, 76개 종은 절멸 위험에 처해 있다. 이 물고기들의 절멸의 주요 원인은, 대양으로 가고 대양에서 오는 연어 여행을 가로막고 있는 댐들이다.

석유와 가스 산업, 광업, 금융, 농업 기업, 병원, 제약회사, 오페라 중 그 어떤 것도 대규모 자금 유입 없이는 존재할 수 없다(주민들 모두가 집에 살 수 있게 할 정도의 돈이 없어서 정기적으로 노숙자 텐트촌과 판잣집 촌을 부수는 시애틀 시는 새 콘서트홀을 짓고 있는데, 부지 매입과 사무실 건축에 1,850만 달러, 공사비와 부지 정리에 1,250만 달러, 새 주차장 건설에 1,470만 달러, 시의 관리 비용에 들어가는 50만 달러를 모두 납세자들이 내야 한다. 한 좌석당 1만 8,480달러가 든 것이다). 다시 말해, 금전적인 면으로만 보아도 이런 산업들은 모두 말이 안 된다. 그 산업들이 지구를 죽이고 있다는 것은 계산에 넣지 않아도 말이다. 우리는 모두 합리성을 자랑하지만 우리는 사실 그다지 합리적인 것 같지 않다. 그렇지 않은가?

■　　■　　■

미국에서는 원시림 97퍼센트 이상이 잘려나갔으며 아마존 유역의 숲

홀 로 코 스 트

절반이 앞으로 20년 안에 사라질 것이라고 한다. 거의 모든 주요 어업 자원은 전세계적으로 고갈되었다. 기후는 변하고 있다.

이 모든 파괴의 엔진은 무엇이었나? 그 연료는 무엇이었나? 그것이 완수되게 한, 계속해서 이루어지게 하는 메커니즘은 무엇이었나?

■　　■　　■

내가 이 글을 쓰는 동안에도 미군은 콜롬비아에 대한 지원을 증강하고 있다. 군사적 지원이 늘어나면 암살대가 번창하는 것은 우연의 일치가 아니다. 콜롬비아에서 석유가 수출의 35퍼센트를 차지한다는 것, 콜롬비아가 라틴 아메리카에서 다섯 번째로 큰 석유 수출국이라는 것, 그리고 콜롬비아가 원유의 85퍼센트를 미국으로 보낸다는 것도 우연의 일치가 아니다. 아, 참, 콜롬비아 국경 근처에 베네수엘라의 석유 파이프라인이 지난다는 얘기도 내가 했던가?

■　　■　　■

지난 가을 램지 클라크와 인터뷰를 했다. 그는 린든 존슨 대통령 때 검찰총장이었고 현재 미국 제국주의를 강하게 반대하는 사람이다. 나는 연방 정부의 1992년 국방 계획 지침에 있는 글을 인용하는 것으로 시작했다. "미국 외교 정책의 첫 번째 목표는 새로운 라이벌의 등장을 막는 것이다. …… 잠재적 경쟁국들로 하여금 그들의 정당한 이익을 지키기 위해 더 큰 목표나 더 공격적인 자세를 가질 필요가 없다는 것을 확신하게 해야 한다."

그는 이렇게 답했다. "우리의 외교 정책은 그런 계획 지침이 나오기 훨씬 전부터, 우리가 믿고 싶은 것보다 훨씬 오랫동안, 큰 실패였어요. 그것은 먼로 독트린의 오만함으로까지 거슬러 올라갈 수 있을 겁니다. 그때 미국은 다른 민족들을 무시했고 '서반구는 우리 것'이라고 했지요. 20세기 동안 어떤 시기에는 우리 마음대로 할 수 없게 하는 제약이 조금 있었어요. 냉전으로 인한 억제 효과였다고 할 수 있지요. 그런데 소련의 붕괴로 우리는 할 수 있는 것, 없앨 수 있는 것에 대한 분별을 잃어버렸어요. 우리의 최우선 목표는 처음부터 세계 지배였습니다. 그것은 현재까지도 마찬가지고요. 즉 지구상의 다른 모든 사람들을 강제할 수 있는 힘을 만들고 지키는 것이지요. 가능하다면 폭력을 쓰지 않고, 필요하다면 폭력을 써서, 그리고 가끔 반쯤은 재미로, 사람들을 우리 마음대로 하는 거예요. 그러나 우리 외교 정책의 목표는 세상 사람들 나머지가 단지 링을 통과하도록, 시련을 겪도록 훈련시키는 서커스 단원이 되는 것이 아니에요. 외교 정책의 목표는 자원 착취를 위한 지배니까요. 우리의 지배를 방해하는 자가 있으면 누구든 제거해야 하지요. 아니면 최소한 그들 방식의 잘못을 보여주어야 한다는 것입니다."

"그러나 우리의 외교 정책의 군사적인 측면이 아무리 비인도적이라 하더라도, 무역 정책보다는 훨씬 덜하지요. 간단히 말해 미국의 무역 정책은 세계의 가난한 사람들에 대한 착취를 위해 수립됩니다. 베트남은 군사적, 경제적 비인간성을 모두 보여주는 좋은 예요. 베트남이 자유를 원했다는 이유만으로 우리는 무자비하게 베트남 정부와 베트남 사람들을 응징했습니다. 베트남 사람들은 자유를 찾기 위해 30년 동안 싸워야 했고요. 처음에는 1945년부터 디엔 비엔 푸 이후까지 프랑스와 싸웠고 그 다음에는 1975년까지 미국과 싸웠지요. 예전에 나는 베트남의 인명 피해가 200만이라고 말했다가 비난받았는데, 요즘은 300만이라고들 이야기하고 있고 그렇게 말해도 비난하는 사람이 별로 없더군요. 그러나 1975년부터 1995년까지 20년간의 경제 제재 조치에 비하면 그건 아무것도 아니었어요. 물리적 힘으로는 그들을 굴복시킬 수 없었지만 경제 제재는 사람들을

홀 로 코 스 트

극심한 가난에 빠뜨렸어요. 그래서 그들은 작은 보트를 타고 폭풍우 치는 바다로 나갈 수밖에 없었어요. 그러다가 물에 빠져 죽거나 제정신이라면 아무도 있고 싶지 않을 곳으로 가게 되었지요. 즉 홍콩의 난민 캠프나 그 비슷한 곳에 가게 되었어요. 그들이 떠난 것은 단순히 미래가 전혀 보이지 않았기 때문이에요."

"1971년 베트남에서 북쪽으로 올라갔어요. 여름에 미국이 폭격을 해서 둑을 파괴하려고 하고 있었어요. 그렇게 하면 베트남의 관수 능력을 파괴할 수 있고 식량 부족을 일으킬 수 있다는 것을 미국 정부는 알고 있었어요."

"그 자체가 전쟁 범죄군요." 내가 말했다.

"그렇죠. 58조로 기억하는데, 민간인의 생활에 필수적인 시설물 파괴를 금지하고 있죠. 그렇지만 미국 정부가 언제 국제법 때문에 멈추던가요? WTO 같은 거라면 모를까. 정부가 법을 따르는 것이 자본 소유주들한테 유리하면 그렇게 하지요."

"베트남이 물을 관리할 수 없으면 벼농사를 지을 수 없다는 것, 벼농사가 안 되면 먹을 수 없다는 것을 미국은 알고 있었어요. 그 당시 그들은 헥타르 당 5톤의 쌀을 생산하고 있었어요. 경제는 여자들이 다 책임지고 있었죠. 남자들은 쌀자루, 탄약 자루를 지고 다니고, 총을 가지고 남부의 작은 굴 속에 살고 있었으니까요. 어떤 사람들은 몇 년 동안이나 지하 굴 속에서 지냈어요. 그런데 우리는 여전히 무자비하게 마구 폭격해서 사상자를 많이 냈어요. 그렇지만 그들은 살아남았어요."

"다른 한편 경제 제재는 베트남의 생활 수준을 모잠비크보다 낮게 만들었어요. 그 당시 모잠비크는 일인당 소득이 1년에 약 80달러에 불과한, 세계에서 가장 가난한 나라였어요. 이 모든 것은 완벽하게 물질주의적인 정책, 폭력과 위협과 경제적 강제로 시행되는 정책이 어떤 것인지 보여주지요."

문명과 혐오

내가 이렇게 말했다. "당연히 베트남 사람들은 미국의 대외 정책이 끔찍한 재앙을 불러온다고 생각할 것입니다. 아메리카 인디언, 이리안자야 (뉴기니 섬의 서반부 - 옮긴이) 사람들도 그럴 것이고, 사실상 세계의 거의 모든 사람들이 그렇게 생각할 겁니다. 그런데 미국인들도 그 생각에 동의할까요?"

"슬프게도 미국인들 대다수가 우리 대외 정책에 대한 견해가 없는 것 같아요. 그것도 당연한 것이, 사람들 대부분이 견해의 기초가 되는 것을 가지고 있지 않거든요. 사람들은 대외 정책에 대해 무감각하게 지내왔기 때문에 대외 정책의 의미에 완전히 무관심한 정도가 되었어요. 우리의 대외 정책 같은 것은 생각하는 것 같지 않아요. 그런데 그보다 더 나쁜 것이 있습니다. 우리가 그에 대해 생각할 때, 적들을 악마로 둔갑시키는 것입니다. 그리고 폭력을 사용하는 우리의 능력이 선한 것이라고 선전하는 것이에요. 걸프 전이 시작되었을 때 거의 경외심이 느껴질 정도였어요. 우리는 42일간 계속되는 군사주의 광고를 보고 있었잖아요. 모든 미국 사람들이 CNN과 몇몇 방송에 딱 달라붙어 있었죠. 걸프 만 어딘가에 있는 해군 전함에서 토마호크 크루즈 마사일이 발사될 때마다 일어서서 이렇게 외치는 기분이 들었을 거예요. '만세! 미국 만세!' 그러나 그 미사일은 바스라 등지의 시장을 때렸을 것입니다. 300개의 음식 노점을 부수고 42명의 극빈자들을 죽였어요. 그런데 우리는 그것을 선한 일이라고 부른 것입니다."

잠시 서로 쳐다보고 있다가 내가 눈길을 돌렸다.

그가 계속해서 이렇게 말했다. "오늘날 이 나라에서 군비에 대해 논쟁하기는 매우 어려워요. 생각해보면 군비는 믿기 어려울 정도로 많은 돈이에요. 우리의 군사비 지출은 완전히, 확실히 제정신이 아니에요."

그가 트라이던트 핵 잠수함에 대해 이야기했다. 그 잠수함 하나면 지구 절반에 있는 408개 도시를 없앨 수 있다.

홀로코스트

"그건 상상도 할 수 없는 기계예요. 어떤 머리가 그런 기계를 만들 생각을 했을까요? 그런 잠수함의 존재에 대해 어떤 정당화 논리가 있을 수 있을까요? 감히 그런 것을 사용한다는 것이 무슨 의미일까요? 왜 그런 것을 가지려고 할까요?"

"우리 대외 정책의 기초는 군사력을 강제 수단으로 사용하는 것입니다. 테디 루스벨트의 말에 정확히 나타나 있지요. 부드럽게 걸으면서도 큰 지팡이를 들고 다녀야 한다고 그는 말했어요. 아프리카 속담을 이런 데 써먹다니 아프리카인들을 욕되게 한 것이죠. 그게 무슨 뜻일까요? '내 말대로 해라. 안 그러면 머리통을 후려치겠다. 시끄럽게 여러 소리 하지 않고 그냥 그렇게 할 것이다.' 이런 뜻이에요. 생각해보면, 미국인들은 각 세대마다 전쟁 경험이 있어요."

지난 200년 동안 미국이 라틴아메리카를 얼마나 여러 번 침략했는가 하고 내가 물었다.

"누가 세느냐에 따라 달라요. 그렇지만 20세기에만도 거의 1년에 한 번 꼴이었다는 것은 확실합니다. 내가 지금 당장 셀 수 있는 것만 해도 아마 70건이 넘을 거예요."

"그런데 물론 19세기에도 다르지 않았죠."

"우리는 오랫동안 영국과 스페인에 대해 걱정해야 했는데, 서반구는 우리가 장악하기로 했지요. 세상 전체가 아닌 이쪽만으로는 우리가 만족할 수 없었지만 말이지요."

우리는 어떻게 해서 우리 자신이 신이 세상에 내린 선물이라는 이미지를 가지게 되었는지, 미국이 민주주의의 거점이고 세계에 민주주의를 수출하는 나라라는 생각을 어떻게 계속 가지고 있게 되었는지를 물었다.

"그러나 미국은 민주주의 사회가 아니에요." 그가 강한 어조로 말했다. "미국이 민주주의 사회라는 것은 끔찍한 오해고 민주주의에 대한 중상입

문명과 혐오

니다. 우리 사회는 아리스토텔레스가 말한 의미에서의 금권정치 체제예요. 부자들의 정부지요. 부자가 멋대로 하는 나라예요. 부의 집중과 빈부 양극화에서 미국을 따라올 곳이 없어요. 우리가 칭찬하는 사람들을 생각해봐요. 우리가 가장 존경하는 사람은 록펠러와 모건 집안 사람들, 빌 게이츠 같은 사람들, 도널드 트럼프 같은 부자들이에요. 매년 1,000만 명의 유아가 굶어 죽는 때에 도덕적인 인간이 몇십억 달러를 모으고 싶을까요? 내 시간으로 내가 할 수 있는 가장 훌륭한 것이 그것일까요?"

1990년에 본 통계 수치가 기억난다고 내가 그에게 말했다. 1990년 전세계가 2.5시간 동안 군사비에 쓴 돈이면, 천연두가 1970년대에 이미 사라졌을 것이다. B1 폭격기 한 대 값이면, 즉 2억 8,500만 달러면, 대충 계산해도 전세계 5억 7,500만 어린이들에게 수두, 디프테리아, 홍역 등 기본 예방 주사를 맞힐 수 있다. 그렇게 하면 매년 2,500만 명의 목숨을 구할 수 있다.

그가 고개를 흔들었다. "그런 비교는 강력하고 생생한 효과를 주기는 하지만, 그 돈이 폭격기에 쓰이지 않으면 좋은 데 쓰일 것이라는 암시를 담고 있어요. 그러나 만약 B1이나 B2가 취소되더라도 우리 정부는 그 돈을 예방 주사에 쓰지는 않을 거예요. 왜냐하면 그것은 우리 비전의 일부가 아니거든요. 그 아이들에게 예방 주사를 맞히는 것은 미국의 무역 이익에 도움이 되지 않으니까요. 그러니 그런 일은 일어나지 않을 겁니다."

"그렇다면 그 비전이란 게 뭐죠?"

"우리 대외 정책의 핵심은 다른 나라 정부와 사람들에게서 독립성을 빼앗는 거예요. 독립성을 위해서는 식량을 자급할 수 있어야 해요. 한 나라가 그 백성들을 위해 기본적인 것—식량, 물—을 만들지 못하면 진정으로 자유로울 수 없다고 나는 여러 해 전부터 생각해왔어요."

"이집트가 그것을 보여주는 확실한 예죠. 경제 제재 조치가 내려지면

홀로코스트

카이로에 어떤 일이 벌어질지 상상할 수 있어요? 카이로 인구가 1,200만인데 그 중 1,000만 명은 정말로 빈곤한 사람들이에요. 미국이 이집트에 경제 제재를 가하면 카이로는 90일 안에 아수라장이 될 거예요. 사람들이 목숨을 부지할 수 없을 거예요. 이집트 대통령 무바라크는 미국의 사주를 받는 독재자예요. 공군 출신 군인이죠. 그런데 이 질문을 던져야 해요. 그가 실제로 선택할 수 있는 것이 무엇인가? 그는 어디로 갈 수 있는가? 이집트는 이스라엘 다음으로, 세계에서 두 번째로 큰 원조 수혜국이에요. 오랫동안 그랬어요. 그가 미국을 조롱한다고 해봐요. 미국은 제재 조치를 취할 것이고, 무바라크와 그 주변 사람들은 죽게 될 겁니다. 길거리에서는 반란이 일어날 테죠. 그 사람들은 다른 선택의 여지가 없어요. 다른 아랍 나라들도 똑같은 상황입니다. 석유 때문에 부자가 됐다고 생각할지도 모르나, 가령 이라크에 석유가 나지만 경제 제재 기간 내내 석유가 도움이 되지 않았어요. 그 지역에서 단연 가장 높은 삶의 질을 누리던 이라크 사람들이 경제 제재 때문에 빈곤에 떨어졌어요. 이라크에는 무료 의료 서비스를 갖춘 국민 보건 제도가 있었고 좋은 교육 시스템이 갖춰져 있었어요. 이제는 미국이 안전보장이사회 이름으로 가한 경제 제재의 직접적 결과로 매달 약 1만 8,000명 꼴로 사망하고 있어요."

"왜 이라크였을까요?"

"이란은 그 지역에서 미국의 대리인 구실을 하고 있었으나, 우리 사람이던 샤(Shah)가 무너졌을 때—그는 미국의 사주를 받고 쿠데타로 민주정부를 뒤엎은 인물이었지요—이라크가 너무 강력하게 등장하기 시작했습니다. 그리고 결정적으로 이라크는 미국의 새로운 대리인으로서 믿을 만하지가 않았어요. 그래서 미국은 그들을 쫓아내야 했던 거죠. 처음에는 이라크에 폭격을 했어요. 42일 동안 폭격기가 11만 번 출격했어요. 평균 30초에 한 번 꼴이었어요. 8만 8,500톤의 폭탄—이건 펜타곤 발표 수치예

문명과 혐오

요—이 기간시설을 다 부쉈어요. 기간시설이란, 결국 목숨 부지 시스템을 잔인하게 표현한 말이지요. 폭격이 물을 앗아가버렸어요. 미군은 저수지, 댐, 펌프장, 파이프라인, 정수장을 폭격했어요. 개전 둘째 주에 사람들과 함께 차를 몰고 이라크에 가보았는데 수돗물이 나오는 곳이 한 군데도 없더군요. 사람들은 티그리스 유프라테스 강에서 물을 길어다 마시고 있었어요."

"걸프전은 그 나라에 발 한 번 딛지 않고도 그 나라를 파괴할 수 있다는 것을 처음으로 보여줬어요. 우리 측 사상자는 총 157명—미 국방부 발표 수치—이었어요. 유고슬라비아 때에는 민간인들을 포함해서 아주 많은 인명 피해를 입혔지만 우리 측 피해는 전혀 없었어요. 스텔스 폭격기 한 대를 잃었지만 조종사는 죽지 않고 구조됐지요. 전혀 손실이 없었어요. 사상자도 없었죠. 그 땅을 밟아본 적도 없는데—그럴 필요가 없지요—그러고도 그 나라를 절뚝거리게 만들어요. 못 일어설 때까지 계속 폭탄을 퍼부으면 그만이니까요."

멀리서 죽이는 문명인에 대해 스탠리 다이아몬드가 쓴 글이 생각났다. 그리고 '진짜 우리가 누구인지'에서 얼마나 멀리 떨어져 있는가—각자가 진정한 모습에서 얼마나 멀어져 있는가, 서로서로 얼마나 멀어져 있는가—를 생각했다.

"그러나 베트남 경우처럼, 경제 제재는 더 큰 손상을 끝도 없이 줍니다. 10~15배의 인명 피해를 낳아요. 경제 제재로 인해 150만 명 이상이 죽었어요."

나는 생각했다. 홀로코스트에서 죽은 유대인 수의 4분의 1이 넘잖아. 우리는 매우 매우 착한 독일인들이야. 이라크 사람들을 죽이는 데 대해 미국인들이 무지하고 냉담한 것이 당혹스럽다고 친구에게 이야기한 적이 있다. 그 친구는 놀란 눈으로 나를 쳐다보고는 이렇게 말했다. "근데 데

홀로코스트

릭, 미국인들이 신경 안 쓰는 건 당연한 거야. 죽어가고 있는 사람들이 갈색 인종이잖아." 그러나 나는 그보다 더 큰 이유가 있다고 생각한다. 우리가 홀로코스트의 잔학 행위를 인식하고 치를 떨 수 있는 것은 그것이 다 지난 일이어서 더 이상 우리에게 해를 끼칠 염려가 없기 때문이다. 또한 그것을 멈추게 하기 위해 우리가 당장 해야 할 일도 없기 때문이다.

클라크는 계속해서 말했다. "절반 이상이 5세 이하 어린이들이었어요. 아이들은 사회에서 가장 취약한 부분이지요. 특히 생후 1년까지는 질병과 영양실조에 걸리기 쉬워요. 아기 엄마가 영양실조에 걸리기도 쉽지요. 산모들 중 다수가 영양실조 상태여서 아기에게 모유를 줄 수가 없어요. 그곳 사람들은 젖을 못 먹는 아이들에게 설탕물이라도 주려고 애쓰지요. 그렇지만 미국이 기간시설을 파괴해버렸기 때문에 물이 다 오염되었어요. 젖을 못 먹으면 아기는 48시간 안에 죽어요. 1페니짜리 수분 보충제만 있으면 목숨을 구할 수 있어요. 그렇지만 경제 제재 때문에 구할 수가 없어요. 이라크는 미군의 폭격과 제재 조치 전에는 약품의 15퍼센트를 자급하던 나라였어요. 그런데 이제는 원재료도 구할 수가 없어요."

"인간에게 고통을 준다는 점을 제외하고 제재 조치에서 가장 나쁜 것은 힘센 나라가 마음만 먹으면 인구 전체의 빈곤화를 가져다줄 수 있음을 보여줬다는 점이에요."

또다시 우리가 서로를 멍하니 쳐다보는 가운데 침묵이 흘렀다.

마침내 그가 말했다. "21세기의 가장 큰 문제는 빈부 격차가 될 것입니다. 그리고 희생해도 좋은, 심지어 바람직하지 않은 사람들 사이의 분배 문제가 될 걸로 보입니다. 현재 노동력의 30퍼센트는 실업 상태이거나 반실업 상태로 존재해요. 기술 향상 때문에 그들이 필요하지 않게 되었죠. 그렇다면 자본의 관점에서 볼 때, 왜 우리가 그들을 부양해야 할까요? 왜 아프리카의 에이즈를 걱정해야 할까요? 왜 방글라데시나 소말리아의 기

문명과 혐오

아와 영양실조를 걱정해야 할까요?"

내가 고개를 흔들며 말했다. "제가 제대로 이해했는지 한번 들어보세요. 권력을 가진 자들의 관점에서 보면, 가난한 자들은 쓸모있는 한에서만 살아있게 하는 것이 바람직하고, 가난한 사람들은 노동력으로서만 쓸모가 있고 임금을 낮추는 넘쳐나는 잉여 노동력으로서만 쓸모가 있다. 그것 외에……"

"지구의 생태적 능력이 파괴되고 기술은 필요량 이상으로 생산할 수 있으므로, 인구 대다수의 고용이 의미있고 바람직하다고 보기는 어렵습니다. 만약 사회가 내 노동력을 필요로 하지 않는다면, 내가 기술을 갖고 있지 않다면, 내 아이들에게 예방 주사를 주려 하지 않는 사회, 굶주리는 어린아이들에게 먹을 것을 주지 않는 사회가 내게서 무슨 가치를 찾겠습니까?"

불필요한 사람들. 그들은 케빈 베일스가 이야기한 일회용 사람들일 뿐만 아니라 사회가 원치 않는 불필요한 사람들이다. 과잉의 불편한 사람들. 나는 사람들이 머리 아래쪽에 단 하나의 구멍이 뚫린 채 줄지어서 통나무처럼 차곡차곡 쌓여 있는 모습을 상상해보았다―자기를 가리키며 스물세 살이라고 말한 마른 여자를 포함하여. 이동 살인 시설에서 살인에 가담했던 사람들은 너무 많은 사람들을 직접 보면서 죽임으로 인해 트라우마를 가지게 되었다고 한다. 그래서 바닥에 배출관이 달린 트럭이 등장했다. 그 다음 가스실이 만들어져서 위생적·정신적으로 안전하게 그 일을 할 수 있게 되었다. 크리스탈을 떨어뜨리고 환기창을 닫기만 하면 끝나니까 말이다. 사람을 죽이는 일이 더 쉬워진 것이다. 단추 하나만 누르면 된다. 컴퓨터 오락을 하듯 비디오 스크린으로 사람들을 보면서 그 일을 할 수도 있다. 머리통에 총을 쏘는 것과 다름없이 확실하게 사람을 죽이는 경제 정책을 운용하면서 의자에 등을 기대고 앉아 은행 예금이 불어

홀로코스트

나는 것을 보는 것은 더 쉽다.

클라크는 이렇게 말했다. "1990년에, 미국 노동력의 절반은 농업에 종사했습니다. 이제 그 비율은 5퍼센트도 되지 않아요. 1900년에는 중국 노동력의 80퍼센트가 먹을 것을 만드는 일에 종사했습니다. 그런데 농업 인구 비율이 10퍼센트 미만으로 떨어지면, 그 사람들은 무엇을 하게 되겠습니까? 우리는 그들이 교육을 받는 걸 원치 않아요. 우리 교육은 어떤 형태의 경제적 생산성을 지향하고 있지요. 대부분은 생산 그 자체를 지향하는 것도 아니에요. 우리는 그렇게 많이 생산할 수가 없기 때문이죠. 그래서 그 대신 서비스업이 팽창하고 있는 것입니다."

나를 포함한 우리들이 하는 일 중 얼마나 많은 것이 실제적으로 쓸모있는 일인가 하는 의문이 들었다. 내가 벌을 키울 때 얼마나 즐거웠는지가 아직도 생생하게 기억난다. 적어도 그때 그 해가 끝났을 때에는 누군가가 먹을 수 있는 것을 가지게 되었다. 살기 위해 필요한 어떤 것이 생긴 것이다. 우리가 하는 일 중에서 우리가 인간적이고 인도적인 존재가 되도록 돕는 것은 얼마나 되는가? 안 해도 될 일을 만들어 하는 것, 뭔가 일이 필요해서 하는 일은 또 얼마나 되는가?

∎　　∎　　∎

캘리포니아 주에서 가장 힘있는 노조 중 하나는 '캘리포니아 교도관 노조'다. 그 노조는 현재 캘리포니아 주지사인 그레이 데이비스와 전 주지사 피트 윌슨의 강력한 지지 세력이었으며 그들의 선거 운동에 커다란 도움을 주었다. 이 단체는 캘리포니아 주의 삼진아웃 제도 캠페인에 두 번째로 많이 기여한 단체이기도 하다. 삼진아웃 제도는 세 번째 범죄의 유죄 판결을 받은 사람은 모두 종신형에 처하도록 하는 것이다. 그것이 피자 한 조각을 훔치는 가벼운 죄라도 말이다(내가 가르친 재소자들 중 한 명은 남의 창

문명과 혐오

고에서 자전거를 훔친 것이 세 번째 범죄여서 삼진아웃 제도를 적용받았다). 정치인들을 지지한 대가로 노조는, 매우 합당하게도, 임금 인상과 더 많은 일자리를 요구했다. 이 경우에 더 많은 일자리란 더 많은 감옥을 의미하고 더 많은 수감자들을 의미한다. 지난 15년 동안 재소자 수는 400퍼센트 증가했다. 그러나 그 노조는 재소자 수가 훨씬 더 많이 늘어나기를 원하고 있다. 몇 년 전, 노조는 「적정 비용의 교도소」라는 연구 보고서를 통해, 캘리포니아 주가 "메가 프리즌"을 지어서 각각 2만 명씩—피부색이 "살색"이 아닌 사람들이 대부분인—을 수용하기를 바란다고 제안했다. 그리고 유권자들의 승인 없이 교도소 채권을 발행할 수 있게 하는 법을 의회에서 통과시킬 것을 제안했다. 그 노조가, 매우 합리적이게도, 노조원들의 일자리 안정을 원한다는 이유로 얼마나 많은 사람들이 감옥에서 세월을—다시 돌이킬 수 없는 세월을—보내고 있는 걸까?

∎　　∎　　∎

어젯밤에 알게 된 사실 두 가지를 이야기할까 한다. 내가 '지구해방재소자지원네트워크'에서 자선 강연을 했다는 걸 기억하시는지? 그 행사는 그 단체 전체를 위한 것이기도 했고 특히 구체적으로 두 사람을 위한 것이기도 했는데 그들 이름은 크리터와 프리로 통한다. 그들은 자동차 판매점에서 SUV 차량에 방화했다는 혐의로 고소당해 있었다. 내가 강연을 할 때 즈음, 크리터는 이미 유죄 답변 거래(plea-bargaining, 유죄 협상 제도라고도 한다. 피의자가 유죄 자백을 하는 대가로 검사가 불기소 또는 가벼운 죄명으로 기소하거나 낮은 구형을 약속하는 것이다-옮긴이)가 끝난 상태였고 66개월 형을 받은 뒤였다. 차에 불을 질렀으면 축하보다는 벌을 받는 것이 마땅하다 하더라도, 그 형량은 터무니없어 보였다. 어젯밤 프리가 유죄 판결을 받고 22년형을 선고 받았다는 이야기를 들었다. 큰 죄를 저지르고도

홀로코스트

그보다 훨씬 가벼운 벌을 받은 사람들을 대보라고 하면 우리 모두 그런 예를 줄줄이 댈 수 있을 것이다.

어젯밤에 알게 된 또 다른 소식은 최근의 지구화 반대 시위에 관한 것이다. 이미 시애틀, 프라하, 베른, 그 외의 전세계 도시에서 지구화 반대 시위가 일어났다. 그것은 종종 폭력 시위로 바뀌기도 했다. 경찰이 최루가스와 고무 총알을 쏘고 곤봉을 마구 휘둘렀기 때문이다. 그런데 폭력 수위가 점점 더 올라간다. 스웨덴에서 경찰이 시위 군중에게 실탄을 발사하여 19명이 다치고 한 명은 중태에 빠졌다. 스위스에서는 시위대 중 한 명이 사망했다.

경찰이 백인들에게(스웨덴과 스위스에서) 실탄을 쏘기 시작했다면 사태가 심각한 것 같다.

■　　　■　　　■

몇 년 전에 읽은 조지 맥거번과 록웰 인터내셔널 사장 로버트 앤더슨의 대담이 갑자기 기억났다. 맥거번이 앤더슨에게 B1 폭격기 말고 다른 대량 운송 시스템을 건설할 뜻은 없느냐고 물었다. 앤더슨은 그럴 의사는 있지만 의회가 거기에 돈을 줄 가능성이 없다는 것을 알고 있다고 답했다. 나는 클라크에게 그 이야기를 했다.

"그들 말이 전적으로 맞아요. 미국의 자본은 우선순위가 바뀌는 것을 절대 받아들이지 않을 겁니다. 이유는 여러 가지죠. 첫째, 군대는 세계 지배의 수단이고 그것을 위협하는 것은 아무것도 허용되지 않을 겁니다. 둘째, 자본은 수요가 계속 확대되는 것이 필요한데 대량 운송은 수요를 축소시키죠. 자본은 자본 집중 활동을 위한 새로운 수요의 계속적 창출을 필요로 하고 소유주는 그런 활동으로 거대한 이윤을 축적할 수 있어요. 그 활동들이 생명체나 공동체에 해가 되는지는 중요하지 않아요. 예를 들

문명과 혐오

어 권력을 가진 자들은 군대에 돈을 뿌리기 위해 새로운 구실을 생각해내는 무한한 상상력이 있는 것 같아요. 우리가 십몇 년 전에 평화배당금 이야기를 하고 있을 때, 미국 국민들이 순진할 정도로 정부의 말에 순순히 동조하는 것을 보고 아주 슬펐어요."

"그에 대해 자세히 듣지 못했기 때문이죠."

"그러나 사람들은 평화배당금이 있을 것이라고 믿었어요! 사람들은 이렇게 말했어요. '드디어 자유다! 하느님, 감사합니다! 이제 드디어 우리는 우리가 늘 바라던 것을 할 수 있습니다. 이제 B1폭격기가 없기 때문에 아이들에게 예방 주사를 주고 수백만의 목숨을 살릴 수 있어요.' 그렇게 할 수는 있지요. 그러나 하지 않아요.

우리는 이걸 이해해야 돼요. 조국의 이름으로 행하는 군사 행동을 통해 끔찍한 짓을 저지르고도 자기가 영웅적인 일을 했다고 믿도록 만들었다는 겁니다. 베트남에 폭탄을 퍼부은 조종사들 중 얼마나 많은 사람들이 이런 질문을 스스로 던져보았겠느냐는 말입니다. '내가 날아가서 그 폭탄들을 떨어뜨릴 때 베트남 사람의 입장에서는 어땠을까.'"

"저도 그 생각을 했습니다. 존 맥케인이 자신이 전쟁 포로였다는 것을 활용해서 정치적 입지를 굳히려고 했을 때, 그가 민간인들을 죽였다는 것을 비판하는 사람이 아무도 없었어요."

"그 사람들을 폭격하는 것이 올바른 일일 수가 있는지 생각해보았다는 이야기도 들은 적이 없어요." 클라크가 말했다. 그는 천천히 말을 이어갔다. "콜린 파월은 감탄하지 않을 수 없는 인물 같아요. 그 사람이 그 자리에 올라가기까지는 운이 많이 따랐을 거예요. 그런데 걸프전 동안 미군이 죽인 이라크 사람이 얼마나 된다고 생각하느냐는 질문을 받고 그는 이렇게 답했어요. '솔직히 말해서 그 숫자에는 저는 별로 흥미가 없습니다.' 국제법에서는 전쟁 참가국은 모두 적국의 사망자 수를 세고 그들의 이름

홀로코스트

과 종교를 확인하는 것을 의무로 하고 있지요. 가족에게 알려줘서 그들의 종교적 신념에 따라 장례를 치를 수 있도록 말이죠. 그런 국제법은 차치하고라도, 그의 발언은 말도 못하게 비인도적인 발언이에요. 그건 중요하지 않다는 거죠. 얼마나 많이 죽었는지는 관심 없다. 그리고 그 다음에는 전 마약 단속 대제 배리 맥카프리 같은 동료가 가서, 후퇴하는 이라크 군대를 공격하고 수천 명을 죽이라고 명령하는 겁니다." 그는 손가락 두 개를 맞부딪쳐 딱 소리를 냈다. "그건 가장 중대한 전쟁 범죄예요. 그런데 오히려 그들이 보상을 받아요. 영웅이 되고 대통령 후보로 나서지요. 아마 그들은 그런 것에 가장 끌리겠죠."

히틀러는 시대를 앞서갔다. 그가 목표로 한 다양성의 제거를 완전히 실현하는 정부가 만들어지기에는 당시 사회 조건이 아직 무르익지 않은 상태였다. 간단히 말해서 그의 기업-정부의 국가는 순수한 지배를 확립하고 유지하는 데 필요한 권력을 획득하지 못했다. 인간을 지배하는 권력, 자연계를 지배하는 권력을 위한 사회 조건도 히틀러 당시에는 갖추어져 있지 않았다.

히틀러의 경우에 그가 유대인이나 저항 단체에게 패한 것이 아님을 기억해야 한다. 그는 소련, 영국, 미국 등 다른 제국주의 세력에게 졌다. 독일군이 러시아의 겨울에 무너져서 쫓겨나지 않았다면, 다카우 이후 이야기는 많이 달라졌을 것이다. 그런데 이 다른 열강들이 나치를 멈추게 한것은 독일이 유대인, 루마니아인 등을 학살했기 때문이 아니었다. 오히려 그들은 나름대로 독일군에 못지않은 무자비한 전통을 당당히 가지고 있었다. 이 나라들이 독일 정부를 막은 것은 그들 자신이 통제하고 싶은 탐나는 자원을 독일이 갖는 것을 원치 않았기 때문이다.

인간에 대한 지배력을 살펴보자. 히틀러가 하루 24시간 내내 국민들의 가정에 자신의 메시지를 방송할 수 있었다면, 사람들이 매 시간, 매일매일 그 방송을 즐겁게 들었다면 어떻게 되었을지 상상해보라. 텔레비전 드라마가 유아기에서 노년기까지의 모든 백성들의 삶에 그의 사상을 심어줄 수 있었다면, 어떤 선전 효과가 나타났을지 상상해보라. 히틀러가 거들먹거리며 걷고 소리치고 손짓 하는 필름을 보는 것은 우리 자신을 해치는 일이라고 나는 생각하는데, 그런 필름을 보면 어떻게 사람들이 그의 주문에 걸려들 수 있었는지가 궁금해진다. 첫째, 누가 그 필름을 편집했는지 생각해보라. 승리자들이다. 승자는 항상 자기 적들을 바보스럽게 보이게 하는 것이 유리하다. 그러나 더 중요한 것은 그것이 나치의 주요 선전 형태가 아니었다는 점이다. 나치스의 선전국장 요제프 괴벨스는 고압적인 정치 선전으로 사람들을 설득하는 것보다 가벼운 오락거리를 제공하는 게 훨씬 낫다는 것을 알았다. 괴벨스는 또한 선전이 다양성의 환상을 주면서도, 그 아래에 의식을 마비시키는 이데올로기적 메시지가 깔려 있을 때 가장 효과적인 선전이 된다고 생각했다.

가벼운 오락으로 안 되는 사람들에 대해서는 정부가 엄격히 통제할 수 있도록 하는 과학 기술도 충분히 발전되어 있지 않았다. 물론 히틀러의 국가 경찰력이 그 당시에는 그런 대로 효과가 있었겠지만, 나치는 위성 감시 시스템도 없었고 위성도 없었다. 그리고 법의학은 초기 단계에 있었다. 컴퓨터로 지문이나 얼굴 스캔을 맞춰봄으로써 반사회 분자들을 추적하고 파악하고 체포하는 것이 불가능했다. 2001년 슈퍼볼 경기장에 간 모든 사람들의 얼굴이 은밀히 스캔되었다는 이야기는 들어보았을 것이다. 그 사진들을 컴퓨터 이미지와 비교해서 범법자들을 찾아내기 위해서였다. 그리고 현재 새크라멘토 공항은 모든 승객의 얼굴을 스캔하기 시작했다. 전송량 전체의 약 90퍼센트는 걸러낸 다음, 매일 몇십억 통의 전화

홀 로 코 스 트

통화나 이메일을 체크할 수 있는 전세계 컴퓨터 네트워크가 히틀러에게는 없었다(이메일이 뭐야 하고 아돌프가 묻는 소리가 들리는 것 같다). 히틀러는 컴퓨터라 할 만한 것을 가지지 못했을 뿐 아니라 다른 건물에서 쏘거나 벽을 뚫고 모니터에 나타나는 이미지나 자판 치기 같은 것을 이해할 능력도, 컴퓨터 신호를 포착할 수 있는 능력도 없었다. 사람들한테 특정한 유형의 카메라를 지정한 후 알몸 수색을 하거나 몸의 구멍을 일일이 감시할 능력도 없었다. 히틀러는 주민번호 같은 전국적 시스템도 갖지 못한 아마추어였다. 미국 국방부장관 콜린 파월은 그 제도에 대해 이렇게 말했다. "미국 시민을 감시하고 추적하고 붙잡을 수 있게 해준다." 히틀러는 이런 것을 하나도 가지고 있지 않았다. 과학자들은 인간 게놈에 대한 지식도 없이, 골상학 같은 신뢰성 떨어지는 방법으로 이교도를 찾아냈다. 그리고 히틀러는 유전자형(genotype)이라는 말도 몰랐을 것이고 특정 인종을 겨냥하여 유전적으로 변형된 질병을 만들어낼 줄도 몰랐을 것이다.

자연계 파괴에 관해서 보자면, 히틀러가 채식주의자였고 이교도주의 비슷한 것을 신봉했다는 것이 오랫동안 동물권리 운동과 환경운동을 감정적으로 비난하는 사람들에게 소재를 제공해왔다. 히틀러가 채식주의자라면, 모든 채식주의자들이 나치일 것이라고 비방한 것이다. 전기톱이 나치 치하에서 개발되었지만 히틀러를 와이어하우저 사와 연결시키는 사람은 본 적이 없다(이제 생각하니 둘 다 독일 사람이다). 히틀러가 다른 문명인들보다 야생의 자연과 더 많은 관련이 있었던 것은 아니다. 주변 세상과 연관되어 있는 국가사회주의를 표현하는 데 쓰인 기본적인 은유는 밭이었다. 야생의 숲이 아니었다. 가장 중요한 나치 이론가들 중 한 사람인 R. W. 아게는 밭 가꾸기와 제노사이드의 관계를 이렇게 명시했다. "밭에 식물을 혼자 내버려두면 곧 밭은 놀랍도록 잡초만 무성해지고 작물의 기본 성격도 바뀌었음을 보게 된다. 그러므로 밭이 식물을 기르는 땅으로 남아 있으려면, 다시 말해 자연의 거친 지배를 벗어나 고양되려면 밭을 가꾸는 사람의 의지가 필요하다. 재배에 적당한 조건을 제공하고 해로운 영향은 제거함으로써 보살핌이 필요한 것은 보살피고, 작물에게서 영양분, 공기, 햇빛을 뺏는 잡초는 무자비하게 제거해야 한다. …… 그러므로 우리는 품종 개량 문제가 정치사상에 있어 사소한 것이 아니라는 깨달음에 이르게 된다. 또 그 문제가 모든 고려 사항 중 핵심에 있어야 하며, 품종 개량 문제에 대한 답은 국민들의 이데올로기적 태도와 영적인 태도에서 나오는 것이 되어야 한다. 잘 계획된 품종 개량 계획이 그 문화의 중심에 서 있을 때만 그 나라 국민은 영적인, 도덕적인 균형 상태에 이를 수 있다."

우리는 지금도 밭의 은유를 믿고 있다. 유용한 종, 즉 돈이 되는 쓸모 있는 종이 있고 방해가 되는 종이 있다. 그와 마찬가지로 유용한—생산에 도움이 되는—사람들이 있고 우리가 쓸 수 있는 땅을 지저분하게 뒤덮고 있는 사람들도 있다. 그러나 이제 밭의 은유와 현실은 그 다음 단계로 넘어가서 우리 사회의 경향과 일치한다. 이제 우리는 손으로 잡초를 뽑지 않는다. 그것은 너무 비효율적이다. 이제 우리는 몬샌토 사의 라운드업 제초제에 저항성이 있도록 유전자 변형된 작물을 하나만 재배하는 거대한 단일경작 재배지를 가지고 있다. 합리적 사고는 더 발전했고, 통제는 더 심해졌고, 죽이는 행위는 더 추상적이 되었고 다양성은 줄어들었다.

유럽인들이 인디언들의 밭을 찾아 파괴하려고 했을 때 무엇이 밭이고 무엇이 숲인지 구분할 수 없을 때가 종종 있었다는 것이 중요하다(그래서 유럽인들의 파괴가 멈추었다는 이야기는 아니다. 그들은 밭과 숲을 다 파괴했다). 세상을 실리주의 관점에서만 보지 않는 것은, 좋고 싫음을 갖지 않도록 하는 것은 아니다. 다만 존재들이 서로 적응한다는 것을 보는 것이다. 서로 어떻게 적응하는지, 길고 짧은 패턴의 리듬과 결과에 맞추어 어떻게

홀로코스트

움직이는지를 보는 것이다. 그리고 자신을 이 패턴에 맞추려고 하는 것이다. 친구와 명예로운 적 사이에 있어야 하는 미묘한 균형을 깨지 않기 위해 애쓰는 것이다. 히틀러는 이것을 이해하지 못했고 대부분의 영역에서 우리도 이것을 이해하지 못한다.

그러나 여기서도 히틀러와 우리 사이에는 차이점이 있다. 히틀러는 지구에 방사능을 유출할 줄 몰랐고 지구를 독성 물질로 오염시킬 줄도 몰랐다(유기 염소계 살충제와 제초제는 2차 대전 후에 널리 쓰이게 됐는데 사실상 그것은 1차 대전에서 벌어진 화학전의 부산물이었다. 그 전에는 모든 농가가 유기농업을 했다). 그는 지구의 기후를 바꿔놓을 줄도 몰랐다. 동시에 지구 반대편 두 곳에서 큰 전쟁을 치를 수 있는 상비군도 갖고 있지 않았다. 독일군은 두 개의 전선에서 동시에 전투를 벌이기도 힘들었다. 히틀러 때에는 아직 경제가 통합화되지 않았고 합리화되지 않았다. 달리 표현하면 다양성을 아주 많이 잃지는 않았다. 따라서 단지 경제적 압력을 확대하는 것만으로는 극소수의 사람들이 수백만 명의 인간을 죽이는 것이 가능하지 않았다.

요제프 바이젠바움(Joseph Weizenbaum)은 정보화 기술의 사회적 효과에 대한 분석에서 이렇게 썼다. "독일이 '유대인 문제'의 '마지막 해결책'을 시행한 것은 도구적 이성의 교과서적인 활용 예다. 실제로 일어났던 일에서 눈길을 더 이상 돌릴 수 없을 때, 살인자들이 직접 찍은 사진이 유포되기 시작했을 때, 가엾은 생존자들이 다시 밝은 곳으로 나왔을 때, 인류는 짧게 전율했다. 그러나 결국 아무 변화도 없었다. 그후 20년 동안 똑같은 논리, 똑같이 냉담하고 무자비하게 계산하는 이성을 적용했고, '천년제국'의 기술자들에게 희생된 사람들 못지않게 많은 수의 사람들을 살육했다. 우리는 아무 교훈도 얻지 못한 것이다."

문명과 혐오

■   ■   ■

한나 아렌트의 고전 『예루살렘의 아이히만』은 다음과 같이 홀로코스트
의 핵심 문제를 제기한다. 사실상 문명의 문제를 제기한다고 할 수 있다.
"모든 평범한 인간이 신체적 고통을 겪는 대상을 보면서 느끼는 동물적
인 연민 …… 이 연민을 어떻게 극복할 것인가." 정말로 어떻게 극복할 수
있을까? 그러나 여기서 훨씬 더 중요한 질문이 있다고 나는 생각한다. 우
리가 처음에서 너무나 멀리 와 있는 것이라면, 어떻게 돌아가야 할까?

■   ■   ■

지배문화를 멈추게 하지 못하면, 그것은 지구에 있는 모든 것을 죽일
것이다. 전부 죽일 수 없다면 죽일 수 있는 것은 다 죽일 것이다.
대량살육은 각각 다 독특하다. 유럽 유대인 학살은 아메리카 인디언 학
살과 비슷하지 않다. 비슷할 수도 없다. 왜냐하면 사용된 과학기술이 같
지 않고 겨냥한 대상이 같지 않고, 저지른 사람이 같지 않기 때문이다. 그
들은 분명 비슷한 동기를 가지고 있었을 것이고 사회화의 어떤 면도 비슷
했을 것이다. 그러나 그들은 같지 않았다. 그와 마찬가지로, 아르메니아
인들(그리고 쿠르드 족)에 대한 터키의 살육은 미국인들이 저지른 베트남인
살육과 비슷해 보이지 않는다. 그리고 그와 마찬가지로 21세기의 홀로코
스트는 20세기 홀로코스트와 같지 않을 것이다. 이미 같지 않음이 드러나
고 있다. 같을 수가 없는 것은 우리 사회가 발전했기 때문이다.
그리고 보는 사람이 누구냐에 따라 모든 홀로코스트는 달라 보인다. 나
치 고위층과 대기업 간부가 보는 것은 착한 독일인이 보는 것하고 다르
다. 나치 고위층과 대기업 간부의 일차적 관심은 어떻게 생산과 통제를
극대화할 것인가, 즉 어떻게 가장 효과적으로 인간과 자연 자원을 착취할
것인가이다. 착한 독일인들의 일차적 관심은 사람에 따라 다르겠지만, 그

홀 로 코 스 트

중에는 아마도 자기 일을 가능한 한 잘 하는 것이 포함되어 있었을 것이다. 그 일이 밖의 관점에서 보면 비도덕적인 것일 수도 있지만 말이다. 또 착한 독일인의 관심사 중에는 권력층이 '유대인 문제'를 최종적으로 해결하고 있다는 안도감이 포함되었을 것이다. 그리고 물론 화장터(가장 좋은 자재와 완벽한 기술로 건설된)에서 나오는 기름진 연기를 못본 척하는 것도 포함되었을 것이다. 착한 독일인들이 보는 홀로코스트는 저항세력이 보는 것과는 달랐을 것이다. 저항세력의 주요 관심은 어떻게 그 체제를 무너뜨릴까에 있었을 것이다. 그리고 저항하는 사람들이 보는 홀로코스트는 인간 이하로 간주된 사람들이 본 것과는 달랐을 것이다. 인간 이하의 사람들의 주요 관심은 목숨을 부지하는 것이었고, 그것조차 할 수 없을 경우에는 품위있게 죽는 것이었다.

인디언들이 보는 미국의 '명백한 사명'은 J. P. 모건이 보는 것과는 달랐다. 미국 노예제는 노예가 보는 것과, 그 제도에 기초해서 편안함과 우아함을 누리는 사람들이 보는 것이 달랐다. 자유로운 흑인 노동 때문에 임금이 떨어진 사람들이 보는 노예제는 또 달랐다.

21세기의 대학살은 어떻게 보일까? 자신이 선 위치에 따라 다르게 보일 것이다. 주위를 둘러보라.

만약 내가 첫 번째 집단에 속한다면, 즉 점잖은 백인 남자 집단에 속한다면, 포스트모던 학살이 내 눈에는 잘 보이지 않을 것이다. 아니면 기꺼이 지불할 대가가 보일 것이다. 올브라이트 장관이 이라크 어린이들에 대해 이야기한 것이 그런 경우다. 대학살들은 아마도 서로 비슷한 점이 있을 것이다. 생산을 극대화하려고 할 수 있고—"경제를 살린다"고 말할 수도 있다—그리고 필요하면 정치적 반대 세력을 쓸어버릴 수 있다. 따라서 대학살은 '약속된 땅'에 이르지 못하게 하는 문제들 때문에 곤경에 처한 경제를 살리는 방법으로 보일 것이다. 그것은 장부에 적힌 숫자들처럼 보일 것이다. 해결해야 할 기술적인 문제로 보일 것이다. 지구 온난화에 대처하기, 사회 불안을 진정시키기, 잘 활용할 수 있는 땅에 비생산적으로 살고 있는 너무 많은 사람들 처리하기 등은 기술적인 문제로 해결할 수 있다. 그렇게 해서 필요한 자원에 쉽게 접근할 수 있을 것이다. 대학살은 문이 여러 개 있는 대저택으로 보일 것이고, 방탄 유리창 있는 리무진으로 보일 것이고, 언제나 상승하기만 하는 군사비 예산으로 보일 것이다. 바로 어제 부시 2세 대통령이 군비를 180억 달러 더 증강하여 총 3,435억 달러로 정하기를 원한다는 기사를 읽었다. 이 수치는 세부적인 예산을 포함하지 않은 회계 속임수다. 군비 차관에 대한 이자를 포함하지 않았기 때문이다(그것까지 포함시키면 총액은 약 6,400억 달러가 된다). 46억 달러면—미군이 주말 사흘 동안에 소비하는 액수인데—마실 물이 부족한 모든 사람들에게 깨끗한 물을 줄 수 있다. 물론 사람이 마실 깨끗한 물을 중요시한 적은 한 번도 없다(그것을 중시했다면 우리는 애초에 수도 시설을 파괴하지 않았을 것이다). 대학살은 경제학처럼 느껴질 것이다. 그것은 진보처럼 생각될 것이다. 과학적 혁신처럼 생각될 것이다. 문명처럼 생각될 것이다. 사물의 이치처럼 느껴질 것이다.

만약 내가 두 번째 집단에 속한다면, 나한테는 전혀 도움이 되지 않는 체제를 지원하는 데 내가 활용될 것이다. 나에게 대학살은 아마도 새 차처럼 보일 것이다. 초콜릿 바를 먹는 것으로 보일 것이다. 자기 재능을 대기업에 빌려주는 것으로 보일 것이다. 좀 더 확장해서 말하면 내 재능을 경제적 생산에 빌려주고 아이들을 위해 더 나은 삶을 만들어가는 것으로 보일 것이다. 아마도 그것은 쉘에서 기술자로 일하는 것이나 제너럴 모터스 조립라인에서 일하는 것으로 보일 것이다. 아마도 어떤 사람의 가치를 그 사람의 고용 가능성이나 생산성 아래에 놓는 것으로 보일 것이다. 나에게 대학살은 아마도 일자리를 두고 경쟁하는 멕시코인, 파키스탄 사람,

알제리 사람, 또는 흐몽 족(베트남 소수 부족—옮긴이)에 대한 분노처럼 보일 것이다. 그들은 완전한 인간처럼 살지 않기 때문에 돈을 적게 주고도 일을 시킬 수 있기 때문이다. 아마도 대학살은 빌어먹을 빨판상어를 구하려고 하는 환경운동가에 대한 분노와 같은 것으로 보일 것이다. 환경운동이 내 재산권을 침해한다면, 사막에 꽃을 피우거나 사막을 생산적인 땅으로 만들겠다며 내가 쓸 물을 끌어가는 경우에도(그 경우에는 특히 더) 그럴 것이다. 아마도 대학살은 내가 싫어하는 일—그리고 내 인간성을 거의 필요로 하지 않는 일—을 계속하는 것처럼 느껴질 것이다. 아무리 애를 써도 따라잡을 수 없을 것 같기 때문이다. 아마도 그것은 일과가 끝난 후 피곤에 지친 몸으로 그저 거실에 앉아 텔레비전이나 좀 보기를 원하는 것으로 느껴질 것이다. 그런데 나치 정권 때도 그와 같았다. "방송 프로그램은 세련된 취향에 만족을 주면서도, 원하는 게 적은 청취자들에게도 즐거움과 접근 가능성을 주어야 한다. …… 방송 프로그램은 정보, 자극, 휴식, 오락을 교묘하고도 심리적으로 능숙하게 섞어서 제공해야 한다. 물론 휴식에 특별히 신경을 써야 한다. …… 퇴근 후 몇 시간 동안 피로를 풀고 원기를 회복할 권리를 주는 것이기 때문이다." 현재 멕시코에서는 이런 식이다. 멕시코 언론 재벌 텔레비사 사의 사장이자 억만장자인 에멜리오 아즈카라는 미국에서 가장 큰 언론 회사들과 긴밀하게 연결돼 있는데, 그는 이렇게 말한다. "멕시코는 매우 비참하게 사는 사람들의 나라다. 그 비참함은 끝나지 않을 것이다. 텔레비전은 이 사람들에게 기분 전환거리를 제공할 의무가 있다. 그들의 슬픈 현실과 힘든 미래를 잊을 수 있도록 말이다." 이것이 미국에서는 어느 정도 사실인지 판단하는 것은 미국 독자들에게 맡기겠다. 나로 말할 것 같으면, 나는 〈백만장자 되고 싶은 사람 누구?〉를 보러 가겠다.

만약 내가 세 번째 집단의 하위 그룹에 속한다면, 즉 언젠가 저항을 할 수도 있지만 분노는 어디를 향하게 해야 할지 모르겠다면, 대량학살은 무장 강도짓, 자동차 절도, 폭행처럼 보일 것이다. 갱단에 들어가는 것과 같은 것으로, 팔 안쪽에 늘어선 바늘 자국으로 보일 것이다. 씁쓸하고 시큼한 타르 헤로인 냄새처럼 느껴질지도 모른다. 아니면 아마도 멘솔처럼 강한 박하 냄새처럼 느껴질 수도 있고, CIA의 간절한 부탁으로 이웃사람에게서 입수한 코카인의 달콤한 냄새로 느껴질 수도 있다. 아니, 그렇지 않을 수도 있다. 경찰차 안에서 나는 냄새일 수도 있다. 어린 소녀가 아이스크림을 먹고 있는 것을 뒷창문으로 보는 것, 당신 인생에서 다시는 그런 광경을 보지 못하리라는 것을 알고서 그 장면을 보는 것일 수도 있다. 아마도 그것은 펠리컨 베이나 마리온이나 샌퀜틴이나 리븐워스 같아 보일 수도 있다. 또는 아마도 그것은 뒤통수에 박히는 총알처럼 느껴질 수도 있다. 뉴욕, 신시내티, 시애틀, 오클랜드, 로스앤젤레스, 애틀랜타, 볼티모어, 워싱턴 D.C.의 길거리를 덮고 있는 낙엽처럼 느껴질 수도 있다.

만약 내가 세 번째 집단 중에서 이미 권력의 집중에 반대하고 체제에 반대하는 하위 그룹의 일원이라면, 나의 관점에서 보면, 아마도 대량학살은 검은 제복을 입고 방패를 든 경찰들처럼 보일 것이고 최루가스 냄새와 같은 것으로 느껴질 것이다. 의회가 나에게 한 번도 도움을 준 적이 없다는 것을 알지만 의회에 탄원을 하는 것처럼 보일 것이다. 아마도 그것은 야생 지역이 하나씩 파괴되는 것으로 보일 것이고 부러진 다리처럼 쓰라린 무기력으로 느껴질 것이다. 아마도 그것은 미제 군복을 입은 콜롬비아 사람 손에 쥐어진 미제 총을 내려다보면서 이제 내 목숨은 끝이구나 하고 아는 것일 수도 있다.

네 번째 집단에 속하는 사람들에게 그것은 화학 공장을 둘러싼 철사 울타리 밖에서 쳐다보는 것이다. 그리고 아마도 암의 골목 같은 냄새가 나는 것이다. 아마도 그것은 백혈병을 가진 어린이, 척추 암을 가진 어린이,

홀로코스트

선천성 기형을 가지고 있는 어린이들을 보는 것이다. 내가 태어난 후로 나의 가장 가까운 친구였던 굶주림을 달래는 것이다. 아마도 그것은 내 딸이 굶어 죽는 것, 아들이 디프테리아, 홍역, 천연두로 죽는 것이다. 아마도 그것은 1페니도 안 되는 알약만 먹으면 목숨을 구할 수 있는데도 탈수로 죽는 것이다. 또는 그것은 아무것도 아닌 느낌이다. 아마도 그것은 아무 소리도 들리지 않는 것, 아무것도 보이지 않는 것이다. 한밤중에 마사일 폭격을 받으면 어떤 느낌이 들겠는가? 광속보다 빠른 속도로 수천 마일 떨어진 곳에서 날아온 미사일 공격을 받으면 말이다.

아마도 그것은 연어에게는 댐에 몸을 계속해서 부딪치는 것일 테고, 원숭이는 철창에 갇히는 것, 북극곰은 자꾸 작아지는 만년빙 위에서 굶주리는 것이고, 돼지는 일어서지도 못할 만큼 좁은 사육장에 갇혀 있는 것이고, 나무들은 전기톱에 쓰러지는 것이고, 강은 오염되는 것이고, 고래는 해군 실험이 일으킨 음파 폭풍으로 귀머거리가 되는 것이다. 아마도 그것은 족쇄 덫의 가차없는 아가리에 정강이뼈가 부러지는 것이다.

아마도 그것은 지구의 생명유지 시스템의 파괴로 보일 것이다. 아마도 그것은 산자가 죽은 자와 나누는 마지막 대화로 보일 것이다.

감옥과 수용소의 유사성을 보면 알 수 있듯이, 새로운 홀로코스트는 독가스 샤워실과는 다른 성격을 가질 것이다. 아마도 새로운 홀로코스트는 북극곰 서식지에 있는 다이옥신이고, 스미스 강의 메탐소디움일 것이다. 아마 그것은 더 적은 수의 회사들이 우리 식량 공급의 더 많은 비율을 통제하게 되는 형태로 이루어질 것이다. 지금처럼 세 개의 큰 회사가 쇠고기 시장의 80퍼센트 이상을 장악하고 일곱 개 회사가 곡물 시장의 90퍼센트 이상을 지배하게 되는 것이다. 아마 새로운 홀로코스트는 이런 회사들의 형태로 올 것이다. 그리고 정부는 그들에게 완력을 제공하고 누가 먹고 누가 못 먹을 것인지 결정해줄 것이다. 아마도 그것은 사망자를 셀

문명과 혐오

수 없을 정도로 광범위한 기아의 형태로 올 것이다. 그리고 내가 예상할 수 있더라도 들먹일 수 없는 다른 많은 것의 형태로 올 것이다.

그러나 나는 이 사실만은 알고 있다. 그 패턴은 파괴의 효율성을 높여왔고 추상화를 증가시켜왔다. 앤드루 잭슨은 자기가 살해한 인디언들의 '머리 가죽'을 직접 벗겼다. 하인리히 히믈러는 자기 눈앞에서 유대인 100명이 총을 맞는 것을 보고 거의 기절할 뻔했다. 그래서 가스를 사용한 살인이 늘어나게 되었던 것이 확실하다. 물론 이제는 그런 것들을 모두 경제에 의해 할 수 있다.

그리고 나는 이것도 알고 있다. 그것이 어떤 형태를 취하든, 우리들 대부분은 알아차릴 수 없을 것이다. 알아차리는 사람들은 주의를 기울이지 않을 것이다. 우리는 노아와 그의 나머지 아들들이 내놓은 규칙을 따를 것이다. 그리고 우리 아버지의 벗은 몸을 보지 않으려고 뒷걸음질칠 것이다. 다른 이들이 얼마나 큰 대가를 치르는지, 심지어 우리 자신이 얼마나 큰 대가를 치르는지는 중요하지 않다고 여길 것이다. 우리 스스로 조용히 순순히 가스실로 들어갈 것이다. 그곳이 욕실이라고 믿게만 해준다면 우리는 어떤 형태의 가스실이든 그리로 들어갈 것이다.

홀로코스트

역사책을 볼 때
나는 비관주의자다……
그러나 선사시대를 보면
나는 낙관주의자다.

—J. C. 스머츠

집으로

때때로 자료를 보다가 오랫동안 울었을 때, 컴퓨터 화면을 너무 오래 들여다보거나 다음 문장을 만들어내느라 너무 오랜 시간을 보내서 눈이 침침해졌을 때, 나는 컴퓨터를 끄고 밖으로 나간다. 고양이들은 햇볕을 받으며 뒹굴고 개들은 달려와 머리를 내 무릎에 비벼댄다. 개들의 헐떡거림 뒤로, 또 그 사이사이로 우리 집을 둘러싼 빽빽한 숲에서 새들의 노랫소리가 들린다. 새들은 번갈아가며 서로를 부르는데, 새 소리를 들을 때마다—창밖에서 개구리 우는 소리를 들을 때마다 그러듯이—나는 세상에서 가장 아름다운 소리를 듣고 있다는 것을 안다. 오늘은 지난 겨울 코호 연어가 알을 까는 것을 보았던 시내로 걸어갔다. 작은 점들이 박힌 은색의 조그만 물고기 수백 마리가 보였다. 살아남은 다음 세대였다. 나는 돌아와서 밖에 앉아 고양이들을 바라보고 개들의 머리를 쓰다듬어주고 새 소리를 듣고, 내가 인간이 원할 수 있는 모든 것을 다 가지고 있다는 것을 알았다.

문명과 혐오

■   ■   ■

곧 총에 맞을 운명에 처해 있었던 그 날씬한 검은머리 여자를 여러 해 동안—열세 살 때부터—생각했다. 자기 자신을 어떻게 가렸을지, 자기 나이를 어떻게 말했을지를 상상했다. 그녀가 가능한 한 가장 간결하게 가장 간절히 사람들에게 호소하고 있다고 나는 믿는다. 자신이 고유한 한 인간이라는 것을. 그녀는 과거, 현재와 함께 살아있고 미래에도 살아있을 것이다.

■   ■   ■

이 책은 서구 사회의 혐오에 대한 탐구로 시작해서 지구 위 삶의 끝과 함께 끝난다. 문제는, 구체보다 추상을 높이 평가하는 것이다. 생명보다 생산을 높이 평가하는 것, 인간이든 강이든 북극곰이든 생명체보다 경제제도(그 외 다른 제도)를 높이 평가하는 것이다. 문화적·개인적 역사를 전부 갖춘, 욕구와 희망과 두려움을 가진 이 흑인 남자, 이 중국인 여자, 이 아일랜드 남자로 보는 대신 검둥이나 중국 놈이나 아일랜드 놈은 어떠하다고 보는 선입견이다. 문제는, 여자들 자체보다 여자들 사진을 더 좋아하는 것, 여자의 존재 전체, 여자의 몸과 마음과 슬픔과 기쁨보다 여자의 몸만을 중히 여기는 것이다. 우리가 정말로 누구인가보다 무엇을 표현할 수 있도록 허용되었는가에 초점을 맞추어 우리 능력에 대해 조각난 인식을 가지는 것이다. 문제는 우리 자신과 타인들을 관계 속에서 기쁨을 얻을 사람들로 보는 대신, 사용해야 할 도구로 보는 것이다.

추상화의 우세라는 이 문제에 대한 "해법"으로 내가 제안하는 것은 구체로 돌아가는 것이다. 구체와 사랑에 빠지길 부추기는 반체제를 나는 지지한다. 이 특정한 구체적인 나무, 이 구체적인 사람, 잠자리 날개에서 반짝이는 이 특정한 햇빛을 사랑하기 위해서, 그리고 가능한 한에서 우리

집 으 로

주변 사람들 하나하나를 주체로 인식하기 위해서. 이것은 우리 모두가 잘 지내기 위한 단순한 탄원이 아니다. 추상적인 혐오를 추상적인 사랑으로 대체하자고 주장하는 것이 아니다. 그것은 부적절하고 말이 안 되고 무의미하고 결국은 불가능한 것이다. 나는 추상적 존재가 아니다. 손가락이 있고 살이 있고 뼈가 있다. 나는 이 사람을 사랑한다. 나는 저 사람을 사랑하지 않는다. 나는 단순히 폭력에서 물러나자고 주장하고 있는 것도 아니다. 차이가 있다는 것, 진짜 싸움, 진짜 사람들―진짜 피가 쏟아질 때에도―과 선입견에서 나온 살인 사이에는 차이가 있다는 것이다. 내가 주장하는 것은 우리의 인간성으로 돌아가자는 것이다.

우리가 그렇게 하려고 할 때 제일 먼저 해야 할 일은 우리 사회 현 체제의 비인간성을 있는 그대로 보는 것이다. 그리고 그에 대해 말해야 한다. 역기능적 가족이나 사회의 첫 번째 규칙이 '하지 않는다'라면, 기능적 사회의 첫 번째 규칙은 '한다'이다. 그에 대해 이야기를 하라. 함(Ham)처럼, 말을 하라. 노아의 저주는 지옥에나 가라지.

물론 그리 쉽지는 않다. 새 노랫소리가 얼마나 큰 기쁨을 주는지 이야기하는 건 괜찮지만, 내 기쁨이 타인들의 괴로움과 상관없는 것이 되는 것은 타인들의 불행의 근원에 눈을 감지 않는 한에서만 그렇다. 우리 삶과, 우리 주변 사람들의 삶과 사랑에 빠졌다면―명예로운 적들과도 사랑에 빠졌다면(맥나마라나 그 비슷한 사람은 아니지만. 그는 실제로는 착취를 하기 위해 그렇게 했음을 보여주었다)―그 다음 단계는 우리의 비인도적인 제도를 철폐하는 것, 생명보다 생산을 우위에 두기를 그만두는 것, 그렇게 하는 자들을 물리적으로 멈추게 하는 것이다. 그 다음 단계는 외부의 정복과 내부의 억압에서 생겨난 것들을 타도하는 것이다. 그 다음 단계는 지구를 파괴에서 해방시키는 것이고, 그 다음 단계는 문명의 끝이다.

문명을 제거한다? 그게 당신의 해법이야? 여러분이 이렇게 말하는 소리가 들리는 듯하다. 우리 체제의 무척 많은 부분의 특징을 이루는 혐오—이 책에서 설명하고 분석해온 혐오—는 신체적 조건의 산물이 아니다. 사람들이 근본적으로 혐오심을 가지고 있는 것이 아니다. 우리의 혐오는 수억 년간의 자연선택의 결과가 아니다. 우리들 각자를 키운, 우리의 틀을 만든 조건의 결과물이다. 우리에게 주입된 의문시된 적 없는 가정들의 결과다. 혐오를 멈추게 하기를 원한다면, 우리는 그 틀을 만드는 조건을 제거해야 한다. 그렇게 하기 전에는 성공할 수 없다. 그러니, 맞다. 그게 바로 내 해법이다. 우리는 문명을 제거해야 한다.

아마도 그건 당신에게 말도 안 되는 것으로 보일 것이다. 내가 보기에는 그렇지 않다. 할 일이 무척 많아 보일 뿐이다. 많은 사람들이 많은 장소에서 여러 가지 방식으로 해온 일이다. 그런데 내가 보기에 말이 안 되는 것을 지금 말하려고 한다. 그것은 이 비인도적인 체제가 계속될 수 있는 가능성이다.

문명을 어떻게 와해시킬까? 나도 말할 수 없다. 사람들 수만큼이나 많은 방법이 있다. 그 답은 구체적인 것이다. 구체적인 장소에 있는 구체적인 상황에서 구체적인 사람에게서 나온다. 그러나 첫 번째 단계, 아마도 가장 중요한 단계는 문명을 있는 그대로 보는 것이다. 문명이 이미 우리에게서 앗아간 엄청난 것들을 우리 몸으로 가지고 오는 것이다. 이런 깨달음이 우리를 죽게 하지는 않는다는 것, 우리가 고통보다 강하다는 것, 이 길고 끔찍한 착취의 역사보다 훨씬 더 강하다는 것을 아는 것이다. 그것을 깨닫고 나면, 우리는 우리 문화를 서서히 분해하는 전문적인 작업을 할 준비가 된 것이다. 그리고 체제에서 여전히 정체성을 확보하는 사람들은 우리 모두를 혐오할 수도 있고 노아처럼 우리를 저주하고 노예로 만들

집 으 로

534

수도 있지만, 그들이 완전한 성공을 거둘 수는 없을 것이다. 왜냐하면 그 모든 것 아래에서 우리의 인간성은 사회화에 불과한 것보다 훨씬 더 깊이 흐르고 있기 때문이다. 그걸 잊어서는 안 된다.

■　　■　　■

　　옛날 옛적에 인간들이 여기에 살았다. 그들은 시냇물 옆에 앉아서 웃음을 터뜨렸다. 그들은 잠을 잤다. 섹스를 했다. 연어를 잡았다. 연어를 먹었다. 이웃사람과 말다툼을 했다. 때로는 치고받기도 했다. 그들의 아이들도 여기 살았다. 그 아이들의 아이들, 또 그 아이들이 그 연어의 새끼를 먹었고, 그 이웃의 아이들과 말다툼을 했고, 그 이웃의 아이들과 치고받았고, 그 이웃의 아이들과 의식을 거행했고, 이웃 아이들과 결혼을 했고, 그 이웃 아이들과 아이를 만들었다. 그들은 햇볕을 받으며 걱정 없이 살았고, 잤고, 아침에는 자신의 얼굴에 햇살이 쏟아지는 것을 느꼈다. 밤에는 피곤해서 곯아떨어졌고, 그 다음 날 아침에는 일어나서 시냇가에 앉아 웃음을 터뜨렸다. 인간들은 이렇게 살았다.

■　　■　　■

　　노아와 함의 성경 이야기는 함을 저주하고 그의 자손들을 영원히 노예로 살게 하는 것으로 끝난다. 무대 왼쪽으로 퇴장. 물론 이야기가 이렇게 끝나는 것은 노아의 자손들이 그 이야기를 전했기 때문이다. 그러나 나는 이 이야기의 다른 결말을 상상해보았다. 함의 관점에서 사건을 설명하는 이야기다.

　　함은 창피를 당하고 빈털터리가 되었다. 타고난 권리라고 믿었던 것을 다 빼앗기고 그가 아는 유일한 삶의 방식을 버리고 떠난다. 숲 속—그 곳은 아직 숲이 파괴되지 않은 곳이었다—을 터벅터벅 걸어가다 몇날 며칠

문명과 혐오

을 흑흑 운다. 집이 그리워진다. 아버지가 그립다.

그러나 함은 다시는 돌아갈 수 없다는 것을 안다. 아버지의 벌거벗은 몸을 본 것은 그의 내면에 있는 무엇인가를 움직이게 했다.

시간이 지나자 걷는 게 좀 쉬워졌다. 그가 몰랐던 삶의 방식을 가지고 있는 다른 집단 사람들을 만난다. 그들은 거의 가능해 보이지 않는 삶을 사는 사람들이다. "아버지가 당신을 노예로 만들었다고요? 근데 노예가 뭐예요? 우리가 모르는 말인데." 그들이 말한다. 함은 그들과 함께 산다. 오래 지나지 않아 그가 전에 한 번도 느낀 적 없는 것을 느낀다. 그것은 행복하고 풍부한 자유의 느낌이다.

이 이야기에서는, 함은 예전 집으로 돌아가지 않았고 애초에 어떻게 해서 거기에 오게 되었는지도 잊어버렸다.

집 으 로

감사의 글

언제나 내가 가장 깊은 감사를 보내야 할 것은 내가 사는 땅이며, 이곳을 집으로 삼고 사는 나 외의 다른 존재들이다. 나무, 개구리, 새, 딱정벌레, 곰, 민달팽이, 토끼, 곰팡이, 풀, 산딸기, 덤불 등 수많은 다른 존재들 말이다. 별, 달, 연못, 냇물, 파도, 바람, 빗방울, 바위, 흙이 나에게 지식과 영감을 주었고 어떻게 해야 인간이 될 수 있는지 가르쳐주었다.

과거와 현재의 문명에 희생당한 자들에게도 나는 빚을 지고 있다. 다른 사람의 안락과 고상한 생활을 위해 평생을 노예로 살아야 했던 모든 인간들. 다른 사람의 안락과 고상한 생활을 위해 희생된 모든 존재들. 내가 그들에게 빚지고 있는 것은 감사라기보다는 슬픔이다. 살이 가공되어 이 책으로 만들어진 나무들에게도 사과의 말씀을 전한다. 그러나 슬픔보다 더많이 빚진 것은 잊지 않겠다는 약속이다. 잊지 않을 것을 약속한다.

혼자서든 집단적으로든 문명에 저항한 사람들 모두에게 감사한다. 디오게네스, 스파르타쿠스, 암비오릭스(카이사르에 저항한, 현재의 벨기에 지역에 거주하던 부족의 영웅—옮긴이), 존 로건, 시팅 불, 크레이지 호스, 투팍 아마루. 소사 족, 시욜로, 산 족, 라코타. 가브리엘 프로서, 프랑수아 도미니크투생 로베르튀르, 덴마크, 베지. 해리엇 터브먼, 낸시(그리고 다른 탈주 노예들). 토머스 퀸체르. 네드 러드. 네스터 매크노. 이 사람들 모두, 그리고 더많은 사람들, 우리가 이름을 알고 있는 사람들, 우리가 결코 이름을 알 수없는 사람들. 적극적으로든 소극적으로든, 단독으로든 집단으로든, 문명의맹공격에 저항한, 인간 아닌 모든 존재에게도 감사한다. 그 모든 저항은 인간이 된다는 게 무슨 의미인지를 내게 가르쳐주었다.

문명과 형오

어머니 메리 젠슨 여사에게도 감사드린다. 어머니는 역경 속에서 품위를 유지한다는 게 무엇인지 모범을 보인 분들 중 한 분이다.

그 외에도 많은 사람들이 이 책에 도움을 주었다. 보 프리드랜더보다 나은 편집자 겸 발행인은 절대 찾을 수 없을 것이다. 그의 바로 뒤에서 리사 체이스는 뛰어난 편집 능력으로 이 책을 만들어주었다. 줄리 버크는 이 세상에서 가장 훌륭한 북디자이너라고밖에는 달리 표현할 말이 없다. 램지 클라크, 리처드 드리넌, 조지 거브너, 케빈 베일스, 조지 드래펀, 존 키블, 존 오스본, 조지 리처, 존 저잔과 이야기를 나눔으로써 나는 내 길을 찾는 데 도움을 받을 수 있었다. 프란시스 무어 라페는 훌륭한 저술뿐만 아니라 그보다 더 훌륭한 우정을 보여주었고, 케런 래스는 변치 않는 따뜻한 마음을 지키는 모습을 보여주었고, 메리 알레시아 브리그스는 지적 능력과 공감 능력을 보여주었다. 내 감독관과 학생들은 어려운 상황에서도 용기를 잃지 않았다. 모두에게 깊이 감사한다.

그리고 마지막으로, 내 뮤즈이자 내게 꿈을 주는 이에게 감사한다. 내 말과 아이디어는 거기에서 흘러나왔고, 그가 없었다면 이 책은 세상에 나지 못했을 것이다.

데릭 젠슨

옮기고 나서

  나는 미국에 가본 적이 없다. 미국 비자를 신청해볼 엄두가 나지 않아서다. 오, 꿈의 나라에 발을 들여놓기에 충분한 사회·경제적 지위를 갖고 있지 않다고 자타가 인정했기 때문이다. 미국에 오래 살다 온 친구는 미국 구경 한 번 못 해보고 어떻게 미국 책을 번역할 수 있는지 종종 불신의 눈초리를 보낸다. 그 눈초리를 당당히 맞받아치기도 어려운 것이, 이 책을 옮기면서 내가 미국 역사에 대해 얼마나 무지한지를 절감했기 때문이다. (그러나, 어이, 미국 살다 온 친구! 흑인 린치가 마을 잔치, 신나는 구경거리였다는 거 알고 있었나?)

  그러나 이 책을 옮길 때는 그런 조건이 도움이 되었다. "어떤 사람의 봉급이 어떤 것을 이해하지 못하는 것에 달려 있을 때 그 사람에게 그것을 이해시키기는 매우 어렵기" 때문이다. 만약 내가 번듯한 회사에 다니고 있었다면, 주식 투자로 돈푼깨나 만졌다면, 그래서 초등학생들도 철철이 간다는 미국에 발을 들여놓을 수 있었다면, "부유함은 가난을 직접적인 대가로 치르고 오는 것"이라는 진실을, 기업은 아귀처럼 먹어도 먹어도 배부른 줄 모르고 지상의 모든 살아있는 것을 죽은 것으로 만든다는 이 책의 주장을 온전히 이해하기 힘들었을 것이다.

  앗, 잠깐, 미국 대사관에서 반기는 이들은 이 책을 이해하기 어렵다는 말로 받아들여지면 곤란하다(나는 글로벌 경험이 풍부한 고상한 사람들이 이 책을 읽기를 바란다). 그러면 나의 이 사사롭고 치졸한 반미 감정과 자격지심을 버리고 진실을 말해야겠다. 나의 원고료가 어떤 것을 이해하는 것에 달려 있었으므로 그것을 이해하기는 매우 어렵지 않았다고 말이다. 어떤

문명과 혐오

이유 때문이든, 내가 깊이 공감할 수 있는 이야기를 옮기게 되어서, 그리고 이 책의 전생이었을 나무들에게 보람을 줄 수 있어서, 참 다행이라고 생각하면서 번역을 했다.

이 책에서 인종차별, 포르노, 아동 학대, 환경 파괴, 노동 착취 등 많은 잔학 행위를 꿰뚫는 분석의 명쾌함이 무척 인상적이지만, 개인의 문제로 돌아올 때 마음에 오래 남는 것은 '착한 독일인' 이야기였다. 명령을 충실히 따르는 군인, 직무를 성실히 수행하는 기술자였던 평범하고 선량한 독일인들이 유대인 학살을 가능하게 했다는 것이다. 홀로코스트의 수행에서 관건이었던 것은 "모든 평범한 사람들이 고통을 겪는 대상에게서 느끼는 동물적인 연민을 극복하게 하는 것"이었다고 한다. 그래서 나치는 역사적 사명이라는 빛나는 영광을 평범한 사람들에게 덧씌워줌으로써 그것을 극복하게 했다는데, 동물적인 연민이라는 말에 나는 인도 여행에서 겪은 설명할 수 없었던 내 감정이 떠올랐다. 구걸하는 아이들, 병든 사람, 죽어가는 사람, 너무 많은 고통 앞에서 난 무척 당황스러웠고 괴로웠다.

그런데 그것은 동물적 본능에 가까운 연민이기도 하지만, 진실을 보지 않으려는 몸부림에서 나온 괴로움이었던 것 같기도 하다. 이 책의 저자에 따르면 "문명이 주는 안락과 고상함은 언제나 타인의 노예 상태, 비참함에서 나온다." 그런데 우리가 그것을 상기하고 "마법에서 깨어나는 일이 없도록" 우리 사회는 노숙자 등을 되도록 숨겨둔다. 그런데 나는 "체제의 결함을 일깨워주는 사람들"을 숨겨놓지 않은 곳에 가서 갑자기 마법에서 깨어났던 것이다. 내가 누리는 호사가 다른 사람의 불행을 대가로, 그것을 기초로 해서 얻은 것임을(백 번 양보해서, 그것과 나란히 있다는 것을) 똑바로 보기가 너무나 불편했던 것이다.

이 책의 저자는 현대 사회에서 벌어지는 온갖 끔찍한 일을 멈추게 하려면 일단 있는 그대로 보는 것이 중요하다고 한다. 그런데 있는 그대로 보게 되면, 우리의 공감 능력을 빼앗고 학살과 착취와 부정의를 보지 못하게 하는 마법에서 풀리면, 그때 우리 눈에 보이는 세상은 너무 슬프고 절망적이지 않을까?

몇 년 전 세계여성학대회라는 데에서 지율스님의 강연을 듣고 토론하는 자리에 간 적이 있다. 한 백인 남자가 이런 질문을 했다. "그렇게 자연과 교감하면서도 슬픔에 압도당하지(overwhelmed) 않고 살 수 있는 방법이 있습니까?" 이때 나는 직업병이 도져서 'overwhelmed'를 한국어의 어떤 단어로 옮기는 게 좋을까 잠시 고민하느라고(그 답을 아직 찾지 못했음은 위에서 이미 알아채셨겠지만), 시간에 쫓겨 서둘러 답변하는 지율스님의 이야기를 놓쳐버렸다. 두고두고 그것이 궁금하고 아쉬웠는데 이 책에서 그 답을 찾을 수 있었다(그건 직접 찾아보시라. 나도 시간에 쫓겨 서둘러 글을 마무리해야 하므로).

있는 그대로 보려고 할 때에는 당장 죽을 것 같은 두려움이 생긴다. 이 체제의 질서에서 벗어나면 굶어죽을 것 같고, 마법에 취하지 않고 사는 것은 불가능해 보인다. 그러나 저자가 상상한 함(Ham)처럼 몇날 며칠을 흑흑 울게 될지도 모르지만 죽지는 않는다. 죽지 않을 뿐 아니라 생생한 진짜 행복을 누릴 줄 알게 된다, 이렇게.

"때때로 자료를 보다가 오랫동안 울었을 때, …… 눈이 침침해졌을 때, 나는 컴퓨터를 끄고 밖으로 나간다. 고양이들은 햇볕을 받으며 뒹굴고 개들은 달려와 머리를 내 무릎에 비벼댄다. …… 오늘은 지난 겨울 코호 연어가 알을 까는 것을 보았던 시내로 걸어갔다. 작은 점들이 박힌 은색의 조그만 물고기 수백 마리가 보였다. 살아남은 다음 세대였다. 나는 돌아와서 밖에 앉아 고양이들을 바라보고 개들의 머리를 쓰다듬어주고 새 소리를 듣고, 내가 인간이 원할 수 있는 모든 것을 다 가지고 있다는 것을 알았다."

이현정

옮기고 나서

문명과 혐오
젠더·계급·생태를 관통하는 혐오의 문화

1판 1쇄 발행 2020년 6월 22일
1판 2쇄 발행 2020년 7월 20일

지은이 데릭 젠슨
옮긴이 이현정
펴낸이 김찬

펴낸곳 도서출판 아고라
출판등록 제2005-8호(2005년 2월 22일)
주소 경기도 파주시 가온로 256 1101-302
전화 031-948-0510
팩스 031-8007-0771

ⓒ 아고라, 2020

ISBN 978-89-92055-76-5 03300